LAS VEGAS
GELD MACHT POLITIK

Sally Denton & Roger Morris

LAS VEGAS

GELD MACHT POLITIK

Aus dem Amerikanischen
von Petra Post und Andrea von Struve

ZWEITAUSENDEINS

Die Arbeit an dieser Übersetzung wurde durch den Deutschen Übersetzerfonds e.V. gefördert.

Deutsche Erstausgabe.
1. Auflage, April 2005.

Die amerikanische Originalausgabe ist 2002 unter dem Titel »The Money and the Power. The Making of Las Vegas and Its Hold on America« bei Vintage Books, New York, erschienen.

Die deutsche Ausgabe ist um einige Abbildungen erweitert worden.

Lektorat: Ekkehard Kunze (Büro W, Wiesbaden).
Korrektorat und Register: Katharina Theml (Büro W, Wiesbaden).
Umschlaggestaltung: Sabine Kauf, PubliContor, Hamburg.
Umschlagfoto: Ullstein.
Satz und Herstellung: Dieter Kohler GmbH, Nördlingen.
Druck: Gutmann+Co. GmbH, Talheim.
Einband: G. Lachenmaier, Reutlingen.
Printed in Germany.

Dieses Buch gibt es nur bei Zweitausendeins im Versand, Postfach, D-60381 Frankfurt am Main, Telefon 069-4208000, Fax 069-415003.
Internet www.Zweitausendeins.de, E-Mail Service@Zweitausendeins.de.
Oder in den Zweitausendeins-Läden in Berlin, Düsseldorf, Essen, Frankfurt am Main, Freiburg, 2x in Hamburg, in Hannover, Köln, Mannheim, München, Nürnberg, Stuttgart.

In der Schweiz über buch 2000, Postfach 89, CH-8910 Affoltern a. A.

ISBN 3-86150-726-9

Für Gloria Loomis und Maya Miller
und die ausgebeuteten und gedemütigten
Einwohner Nevadas.

*»An keinem anderen Ort der Welt findet man
diese Symbiose aus unvereinbaren Gegensätzen.«*
MICHAEL HERR, The Big Room

Inhalt

Vorwort

Die Stadt des 21. Jahrhunderts

Die Stadt ist erfolgreicher denn je,
da sie unbeirrt ihr Ziel verfolgt.
MICHAEL VENTURA, »Literary Las Vegas«

Es ist eine laue, sternenklare Nacht im Mai 1998, die Wüste ist in samtene Dunkelheit getaucht. Zwei Dutzend Männer in Polohemden und maßgeschneiderten Freizeithosen verlassen gerade das CasaBlanca, ein Hotelkasino in Mesquite, Nevada, an der Grenze zu Utah.[1] Einer von ihnen erzählt wie üblich anzügliche Witze, die anderen lachen, während sie in drei bereitstehende Luxuslimousinen steigen. Die Männer, die mit gecharterten Kleinflugzeugen angereist waren, haben ein angenehmes Wochenende hinter sich. Sie haben sich am Swimmingpool entspannt, sich mit Massagen und Gesichtspackungen verwöhnen lassen und ihr Glück an den Spieltischen versucht. Während eines ausgedehnten Abendessens, das einer ihrer Gastgeber später als das »letzte Abendmahl«[2] bezeichnen wird, verhandeln sie lautstark über die Aufteilung der halben Milliarde Dollar aus ihren Drogengeschäften. Die Kellner hören sie hinter verschlossenen Türen lachen und brüllen.[3]

Handelseinig beschließen sie zur Feier des Tages, den restlichen Abend auf der Chicken Ranch zu verbringen, einem Edelbordell, das für seine schönen Frauen und sein rustikales Ambiente berühmt ist. Die Limousinen folgen der Landstraße in südwestlicher Richtung, jene Route, über die vor 143 Jahren die Mormonen als erste Amerikaner ins Las Vegas Valley kamen. Weiter westlich verläuft ein anderer ehemaliger Pionierpfad, der von Kalifornien nach Las Vegas führt und dessen bekanntester Abschnitt Las Vegas Boulevard oder Strip heißt – das Symbol für Erfolg, Geld und Macht.

Der Widerschein des nächtlichen Las Vegas zeichnet sich bereits deutlich am Horizont ab, als die Wagenkolonne durch Polizeiwagen mit Blaulicht gestoppt wird. »Sorry, bin wohl zu schnell gefahren«[3], entschuldigt sich der eine Chauffeur bei seinen Fahrgästen. Wozu aber ein solches Aufgebot an Streifenwagen für eine Verkehrskontrolle?

Beamte der Zollfahndung umstellen die Limousinen und verhaften zwölf namhafte mexikanische Bankiers samt ihren Anwälten und Geschäftspartnern. Unter den Männern befinden sich amerikanische Undercoveragenten, die sich den Mexikanern gegenüber als Geschäftsleute oder Chauffeure ausgegeben hatten. Dieser »Jahrhundertcoup«[4], wie ihn die Fahnder bejubeln, ist der Höhepunkt einer groß angelegten Geheimoperation mit über 140 Festnahmen an sechs verschiedenen Orten auf drei Kontinenten. »Die umfassendste Ermittlung im Bereich der internationalen Geldwäsche in der Geschichte der Vereinigten Staaten«[5] heißt es in einer Verlautbarung des Finanzministers Robert Rubin später. Die Fahnder decken auf, dass Hunderte Milliarden von Dollar an Drogengeldern[6] gewaschen wurden und dass höchste Kreise aus Wirtschaft und Politik in die illegalen Geschäfte involviert waren. Auch in diesem Skandal spielt Las Vegas eine Schlüsselrolle.

In den vergangenen zweieinhalb Jahren kam es zu regelmäßigen Treffen zwischen den Mexikanern und ihren vermeintlichen amerikanischen Partnern in Las Vegas – für beide Seiten ein idealer Treffpunkt. »Sie fühlten sich in Las Vegas wohl, weil sie dort unbeobachtet waren«[7], erinnert sich ein Ermittler. Auf Einladung ihrer spendablen amerikanischen Gastgeber stiegen die Mexikaner in Steve Wynns luxuriösem Mirage ab. Die Kasinomanager am Strip behandelten die Bankiers und Drogenhändler in ihren Armani-Anzügen äußerst zuvorkommend und räumten ihnen großzügige Kredite ein. Am Ende des 20. Jahrhunderts ist die Stadt nach wie vor eine Geldquelle für Kriminelle, Geschäftemacher und Politiker aus aller Herren Länder, wenngleich die illegalen Transaktionen heute dezenter durchgeführt werden als früher. Drei Jahre vor besagter Undercoveroperation stießen Zollbeamte von Las Vegas auf ein bis nach Japan und Korea reichendes Netzwerk, über das illegale Geldgeschäfte abgewickelt wurden. Das amerikanische und internationale organisierte Verbrechen soll hier Hunderte von Millionen Dollar in den Bau exklusiver Hotelkasinos gesteckt haben.[8] Aber in dieser Zentrale der Geldwäsche und illegalen Geschäfte hatten fünf Zollfahnder keine Chance. Sie sahen sich einer Organisation gegenüber, der schier unerschöpfliche Geldmittel, eine Flotte von Privatflugzeugen und ein Heer korrupter Bankiers, Anwälte, Politiker und Konzernchefs zur Verfügung stand – einer Macht, die Zugang zu höchsten politischen und wirtschaftlichen Kreisen fand.

Bei der Auswertung der 3000 Stunden an Film- und Tonbandaufzeichnungen ihrer geheimen Ermittlungen, wobei sie immer wieder zurückspulten – »play it again, play it again« –, kamen die Zollfahnder, eingedenk der berühmten Dialogzeile »Play it again, Sam«[9], auf einen passenden Decknamen für ihre Operation: »Operation Casablanca«. Und als einer der Beamten sagte, dass es in Mesquite ein Kasino namens CasaBlanca gebe, beschlossen sie, teils aus Gag, teils aus Sicherheitsgründen, ihr letztes Treffen mit ihren mexikanischen »Partnern« an diesem verschwiegenen Ort stattfinden zu lassen. »In Vegas kennt jeder jeden«[10], erzählte ein Ermittlungsbeamter später. »In den Kasinos wusste man, dass diese Männer mexikanische Mafiabosse waren. Man konnte nie sicher sein, ob nicht doch jemand was spitzkriegte und sie warnte.«[10] Ohne Wissen der tatsächlichen Besitzer des CasaBlanca gaben sich die Zollfahnder als Eigentümer des Kasinos aus und luden die Mexikaner zu einem Wochenende dort ein, um über die Verteilung der Drogengewinne zu verhandeln und sich anschließend auf der Chicken Ranch zu amüsieren. Wie schon im Mirage war ihre Tarnung absolut überzeugend. Schließlich war es nicht ungewöhnlich, dass amerikanische Drogengeldschmuggler Hotelkasinos besaßen, wo man diskret Geschäfte abwickeln und anschließend feiern konnte. »Eine Geheimoperation kann nur dann gelingen, wenn die Fassade glaubwürdig ist«[11], meinte ein Ermittler später.

Die meisten Amerikaner wissen nicht, dass das moderne Las Vegas mit Drogengeldern finanziert wurde. Als im Zweiten Weltkrieg die Drogenhandelsrouten zwischen Asien, Europa und den USA unterbrochen wurden, knüpfte der Gangster Meyer Lansky eine neue Verbindung über Mexiko. Für das Geschäft in Mexico City war Lanskys Partner, der Gangsterboss Harold »Happy« Meltzer, zuständig, eine bekannte Größe in den Branchen Glücksspiel, Prostitution und Rauschgifthandel. Er war nicht nur in kriminelle Machenschaften der Gewerkschaften, sondern später auch in die Mordintrigen der amerikanischen Regierung verwickelt.[13] Ihr Komplize, der schillernde Bugsy Siegel, kontrollierte den Opiumschmuggel nach Südkalifornien. Die Ware wurde in Flugzeugen, Schnellbooten oder Autos über die Grenze gebracht, gelegentlich in den Geheimfächern seines schwarzen Chrysler-Kabrioletts, vor den Augen der ahnungslosen mexikanischen und amerikanischen Grenzposten in Tijuana.[14] Während der 40er Jahre florierte der mexikanische Drogenhandel, nicht zuletzt dank der Komplizenschaft korrupter Beamter in Mexiko und den USA.[15] Besonders in den Nachkriegsjahren bestand eine enge Zusammenarbeit zwischen dem CIA und dem nach amerikanischem Vorbild neu organisierten mexikanischen Nachrichtendienst.

Siegels legendäres Flamingo, das extravagante Hotelkasino, das 1947 den modernen Strip begründete, wurde zu einem Großteil mit Lanskys Drogengeldern gebaut. Im Flamingo und zahlreichen anderen Kasinos, die in kurzer Folge entlang dieser staubigen Landstraße entstanden, wurden Millionen von Dollar aus dem Rauschgifthandel und anderen illegalen Geschäften gewaschen.[16] Mit diesem Geld, das aus dem ganzen Land – aus Miami Seattle, Boston, Los Angeles, Minneapolis, Dallas – nach Las Vegas floss, stampfte man den legendären Strip aus dem Boden. Im 20. Jahrhundert wurden aus den Kasinos der Stadt regelrechte Geldwaschanlagen für Drogengelder, die umgehend wieder investiert wurden, während ihre Besitzer immer größeren Einfluss auf die amerikanische Politik und Wirtschaft nahmen. Lief der Rauschgifthandel anfangs über Mexiko, verlagerte er sich später auf den Nahen Osten und Frankreich (50er Jahre), Südostasien (60er Jahre), Südamerika (70er und 80er Jahre) und schließlich wieder auf Mexiko.

Las Vegas war nicht nur für das organisierte Verbrechen ein lukratives Betätigungsfeld, sondern zunehmend auch für amerikanische Banken und andere Unternehmen, die äußerst diskret in den Bau von Hotelkasinos am Strip investierten. So beteiligten sich im Jahre 1946 Banken aus Phoenix und Salt Lake City an der Finanzierung des Flamingo. 1954 war Las Vegas Tummelplatz zahlreicher inländischer Investoren geworden: neben amerikanischen Banken die mormonische Kirche, New Yorker Immobilienfirmen, Gewerkschaften, ein renommiertes Investmenthaus der Wall Street, die Princeton University, ein führendes Rüstungsunternehmen, eine große Baufirma, ein Eigentümer der New York Yankees, eine angesehene texanische Versicherungsgesellschaft und eine vom CIA kontrollierte Bank in der Karibik. Ihr Kapital trug ebenso zum kometenhaften Aufstieg von Las Vegas bei wie illegale Gewinnabschöpfungen in den Kasinos, Drogenprofite und Schwarzgeld aus aller Welt.

Dank ihrer nie versiegenden Geldquellen konnten kriminelle Investoren und ihre »seriösen« Geschäftspartner ihren Einfluss weit über Las Vegas hinaus ausweiten[17], indem sie vor allem in den boomenden Südstaaten in wichtige Zweige der amerikanischen Wirtschaft investierten: Unterhaltungsindustrie, öffentliche Versorgung, Hotels, Supermarkt-

und Restaurantketten, Agrarwirtschaft, Fertigungsbetriebe, Elektronikindustrie, Einkaufszentren, Immobiliensektor, später Bank- und Versicherungswesen sowie Wertpapierhandel. Mit dieser wirtschaftlichen Macht übten sie eine wachsende Kontrolle auf allen Ebenen der amerikanischen Politik aus. Die mexikanischen Drogenhändler und Bankiers, die sich in den 90er Jahren mit ihren vermeintlichen Geschäftspartnern im Mirage trafen, verkörperten ein System, das in beiden Ländern lange Tradition hatte: die Verflechtungen zwischen Politik, Geschäftswelt und organisiertem Verbrechen.

Las Vegas ist einzigartig. Von weiter Ferne wirkt das Lichtermeer der Stadt wie ein »Leuchtfeuer der Zivilisation«. Als Astronauten auf die von Wolkenbändern umgebene, blaue und rostrote Erde blickten, erkannten sie die Lichter von Las Vegas – der sichtbare Beweis dafür, dass auf dem Planeten Leben existierte. Die Strahlkraft dieser Stadt zieht Menschen aus aller Welt an. Über 50 Millionen Besucher kommen jedes Jahr nach Las Vegas. Nur Mekka lockt ähnlich viele Pilger an.

Las Vegas kennt die Wünsche und Sehnsüchte seiner Gäste und weiß sie zu befriedigen. Die Hälfte aller Amerikaner hat die Stadt schon einmal besucht, was sie zum beliebtesten Touristenziel der USA macht; die meisten kennen ihre berühmte Silhouette. In ihren Außenbezirken und dem ehemaligen Zentrum jedoch unterscheidet sie sich kaum von irgendeiner anderen Stadt im Westen der USA. Fährt man jedoch von Südwesten her auf Las Vegas zu, stößt man unvermittelt auf eine Phalanx gewaltiger, eindrucksvoller Bauten: keine Büro- oder Apartmenthäuser, sondern luxuriöse Hotelanlagen, unter ihnen die zehn größten der USA, deren Lichterglanz vom Weltall aus zu sehen ist. Las Vegas hat mehr Hotelzimmer als jede andere amerikanische Stadt, doppelt so viel wie New York oder Chicago oder Los Angeles – und es sollen noch mehr werden.

Die riesigen neuen Themenhotels sind Nachbildungen beliebter Touristenziele aus aller Welt. Mitten in der amerikanischen Wüste gleiten Gondeln durch die Kanäle Venedigs und legen am Markusplatz an. Nicht weit davon entfernt ragt der Eiffelturm in den Himmel, etwas weiter steht ein römischer Palast, eine mittelalterliche Burg, das Empire State Building, ein Vulkan speit grollend Lava. Die Spitze einer dunklen Glaspyramide sendet einen 40 Milliarden Candela starken Laserstrahl aus, angeblich die hellste Lichtquelle in unserem Sonnensystem, abgesehen von der Sonne selbst und einem Atomblitz. In unmittelbarer

Nachbarschaft befindet sich auf einem Areal, wo einst nur Gestrüpp und Kakteen wuchsen, ein Grandhotel im Stil der Belle Époque mit einem drei Hektar großen See und einem Glashaus, in dem sich zweihundert Gärtner um Tausende exotischer Pflanzen kümmern. In einer benachbarten Galerie ist die private Gemäldesammlung des Hotelbesitzers untergebracht, eine der eindrucksvollsten Amerikas, mit Werken von Renoir, van Gogh, Cézanne, Picasso und de Kooning, die einige Hundert Millionen Dollar wert sein sollen.

Das eigentliche Geschäft der Stadt ist das Glücksspiel, für das in den USA sechsmal so viel ausgegeben wird wie für Sportveranstaltungen und andere Freizeitbeschäftigungen.[18] Mit Gewinnen zwischen 30 und 50 Prozent, von denen die erfolgreichsten amerikanischen Unternehmen nur träumen, ist dieses Glücksspielimperium eine einzigartige wirtschaftliche und politische Macht. Ihr weltweiter Einfluss basiert auf finanziellen Zuwendungen an Politiker, auf regelmäßigen Steuerzahlungen, die ihr das Wohlwollen der Behörden sichern, und nicht zuletzt auf einer millionenschweren Lobbyarbeit, die nichts dem Zufall überlässt.

Las Vegas ist die am schnellsten wachsende Stadt der USA. Die Zahl ihrer Einwohner wird sich in den nächsten zehn Jahren verdoppeln, dann wird sie längst einen Millionenstadt sein. Jede Woche ziehen 1500 Menschen zu. Ihre flachen, farblosen Häuser erstrecken sich bis zu den kahlen, felsigen Bergen am Rand des Tals. Obwohl das Straßennetz ständig ausgebaut wird, gibt es überall Verkehrsstaus; Auspuffgase verpesten die klare Wüstenluft. Das ungezügelte Wachstum der Stadt erinnert an den Aufschwung Amerikas in der Nachkriegszeit. Auch damals gab Las Vegas das Tempo vor. Einst zog es vor allem die Jungen und Heimatlosen an, heute verbringen hier auch die Alten ihren Lebensabend: Las Vegas als Zuflucht und Herausforderung. Früher eine schwer zugängliche Wasserstelle, ein Eldorado für Pferdediebe, eine trostlose Bahnstation mitten in der Wüste, heute eine geschäftige, lärmende Großstadt.

Las Vegas scheint unersättlich: immer mehr Hotels, mehr Attraktionen und mehr Besucher, noch mehr Geld und noch mehr Macht. Viele sehen in dieser reichen, faszinierenden Stadt die Verwirklichung des amerikanischen Traums. Wall-Street-Unternehmen reißen sich um die Investitionsmöglichkeiten in Las Vegas. Führende Politiker pilgern zu diesem Heiligtum des Kapitalismus, um sich ihrer Geldsorgen zu entledigen und die Segnungen der Kasinochefs zu empfangen.

> Mit dieser gelungenen Mischung aus Arbeit, Vergnügen und Reichtum weist Las Vegas der postindustriellen Gesellschaft den Weg in eine strahlende Zukunft … Es ist *die* Stadt des 21. Jahrhunderts.[19]

Es ist noch nicht lange her, dass diese Stadt völlig bedeutungslos war, wohingegen die Städte, deren Sehenswürdigkeiten Las Vegas kopiert – Kairo, Rom, Paris, Venedig, New York –, auf eine jahrhundertealte Tradition zurückblicken. Vor sechzig Jahren war Las Vegas ein staubiges, vom Wind gepeitschtes Nest, bestehend aus einer Hand voll schäbiger Bordelle und Flüsterkneipen. Wenn die Stadt morgen unterginge, was würde die Nachwelt aus ihren Überresten ablesen? Würde man erkennen, dass es sich um ein perfektes Kunstprodukt handelte? Würde man erkennen, dass es das war, was der Stadt ihr unverwechselbares Gesicht gab?

Die Wüstenstadt gehört heute zu den beliebtesten Touristenzielen der Welt. Mit seinem unermesslichen Reichtum, den sich wenige teilen, seinem Wirtschaftssystem, das der ganzen Nation als Vorbild dient, hat sich der ehemalige spanische Handelsposten zum heimlichen Machtzentrum Amerikas entwickelt. Die einst verruchte Stadt ist zur Ikone der amerikanischen Kultur geworden.

Der Beginn des Strip am alten Highway nach Los Angeles im Jahr 2000

Was macht Las Vegas so einzigartig? Was macht diese Stadt zum Vorbild? Wofür steht sie, diese verführerische Kulisse, die Illusionen weckt und die harsche Realität verbirgt?

Die Besucherscharen, die nach Las Vegas kommen, wollen Abwechslung, Unterhaltung, Geld, Sex, Vergessen, Erlösung, etwas, was ihnen nur diese Stadt bieten kann. Sie hoffen auf eine weitere Chance, eine letzte Chance, ein anderes Leben – sei es auch nur für ein paar Stunden oder Tage. Sie möchten ihrem Alltag entfliehen, in eine andere Rolle schlüpfen. Sie träumen davon, das große Los zu ziehen. Immer mehr Menschen, die am Rande der Armutsgrenze leben, zieht es hierher: Rentner, die ihre dürftigen Pensionen aufbessern wollen, Arbeitslose und Gelegenheitsarbeiter. Für diese Menschen, deren Schicksale viel zu unspektakulär sind, um je in einem Roman oder Film verarbeitet zu werden, ist Las Vegas ein Ort der Verheißung und der Wunder, ein Ort, der sie die Sorgen und Nöte des Alltags vergessen lässt. Las Vegas verkörpert wie keine andere amerikanische Stadt eine Mischung aus unstillbarer Sehnsucht und unerschütterlichem Optimismus, etwas, was der Sozialkritiker Robert Goodman einmal als »chronischen Hoffnungswahn«[20] bezeichnete.

Für Wissenschaftler, Journalisten und Architekten ist Las Vegas ein fesselndes Studienobjekt. Sie versuchen die Faszination zu ergründen, die von der bizarren Megaarchitektur ausgeht, den riesigen, klimatisierten, lärmenden Kasinos, die rund um die Uhr geöffnet sind. Sie staunen über eine Branche, die keine Kosten und Mühen scheut, um diese gigantische, protzige Traumfabrik zu errichten, die »schamlos Touristen umgarnt und ihnen das Glücksspiel als harmloses Vergnügen verkauft«[21], wie der Historiker John Findlay schreibt. Generationen von Reportern haben diese außergewöhnliche Stadt beschrieben, die ständig ihr Gesicht verändert, abstoßend und anziehend zugleich wirkt. Manche halten sie für vulgär, andere für »herrlich abgedreht«[22], wie es die Kolumnistin der *New York Times*, Maureen Dowd, im Sommer 1999 ausdrückte. Unbestritten allerdings ist ihr enormer wirtschaftlicher Erfolg, der sich in jährlich 50 Millionen Besuchern und Milliardengewinnen ausdrückt. »Ein überwältigendes Kunstprodukt, der hellste Stern am Neonfirmament der Postmoderne«[23], nannte der Historiker Mike Davis einmal die Stadt.

Doch in unmittelbarer Nachbarschaft der extravagantesten Straße Amerikas gibt es heruntergekommene Grundstücke, billige Vergnügungslokale – die Kehrseite dieser schillernden, boomenden Stadt.

Unweit des Luxus und der astronomischen Profite schieben im Westen der Stadt ein Vater und seine Tochter, zwei der vielen Obdachlosen im heutigen Las Vegas, einen Einkaufswagen mit ihren Habseligkeiten die Straße entlang.

Der Strip mit seinen Luxushotels und Kasinopalästen gleicht einem Potemkinschen Dorf, täuscht darüber hinweg, dass dieser Reichtum nur wenigen gehört. Dank einer laxen Stadtverwaltung prosperiert die Glücksspielindustrie seit Jahrzehnten, während für die Masse der Einwohner nur ein paar Brosamen abfallen. Trotz ihrer gigantischen Gewinne zahlen die Reichen nur wenig Steuern. Dieses Privileg haben sie sich freilich erkauft. Schon immer hat diese Branche die Stadt, den Staat, ja, die ganze Nation ausgebeutet, die Luft verschmutzt, die Landschaft verschandelt, die Wasservorräte geplündert und Nevada um seine Zukunft betrogen. Als Arbeitgeber haben die Hotelkasinos keinen guten Ruf: Frauen und Minderheiten werden diskriminiert, die Arbeitsbedingungen sind skandalös und die begehrten Jobs sind schlecht bezahlt und stupide.

Es ist kein Wunder, dass in einer Stadt, deren Existenzgrundlage darin besteht, den Leuten das Geld aus der Tasche zu ziehen, Wirtschaft, Politik und Verwaltung vom Profitdenken beherrscht sind, was zu einer Korruption auf allen Ebenen des öffentlichen Lebens geführt hat. In Las Vegas, dem öffentlichsten Ort Amerikas, gibt es keine kritische Öffentlichkeit und keine wirkliche politische Opposition, weil es eine echte demokratische Tradition hier nie gegeben hat. In einer solchen Stadt, in der selbst Kirchen und Wohltätigkeitsorganisationen vom Geist eines kruden Materialismus infiziert sind, werden kleinste soziale Gesten als humanitäre Großtaten herausgestellt. Abgesehen von einer Hand voll unbescholtener, aber machtloser Bürger, die zu Helden verklärt wurden, waren die wahren »Helden« der Stadt – verehrt, gefürchtet und von ihren Klubs wiederholt zu Männern des Jahres gekürt –

größtenteils Halsabschneider, Gangster und Mörder, heute abgelöst von einer neuen Generation eleganter, aalglatter Managertypen. Was sie verbindet, ist Profitstreben, Machthunger und die Anerkennung einer Gesellschaft, die Habgier zur Tugend erhoben hat. Die wenigen integeren Menschen, die in den letzten 50 Jahren gegen dieses System aufbegehrten – Journalisten, Beamte und Gewerkschaftsführer –, standen auf verlorenem Posten. Daran hat sich bis heute nichts geändert. Widerstand wird im Keim erstickt, Kritiker werden mundtot gemacht, Abtrünnige notfalls aus dem Verkehr gezogen. Wer nicht mitmacht, wird als Miesmacher abgestempelt, der der Stadt nur schadet. Das System funktioniert perfekt: Die Politik steht im Dienste der Glücksspielindustrie. Die enge Zusammenarbeit zwischen Kasinomanagement und Gewerkschaften sorgt für hohe Profite und Stabilität. Von wenigen Ausnahmen abgesehen, sind die Medien das Sprachrohr des Strip. Private Sicherheitsdienste machen der Polizei zunehmend Konkurrenz. Gewählte Volksvertreter lassen sich ungeniert von Wirtschaftsbossen hofieren. Korruption beherrscht das gesellschaftliche und wirtschaftliche Leben der Stadt und wird von der Bevölkerung, wenn sie überhaupt wahrgenommen wird, achselzuckend hingenommen. Auch in dieser Hinsicht ist Las Vegas *die* Stadt des 21. Jahrhunderts.

Viele haben über Las Vegas geschrieben, sich über den billigen Kommerz mokiert, über die glitzernde Scheinwelt, die Hoffnungen weckt und Illusionen zerstört, über das Diktat des Geldes. Sie haben nur das Vulgäre, Schäbige, Kitschige gesehen, das Wesentliche aber übersehen. Sie hätten den Kasinobossen keinen größeren Gefallen tun können, als die Stadt auf ihre schillernde Kulisse zu reduzieren. Denn hinter dieser Fassade verbirgt sich ein krimineller Kapitalismus. Für die Besucher bleibt die düstere Vergangenheit und die unheilvolle Gegenwart unsichtbar. Der Glanz der Stadt speist sich aus ihren Schatten.

Dieses Buch beschreibt den Aufstieg Las Vegas' zur heimlichen Hauptstadt Amerikas. Es geht den Beziehungen zwischen dieser Stadt und der amerikanischen Gesellschaft in der zweiten Hälfte des 20. Jahrhunderts nach und zeigt, inwieweit Las Vegas ein Spiegel dieser Nation ist.

Aus einer abgelegenen Glücksspieloase wurde ein krimineller Stadtstaat, eine amerikanische Wirtschaftskolonie, ein internationales »Clearing-Haus« und schließlich das Zentrum eines korrupten politischen und wirtschaftlichen Systems. Ende der 80er Jahre fand ein Führungswechsel statt: Die Unterweltbosse, die bis dahin die Stadt kontrolliert hatten, wurden durch eine neue Führungsriege aus kultivierten, gebildeten Geschäftsleuten abgelöst, die sich weitgehend derselben ausbeuterischen Methoden bedienten und noch ungenierter als ihre Vorgänger Beamte und Politiker auf allen Ebenen schmierten. Es gelang ihnen, ihren Herrschaftsbereich auszuweiten, indem sie durch massive Lobbyarbeit in 47 Bundesstaaten die Legalisierung des Glücksspiels betrieben. Ihre Stadt, der sie ein seriöseres Image verleihen konnten, florierte weiterhin durch Drogenhandel, Waffenschmuggel, Geldwäsche, Korruption und illegale Geheimdienstoperationen.

Als Hauptsitz einer billionenschweren Industrie ist Las Vegas am Ende des 21. Jahrhunderts der Motor der amerikanischen Volkswirtschaft und das Zentrum eines korrupten Systems, dessen Dynamik sich die Nation nicht mehr entziehen kann. In einem Land, das vom Geld regiert wird, ist die einst anrüchige Moral des Strip – Ausbeutung und Profitgier – gesellschaftsfähig geworden. Zu Beginn des neuen Jahrtausends hat Las Vegas den Höhepunkt seiner Macht erreicht und ist zur heimlichen Hauptstadt der USA aufgestiegen.

In seinem viel beachteten Buch *Hidden History* appelliert der renommierte Historiker Daniel Boorstin 1988 an seine Landsleute, sich kritischer mit ihrer Geschichte auseinander zu setzen. »Wie viel gibt es in unserer Vergangenheit noch zu entdecken und wie schlecht sind wir für unsere Zukunft gewappnet.«[24] Unwissenheit und Desinteresse sowie bewusste Täuschung haben dazu geführt, dass so wenig über das wahre Las Vegas bekannt wurde.

Die Stadt verdankt ihren Aufstieg einer Komplizenschaft zwischen Staat, Wirtschaft und organisiertem Verbrechen, die das gesamte amerikanische System durchzieht. Im Unterschied zum übrigen Amerika sah Las Vegas jedoch nie die Notwendigkeit, die Basis seiner Macht zu verbergen. Entgegen allem Anschein hat der Rest der Nation mehr mit der protzigen Stadt in der Wüste Nevadas gemein, als man sich eingestehen will. Nur Las Vegas hat nie einen Hehl aus dem gemacht, was das übrige Land verschämt verheimlichte. Wer sich mit der Geschichte dieser Stadt beschäftigt, stellt bald ernüchtert fest, dass die »Stadt der Sünde« keine Ausnahmeerscheinung, sondern ein Abbild der gesamten Nation ist. Wer hinter die Kulissen von Las Vegas blickt, wer sich mit ihren Gründervätern befasst, mit ihrem wirtschaftlichen Aufstieg und ihrem ständig wachsenden Einfluss auf die nationale und internationale Politik, versteht, wie Amerika zu dem wurde, was es heute ist.

Dieses Buch ist keine Sozialgeschichte im üblichen Sinn, auch keine Studie über das Glücksspiel und seine Bedeutung innerhalb der amerikanischen Kultur. Es hat auch nicht die Unterhaltungsindustrie von Las Vegas zum Thema oder die Geschichte jener Männer, die das Schicksal der Stadt bestimmten. Auch wenn diese Aspekte angesprochen werden, möchten wir die Stadt aus einem anderen Blickwinkel betrachten, als eine Art Stein von Rosette, dessen Entschlüsselung Aufschluss gibt über bisher unbekannte Kapitel amerikanischer Geschichte. Wenn man sich eingehend mit Las Vegas beschäftigt, sieht man das organisierte Verbrechen und seinen Einfluss auf die Gesellschaft und Politik Amerikas in einem neuen Licht: Die Unterwanderung der politischen Institutionen, der Wirtschaft und Finanzwelt vollzog sich viel früher und ging viel tiefer als allgemein angenommen; dabei spielten neben den bekannten Unterweltgrößen auch rivalisierende kriminelle Gruppierungen eine nicht unwesentliche Rolle. Wie die Operation Casablanca zeigte, kommt dem Drogenhandel und der Geldwäsche in diesem korrupten Netzwerk seit Mitte des letzten Jahrhunderts immer größere Bedeutung zu. Vor diesem Hintergrund wird die jüngste amerikanische Geschichte für uns verständlicher und zugleich komplexer, stellt sich als weniger mysteriös und zugleich beängstigender dar.

Über das organisierte Verbrechen in Amerika wurde ausgiebig geforscht und geschrieben. Während der Prohibition entstanden in vielen großen und kleineren Städten kriminelle Gruppierungen, die auf das politische und wirtschaftliche Leben des Landes einen zunehmenden Einfluss ausübten. Nach der Aufhebung der Prohibition investierten diese ihre enormen Gewinne in legale Wirtschaftszweige wie die Unterhaltungsindustrie, den Spirituosenhandel, das Baugewerbe und das Transportwesen, wo ihr Geld und ihre skrupellosen Methoden, besonders während der Depression, höchst willkommen waren. Während der erbitterten Kämpfe zwischen Arbeitgebern und Gewerkschaften stellten sie beiden Seiten ihre Dienste – Schläger und Erpresser – zur Verfügung. Und sie engagierten sich verstärkt im Glücksspiel und im Drogenhandel, den lukrativsten Branchen des Landes. Von Polizei und Justiz unbehelligt, von korrupten Politikern und Beamten geduldet oder unterstützt, wurden diese kriminellen Gruppen in den 30er Jahren immer mächtiger. Trotz ständiger Rivalitäten und gegenseitigem Misstrauen arbeiteten sie nun enger zusammen, bildeten Zweckgemeinschaften und Bündnisse, teilten Gewinne und Territorien untereinander auf.

Im Zweiten Weltkrieg profitierten sie vom Schwarzhandel und von illegalen Waffengeschäften und verstärkten durch Bestechung ihren Einfluss auf die Behörden. Damals schon kam es zwischen dem amerikanischen Geheimdienst und den Köpfen der kriminellen Organisationen zu einer engen Zusammenarbeit, die sich während des Kalten Krieges noch intensivierte. Die Komplizenschaft zwischen staatlichen Organen und dem organisierten Verbrechen reichte bis in die Vorkriegszeit zurück, als insbesondere die Rauschgiftfahndung Gangster als Informanten und Doppelagenten einsetzte. Da die Verbrecher den Staat im Kampf gegen den Kommunismus im In- und Ausland unterstützten, die Interessen amerikanischer Firmen in anderen Ländern vertraten und mit US-freundlichen Regimen zusammenarbeiteten, waren sie vor Strafverfolgung sicher. Amerikanische Behörden kooperierten auch mit den Verbrecherorganisationen weltweit, vor allem mit der italienischen Mafia, mit Kriminellen in Lateinamerika und auf den Philippinen. Amerikanische Unternehmen, die sich nach dem Krieg vor allem in Lateinamerika engagierten, bedienten sich ebenfalls dieser Organisationen. Die Pfeiler der Nation – Wirtschaft, Staat und organisierte Kriminalität – bildeten eine heimliche Interessengemeinschaft.

1947 begannen FBI und Justiz sich erstmals mit dem verbrecherischen Netzwerk im eigenen Land zu beschäftigen, einem Phänomen, das in den folgenden Jahrzehnten unter den Namen »Mafia«, »Cosa Nostra« und »Syndikat« bekannt wurde, wobei Letzteres seinen multiethnischen Charakter am besten traf. Ende der 40er Jahre war das Syndikat ein weit verzweigtes Imperium mit einem Millionenvermögen. Es entwickelte sich zum beherrschenden Wirtschaftsfaktor des Landes und nahm immer größeren Einfluss auf die amerikanische Politik. Mit der Eröffnung des Flamingo 1947 und des Desert Inn zwei Jahre später etablierte sich diese Macht in Las Vegas.

Mitte des vergangenen Jahrhunderts erkannten einige Politiker – darunter Senator Estes Kefauver aus Tennessee und der spätere Justizminister Robert Kennedy – die Bedrohung, die das organisierte Verbrechen für die gesamte Nation darstellte, und versuchten ihr entgegenzuwirken. Warum diese Bemühungen scheiterten, wird auf den folgenden Seiten erläutert. Ende der 60er Jahre trat Las Vegas' rasante Entwicklung in eine neue Phase. In den von politischen Skandalen erschütterten 70er Jahren baute die Stadt ihre Machtposition in Washington aus und festigte mit den Gewinnen aus dem internationalen Drogenhandel ihre wirtschaftliche Basis. In den 80er Jahren vollzog sich infolge der Deregulierungspolitik Reagans ein radikaler Wandel in der Wirtschafts- und Finanzwelt, von dem vor allem die Glücksspielindustrie profitierte. In den 90er Jahren schließlich hatte das Erfolgsrezept von Las Vegas in ganz Amerika seine Nachahmer gefunden.

Natürlich wurde das heutige Amerika auch von anderen Einflüssen geprägt, dem Kalten Krieg, dem Fluch und Segen neuer Technologien, Rassenkonflikten, dem Geschlechterkampf, sozialen Spannungen, der immer größer werdenden Kluft zwischen Arm und Reich. Doch die Geschichte von Las Vegas, einem scheinbaren Nebenschauplatz, wirft ein neues Licht auf diese Ereignisse und verdeutlicht die Wechselbeziehung zwischen dieser einzigartigen Stadt und der amerikanischen Nation. Dass Las Vegas zu Beginn des neuen Jahrtausends zur heimlichen Hauptstadt aufstieg, verdankt es weniger seinem korrumpierenden Einfluss auf Amerika als der Tatsache, dass sich die Nation mit der »Stadt der Sünde« immer stärker identifizierte.

Erster Teil
DIE GRÜNDERVÄTER

Vegas hat noch nie einem Mann
seine Vergangenheit übel genommen.
Alan Richman, »Lost Vegas«

Jede Stadt ist stolz auf ihre Gründer: Pioniere und Patriarchen, Raubeine und Romantiker. Las Vegas gedenkt seiner Vorväter wie kaum eine andere Stadt und vergisst dabei nie, deren Ehrenhaftigkeit herauszustellen. Man will damit zeigen, dass es hinter der grellen Fassade eine wirkliche Stadt mit wirklichen Menschen gibt. 1999 veröffentlichte das *Las Vegas Review-Journal* eine Artikelserie unter dem Titel »The First One Hundred« – Biografien berühmter Bürger – Ärzte, Anwälte, Richter, Politiker, Geschäftsleute, Bühnenstars und Bankiers.[1] Auch einige schillernde Kasinobesitzer befanden sich darunter und drei berüchtigte Gangster, die praktischerweise bereits verstorben waren. Doch zu ihren wahren Ursprüngen hat sich die Stadt nie bekannt: zu jenen Männern und Mächten, die sie zu dem gemacht haben, was sie heute ist, und deren Vermächtnis weniger denn je zu übersehen ist.

Um das moderne Las Vegas zu verstehen, muss man sich mit den eigentlichen Gründervätern beschäftigen – allesamt Männer, was wenig überrascht in einer Gesellschaft, die ihren Frauen niemals Macht zugestand. So unterschiedlich ihre Persönlichkeiten sind, so kennzeichnet sie doch eine Reihe von Gemeinsamkeiten. Obwohl sie sich in verschiedenen Sphären bewegen, kreuzen sich ihre Wege: Einige leben in Las Vegas, andere halten sich nur vorübergehend dort auf; einige sind Freunde oder Partner, andere Erzfeinde. Sie alle sind ein Spiegel der amerikanischen Gesellschaft zu Anfang des 20. Jahrhunderts. Das sind nicht die Gründerväter, zu denen sich Las Vegas jemals bekennen würde, denn ihre tatsächliche Lebensgeschichte unterscheidet sich erheblich von den schöngefärbten, verkitschten Anekdoten, die über sie verbreitet werden. Gewiss gibt es auch andere, die die Entwicklung der Stadt beeinflusst haben, doch diese Männer haben ihr ihren Stempel aufgedrückt, haben Las Vegas zu dem gemacht, was es heute ist: die Kapitale des organisierten Verbrechens in Amerika. Diese Männer, das sind der ungebildete Ganove, dessen Gewaltbereitschaft und Skrupellosigkeit beispielgebend für die Moral der Stadt ist; der legendäre Politiker, der wie kein anderer das tragische Schicksal Nevadas verkörpert; der charmante Psychopath, der mit seinem größenwahnsinnigen Bauprojekt die berühmteste Straße der Welt, den Strip, begründet; der Zeitungsverleger, der nicht nur seine Seele, sondern auch die seiner Stadt verkauft, und der ehrgeizige Senator aus dem Süden, der einen Blick auf das wahre Gesicht der Stadt erhascht und die verhängnisvolle Tragweite seiner Einsichten erfasst.

Wenn »der Charakter des Menschen Schicksal ist«, wie der römische Dichter Publilius Syrus sagt, dann hat der Charakter jener Männer das Schicksal der Stadt geprägt. Ihre Lebensgeschichten schlagen eine Brücke zwischen Mythos und Realität, zwischen Lüge und Wahrheit und gewähren einen Einblick in die geheime Geschichte der Stadt, die auf die Zukunft der gesamten Nation Einfluss nehmen wird.

1 Meyer Lansky

Der Gangster als Vorstandsvorsitzender

Meyer Lansky, 1902 als Maier Suchowljanski im polnischen Grodno geboren, das damals zum zaristischen Russland gehörte, malte sich als Kind die Vereinigten Staaten als einen Ort voller Engel aus, »so eine Art Himmel«[1], wie er später sagte. Als er zehn war, floh seine Familie vor den Judenpogromen in das Land seiner Träume. Doch in den Mietskasernen der Grand Street auf der Lower East Side erwarteten ihn keine Engel, sondern Feindseligkeit und bittere Armut – eine Erinnerung, die ihn sein Leben lang verfolgen sollte.[2]

Meyer Lansky, wie er seit seiner Einschulung hieß, war ein glänzender Schüler. Er war schmächtig, kleiner als seine Altersgenossen, hatte aber schnell den Ruf eines Raufbolds. Einmal, auf dem Heimweg, die Schüssel mit dem Sabbatgericht in der Hand, versperrten ihm ältere irische Jungen den Weg. Ihr Anführer zog ein Messer und verlangte von ihm, die Hosen herunterzulassen, damit sie sehen könnten, ob er beschnitten sei. Lansky zerschlug die Schüssel, stürzte sich mit einer Scherbe auf seinen Peiniger und richtete ihn übel zu. Die Bande hätte ihn fast tot geprügelt, wäre nicht zufällig eine Polizeistreife vorbeigekommen. Später sollte Lansky für seinen messerscharfen Verstand noch berühmter werden als für seine Gewalttätigkeit. Wer ihn kannte, wusste, dass sich hinter seiner Verschlagenheit auch die Bereitschaft zu Brutalität verbarg.

Nach der achten Klasse ging er von der Schule ab, um in den Straßen New Yorks das wahre Amerika kennen zu lernen, seine Lebensphilosophie zu entwickeln und schließlich auch seine Berufung zu finden. Er lebte in der Welt der Zuhälter und Prostituierten, des Alkohols und der Drogen, der Schutzgelderpressung, der Scheinfirmen und korrupter Polizisten, einer Welt, die von den Reichen und Mächtigen kontrolliert wurde. Das Glücksspiel florierte, denn in diesem Land, wo so viele Menschen trotz aller Verheißungen einer düsteren, unsicheren Zukunft entgegensahen, war die Aussicht auf schnelles Geld eine große Verlockung.

Als mathematisches Talent war Lansky dem Würfelspiel Craps verfallen. Mit seinem erstaunlichen Zahlengedächtnis konnte er leicht seine Gewinnchancen ausrechnen. Man erzählt sich, er habe nur ein einziges Mal verloren und aus dieser Niederlage eine wichtige Lehre gezogen, nicht nur für das Glücksspiel, sondern auch für sein Leben:

> Einen Spieler, der Glück hat, gibt es einfach nicht. Es gibt nur Gewinner und Verlierer. Die Gewinner sind die, die das Spiel kontrollieren ... alle anderen sind Trottel ... Wer gewinnt, ist der Boss.[3]

Von da an stand für ihn fest, dass er es zum Boss bringen würde. Für seine weitere Laufbahn sollte noch eine andere Erkenntnis entscheidend sein: Er begriff, dass Verbrechen und Korruption keine Randerscheinungen der Wirtschaft und Politik seiner Wahlheimat waren, sondern ihre Grundpfeiler.

1918 war der sechzehnjährige Lansky bereits Anführer einer eigenen Bande. Engster Verbündeter war der charmante und äußerst kaltblütige Benjamin Siegel, ebenfalls Sohn jüdischer Einwanderer und ein guter Freund aus Kindheitstagen. Weil er wegen seines unberechenbaren, wilden Temperaments als ein bisschen verrückt oder »bugs«[4] galt, nannte man ihn hinter seinem Rücken »Bugsy«. Die auf Mord und Kidnapping spezialisierte »Bugs-Meyer-Bande« stellte ihre Dienste den Bossen der New Yorker Unterwelt zur Verfügung und war bald in der ganzen Stadt als »fähigste Truppe der Szene«[5] bekannt. Wie andere Bandenchefs auch liehen sie im blutigen Krieg zwischen Kapitalisten und Arbeitern ihre Leute zunächst an Firmen aus, dann an Gewerkschaften – vor allem die der Hafen- und der Transportarbeiter –, was der Korruption innerhalb von Gewerkschafts- und Unternehmensführung Tür und Tor öffnete. Einige Unternehmer »ließen den angeheuerten Schlägern völlig freie Hand«, wie es in einem Bericht hieß, was dazu führte, dass »zahlreiche Gewerkschaftsfunktionäre ermordet oder zu Krüppeln geschlagen wurden«[6]. Über 25 Jahre lang sollte Lansky und Siegel eine enge Partnerschaft und innige Freundschaft verbinden, doch am Ende würde Lansky »keine andere Wahl«[7] haben, als in Bugsys Ermordung einzuwilligen, wie er einem Journalisten erzählte.

Bei einer Bar-Mizwa lernte Lansky Arnold Rothstein kennen, ein charismatischer Spieler, der in die Bestechungsaffäre um das Baseball-

Meisterschaftsfinale von 1919 verwickelt war, und wurde bald dessen Protegé. Während der Prohibition verdienten die beiden mit Alkoholschmuggel ein Vermögen und handelten nebenbei noch mit Heroin. Ihre Komplizen, Konkurrenten und Kunden im illegalen Handel waren »die wichtigsten Leute des Landes«[8], wie Lansky sich später erinnerte. 1927, in einer regnerischen Nacht, überfiel im Süden Neuenglands eine von Lansky angeheuerte Gang einen Lastwagenkonvoi mit irischem Whisky, den einer ihrer Konkurrenten, ein Geschäftsmann aus Boston namens Joseph P. Kennedy, ins Land geschmuggelt hatte. Dieser Beutezug brachte Kennedy um »ein Vermögen«[9], erinnerte sich einer der Straßenräuber, und kostete elf seiner Männer das Leben, woraufhin deren Hinterbliebene den wütenden Kennedy bedrängten, zum Teil auch erpressten, um von ihm eine Entschädigung zu bekommen.

So skrupellos Lansky im Umgang mit seinen Gegnern war, so fair, wenn nicht gar überkorrekt, verhielt er sich gegenüber seinen Partnern und Verbündeten. Einer seiner engsten und wichtigsten Bundesgenossen war ein gewiefter, pockennarbiger Sizilianer namens »Lucky« Luciano, ein Alkoholschmuggler, den er ebenfalls aus Kindheitstagen kannte. Wer die beiden zusammen erlebte, konnte nur staunen, wie mühelos diese Beziehung die tiefen Gräben zwischen Italienern und Juden überwand. Bugsy Siegel beschrieb ihr Verhältnis so:

> Sie waren nicht nur wie Brüder, sie waren schon fast ein Liebespaar. Sie brauchten sich nur anzusehen und man wusste, dass gleich einer von beiden aussprechen würde, was der andere dachte.[10]

Nach der Aufhebung der Prohibition Anfang der 30er Jahre hatte es Lansky zu Reichtum und Einfluss gebracht, woraus er Kapital zu schlagen wusste. Er weitete seine Aktivitäten auf Prostitution, Drogenhandel und andere illegale Geschäfte im ganzen Land aus. Aber sein Hauptinteresse galt dem Glücksspiel. Die »carpet joints«, wie man die im ganzen Land verbreiteten Spielhöllen jener Zeit wegen ihrer etwas luxuriöseren Ausstattung nannte, waren gut getarnt und dank bestochener Beamter vor Razzien sicher. Die Kasinobetreiber waren am Gewinn beteiligt und führten als »Statthalter« die Geschäfte vor Ort, wie etwa der englische Gangster Owney Madden, der Hot Springs, die Provinzhauptstadt des organisierten Verbrechens in Arkansas, kontrollierte. Dennoch nahmen sich Lanskys amerikanische Spielhöllen eher armselig aus neben den eleganten Kasinos, die er später in Kuba im Einvernehmen mit dem diktatorischen Regime noch bauen sollte.

Lansky war der geborene Investment- und Börsenspezialist, ein mit allen Wassern gewaschener Manager und Finanzier eines zunehmend multiethnischen Zusammenschlusses von legalen und illegalen Unternehmen im ganzen Land. Er strukturierte das kriminelle Netzwerk nach unternehmerischen, hierarchischen Prinzipien, legte Zuständigkeiten und Verantwortungsbereiche fest, organisierte Beteiligungen, gründete Tochtergesellschaften und, was am wichtigsten war, verteilte peinlich genau Gewinne, Einkünfte, Prämien und Vergütungen. Es gab scharf voneinander abgegrenzte, unabhängige Gruppierungen des »Syndikats«, wie das Netzwerk später genannt wurde, die sich durch Standort, ethnische Zugehörigkeit oder Spezialkenntnisse voneinander unterschieden. An der Spitze dieser autonomen Einheiten standen Vertraute Lanskys, eifersüchtige Provinzfürsten, die sich gegenseitig belauerten und auszutricksen versuchten. Dank seiner Klarsicht gelang es Lansky, alle diese Parteien trotz ihres Herrschaftsanspruchs und gegenseitigen Argwohns so zu führen, dass jede davon profitierte. Er erkannte, wie sehr das Land bereits durch ein Netz miteinander verflochtener Cliquen aus Wirtschaft, Politik und organisiertem Verbrechen kontrolliert wurde – ein Land, fest in der Hand von Wall-Street- und mächtigen Lokalbanken, von Stahl- und Automobilkonzernen, Bergbauimperien und Giganten der Fertigungsindustrie, von immer einflussreicheren Gewerkschaften und Parteiapparaten. Da er Autonomie zu schätzen wusste, lag es ihm fern, die Grenzen einzelner Machtbereiche zu verschieben oder die »Kleinfürsten« zu entmachten. Im Gegenteil, deren Einflusssphären sollten sich eher noch festigen. Lansky legte großen Wert auf gute Beziehungen zu seinen »Geschäftspartnern«, besonders zu Beamten, deren Kooperation unentbehrlich war. Im Unterschied zu anderen Gangsterbossen schmierte er Politiker oder Polizisten nicht nur, sondern er versicherte sich ihrer dauerhaften Komplizenschaft, indem er sie als Partner an sich band.

Unter Lansky wuchs sich die Korruption zu einem amerikanischen Phänomen aus. Mit Hilfe einer nationalen Organisation gelang es ihm, ein Schattensystem zu etablieren, das zum festen Bestandteil des politischen und wirtschaftlichen Lebens wurde. Sein Syndikat bestach und erpresste Politiker, korrumpierte und kontrollierte Gewerkschaften wie Unternehmen, beschäftigte eigene Agenten und Anwälte und manipulierte durch seine immensen Guthaben ganze Banken. Und es war vor allem Lansky, der diesem Zweckbündnis zu Kontinuität, Reichtum und Macht verhalf. Bereits in den 30er Jahren gingen die gemeinsamen

Meyer Lansky Anfang der 40er Jahre, als er mit Bugsy Siegel durch die Wüste nach Las Vegas fuhr, um seine Vision einer Glücksspielstadt zu verwirklichen.

Gewinne der Syndikatsmitglieder in die zig Millionen Dollar. Das Syndikat konnte sich, was seine Finanzkraft betraf, mit den größten Industriezweigen des Landes messen.

Aus dem drahtigen jungen Lansky war inzwischen ein nicht sonderlich attraktiver Mann Ende 30 geworden. Er war 1,62 Meter groß und wog keine 65 Kilo. Der Vater dreier Kinder führte eine triste, arrangierte Ehe. Mit seinem sympathischen, offenen Gesicht, den klaren braunen Augen und dem akkurat frisierten dunklen Haar hätte man ihn glatt für einen gewissenhaften Buchhalter oder sogar Bankier halten können, der er im Grunde ja auch war. Abgesehen von seinen weißen Seidenhemden und der wohl größten Sammlung von Frackschleifen landesweit, hatte er nichts von dem ungehobelten, protzigen Gebaren seiner Kollegen. Als Privatmann führte er ein zurückgezogenes, anspruchsloses Leben. Zu Hause verbrachte er die meiste Zeit in seinem holzgetäfelten Arbeits- und Lesezimmer, dessen Bücherregale mit Volksausgaben von Enzyklopädien gefüllt waren. Um seinen Mangel an Bildung wettzumachen, las er viel und war Mitglied in einem Buchklub. Er konnte die *Gettysburg Address* und lange Passagen aus dem *Kaufmann von Venedig* auswendig aufsagen. Wie er Freunden gegenüber

Smith, Präsidentschaftskandidat der Demokraten (1928)

einmal bekannte, war Napoleon sein großes Vorbild – ein Mann von ähnlicher Statur und Machtfülle wie er.

Lansky war vor allem ein politischer Mensch. Wie die meisten Einwanderer war er ein glühender Patriot, dessen politische Grundeinstellung zwischen konservativ und reaktionär schwankte, gepaart mit einer Abneigung gegen Reformer, von Sozialrevolutionären ganz zu schweigen. Allerdings begriff er, und zwar früher als so mancher gebildeter Bürger, dass Ideologie und Überzeugungen in der amerikanischen Politik eine Frage des Preises waren. Wie seine Nachfolger, die aus dieser Erkenntnis ebenfalls Kapital schlugen, unterstützte er konsequent die Demokraten auf allen politischen Ebenen. Dem Rechtswissenschaftler und Soziologen William Chambliss zufolge spendete Lansky »stattliche« Summen[11] für die Präsidentschaftswahlen von Al Smith 1928, Franklin D. Roosevelt 1932, Harry S. Truman 1948, Lyndon B. Johnson 1960 und 1964 sowie Hubert Humphrey 1968; außerdem unterstützte er die Wahlkampagnen von Senatoren, Kongressabgeordneten, Gouverneuren, Bürgermeistern sowie Stadt- und Gemeinderäten.

Roosevelt, Präsidentschaftskandidat der Demokraten (1932), schüttelt einem Bergarbeiter die Hand.

Roosevelts Nachfolger Truman (1945)

Auf einem Parteitag der Demokraten in den 30er Jahren lernte er den korrupten Senator Huey Long aus Louisiana kennen, dessen Kooperation dem Syndikat die Tür zum amerikanischen Süden öffnete und für den Lansky ein Auslandskonto einrichtete – eins der ersten Schwarzgeldkonten eines amerikanischen Politikers. Dies hinderte ihn jedoch nicht daran, 1944 dem republikanischen Präsidentschaftskandidaten und ehemaligen New Yorker »Bandenjäger« Thomas Dewey über einen Mittelsmann Wahlkampfhilfe zukommen zu lassen und im Laufe der Jahre auch republikanischen Kandidaten unter die Arme zu greifen, obgleich er die Demokraten im Allgemeinen bevorzugte und enorm von ihnen profitierte. Im Grunde war Lansky klar, dass Dewey der Prototyp des amerikanischen Staatsanwalts und Politikers war, der die Angst der Öffentlichkeit vor organisierter Kriminalität ausnutzte, sich aber letztlich kaum für die Verbrechensbekämpfung einsetzte – ein Staatsanwalt, der die Drahtzieher selten anklagte und hauptsächlich kleine Ganoven hinter Schloss und Riegel brachte, während er das Syndikat und das System, auf dem es basierte, unangetastet ließ. Ein New Yorker Prominenter fasste den wahren Charakter dieses Mannes in dem ironischen Satz zusammen:

Dewey, Präsidentschaftskandidat der Republikaner (1948)

> Man muss Mr. Dewey einfach gern haben – bis man ihn näher kennen lernt.[12]

Im Umgang mit Partnern wie auch Rivalen folgte Lansky dem simplen Grundsatz, unnachgiebig und erbarmungslos gegen jeden vorzugehen, der ihn herausforderte oder hinterging, wie es ihn seine Erfahrungen auf der Lower East Side und in der Unterwelt gelehrt hatten. Doch unterschied er sich von vielen seiner Vorgänger und Nachfolger, die oft übers Ziel hinausschossen. Monopolistische Machtansprüche, so glaubte er, führten nur zu Blutvergießen und negativen Schlagzeilen. Die Gesellschaft würde für einen kurzen Moment aus ihrer Lethargie gerissen und wütend Reformen fordern, die letztlich allen nur finanzielle Einbußen bringen würden. Er hatte nichts gegen Konkurrenz einzuwenden. Seine Devise lautete: Je mehr Korruption, desto besser; je mehr Menschen man in der Hand hatte, auf deren Stillschweigen und Billigung man sich verlassen konnte, desto weniger gesellschaftliche Veränderungen waren zu befürchten. Nirgendwo zeigte sich dies deutlicher als in Lanskys undurchsichtigem Verhältnis zur amerikanischen Regierung, die ihn nach außen hin bekämpfte, in Wirklichkeit jedoch oft genug mit ihm gemeinsame Sache machte.

Engen Vertrauten Lanskys zufolge gelang ihm die sensationellste Erpressung der 30er Jahre, indem er sich in den Besitz von Fotografien brachte, die J. Edgar Hoover, den immer mächtigeren Leiter des FBI, bei homosexuellen Handlungen zeigten. Diese Bilder hielten angeblich den gefährlichsten seiner potenziellen Gegner in Schach. Doch der Erpresser und der Staatsdiener hatten auch gemeinsame Freunde, Förderer und Verbündete, darunter angesehene Geschäftsleute wie Lewis Rosenstiel von Schenley Industries oder der Bauunternehmer Del Webb, oder auch ganze Organisationen wie die American Jewish League Against Communism, die die konservative politische Einstellung des Gangsters und des FBI-Mannes teilten. Ob infolge dreister Erpressung oder der subtileren Einflussnahme ihrer gemeinsamen Bekannten, Lansky blieb jedenfalls jahrzehntelang von gezielten Ermittlungen des FBI weitgehend verschont, wie Peter Dale Scott von der University of California schreibt:

> Zwischen Lansky und dem FBI-Chef bestand eine symbiotische Beziehung, in der einer den anderen schützte.[13]

Anfangs gründete sich diese geheime Komplizenschaft auf der Furcht vor einem öffentlichen Skandal, auf gemeinsamen Freunden oder auf politischer Übereinstimmung. 1937 inszenierte Lansky dann die medienwirksame Verhaftung eines seiner Partner, des Drogenhändlers

Louis »Lepke« Buchalter, durch das FBI und die Bundesdrogenfahndung FBN (Federal Bureau of Narcotics). Mit diesem Verrat entledigte er sich nicht nur eines Rivalen, sondern erwies sich auch dem profilierungssüchtigen Hoover und dem nicht weniger ehrgeizigen FBN-Leiter Harry Anslinger gefällig, womit er zur weiteren Korrumpierung der Justiz beitrug, die sich in ihrer Arbeit immer mehr auf Informanten und Doppelagenten stützte.

Zu Beginn des Zweiten Weltkrieges gewannen der Marinenachrichtendienst und der neu gegründete Geheimdienst OSS (Office of Strategic Services) Lansky und sein Syndikat für eine beispiellose Zusammenarbeit bei der streng geheimen »Operation Underworld«. Regierungsbeamte heuerten Gangster und deren Schlägertrupps an, um mit Gewalt und Bestechung angebliche Sabotageakte zu verhindern und aufrührerische linke Gewerkschafter in den Hafenanlagen von New York unter Kontrolle zu bekommen. Wie ein früherer Mitarbeiter des Weißen Hauses berichtete, bestand das »schmutzige kleine Geheimnis von ›Operation Underworld‹ darin, dass die amerikanische Regierung auf Lansky und das organisierte Verbrechen dringend angewiesen war, um einen Wirtschaftsfrieden zu erzwingen und Sabotageaktivitäten in den Kaianlagen und Lagerhäusern zu unterbinden. Die Regierung wandte sich an ihn, weil sie unter den damaligen Bedingungen keine andere Alternative sah und darüber hinaus schon seit Jahren, wie die Wirtschaft auch, Schläger anheuerte, um die Arbeiterschaft zu kontrollieren.«[14]

Wie in den meisten anderen Branchen waren die Arbeitsbedingungen der Hafenarbeiter nach wie vor hart, weshalb die Auseinandersetzungen zwischen Unternehmensführung und Arbeiterschaft mit unverminderter Heftigkeit und Unberechenbarkeit andauerten. Der große Wirtschaftsfrieden gehörte zu den vielen Mythen des Zweiten Weltkrieges. Anfang der 40er Jahre kam es zu mehr als 14.000 Streiks, an denen sich landesweit fast 7 Millionen Arbeiter beteiligten, viel mehr als in irgendeiner anderen vergleichbaren Periode der amerikanischen Geschichte. Der geheime Krieg im Hafenviertel, weit folgenschwerer als der Verrat an Buchalter, der sowohl dem organisierten Verbrechen als auch der Regierung Vorteile gebracht hatte, war ein weiterer Meilenstein in einer auf wechselseitiger Unterstützung und Ausnutzung beruhenden Komplizenschaft, die sich seit den 20er Jahren etabliert hatte. Abgesehen von öffentlichkeitswirksamen Kampagnen und Auftritten wie die von Hoover oder Dewey waren die Justizbehörden der damaligen Zeit äußerst ineffizient, wenn nicht gar korrupt.

»Lucky« Luciano nach der Haft in den USA und seiner Abschiebung nach Italien. Seit Mussolini hat kein größerer Verbrecher mehr im Kolosseum gestanden.

Für Washington war dies nur der Beginn einer geheimen Allianz mit dem organisierten Verbrechen, die sich während des Krieges anbahnte und danach beinah schon institutionalisiert war, ein »dauerhafter Modus Operandi«, wie ein Geisteswissenschaftler es später ausdrückte, der den Einsatz von Hunderten von Doppelagenten und die Beteiligung des Syndikats an der Invasion Siziliens einschloss. Viele US-Soldaten, die 1943 auf der Insel landeten, trugen kleine Taschentücher mit einem aufgestickten »L« bei sich, das sie als Freunde Lucky Lucianos ausweisen sollte.[15]

Die amerikanische Invasion verhalf der Mafia wieder zu der Macht, die sie vor dem Faschismus gehabt hatte, so dass sie praktisch einen Großteil Italiens kontrollierte. In der Nachkriegszeit nahm die amerikanische Regierung die Dienste der Mafia in Anspruch, um in Frankreich, Italien und anderswo linke Aktivisten einzuschüchtern oder unschädlich zu machen, ähnlich wie bei ihren Operationen am Ufer des Hudson und des East River. Tatsächlich hatte Lansky mit seinem erfolgreichen Eingreifen den New Yorker Hafen »gesichert«, womit dieser unweigerlich unter die Kontrolle von Großreedereien, durch das Syndikat kontrollierte Gewerkschaften und einer mit beiden Seiten eng verflochtenen Regierung fiel. Auf diese Weise gewann Lansky nur noch mehr Komplizen auf staatlicher Seite, was ihn umso unangreifbarer machte.

1944 wandten sich Geheimagenten des Marinenachrichtendienstes auf Veranlassung Roosevelts an Lansky mit der Bitte, den Rücktritt des kubanischen Diktators Fulgencio Batista zu arrangieren, der an Lanskys Spielkasinos in der Karibik beteiligt war und dessen Koalitionsregierung mit den kubanischen Kommunisten Washington nervös machte. Nachdem er von Lansky eine Viertel Million Dollar kassiert hatte, verzichtete der kubanische Diktator freiwillig auf sein Amt und ging ins komfortable Exil nach Florida. Später sollte Batista mit dem Segen der Amerikaner nach Havanna zurückkehren, um mit deren heimlicher Unterstützung durch Wahlmanipulation wieder an die Macht zu kommen und anschließend seine ehemaligen kommunistischen Verbündeten politisch auszuschalten.[16] Kurz, Lansky hatte erneut der Regierung einen Gefallen erwiesen, was seinen Einfluss in Washington weiter stärkte. Als leidenschaftlicher Zionist unterhielt Lansky auch gute Beziehungen zum israelischen Geheimdienst, mit dem ihn ein »prominenter amerikanischer Jude«[17] in Kontakt gebracht hatte, wie er später israelischen Journalisten erzählte. Als ihn die Militärführung des angehenden jüdischen Staates in den 40er Jahren bat, sie bei illegalen Waffenlieferungen nach Palästina zu unterstützen, erwiderte er: »Worum geht's? Ich stehe zu Ihrer Verfügung.«[18]

Neben seinen Klüngeleien mit der Regierung war Lansky vor allem mit der Verwaltung großer Kriegsgewinne beschäftigt, die einerseits aus dem Schwarzhandel mit Benzin, Zucker und anderen rationierten Waren und Konsumartikeln stammten, andererseits aus den klassischen Bereichen Glücksspiel, Prostitution und Drogenhandel. Korruption, Intrigen, die skrupellose Manipulation legaler und illegaler Kreise – dies alles schien nur der Auftakt zu Lanskys größtem und folgenreichstem Unternehmen zu sein, das er Anfang der 40er Jahre in Angriff nahm. Eines Tages brach er mit Bugsy Siegel von Los Angeles in den Süden Nevadas auf. Die Fahrt quer durch die Wüste war eine Tortur: Es waren fast 50 Grad im Schatten und das Kühlwasser im Cadillac begann zu kochen. Lansky erinnerte sich:

> Es gab Momente, da dachte ich, ich würde in dieser Wüste krepieren. Vegas war ein grässliches Nest, eine richtig schäbige Oasenstadt.[19]

Aber inmitten der drückenden Hitze, des Staubs und der Trostlosigkeit entstand vor seinen Augen die Vision eines Spielerparadieses.

Schon in den 20er Jahren, früher als die meisten anderen auswärtigen Investoren, hatte Lansky ein Auge auf Nevada geworfen. Kurz nachdem Nevada 1931 das Glücksspiel legalisiert hatte, erwarb er anonyme Beteiligungen am Golden Casino und dem berühmten Bank Club in Reno, damals das größte legale Spielkasino des Landes, und arrangierte sich frühzeitig mit dem dortigen Politbonzen, einem ehemaligen professionellen Pokerspieler namens George Wingfield, der es zum Bankenkönig gebracht hatte. 1942 hatte Lansky seinen Partner Siegel zum ersten Mal nach Las Vegas geschickt, wo er das Wettgeschäft mit Pferderennen, deren Ergebnisse telegrafisch übermittelt wurden, an sich reißen und weitere Investitionsmöglichkeiten auf dem Kasinomarkt auskundschaften sollte. Bugsy, in maßgeschneidertem Anzug und 300 Dollar teurem Gabardinemantel, der im Wüstensturm flatterte, zeigte sich von der Stadt wenig beeindruckt. Doch es war Lansky und nicht sein heißblütiger Revolverheld, wie später behauptet wurde, der die strahlende Zukunft dieses kargen, windgepeitschten Tals vorhersah:

> Ich wollte das großartigste, luxuriöseste Hotelkasino der Welt bauen und die Reichen aus ganz Amerika – vielleicht sogar der ganzen Welt – dazu bringen, dort ihr Geld auszugeben.[20]

Selbst in der Ödnis der Wüste sah er einen Vorzug:

> Wir hatten uns absichtlich für die Wüste entschieden, denn da gab es für Touristen außer Essen und Trinken nur eine einzige Freizeitbeschäftigung, nämlich das Glücksspiel.[20]

Lansky sollte nicht nur sein Luxuskasino bauen, sondern auch die Gewinne von einem halben Dutzend weiterer Kasinos einstreichen. Er besaß weder eine staatliche Spielkonzession, noch wurde er als Besitzer oder Betreiber irgendeines Etablissements am Strip offiziell geführt. Diesem Gründervater, der seine Stadt aus der Ferne regieren und zur internationalen Metropole von Drogenhandel, Glücksspiel, Geldwäsche und politischer Korruption machen sollte, würde man niemals ein Denkmal setzen. »Meyer besitzt in Las Vegas mehr als irgendjemand sonst, mehr als wir alle zusammen. Es gibt keinen Laden in Vegas, bei dem er nicht mitmischt«[21], sagte einmal ein italienischer Ganove neidvoll während eines vom FBI abgehörten Telefongesprächs. »Wo man auch hinkam, überall hatte die Gang ihre Finger drin, und meistens waren es Meyer Lanskys Finger«[21], schrieb ein anderer Gangster später über den zunehmenden Einfluss des Syndikats. Seit den 50er Jahren nannte man den Jungen aus Grodno respektvoll-ironisch den »Vorstandsvorsitzenden«.

Wie bei allen legendären Erfolgsgeschichten wurde viel übertrieben, nicht nur von Freunden, Rivalen und Nachahmern, sondern auch von Ermittlern und Journalisten, die Lansky im Visier hatten, was jedoch nicht heißt, dass Regierung oder Presse Lanskys Persönlichkeit oder

Bedeutung richtig einzuschätzen wussten. Mit seinen politischen Einflussmöglichkeiten und seinem Vermögen verkörperte er ein Phänomen, das seine Ära weit überdauerte. Selbst als er keine Macht mehr hatte, keine illegalen Geschäfte mehr abwickelte, sondern als gebrechlicher alter Mann in Florida lebte und später in Israel Zuflucht suchte, selbst nach seinem Tod, stand der Name Lansky für eine Kultur, die er etabliert hatte und die das Land nachhaltig prägen sollte. Unter Insidern bürgerte sich die Bezeichnung »Lansky Operation« ein – auch wenn Lansky selbst gar nicht involviert war –, worunter man die Kooperation zwischen legalen und illegalen Kreisen verstand, häufig unter Beteiligung von Lanskys staatlichen Widersachern und von Mitgliedern seines Syndikats. Die Entwicklung hin zu einer mehr oder weniger korrupten, ausbeuterischen Wirtschaft war sein Vermächtnis, und seine Erben waren die wirtschaftlichen und politischen Eliten des Landes – von den Kasinomagnaten in Las Vegas über die Manager multinationaler Konzerne bis hin zu den von Wirtschaftslobbyisten mit Millionenbeträgen ausgehaltenen Präsidentschaftskandidaten, die die Nation über das 20. Jahrhundert hinaus nach Lanskys Grundsätzen regierten.

Ihre geistige Hauptstadt war und ist Las Vegas, das von Lanskys symbolischer und materieller Hinterlassenschaft geprägt ist – von der Macht und Organisation des Syndikats, dem Drogenhandel und der Geldwäsche, der Korrumpierung von Polizei und Justiz, der Manipulation politischer Organe und nicht zuletzt jener Lebensphilosophie, dass derjenige gewinnt, der das Spiel kontrolliert. Aus dem »grässlichen Nest« in der Wüste Nevadas gedachte Lansky eine Stadt zu machen, die der Inbegriff seiner Vision von Amerika war. Aus einem halben Dutzend Spielkasinos entwickelte sich ein gesellschaftlicher Mikrokosmos, der auf jenen Prinzipien basierte, die er sich vor so langer Zeit zu Eigen gemacht hatte. Sein Traum hatte sich erfüllt: Er, der Boss, herrschte über ein »Paradies voller Trottel«.

2 Benny Binion
Der Gesetzlose als Ikone

Benny Binion, der kränkliche Sohn eines Pferde- und Maultierhändlers, wurde 1904 in den kargen Ebenen südlich des Red River, etwa 100 Kilometer nördlich von Dallas, geboren. Als Kind erkrankte er häufig an Lungenentzündung. In der Hoffnung, frische Luft würde ihm gut tun, beschlossen seine Eltern, dass er seinen Vater auf seinen Reisen begleiten sollte. Er wuchs in einer Welt auf, deren Tage gezählt waren: fliegende Händler, die mit ihren Karren über die von Wagenspuren zerfurchte Prärie rumpelten, Kartenspiele und Gefeilsche unter Pferdehändlern, Schießereien und Raufereien, die letzten gemeinschaftlichen Lagerfeuer im Texas der Jahrhundertwende.

Mit zehn ging er in der zweiten Klasse von der Schule ab, um mit Vieh zu handeln. »Schlechte Straßen und ständiges Kranksein«[1] hätten seiner Schulbildung im Weg gestanden, erklärte er später. Mit vierzehn hatte Lester Binion, genannt Benny, nichts mehr mit dem zarten, anfälligen kleinen Jungen gemein: ein strammer Cowboy, etwa 1,80 Meter groß, blauäugig, mit wachem Blick und den kantigen Zügen seiner Vorfahren. Da der Vater trank und sein mageres Einkommen verspielte, musste der Sohn für den Lebensunterhalt der Familie sorgen.

Als ihm die Plackerei zu viel wurde, spannte er zwei Maultiere an und setzte sich nach El Paso ab, wo er eine Zeitlang als Hilfsarbeiter Parkplätze für die ersten Automobile anlegen half. Dann fand er Geschmack am Schmuggel, nahm fragwürdige Jobs an der mexikanischen Grenze an und kam mit zwanzig nach Dallas, wo er als Alkoholschmuggler[2], bewaffnet mit je einem 45er Revolver für die rechte und linke Hand und einem 38er für alle Fälle, bald zu lokaler Berühmtheit gelangte. Dreist wie er war, stahl er einmal eine Wagenladung beschlagnahmten Alkohols direkt aus dem Keller einer Polizeiwache. Er hatte bereits im Gefängnis gesessen und eine Menge Geld verdient. Er konnte weder lesen noch schreiben oder rechnen, aber er konnte in einem Menschen wie in einem Buch lesen und sich seine Erfolgschancen ausrechnen, vor allem, wenn es darum ging, »Menschen zu manipulieren«, wie der Historiker A. Alvarez schreibt.[3]

Binion ging bei Dallas' berüchtigtem Gangster Warren Diamond in die Lehre, der im Hotel St. George, in direkter Nachbarschaft zum Gericht, einen florierenden Craps-Spielbetrieb unterhielt. Binion parkte die Wagen der Spieler und machte Botengänge. 1926, im Alter von 22 Jahren, forderte er seinen Mentor heraus, indem er im nahen Hotel Southland ein Konkurrenzunternehmen aufzog. Das Southland gehörte Sam Maceo, Boss der Galveston-Gang, Drogenschmuggler und zukünftiger Partner Lanskys. Als der alternde Diamond nichts gegen ihn unternahm, stieg Binion auch noch ins Kredit- und ins Wettgeschäft ein.

Von Anfang an war Binion ein Mann mit zwei Gesichtern: einerseits der großzügige Kasinoboss, der jeden Wetteinsatz abdeckte,[4] der selbst einem glücklosen Verlierer seinen Einsatz zurückzahlte und treuen Angestellten einen Truthahn zu Weihnachten schenkte, andererseits der kaltblütige Gesetzlose, der vor nichts zurückschreckte, der in ganz Nordtexas die von Schrot zerfetzten Leichen seiner Gegenspieler oder Abtrünniger neben den Eisenbahnschienen liegen ließ oder halb unter Ätzkalk begraben, der auch schon einmal einem Wettkurier einen Bleistift ins Auge stieß, weil er glaubte, dass dieser ein falsches Spiel mit ihm trieb. »Erledige deine Feinde, bevor sie dich erledigen«[5], lautete seine Maxime.

Anfang der 40er Jahre gab es in Dallas 27 illegale Spielkasinos. Die Stadt war zum Zentrum des Verbrechens der gesamten Region geworden – und sie gehörte Binion. Er profitierte von den heimlichen Vergnügungen der Leute und umgekehrt, wie es ein Zeitgenosse beschrieb. Über seine stadtbekannten Mittelsmänner bestach und bedrohte er lokale Politiker, Staatsanwälte und die Polizei. Mit diesem System aus »Zwangsabgaben« und Schmiergeldern kontrollierte er praktisch den gesamten Norden von Texas. Er prahlte damit, nicht nur Gönner von Lokalpolitikern in Dallas zu sein, sondern auch ein enger Freund des Kongressabgeordneten Lyndon B. Johnson, damals noch ein unbekannter, aber ehrgeiziger Politiker. Ein texanischer Journalist nannte Binion einmal den »König der Gangster«[6], wenngleich es diesem an Konkurrenten nicht mangelte, die beseitigt werden mussten, und ständig neue Beamte nachrückten, die es zu kaufen galt. Er wusste sich auch zu arrangieren, beispielsweise mit dem Gangsterboss Carlos Marcello aus New Orleans, der einen Großteil von Texas kontrollierte und mit dem er sich die Gewinne teilte. Mit seinen Aktivitäten erregte er die Aufmerksamkeit Lanskys, der nach Texas kam, um sich ein Bild von diesem »skrupellosen Typen« zu machen, von dem Insider behaupteten, er sei »eine Mischung aus Paul Bunyan und den Dalton-Brüdern«[7]. Wie die Gefolgsleute der beiden Unterweltbosse später übereinstimmend sagten, erkannte Lansky in Binion nicht nur einen ihm ebenbürtigen Machtmenschen, sondern auch einen zukünftigen Partner, der mit ihm »gemeinsame Sache machen«[8] würde, wenn für sie beide etwas dabei heraussprang.

Während des Zweiten Weltkriegs erwarb Binion Anteile des berühmten Top O'Hill Terrace im benachbarten Fort Worth, dessen hochkarätige Klientel sich beträchtlich von den Schwarzen und armen Weißen unterschied, die in seinem Klub in der Innenstadt von Dallas verkehrten. Zu seinen Stammgästen gehörten texanische Millionäre und einflussreiche Politiker wie H. L. Hunt, Sid Richardson, Clint Murchison und der schneidige junge Millionenerbe Howard Hughes. Sein Kasinomanager war Louis McWillie, der Beziehungen zu Lanskys Organisation unterhielt und ein Freund von Jack Ruby war, einem kleinen Ganoven und Schläger aus Chicago, der kurz darauf nach Dallas kam.

Als 1946 in Dallas ein Bandenkrieg ausbrach, der die Unterwelt im ganzen Land erfasste, musste Binion die Stadt Hals über Kopf verlassen. James Ragen, ein Informant aus Chicago, der den landesweit größten und lukrativsten Telegrafendienst für Buchmacher unterhielt, hatte im Juni gegenüber dem FBI ausgepackt. Sein Verrat gefährdete Personen »an höchster Stelle«[9], wie ein Beamter erklärte, der mit dem Sachverhalt vertraut war. Ragen wusste angeblich, dass Hoover wegen seiner Homosexualität von Lansky erpresst wurde. Ebenso wusste er von der Unterwanderung und Kontrolle wichtiger Bereiche der amerikanischen Wirtschaft durch das organisierte Verbrechen, einschließlich der Spielkasinos in Nevada, des Alkoholgeschäfts und der Zuckerindustrie, der Filmstudios und Gewerkschaften in Hollywood, wichtiger Importeure tropischer Früchte und Gesellschaften mit Auslandsbeteiligungen. Wie Ragen und anderen Eingeweihten bekannt war, hatte das Syndikat mit verschiedenen Methoden legale Unternehmen infiltriert. Es hatte Prohibitionsgewinne in seriöse Firmen investiert und in- und ausländischen Konzernen, darunter United Fruit, Schlägertrupps zur Verfügung gestellt, über Filmstudios Gelder gewaschen und Hollywoodbosse erpresst. Vor allem aber war Ragen offenbar bereit, über das noch wenig bekannte Ausmaß des Drogenhandels und dessen Bedeutung für das Syndikat auszusagen.[10] Allerdings verlangte er einen Leibwächter, den Hoover ihm jedoch verweigerte. Während die Ermittlungen anliefen, kam es zu einem Anschlag auf Ragen: Er wurde von einem Lieferwagen in der State Street aus niedergeschossen und dabei schwer verletzt. Als die Nachricht, dass Ragen überlebt hatte, den Las Vegas Club erreichte, waren Gus Greenbaum und seine Gangsterfreunde außer sich und riefen sofort in Chicago an. »Solly, du hast den Job versaut!«, schrie Greenbaum einen seiner angeheuerten Killer durchs Telefon an. »Entweder stirbt Ragen oder du«, hörten ihn mehrere Zeugen brüllen.[11]

Nicht lange danach spürten Solly und seine Komplizen den Verräter Ragen in seinem Krankenhauszimmer auf und »stopften ihm Quecksilber-Bichlorid-Tabletten (ein metallisches Gift, das in den 40er Jahren von Banden bevorzugt wurde) in den Hals«[12], wie die Autorin Susan Berman schrieb. Sollys Rückruf löste in Las Vegas »Beifallsrufe und Applaus« aus, erinnerte sich ein Insider. »Ragen ist tot. Sie haben ihm eine Dosis verabreicht«[13], erzählte Joe »Bowser« Rosenberg, einer der Besitzer des Klubs, seinen Partnern. An diesem Abend versammelten sich die Gangstergrößen von Las Vegas zu einem Festessen im Kasinosaal, wo »schwarze Köche mit hohen, weißen Mützen«[14] silberne Tabletts voller Delikatessen auftrugen.

Ragens Ermordung hatte weit reichende Folgen, da dadurch der äußerst einträgliche landesweite Telegrafendienst in die Hände des organisierten Verbrechens fiel. Für Binion selbst bedeutete es, dass die Chicagoer Gangster, die Ragen ausgeschaltet hatten, nun Anstalten machten, Dallas unter ihre Kontrolle zu bringen. Bereits im November 1946 hatten sie ihr Ziel erreicht. Als Spieler wusste Binion, wann er verloren hatte. »Mein Sheriff hat 'ne Wahlschlappe erlitten«[15], erklärte er lakonisch und bat Lansky, ihm zu helfen, in Las Vegas Fuß zu fassen.

Einen Monat später verfrachtete Binion seine Frau, seine fünf Kinder und mehrere Koffer mit Bargeld in seinen Cadillac und ließ sich nach Las Vegas chauffieren, wo den 42-Jährigen Reichtum und Macht erwarteten. An Silvester 1946 hatten seine Kasinos in Texas zum letzten Mal geöffnet. Am nächsten Tag tauchte er im Las Vegas Club auf, als Partner jener Männer, die Ragen ermorden ließen. In den folgenden vier Jahren kaufte er sich in zwei Spielhallen in der Innenstadt ein, verkaufte aber seine Anteile später wieder. Danach pachtete er von Lanskys Kompagnons für 160.000 Dollar ein Kasino sowie das angeschlossene Hotel, das aus Steuergründen geschlossen worden war – beides in der Fremont Street, in jenem Stadtteil von Las Vegas, der später als Glitter Gulch bekannt wurde. Im August 1951 eröffnete er hier Benny Binion's Horseshoe Club und wurde damit zu einem der mächtigsten Männer Amerikas. Laut einem FBI-Bericht besaß er bereits »Eigentum im Wert von einer Million Dollar«[16], und zwar in Nevada, Texas, Louisiana und Mississippi, außerdem eine 84.000 Hektar große Ranch in Missouri Breaks in Montana, und Anteile am berühmten Log Cabin Club in Jackson Hole in Wyoming.

Als es um eine Konzession für seinen Spielbetrieb ging, versuchte er es wie üblich bei der zuständigen Behörde mit Bestechungsgeldern und Drohungen – nur bei dem korrekten Bürokraten Robbins Cahill fruchtete all das nichts. Aber Binion gewann die entscheidenden Stimmen der politischen Vertreter im Ausschuss und war um eine wertvolle Erfahrung reicher.[17] Während der Anhörung vor dem Konzessionsausschuss wurde er nach zwei Morden in Dallas befragt. Eins der Opfer war ein Zahlenlotto-Konkurrent von Binion namens Ben Freiden. Binion gab die Ermordung zu, behauptete aber, in Notwehr gehandelt zu haben, und tischte ihnen ein Wildwestmärchen auf: »Hab ihm drei Schüsse ins Herz verpasst … ein übler Kerl, wirklich übel.«[18] Und zum zweiten Mord meinte er: »Yeah, aber er war bloß ein Nigger, den ich beim Whiskeyklauen erwischt habe.«[19] Die Kommissionsmitglieder fanden das alles sehr komisch. Nachdem ihr Gelächter abgeflaut war, erhielt er trotz Cahills Einwänden seine Konzession.

Bei einer anderen Gelegenheit verweigerte ihm die Kommission eine Spielkonzession, weil er in einer »beeidigten Erklärung« behauptet hatte, in keine illegalen Geschäfte verwickelt gewesen zu sein. Nachdem Binion dem Gouverneur von Nevada eine größere Geldsumme hatte zukommen lassen, wurde der Beschluss der Kommission aufgrund einer Formsache umgestoßen.

Ein paar Jahre später bekannte sich Binion der Steuerhinterziehung in Texas schuldig. Überzeugt davon, dass er den Richter manipulieren könne, fuhr er mit seinem schwarzen Chauffeur »Gold Dollar« und mit 100.000 Dollar in bar zur Urteilsverkündung nach Dallas. Aber die Polizei hatte Wind von dem geplanten Deal bekommen und setzte den Richter unter Druck. Binion wurde zu seiner großen Verblüffung verurteilt und saß dreieinhalb Jahre im Gefängnis von Leavenworth.

Bei seiner Freilassung war er ein aufgeschwemmter, behäbiger Mann von 53 Jahren, der behauptete, vom Gefängnisgeistlichen zum Katho-

Immer mit Stetson: Benny Binion, der Patriarch des Glücksspiels, bekniet vom heutigen Kasinobesitzer Steve Wynn

lizismus bekehrt worden zu sein. Obwohl Binion in Nevada keine Konzession mehr erhielt, betrieb er das Kasino, das er auch vom Gefängnis aus gemanagt hatte, nach seiner Rückkehr weiter, ohne dass jemand Anstoß daran nahm.

> Dem Staat Nevada war sehr daran gelegen, dass dieser feiste Verbrecher unbehelligt blieb. Sie hatten gemeinsame Interessen und profitierten voneinander.[20]

Binions Klub war eine Neuheit in Las Vegas. Weithin erkennbar durch sein mehr als zwei Meter großes goldenes Hufeisen, das mit einhundert Zehntausenddollarnoten bestückt war, verzichtete dieses Haus des passionierten Spielers, ebenso wie sein Besitzer, auf jeden Schein und jede Maskerade. Der Klub zog Leute aus dem Volk an, die in Arbeits- oder Hauskleidern ihr Glück an den Spielautomaten versuchten, welche immerhin die höchsten Gewinnchancen in der Stadt boten. Bewusst verzichtete Binion auf falschen Glanz und Luxus, auf großartige Wasserspiele und Büffets, Blumenschmuck und aufwändige Shows. Seine Kasinokost bestand aus deftigem texanischen Chili, nach einem Rezept aus Gefängnistagen. Sein Motto lautete:

> Wenn man reich werden will, muss man kleinen Leuten das Gefühl geben, jemand zu sein. ... Gutes, billiges Essen, guter, billiger Whiskey und ein gutes Spiel. Mehr braucht der Mensch nicht.[21]

Im Horseshoe war »immer was los«, erzählte ein Besucher, »ein klasse Laden«.[22] Es war der erste Klub in der Innenstadt, der mit Teppichboden ausgelegt war. Binion – mit weißem, tief in die Stirn gezogenem

Stetson, mit dem er aussah wie ein Revolverheld, in Bisonfellmantel oder Wildwestmontur mit Golddollarknöpfen und Krokodillederstiefeln –, hatte die Angewohnheit, ständig auf den Boden zu spucken, als wäre er noch mit Sägemehl bestreut.[23] Sein Partner, ein Schieber namens Doby Doc Caudill aus der Rinderstadt Elko im Norden Nevadas, trug eine mit Diamanten besetzte Nadel an seiner Latzhose und eine Pistole im Halfter. Sein anderer Partner war Eddie Levinson, ein bekannter Name in Verbrecherkreisen. Jahrzehntelang ging ein bestimmter Prozentsatz des Gewinns des Horseshoe an Lansky und andere Syndikatsmitglieder.

Binions Frau Teddy Jane aus Ardmore in Oklahoma, die ihn 1933 geheiratet hatte, eine zierliche Person und Kettenraucherin mit schlecht gefärbtem Haar, war ein vertrauter Anblick in der Fremont Street. Mit der Zigarette im Mundwinkel oder zwischen ihren nikotinverfärbten Fingern, die Taschen voller Scheine, ging sie persönlich jeden Tag zur Bank, um die Tageseinnahmen einzuzahlen, da die Binions niemandem über den Weg trauten. »Wenn ich Benny Binion heirate«, hatte sie einst gesagt, »werde ich mein Leben in einem Zimmer über einem popeligen Spielschuppen verbringen.«[24] Stattdessen wohnte sie mit ihm in einem großen, stuckverzierten Haus, bis er eines Tages nach Hause kam und – ihrer Kettenraucherei überdrüssig – sie kurzerhand hinauswarf. Sie zog in eine Suite über dem Horseshoe. 30 Jahre danach hingen ihre Kleider immer noch unberührt im großen Haus, so wie sie sie zurückgelassen hatte.

In späteren Jahren war Binion ein leidenschaftlicher Geschichtenerzähler und saß oft in einer Nische im Sombrero Room des Klubs, von begeisterten Zuhörern umringt. Las Vegas war von seinem Charme hingerissen. Seine ungeheuerlichen Taten wurden verklärt, seine blutige Vergangenheit wurde zur romantischen Legende, und das alles trug zur Popularität der Stadt bei. Er galt jetzt als »gerissener Fuchs und Großvater von Glitter Gulch«[25]. Kurz vor seinem Tod sagte er rückblickend: »Ich wäre bestimmt wieder Spielkasinobesitzer geworden, weil es nichts gibt, was ein ungebildeter Mann sonst machen kann.«[26]

Doch hinter den Kulissen ging Binion nun noch brutaler vor. Ins Horseshoe wurde die Polizei nur selten gerufen, bezahlte Schläger schlugen die Krawallmacher und Betrüger zusammen oder brachten sie um. In sechs Jahren wurden im Kasino sieben Menschen ermordet und mehr als 100 verprügelt. Wenn Obdachlose im Winter hier Zuflucht suchten, holte man den Wasserschlauch und spritzte sie zur Hintertür hinaus. Binion warf einmal höchst persönlich einen gelähmten schwarzen Kriegsveteranen im Rollstuhl aus dem Horseshoe. Er war ein unverbesserlicher Rassist, der im Gegensatz zu anderen Kasinobetreibern keinen Hehl aus seiner Überzeugung machte. Noch im Eröffnungsjahr führte Binion einen Rachefeldzug gegen alte Rivalen in Texas und versuchte nicht weniger als elf Mal seinen Konkurrenten Herbert »The Cat« Noble umzubringen, bevor er beim zwölften Versuch, mit einer Briefbombe, endlich Erfolg hatte.

Binion schmierte ungeniert US-Senatoren, Gouverneure, Richter, Politiker und Beamte. Er brüstete sich damit, Howard Cannon, einen Senator aus Nevada, dazu gebracht zu haben, sich in der Panamafrage hinter Präsident Jimmy Carter zu stellen. Im Gegenzug erhielt Binions Freund, der Anwalt Harry Claiborne, ein Richteramt am Bundesbezirksgericht. Claiborne sollte später der erste Bundesbezirksrichter seit dem amerikanischen Bürgerkrieg sein, der wegen Amtsmissbrauch angeklagt und verurteilt wurde.

Unter Binions wachsamem Auge wurden von dem populären Kasino aus mehrere Morde geplant, darunter das tödliche Attentat auf den lokalen Anwalt William Coulthard, der 1946 als erster FBI-Beamter nach Las Vegas geschickt worden war und sich schließlich aus dem Staatsdienst verabschiedet hatte, um Karriere als Anwalt zu machen. Durch seine Ehe mit der Tochter des wohlhabenden Bauunternehmers und Spielbankbesitzers Pietro Orlando »P. O.« Silvagni, dem Eigentümer des Horseshoe-Grundstücks, war Coulthard nun Binions Verpächter. Wie aus einem FBI-Bericht hervorgeht, der erst kürzlich nach Ablauf der gesetzlichen Sperrfrist der Öffentlichkeit zugänglich gemacht wurde, hatte Coulthard über den Verkauf der Liegenschaft mit einem Konkurrenten Binions verhandelt. Kurz darauf, im Juli 1972, explodierte sein Cadillac im Parkhaus der Bank of Nevada. Die Bombe riss dem Anwalt Kopf und Beine weg. Dieser Mord schockierte selbst das abgestumpfte Las Vegas, wo Coulthards angeheiratete Familie hohes Ansehen genoss. Wäre sein Schwiegervater noch am Leben gewesen, so die allgemeine Meinung, hätte er den Mord an seinem Schwiegersohn gerächt. Obwohl viele der Ansicht waren, dass Binion hinter dem Mord steckte – das Horseshoe bekam einen neuen Vertrag über 100 Jahre zu günstigen Konditionen –, unternahm Sheriff Ralph Lambgegen nichts gegen den Verdächtigen, der ihm Geld »geliehen« hatte. Das FBI, überzeugt von Binions Schuld, hatte mangels Zuständigkeit keine Handhabe gegen ihn. FBI-Beamte, die die Angelegenheit verfolgten, sagten später, dass sie noch nie einen solchen Sumpf erlebt hätten. Gegen Ende des Jahrhunderts war Coulthards Ermordung immer noch nicht aufgeklärt, »obwohl jeder in der Stadt wusste, wer es getan hatte«, wie ein lokaler Anwalt sagte. Die Spur führte nach Aussagen eines Kriminalbeamten zu einem Killer aus Las Vegas, dessen »Markenzeichen« ein »durch ein Gitarrenplektrum gesteuerter Erschütterungszünder« war.[27]

Wie sich herausstellte, handelte es sich dabei um denselben Bombentyp wie bei dem aufsehenerregenden Mord an dem Journalisten Don Bolles aus Arizona vier Jahre danach. Der Datsun des Journalisten und Vaters von sieben Kindern flog im Juni 1976 auf einem Parkplatz in Phoenix in die Luft. Bolles, dem beide Beine und ein Arm amputiert werden mussten, starb elf Tage später – nicht ohne vorher der Polizei das Wort »Emprise« zuzuflüstern, wodurch der Mord eindeutig mit Las Vegas in Verbindung gebracht werden konnte. Bei seinen Recherchen hatte der Journalist einen Zusammenhang zwischen den »abgeschöpften« Gewinnen aus Kasinos in Las Vegas und dem Pferderennmonopol entdeckt, das die in Las Vegas ansässige Familie Funk zusammen mit der Familie Jacobs aus Buffalo und deren Firma Emprise innehatten.

In den 70er Jahren »wusch« der texanische Rauschgifthändler Jimmy Chagra zig Millionen Dollar aus Drogengeschäften an den Spieltischen des Horseshoe – Geld, das laut A. Alvarez »schwarz wie Pech«[28] war. 1979 wurde hier der Killer Charles Harrelson damit beauftragt, John Wood, Richter am Bundesbezirksgericht, zu ermorden, der im Drogenprozess gegen Chagra in San Antonio den Vorsitz führen sollte.

Im selben Jahr kam es im Horseshoe zu einem blutigen Zwischenfall: Ein randalierender Besucher, der sein gesamtes Geld verloren hatte, behauptete, betrogen worden zu sein. Er wurde aus dem Kasino geschafft und mit einem 9mm-Revolver in den Kopf geschossen. Die Waffe fand man noch in derselben Nacht im Tresorraum des Kasinos. Als das FBI eine Untersuchung wegen Bestechung der ermittelnden Kriminalbeamten vor Ort und von Beamten der Staatsanwaltschaft von Clark County einleitete und schließlich auch gegen Binion wegen Mordes ermittelte, fand es keinen Zeugen, der bereit war, auszusagen. Der damalige Bezirksstaatsanwalt Bob Miller, Sohn eines Chicagoer Gangsters und Besitzers eines Striplokals, wurde 1989 Gouverneur von Nevada.

Trotz Binions krimineller Machenschaften war er so angesehen, dass man eine überlebensgroße Bronzeskulptur von ihm an der Straßenecke gegenüber dem Horseshoe aufstellte. Es war die erste öffentliche Statue in Amerika, die einen Kasinobesitzer ehrte, und im glitzernden, mit grellen Fantasiewesen bevölkerten Las Vegas die einzige Skulptur eines Menschen aus Fleisch und Blut. Aber der größte Tribut an Binion und die korrupte Ordnung, für die er nach Kräften gesorgt hatte, war, dass nach Jahrzehnten der Gewalttätigkeit, der Bestechung, der Morde und Hinrichtungen, die Polizeibehörde von Las Vegas in den 90er Jahren dem FBI mitteilte, es gebe keine Akte über ihn. Der ungebildete Sohn eines trunksüchtigen Pferdehändlers hatte ein Vermögen von über 100 Millionen Dollar angehäuft. Wie bei so vielen amerikanischen Wirtschaftsimperien des letzten Jahrhunderts entstand auch um Binions Vermächtnis ein mörderischer Kampf. Laut der Zeitschrift *Forbes* zählte Binions Sohn Jack um die Jahrtausendwende zu den 500 reichsten Männern Amerikas. Sein Bruder Ted – »noch schlauer als sein Vater«[29], wie ein ehemaliger Bundesbezirksrichter erklärte – starb im Mai 1999 an einer tödlichen Mischung aus Heroin und einem Barbiturat; gleichzeitig verschwanden Silbermünzen im Wert von 4,5 Millionen Dollar aus seinem unterirdischen Tresor. »Das wäre nie passiert, wenn der alte Benny noch da wäre«, meinte ein Freund der Familie.

Der Gesetzlose als Reiterstandbild: Binion in Downtown Las Vegas

Für diejenigen, die verstanden, welches Spiel in Las Vegas – und letztlich in ganz Amerika – gespielt wurde, war Benny Binion einer der einflussreichsten und gefürchtetsten Männer seiner Zeit und vielen wegen seiner enormen Macht – oder seinen rigorosen Methoden – ein Vorbild.

3 Pat McCarran

Der Demokrat als Alleinherrscher

Pat McCarran erwarb sein juristisches Wissen aus Büchern, die er in seiner Satteltasche bei sich trug. Er übte sich im freien Sprechen, indem er sich auf einer einsamen Bergweide der Sierra Nevada auf einen Felsen stellte und auf eine Schafherde einredete. Er sollte zu einem der einflussreichsten Senatoren in der Geschichte der USA aufsteigen, der die amerikanische Innen- und Außenpolitik prägte wie kaum ein anderer. Gegen Ende seines Lebens zeichneten Karikaturisten den Politiker auf dem Höhepunkt seiner Laufbahn als »Herrscher von Capitol Hill«, mit Löwenmähne und beeindruckender Leibesfülle. Doch in Patrick Anthony McCarran steckte weit mehr, als sein öffentliches Image vermuten ließ.

Der Mann, der in den 1950er Jahren eine so bedeutende Rolle spielen sollte, war ein Kind des 19. Jahrhunderts. Er kam 1876 als Sohn irischer Einwanderer in Reno zur Welt. Seine Mutter, eine ehemalige Lehrerin aus der Grafschaft Cork, war eine hübsche Frau und außergewöhnlich talentierte Sängerin. Sein Vater, ein Schafzüchter mit einem aufbrausenden Temperament, war während der großen Hungersnot nach Amerika ausgewandert und hatte zunächst in der amerikanischen Armee gedient, ehe er desertierte und sich in einem Flusstal östlich von Reno eine Ranch kaufte. Der kleine Patrick, ein sommersprossiger Rotschopf, war ein Einzelkind und hatte nur einen Hund zum Spielgefährten. Erst mit zehn Jahren kam er in die Schule, zu der er einige Meilen mit dem Pferd reiten musste. Er war vier Jahre älter als seine Klassenkameraden, entwickelte sich zu einem Einzelgänger und war häufig in Prügeleien verwickelt. Seine Mutter erzog ihn zu einem frommen Katholiken.

Patrick war ein mäßiger Schüler ohne Ehrgeiz, was sich erst änderte, als seine Englischlehrerin seinen Wissensdurst weckte. Mit 21 Jahren schloss er als Bester die Highschool in Reno ab und ging an die University of Nevada, wo er durchschnittliche Leistungen zeigte. Lediglich in Rhetorik glänzte er, weshalb er in seiner Professorin für Politikwissenschaft, der Frauenrechtlerin Anne Martin, eine begeisterte Mentorin fand. Sein Idol war der populistische Präsidentschaftskandidat der Demokraten, William Jennings Bryan.

Als sein Vater schwer erkrankte, verließ McCarran die Universität, um sich um die Ranch zu kümmern. Während er auf den Bergweiden der Sierra Nevada die Schafe hütete, eignete er sich im Selbststudium erste Kenntnisse in Jura an. 1902 stattete ein Neffe von William Sharon, dem Politboss der Bergbauregion um Reno, dem stämmigen jungen Iren mit dem dunklen, gewellten Haar und dem 14-Tage-Bart einen Besuch ab. Im Auftrag seines Onkels und dessen demokratischer Parteifreunde bat er den gut aussehenden, ehrgeizigen Jurastudenten, bei den Parlamentswahlen für die Liste der Silver Demokraten zu kandidieren. Diese Chance ließ sich McCarran nicht entgehen.

»Nevada, das ist eine Mischung aus Hässlichkeit und Schönheit, aus Laster und Tugend«, schrieb Richard G. Lillard 1942 in seinem Buch *Desert Challenge: An Interpretation of Nevada.* Man sah in diesem Bundesstaat, der von jeher eine Sonderstellung einnahm, weniger einen Ort, an dem man sich niederlassen konnte, als eine fremde Festung, die es einzunehmen galt, eine Art Kolonie, aus der man einen möglichst großen Gewinn zog. Unter der kargen Mondlandschaft schlummerte ein Vermögen, dessen Ausmaß sich selbst Experten kaum auszumalen vermochten. Die Silber- und Goldadern im Norden Nevadas, die zu den reichsten Vorkommen der Welt zählten, waren »das Steckenpferd der Krösusse aus San Francisco … eine Schatzkammer, die geplündert wurde, um die Villen von Nob Hill zu finanzieren«[1], schrieb der Historiker Gilman Ostrander.

Nevada wurde von Anfang an benutzt, missbraucht und ausgebeutet. Um für die knappen Präsidentschaftswahlen von 1864 drei zusätzliche Wahlmännerstimmen zu gewinnen, hatten Abraham Lincoln und seine republikanischen Mitstreiter aus dem gesetzlosen Territorium mit einer Fläche von 260.000 Quadratkilometern einen Staat gemacht. Man taufte ihn »Nevada« – das spanische Wort für »schneebedeckt« – und verlieh ihm das Staatsmotto »In der Schlacht geboren«. Selbst an den üblichen Wildweststandards gemessen herrschten in Nevada äußerst raue Sitten. Politische Korruption und ein pragmatischer Egalitarismus zeichneten das Zusammenleben der bunt gemischten Bevölkerung aus. Mark Twain schrieb:

Mark Twain

In Nevada rangierten eine Zeitlang der Rechtsanwalt, der Redakteur, der Bankier, der Obergauner, der beste Spieler und der Kneipenwirt auf derselben gesellschaftlichen Stufe, und dieses war die höchste … Der billigste und einfachste Weg, ein Mann von Einfluss zu werden, zu dem die Gemeinde aufblickte, war der, hinter einer Theke zu stehen, eine diamantenbesetzte Krawattennadel zu tragen und Whisky auszuschenken … Kneipenwirt zu sein und einen Mann zu töten, galt also als das Größte.[2]

Doch sehr schnell etablierte sich in Nevada eine Oligarchie aus Bergbaubossen, Eisenbahnmagnaten und Viehbaronen, die den Bundesstaat rücksichtslos ausbeuteten. »Ihnen allen ging es nur darum, zu verhindern, dass die Regierung sie durch Steuergesetze oder sonstige Maßnahmen einschränkte«[3], schrieb der Historiker Michael Green. Sofern man überhaupt von freien Wahlen sprechen konnte, so wurden diese regelmäßig durch Bestechung und Betrug manipuliert. Nackte Habgier hatte ein System geschaffen, das Ostrander als »kapitalistischen Autoritarismus«[4] bezeichnete. Dennoch strebten die korrupten Wirtschaftsbosse auch nach gesellschaftlichem Ansehen, nach Akzeptanz durch die »Aristokratie«[5] Nevadas, zu der führende Akademiker, Bankiers und Finanzmakler gehörten. Wie der Historiker Hubert Howe Bancroft herausstellte, waren es die Anwälte, die die schmutzigen Geschäfte abwickelten und mit den »Hunderttausenden von Dollars ihrer Klienten jeden gefügig machten, die diesen im Wege stand«[6]. Es ging um gewaltige Summen. In den letzten Jahren des 19. Jahrhunderts überließen korrupte Verwaltungsbeamte den Eisenbahngesellschaften zwei Millionen Hektar Land und machten sie damit zu den größten privaten Grundbesitzern Amerikas. In dieser Ära wirtschaftlicher Ausbeutung stellte Nevada einen traurigen Rekord auf: Nirgendwo sonst wurden aus einem Bundesstaat so große Gewinne herausgepresst, die in die Taschen so weniger flossen; nirgendwo sonst konnten sich politische Willkür und privatwirtschaftliche Einflussnahme so uneingeschränkt und dauerhaft durchsetzen, dass jeder demokratische Prozess im Keim erstickt wurde; nirgendwo sonst herrschte eine derartige Korruption. »Die Geschichte des Staates liest sich wie ein Roman«[7], schrieb Lillard über das wechselvolle Schicksal Nevadas. Fiktion oder nicht, es ist eine tragische Geschichte.

Die Ausbeutung Nevadas ging Hand in Hand mit einer Lockerung der Sitten, die für die übrige amerikanische Gesellschaft jener Zeit skandalös war. Zentrum dieser neuen Freizügigkeit waren die Bergarbeitersiedlungen. Die Prostitution florierte in einer juristischen Grauzone, da sie offiziell weder verboten noch erlaubt war, sondern einfach geduldet wurde. Nichts symbolisierte die laxe Haltung des Staates so sehr wie die Legalisierung des Glücksspiels. Nachdem man wie üblich mit Schmiergeld nachgeholfen hatte, wurde das Glücksspiel bereits 1869 ohne viel Aufhebens für gesetzlich erklärt. Bald wurde überall in Nevada Poker und Fan Tan gespielt. Als 1873 der Silberstandard abgeschafft wurde, stürzten die Silberpreise in den Keller. Während McCarrans Kindheit verfielen die einst quirligen Bergarbeitersiedlungen zu Geisterstädten. Die Schächte der Silberlagerstätte Comstock Lode sind stumme Zeugen einstiger Geldgier. Eine Zeitlang beherrschten dann die Viehbarone das politische und wirtschaftliche Leben Nevadas. Doch als der schlimmste Schneesturm seit hundert Jahren ihre Rinderherden vernichtete, überließen die San Franciscoer Banken die Ranches ebenso erbarmungslos ihrem Schicksal wie einst die Silberminen. »Das arme, verlassene, ausgeblutete Nevada fällt in seinen Urzustand zurück«[8], sagte ein Zeitzeuge.

Not und Entbehrung waren die treibende Kraft für Nevadas »plutokratischen Populismus«[9], wie es Ostrander ausdrückte. Der Staat setzte

Comstock Lode

auf die neu gegründete Silver Party, die durchgreifende Reformen ankündigte und eine breit gefächerte Anhängerschaft hinter sich versammelte: vom Prospektor bis zum Cowboy und Schafhirten, vom Rinderzüchter aus dem Hochland bis zum bodenständigen Farmer aus dem Mittleren Westen – sie alle benötigten dringend mehr Geld, um ihre Kredite abbezahlen zu können, und machten gemeinsam Front gegen die mächtigen Finanzbosse an der Wall Street und ihre Handlanger in Washington. Als während des Präsidentschaftswahlkampfes von 1896 die egalitären Reden Bryans öffentlich verlesen wurden, jubelten die Menschen auf den Straßen Nevadas. Doch wie der Historiker Richard Hofstadter und andere Chronisten der populistischen Bewegung herausstellten, propagierten die Politiker der Silver Party nur eine »verwässerte Version«[10] des wahren radikalen Populismus. Als sie sich kurz darauf mit den Demokraten Nevadas zur Silver Democrat Party vereinigten, näherten sie sich immer mehr ihren neuen Verbündeten und auch den Republikanern an und engagierten sich weniger für wirtschaftliche Gerechtigkeit als für »die Vermehrung ihrer Bankguthaben«[11], wie Ostrander schrieb.

Zu Beginn des 20. Jahrhunderts verfügten weniger als 100 Unternehmen und Privatpersonen in Nevada über drei Viertel des privaten Grundbesitzes. Zwei Drittel der Minen, Ranches, Schaffarmen, Eisenbahngesellschaften und Versorgungsbetriebe befanden sich in der Hand auswärtiger Investoren. Im Gegensatz zu den meisten übrigen Staaten verfügte Nevada über keine nennenswerte Zahl einheimischer Finanziers. Da zudem ein Großteil des staatlichen Grundbesitzes der amerikanischen Regierung gehörte, hatte Nevada mehr oder weniger den Status einer Wirtschaftskolonie. In einer historischen Darstellung hieß es treffend, die Menschen Nevadas seien ein »durch jahrzehntelange Ausbeutung zutiefst gedemütigtes Volk«[12]

1902 errang McCarran einen Sitz im Repräsentantenhaus Nevadas für den zwischen Reno und Carson City gelegenen Wahlbezirk Washoe County und setzte sich für die Gewerkschaften und den Achtstundentag ein. Nach Ablauf seiner zweijährigen Amtszeit bewarb er sich um einen Sitz im Senat von Nevada, verlor jedoch und wandte sich daraufhin wieder der Schafzucht und der Vorbereitung auf das juristische Examen zu. So begann eine wechselvolle Karriere, die durch Sieg und Niederlage, Vorstoß und Rückzug, bedingungslose Loyalität und bittere Feindschaft geprägt war.

1903 gründete er eine Familie und zog zwei Jahre später mit seiner Frau und dem ersten seiner fünf Kinder in die aufblühende Silberstadt Tonopah, wo er zum Bezirksstaatsanwalt von Nye County gewählt wurde. Er erwies sich jedoch als halbherziger Ankläger von Trunkenbolden und Kleinkriminellen. »Seine Sympathien lagen stets bei den Missetätern«[13], schrieb sein Biograf Jerome Edwards. Als 1907 die Bergarbeiter in Goldfield wegen der unmenschlichen Arbeitsbedingungen streikten, sorgten die Minenbesitzer dafür, dass die Streiks mit Hilfe von Bundestruppen niedergeschlagen wurden. McCarran, der sich scharf gegen dieses Vorgehen aussprach, wurde als »gefährlicher Radikaler«[14] abgestempelt. Der republikanische Bergbau- und Bankentycoon George Wingfield, der »Eigentümer und Manager Nevadas«[15], wie ihn seine Biografin Elizabeth Raymond nannte, nahm McCarran dies besonders übel und sollte ihn noch jahrelang erbittert bekämpfen.

Nachdem er 1908 erfolglos versucht hatte, einen Sitz im amerikanischen Repräsentantenhaus zu erringen, kehrte McCarran nach Reno zurück, wo er ein angesehener Strafverteidiger wurde. 1912 wählte man ihn zum Richter am obersten Gerichtshof von Nevada. Obwohl einige seiner Urteile als fortschrittlich galten und wegweisenden Charakter hatten, langweilte ihn diese Aufgabe schnell und er versuchte erneut, auf der politischen Karriereleiter ein Stück nach oben zu gelangen.

1916 kandidierte er für einen Sitz im amerikanischen Senat und machte sich für das Frauenwahlrecht stark, worauf er eine schwere Wahlniederlage erlitt. Unter seinen Parteigenossen galt er mittlerweile als profilierungssüchtiger Opportunist und rücksichtsloser Karrierist, der aussichtsreiche demokratische Mitbewerber aus dem Rennen schlug, um dann doch nur gegen den republikanischen Gegenkandidaten zu unterliegen. Als einer der beiden Senatoren Nevadas ein Jahr später starb, streckte McCarran erneut die Hand nach dem Senatorenamt aus, konnte jedoch nicht genügend Unterstützung für seine Kandidatur mobilisieren. »Verzweifelt und beschämt«[16] setzte er nun alle Hebel in Bewegung, um außerhalb Nevadas ein juristisches Amt zu ergattern. Doch zu diesem Zeitpunkt hatte er sich bereits die demokratische Parteiführung zum Feind gemacht, die ihm »zwanghafte Ämterjagd«[17] vorwarf. Es kam zu erbitterten Rivalitäten. Einmal wurde McCarran mitten in Reno von dem betrunkenen demokratischen US-Senator Key Pittman angepöbelt, der ihm seine Zigarre aus dem Mund schlug, woraufhin sich die beiden Honoratioren Nevadas eine regelrechte Prügelei lieferten.

Als es McCarran 1918 nicht gelang, erneut in den obersten Gerichtshof von Nevada gewählt zu werden, schien seine politische Karriere jäh beendet. Für seine Niederlage machte er nicht nur Rivalen im eigenen Lager, sondern auch Wingfield verantwortlich. Der eigenbrötlerische, kämpferische Junge von einst fühlte sich mehr denn je in die Rolle des Außenseiters gedrängt und sah sich von allen Seiten durch Arglist und Intrigen bedroht.

Während der folgenden zwölf Jahre führte McCarran in Reno eine gut gehende Anwaltskanzlei, die sich unter anderem auf Scheidungsrecht spezialisiert hatte, ein Gebiet, das in Nevada bald sehr gefragt sein sollte. Dank seiner ansprechenden Erscheinung und seiner tiefen, Respekt einflößenden Stimme zog er vor Gericht seine Zuhörer in Bann. Er setzte sich vehement für seine Mandanten ein – meist Kleinkriminelle, deren Verfehlungen er »den Schwächen der menschlichen Natur«[18] zuschrieb. Mit seinem alten Widersacher Wingfield hatte er allerdings kein Mitleid. Er verachtete den Polit- und Wirtschaftsbonzen nicht nur wegen der uneingeschränkten Macht, die er in Nevada ausübte, sondern auch wegen seiner engen Verbindungen zu Männern wie Bill Graham und Jim McKay – Chicagoer Gangster, die mit Alkoholschmuggel und illegalen Spielkasinos aus Reno ein »Sündenbabel«[19] gemacht hatten.

Im Sommer 1927 verteidigte McCarran zwei Beamte, die wegen Unterschlagung vor Gericht standen. Sie hatten Staatsgelder veruntreut, die auf Wingfields Banken deponiert waren. Er konnte zwar nicht verhindern, dass seine Mandanten verurteilt wurden, doch war der Prozess für ihn eine willkommene Gelegenheit, um Wingfields Monopolstellung zu enthüllen. Er fragte die Geschworenen:

> Kann sich der Staat unter die Knute des Kapitals begeben und gleichzeitig seine Unabhängigkeit bewahren? … Ich wünsche mir Wohlstand für Nevada, aber noch mehr wünsche ich mir Unabhängigkeit – selbst wenn dieser Staat über keinen einzigen Dollar verfügen sollte.[20]

Welche Wirkung McCarrans aufrüttelnde Worte auf die meist teilnahmslose Öffentlichkeit auch hatten, Tatsache war, dass Wingfields Imperium allmählich ins Wanken geriet und während der Depression schließlich ganz zusammenbrach.

1932 gelang McCarran, was niemand mehr erwartet hätte: Er zog im Alter von 56 Jahren als Senator in den Kongress ein. Er hatte die Wahl mit einer knappen Mehrheit von 1700 Stimmen gewonnen. Manche meinten, er habe von dem überwältigenden Wahlsieg des demokratischen Präsidentschaftskandidaten Franklin Roosevelt profitiert. Doch er selbst war ungeheuer stolz auf seinen Erfolg, den er »keinerlei Kungelei oder Protektion« verdankte, sondern »einfachen Arbeitern und Männern von ganz gewöhnlichem Stand«[21], wie er an eine seiner Töchter schrieb.

Nachdem McCarran den Sprung nach Washington geschafft hatte, begann er seine ehrgeizigen Pläne in die Tat umzusetzen. Er verschaffte sich Zugang zu den mächtigsten Kongressausschüssen – dem Rechtsausschuss, der unter anderem mit der Besetzung wichtiger Ämter betraut war, und dem Bewilligungsausschuss, der über die Vergabe von öffentlichen Mitteln entschied. Mit Rücksicht auf seine Wählerschaft in Nevada wandte er sich gegen Roosevelts Versuch, das oberste Bundesgericht mit seinen Parteifreunden zu besetzen. Er lehnte einige New-Deal-Programme ebenso vehement ab wie die Republikaner. In Gewerkschaftsfragen war er allerdings liberaler als der Präsident selbst und er setzte sich sogar für höhere Ausgaben für Sozialhilfe und öffentliche Bauprogramme ein.

Seine unabhängige Haltung brachte ihm öffentliche Anerkennung ein. Zu seiner Genugtuung beschrieb ihn das Magazin *Life* als »unberechenbaren Mustang«[22], während *Collier's* ihn als einen Politiker »der Massen und nicht der Klassen«[23] bezeichnete. In einer seltenen Anwandlung von Bescheidenheit feierte Senator Huey Long McCarran bereits als zukünftigen Präsidenten. Während seiner ersten Amtsperiode im Senat wurde der konservative Rebell McCarran sowohl geschätzt und geachtet als auch gefürchtet. Er war auf dem besten Wege, eine große politische Karriere zu machen.

In seinem Haus am Potomac ergriff ihn manchmal eine nostalgische Sehnsucht nach seiner Heimat Nevada. »Meine geliebte Wüste ... ein Juwel, aus der Krone Gottes gefallen«[24], schrieb er in einem Brief an seine älteste Tochter Margaret. Allerdings war er weniger sentimental, als er daran ging, sich ein politisches Netzwerk aufzubauen, das ihn zum mächtigsten Politiker in der Geschichte Nevadas machte. Er bediente sich nicht nur derselben Waffen, mit denen man ihn selbst bekämpft hatte – vor allem Protektion und Einschüchterung –, sondern teilweise sogar derselben Menschen. Er tat sich mit ehemaligen Bundesgenossen Wingfields zusammen wie Norman Biltz, dem Ehemann von Jacqueline Kennedys Tante, der seine Rechnungen bezahlte, seine

Senator Pat McCarran 1942 an seinem Schreibtisch in Washington. Nach seinem erbitterten Kampf um die Wiederwahl 1944 wurde er zum glühenden Antikommunisten.

Garderobe finanzierte und ihm Geschenke machte. Der Senator lebte auf großem Fuß, meist sogar über seine Verhältnisse. Die unbezahlten Rechnungen stapelten sich und seine zahlreichen Gläubiger wurden immer wieder vertröstet.

Mitte der 30er Jahre war die Bevölkerung in dem großen, dünn besiedelten Bundesstaat noch überschaubar. »Ein Quadratschädel pro Quadratmeile«, wurde gern gewitzelt. Es gab an die 20.000 Wahlberechtigte, und in der Politik kannte praktisch jeder jeden. Wingfield, der mit seiner Parteimaschine den Bundesstaat unangefochten regiert hatte, musste nun die Macht an einen neuen Politboss abtreten, seinen alten Widersacher McCarran.

Kurz vor Ausbruch des Zweiten Weltkrieges befand sich der 64-jährige Senator – ein stattlicher, weißhaariger Mann mit diamantbesetzter Krawattennadel – auf dem Höhepunkt seiner Karriere. Doch er schien das herannahende Ende seines Lebens zu spüren. Er hatte bereits seinen ersten Herzinfarkt hinter sich, litt schon lange an einem offenen Magengeschwür und nahm seit Jahren nur noch Säuglingsnahrung zu sich. Hinzu kamen eine lebensbedrohende Darmblutung und fortschreitende Arterienverkalkung. Er war ein leidenschaftlicher, impulsiver Mensch, sowohl spontaner Gefühlsausbrüche als auch zartester Gemütsregungen fähig. Der geduldige, humorvolle und warmherzige Mann konnte auch derb und ordinär sein und galt als begeisterter Zotenreißer. Seine Frau – Freunde spekulierten über eine erbliche Geisteskrankheit auf Seiten ihrer Familie – und seine Kinder gingen oft lieblos mit ihm um, aber er zeigte sich ihnen gegenüber stets nachsichtig.

Er verfügte weder über einen hohen Intellekt noch eine fundierte Bildung, hatte jedoch einen wachen Verstand, einen sicheren politischen Instinkt und wusste aus den Erfahrungen seiner langen, wechselvollen Laufbahn als Anwalt und politischer Aufsteiger wertvolle Lehren zu ziehen. Auf Kränkungen reagierte er entweder mit stummer Betroffenheit oder mit aufbrausendem Zorn. »Es gab nichts, was er nicht *für* oder auch *gegen* jemanden getan hätte«[25], erinnerte sich einer seiner Berater. Er war unnachgiebig und oft unversöhnlich; wenn er andere nicht beherrschte, dann bekämpfte er sie – stets von dem unerschütterlichen Glauben erfüllt, er sei im Recht. McCarran legte größten Wert auf Loyalität gegenüber Kollegen und Freunden, die er anderen ebenso abverlangte wie sich selbst. Was er am meisten verabscheute, fürchtete und anderen oft genug unterstellte, waren Undankbarkeit, Treulosigkeit und Verrat.

Für zahlreiche junge Männer aus Nevada war er ein fürsorglicher, väterlicher Gönner, denen er Jobs in der Bundesverwaltung vermittelte, damit sie ihr Jurastudium in Washington finanzieren konnten. Danach kehrten »McCarrans Jungs«, wie sie genannt wurden, nach Nevada zurück, um Anwälte, Richter und Politiker zu werden. Mit dieser Art der »Nachwuchsförderung« setzte er sich ein Denkmal. Er erwartete von seinen Schützlingen Loyalität, was jedoch nicht unbedingt hieß, dass sie seine zunehmend extremeren politischen Ansichten teilen mussten, doch zumindest sollten sie ihm nicht öffentlich in den Rücken fallen. Taten sie es dennoch, sei es aus Niedertracht oder politischem Ehrgeiz, war er »am Boden zerstört«[26], wie er gegenüber einem seiner Zöglinge freimütig bekannte. Er setzte sich leidenschaftlich für seine Wähler ein: »Die großartigen Menschen von Nevada sind jede Anstrengung wert«[27], erklärte er immer wieder pathetisch. Wenn man seine Bemühungen allerdings nicht gebührend würdigte, nahm er dies sehr persönlich.

Im Wahlkampf von 1938 gelang es ihm, Roosevelts Versuche, ihn politisch kaltzustellen, abzuwehren, was ihm sogar zu neuer Macht verhalf. Zunächst wurde er Vorsitzender des einflussreichen Ausschusses für den District of Columbia; 1944 übernahm er auch die Leitung des Rechtsausschusses, was bedeutete, dass die Hälfte aller im Senat eingebrachten Gesetzesentwürfe durch seine Hände ging, darunter auch die Gesetzesvorlagen seiner Kollegen, für die sie üppige Zuwendungen kassiert hatten. Unter seinem Vorsitz entwickelte sich der Rechtsausschuss zu einem »korrupten Schweinestall«[28], wie es ein Zeitzeuge ausdrückte; ein anderer bezeichnete ihn als den »besten Nachrichtendienst von Capitol Hill«[29]. Doch McCarran sollte auch auf neue Gegner treffen. Die ihm einst so wohlgesinnte nationale Presse verurteilte seine isolationistische Haltung zum Zweiten Weltkrieg und die Obstruktionspolitik, mit der er während des Krieges die unnötige Bildung von Silberreserven erreicht hatte, die allein den Minenbesitzern von Nevada zugute kam.[30] Es hieß, die beiden Senatoren aus Nevada hätten nur die Interessen der Bergbaubosse und Viehzuchtbarone im Auge gehabt und es deshalb »zu ihrem Hauptanliegen gemacht, die Silberpreise künstlich hoch zu halten und die Pachtzahlungen für die staatlichen Viehweiden, die zu neunzig Prozent der amerikanischen Regierung gehörten, extrem zu drücken.«[31] McCarran ging es vor allem darum, so viel Geld wie möglich für seine Wähler aus Washington herauszuschlagen. Dank seiner einflussreichen Stellung führte Nevada in den 40er Jahren weniger als 41 Millionen Dollar an Steuern und sonstigen Abgaben an die Zentralregierung ab, während es gleichzeitig 175 Millionen Dollar an öffentlichen Zuwendungen einstrich.

Als McCarran sich 1944 in Nevada zur Wiederwahl stellte, sah er sich einer Gegnerschaft gegenüber, gegen die er sich in einem erbitterten Wahlkampf mit allen Mitteln zur Wehr setzen musste. Nicht nur Rivalen in der eigenen Partei hatten ihm den Kampf angesagt, sondern auch der in seinen Augen radikale Gewerkschaftsbund CIO (Congress of Industrial Organizations), der enormen Zulauf bekommen hatte, seit sich – dank McCarrans Einfluss – in Nevada eine Rüstungsindustrie entwickelt hatte. Bestürzt über diesen unerwarteten Widerstand ließ sich McCarran dazu hinreißen, seine politischen Gegner öffentlich zu verleumden. Schließlich ließ er es sogar zu, dass finanzkräftige Gefolgsleute wie Biltz illegale schwarze Wähler mit dem Bus von Los Angeles nach Las Vegas karren ließen, wo sie ihm mit ihren Stimmen zu einem knappen Wahlsieg verhalfen. In diesem Wahlkampf erwachte auch McCarrans latenter Antisemitismus; er wetterte gegen das ausländische »jüdische Kapital«[32], mit dessen Hilfe man ihn ausbooten wolle.

Tragischerweise machte er für seine Beinaheniederlage nicht etwa seinen schwindenden Einfluss in der demokratischen Partei Nevadas, sondern fremde Mächte und politische Intrigen verantwortlich. Er war davon überzeugt, dass linke Kräfte und Kommunisten darauf aus waren, ihn politisch zu vernichten; doch dieses Gefühl der Bedrohung ging viel tiefer, als es damals den Anschein hatte. Und so wurde der kaum beachtete regionale Wahlkampf von 1944 zum Ausgangspunkt für eine der schlimmsten Kommunistenverfolgungen, die es je gegeben hat.

Nach dem Krieg schloss sich McCarran der von führenden Industriellen, Geistlichen und Regierungsleuten betriebenen antikommunistischen, antisowjetischen Hetzkampagne an. Seine Motive unterschieden sich nicht wesentlich von den ihren: ideologisch begründete Angst, Unwissenheit, Fremdenfeindlichkeit, politischer Opportunismus und Revanchismus. Nicht zuletzt wurde McCarrans Fanatismus durch seinen Katholizismus genährt, auch wenn er nicht gerade ein gottesfürchtiges Leben führte. Allerdings sollte er sogar den Papst gegen sich aufbringen, als er 1952 das umstrittenen Einwanderungsgesetz, den McCarran-Walter-Immigration Act, durchsetzte, der die Einreise von Katholiken aus kommunistisch regierten osteuropäischen Staaten erheblich einschränkte. »Ich habe mich gerade selbst zum Fegefeuer verurteilt«[33], sagte er nach seinem Besuch beim Vatikan, bei dem er sich strikt geweigert hatte, den Gesetzentwurf zu entschärfen. Er telefonierte nun mehrmals täglich mit seinem engen Freund J. Edgar Hoover, Antikommunist wie er selbst.

McCarran wichtigstes Instrument war der vom Rechtsausschuss neu gebildete Unterausschuss SISS (Senate Internal Security Subcommittee), dessen unrühmliche Aktivitäten in die Annalen der amerikanischen Rechtsgeschichte eingingen. McCarran ernannte seinen früheren persönlichen Assistenten Julien »Jay« Sourwine zum juristischen Berater des SISS. Der ehemalige Reporter und spätere Anwalt aus Reno war ein Spieler, der seiner Leidenschaft im Washingtoner Ghetto beim Zahlenlotto frönte und in den Kasinos von Nevada für seine ständigen Spielschulden berüchtigt war, die McCarrans Freunde jedoch diskret beglichen. Darüber hinaus war er ein halbgebildeter fanatischer Eiferer, der das oberste Bundesgericht einmal als »Instrument der kommunistischen Weltverschwörung«[34] bezeichnete. Seine Spielsucht finanzierte er teilweise mit hetzerischen Artikeln für das neofaschistische Blatt *Manion Report*, die er unter einem Pseudonym veröffentlichte. Wie Frank Donner 1980 schrieb, zeichnete sich Sourwines Ermittlungsstil im SISS durch »Einschüchterung von Zeugen« und »Missachtung juristischer Gepflogenheiten«[35] aus. Er und McCarrans älteste Tochter Margaret, eine reaktionäre Nonne, bestärkten den argwöhnischen Ausschussvorsitzenden noch in seinem Kommunistenwahn. Sourwine hatte einen solchen Einfluss, dass man ihn scherzhaft als »97. Senator«[36] der USA bezeichnete.

Der mächtige McCarran verlieh sogar den Beschuldigungen eines so durchschaubaren Demagogen wie Senator Joseph McCarthy Gewicht. Der SISS verfolgte Hunderte von kompetenten und rechtschaffenen Staatsbeamten und zerstörte das Leben zahlreicher Menschen außerhalb Washingtons, darunter einige herausragende Wissenschaftler, Journalisten und Pädagogen des Landes. In einer Hetzjagd auf Fernostexperten im Außenministerium suchte der SISS nach den Männern, die angeblich »China dem Kommunismus preisgegeben« hatten und entledigte sich schließlich genau jener Kräfte, deren Wissen man kaum zehn Jahre später zu Beginn des Vietnamkrieges dringend benötigt hätte.

Die zynische Scheinheiligkeit von McCarrans Politik blieb der Öffentlichkeit lange verborgen. Während McCarran gegen die »Verbrechen« von Staatsdienern vorging, versorgten ihn Washingtoner Spirituosengroßhändler regelmäßig mit Alkoholika, um sich dafür erkenntlich zu zeigen, dass er ihre Mauscheleien mit Mitgliedern des DC-Ausschusses deckte. Während er Zeugen beschuldigte, im Dienst fremder Mächte zu stehen, erhielt er selbst Zuwendungen von den rechten Diktatoren Chiang Kai-shek und General Franco, wie einige seiner engsten Mitarbeiter später enthüllten. Mit den beiden Staatsführern verband ihn unter anderem ein starkes Interesse an der Wiedereinführung des Silberstandard. Anfang der 50er Jahre setzte der umtriebige Senator mehrere Gesetze durch, die die Einwanderung von baskischen Schafhirten nach Nevada erleichterte, da es auf den Schaffarmen an Arbeitskräften fehlte. Darüber hinaus boxte er im Kongress großzügige Waffenlieferungen und Kredite an Spanien durch, wofür ihn das faschistische Regime sogar mit dem Isabella-Orden auszeichnete. McCarran warf anderen lasche Sicherheitsbestimmungen und Geheimnisverrat vor, gab selber aber regelmäßig vertrauliche Informationen aus dem Verteidigungsministerium an befreundete Zeitungsverleger oder an Geschäftsleute in Nevada weiter, um ihnen lukrative Investitionsmöglichkeiten zu erschließen.

Während er die vermeintliche »rote Gefahr« bekämpfte, übersah er die viel bedrohlicheren Kräfte, die sich in seiner Heimat formierten. Als das Syndikat 1946 in Las Vegas sein erstes Luxuskasino baute und es bei der Lieferung des Baumaterials zu Engpässen kam, setzte sich McCarran bei der zuständigen Behörde dafür ein, dass Meyer Lanskys

Männer bevorzugt behandelt wurden. Nach Ermittlungen von FBI-Beamten in Los Angeles hatte Bugsy Siegel im August desselben Jahres einem Mittelsmann Bargeld übergeben, »der wiederum Senator PAT MCCARRAN [sic] Geld zukommen ließ«. Doch Hoover, der mit McCarran befreundet war, sorgte dafür, dass die vom örtlichen FBI-Büro eingeleitete Untersuchung des Bestechungsfalls verschleppt und schließlich ganz eingestellt wurde.

Als Lanskys berüchtigter Kompagnon Morris »Moe« Dalitz 1949 das Desert Inn in Las Vegas übernahm und eine Spielkonzession beantragte, wurde ihm diese von den Behörden verweigert. Um das Problem aus der Welt zu schaffen, traf sich McCarran im Hotelkasino Riverside in Reno mit dem texanischen Gangsterboss Sam Maceo – dem ehemaligen Besitzer des Hotel Southland in Dallas, wo Benny Binion sein Glücksspielgeschäft betrieben hatte. Maceo und Dalitz hatten während der Prohibition eng zusammengearbeitet. Als die kanadischen Behörden Dalitz' Schmuggelrouten über den Eriesee vorübergehend lahmlegten, richtete dieser gemeinsam mit Maceo eine neue Route über den Golf von Mexiko und Galveston ein; seit den 30er Jahren gehörte Maceo auch zu den größten Rauschgifthändlern des Landes. In den Akten der Bundesdrogenfahndung hieß es über ihn, er sei sehr reich und habe großen politischen Einfluss.[37] Doch Maceo war nicht der einzige einflussreiche Freund, den McCarran in Texas hatte. Er stand auch in engem Kontakt zu W. L. Moody jr., dem Gründer einer Firmendynastie, »die von jeher geschäftliche Beziehungen zur Unterwelt pflegte«[38], unter anderem auch zu Maceo und anderen Gangstern aus dem Galvestoner Zweig des Syndikats. Moodys ANICO-Versicherungsgesellschaft (American National Insurance Company) sollte wiederum eine Schlüsselrolle bei der Finanzierung der Glücksspielindustrie in Las Vegas spielen. Unmittelbar nach dem Treffen zwischen Maceo und McCarran erteilten die Behörden Dalitz die Konzession, die sie ihm Tage zuvor verweigert hatten.

Als Senator Estes Kefauver und andere Kongressabgeordnete 1950 eine landesweite Untersuchung des organisierten Verbrechens in die Wege leiteten, die sich unter anderem auch mit den Kasinos in Las Vegas beschäftigen sollte, bekämpfte McCarran sowohl die Ermittlungen als auch die späteren Gesetzesänderungen »so erbittert, wie es die rhetorischen Fähigkeiten und politischen Einflussmöglichkeiten des Senators zuließen«[39], schrieb der Historiker William Moore. Unter Verweis auf einen juristischen Präzedenzfall gelang es ihm, die Zeugen-

Ein lächelnder Moe Dalitz in seinem Desert Inn; neben ihm Elvis Presley, Juliette Prowse, Wilbur Clark mit Gattin Tony und Cecil Simmons, Aktionär des Desert Inn

vernehmung von Syndikatsmitgliedern zu verhindern, deren Namen »ganze Seiten der Kongressprotokolle füllten«[40]. Kurioserweise ging es in jenem Präzedenzfall um eines seiner eigenen Verfolgungsopfer, das sich unter Berufung auf sein Aussageverweigerungsrecht erfolgreich gegen die Vernehmung durch den gefürchteten SISS gewehrt hatte.

Der lebenserfahrene alte Senator und ehemalige Strafverteidiger hatte im Laufe seiner langen Karriere mit den »Abgründen der menschlichen Natur«[41] reichlich Bekanntschaft gemacht. Dennoch war er zu kurzsichtig, unkritisch, wenn nicht gar naiv, um zu erkennen, welches verhängnisvolle Schicksal seiner bedrängten Heimat Nevada drohte.

1951 schrieb McCarran in einem Brief an einen alten Freund in Reno, den Zeitungsverleger Joseph F. McDonald, er habe sich mit dem Thema Glücksspiel »ernsthaft« befasst und sehe es als »einen der heikelsten Punkte meiner gesamten öffentlichen Laufbahn«[42] an. Nachdem er miterlebt habe, wie es verboten und dann wieder legalisiert worden sei und sich zu einem florierenden Geschäft entwickelte habe, beunruhige ihn nun doch die Tatsache, dass »unser Bundesstaat seine gesamte Wirtschaft auf dem Glücksspiel aufgebaut« hat. Noch nie zuvor sei es »so eng mit der ökonomischen Struktur des Staates verflochten« gewesen. Ein Verbot oder eine Besteuerung des Glücksspiels, wie Kefauver es androhe, werde die Kasinos und damit auch Nevada in den Ruin treiben. Er prophezeite:

> In Reno werden die Lichter ausgehen und der strahlende Stern Las Vegas wird für immer verglühen.[43]

McCarran, der die Kasinobosse für »Großmäuler« hielt, bekannte in einem Brief an seine Familie, dass er sich »wie eine Straßenhure«[44] fühle, wenn er sich im Kongress für die Interessen der Kasinobesitzer einsetzte, während andere Senatoren, deren Staaten nicht weniger korrupt seien, ihn scheinheilig »auslachten, verhöhnten oder gar attackierten«[45]. Seinem Freund McDonald gestand McCarran und enthüllte damit eine ganz neue, ambivalente Seite seines Wesens:

> Es ist keine sehr rühmliche Angelegenheit, das Glücksspiel zu verteidigen. Ich bin nicht gerade stolz darauf, öffentlich zu fordern, dass das Glücksspiel in unserem Bundesstaat nicht angetastet werden darf.

Trotz seiner Selbstzweifel setzte sich McCarran jedoch stets entschlossen für seine Heimat ein, wenn er sie durch äußere Kräfte bedroht sah. Darin unterschied er sich kein bisschen von vielen späteren Politikern Nevadas, die einen Bundesstaat verteidigten, der nicht nur unter der Verachtung der gesamten Nation, sondern auch den Folgen jahrzehntelanger Ausbeutung zu leiden hatte.

»Du fragst, ob ich hier die richtigen Ratgeber habe«[46], schrieb er leicht verstimmt an McDonald, der ihn auf das Glücksspiel angesprochen hatte. »Ich glaube, du kennst mich lange genug, um zu wissen, dass ich selbst mein bester Ratgeber bin und dass ich mich selten genug irre.« Doch in der Frage des Glücksspiels sollte er sich bitter täuschen. Das Schicksal Nevadas lag in seiner Hand. Er war der Einzige, der die politische Macht hatte, um den kriminellen Kräften in Las Vegas Einhalt zu gebieten, solange sie noch nicht Fuß gefasst hatten und noch verwundbar waren. Doch an diesem Wendepunkt in seiner langen, turbulenten Laufbahn entschied er sich dafür, den Ruf seiner Heimat zu verteidigen, statt sich den Problemen des Bundesstaats zu stellen und dem organisierten Verbrechen den Kampf anzusagen. Der Mann, der ein korruptes politisches Netzwerk zerstört hatte, um sein eigenes aufzubauen, der einen Despoten bekämpft hatte, um selbst einer zu werden, sollte Nevada nun der erbarmungslosen Organisation von allen ausliefern.

Die Statue, die man zu Ehren McCarrans in der Rotunde des Kapitols in Washington aufstellte, bringt das fragwürdige politische Vermächtnis des Senators mit unfreiwilliger Ironie zum Ausdruck. Die zwei Meter hohe Bronzefigur, die einen lächelnden McCarran in wallender Amtsrobe darstellt, trägt die Inschrift:

> Wegbereiter des American way of life.

Als junger aufstrebender Politiker und erfolgreicher Senator zog McCarran bei seinen öffentlichen Auftritten in seinem Heimatstaat stets ein großes, ehrfürchtiges Publikum an: Rancharbeiter und Schafhirten, Arbeiter und Bergleute, Ladenbesitzer und Büroangestellte, Paiute-, Mojave- und Washoe-Indianer, Farmersfrauen und Lehrerinnen, Prostituierte und Drogenhändler – sie alle holten ihren eingemotteten Sonntagsstaat hervor und strömten aus den entlegensten Winkeln des Landes herbei, um ihm zuzuhören. Diese »durch jahrzehntelange Ausbeutung zutiefst gedemütigten« Menschen waren McCarran dankbar, weil er Anteil an ihrem Schicksal nahm. Er war ihr Idol, ganz gleich, was andere über ihn sagen mochten.

Als McCarran im Winter 1954 in Hawthorne eine flammende antikommunistische Rede hielt, erlitt er einen Schlaganfall und brach tot zusammen. Dieselben Menschen, die ihm in respektvollem Schweigen gelauscht hatten, kamen nun zu seinem Begräbnis, um ihm die letzte Ehre zu erweisen. »Der Geruch von Mottenkugeln war allgegenwärtig«[47], schrieb ein Journalist.

4 Bugsy Siegel

Der Scharfrichter als Unternehmer

Der Mord machte Schlagzeilen im ganzen Land. Die grauenhafte Szene im Salon eines Luxushauses in Beverly Hills wurde auf Fotos festgehalten und in der Wochenschau gezeigt: Der Tote lag wie eine Stoffpuppe in sich zusammengesackt am Ende eines blutbefleckten, mit Chintz bezogenen Sofas; das eine Auge war zerschossen, das andere fand man vier Meter von der Leiche entfernt. Von einer mit Rosen überwachsenen Pergola aus hatte der Scharfschütze mit einem Armeekarabiner Kaliber .30 auf sein gut zehn Meter entferntes Ziel insgesamt neun kupferummantelte Patronen abgefeuert. Eine davon hinterließ ein Zehncentstück großes Loch in der Stirn des Opfers.

Die Ermordung war eine, wenn auch kurze Sensation für die Boulevardpresse. In dem Film »Bugsy« (1991) wurde das Geschehen verfälscht und klischeehaft dargestellt. Aber damals glaubte die amerikanische Öffentlichkeit, dass es sich dabei lediglich um einen weiteren Unterweltmord handelte – was ganz im Sinne der Mörder und Las Vegas war.

Benjamin Siegel wurde 1906 in New York geboren. Auch er war ein Flüchtlingskind und ein Hoffnungsträger. Seine jüdische Familie war vor dem Pogrom aus Kiew geflohen. Ein Ghetto in Brooklyn wurde ihr Zuhause. Der Junge, von dem seine Mutter gehofft hatte, dass er einmal Buchhalter würde, machte schon als Neunjähriger die Straßen unsicher, mit 13 Jahren war er bereits ein übler Bursche. Als Anführer der Bugs-Meyer-Bande tötete er 30 Männer, die Opfer bei blutigen Schießereien nicht mitgerechnet.

> Er war für so viele Hinrichtungen im Milieu verantwortlich, ohne dafür belangt zu werden, dass er davon überzeugt war, dass Morden legal war, solange er es tat.[1]

Benjamin »Bugsy« Siegel Mitte der 40er Jahre, als er sich im Auftrag des Syndikats für Kasinos in Las Vegas interessierte.

Wenn er plötzlich rot sah, schreckte er nicht davor zurück, Menschen umzubringen oder zu verstümmeln. Aber ebenso schnell konnte er auch wieder die Ruhe selbst sein, ein schauriges Grinsen auf den Lippen. Er war eiskalt und unberechenbar und würde es sein Leben lang bleiben. Einem FBI-Bericht zufolge war er »in gewisser Hinsicht verrückt«.[2]

Später erstellte das FBI eine Liste der »Geschäftsinteressen« Siegels und seiner Partner vor dem Krieg. Es war der erste offizielle Überblick über immerhin einen Teilbereich des kriminellen Netzwerks: sittenwidrige Geschäfte und Korruption in New York, Philadelphia und Baltimore, Glücksspiel in Newark sowie Prostitution und andere gesetzwidrige Unternehmungen im übrigen New Jersey, illegale Wettbüros und Spielhöllen in Florida und anderen Staaten, eine Hunderennbahn in Council Bluffs in Iowa, organisierte Erpressung im Mittleren Westen und Süden, Prostitution und Glücksspiel in Detroit, eine »enge Kooperation«[3] bei der Aufteilung Chicagos zwischen Siegel und Al Capone sowie dessen Nachfolgern und nicht zuletzt landesweiter Rauschgifthandel. Bugsy war einer der erfolgreichsten Unternehmer Amerikas.

Nach der Aufhebung der Prohibition schickte Lansky Siegel nach Los Angeles, um die Filmindustrie zu erpressen und um ins Buchmacher- und Glücksspielgeschäft einzusteigen. Mit Mitte 30 war Bugsy in seinen Kreisen bereits ein Mythos. Trotz seiner krankhaften Grausamkeit war er ein Charmeur und unwiderstehlicher gesellschaftlicher Aufsteiger, dessen aufbrausendes Wesen mit zu seiner Anziehung beitrug.

Lanskys Biograf Robert Lacey schreibt:

> Seine Wutanfälle waren so unschuldig und entsprachen so sehr seiner Natur, dass die, die ihn kannten, sie ihm nicht übel nahmen, zumindest nicht, solange er sie nicht bedrohte.[4]

Er war ein unverbesserlicher Schürzenjäger und Dandy und wurde schon bald zur Hollywoodberühmtheit. Er hatte ein Faible für Hahnentrittjacketts und trug nur Anzüge bester Qualität, maßgeschneidert von Pietro in Beverly Hills, zusammen mit Seidenhemden und Krokodillederschuhen.

Er erwarb sich den Ruf eines »guten Kumpels«, der anderen gern Gefälligkeiten erwies, sofern für ihn etwas dabei heraussprang. In der Öffentlichkeit zeigte er sich gern in Begleitung von Filmsternchen und Schauspielern, privat erpresste er Schutzgebühren von Studiobossen. 1937 hatte er sich bereits die einträglichen lokalen Buchmachergeschäfte, die 500.000 Dollar am Tag abwarfen, unter den Nagel gerissen und kontrollierte die Kasinoschiffe, die vor der Küste ankerten, die der Staatsanwalt Burton Turkus und der Reporter Sid Feder in ihrem Buch *Murder, Inc.* als »Ausgangsbasis des organisierten Verbrechens in Kalifornien«[5] bezeichneten.

Dennoch war das Erpressungs- und Glücksspielgeschäft, für das Siegel stadtbekannt war, gegenüber dem Drogenhandel, dem Schwerpunkt des organisierten Verbrechens im Westen, relativ unbedeutend. Nur wenige wussten damals – und selbst später gingen nur wenige darauf ein –, dass der Heroinhandel in den späten 30er Jahren bereits zu den größten Branchen der USA gehörte, mit einem jährlich Umsatz von einer Milliarde Dollar; und er befand sich fast vollständig in den Händen von Lanskys Syndikat. Als die Heroinkanäle über Europa und Japan im Zweiten Weltkrieg unterbrochen waren, finanzierte Lansky eine neue Verbindung über Mexiko; Siegel überwachte den Handel und schmuggelte oft selbst. In dieser Zeit vor dem Angriff auf Pearl Harbor freundete sich Bugsy mit Regierungsbeamten auf beiden Seiten der Grenze an. Unter ihnen war auch ein angehender junger Rechtsanwalt aus Whittier, Richard Nixon.

Anfang der 40er Jahre, als Nevadas Parlament dafür stimmte, telegrafische Pferdewetten zu legalisieren, ging Siegel nach Las Vegas, um die Buchmachergeschäfte in den Kasinos zu übernehmen, und schuf damit ein Monopol für seinen neuen Transamerikanischen Telegrafendienst. Um sein Ziel zu erreichen, prahlte Bugsy einem Freund gegenüber, habe er zehn Männer umbringen müssen. Schon bald kassierte er von jedem Kasino, das sich vertraglich verpflichtet hatte, mehr als 25.000 Dollar pro Woche für die Übermittlung der Rennergebnisse.

In jener Zeit war der moderne Strip noch eine trostlose Einfallstraße nach Las Vegas. Als Tom Hull, der Besitzer des bekannten Hollywood

El Rancho Vegas kurz nach dem Zweiten Weltkrieg, eines der ersten Hotelkasinos am Strip

Roosevelt und anderer klassischer Hotels, 1940 auf der Fahrt von Südkalifornien nach Salt Lake City am Stadtrand von Las Vegas eine Reifenpanne hatte, zählte er, während er auf Hilfe wartete, die nicht aus Nevada stammenden vorbeifahrenden Wagen. Beeindruckt von dem starken Verkehr, erkannte er das Potenzial für ein neues Hotel und zahlte ganze 2,5 Cent pro Quadratmeter für ein Grundstück, auf dem er im darauf folgenden Jahr sein knapp 27 Hektar großes El Rancho eröffnete, mit einem riesigen Swimmingpool direkt neben der Straße, um möglichst viele Autofahrer anzulocken. Schon bald kam das neuere, besser ausgestattete Last Frontier hinzu. Als Siegel 1942 auf dem schmalen Los-Angeles-Highway nach Las Vegas fuhr, waren dies die wenigen nennenswerten Glücksspieleinrichtungen entlang der Straße. Beides waren flache, weitläufige Motels, die über die einzigen Swimmingpools und die ersten klimatisierten Zimmer in dem oft sengend heißen Tal verfügten. Ihr Wildwestambiente hatte einen Hauch von Eleganz. Ein Journalist schrieb über die Ausstattung der »luxuriösen« Zimmer: »Formschöne Polstersessel, in Farbe und Design auf Gardinen und Bettüberwürfe abgestimmt«[6], ein Stil, den nach der Depression, angeregt durch massive Werbung, ganz Amerika übernehmen sollte. Während des Kriegszeitenbooms in Las Vegas waren die beiden Motels ständig ausgebucht.

Bugsy investierte für Lansky und ihre gemeinsamen Partner ebenso wie für sich selbst, kaufte und verkaufte Anteile am Golden Nugget in der Innenstadt und am Frontier, Las Vegas Club und Boulder Club.

Trotz der Benzinrationierung und dem Rückgang an Touristen während des Krieges florierten die Kasinos. Soldaten des nahen Ausbildungslagers der Artillerie strömten in Scharen in die Stadt; außerdem kamen Busladungen mit Militärangehörigen von den Armeebasen im Norden. 1943 versuchte Siegel das El Rancho zu kaufen. Mit einer Geradlinigkeit, die in dieser Stadt selten war, weigerte sich der Besitzer und erklärte: »Die Menschen von Las Vegas waren zu gut zu mir, als dass ich es ihnen auf diese Weise vergelten könnte.«[7] Zwei Jahre später kaufte Siegel das El Cortez, das er Anfang 1946 mit Gewinn wieder verkaufte. Das Kasino blieb jedoch weiterhin in den Händen von Lanskys Kompagnons. Bugsy wandte sich jetzt dem Strip zu.

Zu dieser Zeit war der mexikanische Drogenhandel des Syndikats bereits immens und sollte noch weiter zunehmen, was aber in den meisten historischen Abhandlungen über diese Zeit und auch in den Berichten über das organisierte Verbrechen kaum Erwähnung findet. Die Menge an Rauschgift, die über Mexiko in die USA gelangte, war größer als alle sonstigen Einfuhren zusammen. Das Verteilernetz für Heroin erstreckte sich über Havanna, Mexico City, Miami, Los Angeles, New York, Philadelphia und andere Städte. Ermöglicht wurde dies durch »Korruption in den höchsten Kreisen der mexikanischen Regierung«, wie der Autor Peter Dale Scott nachwies, sowie die Komplizenschaft nicht nur der mexikanischen Polizei und mexikanischer Politiker, sondern vor allem auch der berüchtigten DFS (Dirección Federal de Seguridada), des Nachrichtendienstes und der Geheimpolizei von Mexikos Oligarchie.

Von Anfang an wussten der amerikanische Geheimdienst OSS (später CIA) über das Ausmaß der mexikanischen Korruption sowie den lebhaften Rauschgifthandel Bescheid und deckten wichtige Drogendealer, die als Informanten in Frage kamen, sowie Agenten wie Harold »Happy« Meltzer, John Armento, Louis Tom Dragna, Harry »Nig Rosen« Stromberg – dieselben Männer und ihre Komplizen, die im Kalten Krieg als Spitzel, Spione oder als Attentäter angeworben wurden. Der Gründer der DFS und langjährige Kontaktmann des CIA, Capitán Rafael Chavarri, verließ den Nachrichtendienst, um direkt und in aller Öffentlichkeit für Mexikos führenden internationalen Drogenhändler Jorge Moreno Chauvet zu arbeiten, der seinerseits ein langjähriger Partner der Lansky-Luciano-Fraktion des amerikanischen Syndikats war, die über eigene Drogenverbindungen zu Europa verfügte. Sowohl der amerikanische Geheimdienst als auch Polizei und Justiz waren laut

Scott tief »in die Drogengeschäfte und Machenschaften der DFS verwickelt«[8], eine weitere Verknüpfung von Verbrechen und Politik, die Lanskys bzw. Siegels Beziehungen zu den Drahtziehern in Washington noch verstärkten. Als Bugsy 1946 nach Las Vegas zog, wurde er in den Akten der amerikanischen Drogenbehörde als »Kopf eines der weltweit größten Rauschgiftringe« bezeichnet, und vom FBI als Person mit »engen Kontakten zu Rauschgiftschmugglern und -händlern«[9].

Die Bevölkerung Nevadas hatte von alldem keine Ahnung. Staatsbeamte und Presse zogen es vor, die Augen vor den Gegebenheiten zu verschließen, und »wussten so gut wie nichts über die Machenschaften des organisierten Verbrechens«[10], wie es der Autor Robert Laxalt ausdrückte. Die wenigen Kasinobetreiber in Las Vegas, die von Siegels Vergangenheit als Gangster und Drogenschmuggler wussten, wurden entweder »gekauft oder so eingeschüchtert, dass sie den Mund hielten«, erinnerte sich ein Informant. Die meisten Einwohner Nevadas konnten Gerüchte über Siegel leicht abtun.

> Für Las Vegas' führende Kreise war er ein gut aussehender, wohlhabender, schwer arbeitender Mann mit einer faszinierenden Vision. Dass er das von der Sonne ausgedörrte und schäbige Las Vegas als Domizil gewählt hatte, reichte aus, um die hässlichen Gerüchte, nach denen er irgendwie mit der Unterwelt in Verbindung stand, im Keim zu ersticken.[11]

Seine Vision begeisterte Las Vegas: ein Glücksspielpalast, wie ihn Nevada noch nie gesehen hatte. Dank der Gewinne aus dem Rauschgiftgeschäft gut bei Kasse, startete Bugsy unter Lanskys Regie sein neues, kühnes Projekt. Er erwarb ein knapp 13 Hektar großes sandiges Grundstück voller Gestrüpp – 300 Meter entlang des Strip –, auf dem ein altes, baufälliges Motel stand. Das Land hatte einem Gesellschaftskolumnisten aus Hollywood gehört, der es 1945 gekauft hatte, aber dann in finanzielle Schwierigkeiten geraten war. Der Bauplatz war klug gewählt, denn er lag hinter der ersten Kurve der Straße, außer Sichtweite der beiden schon bestehenden Hotels am Strip und weit entfernt von Glitter Gulch. Als einziges Hotel auf der rechten Straßenseite wäre es für Reisende aus Kalifornien geradezu ideal. Ihm schwebte eine prachtvolle Anlage vor: keine herausgeputzte Cowboyranch oder mit Sägemehl bedeckte Böden, keine Spelunke, wo das Publikum eine Staatsgrenze übertreten oder verstohlen ins Hinterzimmer schlüpfen musste, sondern ein Vorzeigeetablissement für Unterhaltungskünstler, Prominente und Gäste aus aller Welt. Es sollte Qualität und Geschmack verkörpern, enorme Gewinne abwerfen und Respektabilität demonstrieren; Geld aus illegalen Geschäften sollte mit legalen Einkünften, mit berühmten Namen und Unternehmen, mit dem neuen Reichtum Amerikas eine Allianz eingehen. »Ein Kasinoambiente, das eher an Beverly Hills als an Nevada erinnerte.«[12] Siegel investierte mehr als eine Million Dollar. Einmal brachte »Dandy« Phil Kastel, ein Partner des New Yorker Gangsters Frank Costello, zwei Koffer voller Bargeld nach Las Vegas. Das Hotel sollte den Namen Flamingo erhalten. Siegel, der einstige Skeptiker, war zum Fanatiker geworden. »Das verdammt noch mal größte, nobelste Spielkasino und Hotel, das ihr Halunken in eurem Leben je gesehen habt«[13], beschrieb es Siegel gegenüber einem Reporter.

Er baute mit der Anmaßung und Ungeduld eines Pharaos, der eine Pyramide in Auftrag gibt – was er im Grunde auch war. Er engagierte den Bauunternehmer Del Webb, der häufig für das Syndikat Aufträge übernahm und mit J. Edgar Hoover, Howard Hughes und anderen einflussreichen Persönlichkeiten befreundet war. Wenn sogar Webb auf Hindernisse stieß, versuchte Bugsy sie selbst aus dem Weg zu räumen. Oft kaufte er auf dem Schwarzmarkt Material zurück, das in der Nacht zuvor von seiner Baustelle entwendet worden war. Er ließ Zimmerleute, Klempner und Elektriker aus Kalifornien und Arizona einfliegen, zahlte Handwerkern den dreifachen Lohn, bestand auf Kupferrohrleitungen und nur den besten Materialien. Er bestach Lastwagenfahrer, damit sie schneller auslieferten und die Ladungen ihrer Kollegen plünderten. Einmal reiste er sogar in den Vorderen Orient, um sich von exotischen Gärten inspirieren zu lassen. Ein anderes Mal wollte er lebende Flamingos einführen. Als jedoch zwei Vögel in der Hitze starben, stornierte er seine Bestellung für 100 weitere. Dick Odessky, ein Journalist aus Las Vegas, berichtete:

> Perserteppiche, Palmen, Parfüm und Partys verschlangen fast das ganze Budget für den Bau.[14]

Die Wochenzeitung *Las Vegas Tribune* empörte sich über diese Extravaganz in einer Zeit, als heimkehrende Kriegsveteranen keine Häuser für sich und ihre Familien bauen konnten, weil kein Material zu bekommen war. »Die Öffentlichkeit wird das Glücksspiel nur tolerieren, solange das Glücksspiel hinter dem Wohl der Allgemeinheit zurücksteht«[15], lautete der Leitartikel. Die *Tribune* irrte und musste bald selbst aufgeben. Bugsy wusste es besser.

Bestechungsgelder für Beamte waren ein fester Posten in seinem Budget – eine Praxis, die in den kommenden 50 Jahren der Stadt vorherrschen sollte. Was das FBI als »geheime Absprache«[16] bezeichnete, war Siegel zufolge eine finanzielle Zuwendung an Senator McCarran und den Leiter der bundesstaatlichen Verwaltung für zivile Produktion in Reno für die Baustoppaufhebung, der dafür sorgte, dass Akten, beeidigte Erklärungen und Genehmigungen gefälscht wurden. Als sich die Erteilung seiner Konzession verzögerte, schmierte er die Ausschussmitglieder und setzte sie unter Druck. Als sich einer von ihnen, ein gläubiger Mormone, seinem Willen widersetzte, suchte ihn Bugsy in einem Dampfbad auf. Der Mormone kam zitternd heraus und stimmte umgehend einer Konzession für das Flamingo zu.

Einem FBI-Bericht zufolge erzählte Siegel im August 1946 einem Freund, dass McCarran bereits »mit ihnen zusammenarbeite«[17], weitere Bestechungsgelder seien nicht nötig. Siegel fügte hinzu, so der Bericht, dass McCarran, falls er von Gesetzeshütern befragt würde, »sich dumm stellen und sagen solle, er wisse nichts über [geschwärzt], SIEGEL u.a.«.

Der oberste FBI-Beamte in Los Angeles empfahl Washington »eine offizielle und gründliche Untersuchung dieser Angelegenheit sowohl in Bezug auf den Verdacht auf Beamtenbestechung als auch auf arglistige Täuschung der Regierung«[18]. Fünf Monate danach ordnete die FBI-Zentrale an, dass der Ermittler »sofort« jegliche Untersuchung der Angelegenheit »einstellen«[19] solle.

»Wir kandidieren nicht«, erklärte Bugsy später einem Handlanger, der bei den Kommunalwahlen antreten wollte, »die Politiker gehören uns.«[20]

In der Zwischenzeit nahm das Kasino Gestalt an. Steinmetzmeister und Zimmerleute verlegten und verarbeiteten importierten Marmor und kostbare Hölzer. Die geschwungene Treppe des Kasinos beispielsweise schien für die Ewigkeit gebaut, denn 30 Jahre später brauchten Arbeitstrupps zwei Tage, um sie mit Presslufthämmern niederzureißen. »Sein Grundsatz war Klasse«, sagte ein Zeitzeuge, »zumindest das, was ein Gangster darunter verstand.«[21]

Bezeichnenderweise nannten sie ihre neu gegründete Firma Nevada Project Corporation. »Als er [Siegel] mit dem Bau des luxuriösen ›Flamingo‹ begann, feierte Las Vegas diesen Schritt als den eines der weitsichtigsten und großzügigsten Bürger der Stadt«[22], schrieb der Autor Oscar Lewis. Wie so oft wurden Geld und Macht von der

Öffentlichkeit begrüßt, die sich davon Einnahmen für die Stadtkasse und Arbeitsplätze versprach. Als Bugsy in großem Stil im städtischen *Evening Review-Journal* inserierte, hängte der Herausgeber folgende Notiz in die Redaktion:

> Von diesem Tag an wird Mr. Siegel vom »Flamingo« nur noch »Ben« oder »Benjamin« genannt, keinesfalls mehr »Bugsy«.[23]

Siegel hatte die große Eröffnungsfeier des Flamingo für Weihnachten 1946 geplant, aber sein hitziges Gemüt und seine extravaganten Wünsche führten zu ärgerlichen Verzögerungen. Die Kosten schnellten in die Höhe und er brauchte mehr Geld. Seine Partner zeigten sich nicht nur besorgt über die hohen Ausgaben und die Verzögerungen, sondern auch über sein Privatleben. Er war nicht nur vom Flamingo, sondern auch von einer Frau namens Virginia Hill besessen, die das FBI als eine »fantastische Frau voller Rätsel«[24] bezeichnete. Sie stammte aus der tiefsten Provinz Alabamas und war eins von zehn Kindern eines armen Marmorschleifers. Mit 17 hatte sie auf der Weltausstellung in Chicago »ein paar krumme Sachen gemacht«[25], wie es ein FBI-Beamter nannte. Sie war die Freundin von kleinen Ganoven und half gelegentlich als Kurierin und Köder aus. Als Bugsy sie kennen lernte, war sie fast 30, eine Schönheit mit kastanienfarbenem Haar, die für ihre sagenhaft langen Beine berühmt war – wofür Siegel schon immer eine Schwäche hatte. Er verliebte sich Hals über Kopf in sie. Ihre Affäre war stürmisch, aber auch voll unschuldiger Fröhlichkeit. »Sie sind wie Kinder«[26], erzählte Lansky seinem Bruder. Lansky riet Siegels Frau Esther, die Scheidung einzureichen, in der Annahme, dass dies Bugsy davon abhalten würde, sich wie »ein brünstiger Hengst aufzuführen«[27], wie es ein Bekannter nannte. Bugsy überraschte sie alle, als er einer Scheidung in Reno und einer lebenslangen wöchentlichen Unterhaltszahlung an Esther in Höhe von 600 Dollar zustimmte. Im September 1946, das Flamingo war noch ein Gerippe am Strip, ließen sich Virginia und Bugsy heimlich in Mexiko trauen.

In jenem Herbst flog er in den Osten, um seinen Partnern noch mehr Geld zu entlocken; nach zähen Verhandlungen bekam er eine weitere Million Dollar. Im November lieh ihm die Valley National Bank of Phoenix, die in Arizona für ihre langjährige finanzielle Unterstützung von Webb und ihre engen Beziehungen zur wohlhabenden Familie Goldwater bekannt war, 600.000 Dollar für das Flamingo. Bugsy hatte sich bereits einen Kredit über 500.000 Dollar von einer Bank außerhalb von Nevada beschafft und 600.000 Dollar von »einem Unternehmen in Utah«[28], wie das FBI wusste. Das war der Beginn einer langen Tradition der Finanzierung des modernen Las Vegas durch Mormonen, regionale und lokale Banken, Gewerkschaften und Unternehmen, schließlich sogar durch die größten Finanzinstitute Amerikas und selbst die Wall Street.

Aber Bugsys Schicksal lag nicht mehr in den Händen gefügiger Bankiers, Scheinfirmen oder lokaler Förderer. Einige Mitglieder des Syndikats warfen ihm Verschwendungssucht und mangelndes Verantwortungsbewusstsein gegenüber Investoren vor. Andere glaubten, dass Virginia, mit ihm oder ohne ihn, Gewinne beiseite schaffte. Lansky beauftragte Moe Dalitz, Bugsy zu beschatten. Anfang Dezember 1946 berief das Syndikat eine Konferenz seiner führenden Mitglieder in Havanna ein.[29] Siegel gehörte nicht dazu. Aber alle anderen namhaften Köpfe, die eine Rolle in der Geschichte von Las Vegas spielten, nahmen daran teil: Lansky, Luciano, Frank Costello, Marcello aus New Orleans, Santo Trafficante aus Florida und Kuba, Dalitz aus dem Mittleren Westen, selbst ihr unterwürfiger »Hofmusikant« Frank Sinatra, der die Gruppe unterhielt, aber bei geschäftlichen Besprechungen nicht zugelassen war. Lansky brachte die Sprache auf »das Thema ›Flamingo‹«. Das Kasino, sagte er, werde fünf Millionen Dollar mehr als geplant kosten. Nach einem Aufschrei der Entrüstung versicherte er den anderen, dass dies »Peanuts« seien, verglichen mit dem Geld, das es einbringen werde. Aber dann berichtete Dalitz, dass Binion die anderen bestahl. Andere erzählten, dass Schweizer Kontakten zufolge Hill eine halbe Million Dollar in einer Zürcher Bank deponiert habe.

In einer für ihn ungewöhnlich emotionsgeladenen Rede beschwor Lansky seine Kollegen, sich daran zu erinnern, wie viel Bugsy für sie getan hatte. »Sie sahen ihn schweigend, mit steinerner Miene an«, erzählte ein Zeuge, »und Meyer begriff, dass Bugsys Schicksal besiegelt war.« Aus Respekt für Lansky ließen ihn seine Kollegen nach Kalifornien reisen, um mit Bugsy zu sprechen. »Ich kann nichts mit ihm anfangen«[30], erzählte Lansky bei seiner Rückkehr einem Freund. »Er steht so im Bann dieser Frau, dass er nicht mehr klar denken kann.«[30]

Am Tag nach Weihnachten eröffnete das Flamingo wie geplant mit »dem protzigen Pomp der Beerdigung eines berühmten Gangsters«[31], wie es der Journalist Ralph Pearl mit ungewollter Ironie ausdrückte. Siegel, der Reporter geschmiert hatte, damit sie für die Eröffnung Reklame machten, begrüßte seine Gäste in Frack und weißer Krawatte, mit Virginia an seiner Seite. Der Schauspieler und Komiker George Jessel führte als Conférencier durch den Abend, während Xavier Cugats lateinamerikanisches Orchester im großen Saal spielte. Aber aufgrund schlechter Wetterverhältnisse konnten die gecharterten Flugzeuge in Los Angeles nicht starten. Außerdem soll William Randolph Hearst, wegen eines alten Streits mit Siegel um eine Frau, Prominenten mit schlechten Kritiken gedroht haben, wenn sie an der Eröffnung teilnahmen. So war die Schar der Gäste recht klein, die sich an jenem Abend hier versammelten. Zudem waren die Zimmer des Hotels noch nicht ganz fertig. Noch bevor die Croupiers richtig in Schwung gekommen waren, wechselten die Gäste ihre Chips ein und verließen mit ihren zum Teil beträchtlichen Gewinnen die Feier. Das hell erleuchtete, halb fertige Flamingo blieb allein in der Wüste zurück. »Ein einsamer Koloss«[32], schrieb der Journalist Hank Messick.

Zeitungszar Hearst

Es gab noch andere schlechte Vorzeichen. Als Lena Horne zwei Wochen später im Flamingo sang, weigerte sie sich, im Westen der Stadt abzusteigen, wo Schwarze laut Stadtverordnung ohne Trinkwasserversorgung und Kanalisation leben mussten. Bugsy lenkte ein und brachte sie in der Nähe des Kasinos in einer »cabaña« unter, wo die Zimmermädchen jeden Morgen ihr Bettzeug verbrannten.

Nach einem Verlust von 300.000 Dollar in den ersten beiden Wochen war Bugsy gezwungen, das Flamingo Ende Januar 1947 zu schließen. Erneut machte er sich auf die Suche nach Kapital. Er überredete Lansky, ihm noch etwas zu leihen. Im Februar bewilligte die Valley National in Phoenix weitere 300.000 Dollar. Im März, nach einer Generalinspektion, an der auch Lansky teilnahm, eröffnete das Hotel erneut: Diesmal waren die Zimmer fertig.

Bugsys Werbemanager Herman »Hank« Greenspun tüftelte neue Werbekampagnen aus. Mit billigen Büffets, Bingo und Preiszeichnen versuchte das Flamingo eine weniger betuchte Klientel anzusprechen. »In seinen schwersten Tagen entwickelte er Marketingtechniken, die bis heute erfolgreich sind«[33], schrieb ein Historiker der Stadt. Aber auch alte Methoden behielt man bei. Als ein Angestellter des El Rancho das Flamingo als »Nepplokal«[34] bezeichnete, schlug Bugsy mit einer Pistole

Das Foyer des Flamingo kurz nach der Eröffnung 1947, mit seinen Kronleuchtern und der Marmortreppe, die Bugsy Siegel des Öfteren mit der hübschen Virginia Hill hinabgeschritten war.

auf ihn ein und drohte, den Besitzer des El Rancho kaltzumachen und das Kasino niederzubrennen.

Das Flamingo brachte Siegel auch beachtliche Nebeneinkünfte ein. Mit seinen Revuegirls wurde es zum Mittelpunkt des »Mädchenhandels«[35] des Syndikats. Gleichzeitig spielten das neue Hotelkasino und andere Spielbanken eine wichtige Rolle als Geldwaschanlage für Einnahmen aus dem Rauschgifthandel und sonstigen illegalen Geschäften. Wie William Chambliss später in seinem Buch *On the Take* schrieb, sammelten Geldkuriere den Erlös aus den verschiedenen Geschäftszweigen des Syndikats im ganzen Land ein – Chambliss zufolge »eine unvermeidliche Nebenerscheinung der amerikanischen Volkswirtschaft«[36] – und kamen in regelmäßigen Abständen nach Las Vegas, um das Geld zu »waschen« und neu zu verteilen. Im Mai warf das Haus erstmals Gewinn ab. Aber die Partner waren zerstritten. Nicht nur die Spannungen bezüglich des Flamingo machten Siegel zu schaffen, sondern auch die Auseinandersetzung um die Kontrolle des lukrativen Telegrafenwettgeschäfts in Kalifornien und Nevada, in dessen Verlauf er den neuen Chicagoer Besitzern des Telegrafendiensts die Stirn bot. Diese hatten im Jahr zuvor James Ragen ermordet, um dessen Zeugenaussage zu verhindern und das äußerst gewinnträchtige Unternehmen an sich zu reißen.

Am Morgen des 20. Juni 1947 flog Bugsy nach Los Angeles. Er fuhr wie immer zu Virginias prächtigem, im maurischen Stil erbauten Bungalow im North Linden Drive 810 in Beverly Hills. Sie befand sich in Paris, was manche für keinen Zufall hielten. Am späten Abend entspannte er sich auf dem Sofa bei der Lektüre der Frühausgaben der Morgenzeitungen. Rosen schlugen sanft gegen die Fenster. Die schweren Vorhänge, die normalerweise zugezogen waren, gaben den Blick in den Garten frei.

Der Schuss ins Auge war eine Meisterleistung. Das Sofa stand in einem Winkel zum Fenster und »der Mörder musste beinah um die Ecke schießen«[37], folgerte das FBI. Der Mann, der den Karabiner auf die Pergola gelegt hatte, und sein Partner neben ihm wurden niemals angeklagt oder strafrechtlich verfolgt, obwohl ihre Personalien den Verantwortlichen in Nevada und Washington bekannt waren. Ebenso wie Binions Kasinomanager Louis McWillie waren sie Kumpane von Jack Ruby, dem Ganoven aus Chicago, der noch im selben Jahr nach Dallas kam.

In Las Vegas selbst löste der Mord »Fracksausen« aus, wie es Robbins Cahill, der Leiter der staatlichen Steuerkommission nannte. Sensationsgeschichten über Siegel und seine schmutzige Vergangenheit schienen frühere Gerüchte zu bestätigen:

> Als diese Sache in den Zeitungen groß aufgemacht erschien, merkten einige, dass sie manches bekommen hatten, womit sie nicht gerechnet hatten. Sie hatten einen großen, wunderschönen Palast bekommen, aber offenbar tauchten jetzt Probleme auf … überall, wo man hinkam, steckten die Leute die Köpfe zusammen.[38]

In Glitter Gulch glaubten »alte Hasen«, dass Siegels Ermordung einen Bandenkrieg auslösen würde. Kurz nach dem Mord verkündete P. O. Silvagni, der 1932 das Hotel Apache erbaut hatte und dessen starker italienischer Akzent die Stadt ungemein belustigte, einer Gruppe von Gästen: »Blut laufen auf Straße, Blut laufen durch Straße«[39], wie sich einer von ihnen erinnerte.

Die Angst wurde schon bald durch die enormen Profite verdrängt. Bugsys zweifelhafter Ruhm als Gangster, den Bankiers und Förderer zu seinen Lebzeiten geflissentlich übersehen hatten, wurde nach seinem Tod geschickt vermarktet. Durch den Mord bekam Las Vegas etwas »verlockend Anrüchiges«[40], wie Lacey schrieb. Besucher strömten zu dem ehemals trostlosen Strip – ein Strom, der nie mehr abreißen sollte. Virginia ihrerseits unternahm angeblich einen Selbstmordversuch, als sie von der Erschießung erfuhr, geriet aber bald darauf in Vergessenheit.

Bugsys Beerdigung wurde von der Stadt kaum registriert. »Ein paar Spieler legten während des Begräbnisses eine Pause von fünf Minuten ein«[41], erinnerte sich ein Zeitzeuge. Aber Bugsys Ermordung brachte die Wende für das Flamingo. Besessenheit und Sucht hatten zu viel Geld verschlungen, als dass das Syndikat, die Banken oder die Stadt bereit gewesen wären, das Kasino abzuschreiben. Innerhalb von Minuten, nachdem die Kugel in Bugsys Auge eingedrungen war, übernahmen vertrauenswürdige Männer mit »Gaunermentalität«[42] und der »Zielstrebigkeit von Generälen, die nach einem Putsch Ordnung schafften«[43], das Flamingo. Sie und ihre kultivierteren, geschäftstüchtigen Nachfolger, Manager mit der Moral von Ganoven, gestalteten Las Vegas' Zukunft.

Die blutverschmierte Leiche im Hahnentrittjackett, der charmante, unersättliche Killer, zum Schluss doch noch berechenbar, sollte der Nachwelt nicht als »Mr. Siegel vom Flamingo« oder Ben, sondern immer als Bugsy im Gedächtnis bleiben. Mit seinem letzten größenwahnsinnigen Projekt hatte er den Grundstein für ein Glücksspielimperium gelegt.

5 Hank Greenspun

Der Draufgänger als mahnendes Gewissen

In Las Vegas, wo Geheimhaltung erste Bürgerpflicht war, verbarg sich Herman Milton Greenspun beinah vierzig Jahre lang auf der Titelseite seiner Zeitung. Das selbst erklärte moralische Gewissen der Stadt der Glücksritter war in Wirklichkeit ein Draufgänger und Hasardeur wie kaum ein anderer.

Er kam im Spätsommer 1909 in Brooklyn zur Welt, das damals noch eine ländliche Gemeinde war. Seinen Vater sollte er als kleinen, »gottesfürchtigen« Mann in Erinnerung behalten, einen Talmudgelehrten aus einer alten Rabbinerfamilie, der stets in seine Bücher vertieft war und mit seiner Kunsthandlung keine glückliche Hand hatte. Das eigentliche Familienoberhaupt war Hermans Mutter Anna Bella, eine dunkelhaarige Frau mit einem hitzigen Temperament, die die Familie mit ihrem kleinen Lebensmittelladen ernährte. Gelegentlich verkaufte sie auch schwarz gebrannten Schnaps, während ihr ahnungsloser Gatte über dem Talmud brütete.

Als der kleine Herman als Zeitungsträger arbeitete, geriet er einmal an einen Kunden, der nicht zahlen wollte und ihn stattdessen mit antisemitischen Schmähungen überhäufte. Daraufhin marschierte Anna Bella mit dem Jungen zum Haus des Übeltäters zurück und ging mit geballten Fäusten auf ihn los, während Herman ihm gegen das Schienbein trat. Der Kunde zahlte. »Dieses Erlebnis lehrte mich eine Lektion, die ich mein Leben lang nicht vergessen sollte«[1], sagte er später.

Die Greenspuns wohnten eine Zeit lang in einem schwarzen Wohnviertel New Havens in Connecticut, in einem Haus, zu dem auch ein Hühnerstall und ein Plumpsklo gehörten. Der kleine »Hymela« war ständig in Prügeleien mit den Nachbarjungen verwickelt, die er »Nigger« rief, während sie ihn »Jud« schimpften. Anfang der 20er Jahre kehrte die Familie wieder nach Brooklyn zurück und Herman wuchs zu einem breitschultrigen Mann von 1,80 Meter heran, dem man wegen seiner Ähnlichkeit mit einem bekannten Boxer den Spitznamen »Dempsey« gab.

Wie die übrige Familie fühlte auch er sich seiner jüdischen Herkunft verbunden.[2] In seiner Kindheit hatte sich ihm das Bildnis des Begründers des Zionismus tief eingeprägt. »Ich kannte jede Falte im Gesicht Theodor Herzls, ehe ich überhaupt wusste, wer George Washington war«[3], schrieb er 50 Jahre später. Dank der beharrlichen Ermunterung seiner Mutter ging er aufs College und wechselte dann an die juristische Fakultät der St. John's University in Brooklyn. Um sein Studium zu finanzieren, arbeitete er zunächst als Laufbursche und dann als Kartenverkäufer für eine Ticketagentur am Broadway, wo er mit verrutschter Krawatte, zurückgeschobener Mütze und hochgekrempelten Hemdsärmeln hinter dem Schalter saß. Er lebte inmitten einer Welt aus Gaunern, Desperados und kleinen Ganoven, von denen man sagte, dass sie sich »einen schnellen Dollar verdienten und dann aus dem Staub machten«[4]. Sein großes Idol war der Journalist und Schriftsteller Heywood Broun, der das Leben am Broadway eindrücklich schilderte.

1934 legte er sein juristisches Examen ab und engagierte sich bei den Republikanern, die den New Yorker Bürgermeister Fiorello La Guardia unterstützten. Er bekam eine Stelle in der Harlemer Anwaltskanzlei von La Guardias Protegé Vito Marcantonio, einem republikanischen Kongressabgeordneten, der später zum linken Lager überlaufen sollte. Greenspun unterstützte ebenfalls aktiv Tom Deweys Kandidatur für das Amt des Bezirksstaatsanwalts, worauf ihm der zukünftige Gouverneur und Präsidentschaftskandidat eine feste Stelle anbot. Doch die Jagd auf New Yorker Gangs empfand er als dröge Angelegenheit, zumal die Arbeit auch noch schlecht bezahlt wurde. Bereits 1937, kurz nachdem er seine Zulassung als Anwalt bekommen hatte, begann er sich nach einer neuen Tätigkeit umzusehen. Er sagte später einmal, ihn hätte zwar »das Ethos des Anwaltsberufs fasziniert, aber nicht die trockene Juristerei«[5].

Mit 29 Jahren stürzte er sich in eine Reihe von lukrativen, teils gewagten Unternehmungen, deren Erfolg er glücklichen Umständen, seiner Unerschrockenheit und seiner Gabe zuschrieb, eine günstige Gelegenheit beim Schopfe zu packen. Manche Zeitgenossen sahen in ihm einen risikofreudigen, scharfsinnigen, energiegeladenen Mann mit großem Charme und unerschütterlichem Selbstvertrauen. Andere hielten ihn für größenwahnsinnig, übertrieben ehrgeizig und führten seinen

Erfolg weniger auf seine Talente oder persönlichen Verdienste als auf seine guten Beziehungen und den puren Zufall zurück.

1938 gründete er Vulcan Steel und war bald der Chef von zwanzig Angestellten. Zwei Jahre später bekam er von zwei Geschäftskollegen, die er später vage als »einflussreiche Republikaner aus Buffalo« bezeichnete, den Tipp, dass die Dampfmaschinenfabrik Nagle Engine Works in Pennsylvania für eine halbe Million Dollar zum Verkauf stehe, was jedoch nur einem Bruchteil ihres wahren Werts entsprach. Er erwarb für 1000 Dollar das Vorkaufsrecht und bekam noch im selben Jahr von der staatlichen Schifffahrtsbehörde in Washington einen Auftrag über die Lieferung von Schiffsmaschinen für die amerikanische Handelsflotte im Wert von 2,48 Millionen Dollar. Bald folgte ein weiterer Auftrag in Höhe von 12 Millionen Dollar.

Der Markt, der mit Beginn des Zweiten Weltkriegs einen gigantischen Boom erlebte, wurde von zwielichtigen Schiffsbau- und Finanzmagnaten mit den besten Beziehungen zum Weißen Haus beherrscht – darunter Aristoteles Onassis, Howard Hughes oder der unsichtbare Milliardär Daniel K. Ludwig; sie alle sollten in der Geschichte von Las Vegas eine undurchsichtige und lange verborgen gebliebene Rolle spielen. Bereits vor dem Krieg kam es in der Schifffahrtsbehörde mit ihren millionenschweren Aufträgen zu Bestechungsfällen, denen ein Ermittlungsausschuss des Kongresses nachging. Jahrzehnte später wurde gemunkelt, Greenspun habe den Tipp über die zum Verkauf stehenden Nagle-Werke weit früher erhalten, als er behauptet habe, und sei gemeinsam mit Onassis und Hughes an kriegsgewinnlerischen Geschäften beteiligt gewesen; ferner hieß es, er habe seine alten Kontakte nach Buffalo und Washington niemals aufgegeben und halte belastendes Material in seinem Bürosafe unter Verschluss. Doch zu der Zeit, als die Ermittlungen gegen die Schifffahrtsbehörde eingeleitet wurden, hatte Greenspun längst den Schauplatz gewechselt und sollte daher niemals offiziell mit jenen zwielichtigen Personen und Machenschaften in Verbindung gebracht werden. Als er im Frühjahr 1941 einberufen wurde, gab er Nagle Engine Works nur ungern auf. Er verkaufte die Fabrik für 35.000 Dollar an einen Partner in Texas, der später ebenfalls in kriegsgewinnlerische Geschäfte verwickelt war.

Während des Krieges stieg Greenspun zum Hauptmann auf und entdeckte sein journalistisches Talent als Herausgeber einer Feldlagerzeitung. Als Waffenoffizier in General Pattons dritter Armee verlor er um ein Haar beide Füße durch Erfrierungen. Er wurde mit dem französischen Kriegskreuz und vier Battle Stars ausgezeichnet und von General Eisenhower persönlich belobigt. Kurz vor der alliierten Invasion in der Normandie lernte er in Belfast die Tochter eines bekannten Filmverleihers von Paramount Pictures kennen, eine schöne jüdische Irin namens Barbara Ritchie, die 13 Jahre jünger war als er. Sie heirateten 1943 und ließen sich nach dem Ende des Krieges in New York nieder, wo Greenspun wieder als Anwalt arbeiten wollte.

Monate später brach er mit seinem roten Buick Cabriolet zu einer langen Fahrt in den Westen auf. Neben ihm saß der exzentrische Rennveranstalter Joe Smoot, laut Greenspun, »ein Schlitzohr, das schon so manches Vermögen gemacht und wieder verloren«[6] hatte. Smoot spielte eine ebenso wichtige Rolle für Greenspuns Karriere wie seine Freunde in Buffalo, die ihm einst den Kauf der Nagle-Werke empfohlen hatten. Er pflegte schon seit langem enge Verbindungen zur Familie Jacobs in Buffalo, deren Firma Sportsystems – eine Agentur für Verkaufskonzessionen im Profisport – später in umfangreiche Geschäfte mit dem organisierten Verbrechen verwickelt war. Im September 1946 kam der 37-jährige Greenspun zum ersten Mal nach Las Vegas, um dort mit Smoot eine Pferderennbahn zu bauen.

»Es war Liebe auf den ersten Blick«[7], sagte er über dieselbe Stadt, die Lansky nicht lange zuvor als »grässliches Nest« bezeichnet hatte. Wie Greenspun später in seiner Autobiografie schrieb, war er bezaubert von »diesem Paradies aus majestätischen Bergen, einem unendlich weiten Himmel und einer klaren Luft«. Er war begeistert von der Wildwestatmosphäre der Stadt, »den Saloons, den in farbenfrohe Decken gehüllten Indianern, den bärtigen Goldsuchern und den Mauleseln«[8]. Doch am faszinierendsten war, dass er sich »seltsamerweise ständig an den Broadway erinnert fühlte ... Heimat und Zuflucht von Desperados, die Bewegungsraum und Freiheit suchten«.[9] Es war eine Stadt, die ihm sofort vertraut war. »Er hatte auf Anhieb einen Draht zu den Leuten«[10], schrieb der Journalist Joseph Dalton.

Als Greenspun sich mit Smoot überwarf und sich das gemeinsame Bauprojekt zerschlug, kehrte sein Kompagnon der Stadt den Rücken. Greenspun jedoch blieb und gründete die *Las Vegas Life*, ein knallig aufgemachtes Unterhaltungsmagazin im Westentaschenformat, das halbmonatlich erschien, fünf Cent kostete und seine eigene Kolumne enthielt: »Neuigkeiten aus Glitter Gulch«. Wie Greenspun später erzählte, lernte er kurz darauf Bugsy Siegel kennen, der ihm den kompletten Rücktitel seiner Zeitschrift für eine Anzeige für das Flamingo abkaufte.

Shakehands – Wilbur Clark, Strohmann des Desert Inn, mit Lyndon B. Johnson, damals Mehrheitsführer im US-Senat (um 1959). Dank der Kontakte seines Beraters Bobby Baker und der Senatoren Howard Cannon und Alan Bible hatte Johnson, der auch Beziehungen zum organisierten Verbrechen in Texas pflegte, einen direkten Draht zum Strip.

Bald darauf nahm Greenspun eine »gut bezahlte Stelle«[11] als Werbefachmann in Bugsys Hotel an, das im folgenden März neu eröffnet wurde. Darüber hinaus veröffentlichte er im *Review-Journal* eine Kolumne mit dem Titel »Flamingo-Geflüster«. Greenspun, der sich nun »Hank« nannte, um seinem Namen einen Wildwest-Touch zu geben, verstand es meisterhaft, seine Leserschaft zu fesseln. »Er brachte genau die Atmosphäre herüber, die Siegel vermitteln wollte«[12], schrieb der Journalist John L. Smith. Wie Insider wussten, begrüßte auch Lansky Greenspuns Mitarbeit, da das Flamingo dringend Publicity benötigte.

Einige Monate nach Bugsys Tod kündigte Greenspun beim Flamingo, stellte seine Zeitschrift ein und erwarb für 6666 Dollar eine 15-prozentige Beteiligung am Desert Inn, einem Kasino am Strip, das nach dem Vorbild des Flamingo erbaut wurde. Bauherr war ein kleiner, rotgesichtiger, vorzeitig ergrauter Mann namens Wilbur Clark, der eine Laufbahn als Hotelpage in San Diego, als Craps-Croupier im Bank Club in Reno und als Manager mehrerer Kasinoschiffe hinter sich hatte, ehe er Miteigentümer des El Rancho wurde. Ein Viertel Jahrhundert lang sollte sein Name über dem Eingang des neuen Kasinos stehen. Das Geschäft mit Clark, den Greenspun bald »wie einen Bruder«[13] liebte, umfasste auch eine 1/3-Beteiligung an dem Motel, das auf dem Kasinogelände entstehen sollte. Außerdem engagierte ihn Clark als Werbechef für das Desert Inn.

Im Dezember 1947 beteiligte sich Greenspun an der Einrichtung eines zweiten Radiosenders in der Stadt. Am Tag der feierlichen Einweihung, zu der auch Nevadas Gouverneur Pittman eingeladen war, bekam Greenspun einen unerwarteten Anruf von seinem Cousin Reynold Selk, der ihn bat, sich mit ihm und einem Freund namens Adolph Schwimmer, der gerade eingeflogen sei, im Last Frontier zu treffen. »Al« Schwimmer, gebürtiger Amerikaner, war ein engagierter Zionist. Als ehemaliger Bordingenieur bei TWA schmuggelte er nun in großem Stil Waffen an die jüdische Armee in Palästina, die damals noch gegen die Araber kämpfte. Später spielte er in der undurchsichtigen Welt der Spionage und des Bigbusiness eine nicht unbedeutende Rolle. Er war ein hochrangiger Agent des israelischen Geheimdienstes Mossad, einer der Väter der israelischen Luftwaffe, ein bedeutender internationaler Waffenhändler, Sonderberater mehrerer israelischer Ministerpräsidenten, geheimer Lobbyist in Washington mit engen Kontakten zu den höchsten Ebenen des amerikanischen Geheimdienstes und eine Schlüsselfigur in der Iran-Contra-Affäre. Doch zunächst war er mit einem von der jüdischen Untergrundarmee gecharterten Flugzeug nach Las Vegas gekommen, um Greenspun für eine geheime Mission zu gewinnen.

Noch am selben Tag bestieg der Mitbegründer des neuen Radiosenders das wartende Flugzeug, ohne sich von seiner Frau und seinen beiden Kindern zu verabschieden. Wie Greenspun später berichtete, verbrachte er den größten Teil des folgenden Jahres damit, als Waffenschmuggler zwischen Hawaii, Mexiko, der Dominikanischen Republik, Panama und New York hin- und herzupendeln, wobei er sich auch als Fälscher, Entführer und Verschwörer betätigte. Er brüstete sich damit, 58 Kisten mit Maschinengewehren und Munition an dem US-Embargo vorbei in den Nahen Osten geschleust zu haben. Wie er in seiner Autobiografie *Where I stand: The Biography of a Reckless Man* ausführlich schilderte, musste er während seiner Mission mit aufsässigen Matrosen, betrügerischen mexikanischen Beamten und manch anderen Widrigkeiten fertig werden. Er war stolz darauf, »alles, was nur irgendwie schießt«, nach Palästina geschmuggelt zu haben, »ungeachtet der Konsequenzen«[14].

Doch die Organisation, für die er arbeitete, war auch an anderen geheimen Operationen[15] beteiligt, zu denen sich der sonst so redselige Greenspun nie äußerte, ganz gleich welche Rolle er dabei gespielt haben mochte. Späteren Enthüllungen zufolge waren an diesen Aktionen der zukünftige Bürgermeister Jerusalems Teddy Kollek beteiligt, mit dem Greenspun bei den illegalen Waffengeschäften eng zusammengearbeitet hatte, sowie andere jüdische Agenten, für die Greenspun ein »wichtiger

Kontaktmann«[16], wie Robert Friedman sagte, gewesen war. Von ihrem Stützpunkt im Hotel McAlpin in Manhattan aus schafften sie Aktenkoffer mit Bestechungsgeld nach Lateinamerika, um sicherzustellen, dass die dortigen Regime den neuen Staat Israel diplomatisch anerkannten oder ihn auf andere Weise unterstützten. Sie arbeiteten mit dem organisierten Verbrechen zusammen, um die Schmuggelware in den Häfen von New York und New Jersey verladen zu können. Während des Präsidentschaftswahlkampfs von 1948 ließen sie dem demokratischen Amtsinhaber Harry Truman großzügige Spenden zukommen, damit er sich für die internationale Anerkennung des jüdischen Staates einsetzte. Ein Mitarbeiter des Weißen Hauses berichtete:

> Zwei Millionen Dollar flossen in Trumans Wahlkampf. Das war der Preis für die Souveränität Israels.[17]

Greenspun wurde zwei Mal wegen Verstoßes gegen das Neutralitätsgesetz angeklagt, und jedes Mal stellten proisraelische Kreise seine Verteidiger. Im ersten Verfahren im Herbst 1949 wurde er freigesprochen; im zweiten Prozess 1950 bekannte er sich schuldig. Es gelang seinen Anwälten, sich mit dem Richter auf ein akzeptables Strafmaß zu einigen, während sogar Senator McCarran intervenierte, »um Greenspun vor dem Gefängnis zu bewahren«[18], wie er später berichtete. Nach Ansicht des Richters war Greenspuns Vergehen »äußerst schwerwiegend«, da die geschmuggelten Waffen dazu gedient hätten, »unschuldige Menschen zu töten«.[19] »Was? Araber und unschuldig?«, platzte Greenspun heraus. Trotzdem setzte man seine Strafe zur Bewährung aus und verurteilte ihn zu einer Geldbuße von 10.000 Dollar, die prompt von seinen Gönnern, die ein Reporter als »Freunde Israels«[20] bezeichnete, übernommen wurde. Der unverbesserliche, tollkühne Greenspun rechtfertigte später seine Handlungsweise damit, dass »ein Mann manchmal das Gesetz umgehen muss, um der Gerechtigkeit zum Sieg zu verhelfen«.[21]

Als Greenspun nach seinem »Auslandseinsatz« 1949 nach Las Vegas zurückkehrte, musste er feststellen, dass Wilbur Clark weitere Teilhaber für das Desert Inn gewonnen hatte: Lanskys Partner Dalitz und einige Männer, die er als »Investoren«[22] aus Cleveland bezeichnete. Während das Syndikat im Laufe der folgenden Monate Millionen von Dollar in das Bauprojekt pumpte, verblasste Clarks Funktion zum reinen Aushängeschild und Greenspuns 15-prozentige Teilhaberschaft schmolz zu einem einzigen Prozent zusammen.

Anfang 1950 hatten die streikenden Drucker des *Review-Journal* ihre eigene Zeitung *Free Press* gegründet. Als gewerkschaftsfeindliche Kasinobesitzer ihre Anzeigen zurückzogen und das Unternehmen kurz vor dem Ruin stand, wandten sich die Drucker an Greenspun mit der Bitte, das Blatt zu übernehmen. Gleichzeitig zeigten auch McCarrans Bundesgenossen Interesse an der *Free Press*, woraufhin Greenspun kurz entschlossen beim Desert Inn kündigte, seine Anteile verkaufte und den kleinen Zeitungsverlag für 100.000 Dollar erwarb. Er leistete bei der ITU (International Typographical Union) eine Baranzahlung von 1000 Dollar und lieh sich das restliche Geld von Nate Mack, einem Geschäftsmann aus Las Vegas, der Waffenlieferungen nach Israel »ausdrücklich begrüßte«, wie Greenspun es formulierte. Darüber hinaus nahm der frisch gebackene Verleger der *Free Press* auf seine neue Zeitung eine Mobiliarhypothek in Höhe von 99.000 Dollar auf. Späteren Presseberichten zufolge warfen aufgebrachte ITU-Mitglieder ihrer Führung vor, »ihre Pensionsfonds um 282.331 Dollar erleichtert« zu haben, um »Greenspun einen privaten Kredit zuzuschanzen«.[23]

Greenspun war noch keine vier Jahre in Las Vegas und hatte bereits an einem Rennbahnprojekt mitgearbeitet, ein Unterhaltungsmagazin herausgebracht, war Siegels und Clarks Werbefachmann gewesen, hatte Anteile an einem Kasino besessen, einen Radiosender aufgebaut, war ein Jahr lang als Geheimagent der Israelis um den Globus gereist und war Eigentümer und Herausgeber einer Zeitung, die er in *Las Vegas Sun* umgetauft hatte. Und dies war erst der Beginn seiner Karriere.

In der ersten Ausgabe der *Sun* vom 21. Juni 1950 verkündete Greenspun sein journalistisches Kredo:

> Hiermit gelobe ich, stets für Fortschritt und soziale Reformen einzutreten, niemals Ungerechtigkeit und Korruption hinzunehmen, niemals die Schwachen und Benachteiligten zu vergessen, mich stets für das Allgemeinwohl einzusetzen … und strikte Unabhängigkeit zu bewahren.[24]

Die Zeitung war untrennbar mit der Person Greenspuns verbunden; sie war das Instrument seiner Leidenschaften, seiner Vorurteile und seiner unablässigen Selbstverherrlichung.

Greenspun war mit seinen 41 Jahren ein gut aussehender Mann mit einer jungenhaften Ausstrahlung und der Statur eines Halbschwergewichts; er hatte stahlblaue Augen, schwarzes Haar, ein markantes Kinn und »wenn er drohend grinste, blitzten seine Zähne weiß und golden«[25], wie A. J. Liebling vom *New Yorker* schrieb. Seine auf der Titelseite der *Sun* erscheinende Kolumne »From Where I Stand« (nachdem die Setzer einmal das »From« vergessen hatten, wurde daraus »Where I Stand«) war eine Anspielung auf die Kolumne des Herausgebers des *Review-Journal* »From Where I Sit«. Greenspun bediente sich in seinen Artikeln ganz bewusst einer »derben, scharfzüngigen Polemik«[26], wie er später sagte. In den ersten drei Jahren hatte die *Sun* keine festen Mitarbeiter, so dass die Zeitung praktisch ein Einmannbetrieb war.

Die Tatsache, dass McCarran sich bei Gericht für Greenspun eingesetzt hatte, hinderte den Journalisten nicht daran, den Senator bald gnadenlos ins Visier zu nehmen. Dies lag zum einen an seiner Abneigung gegen Parteimaschinen, wie er sie in New York am Beispiel von Tammany Hall nur zu gut kennen gelernt hatte, zum anderen steckte aber auch unternehmerisches Kalkül dahinter, denn er sagte jenem Politiker den Kampf an, der »das Konkurrenzblatt *Review-Journal* in der Hand hatte«[27], wie der Historiker Michael Green schrieb. A. J. Liebling verglich McCarran mit »einem riesigen Gasballon an einem hauchdünnen Faden«.[28] Ein anderer Journalist hielt Greenspuns Entscheidung, sich für eine saubere Politik einzusetzen, für durchaus verständlich: »Seien wir ehrlich, es ist einfacher, für Jesus zu kämpfen als für Judas.«[29] Doch Greenspun selbst erklärte, ihn habe vor allem der unverhohlene Antisemitismus McCarrans provoziert, der den New Yorker Senator Herbert Lehman beschimpft hatte und ihn selbst nur noch als »den Israeliten«[30] bezeichnete.

Im Gegenzug nannte er den alten Politiker aus Reno eine »miese Ratte«[31] und kritisierte seinen »rüden« Ton, sein »unmenschliches« Einwanderungsgesetz und vor allem die korrupten Machenschaften in seiner Heimat, darunter seine Verbindungen zur Unterwelt. 1954 schrieb er in einem offenen Brief an Eisenhower:

> Es dürfte den Präsidenten sicher interessieren, dass Senator McCarran seit 1938 kriminelle Elemente in diesem Land deckt. Und wenn ich von »kriminellen Elementen« spreche, dann meine ich nicht irgendwelche namenlose Ganoven, sondern das mächtigste Gangstersyndikat im Land. Die berüchtigtsten Unterweltgrößen konnten sich von jeher darauf verlassen, dass der einflussreiche Senator aus Nevada seine schützende Hand über sie hält.[32]

Hinter McCarran stehe eine »Parteimaschine, die entschlossen ist, jede Opposition zu unterdrücken, den demokratischen Prozess zu unter-

Hank Greenspun Anfang der 70er Jahre. Mit seinen Kolumnen sorgte er immer wieder für Aufsehen und machte häufig selbst Schlagzeilen.

minieren, rücksichtslos ihre Interessen durchzusetzen und sich auf Kosten des Staates und seiner Bürger zu bereichern«.[33] Tief getroffen, holte der Patriarch zu einem Vergeltungsschlag aus, mit dem er sich letztlich jedoch nur selbst schadete.

Im März 1952 forderten die Kasinobesitzer von Las Vegas Greenspun auf, dem Senator nicht länger »zuzusetzen«. Dann kündigten innerhalb weniger Tage alle bis auf Binion ihre Anzeigen in der *Sun*.[34] Sie hatten sich zusammengesetzt und entschieden, Greenspun »fertig zu machen«. »Man hatte beschlossen, ihm die Flügel zu stutzen«[35], erinnerte sich einer von McCarrans Leuten. Tatsächlich steckte hinter dieser Vergeltungsaktion weniger McCarran selbst als der lokale Politboss Norman Biltz. Doch als Greenspun Dalitz fragte, was da hinter seinem Rücken gespielt werde, antwortete der Gangster: »Sie wissen genauso gut wie ich, dass wir nach seiner [McCarrans] Pfeife tanzen müssen. Schließlich hat er uns unsere Konzessionen besorgt.«[36] Greenspun war außer sich vor Wut und verklagte McCarran und 40 Kasinobesitzer wegen »Verschwörung«.

Der juristische Streit verlief zunächst sehr zäh, bis Greenspun schließlich beweisen konnte, dass es zwischen McCarrans Washingtoner Büro und den Kasinobesitzern Telefongespräche gegeben hatte, die sich mit dem Beginn des Boykotts deckten. Die Anwälte der Kasinobosse boten Greenspun eine Entschädigung von 80.500 Dollar und sicherten ihm zu, dass die Kasinos in Zukunft ihre Anzeigen wieder in der *Sun* schalten würden. Daraufhin fuhr Greenspun mit seinem neuen Cabriolet die Fremont Street und den Strip entlang, hupte vor jedem Kasino und wedelte mit Geldbündeln in der Luft herum. »Danach war er kaum noch zu bremsen«[37], erinnerte sich ein Vertrauter McCarrans. Nach diesem Vorfall hatte Greenspun mehr öffentlichen Einfluss denn je. Nicht nur wegen seines großen Namens als engagierter Zeitungsverleger, sondern auch wegen seines hohen Ansehens bei den Israelis und den amerikanischen Juden war er bereits berühmter als irgendeine andere führende Persönlichkeit in Las Vegas. Und hinter ihm standen nach wie vor seine einflussreichen Förderer in Buffalo und sein mächtiger Freund Benny Binion, dem er zu einer Spielkonzession verholfen hatte und der sich als einziger Kasinobesitzer nicht am Boykott gegen die *Sun* beteiligt hatte. Mit dieser geballten Macht im Rücken wollte Greenspun neue Gegner herausfordern.

Sein nächster Angriff galt Senator McCarthy, einem gefürchteten Demagogen. Auf einer politischen Versammlung in Las Vegas 1952 attackierte McCarthy den Verleger und nannte ihn »Greenscum«[38] [grüner Abschaum]. Nach McCarthys Auftritt stürzte Greenspun auf die Bühne und hielt eine flammende Gegenrede, mit der er sein Publikum sichtlich beeindruckte. Während sich die meisten Journalisten und Politiker im Land vor dem Kommunistenjäger aus Wisconsin duckten, nannte Greenspun diesen ein »schmieriges, schmutziges, ekelerregendes Subjekt«, einen »perfiden Intriganten«, einen »perversen Sadisten« und den »Schwulen, der Milwaukee berühmt gemacht hat«[39]. Greenspun, der sich in seinen Artikeln häufig auf Insiderinformationen stützte, die ihm der Journalist Drew Pearson und sein Protegé Jack Anderson zuspielten, glaubte unangreifbar zu sein.

Der Widersacher:
Senator Joe McCarthy

Natürlich machte sich Greenspun mit seinen frechen Attacken unter McCarthys und McCarrans Verbündeten auch Feinde. Der Journalist Westbrook Pegler beispielsweise, ein bekannter Reaktionär und Gesinnungsgenosse McCarthys, der jedoch auch kriminelle Machenschaften im Baseball und in der Wirtschaft aufgedeckt hatte, beschuldigte Greenspun, Bugsy Siegels Handlanger gewesen zu sein und überdies bei dem Waffenhandel mit Israel eine Million Dollar eingeheimst zu haben; er schimpfte Greenspun einen *mamzer*, was unter Juden so viel wie »Halunke« oder »Bastard« bedeutet. Darüber hinaus wurde Greenspun vom Finanzamt überprüft, während die Post die Gebührenabrechnungen der *Sun* unter die Lupe nahm. Das FBI verfasste einen »hässlichen Bericht«[40] über ihn und leitete intensive Ermittlungen gegen ihn ein, die bis 1958 andauerten. Allein »aufgrund der Tatsache, dass er Hoover und seine Behörde kritisiert hatte, stufte ihn das FBI als ›gefährlich‹ ein«[41], schrieb der Historiker James W. Hilty.

Unterdessen verdoppelte sich die Auflagenhöhe der *Sun*, und Greenspun wurde in den nationalen Medien als eine Art »Held der freien Presse« gefeiert. Der *New Yorker* sah in ihm den Prototyp des hemdsärmligen, leidenschaftlichen Journalisten, der »auf einer teuren Zigarre herumkaute, während er auf seine Underwood 50S einhämmerte«[42]. Ein weiteres Magazin pries »die *Sun*, die niemals untergeht«[43], während ein anderes Greenspuns »großartige, unerschöpfliche, polternde Schmähreden« rühmte und ihn als journalistisches Urgestein würdigte, als ein »Relikt aus der Ära der Derringer-Pistolen und Goldgräber«[44]. Als McCarran nach seinem leidenschaftlichen Ausruf »Dem Greenspun'schen Treiben muss ein Ende gemacht werden!«[45] in Hawthorne tot zusammenbrach, überließ er einem Widersacher das Feld, der ihn an Einfluss und Berühmtheit überflügeln sollte.

Mit seiner Zivilcourage, seiner Bekanntheit und seinem Machtinstinkt gewann Greenspun Freunde, die weit mächtiger waren als seine Feinde. Als man ihn wegen seiner gegen McCarthy gerichteten Leitartikel der »mittelbaren Anstiftung zu Mord oder Attentat« anklagte, sorgte sein Bewunderer Drew Pearson dafür, dass ihn einer der besten und einflussreichsten Washingtoner Anwälte verteidigte – Edward Pierpont Morgan, ein ehemaliger FBI-Beamter und juristischer Berater von Senatsausschüssen, Wirtschaftskonzernen, Gewerkschaften und ausländischen Regierungen. Obwohl Morgan als Verfechter der bürgerlichen Grundrechte galt, pflegte er auch enge, oft geheime Kontakte zu Polizei und Nachrichtendiensten.

In dem Gerichtsverfahren, das 1955 in Las Vegas stattfand, erreichte Ed Morgan mit seiner engagierten Verteidigung einen Freispruch Greenspuns. Als er nach dem Prozess mit seinem Mandanten im Wagen saß, überreichte er ihm eine Rechnung über mehr als 11.000 Dollar mit dem Vermerk »Betrag erhalten«[46]. Wegen dieser und weiterer entgegenkommender Gesten sollte Greenspun ihn überschwänglich als »meinen größten Wohltäter«[47] bezeichnen, obgleich diese Verbindung dem Anwalt ebenso nützte wie dem Verleger. Greenspuns enge Kontakte zu Drew Pearson, Jack Anderson und Ed Morgan sollten für sein weiteres Leben von ebenso zentraler Bedeutung sein wie seine teils bekannten, teils geheimen Beziehungen zu Israel.

Ende der 50er Jahre, weniger als ein Jahrzehnt nach der Gründung der *Sun*, wurde Greenspun »als mächtigster Mann in Nevada ebenso bewundert wie gefürchtet«[48]. Nachdem er solche gefährlichen Feinde wie McCarran und McCarthy in die Knie gezwungen habe, erklärte er gegenüber *Newsweek* großspurig, er wolle nun »nach dem nächsten Demagogen Ausschau halten«[49]. Wie der Historiker Michael Green berichtete, deckte die *Sun* nicht nur zahlreiche Skandale in Las Vegas auf und »warf korrupte Lokalpolitiker aus dem Sattel«[50], sondern erzwang sogar den Rücktritt eines Mitglieds des Bundesparteivorstands der Demokraten. Greenspun stand in scharfem Wettbewerb zum *Review-Journal*. »Mir ist der süße Duft der Unabhängigkeit lieber als der Geruch des Geldes«[51], schrieb er mit einem Seitenhieb auf das einem Zeitungskonsortium angehörende Konkurrenzblatt, dessen langjähriger Herausgeber auch stiller Teilhaber eines syndikatseigenen Kasinos war. Michael Green zufolge war Greenspun »ein vehementer Streiter für die Bürgerrechte, der sich für die Aufhebung der Rassentrennung am Strip einsetzte«[52]. Sein hartnäckigster Kritiker Westbrook Pegler schrieb über Greenspun, dass er sich als »Robin Hood« aufspiele, weil ihm »die Diskriminierung in Presse und Rundfunk gegen den Strich gehe«[53]. Zur Empörung der Kasinobosse in Las Vegas unterstützte Greenspun mit allen Kräften die staatlichen Bemühungen, gegen die Rassendiskriminierung in den Kasinos vorzugehen. Er wandte sich ebenfalls entschieden gegen die scheinheilige Haltung der Mormonen und die Vorurteile der weißen Bevölkerungsmehrheit in der Stadt. Zu jener Zeit war Greenspun zweifellos ein Anwalt der Underdogs und ein aufrechter Kämpfer für die Bürgerrechte, womit er in wahrer populistischer Tradition stand. Als 1963 das Verlagsgebäude der *Sun* abbrannte, vermutete Greenspun, dass es sich um Brandstiftung handelte – genügend Feinde hatte er ja. Schließlich sollte sich Greenspun sogar mit der US-Regierung anlegen, indem er gegen die Atomversuche im Süden Nevadas protestierte und Ende der 70er Jahre eine Kampagne gegen den IRS (Internal Revenue Service) startete. Er bot sogar den Abonnenten der *Sun* an, ihre Gerichts- und Anwaltskosten zu übernehmen, falls sie sich dazu entschlössen, sich gegen die Überprüfungen der Steuerfahndung zu wehren.

Greenspun wurde »mehr gefürchtet als geliebt, da er im öffentlichen Leben der Stadt die Rolle des ewigen Störenfrieds spielte«.[54] Doch als Privatmensch war er hilfsbereit, warmherzig und großzügig. Er vergötterte seine Tochter, die an einer seltenen Krankheit litt. Er bezahlte diskret die Arztrechnungen von Kindern mittelloser Eltern; er stellte sogar das Lösegeld für Entführungsopfer. In seinem Büro hatte er einen »Zauberschrank«, in dem er Spielzeug für die Kinder seiner Besucher aufbewahrte. Er beschäftigte jahrzehntelang bedürftige Verwandte und Freunde. »Ich habe erlebt, wie er in Bedrängnis geratenen Menschen unter die Arme griff, ohne großes Aufhebens davon zu machen«[55], berichtete John Squire Drendel, der 40 Jahre lang Greenspuns Anwalt und Freund gewesen war. »Wenn er jemanden ins Herz geschlossen hatte, ging er mit ihm durch dick und dünn.« Er wohnte in einem vornehmen Viertel im Zentrum von Las Vegas und pflegte einen relativ unprätentiösen Lebensstil. Die einzigen Extravaganzen, die er sich leistete, waren seine Cabriolets und sein Rolls-Royce. Darüber hinaus besuchte er gerne die exklusiven Partys der Kasinobosse in Begleitung seiner schönen, eleganten Frau.

Nach seiner Verurteilung wegen Waffenschmuggels hatte Greenspun immer wieder erfolglos Amnestie beantragt, bis ihn Präsident Kennedy 1961 schließlich begnadigte. Kaum hatte er seine bürgerlichen Ehrenrechte vollständig wiedererlangt, beschloss er, sich 1962 als Kandidat der Republikaner für das Gouverneursamt aufstellen zu lassen. Doch bereits bei den republikanischen Vorwahlen sah er sich einer mächtigen Gegnerschaft gegenüber. Dalitz brüstete sich damit, dass er und seine Leute eine halbe Million Dollar investiert hätten, um Greenspun aus dem Feld zu schlagen. Ein typischer Wahlkampfspruch lautete: »Neben Greenspun nimmt sich Dschingis Khan wie ein Waisenknabe aus.«[56] Greenspun unterlag mit einem Stimmenverhältnis von zwei zu eins gegen seinen republikanischen Konkurrenten, den Möbelhändler und Bürgermeister von Las Vegas, Oran Gragson. Greenspun schrieb seine Niederlage nicht zu Unrecht seiner Unbestechlichkeit zu – eine unter den Politikern Nevadas selten anzutreffende Tugend. Anlässlich seiner Kandidatur verglich ihn eine Zeitung aus Carson City mit Fidel Castro und erklärte, dass »Nevada keinen zweiten Huey Long verdient habe«[57]. Greenspun sollte sich nie wieder in der aktiven Politik versuchen, sondern zog es vor, die Ereignisse von der Titelseite seiner Zeitung aus zu beeinflussen und hinter den Kulissen zu agieren.

Seine viel gerühmten journalistischen Feldzüge richteten sich nun zunehmend gegen seine persönlichen Feinde. Anfangs hatte er McCarran und seine »zwielichtigen« Freunde unter Beschuss genommen. Er hatte den Kefauver-Ausschuss begrüßt und ihn dazu aufgerufen, die »großen Fische« des organisierten Verbrechens zu jagen. In den 50er Jahren dann hatte er in der *Sun* ein Verbrecherfoto von Dalitz mit seinem Decknamen veröffentlicht. Als Dalitz 1959 seine Geschäftsaktivitäten ausweitete und mit dem ersten seiner vielen Millionenkredite aus der Pensionskasse der Teamster-Gewerkschaft in Las Vegas ein Krankenhaus baute, deckte die *Sun* Verstöße gegen die Sicherheitsbestimmungen auf und prangerte diese leidenschaftlich an. Doch nur die Insider wussten, dass Greenspun sich mit diesen Angriffen dafür rächte, dass Dalitz ihn aus dem Desert Inn gedrängt, sich am Anzeigenboykott gegen die *Sun* beteiligt und 1962 seine Kandidatur hintertrieben hatte. In den Hinterzimmern der Kasinos und in einigen Anwaltskanzleien und Banken in Las Vegas hielt man deshalb Greenspuns moralische Entrüstung für heuchlerisch.

Tatsächlich hatte Greenspun, wie er 1961 gegenüber dem FBI selbst bekannte, 1955 als erster Geschäftsmann in Nevada von den Teamsters einen Kredit in Höhe von 300.000 Dollar erhalten – im Vergleich zu späteren Darlehen der Gewerkschaft an Unternehmer in Las Vegas eine noch relativ bescheidene Summe. Doch als man in den späten 50er Jahren die korrupten Praktiken der Teamsters landesweit aufdeckte und die *Sun* ihre Enthüllungen über das von Dalitz mit Gewerkschaftsgeldern finanzierte Krankenhaus brachte, blieb diese Tatsache völlig unerwähnt. Ebenso wenig erfuhr man von Greenspuns engen Verbindungen zu dem Teamster-Chef Jimmy Hoffa, mit dem er 1956 nach Israel reiste. Greenspun ging sogar so weit, seinen Freund, den Journalisten Drew Pearson, zu bedrängen, Hoffa und seine Gewerkschaft »nicht so hart ranzunehmen«[58] – ein Ansinnen, das Pearson als ungeheuerlich empfand, wie er später erklärte. Was selbst Pearson nicht wusste, war, dass »die *Sun* von dem Rest eines Darlehens von einer Bank in St. Louis zehrte, das die Teamsters übernommen oder für das sie zumindest gebürgt hatten«[59], wie spätere Zeitungsberichte enthüllten.

Was die genaue Summe angeht, die Greenspun von den Teamsters erhalten hatte, so kursierten während der späteren strafrechtlichen Ermittlungen gegen die Teamster-Gewerkschaft unterschiedliche Beträge:

Nach den Unterlagen der Teamsters sollen es 250.000 Dollar gewesen sein, während die *New York Times* von 475.000 Dollar sprach und in den Akten des FBI sogar von einer noch höheren Summe die Rede war. Wie viel es auch immer gewesen sein mochte, für die damalige Zeit war es jedenfalls enorm. Greenspun investierte in den Bau eines Country Clubs, eines Golfplatzes und einer Wohnsiedlung im nahen Vorort Paradise Valley, später Green Valley. Während er Dalitz beschuldigte, staatliche Inspekteure in seinem neuen Krankenhaus bestochen zu haben, nötigte er Gouverneur Grant Sawyer dazu, einen Baudezernenten zu entlassen, weil dieser ihm die Wassernutzungsrechte für sein Projekt verweigert hatte.

Ende der 50er Jahre war Greenspun an so vielen Projekten beteiligt, dass er nicht mehr genau wusste, »welcher seiner verschiedenen Finanzbuchhalter«[60] für welches zuständig war, wie er einem FBI-Beamten gegenüber erklärte. Wie aus unlängst freigegebenen FBI-Dossiers hervorgeht, hatte Vizepräsident Richard Nixon Greenspun mit dem wohlhabenden Washingtoner Immobilienmakler Leon Ackerman bekannt gemacht, der Greenspun unterschiedlichste Anlageobjekte vermittelte, u.a. Beteiligungen an einem Zeitungskonsortium in Arizona, an einer Wohnanlage in Florida und an der Alaska Oil and Mineral Company. Mit seinen Geschäftsanteilen sicherte er wiederum den Erwerb eines Fernsehsenders in Las Vegas ab. Im Gegenzug brachte Greenspun den Immobilienmakler mit Ed Morgan zusammen, der diesem ein Darlehen der Teamsters vermittelte.

1955 zählte Greenspun in einer eidesstattlichen Erklärung etliche Anlageobjekte und Beteiligungen auf, darunter »600 Hektar Grundbesitz in Paradise Valley, 65 Hektar am Boulder Highway, Pachtverträge und Geschäftsanteile in der Ölwirtschaft und eine 40-prozentige Beteiligung an Market Town«[61], dem ersten Einkaufszentrum der Stadt. In derselben Aussage bestritt Greenspun hartnäckig, Eigentümer von zwei ehemaligen Militärmaschinen zu sein, die rätselhafterweise auf einer privaten Landebahn abgestellt waren. Doch es bestand kein Zweifel daran, dass der Mann, den die Nachrichtensendung *60 Minutes* als zweitgrößten Grundbesitzer von Las Vegas bezeichnete, mittlerweile eine »große Nummer«[62] im Wirtschaftsleben Nevadas war. Und wie immer spiegelten seine Beiträge in der *Sun* seine offenkundigen wie auch heimlichen Interessen deutlich wider.

So schrieb er über seinen langjährigen Freund Benny Binion nur schmeichelhafte Artikel. Als das FBI wegen des Mordes an Coulthard und unzähliger weiterer Verbrechen im Horseshoe gegen Binion ermittelte, unternahm Greenspun einen Generalangriff gegen das örtliche FBI-Büro und setzte alles daran, um die Karriere des leitenden Ermittlungsbeamten Joe Yablonsky zu zerstören. Schließlich versöhnte er sich sogar mit seinem Erzfeind Dalitz, nachdem dieser für den Bau einer neuen Synagoge eine Bürgschaft über 400.000 Dollar geleistet hatte, um dem verhassten Yablonsky, einem führenden Mitglied der jüdischen Gemeinde, eins auszuwischen. Als Dalitz auch noch Geld für Israel spendete, brachte Greenspun lobende Artikel über ihn – und ein neues Bild anstelle des Verbrecherfotos.

Als Anfang der 60er Jahre Untersuchungsbeamte aufdeckten, dass Frank Sinatra für den Chicagoer Gangsterboss Sam Giancana in der Cal Neva Lodge als Strohmann fungierte, stellte sich Greenspun hinter den berüchtigten Star, mit dem ihn gemeinsame politische Freunde und Feinde in Washington und Nevada verbanden. Jahrelang nahm er Sinatra in der *Sun* in Schutz, während er seinen Lesern ihre gemeinsamen finanziellen Transaktionen wohlweislich verschwieg, u.a. den Versuch, Del E.Webbs Real Estate Corporation aufzukaufen, ein Unternehmen, dem eine Reihe von Kasinos in Las Vegas gehörten. Dies war nicht die einzige Gelegenheit, bei der Greenspun sich für Sinatra einsetzte. Als der für seine unkontrollierten Wutausbrüche bekannte Sinatra einmal bei einem Kasinobesuch einen Saalchef mit den Fäusten bearbeitete, wurde der *Sun*-Reporter, der anschließend einen Bericht über den Vorfall verfasste, in Greenspuns Büro zitiert. Wie sich der Journalist später erinnerte, traf er dort »zwei Typen mit Sonnenbrillen«[63] an, die mit Greenspun »ein paar unverständliche Worte wechselten«, worauf der Verleger den Artikel prompt eigenhändig umschrieb. Greenspun gehörte auch zu den wenigen handverlesenen Presseleuten, die Sinatra zu seiner Hochzeit mit Mia Farrow einlud, und er sollte sich später damit brüsten, mit seinem »Kumpel«[64] um die halbe Welt gereist zu sein und vor allem Israel »zig Mal« besucht zu haben.

Als 1963 der angesehene *Sun*-Reporter Ed Reid, der zum guten Ruf der Zeitung wesentlich beigetragen hatte, gemeinsam mit seinem Kollegen Ovid Demaris eine entlarvende Studie über Las Vegas veröffentlichte, verriss Greenspun prompt das Buch im überregionalen Fernsehen und erklärte, Las Vegas sei eine »saubere Stadt, in der es nicht die geringste kriminelle Einflussnahme«[65] gebe. In der amerikanischen Öffentlichkeit genoss Greenspun den Ruf eines »streitbaren Journalisten«. Aber in Las Vegas wussten viele, dass er mit den Kräften, die die

Stadt kontrollierten, eine Art Separatfrieden geschlossen hatte und ungeniert Geschäfte mit ihnen machte. Seine Kollegen und Mitarbeiter sahen ihn äußerst kritisch. J. Anthony Lukas erklärte:

> Hank ist kein kämpferischer Idealist, sondern ein äußerst gerissener, knallharter Geschäftsmann, der zufällig eine Zeitung herausgibt.[66]

Ein anderer Journalist sagte über ihn:

> Seine Enthüllungskampagnen haben selten etwas mit irgendwelchen hehren Prinzipien zu tun. Meist sind persönliche Kränkungen der Auslöser ... Das ist seine Art, alte Rechnungen zu begleichen.[67]

Greenspun lernte über seinen »Wohltäter« Ed Morgan den Geheimdienstmann Robert Maheu kennen, den Morgan seit Anfang der 40er Jahre kannte. Maheu hatte im Zweiten Weltkrieg als Sonderagent des FBI bei der Spionageabwehr gearbeitet, und war, wie Insider vermuteten, bereits 1947 zum CIA übergewechselt. Aus der Verbindung zwischen Greenspun, Morgan und Maheu ging eine einzigartige Zusammenarbeit hervor, von der sie alle drei profitieren und die weit reichende Folgen für die gesamte Nation haben sollte. 1954 gründete Maheu einen privaten »Sicherheitsdienst« – ein Tarnunternehmen, das im Auftrag des CIA und multinationaler Konzerne äußerst heikle Geheimoperationen durchführte und auch manchen »pikanten« Job erledigte. Maheus Firma vermittelte beispielsweise Callgirls an »Kunden« des CIA und ließ Zielpersonen des Geheimdienstes heimlich beim Sex filmten; Maheu spielte eine Schlüsselrolle in einer gegen den griechischen Tycoon Aristoteles Onassis gerichteten »phantastischen Intrige«[68], wie es Jim Hougan in seinem Buch über den CIA ausdrückte. Hinter der Verschwörung standen konkurrierende Großreedereien und ein internationales Erdölkonsortium, das zum damaligen Vizepräsidenten Richard Nixon enge Kontakte unterhielt.

Mitte der 60er Jahre arbeitete Maheu fast ausschließlich für einen einzigen Auftraggeber, den exzentrischen, menschenscheuen Howard Hughes, den Greenspun bereits seit 1946 kannte. Während der vier Jahre, die der Milliardär zwischen 1966 und 1970, streng von der Umwelt abgeschirmt, in Las Vegas verbrachte, erwarb er zahlreiche Spielkasinos, Immobilien, Firmen und Grundbesitz in ganz Nevada, was sowohl Maheu als auch Greenspun zu noch mehr Wohlstand und Macht verhalf. Greenspuns Rolle bei Hughes' vielen Transaktionen, mit denen er sich Las Vegas einverleibte, blieb der Leserschaft der *Sun* weitgehend verborgen. Erst zehn Jahre später brachten gerichtliche Untersuchungen und journalistische Recherchen Einzelheiten der Geschichte ans Licht. Diese Enthüllungen sollten dem Ansehen des Verlegers empfindlich schaden. Der Historiker Michael Green schrieb:

> Nachdem sich durch Hughes' Anwesenheit in Las Vegas nicht nur das Gesicht der Stadt radikal verändert hatte, sondern auch Greenspuns Bankkonto kräftig angewachsen war, wurde über Greenspuns Motive immer lebhafter diskutiert.[69]

Doch Greenspun, Maheu und Morgan interessierten sich nicht nur lebhaft für die Millioneninvestitionen des Tycoons, mit denen der Glücksspielindustrie ein seriöser Anstrich verliehen werden sollte und die den geheimen Bossen der Stadt als willkommener Deckmantel dienten, sondern sie waren auch in Machenschaften verwickelt, die für die gesamte Nation Folgen hatten. Gemeinsam mit Drew Pearson und dessen Schützling Jack Anderson manipulierten sie Pressemeldungen im Zusammenhang mit dem Attentat auf John F. Kennedy und dem Mordkomplott gegen Fidel Castro. Durch eine gezielte Desinformationspolitik gelang es ihnen, die Beteiligung des CIA und des Syndikats an der Verschwörung gegen Castro zu verschleiern und die Ermordung Kennedys als persönlichen Racheakt Castros hinzustellen. Sie waren es auch, die in einer konzertierten Aktion hinter den Kulissen Druck auf Präsident Richard Nixon ausübten, um die Freilassung eines weiteren »Paten von Las Vegas«, Jimmy Hoffa, zu erreichen. Schließlich sollten sie alle im Watergate-Skandal, der Nixon zu Fall brachte, eine undurchsichtige, nie ganz aufgeklärte Rolle spielen. Sowohl in Las Vegas als auch in Washington war Greenspun weit einflussreicher, als es nach außen hin den Anschein hatte. Auf der internationalen Bühne kam ihm sogar eine noch größere Bedeutung zu.

Im April 1993, vier Jahre nach seinem Tod, widmete man dem Andenken Greenspuns einen Platz im botanischen Garten der Hebräischen Universität von Jerusalem. Wie die israelische Presse berichtete, nahmen »Freunde und ehemalige Waffenbrüder« an dem Festakt teil, darunter der Außenminister und zukünftige Ministerpräsident Shimon Peres, der Jerusalemer Bürgermeister Teddy Kollek und führende Mitarbeiter des Mossad. »Er wird in Israel wie ein Gott verehrt. Er gilt als einer seiner Gründerväter«[70], sagte der preisgekrönte Journalist Seymour Hersh in einem Interview.

Greenspuns »Beitrag zur Errichtung des israelischen Staates ist bedeutender als der irgendeines anderen Amerikaners,« schrieb die *Jerusalem Post* anlässlich der feierlichen Einweihung der Gedenkstätte. Angesichts der Tausenden von amerikanischen Juden, die für den Aufbau des zionistischen Staates große Opfer gebracht, wenn nicht gar ihr Leben riskiert hatten, war diese Aussage erstaunlich. Peres nannte Greenspun in seiner Ansprache einen »stolzen Juden und Streiter für Israel«, der »stets in der Schusslinie« gestanden habe. Die *Post* erwähnte neben anderen Verdiensten, dass er die Israelis mit dem zwielichtigen saudi-arabischen Geschäftsmann und internationalen Waffenhändler Adnan Kashoggi »in Kontakt gebracht« habe – ein Klient Morgans, der in den 80er Jahren in der Iran-Contra-Affäre als Waffenlieferant eine zentrale Rolle gespielt hatte. Kashoggi war auch am Strip ein bekanntes Gesicht und galt als »der unangefochtene Spielerkönig von Las Vegas«, wie sein Biograf Ronald Kessler schrieb. Durch seine Freundschaft mit Kashoggi fand Greenspun Zugang zur Welt des internationalen Waffenhandels, der weltweiten staatlichen Intrigen und der Millionengeschäfte, an denen vor allem Las Vegas und die Mormonische Kirche beteiligt waren – wie Kessler in *The Richest Man in the World* schrieb. Der *Jerusalem Post* zufolge hatte sich Greenspun gemeinsam mit Ministerpräsident Menachem Begin an einem abenteuerlichen Unternehmen beteiligt, das eines Kashoggi durchaus würdig gewesen wäre. Die Israelis hatten dem saudi-arabischen König Fahd gegen Zahlung von 100 Milliarden Dollar angeboten, die Flagge der Saudis, wenn auch nur symbolisch, auf dem Tempelberg in Jerusalem zu hissen. Doch der Deal kam nicht zustande.

In Nevada, wo Greenspun vor allem als Hitzkopf und ausgekochter Geschäftemacher bekannt war, hätten die israelischen Presseberichte über seine Aktivitäten im Ausland sicherlich für einige Überraschung gesorgt. Greenspun war keineswegs nur der arglose, waghalsige junge Waffenschmuggler, als der er sich mit so untypischer Bescheidenheit in seiner Autobiografie darstellte. Nicht nur in den 40er Jahren, sondern noch lange danach, pflegte er enge Kontakte zum israelischen Geheimdienst, was unweigerlich zu Loyalitätskonflikten geführt haben muss. Im Vergleich zu Greenspuns Verdiensten um Israel, schrieb die *Jerusalem Post* später, seien die Aktivitäten des Amerikaners Jonathan Pollard, einem Topspion der Israelis, »absolut harmlos« gewesen. Welche Dienste der »stets in der Schusslinie« stehende Greenspun den Israelis geleistet hatte – vor allem in Las Vegas, dem Zentrum der internationalen Geldwäsche und der Geheimdienstintrigen – und welche Folgen dies für die Sicherheit der Vereinigten Staaten und für die Menschen in seiner Wahlheimat Nevada hatte, wurde nie bekannt.

Kaum 30 Jahre nach der Veröffentlichung seines journalistischen Kredos hatte es Greenspun mit seinen Insidergeschäften zu einem Vermögen gebracht, das seine Kinder zu Multimillionären machte. Die Beteiligungen der Familie reichten von Luxusimmobilien bis hin zum Kabelfernsehen. Das exklusive Wohnviertel Green Valley, in das Greenspun jenes erste Teamster-Darlehen in Las Vegas investiert hatte, entwickelte sich zum Herzstück des Vororts Henderson – eine der am schnellsten wachsenden Städte Amerikas. 1975 schrieb das Nachrichtenmagazin *Time:* »Greenspuns beträchtliche Beteiligungen haben ihn so reich gemacht, dass er seine Unabhängigkeit und seine Streitlust einbüßen könnte.«[71] Wie ein langjähriger Kollege berichtete, war er mittlerweile für seine »freundschaftlichen Kontakte mit Größen aus Wirtschaft und Politik bekannter als für seinen Enthüllungsjournalismus in Las Vegas«[72]. *Harper's* schrieb:

> Nach Redaktionsschluss pflegte sich Greenspun mit Sinatra und dem Rat Pack am Strip die Nächte um die Ohren zu schlagen, manchmal in Begleitung des einen oder anderen Kennedy.[73]

Er war bekannt dafür, dass er regelmäßig im Büro eines Kasinobetreibers Gin Rommé spielte, und wenn er auf Reisen war, »arrangierte Barron Hilton, ein guter Freund von mir, immer alles«[74], sagte er gegenüber *Time*.

Schon bei der leisesten Andeutung, er könne mit den Gangstern, die seine Stadt kontrollierten, je gemeinsame Sache gemacht haben, geriet Greenspun in Rage. »Er hielt sich an die italienische Definition eines Gangsters«[75], erzählte ein Kollege, der ihn gut kannte. Als ihn einmal ein Journalist von *Time* nach seinen Verbindungen zur Unterwelt fragte, rief Greenspun entrüstet: »Alles erstunken und erlogen!«[76] Als Beweis für seinen couragierten, unbestechlichen Journalismus führte er die zahlreichen Enthüllungsberichte der *Sun* an und die Tatsache, dass er über 100 Mal verklagt worden sei. Zudem habe er sich mit einigen der gefährlichsten Männer Nevadas angelegt – darunter McCarran, Dalitz und Hughes; dass er mit einigen dieser Leute soziale und geschäftliche Kontakte pflege, gehöre in Las Vegas nun einmal zum Alltag. »Wenn man in dieser Stadt lebt, kommt man mit allen Facetten der Gesellschaft in Berührung«[77], erklärte er dem Journalisten.

Greenspun brüstete sich gern mit seinem immensen Vermögen. »Ich habe mehr Geld als Sinatra ... Mir gehört das Kabelfernsehen, mir gehört die Hälfte aller Gold- und Silberminen Nevadas«, prahlte er einmal gegenüber der *Washington Post*. Die *Sun* allerdings, die ihm erklärtermaßen so am Herzen lag, war längst nicht mehr die unabhängige Chronistin ihrer Anfangsjahre, sondern verkam immer mehr zum Instrument seiner Privatkriege. Ein Kritiker des einst so angesehenen Blatts bezeichnete die *Sun* als »Knüppel, mit dem Greenspun seine privaten Interessen durchzusetzen versucht«.[78] Trotz Greenspuns anfänglichem Ruf als furchtloser Kritiker McCarrans und McCarthys »richtete die *Sun* ihr Augenmerk niemals auf die Leute, die in Las Vegas wirklich die Fäden in der Hand hielten«[79], schrieb *Harper's*. In einer Stadt, die eine Fundgrube für jeden engagierten Journalisten war, sank die *Sun* zu einem »äußerst mittelmäßigen Blatt« herab. Um die vom Konkurs bedrohte Zeitung zu retten, schlossen Greenspuns Erben ein Jahr nach seinem Tod mit dem verhassten Konkurrenzblatt, dem konservativen *Review-Journal,* einen Kooperationsvertrag. Der Historiker Michael Green schrieb:

> Hank wusste, dass dieser Schritt unvermeidlich war, aber er gönnte seinem Rivalen nicht die Genugtuung, das Geschäft noch zu seinen Lebzeiten abzuwickeln.[80]

Greenspun war den Idealen, zu denen er sich in den 50er Jahren öffentlich bekannt hatte, alles andere als treu geblieben. Der öffentliche Auftrag, dem er sich verpflichtete, als er die *Sun* mit so viel Enthusiasmus ins Leben rief, trat immer mehr hinter seine persönlichen Ambitionen zurück, für die er sein ganzes Können und seinen Einfluss einsetzte. Wie sein alter Feind McCarran war auch er für das Schicksal der Stadt verantwortlich. Er hätte die verhängnisvolle Entwicklung aufhalten können, denn er gehörte zu den wenigen, die über den Einfluss und den Mut verfügten, um es mit den dunklen Mächten der Stadt aufzunehmen.

Doch der großspurige, ehrgeizige Verleger mit dem rauen Charme, der heldenhaft um die verlorene Unschuld seiner Stadt kämpfen konnte, verwandte schließlich seine Zeit und sein Talent hauptsächlich darauf, sein Stück vom Kuchen zu ergattern. In gewisser Hinsicht hatten ihn seine größten Feinde – McCarran, McCarthy und Pegler – durchaus richtig eingeschätzt: Trotz all seiner Verdienste war Hank Greenspun letztlich doch nur ein Gauner.

6 Estes Kefauver

Der Opportunist als Prophet

Bereits mit elf Jahren war er ein guter Schwimmer. Einmal rettete er Tucker Meeks Enkelin, indem er sie an ihrem langen Haar ans Ufer des Little Tennessee zog. Er war ebenso groß wie sein Bruder Robert, aber konnte aber besser schwimmen. Robert sei »das gescheiteste Kind, das es je gegeben hat«, behauptete Tante Lottie immer, »der Hoffnungsträger der Familie«.[1] An jenem Tag hatte der Bezirk das Schwimmverbot im Tellico, einem kleinen, aber reißenden Fluss östlich von Madisonville in Tennessee, aufgehoben. Die Jungen konnten es kaum erwarten, dort hinzukommen. »Pass auf Robert auf, Estes«, hatte ihm seine Mutter eingeschärft. Stunden später, als Estes gerade mit kräftigen Bewegungen, beinahe mühelos zum anderen Ufer geschwommen war, hörte er die anderen Jungen schreien. Robert war unter der grünen Wasseroberfläche verschwunden.[2]

Während Estes Kefauver zum nationalen Führer heranwuchs, war er sich immer bewusst, dass er für sein Land verantwortlich war – und er musste mit ansehen, wie auch dieses unsichtbaren Strömungen zum Opfer fiel.

Estes Kefauver kam 1903 im fruchtbaren Hügelland im Südosten von Tennessee zur Welt. Sein Vater Cooke stammte von den Hugenotten ab, war der Sohn eines redegewandten Baptistenpredigers und trug den Namen seiner Familie mütterlicherseits, die das Land von den Cherokees erbeutet hatte. Cooke war ein großer, hagerer, sanftmütiger Mann, mit »scharfzüngigem Humor«[3], wie es ein Freund der Familie nannte. Er betrieb eine Eisenwarenhandlung in Madisonville und hatte ein bescheidenes, aber ehrbares Einkommen. Im republikanischen Monroe County nahm er seine politische Überzeugung als Demokrat besonders ernst. Als Jennings Bryan 1908 bei einer Versammlung in Chautauqua eine Rede hielt, nahm er seine Söhne mit: »Eine Erfahrung, die ich nicht vergessen sollte«[4], schrieb Estes später.

1912 reisten sie in einem offenen Ford als Wahlhelfer für Woodrow Wilson durchs Hinterland. »Mr. Cooke« holperte mit »seinem Panamahut und seiner Halsbinde«[5] über die Feldwege. Neben ihm saßen seine tüchtig geschrubbten Söhne im Sonntagsstaat, mit »runden Hüten und locker gebundenen Schlipsen«[5]. Bei jedem Halt verteilten die Jungen Flugblätter und brachten Plakate an. Als Wilson den Wahlkreis eroberte, betrachteten sie dies als »persönlichen Erfolg«[6], erinnerte sich Estes Jahre später. Cooke war allgemein beliebt und fünf Amtsperioden lang Bürgermeister von Madisonville. Nachdem er das Hotel Kefauver gebaut, aber wieder verloren hatte, war er im Immobiliengeschäft erfolgreich. Estes nannte seinen Vater liebevoll, bewundernd »Popsy«.

Seine Mutter war förmlicher. Obwohl einige ihre Herkunft ahnten, behauptete Phredonia Estes Kefauver, einer italienischen Adelsfamilie zu entstammen, die angeblich auf einen römischen Senator zurückging. Als Estes geboren wurde, zählte die Familie bestenfalls noch zum niederen Adel. Als Kind besuchte er hin und wieder Estes-Hall, den Stammsitz seiner Vorfahren, und die Herrschaftshäuser anderer Verwandter im Land der Magnolien und Baumwollplantagen von Westtennessee, die von »Träumen vom alten Süden und seiner verlorenen Vornehmheit«[7] durchdrungen waren, wie der Biograf Charles Fontenay schrieb.

Phredonia hatte nicht nur ein Estes-Wappen, sondern auch »einen ausgeprägten Familiensinn«[8] nach Madisonville mitgebracht. »Sie war eine richtige Südstaatenlady«[9], erzählte ein Freund der Familie, »die sich ihrer Herkunft bewusst war und jederzeit den Sklaven auf der Plantage ihres Großvaters Anweisungen hätte erteilen können.« Ihren Kindern gegenüber war sie bestimmt und reserviert. Sie impfte ihnen ihren anerzogenen Standesdünkel ein, wenn auch mit einem Anspruch von noblesse oblige oder wie Fontenay es ausdrückte: »Ehrgeiz gemildert durch Liebenswürdigkeit«.[10]

Estes selbst war durch den Tod seines Bruders wie lebendig begraben.[11] Das ehemals fröhliche Kind, das barfuß mit Freunden herumgetollt und einst seinem Bruder kaum von der Seite gewichen war, war nun »ernst und in sich gekehrt«, wie sich seine Tante erinnerte, und die meiste Zeit allein. In den Worten des Hausarztes »ein Eigenbrötler«, der sich in anspruchsvolle Bücher vergrub, die ihm seine Mutter kaufte: Geschichtswerke über den Bürgerkrieg, Biografien von Robert E. Lee und Gibbons *Verfall und Untergang des Römischen Reiches*, ein Buch, das Phredonia, wie manche glaubten, als Familiensaga ansah. Seine Tante Lottie erzählte:

> Da er wusste, welch große Hoffnungen seine Eltern in Robert gesetzt hatten, beschloss Estes, diese Hoffnungen selbst zu erfüllen.

Schon im Alter von fünf oder sechs Jahren wollte er Jurist werden. Während seiner Kindheit stiegen regelmäßig Richter im Hotel Kefauver ab, die im nahe gelegenen Berufungsgericht zu tun hatten. Abends saß Estes im Schatten der Petroleumlampen und hörte den Anwälten, Richtern und Politikern zu, die auf der Veranda über Klienten und Politik, Geheimnisse und Skandale redeten, während ihre Zigarren »wie Glühwürmchen«[12] glimmten.

Der Rektor der Highschool hielt ihn für einen »durchschnittlich begabten Schüler«; im Jahrbuch der Schule hieß es über ihn: »in jeder Hinsicht ein prima Kerl«[13]. Der hoch aufgeschossene, knapp 1,90 Meter große, sommersprossige Junge ließ bereits den spindeldürren, leicht gebeugten Mann erahnen, zu dem er sich entwickeln sollte, dessen jungenhafte Unbeholfenheit mit zu seinem Charme beitrug. Beim Schulabgang kritzelte er ins Album einer Schulkameradin als Berufswunsch: »Präsident«[14]. Das war 1920. Die Bugs-Meyer-Bande beherrschte die Straßen von New York. Benny Binion war ein 16-jähriger Alkoholschmuggler in Dallas. Pat McCarran hatte, empfindlich geschlagen, seine erste politische Karriere aufgegeben. Hank Greenspun war ein elfjähriger Junge, der sich in den Straßen von New Haven prügelte.

Nach der Highschool besuchte Kefauver die staatliche Universität im nahen Knoxville.[15] Als er im Herbst 1920 mit seiner jungenhaften Mütze, dem rötlich-grünen Sears-Roebuck-Anzug, auf dem die Anwesenheitsmedaillen der Sonntagsschule prangten, und dem Koffer aus Stroh am Bahnhof ausstieg, ließ sich seine ländliche Herkunft kaum verhehlen. In den Jahren darauf wirkte er oft wie ein Bauernbursche, wenn er eine vorbereitete Rede scheinbar verpfuschte und wieder in seinen gedehnten Dialekt verfiel. Meist war das Absicht und ein raffinierter Schachzug. Seinen Zuhörern gefiel es, während seine Feinde schäumten. »Er war so anpassungsfähig, ja beinah opportunistisch«, sagte ein Collegefreund über den Jungen vom Land.

Obwohl er nie Football gespielt hatte, brachte er es allein durch seinen Mumm in der Collegemannschaft zum zuverlässigen Blocker, was ihm den Spitznamen »Prinz Eisenherz« eintrug. Als politisch engagierter Student trat er dafür ein, die Tanzveranstaltungen während der Prohibition auf dem Campus »zu säubern«, Alkohol und »Unmoral«, wie er es nannte, zu verbieten, allerdings nicht ohne eine gewisse

Heuchelei, da er ein heimliches Glas schwarz gebrannten Schnaps ebenso sehr zu schätzen wusste wie seine Altersgenossen, und, laut einem Freund, »bei den Mädchen sehr beliebt war«, obwohl er immer noch rot wurde, wenn ihn ihre Blicke streiften. Auch auf dem College waren seine Noten nur durchschnittlich. Einmal war er in eine undurchsichtige Sache verwickelt, hatte aber Glück, da man ihm nichts nachweisen konnte. Schon früh zeigte er »ein unheimliches Talent zur Selbstdarstellung«, wie es ein Freund ausdrückte. »Er mag ein Bauerntölpel gewesen sein, als er herkam«, sagte ein Mannschaftskamerad, »aber als er abging, war er so gewandt wie jeder andere.«

Bereits auf dem College belegte er Kurse in Rechtswissenschaft. Anschließend wollte er sich an der juristischen Fakultät einschreiben. Aber 1924 erkrankte seine Mutter an Rheuma und Estes brachte sie zu den Heilquellen nach Hot Springs in Arkansas. Er blieb dort über ein Jahr, unterrichtete Mathematik und trainierte die Footballmannschaft einer Highschool. In dieser lebenslustigen Glücksspielstadt nahm er regelmäßig an Pokerspielen teil, die damals in Hinterzimmern stattfanden, und war auch am Wettschalter auf der Rennbahn kein Unbekannter.

The Springs, wie die kleine Stadt am Ouachitas genannt wurde, war schon lange ein Zentrum des illegalen Glücksspiels und der Prostitution, die weit mehr Zuspruch fanden als die geschäftigen Badehäuser. In den 20er Jahren geriet der Ort in die Hände von New Yorker Verbrecherbanden, und die lokalen Ganoven hatten das Nachsehen. Zu der Zeit, als Estes und seine Mutter sich dort aufhielten, war The Springs bereits ein von Gangstergrößen bevorzugter Kurort. Al Capone hatte als ständigen Wohnsitz eine Suite im imposanten alten Hotel Arlington gemietet. Diese provinzielle Hochburg des organisierten Verbrechens, wo »man alles kaufen konnte, was das Herz begehrte«[16], wie der Herausgeber eines der Blätter der Stadt betonte, war Kefauvers erster Kontakt mit der Welt jenseits des baptistischen Tennessee. Manche ihrer Vergnügungen sollten eine lebenslange Faszination auf ihn ausüben, die sich sogar zur Besessenheit steigerte.

Er beschloss, sein Jurastudium wieder aufzunehmen. Von einem Freund gedrängt, sich in Yale zu bewerben, bekam er von dort ein kleines Stipendium. Später erzählte er Journalisten, dass er sich als Heizer und Tellerwäscher verdingt habe, um sein Studium zu finanzieren. Tatsächlich kam die Schwester seines Vaters, seine in ihn vernarrte Tante Lottie, für seine Ausgaben auf, kaufte ihm unter anderem einen Waschbärfellmantel, den er stolz auf der Hauptstraße von Madisonville zur Schau stellte, als er 1926 die Weihnachtsferien zu Hause verbrachte.

Er war kein besonders strebsamer Student, schlief morgens aus, schwänzte Vorlesungen, besorgte sich in letzter Minute die Unterrichtsnotizen eines Freundes und bestand trotzdem mühelos seine Prüfungen. In New Haven erinnerte man sich an seine Pokerspiele bis tief in die Nacht: »Kef war ein sehr guter Pokerspieler«[17], erzählte ein Zimmergenosse, und an die »Sauftouren«, die er mit seinen Gewinnen finanzierte. Er interessierte sich für das weibliche Geschlecht und machte daraus auch keinen Hehl. Seine Schüchternheit war verflogen. Im Estes-Klan war er inzwischen wegen seiner längeren Umarmungen und Aufmerksamkeiten gegenüber Frauen als der »küssende Cousin«[18] bekannt.

Er machte ein mittelmäßiges Examen und erhielt die Zulassung zur Anwaltskammer von Tennessee, noch bevor er sein Studium in Yale beendet hatte. Er plante, in die Anwaltskanzlei eines Cousins mütterlicherseits in Washington einzutreten, die dem ehemaligen Gouverneur von Missouri, Joe Folk, gehörte, ein Populist, der für das Präsidentenamt kandidierte und sich dabei Lincoln Steffens' Enthüllungsjournalismus zu Nutze machte. Als Folk starb, kehrte Kefauver 1927 resigniert nach Tennessee zurück, um in der Kanzlei seines Cousins in Chattanooga zu arbeiten.

In den nächsten elf Jahre führte er das müßiggängerische Leben eines Südstaatenanwalts und Gentlemans. Nach der plötzlichen Auflösung seiner Verlobung heiratete er ein hübsches schottisches Mädchen, die zu Besuch in Chattanooga war. Er plünderte aber auch weiterhin diskret das Familienkonto, um früheren Freundinnen sowie bedürftigen Klienten Geld zu leihen. In Geldangelegenheiten war er stets Kavalier und trotz eines ansehnlichen Einkommens »ständig pleite«[19], wie ein Freund bemerkte, der Estes Spielleidenschaft dafür die Schuld gab, die jedoch ein Geheimnis unter Gentlemen blieb. Im Unterschied zu den meisten seiner Anwaltskollegen vertrat er arme schwarze Klienten und setzte sich für sie ein. Aber er war kein Rebell. Er stand hinter den rassistischen Gesetzen des Staates. Für gesellschaftliche Anerkennung und berufliches Vorankommen war er bereit, »allem, was die Stadt zu bieten hatte, beizutreten«[20], wie er einem Kommilitonen in Yale verkündete.

In der Kanzlei geriet er mit einem Parteibonzen aneinander, der daraufhin Stimmen kaufte und Wahlzettel vernichtete, um Kefauver, als er 1938 mit 35 für den Senat kandidierte, zu schlagen. Diese Niederlage traf Kefauver schwer, aber es sollte, zumindest in Tennessee, seine erste und letzte sein. Er schloss mit dem Bonzen Frieden. Im nächsten Jahr, nominiert am selben Tag, an dem Hitler in Polen einfiel, schaffte er den Sprung ins Repräsentantenhaus. Nicht nur weltpolitisch, sondern auch für ihn brach eine neue Ära an. In den folgenden zehn Jahren erwies er sich im Parlament als loyaler Demokrat, der den New Deal, Roosevelts Reformprogramm, und das umstrittene Staudammprojekt im Tennessee Valley verteidigte, der Reformen vorantrieb und sogar ein viel beachtetes Buch mit dem Titel *A Twentieth Century Congress* schrieb. Dennoch entsprach er nicht dem Bild eines typischen Südstaatlers in Washington.

»Schande über dich, Estes Kefauver«[21], brüllte Mississippis Erzrassist John Rankin im Plenarsaal, als Kefauver für die Abschaffung der Wahlsteuer stimmte. Er befürwortete die Rassentrennung und lehnte die meisten Gesetzentwürfe für mehr Bürgerrechte ab, aber die Steuer war in seinen Augen etwas anderes. Für ihn war sie »mit Demokratie unvereinbar«, der Kern eines politischen Feudalismus, der die meisten weißen und schwarzen Wähler Tennessees ausschloss und unterdrückte. Größere wirtschaftliche Freiheit, so lautete die Überzeugung eines Mannes, der als kleiner Junge mit seinem Vater durch den Wahlkreis gefahren war, um Woodrow Wilsons Wahlkampagne zu unterstützen. Ebenso wie Wilson galt Kefauver als »zu südstaatlich für die Liberalen«[22], wie es ein Kollege ausdrückte, und »zu liberal für die Südstaatler«.

Da er sich im Repräsentantenhaus langweilte, kandidierte er 1948 für einen Sitz im Senat gegen Ed Crumps zerstrittene, aber noch immer ernst zu nehmende Parteimaschine, die ganz Tennessee kontrollierte. »Erinnert mich an einen zahmen Waschbär, der so tut, als könnte er kein Wässerchen trüben«[23], lautete Crumps abfällige Meinung über ihn, worauf dieser erwiderte:

> Ich mag vielleicht ein zahmer Waschbär sein, aber ich bin nicht Mr. Crumps zahmer Waschbär.[4]

Crump spielte auf Kefauvers Mütze aus Waschbärfell an, die er während des Wahlkampfs trug, ein Werbegag einer Bank in der Nähe seiner früheren Kanzlei. Er gewann die Wahl und wurde mit 45 Jahren US-Senator. Er freue sich auf »ein normales Leben«[25], vertraute er Popsy an. Aber seinen Sieg genoss er trotzdem, lebte doch dadurch sein Kindheitstraum von einem noch höheren Amt wieder auf. Er habe »unglaubliches Stehvermögen«[26] bewiesen, meinte ein Zeitzeuge. Er hatte weder eine Organisation, geschweige denn den Parteiapparat hinter sich gehabt, sondern allein auf den persönlichen Kontakt zu den Menschen gebaut. Es war eine fordernde, auslaugende Art des Wahlkampfs, ein Stil, der für seine zukünftige politische Karriere bedeutsame Auswirkungen haben sollte.

Er pflegte den Kontakt zu Reportern und erwies sich oft als ein trinkfester Partner. Er sammelte Zeitungsartikel und verfasste kurze, schmeichlerische Kommentare, die er an die betreffenden Personen und Autoren verschickte. Er arbeitete sich schnell in die verschiedenen Gebiete ein, entfaltete Sachkenntnis, merkte sich Details. Selbstbewusst und unverfroren manipulierte er seine Kollegen, verabscheute jedoch plumpe Vertraulichkeiten und Jovialität. Er hielt nichts von gegenseitigen Gefälligkeiten und nahm dafür die Missbilligung seiner Kollegen in Kauf. Er ignorierte stillschweigende Vereinbarungen und setzte die ihm wohlgesinnte Presse auf seine Gegner an. Trotzdem war er wegen seiner Fähigkeiten und seiner Unabhängigkeit geschätzt. Schon zu Beginn seiner Laufbahn wählte ihn *Time* zu einem der zehn besten Senatoren der USA. Hätte die Zeitschrift Ehrgeiz bewertet, hätte Kefauver noch besser abgeschnitten.

Nur wenige Tage nach seiner Wahl feierten ihn einige Regionalzeitungen bereits als zukünftigen Präsidenten. Er besprach sich mit seiner Familie. Bei seiner Vereidigung, lange bevor es die Welt merkte, gab es einen Hinweis auf seine wahren Absichten. Ein alter Freund Kefauvers schrieb einem befreundeten Anwalt in Chicago und fragte vertraulich an, ob er bei einer interessanten Untersuchung als juristischer Berater mitarbeiten wolle, die der neue Senator in aller Stille vorbereite.

Es gab verschiedene Versionen davon, wie sein berühmter Ausschuss zu Stande kam: Teilweise trug bestimmt die landesweite Wiederentdeckung des »Verbrechensproblems« durch Boulevardblätter dazu bei, teilweise wohl auch Kefauvers Abscheu angesichts der Korruption innerhalb eines parlamentarischen Ausschusses, der wegen Bestechung in Pennsylvania ermittelte, aber auch die Lobbyarbeit »lokaler Kommissionen zur Verbrechensbekämpfung« und prominenter Medienstars. »Mein Gott, Estes, willst du denn nicht Vizepräsident werden?«[27], fragte ihn Phil Graham, der Herausgeber der *Washington Post*, der den scheinbar zögerlichen Senator dazu bewegen wollte, den Vorsitz in einem Untersuchungsausschuss zu übernehmen. Aber Kefauver brauchte keinen Anstoß von außen. Von Anfang an ging er klug und geschickt zu

Werke, um seine Ermittlungen in Gang zu bringen und für seine eigenen Ziele zu nutzen. Gleichzeitig war er auf tragische Weise ahnungslos, ja naiv, in Bezug auf das, was ihn erwarten würde, und den Preis, den er dafür zahlen sollte.

Er sah dieses Projekt als eine weitere populäre, ihm nützliche, gute Sache. Die Mitwirkung in einem Ermittlungsausschuss galt in Washington als sicheres Karrieremittel. Die Aufdeckung von Missständen bedeutete fast automatisch positive Schlagzeilen, Würdigung und die Unterstützung der Bevölkerung. Politische Führer mochten ihm nur widerwillig Respekt zollen, aber Reformen waren schließlich in jedermanns Sinn. Wenn eine Untersuchung die Partei in Verlegenheit bringe, erklärte Kefauver einem besorgten Kollegen, dann sei es umso wichtiger, dass die Demokraten »öffentliche Anerkennung dafür bekommen, dass sie zuerst vor ihrer eigenen Tür kehren«[28]. Als gemäßigter Politiker eines Bundesstaats mit liberaler Tradition rechnete er sich gute Chancen für die Präsidentschaftswahlen 1956 oder sogar schon 1952 aus. Wenn dazu »Können und Glück«[28] notwendig waren, wie ein Freund es ausdrückte, so verließ er sich auf beides. Er stürzte sich auf die Machenschaften des amerikanischen Verbrechens, als könne er es mit allem und jedem aufnehmen, als durchquere er zum ersten Mal den Tellico.

Nach eher schleppenden Anfängen führte sein Ausschuss eine groß angelegte Untersuchung über »Das organisierte Verbrechen im zwischenstaatlichen Handel« durch. Es war die erste Untersuchung dieser Art und sollte auch die letzte sein, ein umfassendes, uneingeschränktes Mandat, um dem organisierten Verbrechen und politischer Korruption auf den Grund zu gehen, die das Land seit der Prohibition beherrschten. In den 50er Jahren war dies ein Thema, über das Washington offiziell nichts wusste und inoffiziell nur allzu viel. Wie spätere Biografien und Memoiren offen legten, wussten die meisten Kongressabgeordneten aus dem ländlichen Süden und expandierenden Westen sowie aus den traditionellen Zentren des Nordens und des Mittleren Westens sehr gut Bescheid über die Zustände, die im Land herrschten, und waren häufig genug dem politisch einflussreichen, landesweit operierenden Syndikat verpflichtet.

Bei seinen Versuchen, den Ausschuss 1950 durchzuboxen, musste Kefauver Joe McCarthy abwehren, der sich profilieren wollte und der dann fatalerweise »das Außenministerium ins Visier nahm«[29], wie es der Historiker William Moore nannte. Hinter den Kulissen arbeiteten Kongress und Weißes Haus fieberhaft daran, die Untersuchung zu hintertreiben. Gegen Kefauver hatten sich die mächtigsten politischen Kräfte »sowohl innerhalb als auch außerhalb der Regierung«[30] verbündet. Erst nach einem Doppelmord in der Unterwelt von Kansas City, der im Zusammenhang mit einem Wahlbetrugs- und Bestechungsskandal im Umfeld der Pendergast-Maschine stand, der Präsident Truman seinen politischen Aufstieg verdankte, gelang es Kefauver, aus der Sackgasse herauszukommen und mit der Arbeit zu beginnen. Trotzdem konnte man sich darauf verlassen, dass Politiker, die selbst etwas zu verbergen hatten, »sichere« Mitglieder für den neuen Ausschuss aussuchen würden, Männer, die entsprechend geistlos oder eingeschüchtert waren, dass man davon ausgehen konnte, dass sie nichts aufdecken würden, und falls doch, man sie nicht ernst nehmen würde.

Außer Kefauver gab es noch zwei Demokraten, die auf ihre Weise klassisch waren: Herbert O'Conor war der Führer der demokratischen Partei Marylands, »die mit einer der mächtigsten Mafiacliquen des Landes unter einer Decke steckte«[31], wie es die Journalisten Jack Lait und Lee Mortimer später ausdrückten. Sein Kollege Lester Hunt aus Wyoming war als »McCarrans Mann« bekannt, ein alter Hase im unerbittlichen Kampf des Senators von Nevada gegen die Untersuchung. Die beiden Republikaner auf der anderen Seite des Podiums, beide von Kampagnen zu ihrer Wiederwahl in Anspruch genommen, wirkten wie Karikaturen: der 70-jährige Charles Tobey, ehemaliger Buchhalter, Hühnerfarmer, Versicherungsvertreter und Schuhfabrikant aus New Hampshire, ein erbitterter Gegner F. D. Roosevelts. Wisconsins Alexander Wiley, 66, »ein geschäftiger, selbstzufriedener Spießer aus Chippewa Falls«[32], wie Moore ihn nannte, war ein zwei Zentner schwerer, Babys abküssender, Polka tanzender Milchfarmer, ein Kiwanier, Freimaurer und Mitglied der »Sons of Norway«, dem es Spaß machte, aus Cheddar die Büsten von Berühmtheiten nachzubilden.

Auch die Mitarbeiter des Ausschusses waren typisch für damalige Untersuchungsausschüsse. Als juristischen Berater wählte Kefauver Rudolph Halley, einen lispelnden, verschwendungssüchtigen, wenn auch konventionellen New Yorker Anwalt, der über Erfahrungen in einem Senatsausschuss, bei dem Harry Truman den Vorsitz hatte, verfügte, Schiebergeschäfte während des Kriegs untersucht hatte und der Überzeugung war, dass alle Spuren unweigerlich zu Frank Costello, Manhattans »Mr. Big«, führten. Halley brachte eine umstrittene Vergangenheit als Schützling eines korrupten Richters am obersten Gericht des Staates New York mit und als Rechtsanwalt der alten, vom Syndi-

Senator Estes Kefauver kurz vor den Anhörungen im November 1950 in Las Vegas, zu seiner Linken Rudolph Halley, der juristische Berater des Ausschusses, zu seiner Rechten George White, der als Spitzel des FBN die Ermittlungen behinderte.

kat beherrschten Hudson & Manhattan Railroad. Unter Halley wurden die Ausschussmitarbeiter aus einem altehrwürdigen Pool ausgewählt. Ein Reporter beschrieb sie als »ehemalige Polizisten, unzufriedene Anwälte und die üblichen Washingtoner Schmarotzer, die von einflussreichen Freunden für einen Job empfohlen wurden«[33]. Nach einer anderen verhängnisvollen Tradition »lieh« der Leiter des FBN, Harry Anslinger, großzügig dem Ausschuss ein paar seiner eigenen Männer, die den Auftrag hatten, Augen und Ohren offen zu halten und sicherzustellen, dass die Sichtweise und die Schlussfolgerungen des Ausschusses mit Anslingers eigenen vereinbar waren und damit die Position des FBN in seinem ständigen Wettstreit mit seinen Konkurrenten, Hoovers FBI und anderen Behörden, gestärkt wurde. Gemeinsam wurden einem Reporter zufolge Politiker und Anwälte, politische Witzfiguren und bürokratische Spione feierlich mit »der tieschürfendsten Untersuchung von Verbrechen und politischen Machenschaften, die je durchgeführt wurde«[34] betraut.

Ganz im Einklang mit der amerikanischen Tradition betrachtete der Ausschuss zunächst »das organisierte Verbrechen als etwas, das unabhängig von den wirtschaftlichen und gesellschaftlichen Gegebenheiten des amerikanischen Lebens war«[35], wie Moore schrieb. Die Politiker gingen von einer zentralen, ausländischen Verschwörung aus, die einen verderblichen Einfluss auf das System hatte, von einer simplen Vorstellung von Gut und Böse, wobei die »Bösen« gewöhnlich an ihrem italienischen Nachnamen zu erkennen waren. Den Beweismitteln zufolge handelte es sich jedoch um ein Phänomen, das untrennbar mit der Politik und der Wirtschaft des Landes verbunden war. »Amerikas Unter- und ›Oberwelt‹ sind letztlich eins«[36], konstatierte der Sozialhistoriker Stephen Fox.

Aber all das war noch unbekannt, als Kefauver im Sommer 1950 seine Kollegen auf eine gemeinsame Linie einstimmte. In den nächsten zehn Monaten hielt sein Ausschuss Sitzungen in 14 Städten ab, reiste 83.000 Kilometer, hörte 800 Zeugen an und verfasste insgesamt vier umfangreiche Berichte. Niemand hatte mit dem Einfluss des Fernsehens gerechnet, das damals noch in den Kinderschuhen steckte, dafür aber eine umso größere Faszination ausübte. Die Nation war angesichts der übertragenen Anhörungen sprachlos. »Wie ein Bauernlümmel, der zum ersten Mal ein Flittchen sieht«[37], meinte ein britischer Beobachter. »Alles strömte plötzlich nach drinnen – in Wohnzimmer, Gasthäuser und Klubs, in Turnhallen und Büros« [38], berichtete *Life*. »Dort, im unheimlichen Halbdämmer, saßen die Leute wie verzaubert und starrten auf Millionen kleiner eisgrauer Bildschirme.«[38]

Als Costello bei den entscheidenden Anhörungen in New York aussagte – die Kameras durften einem Reporter zufolge nur seine »fahrigen Hände«[39] zeigen –, waren Theater und Läden wie leer gefegt, und

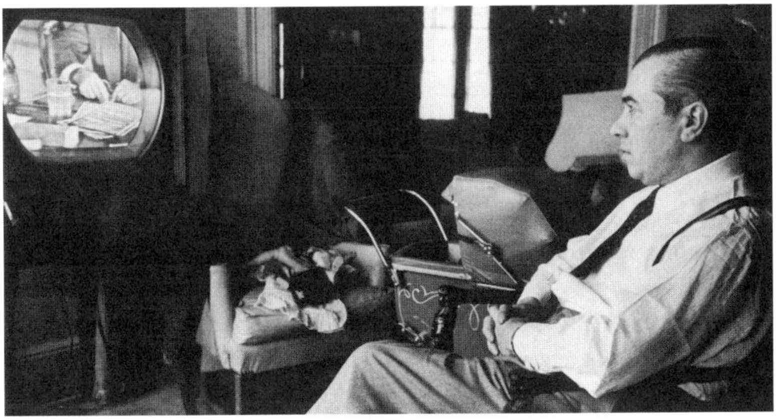

Joe Adonis, der ebenfalls vor dem Kefauver-Ausschuss Rede und Antwort stehen musste, verfolgt im Fernsehen die Hände seines Kollegen Frank Costello, der sich geweigert hatte, dass im Fernsehen sein Gesicht gezeigt wurde.

die Elektrizitätsgesellschaften mussten zusätzliche Generatoren einsetzen, um die Nachfrage zu decken. Über 30 Millionen Menschen verfolgten die Anhörungen, das größte Publikum, das je Einblick in die Verflechtungen zwischen Politik und Unterwelt gewonnen hatte.

Als allseits bekanntes Gesicht auf dem flimmernder Schirm wurde Kefauver zum Nationalhelden. Eine »gütige, sanfte und stets freundliche Eule«[40], nannte ihn der Autor Alan Barth wohlwollend. Als Südstaatenanwalt, aber auch als ehrgeiziger Politiker war sein Auftreten behutsam, gelassen und dennoch beharrlich und streng. Gleichzeitig blieb er der einfache Junge aus Madisonville und Chattanooga. Nie hatte er einen Hausschlüssel bei sich. Wenn er spätnachts von einer weit entfernten Anhörung zu seinem Washingtoner Haus zurückkehrte, »bahnte er sich einen Weg durchs Gebüsch«, erinnerte sich ein Freund, und weckte seine im ersten Stock schlafende Frau, indem er »Maamii … Maamii«[41] rief.

Er war jetzt berühmt. Überall wurde er von jubelnden Menschen begrüßt. Als es schien, als würde der Senat die Untersuchung wegen fehlender finanzieller Mittel einstellen, trafen Spenden von einem oder zwei Dollar im Kapitol ein. Aber er und seine Familie erhielten auch Drohungen. Einige warfen ihm Vertuschung und Vetternwirtschaft vor. Er hatte widerspruchslos die Aussage eines Bundesgenossen, des Bürgermeisters von New Orleans, DeLesseps Morrison, akzeptiert, dass dieser hart durchgegriffen habe, obwohl die Akten randvoll mit Beweisen waren, denen zufolge er immer noch auf der Lohnliste des maßgeblichen Syndikats stand. In Kansas City, der Heimat der korrupten Parteimaschine der Demokraten, die dem amtierenden Präsidenten zum Amt verholfen hatte, äußerte sich Kefauver ausweichend und bestätigte damit hartnäckige Gerüchte, dass ihm bei den Wahlen 1952 das Amt des Vizepräsidenten versprochen worden war, wenn er [die Partei] rehabilitiere.«[42] Sein Untersuchungsausschuss ignorierte ebenso erfolgreich die sich ausbreitende kriminelle, politische und finanzielle Herrschaft der Teamsters, einer in Tennessee mächtigen Gewerkschaft, deren Unterstützung für die Wiederwahl des Senators ausschlaggebend war.

In jeder der 14 Städte, die er besuchte, hatte das Syndikat die meisten der höheren Polizeibeamte und Politiker bestochen oder unter Druck gesetzt, wie Untersuchungskommissionen vor Ort sowie die Akten des Ausschusses belegten. Trotz eindeutiger und im Überfluss vorhandener Beweise entlarvte er nur einige wenige. Verbrechen und Politik waren zu eng miteinander verflochten. Stephen Fox schrieb später:

> Das organisierte Verbrechen hatte die amerikanische »Oberwelt« 1951 schon derart durchdrungen, dass der Ausschuss nicht alles bekannt geben konnte, was er wusste.[43]

Trotz seiner Ausweichmanöver gelang es Kefauver nicht, das Misstrauen, die Furcht sowie die Feindseligkeit unter den Führern seiner eigenen Partei einzudämmen, die dem Journalisten Jack Anderson zufolge sein Vorgehen als »dreisten politischen Verrat«[44] empfanden. Und das, obwohl er vor den Wahlen 1950 alles tat, »um seine eigene Partei zu schützen – außer seine eigene Glaubwürdigkeit aufs Spiel zu setzen«[45].

Der beliebte Vorsitzende hatte auch mit anderen »Komplikationen« zu kämpfen. Kefauver gab später damit an, dass er Bestechungsgelder für den Bundesparteivorstand der Demokraten in »sechsstelliger«[46] Höhe abgelehnt habe. Während der gesamten Untersuchung war er selbst, wie so oft, pleite und hatte sein Konto bei seiner Bank in Chattanooga um fast 2000 Dollar überzogen. Dann plötzlich, inmitten der Anhörungen, zahlte er 25.000 Dollar ein und tilgte eine zweite Hypothek in Höhe von 10.500 Dollar, die er auf sein Haus in Washington aufgenommen hatte, Transaktionen, die nie erklärt wurden, selbst in seinen umfangreichen Papieren nicht, und die seinen Biografen Rätsel aufgaben. Kurz darauf war er wieder zahlungsunfähig und stand mit mehr als 1600 Dollar in der Kreide.

Während seinen Ermittlungen wurde einer seiner besten Freunde und prominentesten Gönner in Tennessee verhaftet. Der Mann wurde als Zahlenlottoboss von Knoxville entlarvt, der Kefauver während seiner Wahlkampagne 1948 Tausende von Dollar hatte zukommen lassen, obwohl dieser offiziell nur 100 Dollar angegeben hatte – eine äußerst peinliche Situation für den gegen moralischen Verfall ankämpfenden Vorsitzenden. Später gab es Vorwürfe gegen einen in Gangsterkreisen tätigen Anwalt namens Sidney Korshak, der später in Las Vegas mitmischen sollte. Er wurde beschuldigt, den Vorsitzenden bei den Anhörungen in Chicago mit einem Foto erpresst zu haben, das Kefauver in eindeutiger Pose mit einem Callgirl zeigte. Seine Berater und selbst seine Biografen betonten, dass keine Erpressung stattgefunden habe, falls aber doch, dann habe sie jedenfalls keine Auswirkungen auf die Untersuchung gehabt. Dennoch erregte die Anhörung in Chicago Aufsehen, weil die Klagen gegen einen demokratischen Sheriff und mehrere Parteibonzen verworfen wurden, die es in ihren schlecht bezahlten Regierungsämtern zu Millionären gebracht hatten.

Wenn sich Kefauver in Washington aufhielt, besuchte er die Pferderennbahnen von Laurel und Pimlico. Er »schloss Wetten ab und erwartete von der Leitung freien Eintritt und andere Gefälligkeiten«[47]. Einmal traf er Meyer Lansky privat, den er in seinem Abschlussbericht ein Jahr danach als einen »der Hauptdrahtzieher des Verbrecherrings, der New York und die östliche Hälfte der Vereinigten Staaten beherrscht«, bezeichnete. Der Gangster, der seinerseits mit den Gewohnheiten des Senators vertraut war, fragte ihn unverblümt:

> Was ist am Glücksspiel verkehrt? Ihnen gefällt's doch auch. Ich weiß, dass Sie schon oft gespielt haben.[48]

Worauf Kefauver erwiderte:

> Das stimmt. Aber ich will nicht, dass Leute wie Sie es kontrollieren.[48]

Letztlich wurde sein Schicksal weniger von seinen persönlichen Fehlern und politischen Kompromissen bestimmt als vielmehr von den Erfolgen seines Ausschusses, der wenn auch zögerlichen Aufdeckung der »landesweit organisierten Verbrechersyndikate«, die dank der »Unterstützung und Tolerierung von Beamten« operierten, wie es der Historiker Stephen Fox ausdrückte.[49] In Wirklichkeit handelte es sich also nicht um zwei separate Welten, keine voneinander getrennten politisch-wirtschaftlichen Systeme, sondern um ein einziges, unteilbares. Im Verlauf dieser Untersuchung bekam Kefauver einen flüchtigen Eindruck von der amerikanischen Wirklichkeit; er glaubte, das Dunkel durchdringen zu können, schrieb ein Freund.[50] Im Unterschied zu anderen innerhalb des politischen Establishments – Präsidenten, Senatoren, die meisten seiner politischen Genossen beider Parteien – beschloss er, zumindest einen Teil des Geheimnisses zu lüften. Dafür sollte er büßen.

Aber das kam erst später. Anfang Herbst 1950 waren die Mitglieder des Ausschusses zu der Einsicht gelangt, dass viele der Fäden, auf die sie im Laufe ihrer Nachforschungen gestoßen waren, in einer Kleinstadt in der Wüste von Nevada zusammenliefen. Nachträglich plante der Vorsitzende dort einen Tag für Anhörungen ein, wenn auch nur als kurzen Zwischenstopp auf seinem Weg zu den groß angekündigten Anhörungen in Kalifornien.

Im November 1950 erwartete Las Vegas nervös den Besuch des berühmten Senators aus Tennessee.

Zweiter Teil

DIE STADT DER FASSADEN

Angesichts der künstlichen Lebendigkeit, die man inmitten dieser Wüste geschaffen hat, fallen mir unwillkürlich Bilder aus der Vergangenheit von Las Vegas ein … gestern noch Planwagen auf staubigen Straßen und nun alles voller Klimaanlagen und Neonlicht. Und doch wirkt dieser atemberaubende Gigantismus genau kalkuliert. Alles hier ist genau geplant. Aber sicher hat es auch seine tragische Seite.

NOËL COWARD, »Mr. Coward nimmt Las Vegas unter die Lupe«, *New York Times Magazine*, 26. Juni 1955

An einem kühlen, bewölkten Morgen im Spätherbst 1950 finden sich führende Persönlichkeiten der Stadt im Gerichtsgebäude von Las Vegas ein, um vor einem Senatsausschuss zur Untersuchung des organisierten Verbrechens als Zeugen auszusagen. Die Regionalpresse bezeichnet die Männer im selben Atemzug als »Kasinokönige«[1] und als »prominente Bürger der Stadt«, ohne darin auch nur den geringsten Widerspruch zu sehen.

Etwa ein Dutzend von ihnen hat sich vor dem Gerichtssaal versammelt, in dem die Anhörung stattfinden soll. Einige sitzen auf den spärlich vorhandenen Holzstühlen und Bänken, andere lehnen an der Wand und verstecken sich hinter ihren Zeitungen. Wieder andere gehen nervös auf und ab. Der düstere Korridor ist von dicken Nikotinschwaden und gedämpftem Gemurmel erfüllt. Journalisten und Fotografen aus dem ganzen Land umlagern die geladenen Zeugen. »Reporter bombardierten sie mit Fragen, während grelle Blitzlichter aufflammten«[2], heißt es später in der *Sun*. Es ist ein denkwürdiger Tag, nicht nur wegen der anwesenden, sondern auch wegen der abwesenden Zeugen – ein Tag, an dem viel ans Licht kommen, aber noch mehr im Dunkeln bleiben wird.

7 »Hinter diesem Tal lauern Drachen«

Hinter der verführerischen Fassade verbarg sich schon immer eine ernüchternde Realität. Vor 10000 oder 15000 Jahren war die Region ein Paradies. Von den schmelzenden Gletschern mit Wasser versorgt – »lebende Flüsse aus Eis«[1], wie sie ein Archäologe nannte –, bestand dieses Gebiet weitgehend aus üppig grünen Grasflächen und leuchtend blauen Seen. Eine Zeitlang gab es dort auch eine reiche Tierwelt. Mammuts und Kamele weideten zusammen, bis sie von Säbelzahntigern und urzeitlichen Löwen aus dem Osten verdrängt wurden. Auch Ureinwohner Nordamerikas lebten hier, auf halbem Weg zwischen Beringstraße und Mittelamerika, wovon ihre steinernen Speerspitzen in Tule Springs zeugen.

Doch dann, lange nach der Eiszeit, »spielte die Natur plötzlich verrückt«[2], schrieb ein Historiker über die rätselhaften Vorgänge, die das Land in kürzester Zeit in einen Glutofen verwandelten. Wasser, Tiere und Menschen verschwanden, zurück blieben kalkige Überreste und trocken gefallene Seeflächen – Berge und Wüsten einer »gnadenlos gleißenden Sonne«[3] preisgegeben, wie Hubert Howe Bancroft es ausdrückte. Von Zeit zu Zeit gingen Wolkenbrüche auf das Land nieder. Doch es war ein sinnloser Regen, von einem Boden geschluckt, »der so locker, fein und durchlässig war, dass er das Wasser nicht halten konnte«[4], schrieb Jeanne Kasindorf später. Auf dieser kargen Grundlage überlebten Mesquitesträucher und Kreosotbüsche, umgeben von »Wüstensträuchern, die im Kampf um das wenige Wasser ihre eigenen Nachkommen verdrängten«.[5] Es blieb ein Ödland zurück, das nur in der Dämmerung durch die hageren Schatten der kahlen Berge belebt wurde. Nicht einmal die wenigen Wasserläufe fanden ihren Weg ins Meer – »Flüsse ins Nichts«[6], wie Jeanne Kasindorf sie nannte. Und überall hinterließen Sandstürme mit ihren sengenden Winden eine salzhaltige Luft und erzeugten das Trugbild, das so viele anlocken sollte – ein flirrendes leeres Versprechen, die Illusion von Leben, hinter der sich Trostlosigkeit und Ödnis verbargen.

Auf der Suche nach einem Handelsweg von Santa Fe nach Los Angeles kamen die Spanier Anfang des 19. Jahrhundert in diese Gegend. Um Weihnachten 1829 erreichte der junge Kundschafter Rafael Rivera, der sich von seiner Expedition getrennt hatte, eine Anhöhe, auf der sich ihm unerwartet ein weiter Blick auf ein grünes Tal inmitten der Wüste bot. Wegen seiner üppigen Vegetation, die durch artesische Quellen gespeist wurde, taufte er es »Las Vegas« – »Die Wiesen«. Hier entstand ein spanischer Handelsposten, den die Händler ein »Juwel in der Wüste«[7] nannten. Doch die Spanier ließen sich von der Schönheit des Tals nicht blenden. Walter Van Tilburg Clark schrieb:

> Sie mochten noch so furchtlose Entdecker sein, aber dieser Ort flößte ihnen Angst ein ... Obwohl sie seine geheimnisvolle Anziehungskraft spürten, kannten sie die Wüste zu gut, um sich in die Irre führen zu lassen.[8]

Von Anfang an übte die Gegend eine besondere Faszination auf Verbrecher, Hochstapler und korrupte Politiker aus, deren Methoden ebenso extrem waren wie die Natur in dieser Region. Bill Williams, ein ehemaliger Baptistenpfarrer, machte Las Vegas zum Hauptquartier seiner Bande aus indianischen Pferdedieben, die Anfang der 1840er Jahre über Ranches in Kalifornien und Arizona herfielen. Doch daneben bot Williams der amerikanischen Regierung auch seine Dienste als Führer an; als er einmal mit einer Militärabteilung die Wüste durchquerte, machte er die hungrigen Kavalleristen mit »langem Schwein«[9] bekannt, was so viel wie »Menschenfleisch« bedeutete. »Wenn das Essen knapp wird, läuft man Bill Williams besser nicht vor die Flinte«[10], erzählte ein Mann, der den kannibalischen Priester persönlich kannte.

Leiter der Expedition war John C. Frémont, der erste Amerikaner, der die Gegend im Regierungsauftrag erkundete, und der erste von vielen Präsidentschaftskandidaten, die nach Las Vegas kamen. Seine Expedition im Mai 1844 stand unter keinem glücklichen Stern. Es war drückend heiß. Ein Großteil des Viehs, dass die Abteilung mit sich führte, kam entweder in der Hitze um oder wurde von Indianern erbeutet. Fatalerweise war Frémont, nach dem die Hauptstraße der zukünftigen Stadt benannt wurde, viel weniger kompetent, als es den Anschein hatte. Wie spätere Biografen enthüllten, verbarg sich hinter der glanzvollen Fassade eine schwache Persönlichkeit, die ihre sorgfältig einstudierte öffentliche Rolle perfekt spielte. Während seine erfolgreichsten Forschungsexpeditionen hauptsächlich das Verdienst hervorragender Kundschafter wie Kit Carson waren, verdankte er seine politische Karriere vor allem seiner ehrgeizigen Frau, die ihm weitgehend das Schreiben und Denken abnahm. Wie viele Männer, die in Las Vegas eine Rolle spielen sollten, pflegte er einen extravaganten Lebensstil. Als Politiker und General sah er tatenlos zu, wie sich in seinen eigenen Reihen Korruption und Pflichtvergessenheit breit machten; als Privatmann führte er ein ausschweifendes Liebesleben, schwängerte sogar seine Hausangestellte. Doch die ahnungslose Öffentlichkeit, die sich durch Frémonts strahlende Fassade blenden ließ, blickte bewundernd zu ihm auf.

Die Wüste, die sich westlich des Mount Misery an der Grenze zwischen Nevada und Utah erstreckt, wurde zum lebensbedrohenden Hindernis, das es – einer mythischen Prüfung gleich – zu überwinden galt. »Der Tod war ihr ständiger Begleiter«, schrieb der Historiker Bancroft über einen großen Treck, dessen Teilnehmer 1848 in der Wüste ihr Leben ließen. Die Wagenspuren waren noch lange danach »so frisch und deutlich wie am Tag, an dem sie entstanden« waren.[11] Trotz der Gefahren wagten sich immer wieder Menschen in diese Region, einige voll unerschütterlichem Optimismus, andere fest entschlossen, jedes Opfer in Kauf zu nehmen. »Kehrt um! Welch einen Schauer einem diese Worte über den Rücken jagen«[12], schrieb eine Frau bei ihrer Ankunft im »Tal des Todes«. »Wie kann man umkehren, nachdem man sich Meile für Meile mühsam erkämpft hat?« Trotzdem waren die Menschen häufig von düsteren Vorahnungen erfüllt. »Hinter diesem Tal lauern Drachen«, warnte einer von ihnen.[13]

1855 errichteten dreißig Mormonen im Auftrag ihres Führers Brigham Young die Missionsstation Las Vegas, zu der ein kleines, aus Lehmziegeln erbautes Fort und eine Farm gehörten; damit waren sie die ersten weißen Siedler im Tal. Ihre Absichten waren allerdings weniger religiöser als kriegerischer Natur. Während sie die einheimischen Paiute, in denen sie »Überreste des versprengten Volkes Israel«[14] sahen, eher halbherzig bekehrten, gingen sie daran, die dortigen Erzvorkommen abzubauen, um Waffen und Munition herzustellen, die sie für ihren Widerstand gegen die Zentralregierung in Washington benötigten. Die Indianer zeigten sich wenig dankbar für ihre Bekehrung. Sie stahlen den Mais aus der Missionsstation und vertrieben sich die Zeit mit Glücksspielen, »rollten Knochen und angemalte Stöckchen über den braunen

Sandboden und waren damit die wahren Begründer des modernen Las Vegas«.[15]

Als sich der Bergbau als ebenso fruchtlos erwies wie die Missionierung der Indianer, gaben Youngs Anhänger bereits nach zwei Jahren ihren Außenposten wieder auf und kehrten diesem »von Gott verlassenen«[16] Ort den Rücken. Ihr Fehlschlag ließ noch nichts von der einträglichen Beziehung ahnen, die sich eines Tages zwischen der mormonischen Kirche und Las Vegas entwickeln und den Mormonen so viel Reichtum und Macht einbringen sollte. Nach Aufgabe des Forts fiel das Tal in seine ursprüngliche Trostlosigkeit zurück. Wie zwei französische Kartografen zu jener Zeit berichteten, »kann es keinen Zweifel daran geben, dass Las Vegas niemals größere Bedeutung erlangen wird«[17]. Tatsächlich blieb der Ort in den folgenden 100 Jahren so unbedeutend, wie es die beiden Franzosen vorhergesagt hatten: eine Durchgangsstation für ein Volk, das zu verheißungsvolleren Zielen unterwegs war.

Um 1900 lebten ganze 30 Siedler im Tal und zehrten von den urzeitlichen Wasserreservoirs unter dem Wüstenboden. Dank dieser Quellen wurde der Ort nun zur Betriebsstation für die neue Eisenbahnstrecke von Salt Lake City nach Los Angeles, die der Kupfermagnat und Senator aus Montana, William Clark, errichten ließ. In einem Wettlauf mit dem New Yorker Finanzhai Edward Harriman und seine Union Pacific bezwangen Clarks Gleisarbeitertrupps schließlich die Arbeiterkolonne der Konkurrenz, wobei sie mit Fäusten und Schaufeln auf ihre Rivalen losgingen. Mit diesem Sieg wurde Clark der erste in einer langen Reihe von Oligarchen der Stadt. Als zur Eröffnungsfahrt 1905 die erste Lokomotive in den Bahnhof einfuhr, hatte der Senator bereits die attraktivsten Grundstücke aufgekauft und parzelliert, um sie zu versteigern. Innerhalb von zwei Tagen verdiente er über eine Viertel Million Dollar und war damit der erste Mann, der es in Las Vegas zu Reichtum brachte. Doch fünf Jahre später wurden 100 Meilen Schienenstrang bei einer Überflutung im Muddy River Valley fortgespült. Die Unterbrechung im Linienverkehr und der landesweite wirtschaftliche Niedergang führten zu einer rapiden Entvölkerung von Las Vegas. Diejenigen, die zurückblieben, führten einen harten Existenzkampf. Nur langsam erholte sich die Stadt wieder; 1921 zählte sie etwa 3000 Einwohner. »Es gab wahrscheinlich mehr Schafe als Menschen«[18], schrieb Hank Greenspun in seinen Memoiren. Zu jener Zeit betrug die Einwohnerzahl des gesamten Staates nur 77.000.

Jahrelang war Las Vegas nur eine von vielen unbedeutenden Bahnstationen entlang der Eisenbahnstrecke zwischen Chicago und Los Angeles. Nachdem die Gleise wieder instand gesetzt worden waren, machte der Zug der Union Pacific in Las Vegas einen kurzen Halt, während die Reisenden neugierig auf den kleinen Bahnhof und die staubigen, menschenleeren Straßen spähten. Fernab vollzogen sich bereits Entwicklungen, die für die Zukunft dieses unscheinbaren Provinznests von großer Bedeutung sein sollten. In den 20er Jahren wurde Amerika von einem neuen Zeitgeist erfasst, wie er für die Minenstädte Nevadas so typisch war. Die Ernüchterung der amerikanischen Armee nach dem Blutbad an der Westfront und der mit den Erfahrungen während des Ersten Weltkriegs einhergehende Verlust traditioneller Ideale führten dazu, dass viele Soldaten ihre Skrupel an den Türen von Flüsterkneipen, Wettbüros, Tanzdielen und Spielhöllen über Bord warfen. Sie setzten eine Revolutionierung der Werte und des Lebensstils in Gang, von der Las Vegas enorm profitieren sollte: Aus einem langweiligen Zwischenstopp auf dem Weg von Salt Lake City nach Los Angeles wurde die Endstation vieler Glücksritter.

Doch die Lockerung der Sitten war nicht die einzige Veränderung in den 20er Jahren, die zum Aufschwung von Las Vegas beitrug. Der blühende Alkoholschmuggel, der mit Beginn der Prohibition 1920 einsetzte, verhalf dem organisierten Verbrechen in Amerika zu ungeheurem Reichtum und einer noch nie da gewesenen wirtschaftlichen und politischen Macht. Es entstand ein undurchdringliches Geflecht aus legalen und illegalen Firmen, direkter und indirekter Einflussnahme, zwielichtigen Geschäften zwischen angesehenen Bürgern und berüchtigten Unterweltgrößen – zusammengehalten durch eine beispiellose staatliche Korruption, die alle Ebenen der öffentlichen Verwaltung durchdrungen hatte, angefangen bei Kommunal- und Kreisbehörden bis hin zum Kongress und Weißen Haus.

Selbst im heißen, verschlafenen Las Vegas, fernab von den Zentren des organisierten Verbrechens, erfuhr man von den legendären Gangstern, die die amerikanischen Großstädte kontrollierten, denn es gab mittlerweile die ersten Rundfunkgeräte und Zeitungen aus dem fernen Chicago. Worüber die Medien allerdings weder in Nevada noch im übrigen Amerika berichteten, war das schiere Ausmaß der kriminellen Machenschaften, die die Gaunereien und Banküberfälle der klassischen Ganoven weit in den Schatten stellten. Als Gestalten wie John Dillinger oder Al Capone von der Bildfläche verschwanden, blieben die kriminellen Strukturen erhalten; sie verfestigten und erweiterten sich stetig, während Hoovers FBI hartnäckig daran festhielt, dass die kriminellen Kräfte im Land keinerlei Bedrohung darstellten, sondern nur eine Ausnahmeerscheinung der amerikanischen Gesellschaft seien. Niemand konnte ahnen, dass sich diese neue Macht ausgerechnet in der Wüste Nevadas niederlassen und nicht nur Las Vegas, sondern auch den ganzen Bundesstaat und schließlich die gesamte Nation unterwandern würde.

Die wilden 20er Jahre waren für Nevada eine »zwanglose, ausgelassene«[19] Zeit, wie der Historiker John M. Findlay schrieb. 1910 war es den Anhängern der Progressive Party in Nevada gelungen, das Glücksspiel verbieten zu lassen. In den folgenden Jahren wurde das Verbot abwechselnd gelockert und wieder verschärft, während das Glücksspiel und der Alkoholschmuggel ungestört weiter betrieben wurden und die Bordelle wie eh und je florierten. Auch Bergbau, Viehzucht und Eisenbahn boomten wieder, wenngleich davon wie immer nur die Bosse profitierten. Doch Ende der 20er Jahre stürzte Nevada in eine Wirtschaftskrise, noch ehe das übrige Amerika von der Depression erfasst wurde.

Allen Widrigkeiten zum Trotz versuchte man in Nevada so etwas wie eine öffentliche Ordnung aufrechtzuerhalten. Da die bankrotten Kreisverwaltungen keine Lehrergehälter mehr zahlen konnten, gaben sie Gutscheine aus, die man in ausgewählten Läden einlösen konnte. In einem Staat, der 1930 weniger als 100.000 Einwohner zählte – Las Vegas war die viertgrößte Stadt nach Reno, Elko und Ely –, war die Not der Arbeitsuchenden und Obdachlosen nicht mehr zu übersehen. Nur wenige Familien blieben verschont. Doch die Einwohner Nevadas, die an wirtschaftliche Talfahrten gewöhnt waren, ertrugen ihr Schicksal mit Gleichmut. Für sie war die Depression nur ein weiterer Rückschlag, den es zu meistern galt. »Sie waren stolz auf ihre bewegte Geschichte, selbst wenn sie hauptsächlich ein bitterer Überlebenskampf war«[20], erzählte ein Zeitzeuge.

Angesichts ihres drohenden wirtschaftlichen Ruins brüteten die Oligarchen Nevadas einen Plan aus, um ihr Schäfchen ins Trockene zu bringen. Wieder einmal sollte Nevada zu einem Eldorado werden, doch diesmal nicht für arme Schlucker, die in den Gold- und Silberminen Arbeit suchten, sondern für die Erfolgreichen und Berühmten, die sich ein lästiges Problem vom Hals schaffen wollten: 1927 verabschiedete das Parlament von Nevada ein Gesetz, das ein auf drei Monate begrenztes Scheidungsverfahren ermöglichte; vier Jahre später wurde die gesetzliche Frist auf sechs Wochen verkürzt. Man hoffte mit dieser Maßnahme die verwaisten Hotels in Reno mit ehemüden Frauen und Männern zu füllen, die sich ein solches Unternehmen leisten konnten. Weniger spektakulär, aber ebenso wichtig war die Verabschiedung neuer Finanzgesetze, die Nevada zum Steuerparadies für Unternehmer und vermögende Privatleute machten.

Ein prominenter Anwalt erinnerte sich:

> Nevada traf die bewusste Entscheidung, die Reichen zu hätscheln. Es war der einzige Staat in Amerika, in dem es keine Mehrwert-, Einkommens-, Erbschafts- oder Gesellschaftssteuer und keine Obligationsschulden gab.[21]

1931 unternahmen einflussreiche Geschäftsleute und ihnen wohlgesinnte Politiker eine weitere Anstrengung, um die Flaute zu bekämpfen. Sie erreichten, dass die Regierung gesetzliche Maßnahmen ergriff, damit sich die Hotels und die Staatskassen wieder füllten. 50 Jahre später sollten zahlreiche weitere Bundesstaaten aus denselben Gründen zu genau demselben »Patentrezept« greifen: Zum ersten Mal wurde im Parlament ernsthaft die Wiedereinführung des Glücksspiels erwogen. Bereits 1927 hatte ein junger Abgeordneter eine entsprechende Gesetzesvorlage eingebracht, die heftig diskutiert und schließlich mit knapper Mehrheit abgelehnt worden war. Doch jetzt wurde das Gesetz sogar ohne die übliche Parlamentsdebatte verabschiedet und vom Gouverneur umgehend unterzeichnet. Aber es hatte auch Proteste gegeben. Auf den Straßen Renos hatte eine Hand voll konservativer Christinnen gegen das übereilte Vorgehen der Politiker protestiert und kleine, handgeschriebene Schilder hochgehalten, auf denen sie vor den schrecklichen Folgen des Gesetzes warnten. Auf einer Versammlung hatte eine von ihnen gefordert, Nevada solle »nicht das Lumpenpack der ganzen Welt ins Land holen«[22]. Als die Demonstrantinnen erfuhren, dass das Gesetz bereits in Kraft war, gingen sie zornig und entmutigt nach Hause. Damit war das Glücksspiel in Nevada wieder erlaubt und sollte es bis heute bleiben.

Etwa zur selben Zeit, auf dem Höhepunkt der Depression, wurde in der Nähe von Las Vegas der Boulder-Damm gebaut, was der stagnierenden Wirtschaft endlich zum ersehnten Aufschwung verhalf. Wieder strömten zahllose Arbeiter ins Land. Tausende von Männern wurden benötigt, um das harte Gestein des Black Canyon zu brechen. Tag und

Nacht waren in den Straßen der Kleinstadt Las Vegas die Sprengungen in der 40 Kilometer entfernten Felsenschlucht zu hören. Das 48 Millionen teure Projekt war der größte Bauauftrag, den die US-Regierung je vergeben hatte, und wurde von dem Firmenkonsortium Six Companies Inc. durchgeführt. Unzählige Tonnen Gestein mussten bewegt werden, um den Colorado auf sein neues Niveau anzuheben; zwei Jahre lang wurde 24 Stunden täglich so viel Beton gemischt, dass es für den Belag einer knapp fünf Meter breiten Straße von der Ost- zur Westküste gereicht hätte. Allerdings waren nicht nur die technischen Daten sensationell, auch die Firmengewinne brachen alle Rekorde, was jedoch wie immer zu Lasten der Arbeiter ging. Überflutungen und unzumutbare Lebensbedingungen in der Werkssiedlung forderten mehr als 100 Menschenleben und führten zu gewalttätigen Arbeiterprotesten und blutigen Rassenkonflikten.

Auf der Suche nach einem Ausgleich für ihre schwere und gefährliche Arbeit zogen die Arbeiter – Felsputzer und Tunnelbauer, Schutträumer und Sprengmeister – in das kleine Vergnügungsviertel von Las Vegas, wo Bars und Kasinos wie Pilze aus dem Boden schossen. »Für die meisten dieser Männer, die ihr Leben auf dem Land verbracht hatten, war Las Vegas ein unglaublich faszinierender Ort«[23], schrieb der Historiker Dennis McBride. Anfang der 30er Jahre bauten einheimische Unternehmer die ersten Luxushotels für betuchte Scheidungstouristen und Kasinobesucher, die nun auch wegen der imposanten Baustelle anreisten. Die Urgewalten des gestauten Colorado sollten nicht nur eine gigantische Rüstungsproduktion während des Zweiten Weltkriegs ermöglichen, sondern auch Südkalifornien und Las Vegas während der folgenden 60 Jahre zu enormem Wachstum und Wohlstand verhelfen.

Als der Staudamm 1935 fertig gestellt war, kehrten die Männer, die ihn erbaut hatten, mit ihren bescheidenen Ersparnissen in ihre Heimat zurück. Eine Zeitlang besuchten Touristen die Region, um das mächtige Bauwerk zu bewundern und anschließend das ausschweifende Nachtleben von Las Vegas zu erkunden. Doch »Nevada war 18 unbequeme Flugstunden in Kabinen ohne Druckausgleich von New York entfernt«[24], heißt es bei Robert Lacey. Auf Fremde wirkte das Land immer noch abweisend und für eine dauerhafte Besiedlung gänzlich ungeeignet. »Wer heute hier ist, ist morgen schon nicht mehr da«[25], schrieb der englische Schriftsteller J. B. Priestley 1937. Kurz vor Ausbruch des Zweiten Weltkriegs kam die Entwicklung der Stadt erneut zum Stillstand. Die Neonreklamen der alten Nachtklubs – Las Vegas, Apache,

Boulder und Northern – zogen nur noch wenig Besucher an; die Fremont Street war »ausgestorben wie nie zuvor«[26], berichtete ein Zeitzeuge.

Wieder einmal fanden die Einheimischen einen Ausweg aus der Krise – wenn auch um den Preis eines grandiosen Selbstbetrugs. Als arbeitslose Journalisten und Autoren im Rahmen bundesstaatlicher Arbeitsbeschaffungsmaßnahmen den *WPA Guide to 1930s Nevada* verfassten, stellten sie groß heraus, dass das legale Glücksspiel in Nevada im Gegensatz zu den illegalen Wettgeschäften andernorts eine »saubere«[27] Sache sei. An den Roulettescheiben, Kartentischen und Spielautomaten Nevadas gebe es »nicht die geringsten Betrügereien«[27], hieß es schönfärberisch.

In Wirklichkeit jedoch hatte das aus der Prohibition hervorgegangene organisierte Verbrechen schon seit Jahren seine Finger im legalen wie im illegalen Glücksspielgeschäft Nevadas. In den 20er Jahren waren im Zuge ehrgeiziger, wenn auch kurzlebiger Reformbestrebungen in anderen Bundesstaaten einige Gangster aus ihren Spielhöllen nach Nevada vertrieben worden, wenngleich traditionelle Hochburgen des Glücksspiels wie Hot Springs in Arkansas bis in die 60er Jahre hinein weiter florierten. Viele Ganoven zog es auch deshalb nach Nevada, weil der Bundesstaat, besonders nach der Legalisierung des Glücksspiels im Jahre 1931, für seine Laxheit und seine ineffiziente Polizei bekannt war und all jene mit offenen Armen empfing, die sich »im Geschäft auskannten«[28], wie es ein Beamter aus Carson City ausdrückte.

Durch seine wirtschaftliche Not und seinen Stolz verblendet, nahm dieser provinzielle, leicht verführbare Bundesstaat, der hartnäckig auf den Tourismus setzte, keinerlei Anstoß daran, dass das »Geschäft« des Glücksspiels im übrigen Amerika ein Verbrechen war und sich seit den 20er Jahren beinah ausnahmslos in der Hand von Unterweltgrößen wie Luciano, Costello, Dalitz, Lansky, Trafficante und Marcello befand – Gangstern, die es aufgrund ihres gigantischen Vermögens und ihrer Macht mit anderen Wirtschaftszweigen des Landes und selbst der Regierung in Washington aufnehmen konnten. Ebenso wenig störte man sich daran, dass es sich bei den Kasinobesitzern nicht einfach nur um Geschäftsleute handelte, die vielleicht irgendwann einmal in einem anderen Bundesstaat mit dem Gesetz in Konflikt geraten waren, sondern um Kriminelle, deren Beruf es war, andere auszubeuten, um Männer, die durch Geld und Macht und Komplizenschaft in ein verbrecherisches Netzwerk eingebunden waren.

Anfang der 30er Jahre kontrollierte das organisierte Verbrechen einen Großteil des lukrativen Glücksspielgeschäfts Nevadas. »Jede Stadt wurde von ihrer eigenen Clique regiert«[29], erinnerte sich ein Staatsanwalt aus Elko. Korruption und Bestechung bildeten die Grundlage eines Systems wirtschaftlicher Ausbeutung und persönlicher Bereicherung, an dem Gangster, Kasinobesitzer, Politiker und Geschäftsleute gleichermaßen beteiligt waren. Während der 30er Jahre war Lanskys wichtigster Mann in Nordnevada Joseph »Doc« Stacher, ein ehemaliges Mitglied der Bugs-Meyer-Bande, »der Fettwanst, der nun einmal zu jeder Gang gehört«[30], wie es der Autor Robert Lacey schrieb. Stacher war Geschäftspartner des jovialen Betreibers des Bank Club in Reno, Bill Graham, des ehemaligen Alkoholschmugglers aus dem Mittleren Westen. Graham wiederum wurde sowohl von den Banken des Politbonzen George Wingfield finanziert als auch von einem Unterweltkonsortium unter Führung des Chicagoer Gangsters Charles »Trigger Happy« Fischetti. Parteipolitische Bindungen spielten in diesem undurchsichtigen Beziehungsgeflecht keine Rolle. Schon damals wurden solche Kontakte – wie der Stab eines Staffelläufers – von Politiker zu Politiker, von einer Parteimaschine zur nächsten weitergegeben, was immer wieder für kuriose Konstellationen sorgte. Als Graham später von einem Bundesgericht angeklagt wurde, war es Senator Pat McCarran, Wingfields Erzfeind und späterer Nachfolger als politischer Boss, der für den alten Weggefährten prompt eine Begnadigung durch den Präsidenten erwirkte.

Während der 30er Jahre gingen die Gangster in den Kasinos auf der Fremont Street weiterhin ein und aus. Nicht lange vor dem Angriff auf Pearl Harbor trieben erbitterte Bandenkriege in Los Angeles eine neue Welle von Verbrechern von der Westküste nach Las Vegas. Darüber hinaus veranlasste der 50-jährige kalifornische Justizminister Earl Warren – ein ehrgeiziger Politiker, der es zum Präsidenten des obersten Bundesgerichts bringen sollte – am Labor Day 1941 eine groß angelegte Razzia auf den schwimmenden Kasinos und Bordellen vor Santa Monica und Oakland, so dass sich etliche ihrer Betreiber ebenfalls nach Las Vegas absetzten. Doch Südnevada war nicht nur ein Mekka für Kasinobetreiber und Touristen: Nachdem die San Franciscoer Banken einst die Minen der Comstock Lode und die Ranches im Großen Becken finanziert hatten, investierten sie nun in das Glücksspielgeschäft Nevadas. Damit wurde ein langjähriges einzigartiges Abhängigkeitsverhältnis zwischen den beiden Bundesstaaten gefestigt, das für den

Earl Warren

Aufschwung von Las Vegas und seines kalifornischen Hinterlands von entscheidender Bedeutung sein sollte – ein Verhältnis, in dem Finanzmittel und wirtschaftliche Ressourcen, gesellschaftliche Trends und Moden, Politik und Verbrechen, Staatsdiener und Kriminelle eine manchmal unheilvolle Verbindung eingingen.

Ein typisches Beispiel für dieses Phänomen war die Karriere Guy McAfees; er war Leiter des Sittendezernats von Los Angeles, heimlicher Besitzer illegaler Spielkasinos in Südkalifornien sowie Ehemann einer Bordellwirtin in Hollywood. Kurz vor dem Eintritt der USA in den Zweiten Weltkrieg zog McAfee nach Las Vegas, um am abgelegenen Highway 91 seinen Nachtklub Pair-O-Dice zu eröffnen – auf demselben Grundstück, auf dem später das Hotel Last Frontier entstehen sollte. Auf den geschäftigen Sunset Strip in Los Angeles anspielend nannte McAfee die trostlose Straße vor seinem Klub hoffnungsvoll den »Strip«, womit er einen der berühmtesten Straßennamen in der amerikanischen Geschichte prägte. McAfees Freund »Admiral« Tony Cornero, auch als »König der Alkoholschmuggler«[31] bekannt, der sich mit seinen Kasinoschiffen vor der südkalifornischen Küste einen Namen gemacht und das elegante Kasino und Bordell Meadows Club am Boulder Highway geleitet hatte, führte nun den Apache Club im Auftrag seines Partners Pietro Silvagni. Doch die Behörden weigerten sich, Silvagni eine Spielkonzession zu erteilen, solange der »Admiral« Geschäftsführer des Clubs war, so dass sich Silvagni wieder von ihm trennte. Mit Freunden wie Cornero und seinem Gefolge aus korrupten Polizisten aus Los Angeles wurde McAfee ein weiteres Mitglied der wachsenden kriminellen Gemeinde Südnevadas.

Als Meyer Lansky seinen Partner Bugsy Siegel 1942 nach Las Vegas schickte, damit dieser das Telegrafenwettgeschäft unter seine Kontrolle brachte und später das Flamingo erbaute, tummelten sich dort bereits so viele Gangster, dass Las Vegas »über mehr bekannte Unterweltgrößen pro Quadratmeter verfügte als irgendeine andere Stadt der Welt«.[32] Gangsterbosse und Kriminelle, korrupte Polizisten, zwielichtige Politiker und Geschäftsleute, Kasinobosse, die die Justiz in der Hand hatten, und Hank Greenspuns »Desperados« – sie alle etablierten sich in der Stadt, um sich an einem Amerika zu bereichern, dass vor sich selbst davonlief und das sie in gewissem Sinne verkörperten. »Ein sonniger Ort für lichtscheue Gestalten«[33], nannte eine Ortsansässige Las Vegas. Doch niemand ahnte, welche Entwicklung diese Stadt mit ihrer wechselvollen Geschichte – von Naturkatastrophen über Wirtschaftskrisen bis hin zur umstrittenen Wiedereinführung des Glücksspiels – in den 50er Jahren nehmen würde.

Im Herbst 1950 begann sich das Stadtbild allmählich zu verändern. Zwischen 1941 und 1947 hatte sich die Einwohnerzahl auf 23.000 verdreifacht. Drei Jahre später lebten im Las Vegas Valley 48.000 Menschen. Zahlreiche Arbeiter waren in die Gegend eingewandert, nachdem nördlich von Las Vegas militärische Einrichtungen und im benachbarten Henderson ein Magnesiumwerk entstanden waren. Es wurden dort mehr Menschen beschäftigt, als je in den Minen der Comstock Lode gearbeitet hatten. Viele Soldaten, die während des Zweiten Weltkrieges in der Las Vegas Army Gunnery School, einem Ausbildungslager der Artillerie (heute die Nellis Air Force Base), stationiert waren, kehrten später in das Las Vegas Valley zurück, um sich dort niederzulassen. Aber Wohnraum war knapp. Die Bundesregierung bot den Kriegsveteranen Grundstücke für zwölf Dollar pro Hektar an – zu erwerben im Losverfahren. Manche konnten ihre Parzellen später zu schwindelerregenden Preisen losschlagen, doch die meisten verkauften ihre Grundstücke damals unter Wert, als lokale Bauunternehmer »ihre Grundstücksmakler auf sie losließen«[34] und den Hektar zu 62,5 Dollar aufkauften. Aber die Investoren und Bauunternehmer standen ja erst am Anfang eines 50 Jahre währenden phänomenalen Aufschwungs. Noch expandierte die Stadt nicht. Es gab lediglich vier Ausfallstraßen und keine einzige Ampel; Las Vegas wirkte immer noch wie eine langgetreckte Oase inmitten des weiten Ödlands. Die Stadt hatte etwas Provisorisches, Unfertiges. Die alten Wohnviertel, in sicherer Entfernung von den billigen Nachtklubs im Stadtzentrum, bestanden aus Reihen von Bungalows, umgeben von Pappeln und Ulmen, die die ersten Siedler gepflanzt hatten. Noch kein Hochhaus versperrte den Blick auf die kargen, zerklüfteten Berge, die das Tal umschlossen und später nie mehr so hoch und so nah wirkten – »wie aus pfirsichfarbenem Pappmaché«[35], schrieb Noël Coward.

Wenn die sengende Sonne hoch am Himmel stand, wirkte die Stadt ausgebleicht, farblos, eindimensional. Doch in der Abenddämmerung erwachten Natur und städtische Szenerie, leuchteten in glühenden Farben, jede Kontur und jeder Schatten deutlich hervorgehoben, wie von einem inneren Strahlen erfüllt – Licht, das sich wie ein Umhang über die Dunkelheit legte. In dieser Welt aus Licht und Schatten lagen die Schönheit und das Geheimnis von Las Vegas.

Wer nachts von Norden her auf die Stadt zufuhr, konnte schon von weitem ihren vertrauten milchigen Widerschein am Himmel sehen. Wenn man im Neonlicht der Fremont Street stand, »reihte sich wie eine bunte Lichterkette Kasino an Kasino«[36], schrieb ein Journalist im *New Yorker*. Überall stieß man auf die Hochzeitskapellen, in direkter Nachbarschaft zu Reifenhändlern und Pfandhäusern. Diese schlechten Imitationen christlicher Gotteshäuser trugen Namen wie »Gretna Green« oder »Chapel in the Heather«, waren rund um die Uhr geöffnet und boten für 10 bis 200 Dollar die üblichen »Hochzeitsarrangements« inklusive Heiratsurkunde, Trauzeugen und Geistlichem mit gewünschter Konfession; die De-Luxe-Version schloss auch Blumen und Musik ein. Ein paar Meter weiter fand sich meist eine Anwaltskanzlei, wo man für 1285 Dollar eine Fehlentscheidung im Schnellverfahren rückgängig machen konnte. All dem haftete etwas Billiges, Kitschiges, Schäbiges an. Darüber täuschte auch nicht der sensationelle Wohlstand in einigen Stadtteilen hinweg.

Die neueren, nobleren Hotelkasinos Desert Inn, Thunderbird und Flamingo lagen außerhalb des Zentrums am Strip unweit des alten El Rancho und des Last Frontier. Diese noch wenigen ranchartigen Hotelanlagen, die sich mit ihren hoch aufragenden Neonschildern Konkurrenz machten, wirkten inmitten der kargen Wüstenlandschaft wie grünblaue Oasen. Die Rasenflächen mit den angepflanzten Palmen und die großen nierenförmigen Swimmingpools bildeten einen lebhaften Kontrast zu dem Ödland gleich hinter der Anlage. Im Zentrum oder am Strip, alles wirkte seltsam disharmonisch, zusammengestückelt, improvisiert. Die Männer, die das neue Las Vegas bauten, »arbeiteten ohne jedes Konzept«,[37] schrieb Jack Sheehan.

Was sich am stärksten verändert hatte, waren die Touristen, die die kleine Stadt nun überschwemmten. »Die entscheidenden Voraussetzungen für den Aufschwung von Las Vegas waren die Entwicklung von Großraum-Klimaanlagen und die Direktflüge von Los Angeles«[38], sagte ein Bewohner der Stadt. Tausende strömten nun täglich in das Tal. Wer mit dem Flugzeug kam, landete auf der einzigen Rollbahn des abgelegenen Flugplatzes, den die Stadt 1947 mit Hilfe einer Anleihe finanziert hatte. Die meisten Touristen reisten mit dem Wagen aus Kalifornien an, allein aus Los Angeles kamen an den Wochenenden bis zu 20.000 Besucher. Selbst im Sommer ließen sie sich nicht von der mörderischen Hitze abschrecken, sondern mieteten Klimageräte, die man ans Autofenster hängte und »ungefähr alle fünfzig Kilometer mit zehn Litern Wasser auffüllen musste«,[39] erinnerte sich ein Besucher. Sie kamen wegen einer Zweiminutentrauung, einer Blitzscheidung, wegen eines Luxuszimmers für vier Dollar die Nacht, wegen der berühmten Shows und den kostenlosen Drinks und billigen Filetsteaks, wegen der durchgehend geöffneten Bars, der Bordelle oder der Prominenten, die einem vielleicht über den Weg liefen – und vor allem natürlich wegen der Kasinos. »Wenn Sie es nicht zu Hause tun können, dann kommen Sie doch nach Nevada«,[40] hieß es unverhohlen in einem Werbeprospekt. Im Hochgefühl des Wirtschaftsbooms der Nachkriegsjahre taten die Amerikaner genau das. »Was uns Las Vegas verspricht? Alles!«[41], sagte ein regelmäßiger Besucher der Stadt.

Auf den Straßen und in den Kasinos bot sich den Touristen eine lebendige Szenerie, eine bunte Welt aus alten Wildwesttagen und modernem Unternehmertum, die im Umbruch begriffen war. Susan Berman erinnerte sich an »Männer mit sonnenverbrannten Gesichtern, verschwitzten Hemden und Silbersporen an den Stiefeln«, an »grau-

Alles für eine Nacht: 400 Bedienstete, 63.000 Silberdollar in Säcken, Chips und Privatgeld für 300.000 Dollar sowie 29 Kellnerinnen für die kostenlosen Drinks.

Lasterhöhle Reno – »Die größte Kleinstadt der Welt«

haarige Goldschürfer und abgebrannte Spieler«[42] neben sauber rasierten Herren in Seidenanzügen aus New York oder Los Angeles. An den Spieltischen und in den Hinterzimmern der Kasinos, wo »Krokodillederschuhe allmählich die Cowboystiefel ablösten«[43], war die neue Ära am deutlichsten zu spüren. Mit der sich wandelnden Klientel änderte sich auch das Image der Stadt. Galt noch in den 20er Jahren Reno als »Lasterhöhle« der Nation, als das Eldorado für Spieler, Betrüger, Geschäftemacher und Geldwäscher, so ging dieser Titel nun an die aufblühende Stadt im Süden Nevadas über, an dieses »moderne Konglomerat aus Sodom, Gomorrha und der Hölle«[44], wie es ein Zeitzeuge nannte. Doch selbst dieser zweifelhafte Ruf gehörte nur zur Maskerade. Von nun an sollte das unsichtbare Las Vegas wichtiger sein als sein glitzerndes, anrüchiges Gesicht.

Es war eine Stadt des Scheins und der Fassaden. Der Werbechef eines Spielkasinos formulierte das Motto der Stadt so: »Glaube nichts von dem, was man dir erzählt, und nur die Hälfte dessen, was du siehst.«[45] An der Spitze der Hotelkasinos gab es die Strohmänner mit ihrer undurchsichtigen Vergangenheit, hinter denen andere Strohmänner standen, und hinter diesen verbargen sich die wahren Besitzer. Wer Anfang der 50er Jahre William Clarks luxuriöses Desert Inn besuchte – »das eleganteste Hotel jener Zeit«[46], das sich der ersten Zimmer mit individuell regulierbarer Raumtemperatur rühmte –, konnte beobachten, wie Clark von Tisch zu Tisch ging und leutselig die Gäste begrüßte oder gar einen Blick auf einen seiner berühmten Stammgäste, J. Edgar Hoover, erhaschen. Wen man allerdings nicht zu sehen bekam, war der eigentliche Besitzer des Etablissements, Moe Dalitz, der als »der übelste jüdische Gangster von Vegas«[47] galt und der mit einer langen Reihe »brutaler Schlägereien, nie aufgeklärter Morde und Erpressungen«[48] in Verbindung gebracht wurde. Er hatte mit Bestechung ein halbes Dutzend Rathäuser unter seine Kontrolle gebracht[49] und sogar einen unbequemen Stadtrat in Cleveland aus dem Weg räumen lassen. Nun verwaltete er die illegalen Einkünfte für Lansky, für die Unterweltbosse in Cleveland und andere Geschäftspartner.

Auch im Thunderbird konnte man zu jener Zeit prominente Gäste antreffen, zum Beispiel den Senator Pat McCarran oder den Milliardär Howard Hughes, meist in Begleitung von Cliff Jones, des Vizegouverneurs von Nevada. Jones, ein großer, schlanker Mann, der gerne teure Cowboystiefel und kalbslederne Westen trug, hatte früher einmal als Felsputzer am Boulder-Damm gearbeitet, ehe ihn McCarran unter seine Fittiche nahm. Er besaß eine 11-prozentige Beteiligung am Thunderbird, für dessen Bau die Brüder Lansky zwei Millionen Dollar bereitgestellt hatten. Die übrigen Anteile hielt Marion Hicks, früher Kasinoschiffbetreiber vor Long Beach. Beide Männer verfügten über »weit verzweigte Unterweltkontakte«[50], wie der New-York-Times-Journalist Wallace Turner schrieb. Darüber hinaus waren Jones und Hicks maßgeblich an den illegalen Geschäften mehrerer Kasinos beteiligt. Im Auftrag der Brüder Lansky und anderer Unterweltgrößen bestachen sie Politiker mit Geld und anderen Gefälligkeiten.

Wer Bugsys berühmtes Flamingo besuchte, erspähte dort vielleicht seinen fülligen Nachfolger, den seriös wirkenden, jovialen Gus Greenbaum, der bald zum inoffiziellen Bürgermeister von Paradise aufsteigen sollte, einem neu entstandenen Vorort von Las Vegas, der den Hotels am Strip als Abschreibungsobjekt diente und kurioserweise nach Guy McAfees Pair-O-Dice Club (Par-a-dise) benannt worden war. An Greenbaums Seite befand sich gewöhnlich ein geschniegelter, kleingewachsener, sichtlich nervöser Mann namens Moe Sedway, Vorsitzender der örtlichen Spendenorganisation United Jewish Appeal. Als Killer und rechte Hand Lanskys hatte der drogensüchtige Greenbaum eine blutige Laufbahn hinter sich. Er galt als »zweitübelster jüdischer Gangster von Vegas«[51] und war unter anderem für die Ermordung des FBI-Informanten James Ragen verantwortlich. Er hatte eine Zeit lang in

Arizona das Buchmachergeschäft des Syndikats beaufsichtigt und mit dem Geschäftsmann und Politiker Barry Goldwater aus Phoenix auf vertrautem Fuß gestanden. Sedway wiederum war einer von Lanskys Vertrauensleuten in New York gewesen, ein skrupelloser Mann von »zwergenhaftem Wuchs, der in Stresssituationen die Hände wringt und mit den Augen rollt. Er gleicht dann einem kleinen Hund, dem eine abscheuliche Badeprozedur bevorsteht«[52], hieß es in einem FBI-Bericht.

Nicht nur im Kasinomanagement, auch im Bereich der Finanzen wurde mit doppeltem Boden gearbeitet: Da gab es das schmutzige Geld, das über die Spieltische wanderte, die gemeldeten Gewinne und Verluste, die offiziellen Bankguthaben, die frisierten Bilanzen und die »sauberen« Wirtschaftsprüfer. Daneben gab es noch eine zweite oder dritte Buchführung, eine genaue Aufstellung der Millionen, die für die offiziellen und die anonymen Besitzer abgezweigt wurden. Ebenso wurde über diejenigen Millionen Buch geführt, die aus dem übrigen Land und der ganzen Welt eingeschleust, gewaschen und neu verteilt wurden. »Drei Teile für uns, einer fürs Finanzamt und zwei für Meyer«[53] war der Verteilungsschlüssel für die Abrechnung, die dreimal täglich bei Schichtwechsel in den Kasinos durchgeführt wurde. Zwischen 1945 und 1950 hatten sich die Guthaben auf den beiden Banken in Las Vegas von 3,3 auf 30 Millionen Dollar erhöht. Dieses Vermögen war aber nur ein Bruchteil dessen, was die Kasinos tatsächlich einnahmen, das heißt, die Kommune und der Bundesstaat wurden um beträchtliche Steuereinnahmen gebracht. Doch selbst diese »offiziellen« Gewinne zeugten von einer der höchsten Zuwachsraten, die je in einer amerikanischen Stadt erzielt wurden. »Sünde und Sonne zahlen sich aus«[54] lautete eine Schlagzeile in der *Business Week*. »Geldregen über Las Vegas«, schrieb *Life* über »den größten Boom aller Zeiten.«[55]

Worüber allerdings keine Zeitung berichtete, waren die geheimen »Geldtransporte«, die am 15. jeden Monats abgewickelt wurden. Hunderttausende von Dollar an illegalen Einnahmen aus dem ganzen Land wurden mit Kurieren in die Stadt geschleust. Das Geld wurde auftragsgemäß an den Spieltischen gewaschen, in größere Scheine gewechselt und als Teil des illegalen Kasinogewinns an Partner, Investoren, Geschäftsleute und Politiker in Washington, Chicago, Cleveland, Detroit, New York, Los Angeles, San Francisco und einem Dutzend kleinerer Städte verteilt. Dies war nur ein bescheidener Anfang, verglichen mit den Hunderten von Milliarden Dollar illegaler Gewinne, die noch folgten, und den unermesslichen Summen, um die die Staatskassen Nevadas und der Vereinigten Staaten gebracht wurden. Las Vegas stand erst am Beginn seiner Entwicklung zu einem internationalen »Clearing-Haus« und einem Machtzentrum, dessen Einflusssphäre weit über das Glücksspielgeschäft hinausreichen sollte.

Obwohl Las Vegas Anfang der 50er Jahre einen gewaltigen Boom erlebte und einen zunehmenden Einfluss auf die Politik und Wirtschaft Nevadas hatte, wirkte die Stadt nach außen immer noch wie ein provinzieller Außenposten in der Wüste, unberührt von den nationalen und internationalen Entwicklungen. 1950, im selben Jahr, in dem das Desert Inn eröffnet wurde und Kefauver mit seinem Ausschuss die Stadt heimsuchte, investierte Lansky einige seiner Kasinomillionen in den Aufbau einer neuen Schmuggelroute für türkisches Rauschgift über Marseille; er richtete Heroinlabors ein, bezahlte seine neuen Partner im Mittelmeerraum und schmierte Beamte in Europa und dem Nahen Osten. Mit diesem neuen Milliardengeschäft sollte ein wachsender Markt in Amerika bedient werden, wo die Nachfrage nach Rauschgift seit dem Ende des Zweiten Weltkriegs enorm gestiegen war. Ebenso wie Lansky in den 40er Jahren mit seinem Opiumschmuggel über Mexiko das Flamingo und teilweise auch das Thunderbird und das Desert Inn finanziert hatte, finanzierte er jetzt mit den Gewinnen aus Las Vegas ein ausgedehntes internationales Netz für den Handel mit Rauschgift und anderen Schmuggelwaren – wobei die Profite aus dem Drogengeschäft wiederum auf unterschiedlichen Wegen nach Nevada zurückflossen und in den Aufbau des modernen Las Vegas investiert wurden.

Wie so oft in seiner Laufbahn konnte sich Lansky auch bei seinen Geschäften in Frankreich auf die stillschweigende Duldung, wenn nicht gar Kooperation, der amerikanischen Regierung verlassen. Sein illegaler Handel wurde vom CIA, der Bundesdrogenfahndung und anderen Regierungsbehörden insgeheim gebilligt, gedeckt und teilweise sogar aktiv unterstützt. Im Kampf gegen den weltweiten Einfluss des Kommunismus war der CIA ein Zweckbündnis mit dem organisierten Verbrechen eingegangen, das bis zu seinen Anfängen als OSS im Zweiten Weltkrieg zurückreichte. In der Türkei und im Nahen Osten sorgten CIA-Leute dafür, dass einheimische Politiker, Militärs und Staatsbeamte – ihre Verbündete im Kampf gegen die Sowjets – nicht gegen den Opiumhandel in ihren Ländern vorgingen. Ebenfalls aus Gründen der nationalen Sicherheit unternahmen spätere US-Regierungen nichts, um die Kooperation zwischen verbündeten Regierungen in Frankreich und Nordafrika und dem Drogenkartell zu unterbinden. Vom Mittelmeerraum dehnte sich das Heroinhandelsnetz bald bis nach Indochina aus, wo sich der amerikanische Geheimdienst und die Bundesdrogenfahndung zunächst ins Gehege kamen, sich dann aber zur Zusammenarbeit entschlossen. Damit ermöglichten sie es dem Syndikat, bis Ende der 60er Jahre eine neue Drogenhandelsroute in der Region aufzubauen. Die Weichen für diese Entwicklung wurden bereits 1950 in den florierenden Kasinos am Strip gestellt.

Die Aktivitäten des amerikanischen Geheimdienstes während des Kalten Krieges trugen entscheidend zum Aufstieg von Las Vegas bei. Doch von diesen und anderen dunklen Manipulationen war in der bunten Wüstenstadt zu jener Zeit noch nichts zu bemerken. Die meisten Touristen amüsierten sich in Kasinos, die Lansky entweder besaß, kontrollierte oder schröpfte, und dahinter stand sein staatlich sanktioniertes internationales Glücksspiel- und Drogenimperium, das sich immer enger mit der Politik und Wirtschaft des Landes verwob. Inmitten dieser Welt des Scheins und der Fassaden mit ihren eleganten Kasinobossen, den gesellschaftsfähigen Strohmännern, den gewieften Bilanzbuchhaltern und korrupten Beamten wurde Amerikas verbrecherischer Stadtstaat geboren.

8 »Diese Allianz aus Beamten, Bossen und Banditen«

Mittwoch, 15. November 1950: Es waren bewegte Zeiten in der amerikanischen Politik, in denen der Kefauver-Ausschuss nach Las Vegas kam. Fünf Monate zuvor hatten die USA den Krieg gegen Korea begonnen. Für Weihnachten waren bereits Siegesparaden geplant, aber als sich die US-Truppen dem Yalu, Nordkoreas Grenze zu China, näherten, zwang sie das Eingreifen der Chinesen zum Rückzug, wodurch die Pattsituation der Koreaner um weitere drei Jahre sowie der Kalte Krieg um eine ganze Generation verlängert wurde. Neun Tage vor den Anhörungen in Nevada, während der Zwischenwahlen, die von der bisher ärgsten Kommunistenhetze gekennzeichnet waren, gewannen die Republikaner 5 Sitze im Senat und 28 im Repräsentantenhaus hinzu. Joe McCarthy war gefürchteter denn je. Mit einer giftigen Kampagne, die zum Sieg über Helen Gahagan Douglas in Kalifornien führte, gelangte der designierte Senator Richard Nixon zu nationaler Berühmtheit.

Auf der Suche nach einem Sündenbock für die zunehmenden Verluste – die in der Mitte einer Legislaturperiode für die Partei des Präsidenten an sich nichts Ungewöhnliches waren – stürzte man sich auf Kefauver, dessen Anhörungen trotz gewisser Vorsichtsmaßnahmen die Korruption innerhalb der Partei aufgedeckt hatten, was die Kandidaten Stimmen kostete. Ein Augenzeuge schrieb: »Im Senat war Kefauver so beliebt wie ein Stinktier auf einem Gartenfest.«[1] Nach dem Einfluss seiner Untersuchung auf die Wahlen befragt, räumte dieser mit düsterer Miene ein: »Ich glaube, dass sie ihnen geschadet hat.«[1] Unmittelbar danach brach er zu den Anhörungen im Westen auf.

Während reißerische Schlagzeilen über Gefechte im Ausland die Gazetten von Las Vegas beherrschten, sahen die nervösen Männer, die am Tag der Anhörungen die Artikel im rauchigen Gerichtsflur überflogen, ihrem eigenen Gefecht entgegen, »einem heißen Tag im kühlen

November«[2], wie es ein Zuschauer nannte. Obwohl die Macht »der hohen Tiere von Las Vegas«[3] enorm war, konnten sie 1950 nicht völlig sicher sein, dass ihr Paradies in der Wüste von Dauer sein würde. Schließlich war das Schicksal der meisten von ihnen eng verknüpft mit dem politischen Reformeifer des fernen Washington und dem unvermeidlichen Auf und Ab öffentlicher Empörung über unhaltbare Zustände. »Obwohl du sie bezahlst, kannst du ihnen nicht über den Weg trauen«[4], meinte ein Kasinobesitzer über die Politiker der 20er Jahre. Zwar war das Glücksspiel in Nevada gesetzlich erlaubt und wurde öffentlich gebilligt, nicht zuletzt dank der Protektion McCarrans und anderer Politiker, die dem Untersuchungsausschuss schon des Öfteren Steine in den Weg gelegt oder versucht hatten, ihn einzuschüchtern, und sich auch weiterhin für Las Vegas' Interessen einsetzen würden. Dennoch waren Kefauvers große Beliebtheit und der unvorhergesehen schlechte Ruf, den das organisierte Verbrechen durch die Berichterstattung im Fernsehen bekommen hatte, eine ernst zu nehmende Bedrohung. Es bestand nicht nur die Gefahr einer Bundessteuer und rechtskräftiger Vorschriften, sondern auch eines völligen Verbots des Glücksspiels. Ein Kasinobetreiber erinnerte sich:

> Gerade als wir glaubten, nicht jeden bestechen zu müssen oder zumindest hier in Nevada nicht in dem Maß wie anderswo, kam Kefauver daher.[5]

Im Sommer und Herbst 1950 hatten Kasinobesitzer in Las Vegas erleben müssen, wie sich in Kentucky und Louisiana Spielhallenbesitzer dem Druck der Öffentlichkeit beugten und ihre Geschäfte nach Las Vegas verlagerten. Die Neuankömmlinge wurden – ähnlich wie Flüchtlinge, die nach einer verlorenen Schlacht in die Hauptstadt strömen – nicht gerade mit offenen Armen empfangen. »Sie konnten nicht genug kriegen«[6], sagte später ein Rechtsanwalt, der für die Kasinos arbeitete. »Sie krallten sich alles, was ihnen unter die Finger kam, weil sie Angst hatten, dass eines Tages alles vorbei wäre, dass es zu schön war, um wahr zu sein.«[6] Es gab aber auch andere, die den Ausschuss mit der unter Gangstern üblichen Verachtung für Politiker mit einem Achselzucken abtaten. »Mein Vater und seine Freunde scherzten untereinander darüber, dass die Kommission ihren Laden niemals dichtmachen würde«[7], erinnerte sich die Tochter eines der Besitzer. »Seit sie die Politiker schmierten, hatten sie vor ihnen keinen Respekt mehr.«[7] Oder wie der Autor Shawn Levy später schrieb:

> Die Gangster, die hinter den Kasinos standen, ließen sich von der Vorstellung nicht einschüchtern. Sie hatten ihn [Kefauver] zu oft mit Frauen und auf der Rennbahn gesehen, als dass sie Angst gehabt hätten, dass er ihnen wirklich schaden könnte.[8]

Dennoch nahm die Bevölkerung von Las Vegas die Anhörungen ernst genug, um Wetten abzuschließen. Aber selbst unter den Zuschauern im Gericht fanden die Buchmacher niemanden, der auf Kefauver setzen wollte, wie sich ein Einwohner der Stadt erinnerte.

Die groß angekündigten Anhörungen versprachen Enthüllungen, wenn nicht sogar eine Sensation. »Der Untersuchungsausschuss wusste, lange bevor er nach Las Vegas kam, wonach er suchte«[9], schrieb Greenspun und fügte hinzu: »Selbst ein aufgeweckter zehnjähriger Junge hätte zu dem Schluss kommen können, dass Verbrechen und Politik in diesem Staat miteinander auf gutem Fuß stehen.«[9] Kefauver und seine Kollegen – er war am Mittwochmorgen mit dem Flugzeug eingetroffen, seine Senatskollegen mit dem Zug – hielten die übliche Pressekonferenz ab, die jeder Anhörung vorausging. »Wir sind hier«, verkündete der Vorsitzende, »um herauszufinden, ob die Kasinobetreiber von Las Vegas mit den landesweiten Syndikaten in irgendeiner Verbindung stehen.«[10] Der Ausschuss sei »im Besitz von Informationen, nach denen Personen, die in anderen Staaten illegale Geschäfte betreiben, an Unternehmen in Nevada beteiligt sind«.[11] Eine Vorladung unter Strafandrohung bedeute nicht notwendigerweise das Stigma eines Verdachts, fügte er hinzu. »Aber falls irgendein Beweis auftaucht, der es rechtfertigt«, mischte sich Senator Charles Tobey ein, »so werden wir mit Freude diese Kerle den entsprechenden Behörden zur Strafverfolgung übergeben.«[11]

Während die Ausschusssitzungen hinter verschlossenen Türen stattfanden – die draußen wartenden Reporter wurden regelmäßig von Kefauver oder dem juristischen Berater Rudolph Halley über die Zeugenaussagen informiert –, war die Presse bei der Eröffnung im Saal zugelassen. Sie fand diesmal vor einem reduzierten Ausschuss statt, bestehend aus dem Vorsitzenden, den republikanischen Senatoren Wiley und Tobey, Halley und ein paar anderen. Die beiden Demokraten, O'Conor und McCarrans Stellvertreter Lester Hunt, fehlten. Vizegouverneur Cliff Jones, vorgeladen als Zeuge zur Politik des Bundesstaats und seiner eigenen Kasinopartnerschaft mit Gangstern, trat vor, um den Ausschuss offiziell im Namen von Nevada zu begrüßen und sich dabei vor den Kameras in Szene zu setzen. Kefauver drückte danach wie üblich den Dank des Ausschusses an die Senatoren von Nevada aus für ihre »Unterstützung« bei der Organisation der Anhörung in ihrem Heimatstaat, obwohl viele der Anwesenden wussten, dass sowohl McCarran als auch sein schüchterner Kollege aus Nevada, Senator George Malone, von Anfang an den Ausschuss bekämpft hatten. Nach dem üblichen Blitzlichtgewittter und den Formalitäten verließen Jones und die Presse den Saal.

Mit gezielten, manchmal weitschweifigen Fragen versuchte der Ausschuss seine vorgefasste Meinung zu bestätigen, dass es sich bei Las Vegas um eine verrufene Wüstenstadt mit einem fragwürdigen Gewerbe handelte. Aber die Aussagen zahlreicher Zeugen, die mit dem Glücksspiel zu tun hatten und/oder im Staatsdienst beschäftigt waren, konnten wenig zur Aufklärung beitragen. Zunächst sagte Bill Moore, Architekt, Veranstalter und Besitzer des Last Frontier aus, der in seiner Funktion als Leiter der Steuerkommission zugleich die Kasinos überwachte.[12] Moore gab zu, dass ihm das Kasinogeschäft jährlich etwa 80.000 Dollar einbrachte, mehr als zehnmal so viel, wie er als Staatsbeamter verdiente, und bestätigte im Verhör, dass das Last Frontier eine ungewöhnlich niedrige Gebühr für seinen Telegrafendienst zahlen musste, und zwar an dieselben Buchmacher, für deren Überwachung er zuständig war.

Von Moore hörte der Ausschuss zum ersten Mal jene Argumentation, die in die Annalen des Staats eingehen sollte. Halley fragte, warum Moore und seine Steuerkommission den Gangsterbossen Graham und McKay aus Reno eine Konzession erteilten, wenn die Verantwortlichen in Nevada wussten, dass beide vorbestraft waren. Moore gab sich Halley gegenüber jovial und schwafelte etwas von einer so genannten »Befreiungs- und Ausnahmeklausel«, der zufolge eine Kasinokonzession nicht nur von einem Bezirk oder einer Stadt, sondern auch von der Steuerkommission genehmigt werden müsse. Das Gesetz, argumentierte er, »beschütze« etablierte Kasinobesitzer wie Graham, McKay, Sedway, Binion und viele andere, ebenso wie einzel- oder bundesstaatliche Gesetze etwa bereits praktizierende Architekten, Ingenieure und Juristen schützten. Glücksspiel war in Nevada ein legales Gewerbe. Und überhaupt, warum sollten in anderen Staaten begangene Straftaten bzw. dort operierende verbrecherische Vereinigungen hier draußen eine Rolle spielen? »Ist das ein Grund, einem Mann die Konzession wegzunehmen, wenn er hier in Nevada ein Geschäft betreibt?«, fragte Moore die Senatoren. »Ja, das ist es«, schnauzte Tobey zurück, bevor der Schlagabtausch im allgemeinen Tumult unterging.

Ist das ein Grund? Moore, der Mann aus Oklahoma, hatte ausgesprochen, was andere Beamte in Nevada bislang nur dachten. Diese grundsätzliche Frage basierte auf einer Vielzahl von Faktoren: zum einen auf dem ausgeprägten Minderwertigkeitskomplex des Staates, seiner desolaten wirtschaftlichen Situation, seiner stolzen Tradition des Laissez-faire und nicht zuletzt auf seinem verstockten Beharren, sich selbst regieren zu können. Nevada wurde sogar dafür gelobt, dass es versucht hatte, etwas öffentlich zu regeln und zu besteuern, was im Rest der Nation heimlich mittels Korruption und Bestechung erledigt wurde, »indem man die Polizei für ihren Schutz bezahlte«, wie es ein Autor höflich ausdrückte. Moores impliziertes Argument sollte zum Dogma werden, was einer Anerkennung des Syndikats als der größten wirtschaftlichen Macht des Staates gleichkam. »Die Fassade, die Nevada um sein äußerst einträgliches Glücksspielgeschäft errichtet hat«, schrieb ein Journalist, »ist so durchsichtig wie Marlene Dietrichs aufreizendes Kleid.« Die Überzeugung – oder Ausrede –, dass echte öffentliche Kontrolle gegeben war, war gekoppelt mit massivem Widerstand gegenüber *jedweder* bundesstaatlichen Reform sowie der Entlarvung des eigenen kriminellen Regimes. In den ersten Minuten im Gericht hatte der Ausschuss bereits die Rechtfertigung für 50 Jahre Heuchelei gehört.

Auch 1950 konnte so etwas nur behaupten, wer grenzenlos naiv oder korrupt war. »Welcher Prozentsatz des Einkommens entzieht sich Ihrer Meinung nach der bundesstaatlichen Besteuerung?« Tobeys Frage an den Leiter der Steuerkommission und Kasinobesitzer zielte auf die weit verbreiteten illegalen Gewinnabschöpfungen ab. »Ehrlich gesagt, kann ich nicht sagen, ob überhaupt«, antwortete Moore mit ebenso eigenwilligem Satzbau wie Inhalt. »Man musste schon taub, stumm und blind sein, um von den Abschöpfungspraktiken nichts zu wissen«, sagte ein Kasinobetreiber über die damalige Zeit.

Moores Aussage gab den Tenor vor für den weiteren Verlauf der Befragungen. Als nächstes kam der Vizegouverneur, bekannt als »Drahtzieher«[13] wegen seiner Kungeleien nicht nur innerhalb der demokratischen Partei und in seiner Funktion im neuen, von Gangstern kontrollierten Thunderbird, sondern auch wegen seiner Beteiligungen am Golden Nugget und Pioneer Club. »Jones war der Mann, der die Fäden in der Hand hielt«, lautete der Kommentar eines Kasinoinsiders. Ähnlich wie Moore sagte Vizegouverneur Jones aus, dass sein staatliches Gehalt nur einen Bruchteil der 50.000 Dollar pro Jahr betrug, die er mit seinen Kasinoanteilen und Beratungshonoraren verdiente. Aber der Jurist, ein ehemaliger Richter und Parlamentarier, gab vor, nichts über seine Geschäftspartner in den Kasinos zu wissen, woher er einen Großteil seines Einkommens bezog. Auf die Frage, ob er es als »gute Politik« empfinde, wenn Männer mit einem Strafregister in Nevada Kasinos betreiben durften, antwortete der zweithöchste Beamte des Staates:

> Ich würde sagen, dass es vermutlich nichts schaden kann, solange sie sich ordentlich benehmen.

Halley wollte wissen, ob Jake Lansky am Thunderbird finanziell beteiligt sei. »Ich bin sicher, dass er es nicht ist«, erwiderte Jones, gab aber zu, dass Meyers Bruder ein häufiger Gast im Hotel war, wo er »eine Menge Geld« ausgab.

Hinter diesem Austausch verbarg sich ein Skandal, der ein paar Jahre später ans Licht kommen und der politischen Karriere von McCarrans Protegé ein Ende setzen sollte, der außerdem die Beziehungen des Mehrheitsführers im Senat und späteren Präsidenten Lyndon B. Johnson sowie seines Beraters Bobby Baker zu Las Vegas offen legen sollte. Aber zum damaligen Zeitpunkt war die kaum verhohlene Unterstützung durch das Syndikat und dessen Kontrolle des Thunderbird noch nicht in aller Munde. Nach weniger als zwei Stunden mit den beiden Staatsbeamten war der publicity-bewusste Kefauver bereit zu einer weiteren Sitzung mit den wartenden Journalisten. »Ich glaube, es ist besser, die Presse nicht länger hinzuhalten«, unterbrach der Vorsitzende Jones' Aussage. Sofort legte der Ausschuss eine Pause ein. Die Türen wurden den Reportern rechtzeitig geöffnet, damit die Neuigkeiten noch in den Abendnachrichten erscheinen konnten.

Die Senatoren räumten Jones drei Stunden ein, um über seine Antwort auf mögliche peinliche Fragen nachzudenken, und unternahmen währenddessen einen Ausflug zum 40 Kilometer entfernten Boulder-Damm. Als sie um 15 Uhr wieder zusammenkamen, ging die herbstliche Wüstensonne bereits hinter den Bergen unter. Es war offensichtlich, dass nicht mehr genug Zeit sein würde, um sämtliche vorgeladenen Zeugen zu befragen, bevor die Senatoren nach Kalifornien aufbrachen. Die im schräg einfallenden Licht des Gerichtskorridors sitzenden Zeugen begannen untereinander darüber zu scherzen, wer zuerst gehen solle. »Im Gang überbot man sich plötzlich an Zuvorkommenheit«, erinnerte sich ein Reporter: »›Du zuerst, mein lieber Wilbur‹, und ›nein, nach dir, mein verehrter Gus‹.«

Im Saal schien es, als würden die Senatoren keine ernsthaften Enthüllungen mehr erwarten. Ein Ganove, der dafür bekannt war, dass er hohe Wetten über kriminelle Kanäle in ganz Amerika abwickelte, leugnete hartnäckig seine zwischenstaatlichen Geschäfte, obwohl ihm zwei lange Listen mit aufgezeichneten Ferngesprächen vorgelegt wurden, die ihm Hunderte von Telefonaten in Dutzende von Städten nachwiesen. Jones' Anwaltskollege, Bugsy Siegels Nachlassverwalter, hielt sich mit seinen Aussagen über das neue Management des Flamingo strikt an die offizielle Version. Renos Polizeichef L. R. Greeson erzählte dem Ausschuss, dass Doc Stacher im Bank Club damit angegeben habe, dass er 250.000 Dollar ausgeben würde, um ihm wohlgesinnte Politiker in Nevada zu kaufen, schränkte aber ein, dass er das nur vom Hörensagen wisse. »Vielleicht haben Sie davon gehört, dass auswärtige Interessenten nach Nevada drängen?«, fragte ihn Wiley, sich auf Las Vegas beziehend. »Ja, davon hört man«, erwiderte Greeson. »Aber auf welcher Grundlage das basiert, kann ich Ihnen nicht sagen. Ich habe genug mit Reno zu tun und kann mich nicht auch noch darum kümmern.«

Der Besitzer des Desert Inn, Wilbur Clark, behauptete, sich kaum daran erinnern zu können, dass ihm auch mal das El Rancho gehört hatte oder wer der jetzige Geschäftsführer seines Kasinos war. Er kenne Gangster nur aus der Zeitung, erklärte er. Auf der Suche nach Geldern zur Fertigstellung seines Kasinos habe er »fast jeden in den Vereinigten Staaten angesprochen«, bevor »diese Typen aus Cleveland einsprangen«.

»Könnten Sie uns diese Transaktionen bitte ein bisschen sachlicher erläutern«, ermahnte ihn Halley, leider vergebens. »Sie haben die nebulöseste Vorstellung von Geschäften, die mir je untergekommen

Gerecht und unerschrocken: Senator Tobey aus New Hampshire (rechts) neben Kefauver

ist«, warf Tobey genervt ein. »Bevor Sie sich mit Ganoven eingelassen haben, um diese Sache zum Abschluss zu bringen, haben Sie diese Kerle denn nicht mal überprüft?«, fragte Tobey Clark, indem er sich auf Dalitz und seine Partner bezog, die über 74 Prozent des Desert Inn übernommen hatten. War ihm denn nicht klar, unterbrach Halley, dass »das Leute waren, die überall im Land illegale Glücksspieleinrichtungen unterhielten«? »Ja, das habe ich gehört«, gab Clark zu. »Ich habe es aber nie mit eigenen Augen gesehen, nur davon gehört.«

Inzwischen war es draußen fast dunkel. Moe Sedway, Lanskys rechte Hand, begann, seine sämtlichen Gebrechen fürs Protokoll aufzuzählen.

> Ich hatte drei schwere Koronarthrombosen, und ich habe seit sechs Wochen Durchfall. Außerdem habe ich ein Magengeschwür, Hämorrhoiden und einen Abszess am Darm. Ich komme direkt aus dem Bett und bin vollgepumpt mit Medikamenten.

Er gab zu, prominente Gangster wie Frank Costello und Lucky Luciano gekannt zu haben, aber nur flüchtig. Inzwischen sei er, wie er dem Ausschuss versicherte, nur noch ein 57-jähriger, in der Immobilien- und Glücksspielbranche von Las Vegas tätiger Geschäftsmann. »Mit diesen Herzanfällen und den ganzen anderen Problemen verdiene ich gerade mal genug für meine Familie und bei Leibe nicht das große Geld.« Er gab vor, keine Ahnung von illegalen Aktivitäten in den Kasinos zu haben. Als Bugsy Siegel noch lebte, hätten Lansky einmal »hundert Anteile« vom Aktienbestand des Flamingo gehört, räumte Sedway ein, aber inzwischen sei Lansky an keinem Kasino in Las Vegas mehr finanziell beteiligt.

Während er dem Ganoven zuhörte, wie er seine diversen Einkommensquellen von lokalen Landverkäufen bis zum Glücksspiel aufzählte, konnte Tobey, der ehemalige Hühnerfarmer und Schuhfabrikant aus Neuengland, nicht mehr länger an sich halten. »Sie tragen nichts zum wirklichen Reichtum bei … wenn anständige Männer ihren Lebensunterhalt verdienen wollen, nehmen diese Kerle es ihnen wieder ab.« Er warf dem Zeugen vor, mit dem »Abschaum der Menschheit«, wie beispielsweise Luciano, zu verkehren. »Was ist nur aus der Welt geworden?«, fragte Tobey. »Die Gier nach Geld und Macht … ein Krebsgeschwulst im Staatskörper.«

Abschließend fragte Tobey Sedway, was er an seinem Leben ändern würde, wenn er die Gelegenheit dazu hätte. Der zwergenhafte Revolverheld reagierte herausfordernd und sarkastisch:

> Wir sind nicht so reich, wie ihr denkt. Wir arbeiten schwer. Ich würde es nicht noch mal machen. Ich würde auch nicht wollen, dass meine Kinder so was machen. Nein, Senator, als erstes würde ich mir eine gute Schulbildung zulegen, wie ich es bei meinen Kindern versuche, und wenn ich dann richtig gebildet wäre, würde ich wie Sie Senator der Vereinigten Staaten werden.

Abends erklärte ein ernüchterter Kefauver in einer abschließenden Pressekonferenz knapp, das Glücksspiel in Nevada sei »eindeutig zwischenstaatlicher Natur«. Aber er zog keine weiteren Schlüsse aus den Zeugenaussagen, die er und Halley kurz für die Journalisten zusammenfassten, bevor sie ins Flugzeug nach Kalifornien stiegen.

Nach der Unterrichtung der Presse machten sich Tobey und Wiley Luft und schimpften über das »so genannte legale Glücksspiel« und die Bedingungen, die es zuließen. Tobey wütete:

> Was ich heute hier gesehen habe, hinterlässt bei mir ein Gefühl der Wut und ehrlicher Empörung. Ich finde, es ist wirklich an der Zeit, dass irgendjemandem mal der Kragen platzt und er diesen Kerlen sagt, dass sie sich zum Teufel scheren sollen.

Dann las Wiley, der Milchfarmer und Käsebildhauer aus Wisconsin, von einem kleinen Zettel sorgfältig formulierte Sätze ab, sprach über die offensichtliche Allianz aus Kriminellen und städtischen sowie staatlichen Beamten. Wie wenige vor oder nach ihm sprach er mit einer altmodischen Offenheit:

> Das legale Glücksspiel, wie es sich uns hier darstellt, und seine Wirkung auf die Gemeinschaft, in der es gedeiht, zeigt, dass Männer in angesehenen Positionen ihre moralischen Grundsätze aufgegeben haben. Nach meinem Dafürhalten sind solche Aktivitäten ein Zeichen dafür, dass die öffentliche Moral auf ein neues Tief gesunken ist.

Anschließend eilten die beiden Republikaner davon, um den Zug nach Los Angeles zu erwischen. In den Zeitungen am nächsten Tag hatte man Wileys vernichtende Worte vergessen oder schlichtweg ignoriert.

In seiner fünf Monate zuvor gegründeten *Morning Sun* merkte Greenspun die »vielen interessanten Aufschlüsse der wackeren Verbrecherjäger« an, wie er sie anerkennend nannte. Im Unterschied zu den meisten in der Stadt begrüßte der Herausgeber den Kefauver-Ausschuss. Ihn freute die schlechte Publicity für Dalitz, der mit der

Übernahme des Desert Inn Greenspuns Freund Clark ausgebootet hatte, und er brütete über Erkenntnissen des Ausschusses, um seinen Kreuzzug gegen Senator McCarran mit Beweisen zu untermauern. Der Gegensatz zum *Review-Journal* war eklatant, wo der Herausgeber Al Cahlan gelassen seine Beteiligung an einem Kasino zugab. Sein Bruder und Assistent John, Cliff Jones' Schwager, missbilligte den Ausschuss und war der Überzeugung, dass Washington Nevada wie einen »Bastard« behandelte. »Wir handhabten die Dinge auf unsere Weise und das war gut so«,[14] sollte John Cahlan später sagen.

»Wenig Neues über die Kasinokönige« lautete die Schlagzeile des *Review-Journal* an jenem Abend. Dann hieß es weiter:

> Der Untersuchungsausschuss des Senats der Vereinigten Staaten fegte gestern wie ein Wüstensturm durch die Stadt, und nachdem er eine Menge alten Staub aufgewirbelt hatte, verschwand er sang- und klanglos und hinterließ bei den prominenten Bürgern der Stadt nur ein leises Rauschen als Beweis, dass er uns seinen groß angekündigten Besuch abgestattet hatte.[15]

Die folgenden Zeugenaussagen waren jedoch alles andere als »alter Staub«, sondern eine erste Bestätigung dessen, was die Bürger des Staats bislang nur gerüchteweise wussten: Lansky steckte tatsächlich hinter dem Flamingo; Dalitz und die »Jungs aus Cleveland« hatten sich das Desert Inn unter den Nagel gerissen; Doc Stacher, der Besitzer des Bank Club in Reno, war »Mitglied einer New Yorker Bande« und Sedway ein Gangster. Das reichte aus, um spätere Behauptungen, dass die Bürger Nevadas nicht wussten, was sich vor ihren Augen abspielte, zu widerlegen. Aber das *Review-Journal* hatte zumindest in einem Aspekt Recht: Trotz dieser himmelschreienden Details enthüllte der Ausschuss »wenig« über das wahre Las Vegas.

Drei Monate später folgte der zweite Akt, als ein geschniegelter Dalitz, ein hässlicher Mann mit dunklen, glühenden Augen, in Kalifornien vor dem Ausschuss saß. Er war einer derjenigen Kasinobesitzer, die den Ausschuss »wie die Pest«[16] mieden, wie Kefauver es ausdrückte. Dalitz hatte sich in verschiedenen Gerichtsbezirken Vorladungen entzogen und erschien auch jetzt nur unter Haftandrohung. Seine kürzliche Übernahme des Desert Inn schien ein weiterer Beweis zu sein für die Verbindungen der Stadt zur Unterwelt. Aber das Interesse des Ausschusses an seiner Person war noch berechtigter, als seine Mitglieder ahnten.

Dalitz war nicht nur Lanskys Vertrauter und spielte eine zentrale Rolle in »dem korrupten System«[17], wie es der Autor Rick Porello bezeichnete, das das Syndikat vor allem im Mittleren Westen etabliert hatte, sondern auch einer der Ersten, die eine Fusion von kriminellen und legalen Geschäftsunternehmen anstrebten. Der Gangster war »ganz gewiss ein Mann, der wusste, wie man unrechtmäßig erworbene Gewinne klug investierte, und, was ebenso wichtig war, der über heimliche Partner schweigen konnte«[18]. Mit der Ausweitung seiner Geschäftsinteressen auf legale, aber auch Scheinfirmen vor allem in Kalifornien, Ohio, Kentucky und Arizona verkörperte Dalitz die Fähigkeit des organisierten Verbrechens, mit der Evolution des amerikanischen Kapitalismus Schritt zu halten. Ein klassisches Muster bildete sich heraus: Auf Alkoholschmuggel folgten Glücksspiel, Geldwäsche, Drogenhandel und die Korruption der Gewerkschaften; das »frisch gewaschene« Geld wurde anschließend in der Gesundheitsfürsorge, in Versicherungen, Dienstleistungsbetrieben, der Unterhaltungsbranche, Banken, Immobiliengesellschaften und anderen wichtigen Sektoren investiert; und mit dem reibungslosen, erstaunlich schnellen Übergang vom Gangster zum Kapitalisten vollzog sich der Aufstieg zum allseits geschätzten Wohltäter von Las Vegas. Wäre es 1950 gelungen, Dalitz' wahre Identität aufzudecken, wäre vieles von dem, was Nevada und letztlich ganz Amerika bevorstand, frühzeitig bekannt gewesen.

Aber so verlief die Befragung enttäuschend. Von einem alten Studienfreund Kefauvers aus Yale vertreten, lavierte sich Dalitz geschickt durch Fragen zu seinen Beteiligungen an Eissalons, Nachtklubs, Textilfirmen und Stahlunternehmen. Der Ausschuss schien mehr interessiert an irgendwelchen zurückliegenden Steuerhinterziehungen als an der Unterwanderung der Wirtschaft durch das Syndikat. Indem er sich auf das Recht auf Aussageverweigerung berief und seinen Anwalt konsultierte, hielt Dalitz die Ausschussmitglieder auf Distanz.

Zum Schluss kam ein entnervter Kefauver noch einmal auf den Alkoholschmuggel des Gangsters über den Eriesee zurück. Er war während der Prohibition in dieser Region so bekannt, dass der See eine ganze Ära lang nur als »jüdischer See« und Dalitz und seine Partner als die »große jüdische Flotte«[19] galten. »Also, um Ihre Investitionen tätigen zu können, haben Sie sich doch mit dem Schnapsschmuggel einen hübschen kleinen Notgroschen erwirtschaftet, oder?«[20], fragte der Vorsitzende. »Ich hab schließlich kein Geld geerbt, Senator«[21], gab der Zeuge sarkastisch zurück, was jedoch eine Lüge war. Denn als junger Mann hatte

Sedway die gut gehenden Familienwäschereien in Detroit geerbt, darunter auch das berühmte Varsity, das bei den Studierenden der University of Michigan praktisch eine Monopolstellung einnahm.

Dann, mit wütendem Blick und drohendem Unterton, eine Szene, die einige im Saal noch lange in Erinnerung behalten sollten, fügte er eine letzte höhnische Bemerkung an die Adresse Kefauvers hinzu, dessen Vorliebe für Scotch und Wetten Dalitz und seinen Partnern nur allzu bekannt war – nicht zuletzt auch ein Seitenhieb gegen die Scheinheiligkeit eines Systems, das ihn nun vorführte: »Wenn ihr Typen ihn nicht getrunken hättet, hätte ich ihn nicht geschmuggelt.«[22] Der brutale, leicht reizbare Ganove aus Cleveland äußerte sich stets unverblümter und freimütiger als jeder andere über die Verflechtungen zwischen »Ober-« und Unterwelt. Später sollte er gegenüber einem Freund über seine Klubs in Kentucky und Ohio spötteln:

> Wie sollte ich denn wissen, dass diese Spielschuppen illegal waren? Da waren so viele Richter und Politiker drin, dass ich dachte, sie wären wohl in Ordnung.[23]

Damit schloss der Ausschuss seine Akten über die zwielichtigen Männer von Las Vegas. In seinem Abschlussbericht im August 1951, der auf »der größten Datensammlung zum organisierten Verbrechen in Amerika«[24] beruhte, widmete er knapp vier Seiten der schamlosen kleinen Stadt in der fernen Wüste. Der Bericht führte ordnungsgemäß die landesweite »Kontrolle« des Glücksspiels durch »Gangster, Schieber und Kleinkriminelle« an und merkte außerdem an, dass »zu viele der Männer, die Glücksspieleinrichtungen in Nevada betrieben«, mit dem nationalen Syndikat in Verbindung standen. Was Moore und Jones, die Kasinobesitzer, die zugleich Staatsdiener waren, betraf, »so ist der Charakter dieser beiden Herren über jeden Zweifel erhaben«. Allerdings räumten die Verfasser ein, dass die Praktiken, die die beiden vertraten, beklagenswert seien.

> Das System zur Erteilung einer Konzession, das in diesem Staat besteht, hat nicht dazu gedient, unerwünschte Personen auszuschließen, sondern nur dazu beigetragen, ihren Aktivitäten den Anschein von Ehrbarkeit zu verleihen.[24]

Entscheidend sei, dass die öffentliche Kontrolle nur vorgetäuscht werde. »Als typisches Beispiel für legalisiertes Glücksspiel«, schlossen die Senatoren, »ist Nevada im negativen Sinn unübertroffen.«[25]

Die November-Anhörung und Dalitz' Auftritt besaßen trotz der skandalösen Zustände in Nevada in der Untersuchung keinen hohen Stellenwert. Hätte der Ausschuss das kriminelle Labyrinth des zwischenstaatlichen Handels entwirrt – das eine Bedrohung für das ganze Land war, vergleichbar mit der Gefahr, die an den Schlagzeilen über den Kalten Krieg sichtbar wurde, eine Korrumpierung demokratischer Politik, die letztlich zerstörerischer war als jede kommunistische Verschwörung –, hätte er auf einen Schlag vieles von dem entdeckt, wonach er suchte. Aber wie andere Besucher dieser Stadt auch hatten Kefauver und seine republikanischen Kollegen nicht hinter die Kulissen geblickt. Ob aus Unkenntnis oder mit Absicht lieferten sie trotz weit reichender Machtbefugnisse und Zugang zu den Akten der Polizei und anderer Untersuchungskommissionen, die auf ein erheblich größeres Ausmaß an kriminellen Verstrickungen hinwiesen, keine Beweise für die dominante Rolle, die Las Vegas als nationales Clearing-Haus für Drogengewinne und Geldwaschanlage für Einnahmen aus illegalen Geschäften in ganz Amerika spielte. Lait und Mortimer, zwei Journalisten, die den Ausschuss zu seinen einzelnen Stationen begleiteten, schrieben:

> Jedes Mal, wenn Zeugen oder Informanten etwas über den Rauschgifthandel, das Rückgrat des Syndikats, oder über die riesigen Investitionen der Unterwelt in legale Unternehmen erzählen wollten, wurden sie abgewürgt.[26]

Dennoch enthielt der Abschnitt des Abschlussberichts über Las Vegas eine indirekte Warnung. Was immer der Stadt anzulasten sei, so der Bericht, allein die Entwürdigung des öffentlichen Lebens durch die absolute Macht, die das Geld in der Politik innehabe, lasse Schlimmes für die Zukunft befürchten. »Die Profite, die aus dem Glücksspielgeschäft stammen, übertreffen bei weitem, was man in anderen Bereichen an schnellem Geld machen kann«[27], hieß es dort. Und mit einer solchen Ausbeutung und Konzentration von Reichtum gehe zwangsläufig politische Einflussnahme einher:

> Die Verfügbarkeit großer Geldsummen und der Anreiz, das politische Geschehen zu bestimmen, führen dazu, dass Spielkasinobesitzer und Gangster allzu oft in der Politik mitmischen. In Staaten, wo das Glücksspiel illegal ist, steht diese Allianz aus Beamten, Bossen und Banditen im Rampenlicht und muss sich dem Druck der öffentlichen Meinung beugen; wo aber das Glücksspiel aufgrund

> von Legalisierung einen Deckmantel an Ehrbarkeit erhält, gibt es keine Möglichkeit, Gangster und ihr Geld aus der Politik herauszuhalten.[27]

Dies war ein Ausblick auf die nächsten 50 Jahre, wenn »große Geldsummen« das politische Geschehen bestimmen sollten und Las Vegas mit seinen enormen Gewinnen eine Schlüsselposition einnehmen würde, auf eine Zeit gegen Ende des Jahrhunderts, wenn Kasinokonsortien mit Abteilungen für politische Angelegenheiten Washington und den Hauptstädten anderer Staaten, ausländischen Regierungen und indianischen Stämmen als souveräne Macht entgegen treten würden, wenn ihre finanzkräftigen Lobbyisten politische Entscheidungen manipulieren und Nevada praktisch knebeln würden; wenn die Stadt Präsidenten und Gouverneure ins Amt heben sowie das Repräsentantenhaus und die Legislative kontrollieren würde; wenn diese »Allianz aus Beamten, Bossen und Banditen«[28] in neuer Gestalt und mit neuer Legitimation die erschreckende Prognose des Berichts noch übertreffen würde.

Diese eher beiläufige Prophezeiung in einem an Details übervollen Dokument geriet schon bald in Vergessenheit. 1950 hielten Kefauver und sein Ausschuss eine aufstrebende, potenziell gefährliche Stadt fälschlicherweise für einen grellen Nebenschauplatz und so blieb vieles des wahren Amerika und des eigentlichen Las Vegas' im Dunkeln. Die Vernehmung der nervösen Kasinobosse im Gerichtssaal in Las Vegas in jenem November war nur ein weiteres Spektakel in einer an Sensationen reichen Stadt. Letztlich war es ein Spiel, das wieder einmal das Haus gewonnen hatte. Das Syndikat saß wie immer am längeren Hebel.

Die Anhörung 1950 in Las Vegas war ein Affront gegen und eine Warnung an den Staat. Noch lange, nachdem der Ausschuss abgereist war, verkörperte er das gefürchtete Phantom der Ermittlung, Besteuerung, sogar Schließung. »Es war das Damoklesschwert, das manche fürchteten und das andere benutzten«[29], sagte ein Anwalt der Hotelkasinos am Strip. »Wenn man den Namen Kefauver hörte, bedeutete das latente Gefahr und man wusste, dass mit dem Schlendrian Schluss war.«[29] Die Bedrohung sollte eine ganze Generation von Politikern und Bürokraten in Nevada wachrütteln, die sich eilig bemühten, einige staatliche Verordnungen zu erlassen, um die Macht der von Kefauver entlarvten »unerwünschten Personen« einzuschränken, ohne ihre defensive Politik des Laissez-faire aufgeben zu müssen.

Es war eine Ironie des Schicksals, dass der nationale Einfluss des Ausschusses das Dilemma Nevadas noch verstärkte. Das scharfe Vorgehen gegen die alten illegalen Glücksspielhochburgen beschleunigte in den 50er Jahren die Massenflucht von Ganoven nach Las Vegas, all jener, die »sich in diesem Metier bestens auskannten«. Viele ließen »milliardenschwere Unternehmen« zurück, um Hals über Kopf nach Nevada zu ziehen«.[30] Der Ausschuss trug auch ungewollt dazu bei, dass Nevada der einzig sichere und zunehmend wohlhabendere Hafen für diese Männer und ihr Geld blieb, denn viele Wähler belohnten die Schlussfolgerungen des Ausschusses, indem sie bei dem Volksentscheid 1950 in Kalifornien, Arizona, Montana und Massachusetts gegen die Legalisierung des Glücksspiels stimmten. Dadurch blieb den Kasinobetreibern in Nevada, die in aller Stille diese Antiglücksspielkampagnen finanziert hatten, ihr Glücksspielmonopol für die nächsten 25 Jahre erhalten.

Die folgenden zehn Jahre waren von politischen Querelen, aber auch einem spektakulären Wirtschaftswachstum gezeichnet, während der Staat offener, wenn auch nicht unbedingt effizienter gegen die wachsende Macht im Innern vorging. »Kefauver, könnte man meinen, hatte zu einer Nation von Taubstummen gesprochen, denn fast zehn Jahre später hat sich immer noch nichts geändert – außer vielleicht zum Schlechteren«[31], bemerkte *The Nation* 1960. Das sollte nicht nur für Nevada, sondern die gesamte Nation gelten. Tatsächlich jedoch hatten einige nur zu gut zugehört. »Die Tatsache, dass es sich um eine äußerst wirkungsvolle und großartige Vorstellung handelte, sollte nicht darüber hinwegtäuschen, dass sie im Grunde nicht viel bewirkte«, schrieb William Moore, ein Mitglied des Ausschusses, 25 Jahre später.[32] Wie jeder Untersuchungsausschuss des Kongresses wies auch der von Kefauver entscheidende Mängel auf: die Inkompetenz der Mitglieder, die ständige Rücksichtnahme auf das politische Geschehen und die öffentliche Meinung, die Gefahr der Voreingenommenheit, die Tendenz, hinlänglich bekannte Missstände anzuprangern. Dennoch war dieser Ausschuss auf seine Weise einzigartig. Trotz seiner Unzulänglichkeiten hatte er an etwas Entscheidendem gerührt – was vor allem für Kefauver gravierende Folgen haben sollte.

In dem unscheinbaren selleriegrünen Umschlag des Senate Report #725 des 82. Kongresses befand sich ein unvergleichlich hässliches Porträt des damaligen Amerika. Auf den 11.500 Seiten an Zeugenaussagen hatte der Ausschuss zu Tage gefördert, was Kefauver als »Staat im

Staate« bezeichnete, eine kriminelle Macht, die mehr als 20 Milliarden Dollar im Jahr einnahm – immerhin über zehn Prozent des Bruttosozialprodukts der USA – und die bereits die Politik und Wirtschaft mehrerer Großstädte und Bundesstaaten kontrollierte.

Schwerwiegender noch als die Existenz einer fest verankerten, systematischen Korruption waren deren Auswirkungen auf das kapitalistische und demokratische System der USA. Hinter den Gangstern und ihren illegalen Geschäften zeichnete sich eine nationale Ordnung ab, bei der die ehemals klaren Grenzen zwischen krimineller Ausbeutung und legalem Unternehmertum allmählich verwischten. Der Ausschuss konnte aufgrund seiner eigenen Befangenheit nur auf die Bedeutsamkeit seiner Funde hinweisen. Auf dem Höhepunkt des Kalten Kriegs, als das Nationalbewusstsein der Amerikaner neuen Auftrieb erhielt und die nationale Sicherheit zum politischen Schwerpunkt erklärt wurde – was zu blinder Kommunistenhetze und politischem Mitläufertum führte –, hatte die implizierte Botschaft des Ausschusses etwas Aufrührerisches. Ein Historiker der damaligen Zeit beschrieb das Land als »hysterisch, in panischer Angst vor dem Kommunismus und wie besessen von dem Glauben an eine heile Welt«[33]. Aber diese »heile Welt« gab es nicht. William Chambliss zog einen verhängnisvollen Schluss:

> Es könnte sein, dass das organisierte Verbrechen nicht außerhalb von Gesetz und Staat existiert, sondern möglicherweise ihr ureigenes Produkt ist – ein verborgener, aber dennoch wesentlicher Bestandteil der staatlichen und ökonomischen Strukturen der Gesellschaft.[34]

Kefauver und seine Kollegen hatten nicht etwas vom Staat Unabhängiges entdeckt, sondern seine Schattenseite, nicht seine gefährlichen Auswüchse, sondern das System selbst.

Überall fand der Ausschuss Beispiele für ein Amerika, das von Nationalismus und Ideologie ebenso wie von Angst und stillschweigender Duldung geprägt war. Ob in Kansas City oder Hot Springs, Boston, Dallas, Los Angeles oder Miami, New York oder New Orleans, dem ländlichen Süden, dem industriellen Norden oder dem rasch wachsenden Westen: korrupte Politik bildete den Nährboden für wirtschaftliche Ausbeutung sowohl in der legalen als auch der illegalen Wirtschaft. Der Polizeichef von Hot Springs brüstete sich in den 50er Jahren, als die privaten Klubs des Kurorts mit Kasinos in Nevada konkurrierten, gegenüber einem Reporter damit, dass er in 24 Jahren kein einziges Mal jemanden wegen illegalen Glücksspiels festnehmen musste. »Ohne politische oder wirtschaftliche Korruption gäbe es kein organisiertes Verbrechen«[35], fasste ein Journalist das zusammen, was die Senatoren zwar sahen, aber nicht so unverblümt und vorbehaltlos ausdrückten. Nach dem Abschluss der Ermittlungen stand fest, dass das Ausmaß der Korruption noch größer war als erwartet und den gesamten Süden von Georgia bis nach Arkansas und Texas sowie Neuengland und Kalifornien ebenso wie New York umfasste, Staaten, in denen fast jeder amerikanische Präsident des restlichen Jahrhunderts eine Feuerprobe zu bestehen hatte.

Diesem Befund lag jedoch ein entscheidender Irrtum zugrunde: Der Ausschuss schrieb das gesamte Ausmaß der Korruption der »Mafia« zu:

> Es gibt da eine finstere kriminelle Organisation, als Mafia bekannt, die überall im Land tätig ist und Verbindungen zu anderen Ländern unterhält.[36]

Sie war das »Bindeglied«[37], wie Kefauver glaubte, zwischen den einzelnen Lagern, einschließlich Chicago und New York. Diese Bezeichnung war jedoch historisch falsch und lenkte nur von den tatsächlichen Gegebenheiten ab. Welcher Stellenwert der Mafia wirklich zukam, sei dahingestellt, aber das Syndikat und seine politische Kultur als italienische Verschwörung zu bezeichnen, bedeutete, ein komplexes, gänzlich einheimisches »Produkt« bis zur Unkenntlichkeit zu entstellen, was verheerende Folgen haben sollte. Das Klischee, dass hinter allem die Mafia steckte, das so erfolgreich von Kefauvers Ausschuss in die Welt gesetzt worden war und Jahrzehnte danach noch als Erklärung herhalten musste, etwa für die Ermordung von Präsident Kennedy und anderen politischen Größen oder für Korruptionsdelikte und skandalöse Geheimdienstoperationen, diente als weitere Verschleierung der Realität nicht nur in Las Vegas, sondern in ganz Amerika.

Was die Ausschussmitglieder aufgedeckt hatten, lag im amerikanischen Kapitalismus und in der Sozialgeschichte des Landes begründet und hatte wenig mit den Unterweltfehden im fernen Sizilien zu tun. Die einer überwiegend urbanen und ethnischen Arbeiterschicht durch die politisch und wirtschaftlich dominante angelsächsische Elite aufgezwungene Prohibition, die großen kriminellen Reichtum und öffentliche Korruption bewirkt hatte, war auch ein Ausdruck kleinstädtischen, protestantischen Mittelschichtsmoralismus. Im Gegensatz zum nationalen Mythos und zur späteren Geschichtsschreibung, die die Gemeinsamkeiten aller Amerikaner feierten, hielten sich die Unterschiede bezüglich Herkunft, Schicht, Vermögen und Macht beharrlich. Der Historiker Michael Green, der sich eingehend mit Las Vegas und dem organisierten Verbrechen beschäftigt hatte, schrieb:

> Aufgrund des latenten Rassismus und Ethnozentrismus des Landes konnten es viele Juden und Italiener im weißen, angelsächsischen Amerika nur zu etwas bringen, wenn sie zu illegalen Mitteln griffen. ... Außerdem unterstützte und finanzierte die herrschende weiße, angelsächsische Gesellschaft ihre illegalen Aktivitäten, so dass ein kriminelles, Klassen übergreifendes Netzwerk aus Anbietern und Kunden entstand, das ebenso amerikanisch war wie ein Hotdog.[38]

Die Missstände, die Kefauver in den 50er Jahren aufdeckte, waren bereits in den politischen Verhältnissen angelegt, die vor den Einwanderungsströmen aus Italien und der Prohibition herrschten. »Der Geist der Verschlagenheit und Gesetzlosigkeit ist ein zutiefst amerikanischer«[39], wie Lincoln Steffens angesichts des politischen Räderwerks und der kollektiven Käuflichkeit Amerikas glaubte, die ihren Ursprung im 19. Jahrhundert hatten.

Ebenso wie Kefauvers Beharren auf dem Glücksspiel die Bedeutung des Drogengelds als Startkapital des Syndikats verschleierte, so verbargen der Begriff »Mafia« und andere italienische Stereotypen das Ausmaß eines multiethnischen, uramerikanischen Verbrecherbündnisses. Nichts hätte diesen Irrtum deutlicher machen können als eine ernsthafte Untersuchung der Zustände in Las Vegas. 1950 war es eine Stadt, wo die berüchtigte New Yorker Mafia, deren Fühler die Senatoren überall zu sehen glaubten, immer noch relativ wenig Einfluss besaß und wo Kasinobetreiber italienischer Herkunft wie P. O. Silvagni aus dem benachbarten Utah, sein Partner, der Kalifornier Tony Cornero, und eine Hand voll anderer zwangsläufig über ethnische und regionale Grenzen hinweg miteinander kooperierten. Die Einnahmen aus dem Rauschgifthandel und Profite aus illegalen Geschäften, die am Strip zusammenliefen, stammten von kriminellen Gruppierungen in ganz Amerika. Dieses Geld finanzierte, bereicherte und verhalf einem ähnlich breiten ethnischen Spektrum zu Einfluss und Macht, wie es auch in der amerikanischen Gesellschaft, Unternehmenskultur sowie der politischen Landschaft existierte

Das Missverständnis war kein Zufall. Ein Großteil der Schnitzer des Ausschusses ging auf das Konto eines stämmigen Kaliforniers mit lichtem Haar und unruhigem Blick, der das gesellschaftliche Klima der

Nachkriegszeit verkörperte und an dessen Person die Problematik der Kooptation von Ausschussmitgliedern deutlich wurde. Als Harry Anslinger, der Leiter des FBN, dem Ausschuss seinen Berater anbot, griffen Kefauver und seine Kollegen, die von Hoover und dessen FBI sowie anderen Regierungsbehörden abgewiesen worden waren, sofort zu. Als altgedienter, gewiefter Washingtoner Beamter wusste Anslinger, dass ein an den Ausschuss ausgeliehener Agent im Grunde ein Spion für das FBN war und sicherstellte, dass sein Leiter über dessen Fortschritte Bescheid wusste und dafür sorgen konnte, dass die Ergebnisse mit seinen Interessen übereinstimmten. Der Spitzel war George White, der sich Jahre später als berüchtigter Agent im Dunstkreis des organisierten Verbrechens bewegte, die der Historiker Peter Dale Scott treffend als Amerikas »politische Grauzone«[40] bezeichnete. White[41], ein Reporter aus San Francisco, der über gute Kontakte zur Unterwelt verfügte, begann 1935 für Anslinger zu arbeiten, und half ihm zunächst, gegen seinen verhassten Rivalen Hoover öffentlich Punkte zu sammeln. Er kam auf der Karriereleiter schnell voran und unterstützte Anslinger dabei, die damals noch recht unbedeutende Drogenbehörde zu dessen persönlichem Machtzentrum auszubauen. Wie andere FBN-Mitarbeiter auch trat er im Zweiten Weltkrieg dem OSS bei, wo er zum Oberstleutnant aufstieg und ein enger Vertrauter des zukünftigen CIA-Chefs für Spionageabwehr, James Jesus Angleton, wurde. White war auch an der Operation Underworld beteiligt, jenem Gemeinschaftsprojekt des amerikanischen Geheimdiensts und Lanskys zur Kontrolle der New Yorker Hafenanlagen. Bei Kriegsende galt er nicht nur als wichtigster Verbindungsmann zwischen dem Beamtenapparat und Syndikatsmitgliedern, die der Regierung als Informationsquellen und Spione dienten, sondern auch als brutaler Schläger und »eiskalter Alkoholiker«, der sein Mittagessen mit einem Wasserglas Wodka hinunterspülte.

Als er 1946 das Chicagoer Büro des FBN übernahm, warb White sofort mehrere Männer an, darunter auch Jack Ruby, und setzte sie als Doppelagenten ein. Seine Gruppe war unter anderem in den Mord des Telegrafendienst-Chefs James Ragen im selben Jahr verwickelt. 1948 arbeitete White in Rom für den neuen CIA und arrangierte die Bestechung italienischer Politiker. Inzwischen war er ein fanatischer Kalter Krieger, der bei Geheimaktionen ohne zu zögern seine Machtbefugnisse überschritt. Er »gehörte zum ›inneren Kreis‹, der verschiedene tödliche Geheimoperationen plante und ausführte«, schrieb Peter Dale Scott. Mit seinem Ruf als großspuriger Agent, der es mit dem Gesetz nicht so genau nahm und für den die nationale Sicherheit jedes Mittel rechtfertigte, war er ein typischer Vertreter der moralisch fragwürdigen, zukünftigen bundesstaatlichen Drogenpolitik: »ein Regierungsagent, der regelmäßig Gesetze brach«. Während der zunehmenden Kommunistenhetze jener Zeit war er gleichzeitig ein diskreter Informant und Vertrauter von Gleichgesinnten im Kapitol, wie beispielsweise McCarran und sein fanatischer Berater Julian Sourwine. White machte das kommunistische China für die Zunahme des Heroinhandels in den USA verantwortlich und lenkte damit den Verdacht von den tatsächlichen Verantwortlichen, der korrupten, aber mit den USA verbündeten Regierung Chiang Kai-sheks, ab. Diese Taktik sollte als Rechtfertigung für die Unterstützung rechter Diktaturen und Militärregimes in anderen rauschgiftproduzierenden Ländern Schule machen. Als der CIA später mit Drogen an unwissenden Opfern experimentierte, war es ein fanatischer, sadistischer White, der das Rauschgift besorgte, die Prostituierten anheuerte, die wiederum die Opfer anlockten, und der dann durch einen Einwegspiegel zusah. Whites späterer lakonischer Kommentar zu seinem Leben:

> Wo sonst konnte ein unternehmungslustiger amerikanischer Junge mit der Billigung und dem Segen des Allmächtigen lügen, töten, stehlen, vergewaltigen und plündern?[42]

Dies war der Mann, den Anslinger dem Ausschuss als fachlichen Berater schickte. Obwohl er im Grunde kaum mehr als jeder andere in Washington über das organisierte Verbrechen wusste, wurde er dem Ausschuss als »einer der größten Mafiaexperten« präsentiert – und von ihm akzeptiert –, wie sich ein Mitglied erinnerte. Mit dem Sammelbegriff »Mafia« versuchte das FBN seine nicht geringen Ausgaben zu rechtfertigen. Jener White, der auf so vielen Ebenen mitgemischt hatte, galt in den ersten Monaten der Untersuchung hinter den Kulissen für den Ausschuss als »besonders einflussreich«. Er instruierte die Senatoren und ihre Mitarbeiter, gab Hinweise und schlug Zeugen vor und formte und manipulierte bewusst ihre wohlmeinenden Absichten. Als der Ausschuss bei den Anhörungen in New York bei der Erwähnung der Operation Underworld aufhorchte, versicherte White den Mitgliedern vertraulich, dass seinen »geheimen Informationen« zufolge das OSS nichts mit Kriminellen zu tun habe. Sanft, aber bestimmt hielt er Kefauver davon ab, Licht in die korrupte Partnerschaft zwischen der Regierung und Kriminellen zu bringen, die im Kalten Krieg erst recht

FBI-Boss Hoover

gedieh. White und seine Kollegen vom FBN lenkten die Aufmerksamkeit der Senatoren auch von den lukrativen Drogengeschäften ab, der Haupteinnahmequelle des Syndikats, da die Aufdeckung des Drogenhandels nicht nur die Doppelagenten des FBN gefährdet, sondern auch die Behauptung der Behörde, Ergebnisse vorweisen zu können, als Lüge entlarvt hätte.

Während das FBN den Ausschuss von innen boykottierte, behinderte das FBI Kefauver und seine Kollegen von außen. Hoover hatte sie von Anfang an ignoriert, nicht nur weil er seine eigene Bloßstellung fürchtete, sondern auch weil seine Behörde das organisierte Verbrechen so gut wie nicht beachtet hatte. Seine Feindseligkeit war umso größer, als die Untersuchung durch seinen Erzfeind Anslinger ausgeschlachtet wurde. Zusätzlich zu den zahlreichen politischen Hindernissen, die sich ihm in den Weg stellten, war der relativ harmlose Ausschuss zwischen die Fronten der Washingtoner Beamtenschaft geraten. Noch Jahre später lenkte der Begriff »Mafia« die Aufmerksamkeit geschickt von dem eigentlichen Problem, dem Filz aus Politik, organisierter Kriminalität, Geheimdiensten, Gewerkschaften und Industrie, ab.

Im März 1951 prangte Kefauver auf dem Titelbild des *Time*-Magazins und sein von einem Ghostwriter verfasstes Buch *Crime in America* wurde zum Bestseller. Der Rummel um den Ausschuss rief etwa 70 lokale Untersuchungsausschüsse in ganz Amerika ins Leben. Unter dem zunehmenden Druck der Öffentlichkeit richtete das Finanzministerium ein spezielles Dezernat ein, das den Auftrag hatte, Steuerhinterziehungen aufzudecken. Hoover gelang es jedoch, eine bundesstaatliche Untersuchungskommission zu verhindern, die seine eigene Macht beschnitten hätte. Im Kapitol sowie im Weißen Haus hingegen, denen der Ausschuss ein Dorn im Auge gewesen war und die ihn sogar als Bedrohung empfunden hatten, hinterließ seine Arbeit so gut wie keine Spuren: Was Gesetzgebung und Politik anging, so hatte er versagt. Von 19 Gesetzentwürfen, die direkt aus den Anhörungen hervorgingen, und mehr als 200 weiteren, die auf den Bericht folgten, wurde keiner vom

Kongress verabschiedet und unzählige andere teilten dieses Schicksal in den folgenden Jahren.

Am letzten Tag des Jahres 1951 bezog Kefauver sein Domizil für die Präsidentschaftswahlen, das majestätische Washingtoner Hotel Willard. Die Popularität des Ausschusses hatte den 48-jährigen Anwalt aus Tennessee weiter und schneller befördert, als er es je für möglich gehalten hätte. »Der Junge ist bekannt wie ein bunter Hund«[43], bemerkte ein insgeheim neidischer Herbert O'Conor, ein Ausschusskollege Kefauvers, gegenüber Cook Kefauver, als dieser in jenem Winter nach Washington kam. »Sein Weg war mit zerschlagenen Parteimaschinen gepflastert«[44], schrieb Jack Anderson bewundernd. Trotz des Hasses der demokratischen Parteibosse war der populäre Ausschussvorsitzende im anbrechenden Medienzeitalter eine Berühmtheit und für viele der Hoffnungsträger der Demokraten, der den Einzug der wieder erstarkten, finanziell gut ausgestatteten Republikaner ins Weiße Haus nach 20-jährigem Exil verhindern würde. Seine Beliebtheit wird an einem Epigramm aus der damaligen Zeit deutlich, das den Demokraten für die Wahlen 1952 keinerlei Chancen einräumte: Sam Rayburn aus Texas, der Vorsitzende des Unterhauses, sei zu alt, hieß es darin, der New Yorker Gouverneur Averell Harriman zu reich, Senator Robert Kerr aus Oklahoma zu glatt, Georgias Richard Russell zu rassistisch und Estes Kefauver zu ehrlich.

In den ersten Monaten versuchte Kefauver, wie es üblich war, sich der Unterstützung der Parteioberen zu versichern; im Januar 1952 stattete er dem Weißen Haus einen offiziellen Besuch ab, um dem unverbindlichen Truman mitzuteilen, dass er sich nicht als Kandidat für das Präsidentenamt aufstellen lassen würde, wenn Truman selbst wieder kandidieren wolle. Truman erwiderte, dass er sich noch nicht entschieden habe, zeigte sich aber gegenüber »jungen Demokraten«[45], die ein nationales Amt anstrebten, freundlich und entgegenkommend. »Streich deinen Sieg über die Crump-Maschine heraus. So was gefällt den Leuten«[45], meinte der Präsident, indem er auf Kefauvers Kampagne zu Beginn seiner Karriere gegen die lokale Korruption in Tennessee anspielte. Sein Verhalten war eine einzige Farce. »Truman schien damals nur ein Ziel im Leben zu haben«[46], schrieb die Verlegerin der *New York Post*, Dorothy Schiff, »und das bestand darin, Kefauver um jeden Preis aufzuhalten.«[46] Der Präsident nannte den Senator, in einer Verballhornung seines Namens, »Cowfever«[47] und hielt ihn für eine »merkwürdige Person … der Geschichte unkundig, ein politischer Amateur und gerissener Lügner«. Kefauver war »ein Mann, den Truman instinktiv ablehnte und dem er misstraute, ein Gefühl, das die meisten Parteigenossen teilten«[48], schrieb später der Biograf des Präsidenten, David McCullough, ohne jedoch näher auf die Gründe für diese Abneigung einzugehen. Der ebenso eigensinnige, ehrgeizige und keineswegs fehlerlose Kefauver weigerte sich nicht nur, den fügsamen Politiker zu spielen, wie es Truman von seinen Anhängern und Protegés erwartete, sondern er war auch dem Zentrum der Macht, das Truman verkörperte, zu nahe gekommen – zum Glück jedoch ohne allzu viele Kompromisse und Heuchelei seinerseits, um ihn abhängig zu machen.

Eine Woche danach verkündete der Senator offiziell seine Kandidatur, verbunden mit den üblichen Versprechungen einer starken Außenpolitik und eines ausgeglichenen Staatshaushalts, aber mit einer unmissverständlichen Priorität: »Wir müssen zuerst vor unserer eigenen Tür kehren.«[49] Zum Entzücken der Menge trug er wieder seine Waschbärfellmütze. Als erstes galt es, die heiß umkämpften parteiinternen Vorwahlen zu gewinnen, die Truman sarkastisch als »Augenwischerei«[50] abtat. In jenem März musste Kefauver in New Hamphire gegen den Präsidenten antreten, der sich reserviert gab, während seine Günstlinge innerhalb der Partei und der Gewerkschaft für Truman »Stimmung machten«[51]. Entgegen allen Erwartungen siegte Kefauver haushoch über den amtierenden Präsidenten.

Als sich der unpopuläre Truman schließlich aus dem Rennen zurückzog, gewann der Senator aus Tennessee 14 der 16 demokratischen Vorwahlen. Im Juni zeigte eine amerikaweite Meinungsumfrage, dass Kefauver die Gunst der demokratischen Wähler genoss: Er konnte dreimal so viele Stimmen auf sich vereinen wie sein nächster Konkurrent und viermal so viele wie Adlai Stevenson, der schwankende Gouverneur von Illinois, der jetzt von Truman unterstützt wurde. In einigen Erhebungen schlug Kefauver sogar den republikanischen Herausforderer, General Dwight Eisenhower, oder lag mit ihm gleichauf. Plötzlich war Kefauver ein möglicher, sogar wahrscheinlicher Präsident, eine alarmierende Aussicht für das Syndikat und seine politischen Verbündeten in ganz Amerika.

Etwas später in jenem Sommer gab es erste unheilvolle Omen. Seine Wahlkampagne war erst wenige Wochen alt, als kein Geld mehr zur Verfügung stand, was daran deutlich wurde, dass er vom vornehmen Willard ins schäbige Hotel Raleigh um die Ecke zog. Er hatte einige der letzten Vorwahlkämpfe »mit Pennies«[52] bestritten, wie er traurig einem Freund gegenüber bekannte: 2000 Dollar mussten für seinen Wahlkampf in Kalifornien genügen und etwas mehr als 600 Dollar für den in Süddakota. Seine Organisation blieb schwach und mittellos, der Preis, den er für seinen persönlichen Stil zahlte. Seine amerikaweiten Wahlerfolge und eindrucksvollen Umfrageergebnisse schürten noch den Hass jener Genossen, die in einer Partei, die von Hinterzimmern aus kontrolliert wurde, das Sagen hatten. Ihre Macht zeigte sich deutlich an den Delegiertenzahlen kurz vor dem Parteitag. Von den insgesamt 482 Stimmen der Staaten, wo er die Vorwahlen gewonnen hatte, waren ihm im ersten Wahlgang nur noch 226 sicher. Er schien sich mit der Feindseligkeit abzufinden, ohne sich jedoch ihrer Konsequenzen bewusst zu sein. Gegenüber einem Journalisten erklärte er:

> Ich nehme an, dass einige von denen, die gegen mich sind, nicht vergessen können, was der Senatsausschuss an Verbindungen zu bestimmten politischen Kreisen aufdeckte. Das ist alles.[53]

Unter den Delegierten noch immer führend, der deutliche Favorit der Wähler, blieb er zuversichtlich – und gutgläubig. In den kritischen Tagen politischer Manöver kurz vor dem Parteitag verblüffte er die Wähler mit der Ankündigung, dass er auf dem Weg nach Hause sei, um sich auszuruhen und sich mit »Kuhbohnen und Tennessee-Schinken«[54] zu stärken.

Von dem Moment an, als der Vorsitzende mit seinem Hammer den Parteitag im International Amphitheater oberhalb der Chicagoer Viehhöfe eröffnete, gab es einen erbitterten Kampf um die Integrität der Partei, der von den Journalisten und Kameramännern, die den ersten, vollständig im Fernsehen übertragenen nationalen Parteitag verfolgten, jedoch kaum bemerkt wurde. Rayburn, der den Vorsitz hatte, nahm jede Gelegenheit wahr, Kefauver seine Abneigung zu demonstrieren. Ranghohe Mitglieder der Chicagoer Parteimaschine, die von Jake Arvey, der Marionette des Syndikats, und von einem ebenso korrupten und machthungrigen lokalen Politiker namens Richard J. Daley angeführt wurden, verwehrten Kefauvers Anhängern entschieden den Zutritt, die daraufhin Wachen bestechen mussten, nur um auf die Zuschauertribüne zu gelangen. Einmal wandten sich Kefauvers Wahlhelfer sogar an die Fernsehzuschauer und baten sie, ihren Unmut über die Ungerechtigkeiten des Parteitags telegrafisch kundzutun. Es gab eine Menge Resonanz, aber sämtliche Posteingänge wurden abgefangen. »Unmengen von versteckten Paketen voller nicht ausgelieferter Telegramme«[55] wurden nach dem Parteitag in einer Ecke des Saals entdeckt, erinnerte sich ein Zeuge.

»Wir lieben ihn, weil er nicht davor zurückschreckt, sich Feinde zu machen«, erklärte Gordon Browning, der Gouverneur von Tennessee, als er für Kefauver stimmte, »und einige von ihnen sind heute hier recht lautstark vertreten.«[56] Wie zum Trotz erhoben sich Kefauvers Delegierte in einer spontanen Sympathiebekundung – wie unzählige Male in den folgenden Stunden –, was jedoch an der allgemeinen Stimmung gegen ihn nichts änderte. Beim ersten Wahlgang erhielt Kefauver 340 Stimmen und war damit noch weit von den 616 für eine Nominierung benötigten entfernt, wenngleich er weit vor Stevenson lag, der sich schließlich, nach endlosem Gerangel hinter den Kulissen, ebenfalls als Bewerber für das Präsidentenamt hatte aufstellen lassen. Die abgeschlagenen Kandidaten Russell und Harriman waren nun das Zünglein an der Waage. Die Südstaatler hassten Kefauver immer noch dafür, dass er sich gegen eine Wahlsteuer ausgesprochen und ihre korrupten Machenschaften aufgedeckt hatte. Und obwohl Harriman Kefauver bei einem späteren Wahlgang persönlich seine Unterstützung zusagte, klüngelte der millionenschwere Gouverneur auch mit Truman und den Parteibonzen, die sich demonstrativ hinter Stevenson gestellt, insgeheim aber auch Harriman die Nominierung in Aussicht gestellt hatten.

Um gegen diese Übermacht eine Chance zu haben, hätten Kefauvers Anhänger ihre hehren Prinzipien über Bord werfen und sich der List und Tücke ihrer Gegner bedienen müssen. Beim zweiten Wahlgang, als alle gespannt auf einen Sieg oder eine Niederlage Kefauvers warteten, bot Alan Shivers, der Gouverneur von Texas, in Übereinstimmung mit Lyndon B. Johnson und ihren Sponsoren aus der Wirtschaft und der Unterwelt – Benny Binion und Carlos Marcello, wie sich später herausstellte – Kefauver heimlich die 52 Stimmen seines Staates an. Das hätte den Durchbruch für Kefauver bedeutet und ihm die Nominierung gesichert. Als Gegenleistung hätte er sich dem Anliegen Texas' gegenüber »aufgeschlossen« zeigen müssen, indem er eine Erklärung unterzeichnete, die den Ölfirmen und ihren Verbündeten in den Staaten am Golf von Mexiko ein Monopol auf das vor der Küste lagernde Öl im Wert von mehreren Milliarden eingeräumt hätte. »Ich bin aber dafür nicht aufgeschlossen«, sagte der Kandidat, der die Ansicht vertrat, dass die Bohrrechte Washington zustünden, ruhig und gab den Entwurf an einen Berater zurück. »Das Ganze ist eine Schiebung. So etwas kann ich nicht unterschreiben.«[57]

Nach dem zweiten Wahlgang, bei dem mehrere Kandidaten ausschieden, führte Kefauver immer noch mit 362 Stimmen, aber Stevenson hatte mehr als 70 hinzugewonnen. Jetzt wurden die letzten Deals ausgehandelt. Der Todesstoß für Kefauver kam von seinen größten Anhängern unter den Liberalen der Partei aus dem Norden, den zukünftigen Führern der Demokraten, Senator Hubert Humphrey aus Minnesota und Gouverneur G. Mennen »Soapy« Williams aus Michigan, sowie Harriman – was damals als Ironie des Schicksals angesehen wurde –, die beschlossen hatten, letztlich doch für Stevenson zu stimmen. Als ihn einige von ihnen in seiner Suite im nahe gelegenen Stockyards Inn aufsuchten, schien Kefauver dem Verrat gegenüber blind zu sein. »Ich bin sicher, dass das Stevensons bestes Ergebnis ist«[58], verkündete er fröhlich einem Berater nach dem zweiten Wahlgang, als die Intrigen gegen ihn in vollem Gang waren. Ein Delegierter aus Tennessee erinnerte sich, dass er »mit einem Glas in der Hand und einem glücklichen, amüsierten Lächeln im Gesicht dasaß und nicht merkte, dass sie ihm bereits die Kehle durchgeschnitten hatten«.[59]

Stevenson legte zu, woraufhin die Liberalen Kefauver erklärten, man könne nicht zulassen, dass Russells Südstaatler Stevenson ihre Stimmen gaben und sich seine Nominierung als Verdienst anrechneten, obwohl sie wussten, dass bei den hartnäckigen Delegierten aus dem Süden keine Gefahr bestand, dass sie umfielen. Erst später wurde bekannt, wie sehr diese Männer, die sich nun von Kefauver abwandten, ihr eigenes politisches Schicksal denselben Mächten verdankten, die er bewusst oder zufällig entlarvt hatte. Offiziell beklagten sie die enorme Wahlkampfunterstützung, die Williams von Dalitz und Hoffa erhalten hatte, und dass Humphrey[60], der als Bürgermeister gnadenlos gegen Banden vorging, im Laufe seiner Karriere großzügige Wahlkampfhilfe von Meyer Lansky und anderen einstrich. Im Januar 1965 legte der allseits bewunderte Humphrey den Eid zum Vizepräsidenten der Vereinigten Staaten ab, während sein alter Förderer Fred Gates, der Unterweltboss von Minneapolis, die Bibel hielt.

Von seinen Verbündeten im Stich gelassen, seiner Delegierten beraubt, steuerte Kefauver auf den Plenarsaal zu, um Entgegenkommen zu signalisieren und seine Anhänger aufzufordern, für Stevenson zu stimmen. Unterwegs suchte er seinen ältesten und treuesten Anhänger, den Universitätsprofessor, ehemaligen Marinesoldaten und Senator aus Illinois, Paul Douglas, auf, der sich der Chicagoer Parteimaschine und dem Weißen Haus widersetzt hatte, um seinen Freund Estes sowohl im

Humphrey während seiner Nominierung zum Vizepräsidentschaftskandidaten 1964, neben ihm seine Gattin Muriel

Ausschuss als auch bei seiner Kampagne um das Präsidentenamt zu unterstützen. »Erschöpft und niedergeschlagen«[61], erinnerte sich ein Zeuge, habe der gut aussehende Douglas mit dem gewellten Haar bei knapp 40 Grad schweißgebadet in seinem Zimmer gesessen, sich beim Anblick von Kefauver aber erhoben, um den Kandidaten zu trösten. Doch Kefauver war gekommen, um seinerseits Trost zu spenden. »Paul«, sagte er, »was mich betrifft, so ist jetzt das Wichtigste, dass ich dich aus dieser Sache heraushalte.«[62]

Auf der Rednerbühne wurden sie erneut von Rayburn geschnitten, der sich auch während des dritten ermüdenden und ergebnislosen, immerhin drei Stunden währenden Wahlgangs geweigert hatte, Kefauver wahrzunehmen. In der Zwischenzeit wurden in Hinterzimmern weiter Ränke geschmiedet: Obwohl der sorgsam ausgewählte Stevenson bereit war, Kefauver als Vizepräsidentschaftsbewerber anzuerkennen, legten Truman und andere ihr Veto ein, so dass er schließlich nachgab. Der Präsident freute sich hämisch darüber, dass er Kefauvers Pläne vereitelt hatte. »Wäre ich nicht damals zufällig nach Chicago gekommen«, schrieb er später in einem persönlichen Brief, »wäre dieser Einfaltspinsel mit dem Kopf eines Eichhörnchens und der Waschbärfellmütze, der nicht das geringste Ehrgefühl besaß, nominiert worden.« Als er sich später einmal über Stevenson ärgerte, der sich kritisch über den demokratischen Parteiapparat geäußert hatte, konnte sich Truman keine größere Beleidigung vorstellen, als ihn mit dem Mann zu vergleichen, den sie zerstört hatten: »Cowfever hätte mich nicht schäbiger behandeln können als du.«[64]

Nachdem er schließlich das Wort erhalten hatte, verstummte der Saal und Kefauver sprach »ruhig und bestimmt«[65], wie sich ein Zuhörer erinnerte: »Meine verehrten Damen und Herren, ich habe hart gekämpft. Wir haben unser Bestes gegeben.«[65] Der weißhaarige Cooke Kefauver, der als Zuschauer den Parteitag verfolgt hatte, kämpfte gegen seine Tränen an. Er und Nancy, die Frau des Senators, begaben sich zum Podium und verließen gemeinsam, »ohne zurückzublicken«[66], den Parteitag. Unterhalb der Rednerbühne saß Jake Arvey und »lächelte glücklich«[67], wie der Journalist Anderson schrieb. Ein paar Musiker der Band spielten »Happy Birthday«, und einige der Delegierten sangen leise für den Mann mit der Brille, der gerade den Saal verließ, den Text dazu.

Kefauver, der an jenem Tag seinen 49. Geburtstag feierte, war, wenn auch nur für kurze Zeit, ein Vertreter der Wahrheit in der amerikanischen Politik gewesen und damit vielen ein Dorn im Auge. Er hatte sich mit der Akribie eines Archäologen seiner Aufgabe gewidmet und war dabei auf überraschende, nicht unbedingt willkommene Dinge

Zu ehrlich: der gescheiterte Präsidentschaftskandidat Kefauver

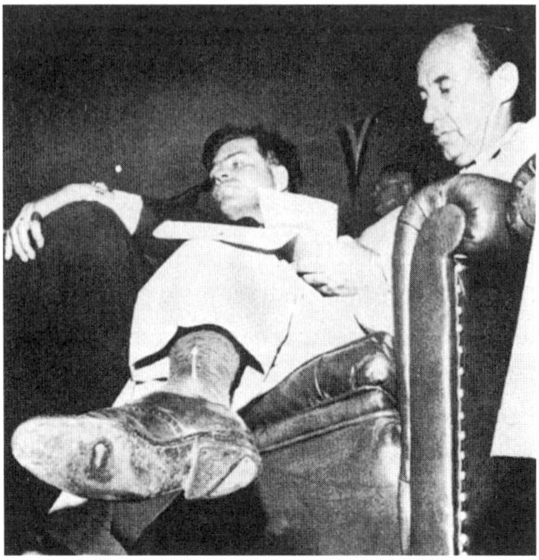

Nachdem dieses Foto veröffentlicht war, ließ Adlai Stevenson (rechts) seine Schuhe besohlen.

gestoßen. Letztlich wurde der trinkfeste Frauenheld und Opportunist, der zum amerikanischen Helden avanciert war, ein Opfer der Zustände, die er aufgedeckt hatte.

Bis zu seinem Tod durch einen Herzanfall im Senatssaal im Sommer 1963 blieb er ein vertrauter Anblick am Rande der Macht. 1956 bewarb er sich erneut um das Amt des Präsidenten, aber seine Zeit war vorbei. Obwohl er in den meisten Vorwahlen von Stevenson geschlagen wurde, reichte seine Popularität immerhin aus, um zum Vizepräsidentschaftsbewerber nominiert zu werden. Von Seiten der Parteibonzen handelte es sich dabei jedoch nur um eine Geste, um der wachsenden Desillusionierung der Wähler zu begegnen. Er leitete auch weiterhin Senatsausschüsse, die die zunehmende Monopolisierung unter anderem in der Pharma- und der Stahlindustrie untersuchten – Machtkonzentrationen eines Amerika, das er dem Ausschuss präsentiert hatte. Aber seine Enthüllungen gerieten wieder unter Beschuss oder wurden von einem politischen System ignoriert, das jenen verpflichtet war, denen er das Handwerk legen wollte. Kefauvers historische Rolle war bereits in jenem heißen Sommer des Jahres 1952 zu Ende. Mit seiner Niederlage im Amphitheater von Chicago scheiterte ein beherzter Versuch, den Mächten, die Las Vegas nun zu ihrem Zentrum machten, zu trotzen und ihnen Einhalt zu gebieten, bevor sie unbezwingbar wurden.

9 »Die Tempelstadt des amerikanischen Traums«

Ein Journalist nannte Las Vegas einmal eine »Oase des Reichtums«[1], in deren Palmenhainen die Kasinobosse ihre Paläste errichteten. Die Stadt befand sich in einem einzigartigen Bauboom. 1952 bauten das Syndikat und seine Geschäftspartner das Sahara mit seinem nordafrikanischen Flair; dann eröffneten sie das Sands, dessen weitläufige Anlage einen Swimmingpool mit Würfeltisch enthielt und in dem die Copa Girls auftraten, die als die »atemberaubendsten Mädchen von Vegas«[2] galten. 1954 wurde das einem Mississippidampfer nachempfundene Showboat eingeweiht, das einen Bingosaal mit 500 Plätzen und eine Bowlinghalle mit 24 Bahnen hatte. April 1955 folgten das New Frontier, das Royal Nevada und das Riviera – ein neunstöckiger Bau mit den ersten Fahrstühlen der Stadt und dem, was sich die Hotelbesitzer unter »europäischem Luxus« vorstellten. Im Mai wurde das Dunes eröffnet, über dessen Eingang ein neun Meter hoher Sultan mit Turban und wallendem Gewand wachte und in dem sich das erste Gourmetrestaurant von Las Vegas befand. Die Innenausstattung und die Kellnerinnen hätten geradewegs aus *Tausendundeine Nacht* entsprungen sein können. 1956 wurde im Stadtzentrum das Fremont eingeweiht, das höchste Gebäude Nevadas, in dem vielversprechende Unterhaltungskünstler auftraten wie etwa ein pummeliger, zwölfjähriger Sopranist namens Wayne Newton, der mit seinem Song »Danke schön« berühmt werden sollte. In der Panoramabar konnte man bei einem »Atomic Cocktail« (Wodka, Brandy und Sekt zu gleichen Teilen mit einem Schuss Sherry) einen unverstellten, wenn auch alkoholumnebelten Blick auf die grellen Lichtblitze und die Wolkenpilze der im nahe gelegenen Testgelände gezündeten Atombomben genießen.

1957 entstand das elegante Tropicana, ein modernes Luxushotel mit karibischem Ambiente, für dessen Bau so viel Beton verarbeitet wurde, dass es für eine 250 Kilometer lange Straße gereicht hätte, und mit dessen Klimaanlagen man bequem tausend Wohnhäuser im Death Valley hätte kühlen können. Zum Hotel gehörte auch das Tiffany Theater, das seine Gäste mit der sensationellen Bühnenshow Folies-Bergère begeisterte. 1958 wurde das legendäre Stardust mit seinem aufsehenerregenden Oben-ohne-Nachtklub Lido de Paris eröffnet; es war das größte Hotel der Welt und rühmte sich der feudalsten Zimmer in ganz Amerika. Innerhalb von nur sieben Jahren hatte sich Las Vegas zu einem der unverwechselbarsten, schillerndsten Orte der Welt entwickelt, dessen eigentliches Wahrzeichen jedoch die geheime Macht war, die er repräsentierte.

Manche Kritiker empfanden die Stadt als zu schrill, zu vulgär oder zu geldgierig. »Eine Krankheit, ein Albtraum, ein Paradies für den Abschaum der Gesellschaft«[3], schrieb Nick Tosches. Ein anderer bezeichnete das Las Vegas der 50er Jahre als »eine Art Unterweltmetropole für wohlhabende Südkalifornier«[4]. Der Journalist Lucius Beebe schrieb sarkastisch, Las Vegas sei »die höchste Errungenschaft der modernen Freizeitgesellschaft«[5]. Auch in Las Vegas selbst gab es kritische Stimmen, besonders unter den alteingesessenen Familien, die den Kommerz und den billigen Pomp ablehnten. Ihr guter Geschmack und ihre Selbstachtung geboten ihnen, sich von der vulgären Szene am Strip oder in der Glitter Gulch möglichst fernzuhalten. Aus Snobismus, vielleicht Neid, schlossen sie die wohlhabenden Kasinobesitzer und ihre Frauen von ihrem Klubleben, ihren Dinnerpartys und Bridgeabenden aus. Doch ließ es sich im Berufs- und Alltagsleben kaum vermeiden, dass man mit den sich rasant vermehrenden Kasinos und ihren Gästen auf irgendeine Weise in Berührung kam. Allein die wöchentliche Besucherzahl eines Kasinos entsprach der gesamten erwachsenen Einwohnerschaft Nevadas. Ein Ortsansässiger sagte einmal:

> Als Las Vegas derart explodierte, schien es, als würden sich zwei Städte nebeneinander entwickeln – eine, in der man lebte, und eine, die man als peinlich oder bedrohlich empfand.[6]

Die Touristen, die scharenweise die Stadt besuchten, hatten keinerlei Berührungsängste. Die Amerikaner waren fasziniert von Las Vegas, dem Glücksspielmekka der Welt und der Hauptstadt der amerikanischen Unterhaltungsindustrie. 1954 waren es bereits 8 Millionen Menschen, die jährlich in die Stadt strömten und mehr als 200 Millionen Dollar ausgaben. Sie drängten sich um Craps- und Blackjack-Tische, um Rouletteschеiben und Glücksräder. Das Pokerspiel blieb den hartgesottenen Profis mit ihren Dollarbündeln vorbehalten und die Spielautomaten den Frauen, die ihre Männer jetzt begleiteten. Diese klimpernden Maschinen hatte man in immer größerer Zahl in den Spielsälen aufgestellt, damit »die Frauen beschäftigt sind, während sich ihre Männer ausnehmen lassen«[7], erzählte ein langjähriger Kasinoboss einem Reporter.

Den Frauen schöne Augen gemacht: der Pianist Wladziu Valentino Liberace

Nachdem die Kasinogäste an den Spieltischen ihr Glück versucht hatten, konnten sie in die großen, extravaganten Veranstaltungssäle hinübergehen, wo sie ein üppiges Abendessen und Drinks erwarteten – alles »auf Kosten des Hauses«, vorausgesetzt, sie hatten eine größere Summe gewonnen oder verloren und bedurften einer Aufmunterung, um weiterzuspielen. Außerdem wurde eine Show geboten, die für alle Gäste kostenlos war. Die in den Himmel wachsenden Neonreklamen von Las Vegas kündigten ein unvergleichliches Aufgebot an Künstlern jener Zeit an, das jeden Geschmack bediente. Dazu gehörten die Sänger Elvis Presley, Bing Crosby, Perry Como, Ella Fitzgerald, Eddie Fisher, Nat King Cole, Rosemary Clooney, Harry Belafonte, die Mills Brothers, Andy Williams, Peggy Lee, Dick Haymes und die McGuire Sisters. Es traten berühmte Komiker aus Varieté, Film und Fernsehen auf – darunter Jimmy Durante, Abbott and Costello, Milton Berle, Dean Martin und Jerry Lewis, Red Skelton, Edgar Bergen und Charlie McCarthy, außerdem weltbekannte Tänzer wie der Flamenco-Gott José Greco und die gefeierte Stripteasetänzerin Lili St. Cyr; darüber hinaus bot man Highlights wie Liberace oder Pariser Revuegirls, populäre Bigbands und Orchester, spektakuläre Zauberkünstler und allseits beliebte Tiernummern.

Ab 1953 engagierte man für das »anspruchsvolle, betuchte Publikum auch internationale Opernstars wie Mimi Benzell, Lauritz Melchior und Robert Merrill, Broadway-Größen wie Carol Channing und Ezio Pinza, das Allroundtalent Noël Coward und andere »hochkarätige Künstler«, die für ein zweiwöchiges Gastspiel bis zu 30.000 Dollar erhielten. Die Kasinos von Las Vegas boten ihnen aber nicht nur eine bedeutend höhere Gage als die renommiertesten Bühnen der Welt, sondern häufig ein größeres und überaus begeisterungsfähiges Publikum.

In den amerikanischen Großstädten gab es Theater, Oper, Ballett und die Nachtklubs mit ihren Showprogrammen, in der Provinz die Varietés und Tourneetheater, und natürlich waren überall im Kino und Fernsehen die großen Stars zu sehen. Doch nun konnte man hier, am Rande der Mojave-Wüste, aus dem vielfältigsten, imposantesten Angebot an populärer amerikanischer Unterhaltung auswählen – das zudem nicht teurer war als ein Essen in einem Schnellrestaurant oder ein schmuddeliges Motelzimmer. Um all dies zur unvergesslichen Erinnerung werden zu lassen, schickte das Kasinomanagement vorausschauend gut gebaute Fotografinnen mit Netzstrümpfen durch die Gesellschaftsräume, damit sie ganz gewöhnliche Amerikaner in einem außergewöhnlichen Moment festhielten: lächelnde Menschen in Abendgarderobe oder Sonntagskleidung, an einem weiß gedeckten und dekorierten Tisch einander zugeneigt. Solche Schwarzweißfotografien fanden sich auf zahllosen Kaminsimsen oder in Familienalben im ganzen Land wieder – die Erinnerung an ein einzigartiges Erlebnis an einem einzigartigen Ort.

Nach der Show ging es wieder für ein paar Stunden zurück an die Spieltische, bis um Mitternacht die berühmten kalten Büffets lockten, die bis Sonnenaufgang bereitstanden. Und wieder konnte man für nur ein paar Dollar nach Herzenslust schlemmen: Es bot sich eine »schier grenzenlose Auswahl an Köstlichkeiten wie Hummer in Aspik, Straßburger Gänseleberpastete, Krabbencocktail, Platten mit Geflügel und vielen anderen Delikatessen«[8], wie ein Kasinobesucher berichtete. Gegen zwei oder drei Uhr morgens gingen die Gäste gewöhnlich auf ihre Zimmer, um noch ein paar Stunden zu schlafen. Obwohl die neuen Hotels in Las Vegas als die nobelsten im ganzen Land galten, hielt es die meisten Touristen keine vier Stunden in ihren extravaganten Suiten oder Bungalows. In der Glücksspielmetropole war das Quartier nun einmal Nebensache. Tagsüber verließen sie die rund um die Uhr geöffneten Kasinos, in denen es weder Fenster noch Uhren gab, höchstens, um sich für kurze Zeit an den azurblauen Pool zu setzen und unter dem blauen Himmel einen kostenlosen Daiquiri oder Ginfizz zu trinken. Dann zog es sie wieder an die Spieltische zurück. Darauf konnten sich die Kasinobetreiber verlassen, die genau wussten, dass dies der Zweck ihres Aufenthalts war – es war einzig und allein das Glücksspiel.

Wer sich auch immer auf den Weg in die verheißungsvolle, glitzernde Stadt machte, war auf der Suche nach dem großen Glück – ein Phänomen, das in Amerika eine lange Tradition hatte. Bereits 1899 beschäftigte sich der Soziologe Thorstein Veblen mit dem »animistischen Glauben« der Amerikaner an das schiere Glück, an die Möglichkeit, das Schicksal auszutricksen. Obwohl Amerika in der Mitte des 20. Jahrhunderts alles andere als ein »Land der unbegrenzten Möglichkeiten« war, war es dennoch ein Ort, wo sich Spieler gemeinsam an einen Tisch setzen und als ebenbürtig betrachten konnten, denn sie alle hatten die gleichen Chancen – jedes neue Blatt, jede neue Würfelrunde konnte alles ändern. Auch wenn die Erben jener Generationen von Amerikanern, die oft alles riskiert hatten, um ihr Glück zu machen und ihre Lebensträume zu verwirklichen, durch wirtschaftliche Depression, Krieg und die Gefahren des Atomzeitalters geprägt waren, so blieben sie doch hartnäckig »ein Volk von Glücksrittern«[9] – immer noch von einer verzweifelten Sehnsucht nach Erlösung, einer blauäugigen Heilserwartung erfüllt, immer noch auf der Suche nach dem schnellen Glück, voller Hoffnung, eines Tages die Bank zu sprengen.

> Von einem namenlosen Verlangen getrieben, waren sie bereit, auch den letzten Dollar zu opfern, um vielleicht doch noch das ersehnte Glück zu finden, um vielleicht doch noch einmal von vorn anfangen zu können.[10]

In Las Vegas konnte man sich freimütig dazu bekennen, dass es Geld war, was letztlich zählte. Hier konnte man seinen Verlockungen erliegen, sich am Mammon erquicken, ihm huldigen – ohne Scham oder Verstellung. Der Drehbuchautor und Romanschriftsteller Julian Halevy schrieb, als er 1958 Las Vegas besuchte:

> Die Freuden, die Las Vegas bietet, sprechen ganz elementare, unterschwellige Bedürfnisse an: Sie rühren an das wirkliche Leben, die wirklichen Ängste der Menschen, die aus allen Teilen des Landes in die Stadt pilgern … Las Vegas handelt mit der Essenz des American Way of Life, überzuckert unseren wichtigsten Lebensinhalt, unsere verzweifelte Jagd nach dem allmächtigen Dollar … Man weckt in uns die Illusion, wir alle seien reich und Geld spiele keine Rolle.[11]

Die Scharen von Kasinobesuchern, die sich in den 50er Jahren an den Spieltischen tummelten – von der *Saturday Evening Post* als »all die traurigen Leute, die sich in Las Vegas amüsieren«[12] bezeichnet –, waren die Vorboten einer Ära, in der die Stadt mit ihrer laxen Moral zum selbstbewussten Wahrzeichen der amerikanischen Kultur werden sollte. Die Hunderte von Millionen Dollar, die die Besucher in der Stadt ließen, belegten eindrucksvoll, dass Las Vegas bereits die »Tempelstadt des amerikanischen Traums«[13] geworden war.

Natürlich sahen die Kasinobesitzer in jenen, die sich in ihren Spielsälen vergnügten, weder moderne Pilger noch die Bewahrer irgendeiner amerikanischen Tradition, sondern »willige Opfer, die es zu schröpfen galt«[14], wie es der Journalist der *New York Times*, Wallace Turner, ausdrückte. Mit dem Bau der neuen Hotels stiegen ihre Einnahmen sprunghaft an: Anfang der 50er Jahre betrugen die offiziellen jährlichen Einkünfte der Kasinos zig Millionen Dollar, wobei die illegal abgeschöpften Gelder die gemeldeten Gewinne um ein Vielfaches überstiegen. Zu jener Zeit belief sich die »persönliche Ausbeute«[15] des Chicagoer Gangsterbosses Sam Giancana auf »über 300.000 Dollar im Monat« – wie sein Bruder Chuck später schrieb –, und Sam war nur einer von Dutzenden von Syndikatsmitgliedern, die an den illegalen Kasinogewinnen in Las Vegas beteiligt waren. Allein der Gedanke an so viel Geld habe Sams Herz höher schlagen lassen, erinnerte sich Chuck. Wie ein Insider berichtete, ging lange das Gerücht, dass der übervorsichtige Lansky nach den Anhörungen des Kefauver-Ausschusses »keinen Fuß mehr in die Stadt setzte«. Doch am gesamten Strip und in der Glitter Gulch zweigten die »Männer aus Miami«[16], wie Lanskys Strohmänner genannt wurden, für jede offiziell eingenommene Million Dollar drei Millionen für sich ab. Monat für Monat brachten männliche und weibliche Kuriere Aktentaschen voller Geld per Flugzeug, Eisenbahn oder Auto direkt in Lanskys Hauptquartier in Miami. Von dort leitete Lansky die Einnahmen an seine Partner in Amerika und im Ausland weiter. »Sie alle vertrauten darauf, dass Meyer die Bücher korrekt führte und das Geld gerecht aufteilte«[17], berichtete später ein Gangster aus Las Vegas.

Ein Großteil des Geldes wanderte auf Schweizer Nummernkonten, von wo es über Banken und Finanzinstitute auf den Bahamas »frisch gewaschen« wieder in die USA zurückgeschleust wurde, meist in Form von Baukrediten für Spielkasinos in Las Vegas und andere Investitionen des Syndikats wie Krankenhäuser, Golfplätze, Einkaufszentren, Wohnsiedlungen und Filmgesellschaften. Später erzählte Lansky grinsend:

> Wenn wir uns von Schweizer Banken oder einheimischen Banken Geld liehen, war es immer unser eigenes.[18]

Während der 50er Jahre erzeugte dieser geheime, verschlungene Geldverkehr zwischen dem Strip und der Schweiz einen der gewaltigsten internationalen Kapitalströme jener Zeit und machte Las Vegas zu einem weltweiten Finanzzentrum, lange bevor die Stadt in aller Munde war.

Las Vegas verdankte seine rasante Entwicklung einer Art Schattenwirtschaft, die sich fest in der Hand der Unterwelt befand. Das 1952 erbaute Sahara wurde mit den Einnahmen aus dem Telegrafenwettgeschäft in Oregon sowie mit Buchmacherprofiten und Schutzgeldern aus Kalifornien finanziert und zunächst von den Brüdern Lansky kontrolliert; danach ging es an eine Chicagoer Gangsterclique über – die Brüder Fischetti, Giancana und ihre Komplizen. Im Dezember desselben Jahres wurde das Sands eröffnet, hinter dem Joe Adonis und Frank Costello standen – zwei Gangster, die bei den Kefauver-Anhörungen für Aufsehen gesorgt hatten –, sowie Meyer Lansky, der Einkünfte aus landesweiten kriminellen Unternehmungen in das Projekt investiert hatte, darunter Geschäfte mit dem Spirituosenmagnaten und Vertrauten Edgar Hoovers, Lewis Rosenstiel. Dieser war ebenfalls am Sands beteiligt und hatte darüber hinaus illegale Transaktionen des Kasinos abgesichert, indem er Senator Lyndon B. Johnson eine halbe Million Schmiergeld gezahlt hatte. Ende der 50er Jahre war unter Insidern allgemein bekannt, dass das Sands »von mehr Unterweltcliquen kontrolliert wurde als irgendein anderes Kasino in Nevada«[19], unter anderem von Unterorganisationen des Syndikats in Houston, Galveston, St. Louis, Los Angeles, San Francisco, Minneapolis, Chicago, Detroit, Cleveland, New York, Newark, Jersey City, Brooklyn, Boston, Miami und New Orleans.

1954 wurde das Showboat von Dalitz und seinen Partnern vom Desert Inn erbaut, unter ihnen auch Ruby Kolod, ein Mann mit Hängebacken, zerfurchter Stirn und lichtem Haar, dem der Ruf eines Killers und Erpressers vorausging. Das 1955 eröffnete New Frontier, das in der Szene bald als »Jahrhundertflop des Syndikats«[20] galt, warf anfangs kaum Gewinne ab, bis schließlich Ross Miller aus Chicago nachhalf – ein erfahrener Syndikatsmanager und Vater eines zukünftigen Gouverneurs von Nevada, dessen Markenzeichen seine Schmalztolle und Rollkragenpullover waren. Im April 1955 wurde das Riviera von Mitgliedern des organisierten Verbrechens in Chicago, dem so genannten Outfit, erbaut. Als das Kasino rote Zahlen schrieb, engagierten sie Gus Greenbaum vom Flamingo als Geschäftsführer, damit er das

Kasino wieder in die Gewinnzone brachte. Kaum einen Monat später nahm das Dunes seinen Betrieb auf, das dem Patriarca-Clan aus Boston gehörte, aber von Strohmännern – Geschäftsleuten mit Unterweltkontakten – geführt wurde und sich für seine Besitzer bald zu einer wahren Goldgrube entwickelte. Nicht weit entfernt entstand im selben Jahr das Royal Nevada, das einzige große Kasino jener Zeit, das je pleite machte.[21] Es wurde von einer weiteren Gruppe krimineller Investoren finanziert, darunter auch ein Anwalt aus St. Louis namens Morris Shenker, dessen Verbindungen zur Teamster-Gewerkschaft nicht nur für das unglückselige Royal Nevada, sondern auch für die weitere Entwicklung der gesamten Stadt von großer Bedeutung sein sollte. Dann entstand das Fremont, das höchste Gebäude Nevadas, das mit Einnahmen aus unsauberen Kreditgeschäften in San Francisco und dem Kapital von Lanskys Partner Eddie Levinson finanziert wurde, der den Löwenanteil der jährlichen 16 Millionen Dollar an illegalen Gewinnabschöpfungen einstrich. Ein Zeitgenosse beschrieb Levinson als »kleinen Mann mit ergrautem Pony, dunkelbraunen Augen und dem stechendsten Blick in ganz Nevada«.[22] Wenn er in weißer Segeltuchhose, mit knallgrünem Hemd und teurer Baseballkappe auf dem Kopf zwischen den Kasinogästen umherschlenderte, strahlte er etwas »Geheimnisvolles und Unerschrockenes«[23] aus. Zu seinen Vertrauten gehörten Jimmy Hoffa und Bobby Baker, der Chefberater Lyndon B. Johnsons, der zu jener Zeit bereits Mehrheitsführer im Senat war und sich auf seine Präsidentschaftskandidatur vorbereitete.

1957 fand die Eröffnung des mondänen Tropicana statt, bei der Vizegouverneur Rex Bell feierlich das Band durchschnitt. In den ersten 24 Tagen nahm das Kasino über 650.000 Dollar ein. Die Gewinne und illegalen Abschöpfungen gingen nicht nur an den Miteigentümer Frank Costello, sondern auch an Giancana und den Chicagoer Outfit sowie den Gangsterboss Carlos Marcello in New Orleans. Marcellos Interessen im Kasino wurden von »Dandy« Phil Kastel wahrgenommen, einem Killer aus Manhattan und »Statthalter« des Syndikats in Hot Springs, der eine Vorliebe für Seidenanzüge und Spazierstöcke mit Goldspitze hatte. Da Kastel selbst keine Spielkonzession bekommen konnte, fungierten seine ehrgeizige Frau Helen – ein Revuegirl –, ein Versicherungsagent aus Indiana namens Ben Jaffe sowie J. Kell Houssels sen. aus Las Vegas als Strohmänner. 1955 begann Tony Cornero mit dem Bau des Stardust, den er mit Lösegeldern und Einnahmen aus dem Alkoholschmuggel finanzierte. Doch noch im selben Jahr erlitt er bei einem Besuch im Desert Inn einen Herzinfarkt und brach tot zusammen, worauf der berüchtigte Gangster Jake »The Barber« Factor und Dalitz' Gruppe das Projekt übernahmen. Dalitz und Konsorten hatten sich nicht lange vor Corneros Tod als stille Teilhaber in das Stardust eingekauft und finanzierten nun die Fertigstellung des Hotelkasinos mit Millionensummen, die nicht nur von den Teamsters stammten, sondern auch von Louis Jacobs aus Buffalo. Jacobs, auch als »Pate des Sports«[24] bekannt, hatte bei Dalitz noch eine Schuld zu begleichen, da dieser ihm in den 30er Jahren Geld geliehen hatte, als seine Firma Sportsystems – die Vorgängerin der Emprise Corporation – in finanziellen Schwierigkeiten steckte.

Zwischen dem Strip und der Fremont Street wurden ebenfalls enge und einträgliche Verbindungen gepflegt. Benny Binion, der zwischenzeitlich seine Geschäfte auch im Gefängnis weiterführte, leitete einen Teil der Gewinnabschöpfungen und offiziellen Profite seines Horseshoe Club an seinen stillen Teilhaber Eddie Levinson weiter und damit auch an Lansky – eine Tatsache, die damals nicht bekannt war und erst vor kurzem ans Licht kam. Ebenfalls in der Fremont Street befand sich das florierende El Cortez, dessen Haupteigentümer William Israel Alderman war, ein massiger, einsilbiger Mann aus Minneapolis und Partner Lanskys, der wegen seiner Leibesfülle »Izzy Lump-Lump« genannt wurde oder auch »Ice Pick Willie«, weil er dafür bekannt war, seinen Widersachern einen Eispickel in den Kopf zu rammen. Das neue Hotel Mint war ein Ableger des Sahara und bot dem einfachen Publikum, das mit dem Bus anreiste, Automatenspiele, Keno und Bingo – »Idiotenspiele«, wie man sie in der Szene nannte.

Es waren jene Männer, die mit ihrem Geld das neue, funkelnde Las Vegas aus dem Boden stampften. Manche Autoren hielten die ungewöhnliche Art, mit der die Glücksspielinvestoren ihr Produkt planten und vermarkteten, für geradezu genial. Zweifellos kamen den Kasinobossen ihre jahrzehntelangen Erfahrungen mit Flüsterkneipen und illegalen Spielhöllen zugute, mit denen sie die anrüchigen, jedoch übermächtigen Bedürfnisse ihrer Gäste befriedigt hatten. Andere wiederum konnten an jenen Männern absolut nichts Geniales entdecken. Ein einheimischer Journalist, der über zahlreiche Verbrecherkarrieren geschrieben hatte, meint:

> Mir ging irgendwann auf, dass diese Gangster keineswegs besonders clever sind. … Im Grunde taten sie einfach nur das, was andere niemals tun würden.[25]

Trotz ihrer Macht und ihrer Skrupellosigkeit entsprachen in Wirklichkeit nur wenige Gangster dem Klischee des kaltblütigen Killers oder gewissenlosen Geschäftemachers. Auf jeden mystifizierten Bugsy Siegel kam ein Heer von nervösen kleinen Moe Sedways oder Männer wie Charlie »Babe« Baron, einer von Arveys Killern aus Chicago, der in Las Vegas einst Einlasser und Strohmann war, aber bei jeder Gelegenheit mit seinem Rang als Brigadegeneral bei der Nationalgarde prahlte. Es gibt eine Anekdote über den Filmschauspieler George Raft, der in zweitklassigen Filmen der 40er Jahre Gangsterrollen spielte. Es heißt, er habe einmal ein Kasino besucht, um echte Gangster aus nächster Nähe zu sehen, weil er seine Leinwandschurken glaubwürdiger gestalten wollte. Doch er ahnte nicht, auf welch wackeligen Füßen das Selbstbild der Ganoven stand. »In Wirklichkeit waren es die Gangster, die Raft eingehend studierten.«[26]

Seit ihren Anfangsjahren in Las Vegas suchten die Kasinobesitzer die soziale Anerkennung der alteingesessenen Familien der Stadt, die sie ihnen jedoch hartnäckig verweigerten. »Sie sehnten sich nach Ehrbarkeit und gesellschaftlichem Ansehen« und betrachteten sich im Grunde »als Bürger zweiter Klasse«,[27] sagte ein ortsansässiger Anwalt über Dalitz und seinesgleichen. Da die meisten von ihnen seit ihrer Kindheit am Rande der Gesellschaft lebten und ihre soziale Herkunft als peinlich empfanden, hielten sie sich eher im Hintergrund. »Sie wussten, wo sie hingehörten«[28], schrieb der Enthüllungsreporter aus Las Vegas John L. Smith. »Sie versuchten nicht um jeden Preis das Leben der Gemeinde zu dominieren, ganz im Gegensatz zu den dreisten Banditen, die ihnen nachfolgten«[29], sagte ein weiterer Zeitgenosse. »Sie wollten einfach nur anerkannt werden und in Ruhe ihren Geschäften nachgehen.« Auch wenn man über sie die Nase rümpfte, so wurden sie doch toleriert, jedenfalls mehr als vorher.

Immer häufiger traf man in Las Vegas auch Gangster mittleren Alters, die mit deutlich jüngeren Frauen verheiratet waren und Kinder hatten – »meist ältere Juden mit ihren Schicksen, die ihre Exfrauen in New York oder Chicago zurückgelassen hatten, wo sie stattliche Unterhaltszahlungen kassierten«[30], berichtete die Tochter eines dieser Männer. Obwohl man sie am Strip hofierte, sehnten sie sich nach einem bürgerlichen Leben in einem kleinen Holzhaus mit weißem Lattenzaun im ehemaligen Stadtzentrum und einer Mitgliedschaft in den örtlichen Wohltätigkeitsvereinen und Privatklubs. »Ehemalige Verbrecher konnten hier auf einmal auftauchen, ihre Vergangenheit abstreifen wie eine

Schlange ihre Haut und als vorbildliche Bürger neu anfangen«[31], schrieb das Mitglied einer alteingesessenen Familie.

Auf manche Besucher der Stadt wirkte das ganze Szenario äußerst bizarr, wenn nicht gar unheimlich. »Das ist ein einziges Tollhaus hier«[32], notierte Noël Coward in sein Tagebuch, als er 1955 im Desert Inn gastierte. »Die Scheinwerfer an der verschnörkelten Decke strahlen auf die Scharen von verbissenen Schwachköpfen herab, die ihr Geld zum Fenster hinauswerfen.« Die Kasinomanager wirkten auf ihn »weltmännisch und charmant ... das kuriose Produkt einer kuriosen, pubertären Gesellschaft«. Doch ihre Moral erschien ihm äußerst befremdlich: »Sie verehren ihre Mütter, sie sind großzügig, sentimental und können überaus liebenswürdig sein. Aber sie sind auch rücksichtslos, grausam, gewalttätig und ohne jede Skrupel.«[33]

Wie sicher sich die Gangsterbosse in der Stadt fühlten, bewiesen sie mit einem ihrer berüchtigten Treffen, das 1953 im neu eröffneten Sands stattfand. Als an jenem Tag der noch unerfahrene Journalist Dick Odessky gemeinsam mit dem Kolumnisten Walter Winchell das Kasino besuchte, machte dieser ihn sofort auf eine Gruppe von »einigen der berüchtigtsten Unterweltgrößen des Landes«[34] aufmerksam. Winchell erklärte seinem jungen Kollegen:

> Da muss schon etwas Wichtiges im Gange sein, wenn sich diese Burschen hier treffen. Vegas soll angeblich eine saubere Stadt sein, und dann findet plötzlich mitten in diesem nagelneuen Schuppen ein Mafia-Treffen statt.[35]

Er war davon überzeugt, dass man in den nächsten Tagen »irgendwo einen toten Gangsterboss finden« würde. Tatsächlich wurde kurz darauf an der Ostküste ein Unterweltmord verübt und bezeichnenderweise schienen die Behörden Nevadas keinerlei Zusammenhang zwischen den beiden Ereignissen herzustellen, obwohl am Strip entsprechende Gerüchte kursierten.

In den 50er Jahren befand sich Las Vegas in der Hand eines einzigen »Wirtschaftsunternehmens«: des Syndikats. Nicht nur die geheimen Eigentümer der Kasinos, sondern alle, die im Bereich der Glücksspiel- und Unterhaltungsindustrie tätig waren, kamen auf irgendeine Weise mit dem kriminellen System in Berührung. Viele der am Strip engagierten Stars hatten schon seit längerem Kontakte zu Unterweltkreisen, was ihre Fans natürlich nicht wussten; manchen von ihnen – beispielsweise Joe E. Lewis – blieb gar keine andere Wahl, da dem Syndikat viele der renommiertesten Nachtklubs und Theater im ganzen Land gehörten; andere, wie etwa Frank Sinatra, pflegten ganz ungeniert Geschäftsbeziehungen zu Verbrechern. In Las Vegas konzentrierte das kriminelle Imperium sein gesamtes Kapital – Menschen, Geld, bewegliches Eigentum und Macht –, und begann seine Einflusssphäre von der Glücksspiel- und Unterhaltungsindustrie auf immer mehr Bereiche des amerikanischen Lebens auszudehnen.

Das Aufgebot an Gangstern in der Stadt war nicht weniger beeindruckend als die neuen, florierenden Kasinos. Wie der Kronzeuge Joe Valachi Anfang der 60er Jahren enthüllte, hatten Gangsterbosse aus ganz Amerika Ende der 40er, Anfang der 50er Jahre auf mehreren Zusammenkünften in New York, Havanna und Hot Springs Las Vegas zur »offenen Stadt« erklärt. Die kriminellen Gruppierungen in den verschiedenen Metropolen und Regionen, die in ihren angestammten Territorien ihre wirtschaftlichen und politischen Interessen erbittert verteidigten, hatten nun die Möglichkeit, unabhängig voneinander oder in Gemeinschaftsprojekten in die »monopoly export economy«[36] der Glücksspielmetropole zu investieren, wo es »jede Menge zu holen gab«, wie es ein Kasinobesitzer ausdrückte. Allerdings hatten sich alle an ein ungeschriebenes Gesetz zu halten, das in der Szene als »Reinheitsgebot«[37] bezeichnet wurde: Bei internen Fehden sollte auf jede Art von öffentlichem Blutvergießen verzichtet werden. Als der berüchtigte Berufskiller »Russian Louie« Strauss mit einer brutalen Hinrichtung am Lake Tahoe unerwünschtes Aufsehen erregte und dann auch noch versuchte, Binion wegen eines von ihm in Auftrag gegebenen Mordes zu erpressen, sorgte eine Gruppe von Kasinobesitzern dafür, dass er aus der Stadt gelockt, erschossen und seine Leiche in der Wüste beseitigt wurde. Jahrelang kursierte am Strip der Witz, dass man Gläubiger am besten mit dem Satz vertröstete: »Sie bekommen Ihr Geld, sobald Russian Louie wieder in der Stadt ist.«[38] Abgesehen von dem allgemein akzeptierten »Reinheitsgebot« konnten die Gangster am Strip schalten und walten, wie sie wollten. Sie profitierten von einem zunehmend komplexeren Geflecht von gemeinsamen Geschäftsinteressen und Investitionen, das Lansky mit seinem Netz aus Partnerschaften und Teilhaberschaften noch immer dominierte – ein System aus verschwiegenen Beziehungen und geheimen Machtstrukturen, das Las Vegas zur »Mutter« der modernen amerikanischen Wirtschaft machte. Die Zeitschrift *Nation* schrieb über die wahren Besitzer der Kasinos am Strip, dass sie »bereitwillig in den Hintergrund traten, während ihre

Geschäftsinteressen im Sumpf unüberschaubarer Transaktionen verborgen blieben«.[39]

Obwohl der Kefauver-Ausschuss hinter dem organisierten Verbrechen in Las Vegas fälschlicherweise die Mafia vermutete, hatten die italoamerikanischen Gangster in Wirklichkeit bis Mitte der 50er Jahre so gut wie keinen Einfluss in der Stadt; erst danach begannen sie, das neue Terrain zu erobern und sich Anteile am Sahara, Riviera, Sands und an anderen Hotelkasinos zu sichern. Nachdem sich schließlich zahlreiche miteinander kooperierende ethnische und regionale Gruppen in Las Vegas etabliert hatten, begann »das große Rätselraten: Wer kontrolliert wen?«[40] – eine Frage, die sie auch in den nächsten 50 Jahren noch beschäftigen sollte. Nirgendwo sonst gab es unter italienischen, jüdischen, irischen und anderen Gruppierungen so viele Verbündete, Partner, Mitwisser und Mitverschwörer – zusammengeschweißt durch »eine unersättliche Gier nach Geld«. Gleichwohl sorgte das Klischee von der Mafia als Inbegriff des organisierten Verbrechens weiterhin dafür, dass weder der rein amerikanische Charakter noch das ganze Ausmaß der Korruption in Nevada erkannt wurden und dass sich das System ungehindert ausbreiten konnte.

Von den vielen Mythen, die den Blick auf das wahre Las Vegas verstellten, war keiner langlebiger als jener, dass die Mafia Las Vegas erschaffen hätte. Die Historiker Ed Reid und Ovid Demaris haben nachgewiesen, dass sich in den 50er Jahren die Kasinos etwa zur Hälfte unter jüdischer Kontrolle befanden, zu einem Viertel in italienischer und zu einem geringen Prozentsatz in irischer und polnischer Hand. Doch solche Überlegungen sind rein akademischer Natur. Noch vor dem Ende des Jahrzehnts hatte Las Vegas einen so großen Teil des Landes – seiner Wirtschaft und Politik – in seinen Einflussbereich gebracht, dass Einzelpersonen und ethnische Herkunft kaum noch eine Rolle spielten. Las Vegas war nicht das Machtzentrum der jüdischen Unterwelt, der italienischen Mafia oder irgendeiner anderen kriminellen Gruppierung, sondern das eines multiethnischen Netzwerks, das im Begriff war, sich das gesamte Land einzuverleiben.

Es war ein kalter Januartag 1951 in Washington, als Gordon Dean, der Vorsitzende der Atomenergiekommission, Senator Pat McCarran aus Nevada einen vertraulichen Besuch abstattete. Der Sohn eines Predigers aus Seattle, der zuvor als Anwalt im Justizministerium gearbeitet hatte, galt als vehementer Antikommunist. Er war überängstlich und hätte selbst dem als Kommunistenjäger verschrienen Pat McCarran nicht über den Weg getraut. Immerhin hatte ihm ein Freund erzählt, dass »im Washingtoner Büro des Senators Exkommunisten ein und aus gingen«[41]; auch wenn es sich dabei vielleicht nur um übergelaufene Informanten oder geladene Zeugen handelte, so waren sie doch alle »Rote« und damit ein Sicherheitsrisiko. Außerdem war der unermüdliche Manipulator McCarran dafür bekannt, dass er bedenkenlos alles ausplauderte, was ihm in Washington zu Ohren kam, selbst streng vertrauliche Informationen, wenn es seinen Freunden in Nevada geschäftlich nützte.

Doch diesmal hatte Dean keine andere Wahl. Sein Geheimnis würde sowieso bald an die Öffentlichkeit gelangen, und wenn er McCarran nicht rechtzeitig einweihte, würde er sich nur den Zorn des alten Politikers zuziehen. Also eröffnete er ihm, dass die Atomenergiekommission beschlossen habe, auf dem 100 Kilometer nordwestlich von Las Vegas gelegenen Versuchsgelände Tonopah Bombing and Gunnery Range Atombombentests durchzuführen – die ersten auf dem amerikanischen Festland seit 1945. Die Experimente seien »für die nationale Sicherheit unabdingbar« und »für die Menschen völlig ungefährlich«[42], versicherte Dean dem Senator. McCarran, der in dieser Frage ohnehin kein Mitspracherecht hatte, nickte nur.

Bereits seit Monaten beschäftigte man sich heimlich mit den Vorbereitungen der Nukleartests in Nevada unter dem Decknamen »Operation Ranger«. Angesichts des angespannten internationalen Klimas während des Kalten Krieges und des im Sommer 1950 ausgebrochenen Koreakrieges duldete das Projekt keinen weiteren Aufschub. Da die Tests im Pazifik sehr kostspielig und aufwändig waren, hatte sich die Regierung für ein Versuchsgelände auf dem Festland entschieden. Auf einer geheimen Sitzung im August 1950 warnten namhafte Physiker wie Enrico Fermi vor dem Strahlenrisiko. Die Wissenschaftler wussten, dass eine wiederholte, niedrig dosierte Strahlung von jener Art, wie sie nach einem Atombombenversuch in der Atmosphäre zu erwarten war, Krebs und andere tödliche Krankheiten auslöste – »Brutstätten der Leukämie«[43], nannte der Autor Michael Ventura die möglichen Folgen. Darüber hinaus war die Verteilung des radioaktiven Niederschlags unkalkulierbar, so dass mit so genannten Hochbelastungszonen gerechnet werden musste. Einige Regierungsfunktionäre hielten die Erprobung der schrecklichen Waffe auf amerikanischem Boden für politisch nicht durchführbar, vor allem dann nicht, wenn die nichts ahnende Öffentlichkeit von den Risiken erführe. »Das amerikanische Volk wird es niemals dulden, dass in diesem Land Atombomben gezündet werden«[44], hielt einer von ihnen Dean entgegen.

Enrico Fermi in seinem Labor an der Columbia University, New York

Doch der Leiter des Kernforschungszentrums von Los Alamos, Norris Bradbury – »ein zweitklassiger Wissenschaftler, aber ein erstklassiger Manager«[45], wie ihn ein Kollege charakterisierte –, bestand darauf, dass es mindestens einen Ort im Land geben müsse, wo die Regierung unbehelligt ihre Tests durchführen könne. Aus politischer Sicht bot sich das dünn besiedelte Nevada an, zumal dort der Grund und Boden zu über 85 Prozent dem Staat gehörte. Was die unmittelbar betroffene Region und die zu erwartende »Strahlungsschneise« betraf, so hielt Bradbury »das Risiko für die Bevölkerung für gleich null«.[46]

Ehe Truman am 10. Januar 1951 seine endgültige Zustimmung gab, fragte er Dean: »Kann man es irgendwie einrichten, dass niemand zu Schaden kommt?«[47] Obwohl er Trumans Frage nicht direkt beantwortete, gelang es Dean offensichtlich, den Präsidenten zu beruhigen: »Wir werden alle erforderlichen Vorsichtsmaßnahmen ergreifen.« Die Bedenken des Gouverneurs von Nevada, Charles Russell, und des Gesundheitsministeriums in Carson City wischten die Wissenschaftler der Atomenergiebehörde (AEC) vom Tisch. Dies »war der Beginn einer jahrzehntelangen systematischen Irreführung der Öffentlichkeit«[48], schrieb Stewart Udall, Historiker und ehemaliges Kabinettsmitglied. Wie Mary Ellen Glass in ihrer historischen Studie herausstellte, waren »die verharmlosenden Erklärungen hinsichtlich der allgemeinen Sicherheit nicht nur unwahr, sondern sie dienten sogar der gezielten Täuschung.«[49]

Die AEC verlor keine Zeit: Am 27. Januar 1951 wurde die erste Bombe über einem öden Gelände im Nye County gezündet, das früher einmal unheilvoll »Death Barren« (Land des Todes) hieß. Wie sich Augenzeugen erinnerten, war es ein klarer, sonniger Wintertag. Die sich scharf abzeichnende Silhouette der schneebedeckten Berggipfel und die verlandeten prähistorischen Seeflächen schimmerten unter einem strahlend blauen Himmel. Erst später sollten die Beobachter des Spektakels erfahren, wie weit die »idealen« Winde aus dem Südwesten den Fallout der Atombombe verteilen sollten. Zwei Tage nach dem Test erhielt die AEC ein beunruhigendes Telegramm von der National Association of Photographic Manufacturers, einer in Washington einflussreichen Organisation, die im Auftrag der Firma Kodak telegrafierte:

> Kodak Company Schneefallmessung Montag Rochester 10.000 Zerfälle pro Minute, letzten Freitag gleiche Schneemenge nur 400 STOP. Situation bedenklich STOP. Weitere Messungen folgen STOP. *Was machen Sie da?* STOP.[50]

Um das Großunternehmen Kodak und andere Firmen, die mit strahlungsempfindlichen Produkten handelten, zu beschwichtigen, ging die AEC dazu über, diese von nun an diskret über bevorstehende Tests zu informieren – ein Privileg, das den Menschen in Nevada, Utah oder anderen vom Fallout betroffenen Regionen nicht zuteil wurde.

Auch in Las Vegas, der Stadt, die dem Explosionsherd am nächsten lag, machte man sich wegen der Tests Sorgen, allerdings nicht so sehr wegen der gesundheitlichen Folgen, sondern wegen eventueller wirtschaftlicher Einbußen. Man fürchtete, dass die Touristen fernblieben. Manche Kasinobetreiber hatten Angst, durch die Detonationen könnten Würfel oder Roulettekugeln von den Spieltischen springen, weshalb sie ihre Gäste vorsorglich darauf hinwiesen, dass »in einem solchen Fall die Entscheidung des Hauses endgültig« sei. Beunruhigend war auch, dass nach den ersten Explosionen plötzlich Wissenschaftler und Ärzte aus Utah auftauchten, die »in ihren weißen Kitteln durch die Straßen von Las Vegas gingen und die Leute durchcheckten«[51], wie ein Einheimischer berichtete. Doch die meisten Einwohner glaubten den Beschwichtigungen der Regierung.

In den folgenden zehn Jahren sollten auf dem Versuchsgelände (Nevada Test Site) über 100 Atomwaffen in der Luft und auf dem Boden gezündet werden, in den intensivsten Phase bis zu vier im Monat. Die Namen der einst unbekannten Orte – Jackass Flat, Desert Rock, Yucca Flat, Frenchman Flat und Mercury – gingen in die Annalen der geheimen Geschichte des Rüstungswettlaufs ein.

Trotz aller Befürchtungen sah man in den Atomtests bald eine weitere Attraktion der Stadt, das grelle i-Tüpfelchen, das die Besucherzahlen in die Höhe treiben würde. Die Kasinobetreiber vermarkteten das neue Touristenspektakel, um ihren Gästen noch mehr Geld aus

Frenchman Flat – keine 100 Kilometer von Las Vegas entfernt –, wo am 25. Mai 1953 Atombomben aus 280-mm-Geschützen abgefeuert wurden.

der Tasche zu ziehen. Den Sensationshungrigen boten sie in ihren Panoramabars und Hotelzimmern einen freien Blick auf den Feuerball und servierten ihnen Atomic Cocktails, während sie die Tischchefs im Kasino anwiesen, die Spiele, sofern erwünscht, während der Tests fortzusetzen; sie veranstalteten aber auch Picknickfahrten in die Wüste, wo man die Detonationen aus noch größerer Nähe beobachten konnte. Der Werbechef des Sands, Al Freeman, den ein Kollege »den ungekrönten König der örtlichen PR-Szene«[52] nannte, besaß die Dreistigkeit, das Kasino kurzerhand zum »offiziellen Pressezentrum für die Bombentests« zu erklären, worauf die Behörden, die dagegen nicht das Geringste einzuwenden hatten, Hunderte von Reportern, Fotografen und Filmteams ebenso wie Politiker aus dem ganzen Land in das Sands schickten.

Nur wenige Tage nach dem ersten Test gab die Handelskammer Broschüren heraus, unter anderem mit Fotos von Pin-up-Girls, die eine so genannte Atomfrisur trugen – der Werbegag eines örtlichen Schönheitssalons – oder einer Sexbombe im Badeanzug, die mit einem Geigerzähler den Bart eines grinsenden Cowboys untersuchte. Ein Vertreter der Handelskammer sagte gegenüber einem Journalisten des *New Yorker*:

> Es ging darum, den Leuten weiszumachen, die Tests seien nichts weiter als ein großer Jux.[53]

Las Vegas, Glitter Gulch, 18. April 1953: im Hintergrund der Atompilz einer Nuklearexplosion

Auch die Presse schien jede kritische Distanz verloren zu haben: »Das Ding, das ich heute Morgen gesehen habe, war phänomenal«[54], schrieb John Cahlan vom *Review-Journal* über einen strahlenden Atompilz. »Praktisch die ganze Stadt war auf den Beinen, um alles aus nächster Nähe zu verfolgen … die größte Zuschauerzahl seit Hiroshima.«[55] Wie nicht anders zu erwarten, bemühten sich die Werbeleute der Kasinos, auch die neuste Attraktion der Stadt erotisch aufzuladen. Sie fotografierten Revuetänzerinnen, die nichts weiter am Leib trugen als ein atompilzförmiges Wattegebilde, das den Körper nur spärlich verhüllte. Und leicht bekleidete Showgirls mussten rittlings auf einer bunt gestreiften, rauchenden, unverkennbar phallischen Bombe posieren.

Die groß angekündigten »Bombenpartys« am Strip zogen scharenweise Besucher aus Los Angeles an, die sich in den »brechend vollen« Kasinos drängten, wie ein Augenzeuge berichtete. Zu den üblichen Touristen gesellte sich nun eine neue Klientel, »von einem anderen Schlag« als jene, die wegen der Kasinos, Bars, Hochzeitskapellen oder Scheidungsanwälte anreisten. Sie kamen mit alten Autos und Kleinlastern und kochten sich ihr Essen auf Campingplätzen oder in einfachen Motels am Rande der Stadt, wie dem Atomic View Motel, das mit einem »unverstellten Blick auf den Feuerball von der behaglichen Lounge aus« warb. Sie wollten einfach »zur Stelle sein, wenn es losging«, erzählte ein Ortsansässiger. Viele Schaulustige, darunter Familien mit Kleinkindern, versuchten so nah wie möglich an das Schauspiel heranzukommen, und die AEC unternahm nichts, um sie daran zu hindern, obgleich man natürlich das eigentliche Versuchsgelände abgeriegelt hatte. Der Sheriff von Clark County, Ralph Lamb, war offenbar einer der wenigen, den die Nähe zum Detonationszentrum beunruhigte und der die »Bombentouristen« für »übergeschnappt« hielt.[55]

Während eines solchen Atomtests spielten sich in der Stadt unwirkliche Szenen ab. Die Gäste des Desert Inn standen dicht gedrängt im Sky Room mit seinen Panoramafenstern, von wo sich ihnen ein weiter Blick auf das nördlich gelegene Testgelände bot. Ehe eine Bombe wie üblich im Morgengrauen gezündet wurde, tranken sie die ganze Nacht hindurch – »wie die Schluckspechte«, erinnerte sich ein Gast – und hielten den Pianisten auf Trab, indem sie sich ständig irgendwelche alten Schlager zum Mitsingen wünschten. Ein Pianist erzählte einem Journalisten:

> Sie sangen mit einer Inbrunst, als wären sie auf der Queen Mary und würden gleich untergehen, laut und wehmütig.

Nach einer Weile habe er es »nicht mehr länger ausgehalten« und einen »atomaren« Boogie-Woogie improvisiert, nur um diesen rührseligen Gesang abzustellen. In den fensterlosen Hotelbars der Stadt waren Kellnerinnen und Barkeeper angehalten, den Gästen rechtzeitig Bescheid zu geben, damit sie »ihre Gläser schnappen und nach draußen laufen« konnten, ehe es losging.

Zur gleichen Zeit fuhren Bombentouristen mit ihren kleinen silbernen Campingwagen auf den Railroad Pass oder zu einem anderen erhöhten Standort im Las Vegas Valley. Um 5 Uhr 30 gingen in den Wohnvierteln der Stadt allmählich die Lichter an. Die Menschen traten in Bademänteln mit Tassen dampfenden Kaffees auf ihre Veranden oder kletterten auf die Dächer ihrer Häuser. Familienväter fuhren den Wagen aus der Garage auf die Straße, von wo man besser sehen konnte, ließen den Motor laufen, damit es drinnen schön warm war, ehe sich die übrige Familie zu ihnen gesellte. Eltern knufften ihre Jüngsten oder spielten mit ihnen, um sie bis zu dem großen Ereignis wachzuhalten. Dann endlich wurden sie mit einer unvergesslichen Erinnerung belohnt. »Erst hörte man ein lautes Donnern«, erinnerte sich ein Augenzeuge »und dann dieses grandiose Schauspiel am Morgenhimmel.« Der gleißende Feuerball – viel zu grell für die Kodak-Kameras, die man für diese

Gelegenheit mitgebracht hatte – ließ es für einen kurzen gespenstischen Moment lang taghell werden. Die Explosionen waren noch in Montana deutlich sehen, und Piloten, die auf dem Weg von Hawaii zum Festland waren, konnte sie von oben beobachten.

Doch traten auch Phänomene auf, die so manchen beunruhigten: Die Pferde fraßen nicht mehr, Hunde und Katzen ließen sich nicht mehr streicheln. Während der ersten Testphase waren in der ganzen Stadt die Alarmanlagen losgegangen, Türen wurden aus den Angeln gehoben und viele glaubten, der Boulder-Damm könne Risse bekommen. Die Regierung spielte die Auswirkungen der Bombentests wie immer herunter. Im Gegensatz zu den schaulustigen Touristen hatten sich die Einwohner von Las Vegas allmählich so an die Tests gewöhnt, dass sie enttäuscht waren, wenn die Druckwellen einer Detonation sieben Minuten später »nur ein schwaches Beben« in der Stadt auslösten. »Wir waren natürlich scharf auf stärkere Bomben«, erzählte ein Kasinobesitzer 1952 einem Journalisten, »die Amerikaner brauchen einfach ihren Nervenkitzel.« Es gab aber auch Menschen, die das Schauspiel unheimlich und verstörend fanden, wie eine Frau aus Las Vegas schildert:

> Als ich nach dem schrecklich grellen Lichtblitz wieder sehen konnte, bemerkte ich, dass die Sonne hinter den Bergen aufgestiegen war. Hier in der Wüste ist die Sonne ja nicht immer freundlich zu uns, aber in diesem Moment begrüßte ich sie wie eine alte Freundin. Sie gab mir ein Gefühl der Sicherheit.

Neben dieser paradoxen Mischung aus Spektakel und Staatsgeheimnis gab es aber auch eine ganz andere Realität. Wenige Stunden nach den Tests fielen die Wissenschaftler der AEC in ihren Schutzanzügen in die umliegenden Städte Nevadas und Utahs ein und untersuchten mit ihren tickenden Geigerzählern den radioaktivem Staub auf Rasenflächen, Veranden und Autos. »Selbst der unbedarfteste Bürger muss gemerkt haben, dass etwas nicht stimmte«, schrieben zwei britische Journalisten. Obwohl die Regierung nicht müde wurde, die Nukleartests als harmlos hinzustellen, machten die Warenhäuser Sears und Montogmery Ward immer größere Umsätze mit dem Verkauf von Geigerzählern, und einige Zeit lang boomte in Las Vegas auch das Geschäft mit dem Bau privater Bunker. Aber die meisten Bürger wähnten sich in Sicherheit. Regelmäßig reisten Wissenschaftler im Auftrag der Regierung nach Las Vegas, um die Öffentlichkeit zu beruhigen. So erklärte beispielsweise der Atomphysiker Edward Teller seinem Publikum:

Die Risiken der Strahlenbelastung sind zu Unrecht dramatisiert worden. ... Wenn wir keine Atomversuche zu friedlichen Zwecken mehr durchführen, wird die Menschheit ins Mittelalter zurückfallen.[56]

Edward Teller

Der Leiter des Testprogramms vor Ort, Albert Graves, der Tellers Argumente bei jeder Gelegenheit nachbetete, speiste die Presse in Nevada regelmäßig mit der Erklärung ab, dass von den Tests »nicht die geringste Gefahr« ausgehe. Jahrelang merkte niemand, dass Graves infolge der Strahlenbelastung, der er selbst ausgesetzt war, erblindete. Erst ein Vierteljahrhundert später sollte das ganze Ausmaß der menschenverachtenden Fahrlässigkeit und Vertuschungspolitik der amerikanischen Regierung ans Licht kommen. Trumans Nachfolger Eisenhower hatte sogar die Erprobung von noch größeren und gefährlicheren Nuklearwaffen auf dem Versuchsgelände genehmigt und einem Mitarbeiter nahe gelegt, die Einwohner Nevadas über den Unterschied zwischen Fission und Fusion »im Unklaren«[57] zu lassen.

Obwohl sich auf Gouverneur Russells Schreibtisch in Carson City immer mehr Briefe besorgter Bürger, vor allem einheimischer Viehzüchter, stapelten, gab er sich mit den Informationen der AEC weiterhin zufrieden; er hatte sich ohnehin damit abgefunden, dass er in dieser Angelegenheit nichts ausrichten konnte. In seinen Antwortschreiben hieß es stereotyp:

Da alle Atomversuche in Nevada auf bundesstaatlichem Gebiet durchgeführt werden, habe ich als Gouverneur keinerlei Handhabe, solche Tests zu unterbinden.[58]

Der Leiter des Kernforschungszentrums von Los Alamos, Norris Bradbury, versicherte seinerseits sowohl der Öffentlichkeit als auch besorgten Politikern unverdrossen, dass die Experimente keinerlei Gefahr darstellten, während er jedoch seiner Schwiegertochter, die fast 1600 Kilometer weiter östlich lebte, dringend empfahl, während ihrer Schwangerschaft der Gefahrenzone fernzubleiben. Die Historikerin Mary Ellen Glass schrieb:

Die Bevölkerung Nevadas, Utahs und Arizonas musste es hinnehmen, dass ihre Körper, ihre Luft, ihr Land, ihr Wasser und ihr Vieh

Eisenhower stellt am 8. Dezember 1953 der UN-Vollversammlung seinen Plan »atoms-for-peace« vor.

> verseucht wurden, während das PR-Team der AEC Ammenmärchen verbreitete, um die Ängste der Bevölkerung vor schweren Strahlenschäden zu zerstreuen, und der Präsident der Vereinigten Staaten sich an einer Desinformationspolitik beteiligte, die das Leben der gesamten Nation gefährdete.[59]

Obwohl später einige der Opfer, vor allem aus Südutah, vor Gericht gingen und ihr Schicksal öffentlich machten, sollte das volle Ausmaß der Schädigungen, besonders in Nevada, nie bekannt werden. »Wenn man von den Auswirkungen ausgeht, die die Tests auf Menschen hatten, die relativ weit vom Explosionszentrum entfernt waren, so sind wahrscheinlich viele dieser Picknickausflügler nicht sehr alt geworden«[60], schrieb Michael Ventura. Erst später wurde aufgedeckt, dass sich Washington die Loyalität und Kooperation der Regierung Nevadas mit der Zusage gesichert hatte, dass sie keine Prozesslawine zu befürchten habe.

Ungeachtet aller moralischen und politischen Bedenken trugen die Atomtests doch erheblich zum Wohlstand der Stadt bei. »Wir stehen am Anfang eines ungeheuren Aufschwungs«[61], erklärte ein Kasinobesitzer gegenüber dem *New Yorker*, womit er sich nicht nur auf die Touristenströme bezog, sondern auch auf das gestiegene Image der Stadt. Nachdem Las Vegas Anfang der 50er Jahre wegen der Enthüllungen des Kefauver-Ausschusses und anderer unangenehmer Publicity in Verruf geraten war, schien seine unbekümmerte, patriotische Haltung gegenüber der Atompolitik Washingtons wie eine Generalamnestie zu wirken und der Stadt zu einer gewissen Ehrbarkeit zu verhelfen. Doch es gab auch kritische Stimmen, die zwischen der Moral der Wissenschaftler und der der Kasinobosse keinen großen Unterschied entdecken konnten. »Mit der Frage, wer dem Staat und seinen Einwohnern mehr geschadet hat, könnte sich eine ganze Generation von Wissenschaftlern und Autoren beschäftigen«[62], schrieb Mary Ellen Glass.

Seit den ersten Atomversuchen wurde auf dem Testgelände eine stetig wachsende Zahl von Nuklearwissenschaftlern, Militärs und Geheimdienstmitarbeitern beschäftigt. Dank der vielen neu geschaffenen Arbeitsplätze, darunter hoch bezahlte Stellen in den nationalen Sicherheitsorganisationen, und der zahlreichen lukrativen Aufträge für lokale Unternehmer entwickelten sich die militärischen Einrichtungen zu einer Säule der Wirtschaft Südnevadas. Allein im Januar 1951 erhöhte sich die Einwohnerzahl von Las Vegas um etwa 10.000 Menschen. Seit dem Bau des Boulder-Damms waren nicht mehr so viele Arbeitskräfte nach Nevada gekommen. Zehn Jahre lang pendelten täglich an die 12.000 Menschen von Las Vegas zum Testgelände und zurück; das Gesamtjahreseinkommen aller Beschäftigten betrug über 100 Millionen Dollar.

1955 entstand auf dem Gelände der Hochsicherheitsbereich »Area 51«, ein geheimer Stützpunkt des CIA, wo die Aufklärungsflugzeuge U-2 und SR-71 und später auch Jagdflugzeuge, Tarnkappenbomber und Tarnkappenjäger entwickelt wurden. Der dort stationierte Nachrichtendienst sollte in der Iran-Contra-Affäre eine unrühmliche Rolle spielen und auch in internationale Drogengeschäfte verwickelt werden. Seine Anwesenheit blieb den Bewohnern der Stadt keineswegs verborgen: »In Las Vegas macht sich eine konspirative Schnüfflerszene breit«[63], schrieb ein Journalist 1979 in der *Valley Times*.

Mit ihren Strategien der Täuschung, Vertuschung und Geheimhaltung trug die amerikanische Regierung maßgeblich zum Aufschwung der Stadt bei. Die gleißenden Atomblitze waren nur ein weiterer Ausdruck für den unseligen Pakt zwischen Politik, Verbrechen und Wirtschaft in Las Vegas.

Radioaktiver Niederschlag und staatliche Desinformationspolitik waren natürlich nicht die einzigen Übel jener Zeit. Die Männer, die Las Vegas kontrollierten, waren nicht nur korrupt, habgierig und machtbesessen, sondern auch Eiferer, Sexisten und Ausbeuter in klassischer amerikanischer Tradition. Auch wenn der Ku-Klux-Klan in den 20er Jahren auf der Fremont Street seine Kreuze angezündet hatte, war man bis Anfang der 30er Jahre den wenigen schwarzen Zuwanderern gegenüber relativ aufgeschlossen. Doch die verarmten Weißen aus den Südstaaten, die beim Staudammbau und im Magnesiumwerk in Henderson Arbeit fanden, brachten aus ihrer Heimat einen unverhohlenen Rassismus mit, der sich bald in ganz Südnevada ausbreitete. »Die japanischstämmigen Amerikaner, die man im Zweiten Weltkrieg in Internierungslager steckte, hatten bessere Quartiere als die ortsansässigen Schwarzen«[64], erinnerte sich Sarann Knight Preddy, die damals in Las Vegas lebte. Dieser Rassismus, gepaart mit der Engstirnigkeit der Gangster, die zu jener Zeit die Stadt übernahmen, verwandelte das moderne Las Vegas in das berüchtigte »Mississippi des Westens«[65]. Anfang der 50er Jahre, als sich im übrigen Land, selbst im Süden, ein tief greifender sozialer Wandel vollzog, galt in den Hotels und Kasinos der Stadt strikte Rassentrennung. Schwarze bekamen am Strip oder in Glitter Gulch kein Hotelzimmer. Und die wenigen farbigen Militärangehörigen oder Reisenden, die sich in ein Kasino verirrten, wurden nicht etwa von einem Rausschmeißer »vor die Tür gesetzt« – das hätte die weißen Gäste stören können –, sondern »man ließ sie einfach spüren, dass sie unerwünscht«[66] waren und begleitete sie unauffällig hinaus. Selbst Schwarzen, die es zu Wohlstand gebracht hatten, verwehrte man den Zutritt zu den Attraktionen der »geschlossensten Gesellschaft der Welt«[67], wie eine Journalistin das damalige Las Vegas beschrieb. Die kleine, aber wachsende schwarze Mittelschicht hielt sich deshalb von der amerikanischen Hauptstadt des Entertainment weitgehend fern. In einem Artikel in der Zeitschrift *Holiday* hieß es:

> Für nur 25 Dollar bekommt man einen Hin- und Rückflug von Los Angeles nach Las Vegas mit kostenlosen Drinks, aber solche Pauschalangebote gelten nicht für Neger.[68]

1955 baute eine Gruppe von Investoren in einer Parallelstraße zur Fremont Street das Moulin Rouge, das ein ausschließlich schwarzes Publikum ansprechen sollte.[69] Endlich gab es ein Hotel, in dem die zunehmende Zahl der in den Hotelkasinos auftretenden schwarzen Unterhaltungskünstler übernachten konnte. Stars wie Harry Belafonte oder Tallulah Bankhead sorgten von Anfang an für ein volles Haus. Aber schon ein halbes Jahr nach der Eröffnungsgala wurde das Moulin Rouge plötzlich wieder geschlossen – »eins dieser rätselhaften Las-Vegas-typischen Phänomene«[70], schrieb ein Journalist von *Ebony*. In Insiderkreisen wusste man jedoch, dass das populäre Moulin Rouge wegen seiner schwarzen Klientel umstritten war und außerdem dem Strip Konkurrenz zu machen drohte, weshalb die »Jungs [vom Syndikat] es aus dem Verkehr gezogen«[71] hatten, wie ein Kasinomanager zu berichten wusste. Noch heute erinnert das durch einen Brand im Mai 2003 zerstörte Gebäude an das von Rassismus geprägte Klima der Stadt.

Zu jener Zeit lebte die wachsende schwarze Bevölkerung von Las Vegas, die die niedrigsten Arbeiten hinter den Kulissen verrichten musste, im heruntergekommenen Westteil der Stadt, wo es weder fließendes Wasser noch eine Kanalisation gab und wo die Menschen buchstäblich hinter einem »cement curtain«[72] (einem Wall aus Stein und Mörtel) lebten, so dass kaum einer der Millionen von Touristen diesen Stadtteil je zu Gesicht bekam. Wallace Turner schrieb Ende der 50er Jahre:

> Die Männer, die Las Vegas regieren, sind weiße Herrenmenschen, die geradewegs aus Johannesburg stammen könnten.[73]

Hank Greenspuns *Sun* berichtete regelmäßig über die erstarkende Bürgerrechtsbewegung in Amerika und prangerte in seinen Leitartikeln die »beschämenden«[74] Verhältnisse in Las Vegas an. Doch er war der einzige, der über diese und andere Missstände in der Stadt berichtete. Im Gegensatz zu den Darstellungen in Hochglanzprospekten und schönfärberischen Artikeln, die das »angenehme Klima das ganze Jahr hindurch« anpriesen, war Las Vegas im Sommer »ein einziger Backofen«[75]. Wasser war in der aus allen Nähten platzenden und unaufhörlich berieselten Stadt so kostbar geworden, dass man vorgeklärte Abwässer nehmen musste, um den Golfplätzen wenigstens einen Hauch von Grün abzuringen. 1956 befürchteten die städtischen Versorgungsbetriebe eine unmittelbar bevorstehende »Wasserkrise«[76] und so war man gezwungen, Wasser aus dem 40 Kilometer entfernten Lake Mead nach Las Vegas zu pumpen. Nichts davon drang je an die amerikanische Öffentlichkeit. »Negative Schlagzeilen oder unerfreuliche Pressemeldungen waren unerwünscht«, schrieb Mary Ellen Glass, »Berichte über die drückende Sommerhitze, gelegentliche Gewalttaten, ja selbst ganz banale Ärgernisse gingen nicht über den Fernschreiber.«[77]

Aufgrund dieser Propaganda brachte es Nevada zum schnellsten Bevölkerungswachstum der USA – ein Rang, den ihm im vergangenen Jahrhundert kaum ein anderer Bundesstaat streitig machte. In den 50er Jahren verdreifachte sich die Einwohnerzahl von Las Vegas auf 65.000, während die Bevölkerung im Einzugsgebiet der Stadt mit ihren explodierenden Vororten auf 129.000 stieg. Damit war Las Vegas 16-mal größer als 20 Jahre zuvor. Nevada hatte die jüngste Bevölkerung aller Bundesstaaten. Angesichts der stetig wachsenden Bankeinlagen und Privateinkommen hätte man annehmen können, die Bevölkerung Nevadas zähle zu den reichsten und glücklichsten der USA. Die Werbebroschüren der Stadt lockten: »breite Straßen, ranchartige Anwesen, erstklassige Schulen, 81 religiöse Vereinigungen, vier Krankenhäuser … und das alles ohne Einkommensteuer«[78]. In einem College-Buch hieß es: »Die meisten Bürger sind mit ihrer Stadt und ihrer wirtschaftlichen Entwicklung zufrieden.«[79]

Fast die Hälfte der Einwohner war auf die 17.000 Arbeitsplätze in den Kasinos angewiesen. Die meisten Kasinoangestellten wurden »gnadenlos ausgebeutet«[80], aber es gab auch besser bezahlte Jobs, wie der des Croupiers, der zwischen 16 und 24 Dollar am Tag verdiente und noch ansehnliche Trinkgelder bekam, so dass sein Einkommen über dem eines Akademikers lag. Diese begehrten Stellen bekamen meist Bürger der Stadt oder Zugewanderte, die mit dem organisierten Verbrechen so gut wie keinen Kontakt hatten. Es war ein monopolistisch beherrschter Markt, über dessen wahren Charakter man nichts erfuhr: die hierarchische Sozialstruktur, die ungleiche Einkommensverteilung, Drogen- und Alkoholsucht, Bestechung, Erpressung, unseriöse Kreditgeschäfte und sonstige Begleiterscheinungen des Systems.

Die Kasinobetreiber ließen Angestellte, die sie irgendwelcher Betrügereien verdächtigten oder überführten, zusammenschlagen oder umbringen. Einem Croupier, der sich einer Unregelmäßigkeit schuldig gemacht hatte, zerschmetterte man die Hände mit einem Baseballschläger. Verstümmelte Frauen und Männer und grauenvoll zugerichtete Leichen in der Wüste waren unmissverständliche Botschaften der Kasinomanager an ihre Belegschaft. Nicht weniger entschlossen und unmenschlich reagierten sie auf Proteste gegen die Arbeitsbedingungen in den Kasinos oder die ersten Versuche der Angestellten, sich zu organisieren. Die Kasinobosse führten einen erbitterten Kampf gegen jeden, der sich ihrer Kontrolle entzog. Sie »investierten« große Summen in Politbosse wie zum Beispiel Norman Biltz, der in den 50er Jahren ein gewerkschaftsfeindliches Gesetz durchsetzte.

Für Frauen waren die Arbeitsbedingungen besonders hart. Eine Tänzerin, die bis zu 150 Dollar die Woche verdiente (Nackttänzerinnen auch mehr), konnte ihren Beruf »maximal sieben Jahre ausüben, wobei die meisten nicht länger als zwei bis drei Jahre durchhielten«[81], schrieb

Arthur Steuer im *Esquire*. Doch die Frauen in den Kasinos wurden nicht nur wirtschaftlich ausgebeutet. Sie kamen mit ihren romantischen Träumen vom glamourösen Leben eines Revuegirls[82] nach Las Vegas und wurden dort mit einer sexistischen, brutalen Welt konfrontiert. Wie »Vieh auf dem Markt« oder »Sklavinnen auf einer Versteigerung«[83] behandelte man sie. »Im Grunde träumten sie alle von der glanzvollen Karriere einer Agnes G. DeMille«[84], sagte der zukünftige Gouverneur von Nevada, Grant Sawyer. Viele dieser Frauen, die bereits im knallharten Hollywoodgeschäft gescheitert waren, weil es zur Revuetänzerin nicht gereicht hatte, reihten sich bald in die wachsende Schar Prostituierter in Las Vegas ein.

Es hieß, dass die Spielbanken zwar mitverantwortlich seien für Spielsucht und menschliche Tragödien wie Arbeitsplatzverlust, zerrüttete Familien, Selbstmord und Kriminalisierung, dass sich diese Dramen jedoch nicht in Las Vegas abspielten. Doch in Wirklichkeit herrschte in der Stadt mehr Elend, als man wahrhaben wollte. Für viele bestand das Leben aus Not, Gewalt und wirtschaftlicher Ausbeutung. Ende der 50er Jahre schrieb Turner:

> In Las Vegas gibt es eine Menge verbitterter Menschen ... In dieser Stadt gibt es dreimal so viele Obdachlose wie in anderen Städten vergleichbarer Größe und fünfmal so viele zerstörte Familien, Prostituierte und wilde Ehen.[85]

Laut Informationen des FBI, die die Zeitungen in Nevada häufig unterschlugen oder auf die hinterste Seite verbannten, wies dieser Bundesstaat die höchste Verbrechens- und Selbstmordrate auf. Las Vegas beschäftige dreimal so viele Polizeibeamte wie vergleichbare Kommunen und die Zahl der Scheckbetrügereien und Einbruchdiebstähle war rekordverdächtig; der Alkoholkonsum lag hier 200 Prozent über dem landesweiten Durchschnitt.

Das soziale Klima in der Stadt war genauso erbarmungslos wie die Sommer in der Wüste. Jahrzehnte, bevor Obdachlose landesweit überhaupt als soziales Problem wahrgenommen wurden, war Las Vegas schon voll von ihnen. »In Las Vegas musste ein Obdachloser damit rechnen, hinter Gittern zu landen«[86], sagte ein Besucher. »Der Sheriff, die Polizeibeamten, die Prediger, die Sozialarbeiter – sie alle waren mit den Kasinoleuten befreundet und zogen am gleichen Strang«, schrieb Turner. Doch nicht nur jene, die ins Gefängnis gesteckt oder in einer Armenküche versorgt wurden, waren nicht willkommen. In dieser

Stadt, die angeblich so weltoffen war, »hatten Fremde keinen Platz«[86]. Viele begegneten den Neuankömmlingen mit Misstrauen und Feindseligkeit. In ihrer Studie über Las Vegas schrieben Reid und Demaris über die Zuwanderer:

> Die Menschen, die sich in den übrigen 49 Bundesstaaten als »Bürger« verstehen, sind hier größtenteils nur auf der Durchreise, sie sind Bewohner auf Zeit, die nichts weiter tun, als auf den großen Goldregen zu warten.[87]

In der boomenden Stadt wurde die öffentliche Versorgung, die in anderen Bundesstaaten selbstverständlich war, jahrelang extrem vernachlässigt. Da es so gut wie kein staatliches Gesundheitswesen und keine Sozialfürsorge gab, war die Stadt »in weit höherem Maße als irgendeine andere Kommune im Land«[88] auf die Unterstützung Washingtons angewiesen, wie es 1955 in einer Agenturmeldung in der *Sun* hieß. Die Mitglieder eines karitativen Frauenvereins erreichten es unter großem Einsatz, Lebensmittel und Kleidung für Bedürftige zu sammeln und mit Hilfe von Privatspenden einen Gesundheitsdienst für Mittellose einzurichten; sie setzten sogar gegen den Widerstand städtischer Beamter und Geschäftsleute durch, dass man einige Häuserblocks östlich des Strip nach Wasser bohrte, weil dort der Campus eines neuen Colleges entstehen sollte. Die kleine, unter chronischer Geldnot leidende staatliche Universität in Reno hatte sich zwar für ihre Studiengänge in Bergbau und Agrarwissenschaften einen Ruf erworben, verfügte aber weder über eine juristische noch eine medizinische Fakultät und bekämpfte daher eifersüchtig alle Versuche, konkurrierende Institutionen ins Leben zu rufen. Bis in die 50er Jahre hinein gab es deshalb nirgendwo in Nevada eine weitere höhere Bildungseinrichtung von Rang. Ein betroffener Familienvater sagte:

> Wenn man eine vernünftige Ausbildung für seine Kinder wollte oder eine gute medizinische Versorgung für die Familie, musste man nach Kalifornien oder anderswohin gehen. Die Gangster und Bankiers schickten ihre Kinder natürlich auf Privatuniversitäten in anderen Bundesstaaten und ließen sich in auswärtigen Kliniken behandeln. Und statt wie wir den Sommer über hier zu schmoren, flogen sie mit ihren Familien in den Badeurlaub nach Newport.[89]

Nevada hätte sich nicht wesentlich von seinen provinziellen, rückständigen Nachbarstaaten Arizona, Utah oder Idaho unterschieden, hätte es nicht den milliardenschweren Parasiten in seinem Innern gegeben. Auch wenn viele den »faulen Kompromiss«[90] mit der Glücksspielindustrie durchaus kritisch sahen, so glaubte man doch, dass die öffentlichen Einnahmen die Nachteile aufwögen. Allerdings waren die Staatseinkünfte nicht mehr als ein paar Krümel vom großen Kuchen. Während die nach unten korrigierten Kasinogewinne stetig stiegen, wuchsen zwar auch die kümmerlichen Steuereinnahmen des Staates, doch sie flossen größtenteils in Infrastrukturmaßnahmen, die den Kasinobesitzern zugute kamen und weniger der Stadtbevölkerung: Zubringerstraßen, Strom- und Wasserleitungen, Grünanlagen entlang des Strip und die Erschließung von Baugrundstücken.

Letztlich stellt sich die Frage, ob eine solide Wirtschaft dem »durch jahrzehntelange Ausbeutung zutiefst gedemütigten Volk«[91] Nevadas nicht weit mehr Nutzen gebracht hätte als die gehätschelte Glücksspielindustrie. Der Bundesstaat erkannte nicht, welchen hohen Preis er für das schnelle Wachstum zahlte, dass er sich um die materiellen Ressourcen betrog, die ihm seine Zukunft hätten sichern können. Die illegalen Gewinnabschöpfungen allein sollten den Staat und die Stadt um Hunderte von Millionen Dollar an Steuereinnahmen bringen – Gelder, mit denen man Schulen, Krankenhäuser, Parks, Museen, öffentliche Einrichtungen und Versorgungsbetriebe hätte finanzieren können.

Stattdessen floss das Geld in immer unvorstellbareren Mengen in die Taschen der Glücksspielbarone und wanderte auf Schweizer Bankkonten, um schließlich wieder in den endlosen ausbeuterischen Kreislauf zurückzufließen. »Diese korrupte, kranke, kleine Stadt hütet unheilvolle Geheimnisse«[92], schrieb der Journalist John Gunther Ende der 50er Jahre über Las Vegas. Eines der bestgehüteten Geheimnisse war die wahre Herkunft und Verwendung des Geldes, dem die Stadt ihren Aufstieg verdankte.

10 »Soziale Darlehen«

Es begann auf einer Hochseeangeltour im Jahr 1952. Der wohlhabende Bankier Walter Cosgriff aus Utah angelte vor der mexikanischen Küste mit seinem Anwalt Sam Kurland aus Los Angeles, der die rechtlichen Angelegenheiten für die lukrativen Tochtergesellschaften des Bankiers in Kalifornien erledigte. Kurland erzählte ihm von einer einmaligen Gelegenheit, seine bereits eindrucksvolle Anzahl von Banken im Westen noch zu erhöhen. Er habe Kontakte zu Leuten, die für Cosgriff eine der äußerst begehrten Konzessionen beschaffen könnten, so dass er in Las Vegas eine Niederlassung eröffnen könne. In Finanzkreisen galt Nevada als die Domäne einer Hand voll konservativer alter Bankiers mit Sitz in Reno. Im ganzen Staat gab es

Die »Glitzerschlucht« um 1948. Als der Strip von Las Vegas noch größtenteils im Dunkeln lag, saßen schon in dem noch mit Sägemehl ausgestreuten Pioneer Club in Glitter Gulch die eigentlichen »Spieler«, und diese spielten bei der Vergabe der berühmten »sozialen Darlehen« von Walter Cosgriff und E. Parry Thomas eine große Rolle.

nur fünf Banken und eine einzige Holdinggesellschaft, die die beiden Banken in Las Vegas kontrollierte. Staatsbeamte hatten seit Jahren keine neue Bankkonzession mehr erteilt. Aber, meinte Kurland, sein Bruder besitze Anteile an einer Spielbank in Las Vegas, dem Pioneer Club, und zu seinen Partnern gehöre der Vizegouverneur von Nevada, auch als »Drahtzieher« bekannt, der über die richtigen Kontakte verfüge und sicher etwas für ihn tun könne.

Cosgriff, ein moderner Mann, der sich ungern ein gutes Geschäft entgehen ließ, erkannte sofort das Potenzial dieses Angebots. Ein neues Finanzinstitut im aufstrebenden Las Vegas konnte im Nu das in die Tat umsetzen, was sich keine andere lokale Bank bisher getraut hatte: Darlehen an die am schnellsten wachsende, profitabelste Branche im Westen zu vergeben. Es könnte diskret mit den Einlagen anderer Banken, Firmen und Investoren arbeiten und somit Kunden bedienen, die ihre Investitionen in Las Vegas entweder geheim halten wollten oder mussten, Kunden, die an den Gewinnen, aber nicht an der Publicity interessiert waren, die mit der Finanzierung der Kasinos einherging. Cosgriff wusste, dass es genügend Interessenten gab, die auf diese Weise Geld zur Verfügung stellen würden, nicht zuletzt seine Konkurrenten in Salt Lake City und das Geschäftsimperium der mormonischen Kirche, das hinter ihnen stand. Ein solches Institut würde für alle Beteiligten eine Menge Geld abwerfen. Frei von verstaubten Moralvorstellungen war dies die Art von modernem Bankwesen, die sich Mitte des 20. Jahrhunderts in Amerika anbot.

»Wenn du mir eine Konzession für Nevada besorgen kannst, dann tu's«[1], lautete Cosgriffs Antwort. Nach diesem kurzen Austausch, von dem sie nicht ahnten, wie folgenreich er sein würde, konzentrierten sie sich wieder aufs Angeln.

Es war eine typisch amerikanische Erfolgsstory. James Cosgriff, Walters Vater, ließ sich 1905 in Salt Lake City nieder. Er brachte das Familienerbe aus Connecticut mit sowie sein als Schaffarmer in Wyoming erwirtschaftetes Vermögen. Als Katholik war er in der mormonischen Hauptstadt zunächst ein Außenseiter. Aber fünf Jahre danach gründete er die Continental Bank and Trust Company und eroberte sich einen Platz in der Elite der von einer eigentümlichen Mischung aus Geld und Religion regierten Stadt. Dies geschah zu einem Zeitpunkt, als sich die mormonische Kirche nach einer langen und kostspieligen Auseinandersetzung mit der Regierung in Washington wirtschaftlich wieder erholte und die großen Monopolgesellschaften des Jahrhunderts wie Union Pacific, Kennecott und American Sugar, ungeachtet ihrer unterschiedlichen religiösen Überzeugungen, mit der Geschäftselite Salt Lake Citys wirtschaftliche Interessengemeinschaften eingingen. Aus den darauf folgenden finanziellen Transaktionen in einem Staat, der zunehmend von »Oligopolen dominiert«[2] wurde, wie Thomas Alexander in *Mormons and Gentiles*, der Geschichte von Salt Lake City, berichtet, ging die Continental als eine der führenden Banken der Gegend hervor, und das obwohl ihr Besitzer ein Nichtmormone war.

Zwischen den Weltkriegen wuchs Cosgriffs Vermögen trotz der Krise im Bankwesen weiter an. Als der 23-jährige Walter seinen todkranken Vater 1937 ablöste, war er Herr über sieben Banken in Utah, Idaho und Wyoming, die an die 20 Millionen Dollar wert waren. Walter war ein großer, durchtrainierter junger Mann, »mit einem ausgeprägten Kinn, der viel strenger wirkte, als er in Wirklichkeit war«[3]. Obwohl seine Familie zu den besseren Kreisen des provinziellen Salt Lake City zählte, besuchte er später keine Eliteuniversität, sondern die University of Utah und arbeitete seit seinem 16. Lebensjahr nebenher in der Familienbank. In der Stadt war er als Philanthrop bekannt, der katholische Schulen unterstützte, sowie als begnadeter Athlet und Sportbegeisterter, der noch als 40-Jähriger Golf- und Tennisturniere gewann und das Nachwuchsbaseballteam der Salt Lake Bees kaufte, um die Spieler in der Stadt zu halten.

»Ein entschlossener Mann mit festen Überzeugungen«[4], sagte ein Bewunderer. Walter erwies sich aber auch als gewiefter Bankier, der stolz war auf seine »unkonventionelle Art« bei der Modernisierung der traditionsreichen Bank seines Vaters und bei der Kreditvergabe an einen größeren Kundenkreis. Kurz nach seiner Übernahme verhalf er mehreren jungen Männern zu leitenden Positionen, die genauso wie er zuvor einfache Bürojobs erledigt hatten, beispielsweise K. J. Sullivan aus Caliente in Nevada, ebenfalls Katholik und ehemals Bürobote. Er ermutigte sie, kreativer mit der Bewertung von Risiken umzugehen und Darlehen zu bewilligen, die konservative Banken ablehnten. »Wir schätzen die Dinge gern selbst ein«[5], erklärte Cosgriff einem Reporter. »Kredite für den kleinen Mann« und »Bankservice für ein breites Publikum«[5], lautete sein Motto. Ein Konkurrent meinte neidisch:

> Sie verleihen Geld an alles, was schwimmt, krabbelt, rennt oder fliegt.[6]

Der Continental ging schon bald der Ruf einer »demokratischen« Bank voraus, die höhere Zinsen auf Sparguthaben zahlte, Frauen in leitenden Stellungen beschäftigte und verschiedene andere Innovationen eingeführt hatte. Anfang der 50er Jahre hatte sich das Unternehmen auf dem Markt durchgesetzt. Mit 60.000 Kunden in einem Gebiet mit einer Bevölkerungszahl von einer Viertel Million war die Bank trotz der Konkurrenz durch die First Security, die mächtige mormonische Bank des Eccles-Familienkonzerns, erstaunlich erfolgreich. Cosgriffs eigenes Familienunternehmen war auf 20 Banken in fünf Staaten angewachsen und verfügte über Geldreserven in Höhe von 200 Millionen Dollar. Die *Salt Lake Tribune* lobte die »Genialität« des jungen Chefs und bezeichnete ihn als »liberalen Bankier, der bereit ist, neue Unternehmen und kleinere Firmen, die expandieren wollen, zu finanzieren«[7].

Es gab aber auch noch eine andere Seite der liberalen Politik des jungen Bankmanagers. Nicht jede unorthodoxe Finanzierung war für den »kleinen Mann« bestimmt. Nach dem Krieg griff Cosgriff die Ideen des innovativen Bankiers Walter Bimson auf, des Präsidenten der Valley National Bank of Phoenix. Ebenso wie Cosgriff ging Bimson aus dem verstaubten Bankwesen der 30er Jahre hervor und erwarb sich den Ruf eines Fürsprechers für Leute aus dem Volk, der revolutionäre Teilzahlungskredite vergab, der die Hälfte aller Autos in Arizona finanzierte und der Kleinunternehmen Startkapital zur Verfügung stellte, oftmals ohne zusätzliche Sicherheiten. Aber er hatte die Valley National nicht allein durch Darlehen an kleine Leute zum führenden Kreditinstitut im Südwesten ausgebaut.

Trotz ihres populistischen Images war Bimsons Bank auch die Hausbank der Handels- und Landerschließungsoligarchie, die unter der Bezeichnung »Phoenix Forty« bekannt wurde. Dazu gehörten der Baumagnat Del Webb und vor allem die politisch einflussreiche Familie Goldwater, die ihrerseits enge Beziehungen zu Gus Greenbaum und anderen Unterweltgrößen in Las Vegas unterhielt. Es war Bimson, der 1946/47 dem Flamingo 900.000 Dollar lieh, damit sein Freund Webb das Kasino fertig stellen konnte. Das von Bugsy Siegel und seinen stillen Teilhabern geplante Flamingo war die erste größere Spielbank in der amerikanischen Geschichte, die durch rechtmäßige Geldinstitute finanziert wurde. Walter Cosgriffs Stammhaus übernahm in aller Stille einen Teil der Darlehen. Diese erste bedeutende Kapitalmaßnahme zugunsten des Syndikats durch angesehene amerikanische Banken war selbst in Bankkreisen jahrzehntelang ein gut gehütetes Geheimnis, das erst unlängst durch die Freigabe bundesstaatlicher Dokumente gelüftet wurde.

Die scheinbare Sorglosigkeit von Bankiers wie Bimson und Cosgriff war nicht unumstritten. Der »Bimson-Plan« der Nachkriegszeit, den Cosgriff mit charakteristischem Eifer förderte, sah darüber hinaus vor, einen Fonds unter der Schirmherrschaft der Regierung zu gründen, um Kreditnehmern, die von anderen Banken abgelehnt wurden, Darlehen anbieten zu können. Gelder von Banken, Bausparkassen und Versicherungsgesellschaften, die durch Bundesbürgschaften abgesichert waren, sollten in Millionenhöhe der Großindustrie zufließen, was gleichzeitig dem Bankwesen ungeahnte Möglichkeiten eröffnen würde. Für einige wie Cosgriff waren Bimsons Ideen zukunftsweisend. Andere sorgten sich um eine verheerende Konzentration von Reichtum, die eher zur gierigen Vergangenheit der Nation passte als zu einer gerechten Zukunft. In Bankkreisen heiß diskutiert, wurde Bimsons Konzept dennoch nie ins Regierungsprogramm aufgenommen, wenngleich seine Vorstellungen Jahrzehnte später, beispielsweise in der Krise der Bausparkassen, wieder aktuell waren.

Auch Cosgriff stellte die Beschränkungen des konventionellen Bankwesens in Frage, wenngleich er mehr im Hintergrund agierte. Vor 1952 saß er für kurze Zeit als Entsandter der Regierung Truman im Vorstand der staatlichen Finanzierungsgesellschaft Reconstruction Finance Corporation (RFC), die während der Wirtschaftskrise in den 30er Jahren gegründet worden war und Regierungsdarlehen vergab. Cosgriff sollte mit der Verschwendungssucht und Vetternwirtschaft des skandalgeplagten Instituts aufräumen. Aber schon nach wenigen Monaten trat er von seinem Amt zurück und hinterließ einem Journalisten zufolge weniger den Ruf eines Reformers als eines »leidenschaftlichen Verfechters«[8] eines großzügigeren Umgangs mit dem 2-Milliarden-Dollar-Budget für den Koreakrieg, das der RFC zur Verfügung stand. Zu den kontroversen Handlungen des Gremiums während Cosgriffs kurzer Amtsdauer im Vorstand gehörte auch, wie eine Kongressuntersuchung später herausfand, ein Kredit über 975.000 Dollar an Renos Hotelkasino Riverside, das damals von Gangstern aus Detroit, den Brüdern Wertheimer und anderen kriminellen Elementen kontrolliert wurde.

Auch die Kreditvergabe seiner eigenen Bank in Salt Lake City versuchte Cosgriff unkonventioneller zu handhaben. Als die Aufsichtsbehörde des US-Finanzministeriums eine Neubewertung der Kapitalreserven der Continental ablehnte – die der Bank erlaubt hätten, individuelle Darlehen erheblich zu erhöhen –, verzichtete Cosgriff kurzerhand auf den Status einer Nationalbank. Als einzelstaatliche Bank war die Continental nach den Gesetzen Utahs nicht mehr an die bundesstaatliche Höchstgrenze gebunden, was Cosgriff erlaubte, seine Darlehenshöhe selbst zu bestimmen. Die jahrelangen Auseinandersetzungen zwischen der Continental und der Regierung in Washington mündeten schließlich in einen Rechtsstreit: Die Zentralbank reichte Klage wegen unzureichender Kapitalreserven ein, die jedoch abgewiesen wurde.

In der Zwischenzeit pflegte er »seine großzügige Art, die seinen Bankkollegen Angst und Bange macht«[9], wie *Newsweek* berichtete. Noch bevor er 40 wurde, hatte Cosgriff Anteile an etwa 50 Finanzinstituten zwischen den Rocky Mountains und dem Pazifik gekauft und wieder verkauft. »Ein echter Bankenkenner«[10], schrieb das Magazin und merkte an, dass das Verhältnis zwischen Darlehen und Gesamtvermögen bei der Continental »enorme 43 Prozent« betrage, etwa doppelt so viel wie im Durchschnitt das der Notenbanken des Zentralbanksystems, und die Verluste aus geplatzten Krediten nur halb so hoch wie im nationalen Durchschnitt seien. Viele bewunderten jetzt Cosgriffs Philosophie, die »eine liberale Einstellung mit einer umgänglichen Art«[11] verband, wie *Newsweek* schrieb. Cosgriff erklärte gegenüber der Zeitschrift:

> Eine Bank ist wie ein Staubecken. Das Wasser nützt nicht viel, wenn man es nicht über das Land verteilt.[12]

Es sei alles eine Frage des Vertrauens; wichtig sei »wie jemand aussieht, wie er sich gibt und ob er arbeitswillig ist«. Die Zukunft des Bankwesens, ja ganz Amerikas, könne man mit zwei Worten zusammenfassen: »Soziale Darlehen.«[13]

Bill Kurland, Milton »Farmer« Page und Tutor Sherer waren Unterweltbosse und »Mitglieder des Glücksspielsyndikats von Los Angeles«[14]. Ihre Schmuggel- und Kasinoschiffe vor der kalifornischen Küste warfen in den 30er Jahren so hohe Gewinne ab, dass schon der Transport des Bargelds zum Problem wurde. Die Einzahlungen eines Unternehmens in Santa Monica waren so immens, dass der Leiter der Bank damit drohte, das Konto zu schließen, wenn nicht ein Panzerwagen zur Verfügung gestellt würde, was daraufhin auch geschah.

Als sie Ende der 30er Jahre durch Rivalen aus Südkalifornien verdrängt wurden, die den neuen Bürgermeister gekauft hatten, verlegten die drei ihre Geschäfte nach Las Vegas und eröffnete dort in Glitter Gulch den Pioneer Club, eine einfache Spielhalle mit Sägespänen auf dem Fußboden. Ihre staatliche Glücksspielkonzession und den Pachtvertrag hatte ihnen Cliff Jones besorgt, der ehrgeizige Politiker und Rechtsanwalt aus Las Vegas, der dafür Anteile an ihrem Klub erhielt. Aber Jones war nicht ihr wichtigster Kontaktmann, auch nicht ihre alten kalifornischen Kumpane und Exilkollegen Guy McAfee und Tony Cornero. Diese Rolle übernahm Sam, Kurlands Bruder in Los Angeles, ein diskreter junger Anwalt mit guten Beziehungen.

Von seiner Einmannkanzlei in der Spring Street aus vertrat Sam Kurland[15] sowohl das organisierte Verbrechen als auch Walter Cosgriffs lukrative kalifornische Banken: die First National Bank of Long Beach, die Valley National Bank of Alhambra und die Bank of Encino. Sam Kurland, der die juristische Fakultät der University of Southern California besucht und dort 1932 seinen Abschluss gemacht hatte, war eigentlich Experte für Vermögens- und Kartellrecht. Anders als die meisten Anwälte der damaligen Zeit veröffentlichte er seine Klientenliste nicht im nationalen Anwaltsverzeichnis Martindale-Hubbell. Es wurde nie geklärt, ob Cosgriff – der überall im Westen Anwälte engagierte, um die rechtlichen Angelegenheiten seiner weit entfernten Banken zu regeln – wusste, dass sein ehrbarer Familienkonzern einen waschechten Syndikatsanwalt beschäftigte. Als Kurland und Cosgriff bei ihrem gemeinsamen Angeltrip den Grundstein für ihre zukünftige Zusammenarbeit legten, war es, wie sich ein Anwalt in Las Vegas erinnerte, »eine Ehe, die im Himmel und in der Hölle geschlossen wurde und eine Menge Leute unglaublich reich machte«[16].

Die Transaktion war für die Geschäftsgepflogenheiten in Nevada typisch. Als der Leiter der Bankenaufsicht, Grant Robinson, den Antrag für eine neue Konzession erhielt, geriet er sofort »unter enormen Druck durch die alteingesessenen Bankiers«, wie es ein Zeuge beschrieb, die ihn aufforderten, »die Stadt auf keinen Fall auswärtigen Investoren zu öffnen«[17]. Aber Cliff Jones werde sich bemühen, versicherte Kurland Cosgriff. Da Jones jedoch der einzigen anderen Bank in Las Vegas verpflichtet war und ihn deshalb nicht direkt vertreten konnte, sprang sein Bruder und Partner Herb auf dem Papier als Anwalt ein, wenngleich alle wussten, wer hinter ihm stand. Cosgriffs Eigentümerschaft sollte gleichfalls vertuscht werden: Eine Hand voll

Einwohner von Las Vegas fungierte als Gründer der Bank, darunter der Geschäftsmann Nate Mack, Herb Jones und Bruce Beckley, Besitzer des Gebäudes, in dem die Kanzlei der Brüder Jones sowie der Pioneer Club von Kurland, Page und Sherer untergebracht waren. Von allen Seiten bestürmt, erteilte Robinson die Konzession. »Es erforderte eine Menge Mut, das zu tun«, meinte ein Staatsbeamter.

Unter dem Namen Bank of Las Vegas eröffnete Cosgriffs Bank am 18. Januar 1954 mit einem Stammkapital von lediglich 250.000 Dollar – ein geringfügiger Betrag selbst für die damalige Zeit. Da kein Versteckspiel mehr nötig war, tauchte Cosgriff jetzt in den nationalen Firmenverzeichnissen als Präsident des Geldinstituts auf, und sein alter Freund aus Nevada, K. J. Sullivan, als Vizepräsident. Normalerweise gehörte Cosgriff dem Vorstand seiner Tochtergesellschaften ohne offizielle Funktion an und brachte dort auch keine eigenen Männer unter. Er zog es vor, sich zurückzulehnen und »zu versuchen, sich nicht einzumischen«[18], wie er einem Interviewer gegenüber erklärte. Aber diesmal war es anders. Cosgriff fuhr des Öfteren von Salt Lake City nach Las Vegas, um ein Auge auf den Neuerwerb zu haben. Das Tagesgeschäft der kleinen, kapitalschwachen Bank leitete in seinem Auftrag Edward Parry Thomas aus Utah, einer der jüngeren leitenden Angestellten der Continental.

Nach seinem Lebenslauf zu urteilen, schien der gut aussehende, gebildete 34-jährige E. Parry Thomas, wie er genannt werden wollte, alles andere als typisch für die Szene in Las Vegas. In einer betuchten Familie in Ogden, nördlich von Salt Lake City, aufgewachsen, gehörte er der Polomannschaft der University of Utah an und war im Zweiten Weltkrieg Offizier einer Eliteeinheit der Gebirgsjäger. Anschließend arbeitete er für den Geheimdienst und verhörte wichtige deutsche Gefangene. Mit einem Bachelor für Bank- und Finanzwesen in der Tasche fing Thomas direkt nach seinem Abschluss 1948 bei der Continental an. 1955 kam er als stellvertretender Direktor zu der kleinen Bank in Las Vegas. Braungebrannt, mit dichten schwarzen Augenbrauen und seinen »Wedgwood-blauen Augen«[19] brachte er für seine neue Aufgabe Charme und Intelligenz mit, unverhohlenen, wenn auch nicht hervorgekehrten Ehrgeiz, die Diskretion und Reserviertheit eines Kreditvergebers sowie eine entgegenkommende Art. »Er war viel glatter als der typische Geschäftsmann damals in Vegas«[20], sagte ein Bankiersrivale aus Nevada.

Thomas war kein normaler Bankier. Er sollte die Zukunft der Stadt bestimmen, die zum Großteil von dem Geld und der Macht sowie der einzigartigen Kultur und Gesellschaft der Kirche seiner Vorfahren geprägt wurde.

Das Mormonentum[21], Amerikas umstrittenste, geheimste und gewinnsüchtigste Religion, entstanden aus der göttlichen Erscheinung eines einfachen Bauern und verbreitet mit großer Inbrunst, unterschied sich von jeder anderen Glaubensgemeinschaft in den Vereinigten Staaten. Seine Geschichte, die ähnlich wie die Stellung der Kirche in Las Vegas bis heute verklärt wird, verlief dramatischer und folgenreicher, als die meisten Amerikaner ahnen.

Joseph Smith

»Ein liebenswerter Tunichtgut«, schrieb ein Biograf über Joseph Smith jr., den 24-jährigen mittellosen Farmer und gelegentlichen Geisterbeschwörer, gegen den 1826 ein Gerichtsverfahren wegen Schatzsucherei lief. 1829 begann er in der Nähe von Palmyra im Staat New York *Das Buch Mormon* zu schreiben, das er im Jahr darauf beendete. Auch Smith wurde von der Faszination jener Zeit für Okkultismus angesteckt und hatte des Öfteren Visionen. Sein Text, verkündete er, stamme von goldenen Platten, die ihm der Engel Moroni gezeigt habe und deren hieroglyphische Zeichen er auf göttliches Geheiß hin mit Hilfe einer »Zauberbrille«, zweier durchsichtiger Steine, die er Urim und Thummim nannte, entziffert habe. Anschließend habe der Engel die Platten und Lesehilfen wieder an sich genommen.

Die Kernaussage des mormonischen Glaubens, die aus Smiths Schriften hervorging, erregte Aufsehen: Der charismatische Farmerjunge war das erwählte Instrument einer göttlichen Offenbarung, der zufolge alle anderen Religionen versagt hatten oder falsch waren. Mit Hilfe einer neuen, weder jüdischen noch christlichen, noch monotheistischen Kosmologie sollte jetzt die wahre Kirche in Nordamerika »wieder hergestellt« werden, deren Jünger als Heilige der letzten Tage bekannt waren. Smith, ihr Führer, war »Prophet, Seher und Offenbarer« und strebte entsprechend dem Gesetz des Fortschritts danach, so göttlich zu werden wie der Gott des Alten Testaments, der als anthropomorphes Wesen mit einer göttlichen Mutter sexuell verkehre und auf einem Planeten residiere, der einen Stern namens Kolob umkreise. Die Gemeindemitglieder, auch »Heilige« genannt, würden im Jenseits ebenfalls zu Göttern werden und bis in alle Ewigkeit in perfekten Körpern in einem »himmlischen Reich« irdischer Freuden leben.

»Chloroform in gedruckter Form«, nannte Mark Twain *Das Buch Mormon*. Smiths Glaubenslehre wurde angeprangert, verspottet und akademisch diskreditiert. Aber weniger als zehn Jahre nach seinen ersten Offenbarungen hatte er eine große Zahl Anhänger um sich geschart. Er zog nach Ohio und gründete am Südufer des Eriesees ein theokratisch verfasstes Gemeinwesen. Die Siedlung entstand um den ersten großen Tempel der Glaubensgemeinschaft. Die Mitglieder verband eine Lehre, die geheime Rituale, läuternde Rauschzustände und göttliche Offenbarungen vorsah, die ausgewählten Führern der Kirche zuteil wurden, sowie phallische Fruchtbarkeitsriten, tatkräftige Missionsarbeit und ein Verbot von Alkohol, Kaffee, Tabak und rotem Fleisch. Glücksspiele waren mit einem Bann belegt. Geweihte Patriarchen, die Polygamie betrieben und mit unfehlbarer Autorität herrschten, bestimmten das Zusammenleben innerhalb der Gemeinde und der Familie. Die neue Lehre, die von den Gläubigen vehement verteidigt wurde, stieß bei vielen Nichtmormonen auf Unverständnis.

Von Anfang an lag die seltsame Anziehungskraft des Mormonentums auch in seiner Verehrung von materiellem Reichtum begründet. Arbeitsamkeit und Wohlstand waren gottgefällige Werte, wenn auch zunächst das gesamte Hab und Gut des Einzelnen an die Kirche ging. Diese Art von Kollektivismus war auch bei anderen Konfessionsgemeinschaften jener Zeit üblich. Als die wohlhabenderen Mitglieder der Kirche aufbegehrten, wurde wieder Privateigentum zugelassen, nur der »Zehnte« musste weiterhin abgeführt werden. Die Mormonen waren bald bekannt für ihr Stammesbewusstsein und ihre Prosperität, die ihnen noch mehr Anhänger bescherte, aber auch Feinde. Sie gründeten ihre eigene Bank und wurden in den 30er Jahren des 19. Jahrhunderts durch Grundstückspekulationen reich. »Der Sohn eines einfachen Bauern brachte es nicht nur zum bedeutenden Bankier, sondern auch zum Propheten«, schrieb ein Historiker über Smith. Aber die Bank ging in der Börsenpanik von 1837 in Konkurs, und ihre Besitzer flüchteten vor den aufgebrachten Kunden und einem Haftbefehl wegen Bankbetrugs.

In den folgenden Jahren bildete sich ein Muster heraus, wie der Journalist James Coates schrieb: Auf die Gründung einer Kolonie folgte eine Zeit des Wohlstands, dann Verfolgung und schließlich Vertreibung.

Die Mormonen ließen sich in Missouri nieder, das sie als die eigentliche Wiege biblischer Zivilisation betrachteten. Aber als der Gouverneur von Missouri sie »ausrotten« wollte, machten sie sich zu einem weiteren »Zion« nach Illinois auf. Obwohl ein Großteil der Mitglieder zusammen mit Smith von einer Zufluchtsstätte zur anderen zog, gediehen ihre liebevoll gepflegten Farmen und florierten ihre Unternehmen. Die Kirche, die nach eigenen Angaben damals 200.000 Anhänger in ganz Amerika zählte, erntete häufig Spott, was oftmals zu gewalttätigen Zusammenstößen mit Nichtmormonen führte. Als Präsidentschaftskandidat propagierte Smith 1844 eine theokratische Staatsform für ganz Amerika. Weniger lautstark befehligte er als »eingebildeter General« eine 4000 Mann starke Privatarmee und er kommandierte die Racheengel, Daniten genannt, eine Gruppe von Meuchelmördern, die Andersdenkende innerhalb der Kirche und unter ihren Feinden töten sollten. Im Juni 1844 entluden sich Hass und Angst, als Mormonen die Redaktionsräume einer Zeitung in Illinois zerstörten, die die Praxis der Polygamie angeprangert hatte. Smith wurde wegen dieses Zwischenfalls verhaftet. Kurz darauf wurde der Prophet und Präsidentschaftskandidat im Gefängnis von einer blutrünstigen nichtmormonischen Bürgerwehr erschossen.

Das sich anschließende Martyrium und der Exodus der Mormonen aus dem Mittleren Westen nannte Coates in seinem viel beachteten Buch *In Mormon Circles* »das Auswanderungsmeisterstück des Jahrhunderts … ein Wunder an Glauben, Organisation und schierer menschlicher Kraft, das im so genannten Wilden Westen Seinesgleichen suchte«. Smiths Nachfolger war ein 46-jähriger Zimmermann aus Neuengland, Brigham Young, der zwar über keine Schulbildung, aber großes Organisationstalent verfügte. Seine »Hedschra« 1847 führte in ein abwechselnd sengend heißes und eisiges Tal am Ufer von Amerikas »Totem Meer«, dem Großen Salzsee. In seinem Gefolge durchquerten Hunderte von Männern, Frauen und Kindern – viele von ihnen kürzlich konvertierte Einwanderer, die kein oder nur wenig Englisch sprachen – eine Gegend, die nur aus Prärie und Gebirge bestand. Unbeirrt schoben sie Handkarren vor sich her, Nachbauten von Gepäckwagen, die Young auf einem New Yorker Bahnhof gesehen hatte. »Auf dem Heimweg nach Zion«, kritzelten seine Anhänger hoffnungsvoll auf ihre kleinen Wagen.

In den nächsten 50 Jahren trugen sie in »Deseret« – das die restliche Nation als Utah kannte – einen erbitterten Kampf mit der Regierung in

Washington um ihre Souveränität aus, um den Traum ihrer Glaubensgemeinschaft von einem »unabhängigen Gemeinwesen« und vom »Status eines Nationalstaats« Wahrheit werden zu lassen, wie es in einer geschichtlichen Abhandlung heißt. Während der Auseinandersetzungen bauten die Mormonen unermüdlich weiter, produzierten und kolonisierten, verteidigten sich und griffen an. In dieser Zeit gewannen sie mehr neue Anhänger als jede andere Glaubensrichtung und ihre Kirche wurde zu einer der reichsten, am schnellsten wachsenden und mächtigsten weltweit. Die ersten Jahrzehnte der Mormonen in Utah waren von Entfremdung, Misstrauen und Brutalität geprägt. Sie setzten der Regierung in Washington hartnäckigen Widerstand entgegen, der mit dem Mountain-Meadows-Massaker im Jahr 1857 seinen Höhepunkt erreichte. Als sich die Situation zwischen Washington und Utah zuspitzte – die Zentralregierung plante, eine Militäreinheit ins ferne Utah zu entsenden, um den aufmüpfigen Staat mit Gewalt dazu zu zwingen, die Vielehe abzuschaffen –, verkleidete sich eine Eliteeinheit von mormonischen Kavalleristen als Indianer und griff den reichsten Siedlertreck an, der je nach Kalifornien unterwegs war. Nach fünftägiger Belagerung ihrer Wagenburg ergaben sich die Auswanderer, die Angreifer schossen gleichwohl etwa 130 Unschuldige nieder oder hackten sie zu Tode, hauptsächlich Frauen und Kinder, schlitzten den Toten und Sterbenden die Kehle auf, damit das Blut in die Erde zurückkehrte, wie es die mormonische Lehre der »Blutsühne« für Nichtmormonen und Abtrünnige vorschrieb. Sie nahmen Kleinkinder und Säuglinge als Beute mit, außerdem Vieh, Gold, Gewehre und selbst den Putz der Frauen – und all das im Namen ihres Gottes, wie einige der Übeltäter später behaupteten.

Brigham Young

Jahrzehntelang wurden die Berichte über das Massaker im US-Nationalarchiv unter Verschluss gehalten. Die Schuld Youngs und der Kirchenführung wurde nie eingestanden. Obwohl eine Untersuchung der Gräueltaten durch die US-Armee keinen Zweifel an den Schuldigen ließ, wurde jede Vergeltung aufgrund einer Absprache zwischen Young und der Regierung unter James Buchanan vereitelt und angesichts des

James Buchanan

drohenden Bürgerkriegs im Osten vergessen. 20 Jahre später, als die Mormonen zu einer offiziellen Erklärung aufgefordert wurden, als Voraussetzung für die Anerkennung ihres Staates, boten sie einen Sündenbock an: John D. Lee, einen der Anführer des Angriffs. Nach Lees Verurteilung und Hinrichtung durch ein Exekutionskommando im Jahr 1877 geriet das Massaker offiziell in Vergessenheit. Die Vertuschung der Ereignisse von Mountain Meadows war nur der Beginn einer gezielten Verschleierung der Rolle der Kirche, ihrer tatsächlichen Macht und der Indoktrination ihrer Mitglieder.

Zu Beginn des 20. Jahrhunderts hatten sich die Kirchenoberen mit den staatlichen Stellen arrangiert. In den Verhandlungen mit der Regierung verzichteten sie auf die mormonische Doktrin der Polygamie zugunsten ihrer Souveränität. Wegen eines bundesstaatlichen Erlasses hatten sie einen Großteil des beträchtlichen Vermögens und der Beteiligungen ihrer Kirche eingebüßt oder verpfänden müssen. Aber dank ihrer Hartnäckigkeit brachten sie es schnell wieder zu Reichtum. Sie tätigten ihre eigenen Geschäfte mit der Wall Street, mit Kapitalgebern von außerhalb und selbst mit Washington. Wenn sie sich schon nicht von Amerika lossagen konnten, dann würden sie es – als eigenständige religiöse Sekte – innerhalb des Systems zu Vermögen und Einfluss bringen.

Das »Mormonenland«, wie es Wallace Stegner in seinem gleichnamigen Buch *Mormon Country* nennt, ging weit über Utah hinaus und erstreckte sich von Montana bis zum Rio Grande, von Westkanada bis Niederkalifornien. Es zeichnete sich durch gepflegte, mit Pyramidenpappeln bepflanzte Ortschaften aus. Die Sekte war vor allem im benachbarten Nevada vertreten, der Heimat flüchtiger Dissidenten, aber auch gläubiger Mormonen, die sich dort ansiedelten. Viele ließen sich in Las Vegas nieder, wo im Boom der Nachkriegszeit trotz des Kirchenbanns auf Glücksspiele die mormonische Kirche die »größte religiöse Organisation« war, wie es einer ihrer Führer ausdrückte. Der Erfolg der Mormonen innerhalb des kapitalistischen Systems der USA war in der Tat enorm.

Nach dem Zweiten Weltkrieg war die Kirche unbemerkt zu einer der reichsten Institutionen Amerikas geworden und kontrollierte ein Geschäftsimperium, das Landwirtschaft, Rohstoffgewinnung, Industrie und Finanzwesen einschloss. Darüber hinaus wurden Mormonen wegen ihrer bedingungslosen Loyalität, ihrer allgemeinen Mäßigkeit und ihres Arbeitseifers von privatwirtschaftlichen Unternehmen, aber auch Regierungsbehörden wie dem CIA und nationalen Atomwaffenlaboratorien bevorzugt eingestellt. Befanden sich mehrere Mitglieder in einem Betrieb, bildeten sie eine exklusive Gruppe, die die Interessen der mormonischen Kirche verfolgte, wodurch sie ihren Einflussbereich ausweiten konnte wie keine andere amerikanische Religionsgemeinschaft. Mit ihren riesigen Bargeldreserven und einer neuen Führung, die auf Expansion setzte, bauten die Mormonen nach dem Zweiten Weltkrieg ihre wirtschaftliche und politische Macht weiter aus, ohne jedoch ihr Stammesgefühl und ihre separatistischen Überzeugungen aufzugeben.

Parry Thomas' Vorfahren kamen im Zuge des großen Bekehrungseifers der Mormonen im 19. Jahrhundert, der auch England und Wales erfasste, ins »gelobte Land«. Seine Eltern, Thomas Edward Thomas und Olive Etta Parry, lebten bereits in zweiter Generation in Utah und konnten auf eine lange mormonische Ahnenreihe zurückblicken. Beide waren sehr fromm und durch ihre Ehe, die 1916 in der traditionellen geheimen Zeremonie der Sekte im Tempel von Salt Lake City

Der Mormonentempel in Salt Lake City, Hauptquartier der Kirche Jesu Christi der Heiligen der letzten Tage

geschlossen wurde, »für Zeit und Ewigkeit gesiegelt« und »mit besonderen Weisungen, Segnungen und Bündnissen ausgestattet«[22].

Parry, das dritte von insgesamt sechs Kindern, wuchs in Odgen in einer begüterten Familie auf, deren Reichtum aus der Sanitär- und Heizungsfirma des Vaters stammte. Es handelte sich dabei um ein größeres Unternehmen, das Aufträge von Schulen und Institutionen in ganz Utah erhielt sowie von Veteranenkrankenhäusern in Kalifornien, South Dakota und New Jersey und das an anderen groß angelegten Projekten wie dem prächtigen Mormonentempel außerhalb von Phoenix beteiligt war. Als Mitglied des herrschenden Patriarchats der Heiligen der letzten Tage in Ogden unterhielt Thomas senior gute Beziehungen zum regionalen und nationalen Netzwerk der Mormonen, das sowohl wirtschaftlich als auch politisch einflussreich war und dem er viele seiner lukrativen Aufträge verdankte.

Nachdem die altehrwürdige mormonische Ogden State Bank 1931 schließen musste, wurde Thomas als ihr wichtigster Geschäftskunde vom Staat Utah zum Konkursverwalter ernannt. Sein Sohn Parry, noch ein kleiner Junge, wurde losgeschickt, um säumige Zahler aufzusuchen. »Schon früh im Leben, vielleicht mit elf oder zwölf, wollte ich Bankier werden«[23], erzählte er einem Reporter mehr als 50 Jahre danach. Sein Vater übernahm die Reste des gescheiterten Instituts und eröffnete eine Investmentfirma, die Ogden State Investment Company. »Er war zwar kein Bankier, aber irgendwie wurde er einer«[24], sagte Parry rückblickend. T. E. Thomas' spätere Berühmtheit beruhte weniger auf seinem Status innerhalb der Kirche, seiner gesellschaftlichen Stellung oder seinem finanziellen Erfolg, sondern vor allem auf seiner langen und engen Freundschaft mit einem anderen Mormonen, einem der reichsten Bankiers der Welt.

George Stoddard Eccles war der gut aussehende, gesellige Erbe des größten mormonischen Familienvermögens und eines der wohlhabendsten Geschlechter Amerikas im 20. Jahrhundert. Er war einer der reichsten Männer der Rocky-Mountain-Staaten. Sein Bruder Marriner war jahrelang Vorsitzender der amerikanischen Zentralbank und entwickelte im Zuge des New Deal das zentrale Bankensystem des Bundes. Ihr Vater war ein strenger schottischer Polygamist, der nie zur Schule gegangen war, aber eine Holz- und Handelsdynastie gegründet hatte. 1936 kommentierte die Zeitschrift *Newsweek:*

> Bei so viel Geld schien es keine andere Möglichkeit zu geben, als ins Bankgeschäft einzutreten.[25]

George leitete die First Security Corporation, die große Bankholdinggesellschaft der Familie, die 1927 gegründet worden war und ihren Hauptsitz in Ogden hatte. 1948 kontrollierte das Finanzimperium der Familie bereits Geldmittel in Höhe von über 300 Millionen Dollar und war damit das größte Unternehmen zwischen Chicago und Kalifornien. Außerdem gehörte der Familie die noch bedeutendere Utah Corporation, ein internationaler Mischkonzern aus Bergbau, Transport- und Bauwesen. Zu den großen Bauaufträgen des Unternehmens zählten die Western Pacific Railroad, der Boulder-Damm, St. Lawrence Seaway, amerikanische Militäreinrichtungen sowie öffentliche Bauvorhaben von Afrika bis Asien und andere Mammutprojekte. Darüber hinaus war der Konzern an der Förderung von Eisen, Kohle und Uran in drei Kontinenten beteiligt. Trotz allem handelte es sich um einen noch relativ unbekannten Giganten. »Einer der größten, aber am wenigsten beachteten«[26], schrieb *Newsweek*. Die historisch bedeutsame Beziehung zwischen den beiden Mormonen T.E.Thomas und George Eccles – eine Verbindung, die von Parry Thomas diskret weitergeführt wurde und die beim Aufstieg von Las Vegas in der zweiten Hälfte des 20. Jahrhunderts eine zentrale Rolle spielte – ging auf ein Ereignis in den 30er Jahren zurück, bei dem die Weichen für den späteren Erfolg gestellt wurden.

An einem heißen Samstag im Sommer des Jahres 1931 erfuhr Eccles, dass die durch die Depression gebeutelte Ogden State Bank – seine einzige Konkurrenz in einer Stadt von 40.000 Einwohnern – in der darauf folgenden Woche möglicherweise geschlossen blieb, was einen katastrophalen Ansturm auf die nahe gelegene Zentrale seiner eigenen Bank zur Folge gehabt hätte.[27] Um das zu verhindern – ähnliche Anstürme zerstörten im ganzen Land Hunderte von Banken –, ergriffen die Brüder Eccles drastische Maßnahmen, unter anderem verfielen sie auf die Idee einer Finanzspritze durch die Notenbank in Salt Lake City. Raffiniert war auch George Eccles' Plan, an jenem Wochenende, als alle Banken geschlossen hatten, die wichtigsten Kontoinhaber der Ogden State abzuwerben. Er machte sich die Gerüchte, dass die Bank schließen würde, zunutze und bot jedem Kontoinhaber, der mit seinem Gehalts- oder Geschäftskonto zu seiner Bank wechselte, Sofortkredite und langfristige Darlehen an, was seine eigene Kundschaft beruhigte und letztlich zu noch höheren Profiten führte. Die hastige Telefonaktion, mit der er Kunden der Ogden State abwarb und anschließend andere Geschäftsleute und Bankiers darüber informierte, war ein skrupelloses Unterfangen, das durch die erfolgreiche Abwerbung von T. E. Thomas, dem wichtigsten Kunden der Ogden State und eines der bedeutendsten Mitglieder der lokalen Kirche, gekrönt wurde.

Sonntagnacht, wenige Stunden, bevor die Banken öffneten, hatte er die Zusage der wichtigsten Großkunden, dass sie die Traditionsbank im Stich lassen würden. Am Montag blieb die Ogden State geschlossen. Durch den Verlust ihrer wichtigsten Kunden blieb ihr nur die Liquidation und die Entschädigung ihrer Kleinkunden mit wenigen Cents für einen Dollar. Am Dienstag hatte die First Security problemlos die durch den Zusammenbruch der Konkurrenzbank erfolgten Geldentnahmen überstanden. Eccles und Thomas hatten ihre Schäfchen ins Trockene gebracht. Die Freundschaft der beiden Männer und ihr beider Erfolg waren für Parry Thomas und jenes Las Vegas, das er mit prägen sollte, von entscheidender Bedeutung.

»Mehr als jeder andere Aspekt«[28], erzählte Parry Thomas in einem Interview 40 Jahre später, habe seine Bewunderung für Eccles, den guten Freund seines Vaters, seine Entscheidung, ins Bankgeschäft einzusteigen, beeinflusst. »Sie waren meine Idole«, sagte er über die Brüder Eccles, wegen ihrer »unorthodoxen Ansichten über das Bankwesen«[28]. Nach dem Krieg, an der University of Utah, nahm er sich George zum Vorbild und gestaltete seinen Unterrichtsplan ähnlich wie dieser 25 Jahre zuvor. Als Sohn eines von Georges engsten Freunden wäre dem jungen Parry eine gute Stellung bei der First Security sicher gewesen. Stattdessen entschied er sich für die Continental. Er wählte sie, um von den Kreisen seines Vaters unabhängig zu sein. »Es war die einzige bedeutende nichtmormonische Bank in Utah«[29], sagte Thomas später. Cosgriff schien ihm noch größeren Spielraum für die »unorthodoxe« Art der Finanzierung zu bieten, die er bei den Eccles' bewundert hatte und mit Hilfe derer er ein Vermögen verdienen sollte.

> Ich wollte mein eigener Herr sein und meine eigene Bank gründen. Und ich wollte ohne Verpflichtungen an den Start gehen, die ich später doch nur hätte erfüllen müssen.[30]

Vor allem aber wusste er, dass die Continental in der Lage war, diese Art von Darlehen in Las Vegas öffentlich anzubieten, während eine mormonische Bank damit dem Ansehen der Kirche erheblichen Schaden zugefügt hätte.

Es zeigte sich, dass der junge Bankier Las Vegas und seine herrschende Klasse recht gut kannte. Schon bevor Cosgriff ihm 1955 die Leitung der neuen Bank übertrug, war er öfters in der Stadt gewesen. In den Nachkriegsjahren hatte er als Student und Praktikant einen Teil seines Geldes in Immobilien investiert und Kredite an Geschäftsleute in Las Vegas und Umgebung vergeben. »Als ich zum ersten Mal hinkam, gab es dort keinen einzigen Wolkenkratzer«[31], sagte er. »Die Stadt hatte damals nur 16.000 bis 17.000 Einwohner.«[31] Mitte der 50er Jahre war Parry Thomas »schon einige Jahre in Las Vegas zugange und kannte inzwischen auch einige der hohen Tiere, die in der Stadt das Sagen hatten«.[32]

Es gab unterschiedliche Versionen darüber, inwieweit Thomas als Neuling in diesem Geschäft in Salt Lake City tatsächlich die Entscheidung der Continental beeinflusste, eine Niederlassung in Las Vegas zu eröffnen. »Er überzeugte seinen Chef davon, dass diese neue Bank auch Kasinobesitzer bedienen musste«[33], sagte ein Bankier in Las Vegas. Aufgrund Cosgriffs liberaler Einstellung und nach der Finanzierung des Flamingo war gewiss nicht viel Überredungskunst nötig. Auf jeden Fall war Parry Thomas die perfekte Besetzung für diesen Job. Wenn Cosgriff der finanzielle und konzeptuelle Pate der Bank of Las Vegas war, so war der junge, gewandte Mormone aus Ogden der Mann, der ihre Möglichkeiten voll ausschöpfen und die kühnsten Erwartungen noch übertreffen sollte.

Bei Thomas' Ankunft in Las Vegas begann die kleine Bank gerade, die ersten größeren Kredite an Kasinos zu vergeben.[34] Für die Finanz- und Geschäftswelt der Stadt war es ein historisches Ereignis. Obwohl lokale Banken die Einlagen aus dem Glücksspiel ebenso gern akzeptierten wie die des Boulder-Canyon-Konsortiums, des Magnesiumwerks und anderer gut gehender Unternehmen, standen Darlehen für diese anrüchige Branche außer Frage. Zwar gab es Gerüchte über Geschäfte der Wingfield-Banken mit Gangstern aus Reno und über Bugsy Siegels Bankkredite, aber eine offizielle Kreditaufnahme durch Spielbanken war undenkbar. Kein Bankier aus Nevada, der etwas auf sich hielt, hätte sich mit Kasinobetreibern eingelassen.

Von sozialen Barrieren und ethischen Bedenken abgesehen, erschien das Glücksspielgeschäft vielen Bankiers aus rein praktischen Gründen fragwürdig. Kasinos waren schließlich bekannt dafür, dass sie keine verlässlichen Sicherheiten bieten konnten. »Diese Darlehen sollen durch die Craps-Tische abgesichert sein?«, fragte ein Bankanwalt entgeistert nach der ersten Kreditvergabewelle. Und fehlende Sicherheiten waren für viele nur eins von zahlreichen Risiken. 1954/55, als die Schlagzeilen über Kefauver der Bevölkerung noch in guter Erinnerung waren, gaben sich die Geschäftsleute von Nevada keinen Illusionen über die Kasinobesitzer von Las Vegas hin. Viele glaubten, dass Ganoven wie Moe Dalitz, Eddie Levinson und andere nicht daran dachten, ihre Kredite zurückzuzahlen, und wahrscheinlich ungestraft davonkämen. Obwohl Spielkasinobesitzer gute Geschäftsbeziehungen anstrebten und negative Publicity scheuten, war es ihnen wegen der Abschöpfungspraxis unmöglich, den wirklichen Wert ihrer Unternehmen als Sicherheit anzugeben, falls sie einmal in Zahlungsverzug kommen sollten. Andererseits waren die um Seriosität bemühten Kasinomanager auch bekannt dafür, finanzielle Probleme mit Gewalt zu lösen.

Als junges Gewerbe galt das Glücksspiel bei vielen als zu risikoreich. Aber Cosgriff, Thomas und ihre Geldgeber im Hintergrund räumten mit diesen Vorstellungen auf und behandelten das Glücksspiel wie jedes andere expandierende Wirtschaftsunternehmen im Westen, dem ihrer Meinung nach umfassende Finanzierung zustand. In Nevada galt Parry Thomas als überzeugter Sprecher für ihre Sache. »Wie wollt ihr in einem Staat Banken leiten, wenn ihr seinen wichtigsten Wirtschaftszweig ignoriert?«, fragte er. Dennoch war vielen klar, dass es sich bei der Kreditvergabe an die Kasinos des Strip nicht um normale Wirtschaftsförderung handelte.

Thomas schien »von sich und seinem Durchsetzungsvermögen absolut überzeugt zu sein«[35], erinnerte sich ein Kollege. Tatsächlich glaubten viele in der Stadt, dass sich hinter der Bank of Las Vegas eine außergewöhnliche Autorität verberge, jemand, den selbst kriminelle Kunden nicht zu betrügen wagen würden, weshalb man davon ausgehen konnte, dass die Millionenkredite zurückgezahlt wurden. Was andere Bankiers als unglaubliche Symbiose zwischen Kreditnehmern und -gebern ansahen, zwischen scheinbar miteinander konkurrierenden Kasinos und der Bank of Las Vegas, fußte auf dem stillschweigenden Einverständnis einer Hand voll Kasinobesitzer, sich bei der Erfüllung ihrer öffentlichen und rechtlichen Verpflichtungen gegenseitig zu helfen und dadurch gemeinsam Thomas' Darlehen abzusichern. Dies war ein weiteres Beispiel für die engen Beziehungen zwischen allen am Glücksspiel beteiligten Parteien. Ein Anwalt aus Las Vegas sagte damals:

> Das Letzte, was man wollte, war ein schummriger Schuppen am Strip, der Zweifel an der Zahlungsfähigkeit des Eigentümers weckte, und natürlich war auch keiner daran interessiert, dass wegen eines einzigen Betrugsfalls ihr Goldesel Parry Thomas Ärger bekam.[36]

»Die Glücksspielunternehmen schützten die Bank vor Problemen«, erzählte Thomas' Sohn und Nachfolger Jahrzehnte später. »Sie wollten nicht, dass ihre Hausbank Schwierigkeiten hatte.« Und ein Zeitgenosse berichtete: »Parry hatte ganz klare Vorstellungen, und jeder am Strip wusste das.«[37] Die Bank brauchte für ihre innovative Kreditvergabepolitik nicht einmal zu werben. »In dem Moment, als die Konzession erteilt wurde, wussten die Kasinobosse Bescheid«[37], erinnerte sich ein Anwalt vor Ort. Innerhalb weniger Monate und vor allem nach Thomas' Übernahme trugen die Darlehen der Bank of Las Vegas in nicht geringem Maß zum Aufschwung der Stadt bei. Thomas griff dafür eine Bezeichnung auf, die eigentlich von Cosgriff stammte, was aber nur wenige wussten. Ohne rkennbare Ironie nannte er seine Kreditvergabe an Spielbanken: »Soziale Darlehen«.

E. Parry Thomas 1981, auf der Höhe seiner Macht. Nur wenige Eingeweihte kannten die verschlungenen Pfade, die die Hunderte Millionen Dollar genommen hatten, die Thomas als Darlehen vergab.

Eins der ersten Darlehen ging an die Brüder Lansky für den Ausbau des Sahara, wovon später die Fischettis, Sam Giancana und »die Chicagoer Investoren« profitierten. Im Verlauf der nächsten Jahre finanzierte die Bank »Schlag auf Schlag«[38], wie es ein Zeitzeuge nannte, die Erweiterung oder den Umbau von fast einem Dutzend vom Syndikat kontrollierten Kasinos. Dazu gehörten Dalitz' Desert Inn, dessen Gewinne sich zwölf Gangster in Amerika teilten, das von Levinson geführte Fremont, das Lansky und seinen kalifornischen Partnern gehörte, das Sands, das Adonis, Costello und Lansky kontrollierten und von dem zur Zeit der Kreditnahme kriminelle Organisationen in 16 Städten in ganz Amerika Geld abschöpften, das Dunes des Patriarca-Clans aus Neuengland, das Stardust, nachdem es von Dalitz und Lansky übernommen wurde, und das Riviera als weitere lukrative Unternehmung des Chicagoer Outfit, der allein über 8 Millionen Dollar pro Jahr von seinen Kasinos in Las Vegas absahnte. Nicht zuletzt profitierte das von den Lanskys mit finanzierte Thunderbird von den Krediten, an dem auch Cliff Jones' Partner verdienten, was den Brüdern Jones zu verdanken war, die Cosgriff bei der Beschaffung seiner Konzession behilflich gewesen waren. Die von der Bank finanzierten Anbauten und Renovierungen waren so umfangreich, dass die bestehenden Hotelkasinos die Besucherströme der folgenden zehn Jahren problemlos auffangen konnten. Erst 1966 kam das neue Luxushotel Caesars Palace hinzu.

Die Profite aller Beteiligten überstiegen sämtliche Erwartungen. Das Stammkapitel der Bank of Las Vegas in Höhe von 250.000 Dollar wurde innerhalb von knapp zwei Jahren auf 16 Millionen Dollar erhöht, eine der phänomenalsten Leistungen einer neuen Bank in der Geschichte der amerikanischen Finanzwirtschaft. Die Einlagen betrugen bereits sechs Monate nach der Eröffnung 11 Millionen Dollar, vornehmlich auf Konten von Kasinobesitzern und aus der heimlichen »Beteiligung von Banken, die an Las Vegas und Umgebung interessiert waren«[39], wie es in einem Bankbericht später hieß.

Dank dieser Darlehen vergrößerten sich auch die Gewinnspannen für die Spielbankbesitzer. Zusammen mit den Geldern aus dem Rauschgifthandel, der Prostitution und anderen illegalen Unternehmungen investierten sie jetzt einen höheren Prozentsatz ihrer Einnahmen ins Drogengeschäft und in die Korruption, aber auch in die Energie- und Lebensmittelbranche, die Unterhaltungsindustrie, die medizinische Versorgung, in Versicherungen und Immobilien – Geld, das letztlich wieder zurück nach Las Vegas floss.

Der Zeitpunkt war goldrichtig gewählt. Die Bankdarlehen wurden Mitte bis Ende der 50er Jahre an die Kasinos gezahlt, zu einer Zeit, als Risikokapital in den Vereinigten Staaten und in Europa relativ schwer zu bekommen war, vor allem für Branchen wie die Ölförderung, Agrarwirtschaft, Hightech-Produktion und Immobilien. Die zunehmende wirtschaftliche und politische Macht der Investoren wurde am Bauboom im Süden der USA besonders deutlich. Später schrieb der Journalist Richard Hammer:

> Es war kriminelles Geld, mit dem das Land gekauft und die Hotels entlang der Gold Coast bei Miami Beach erbaut wurden und das in die Wüsten im Südwesten, nach Palm Springs und Südkalifornien floss.[40]

In diesen Gegenden nahm das organisierte Verbrechen »unermessliche Dimensionen«[41] an, meinte der Autor Kirkpatrick Sale. Cosgriff und Bimson hatten Recht gehabt: Durch Darlehen an unorthodoxe Kunden ließen sich riesige Gewinne erzielen.

Parry Thomas machte rasch Karriere und verdiente ebenso ansehnlich wie seine Klientel. Knapp fünf Jahre, nachdem er praktisch als einfacher Angestellter in die Stadt gekommen war, wurde er im Alter von 39 Jahren Direktor der Bank of Las Vegas und war in der Branche bereits als der »Hausbanker des Glücksspiels«[42] bekannt. Von Anfang an war er jedoch nur der Mittelsmann für das durch die Bank geschleuste Geld. Mit seinen geringen Reserven, die nicht einmal für ein Kasinodarlehen gelangt hätten, hätte das kleine Geldinstitut solche Erfolge nie erzielen können; es hatte mehr als 15 Millionen Dollar in Thomas' erstem Jahr verliehen, mehr als 50-mal so viel wie sein Stammkapital betrug, was Thomas stolz als »neuen Rekord im Bankgewerbe« bezeichnete. Aber verglichen mit dem, was noch kommen sollte, war das ein Klacks. Die Unterstützung kam durch den Nachbarstaat.

Die Quelle des Geldes befand sich in Salt Lake City. »Die Cosgriff- und Eccles-Bankimperien stellten Thomas mehrere hundert Millionen Dollar zur Verfügung, wodurch sie als Partnerbanken der Bank of Las Vegas zahlreiche Darlehen finanzierten«[43], hieß es in einem Bericht, der auf den Aussagen von Thomas beruhte. Die Finanzierung durch die beiden Banken wurde geheim gehalten, auch gegenüber anderen Bankiers in Nevada, die allgemein davon ausgingen, dass das Geld aus lokalen Quellen stammte.

Cosgriffs Continental- und Familienbanken stellten einen Teil des Geldes, aber die größeren Summen der »Hunderte von Millionen«, deren Herkunft oft unklar war, stammten wohl aus dem Eccles-Imperium. »Vieles über die wahre Geschichte der Stadt liegt in den Akten der Bank of Las Vegas begraben«[44], sagte einer der früheren Aktionäre des Geldinstituts. Wäre zum Beispiel an die Öffentlichkeit gelangt, dass Geld der Mormonenkirche oder von mormonischen Geschäftsleuten die Glücksspielindustrie von Las Vegas finanzierte und damit internationalen Verbrecherorganisationen zugute kam, hätte das katastrophale Auswirkungen gehabt.

Wenn auch »nur dem Namen nach Mormonen«[45] trugen die Eccles-Brüder doch entscheidend zur wirtschaftlichen Expansion der Kirche bei. 1932 hatten sie die angeschlagene Deseret National übernommen, eine von Brigham Young gegründete Bank, deren Schwäche eine Krise für die Mormonenkirche heraufbeschwor. Mit der bewussten Entscheidung der Führung der Heiligen der letzten Tage nach dem Zweiten Weltkrieg, sich aus dem Bank- und Sparkassengeschäft zurückzuziehen, wurde die First Security zur wichtigsten Bank der mormonischen Geschäftsleute in Utah und des gigantischen Imperiums, zu dem sich die Kirche entwickelt hatte: Ihre Einlagen betrugen 1955 nach vorsichtigen Schätzungen über 1 Million Dollar täglich. Frühere Angestellte und andere Bankiers schätzten später, dass mindestens drei Viertel der Geldmittel der First Security aus Mormonenguthaben stammten. Neben dem Syndikat war es die Kirche Jesu Christi der Heiligen der letzten Tage, die die erste größere Expansion des modernen Las Vegas finanzierte.

Nach außen hin war die Einstellung vieler Mormonen zum Glücksspiel bestenfalls ambivalent. 1941 fuhr Spencer Kimball, Prophet und künftiger Führer der Heiligen der letzten Tage, nach Las Vegas, um sich Grundstücke am (späteren) Strip anzusehen. Aber die Chance, schnell reich zu werden, verpasste er, denn er fand, »dass es keine gute Idee war, in eine Spielerstadt wie Las Vegas zu investieren«. Außerdem wollte er nicht, »dass seine beiden Söhne in einer solchen Umgebung aufwuchsen, obwohl man dort zweifellos gut Geld machen konnte«[46], wie es in seiner Familienbiografie heißt.

Hinter den Kulissen waren die Mormonen weniger zimperlich. Im selben Jahr, als die Bank of Las Vegas ihre Schalter öffnete, wurde eine Abordnung prominenter Mormonen – darunter Mäzene der Stadt wie der spätere Senator James Gibson und der Bankier Reed Whipple – nach Salt Lake City beordert, um mit den Führern der Heiligen der letzten Tage über die beabsichtigte Investition von Kirchengeldern in eine Farm, eine Kapelle und eine große Versammlungshalle für die wachsende Zahl von Gläubigen der Stadt zu diskutieren, was zweifellos die Akzeptanz der Sekte des neuen »Sündenbabels« signalisierte. Mormonische Immobilienmakler und andere Geschäftsleute waren ebenfalls am Segen des Patriarchats für Investitionsvorhaben wie das geplante Einkaufszentrum Vegas Village interessiert. Mormonischen Quellen zufolge, waren die Führer der Heiligen der letzten Tage zunächst »auf der Hut und zurückhaltend«[47], ließen sich aber von den Mormonen aus Las Vegas überzeugen, dass Investitionen im einst krisengeschüttelten südlichen Nevada inzwischen sicher und profitabel waren. Über das Treffen 1954 sagte ein Mormone aus Las Vegas:

> Die Dinge entwickelten sich so schnell, dass uns schon kurz darauf die Kirchenführung ermunterte, noch mehr Land zu kaufen, was wir auch taten, und mit dem Wachstum der Stadt mitzuhalten, was wir ebenfalls taten.[48]

Was die moralischen Fragen anging, die das Glücksspiel aufwarf, so erließ die Sekte gleich zu Anfang eine Doktrin, die es ihren Mitgliedern ermöglichte, nicht nur mit den Kasinos Geschäfte zu machen, sondern auch dort zu arbeiten. »Sie hatten ein besonderes Verhältnis zu den Bossen des Syndikats«[49], sagte ein Zeitzeuge über die Rolle der Mormonen im unteren und mittleren Management. »Wenn der Tischchef seine Schicht beendet hat, trinkt er keinen Kaffee, sondern geht nach Hause zu seiner Frau und seinen 98 Kindern«[49], witzelte ein Einwohner von Las Vegas über die mormonischen Kasinoangestellten und ihre kinderreichen Familien. Andere sahen zwischen den ethischen Grundsätzen der mormonischen Kirche und des Syndikats keinen großen Unterschied: Beides waren autoritäre Systeme, die von ihren Mitgliedern blinden Gehorsam forderten. »Die mormonische Organisation hat viel mit der Mafia gemeinsam«, fand Michael Ventura, ein häufiger Besucher der Stadt. »Beide sind streng hierarchisch gegliedert. Man wird dafür belohnt, dass man loyal ist und sein Wort hält. Und sie kümmern sich um die Ihren.« Damit gehörten die Mormonen zu denen, die an der Stadt verdienten, während das übrige nichtmormonische Amerika viel Gled in den Spielhöllen von Las Vegas verlor. »Unsere Devise lautet: Spiel mit, aber lass dir nicht in die Karten gucken«[50], erklärte ein Führer der Kirche der Heiligen der letzten Tage gegenüber einem Reporter.

Parry Thomas vergab inzwischen ebenso erfolgreich Darlehen für Projekte seiner mormonischen Brüder, die weniger kritisch beurteilt wurden. Er pflegte das Image eines »Jack Mormon«, eines eher halbherzigen Gemeindemitglieds. Seit seinem 15. Lebensjahr war er in der Mormonenkirche nicht mehr aktiv und genehmigte sich ab und zu einen »Highball«[51], während seine Kinder und seine Frau, die ebenfalls von einer Familie der Heiligen der letzten Tage abstammte, ihrem Glauben treu blieben. Im Geschäftsleben hängte er sein Fähnchen in den Wind und auch dort gab ihm der Erfolg Recht. »Thomas nutzte seine mormonische Erziehung, um seine Position innerhalb der Geschäftswelt zu stärken«[52], schrieben Journalisten, die die Rolle dieser Religionsgemeinschaft in Las Vegas untersucht hatten. Als einer von ihren gab er »den mormonischen Geschäftsleuten das Gefühl, dass sie ihm vertrauen konnten«[53], erzählte ein Mormonenführer. »Sie wissen, dass er sie kennt und weiß, wer sie sind, und dass sie dieselbe Sprache sprechen, was auch fürs Geschäftliche gilt.«[53] Trotzdem machten die Millionenkredite an lokale mormonische Bauunternehmer lediglich

Steve Wynn (rechts) überreicht seinem Mentor E. Parry Thomas eine Auszeichnung, eine von zahlreichen Ehrungen, die dieser im Laufe seines Lebens erhielt.

einen Bruchteil der Geschäfte aus, die die Bank of Las Vegas diskret mit den Banken der Eccles abwickelte. Jedenfalls war Thomas mit seiner Bank ein unverhoffter Glücksfall für die mormonische Kirche. Die Bank bestand noch nicht lange, da verließ jeden Montagmorgen ein Privatflugzeug Las Vegas und flog nach Salt Lake City, wie Insider wussten, um die millionenschweren Gewinne und Abgaben der Mitglieder zum Hauptsitz der Heiligen der letzten Tage zu bringen.

Um 1960 war Thomas wegen seiner »sozialen Darlehen« (ein Begriff, von dem er sich später distanzierten sollte) weit über Las Vegas hinaus bekannt. Die illustre Mischung seiner Kunden aus Tempel und Abrechnungsraum, Kirche und kriminellem Unternehmen fasste er einmal folgendermaßen zusammen: »Ich arbeite bis mittags für die Mormonen und ab mittags für meine jüdischen Freunde.«[54] Die Konkurrenzbanken in Nevada vergaben zwar immer noch keine Kredite an Spielkasinos, verdienten sich aber mit Immobilien ein Vermögen. Die übrige Finanzwelt blickte auf Thomas' Bank herab. »Alle anderen Staaten schauten herablassend auf uns … Geschäfte mit der Sünde und so«[55], erzählte Thomas Jahre später einem Interviewer. Aber die Kasinokredite wurden pünktlich zurückgezahlt, das Konzept der Bank of Las Vegas ging auf.

»Ich bin im Bankgeschäft und diese Leute sind gute Kreditnehmer«[56], antwortete Thomas auf Fragen nach seinen Kunden. Über diese Männer, die wie Dalitz später sogar enge Partner wurden, erzählte er einem Journalisten einmal verschmitzt: »Ich habe noch nie einen Ganoven getroffen.«[57] Seine Bedeutung für Las Vegas wurde nicht verschwiegen. »Der größte Spieler in der Geschichte der Stadt«[58], schrieb John L. Smith über Thomas' frühe Jahre. »Der eigentliche Pate von Las Vegas«[59], heißt es bei Gottlieb und Wiley. »Thomas hat mehr als jeder andere zum Erfolg dieser Branche beigetragen«[60], schrieb *Business Week* später, als das Glücksspiel in ganz Amerika legalisiert wurde. Andere Urteile waren weniger positiv: »Ein unseriöser Banker«[61], hieß es im *Las Vegas Review-Journal.* »Wir nannten sie die Verbrecherbank«[62], sagte ein höherer FBI-Mitarbeiter, der in Las Vegas eingesetzt war.

Der darüber in Vergessenheit geratene eigentliche Besitzer der Bank, Walter Cosgriff, beobachtete den kometenhaften Aufstieg seines Instituts in Nevada und seinen mormonischen Manager mit für ihn untypischem Schweigen. Die Gewinne für die Cosgriff-Familiengruppe waren riesig; 1960 betrugen ihre Geldmittel ein Zwanzigfaches des von seinem Vater zwei Jahrzehnte zuvor geerbten Vermögens.

1961 starb Cosgriff auf der Rückfahrt eines Besuchs in Nevada, als sein Wagen plötzlich bei Wells von der Straße abkam und eine Böschung hinunterstürzte. Der Bankier, der ein paar Jahre zuvor den Grundstein gelegt hatte, wurde 47 Jahre alt und durfte noch erleben, wie sich seine kleine aufstrebende Bank zu einer erfolgreichen Großbank mauserte. Aber das war erst das Vorspiel. Durch Parry Thomas und andere wurde Cosgriffs Geschäftsphilosophie, Darlehen »über das ganze Land zu verteilen«, ad absurdum geführt, da die Gelder der Bank nun in fragwürdige internationale Unternehmungen flossen. Er sollte es nicht mehr erleben, dass seine Bank einmal Hunderte Millionen Dollar der korrupten Führung der Teamster-Gewerkschaft verwaltete sowie das Geld obskurer texanischer Versicherungsgesellschaften und Banken, die mit dem Kapital des Syndikats, der mormonischen Kirche und Tarnfirmen des amerikanischen Geheimdiensts arbeiteten – und schließlich mit der karibischen Castle Bank Geschäfte machte, die noch in die Schlagzeilen kommen sollte, weil sie Spionen, Geldkurieren, Kasinobesitzern und internationalen Drogenhändlern als Geldwaschanlage und illegales Depot diente. Es war eine Ironie des Schicksals, dass ausgerechnet die Bank des Visionärs Cosgriffs mit seinem revolutionären Konzept der »sozialen Darlehen« zum Bindeglied zwischen dem amerikanischen Verbrechen, dem Finanzwesen und den Nachrichtendiensten werden sollte. Wie Cosgriff gehofft hatte, setzte sich sein Erfolgsrezept im ganzen Land durch, jedoch ohne eine Spur seiner »liberalen Einstellung« und des demokratischen Kapitalismus, für den er sich eingesetzt hatte.

1960 begann sich der Einflussbereich der Stadt, zu deren Aufschwung Parry Thomas entscheidend beigetragen hatte, allmählich auf ganz Amerika auszuweiten. Ein Jahrzehnt nach Kefauvers Stippvisite war Las Vegas reicher und seine Kasinobesitzer waren mächtiger denn je. Die ganze Stadt verfolgte nun gespannt die Wahl eines neuen Präsidenten, von deren Ausgang die Großen des Strip in jedem Fall profitieren würden.

Dritter Teil
DAS AMERIKANISCHE MEKKA

Las Vegas hat sich zu einer großartigen,
familienfreundlichen Stadt entwickelt, so unschuldig
wie ein Mormonen-Picknick. Besser hätte es
nicht kommen können, oder?

Alan Richman, »Lost Vegas«

Heute ist die Stadt ein kapitalistischer Albtraum,
ein in Zuckerwatte gepacktes Familienidyll,
ein gigantischer Vergnügungspark, in dem tote Seelen,
von einlullender Hintergrundmusik umsäuselt,
dahintreiben und die im Grunde ihres Herzens wissen,
dass die glücklichsten Menschen jene sind,
die sich gegenseitig brauchen, und dass man
seinen Einsatz niemals verdoppeln sollte,
wenn der Croupier eine Bildkarte aufdeckt.

Nick Tosches, »The Holy City«

Joe Kennedy ist begeistert von Las Vegas. Die Stadt »mit ihren exklusiven Vergnügungen, ihren schönen Frauen und dem leichten Zugang zu einflussreichen politischen Kreisen«[1] ist ganz nach seinem Geschmack. Aber er verbringt auch viel Zeit in seinem Lieblingshotel am Lake Tahoe im Norden Nevadas, wo er seit den 20er Jahren Stammgast ist. Die Betreiber des Hotels, mit denen er befreundet ist, schicken ihm jedes Jahr vor Weihnachten Kiefern, die am Ufer des großen Gletschersees frisch geschlagen werden. Die drei Meter hohen Weihnachtsbäume schmücken die weiträumigen Wohnzimmer seiner eindrucksvollen Häuser in New York und Massachusetts.

Es ist eine Ironie des Schicksals, dass sein zweitältester Sohn, der zukünftige Präsident der Vereinigten Staaten, seine Leidenschaft für Las

Joseph P. Kennedy sen. (Mitte) im Juni 1959 bei einem seiner zahlreichen Besuche in Nevada

Vegas teilen wird, während dessen jüngerer Bruder, der zukünftige Justizminister, eine ernste Bedrohung für den Strip darstellen wird. Beide Brüder werden mit der Korruption und dem Verbrechen in Las Vegas eng in Berührung kommen. Unter ihrer gemeinsamen Führung wird die amerikanische Regierung zum letzten Mal versuchen, den unheilvollen Einfluss der Stadt einzudämmen.

Als kleine Jungen sitzen Jack und Bobby mit der Familie alljährlich um den Weihnachtsbaum vom Lake Tahoe und packen unter seinen würzig duftenden Zweigen ihre Geschenke aus. Diese friedliche Szenerie birgt bereits die schicksalhafte Verquickung der Kennedys mit Nevada, die letztlich zum Tod der beiden Brüder führen wird.

Johnny Rosselli ist der kultivierte, elegante Mittler zwischen »Ober-« und Unterwelt und fungiert gelegentlich sogar als deren gemeinsamer Killer. »Glatt wie ein Aal«[2], sagt sein Partner Sam Giancana über ihn. Johnny Rosselli ist in jedem Milieu zu Hause.

Vor dem Krieg spielt er mit seinem alten Freund Joe Kennedy in Kalifornien Golf; später erweist er auch Joes Sohn Jack hin und wieder Gefälligkeiten. In den 30er und 40er Jahren vertritt er die Interessen des Syndikats in Hollywood, und in den 50er Jahren überwacht er die syndikatseigenen Kasinos am Strip, während er zur selben Zeit im Auftrag von Privatfirmen und der amerikanischen Regierung in Mittelamerika als Spion und »Mann fürs Grobe« unterwegs ist. Anfang der 60er Jahre schmiedet er sogar als »Colonel Rosselli« mit dem CIA ein Mordkomplott und stationiert auf einer Insel der Florida Keys seine eigene Truppe von Scharfschützen. Bei all dem strahlt er eine Selbstsicherheit und Autorität aus, die er der geheimen Macht verdankt, die er repräsentiert. Auf seiner Visitenkarte steht lediglich: »John Rosselli, Stratege«[3].

Auch er ist fasziniert von Las Vegas, einer Stadt, die er seit Jahren kontrolliert. Als Verbindungsglied zwischen den verschiedenen ethnischen Gruppen, den Eliten des organisierten Verbrechen, der Geschäftswelt und der Regierung verkörpert er die Verquickung all dieser Kräfte. Seine Biografen nennen ihn den »Prototypen des amerikanischen Mafioso«[4] – eine Bezeichnung, die ebenso perfekt auf ihn zugeschnitten ist wie seine maßgeschneiderte Garderobe. Rosselli ist der lebende Beweis dafür, dass die beiden Welten letztlich ein und dieselbe sind.

Ende der 40er Jahre durchstreift Howard Hughes inkognito – »im Leinenanzug, mit Segeltuchschuhen«[5] und Vollbart – spät nachts Bugsys

Flamingo und andere Kasinos, wo seine Bodyguards oder Hotelangestellte junge Frauen für ihn auflesen. Wenn sie eine Gespielin finden, die ihm gefällt, muss sie zunächst eine Verzichtserklärung unterzeichnen, ehe sie sich zu Hughes an den Tisch setzen oder ihn in seine Suite begleiten darf. Sein neuer Freund, der ungestüme Hank Greenspun, macht ihn mit Revuegirls des Flamingo bekannt und versteckt ihn einmal sogar vor dem Mitglied eines Untersuchungsausschusses.

In den 50ern ist Hughes der größte Rüstungslieferant der Regierung und einer der reichsten Männer der Welt – »der verrückteste Unternehmer, der mir je begegnet ist«[6], schreibt der Journalist Robert Sherrill über ihn. 1966 kehrt er mitten in der Nacht nach Las Vegas zurück, um sich mit seinem legendären Vermögen die gesamte Stadt einzuverleiben. Dieses Mal kommt er allerdings nicht im Leinenanzug und mit Segeltuchschuhen, sondern liegt im Schlafanzug auf einer Krankentrage. Es heißt, dass er die Hure Las Vegas zu einer ehrbaren Frau machen will – eine prahlerische Vermählung zwischen Glücksspielindustrie und Großunternehmertum. Doch da nicht nur Hughes, sondern auch die Wall Street und die größten Kapitalisten des Landes schon seit einiger Zeit mit dem Syndikat klammheimlich in wilder Ehe leben, wird auch Hughes' gigantisches Übernahmemanöver am Charakter der Stadt nichts mehr ändern.

Obwohl ihm ein Großteil des Strip gehört, lässt sich der Milliardär dort nie mehr blicken. Hinter dichten Vorhängen vor den grellen Lichtern der Stadt abgeschirmt, unter ständiger Aufsicht seiner Günstlinge, gefangen im Kerker seines verwirrten Geist, verbringt der exzentrische, zum Schatten seiner selbst verkümmerte ehemalige Playboy vier Jahre in seinem Penthouse im Desert Inn, sieht sich alte Filme im Fernsehen an, verzeichnet in seinem Tagebuch akribisch seinen Stuhlgang und die täglichen Einläufe, brütet immer wahnwitzigere Pläne aus, um sich Nevada und die ganze Nation zu unterwerfen. Doch schließlich ist es vor allem er selbst, der schamlos ausgenutzt wird. Auch er gehört letztlich zu jenen, die in Lanskys »Paradies voller Trottel« übertölpelt werden.

Ronald Reagans wenig glanzvolle Filmkarriere nähert sich ihrem unspektakulären Ende, und seine zweite Ehefrau, eine mäßig begabte Schauspielerin, kämpft ebenfalls ums berufliche Überleben. Er hält in ganz Kalifornien glühende, patriotische Reden, die so gut ankommen, dass ihm einige Geschäftsleute antragen, für den amerikanischen Senat

Ronald Reagan mit seiner Frau Nancy auf der Yacht des Last Frontier auf dem Lake Mead im Winter 1954 während seines erfolglosen Engagements im Kasino. Damals ahnte noch niemand, welche Rolle Las Vegas bei Reagans Aufstieg vom glücklosen Schauspieler zum Präsidenten spielen würde.

zu kandidieren. Doch er tut den Gedanken an eine politische Laufbahn als absurd ab. Später erzählt er amüsiert:

> Ich habe das Angebot dankend abgelehnt. … Ich bin nun mal ein Schauspieler – und werde es immer bleiben.[7]

Andere drängen ihn, zum Fernsehen zu gehen, doch auch das lehnt er ab. Für ihn und seine Frau »klingt schon das Wort ›TV‹ wie eine Krankheit«.

Als er immer größere Schwierigkeiten hat, seinen aufwendigen Lebensstil zu finanzieren, wendet er sich Ende 1953 an Gönner und Freunde in seiner Agentur, der mächtigen Music Corporation of America (MCA) – gegen die das Justizministerium wegen ihrer monopolistischen Geschäftspraktiken und Verbindungen zum organisierten Verbrechen ermittelt. Auf seine Bitte, ihm einen Job zu besorgen, lässt die »Feuerwehr der MCA« prompt ihre Beziehungen spielen und arrangiert für ihn ein kurzes, aber lukratives Engagement in Las Vegas. Für 30.000 Dollar, was in etwa seiner letzten Filmgage entspricht, soll er zwei Wochen lang als Conférencier in einer 50-minütigen Revue im Last Frontier auftreten. Er witzelt über diese neue »Herausforderung«, doch die Presse berichtet schonungslos über den »Überlebenskampf des absteigenden Filmstars«[7].

In seiner neuen Rolle als Entertainer probt er gewissenhaft den Ablauf der Show und die Gag-Einlagen, bis er sie perfekt beherrscht. Der 42-Jährige bereitet sich auf seinen ersten Auftritt am Strip vor wie ein Spitzensportler auf einen großen Wettkampf: Er trinkt und raucht nicht, lässt sich täglich massieren und macht sogar auf seinen Abstechern nach Los Angeles einen Zwischenstopp in Barstow, um sich aufs Ohr zu legen und zu schonen. Seine Frau Nancy scheint sein Engagement und seinen Übereifer zu teilen und verfolgt seine vierstündigen Proben schweigend bei einem Glas Eiswasser.

Am 15. Februar 1954 ist Premiere. Der Conférencier wird von einem Männerquartett unterstützt und einer Truppe »atemberaubender Revuegirls mit südamerikanischen Kostümen und einem 60 Zentimeter hohen, mit Federn geschmücktem Kopfputz«[7]. Er erzählt Witze mit irischem Akzent, bringt mit dem Quartett eine Gesangsnummer, wirbt in gebrochenem Deutsch für »Pabst Blue Ribbon«-Bier und rennt irgendwann in ausgebeulten Hosen über die Bühne und schlägt die anderen Darsteller mit einer zusammengerollten Zeitung. Beim großen Finale steht er allein im Scheinwerferlicht auf der Bühne und rezitiert ein rührseliges Gedicht. Das Publikum ist nicht sonderlich begeistert. Selbst die gezähmten Theaterkritiker von Las Vegas bezeichnen die Darbietung als »drittklassig«. Das Kasino verlängert seinen Vertrag nicht. Am Morgen nach der letzten Vorstellung fahren er und seine Frau entmutigt nach Kalifornien zurück. Er ist »am Tiefpunkt seiner Karriere angelangt«[8], wie seine Biografin Anne Edwards später schreibt.

Aber schließlich wird er doch noch eine politische Laufbahn einschlagen und eines Tages eine Politik verkörpern, die Gewinnsucht und Ausbeutung zum nationalen Kredo erhebt. Nach seinem peinlichen Gastspiel am Strip sagte er: »Nie wieder werde ich mich unter Wert verkaufen.«[8]

Joe Yablonsky ist ein harter Bursche. Er arbeitet als Streifenpolizist an gefährlichen Einsatzorten wie Miami, Boston und Newark und macht sich als verdeckter Ermittler bei Geheimoperationen gegen Lanskys Organisation verdient. Doch die Korruption im Süden Nevadas geht er mit unverbrauchtem Elan und fast blauäugigem Optimismus an, als wisse er ganz Las Vegas hinter sich. Er glaubt, dass ihn nichts mehr überraschen kann, doch er wird sich gründlich täuschen. Er ist ein Idealist in einer Stadt, in der es keine Ideale mehr gibt, ein Kämpfer auf verlassenem Posten, ein einsamer Rufer in der Wüste. Allen Widrigkeiten zum Trotz glaubt er, dass die Gerechtigkeit siegen wird, an einem Ort, an dem immer der Stärkere triumphiert.

Trotzdem ist Yablonsky kein Märtyrer. Er begeht Fehler; er überschätzt die Macht der Justiz und unterschätzt die Macht des Gegners. Als er Anfang der 80er Jahre die Leitung des FBI-Büros in Las Vegas übernimmt, das sich bisher durch Mittelmäßigkeit und Bestechlichkeit auszeichnete, sagt er einem korrupten System den Kampf an, das so eng mit der Stadt verwoben ist, dass selbst die wenigen integren Bürger keine Ahnung von seinem Ausmaß haben. Dennoch liegen ihm Las Vegas und seine Bewohner am Herzen und er gibt nicht auf. Er glaubt, dass er sie auch gegen ihren Willen retten kann, selbst wenn er einen hohen Preis dafür zahlen muss. Doch er scheitert und wird aus der Stadt vertrieben. Diese Niederlage wird ihn lange verfolgen.

Im Nachhinein mag es so aussehen, als hätte er nie eine Chance gehabt. Nachdem er die Stadt verlassen hat, machen sich ihre wahren Herrscher über ihn lustig. Doch mit ihrem Hohn überspielen sie nur die Angst, die er ihnen eingejagt hat. Wenn Yablonsky sie in die Knie gezwungen hätte, welche Folgen hätte das gehabt? Vielleicht nahm er sein Scheitern deshalb so schwer, weil er genau wusste, dass mehr auf dem Spiel stand als die Zukunft von Las Vegas.

Der Mann, der am Ende des 20. Jahrhunderts die Symbolfigur der Stadt sein wird – stellvertretend für jene Kräfte, die Yablonsky bezwungen haben –, bekommt sie als Zehnjähriger zum ersten Mal zu Gesicht. 1952 unternimmt Mike Wynn, alias Michael Weinberg, mit seinem Sohn Steve eine Reise nach Las Vegas, wo er den kleinen Jungen mit Geschenken und gemeinsamen Ausflügen verwöhnt, um ihn für seinen unsteten Lebenswandel zu entschädigen.

Michael Weinberg ist der Sohn eines unbedeutenden Vaudeville-Künstlers und hat eine schwere Kindheit in mehreren Pflegefamilien hinter sich. Nachdem er als junger Mann brutal mit dem Antisemitismus konfrontiert wird, ändert er seinen Nachnamen. Mit einer neuen Identität ausgestattet, steigt er ins illegale Bingo-Geschäft ein und wird zu einem »skrupellosen Schieber«[9], der in sieben verschiedenen Bundesstaaten an der Ostküste in dunklen Hinterzimmern seinen »einträglichen Geschäften« nachgeht. Mike, wie er sich jetzt nennt, hat eine

Vorliebe für elegante Anzüge und gibt sein Geld mit vollen Händen aus. Als die Behörden auf »einen Sumpf aus Skandalen und Korruption«[11] stoßen und ihm »massive Gesetzesverstöße«[10] vorwerfen, setzt er sich aus seinem Hauptquartier im Bundesstaat New York ab. Er pflegt enge Kontakte zur Familie Jacobs in Buffalo, deren Firma Emprise Corporation über Verbindungen zum organisierten Verbrechen im gesamten Profisport verfügt – vor allem im Bereich der Stadionkonzessionen und Teamlizenzen.

Mike ist ein Ganove kleinen Kalibers, obgleich seine illegalen Aktivitäten bereits alles umfassen, was das aufstrebende Las Vegas ausmacht: gefälschte Konzessionen, frisierte Bilanzen, Bestechung, Strohmänner. 1953 beantragt er in Nevada eine Spielkonzession, um sich »seinen Lebenstraum«[12] zu erfüllen, wie John L. Smith in seiner Biografie über Steve Wynn schreibt. Doch selbst die für ihre Laxheit bekannte Steuerkommission in Carson City, die Männern wie Binion und Dalitz eine Konzession erteilt hat und nun auch Frank Sinatra eine gewährt, ist über das beachtliche Vorstrafenregister des ehrgeizigen Bingo-Betreibers so entsetzt, dass sie ihm eine Absage erteilt.

Zunächst jedoch verbringt Mike Wynn mit seinem Sohn Steve einen unvergesslichen zweiwöchigen Urlaub in Las Vegas, wo sie Besichtigungstouren und Reitausflüge unternehmen. Abends, wenn Steve eingeschlafen ist, stiehlt sich Mike – ein leidenschaftlicher Spieler – aus dem Hotel, um sein Glück beim Craps zu versuchen. Nachts wacht der Junge auf und macht sich besorgt auf die Suche nach seinem Vater, läuft mit großen Augen durch die grell beleuchteten Straßen, von einem flimmernden Neonschild zum nächsten. Vater und Sohn verlassen die Stadt ohne einen Cent in der Tasche. Der Junge schwört sich, eines Tages zurückzukehren. Das zumindest ist die Geschichte, die er gern erzählt.

In Las Vegas wird Mikes Sohn eines Tages in dem fürsorglichen, besonnen Parry Thomas einen Vaterersatz finden. Als dessen »Zögling« wird er schließlich zur symbolträchtigsten Persönlichkeit von Las Vegas seit Bugsy Siegel aufsteigen, auch wenn er immer der Sohn seines Vaters bleiben wird.

11 Eine Party in Carson City

Es war ein lauer Sommerabend in Nevadas beschaulicher Hauptstadt Carson City. Die Stadt südlich von Reno liegt nur 25 Kilometer von der Comstock Lode entfernt und wurde nur deshalb zum Regierungssitz erklärt, weil dies den Interessen der Privatwirtschaft entgegenkam. Sie befindet sich am Fuße der sanft abfallenden Ausläufer der Sierra Nevada und am Rande der sich nach Osten hin erstreckenden weiten Wüste. Als Mark Twain, der sich über Nevada und seine Bewohner gerne lustig machte, 1861 zum ersten Mal die Hauptstadt besuchte, zeigte er sich von ihrem Anblick nicht ganz unbeeindruckt:

> Die Stadt hatte sich am Rand einer weiten Ebene niedergelassen und war noch so viele Meilen von uns entfernt, dass sie aussah wie eine Ansammlung bloßer weißer Flecke im Schatten eines sie überragenden finsteren Gebirgszuges, dessen Gipfel der Gemeinschaft und dem Bewusstsein irdischer Dinge gänzlich enthoben zu sein schienen.[1]

Ein Jahrhundert später war Carson City noch immer ein verschlafenes Provinznest, dem das raue Klima des Wilden Westens anhaftete. »Mittags war es so still, dass man einen knatternden Auspuff bis ans andere Ende der Stadt hören konnte ... Das Geräusch hallte durch die weite Steppenlandschaft«[2], schrieb ein Einheimischer. Es war kein gewöhnlicher Abend, auch wenn dies nur wenige wussten. Ins flachsfarbene Licht der Abenddämmerung getaucht, sah die kleine Hauptstadt der Ankunft eines berühmten Gasts entgegen.

Wie auch die anderen Häuser in dem unprätentiösen viktorianischen Wohnviertel unweit des Parlamentsgebäudes war die Villa des Gouverneurs weder von einer schützenden Mauer noch von ausgedehnten Rasenflächen umgeben. Dennoch war es ein imposantes Gebäude für

Nevadas Hauptstadt Carson City in den 50er Jahren. Der kleine Ort liegt am Fuße der Sierra Nevada, im Hintergrund Lake Tahoe. »Im Schatten eines sie überragenden finsteren Gebirgszuges, dessen Gipfel der Gemeinschaft und dem Bewusstsein irdischer Dinge gänzlich enthoben zu sein schienen«, schrieb Mark Twain im 19. Jh.

das Oberhaupt eines armen, dünn besiedelten Bundesstaats, dessen Minen zum Zeitpunkt der Erbauung der Villa im Jahre 1908 längst im Verfall begriffen waren. Das cremeweiße Haus zierten ionische Säulen mit Volutenkapitellen und eine einladende umlaufende Veranda mit anmutig geschwungenen Balkonen; dahinter erhoben sich gewaltige Fichten und meergrüne Trauerweiden aus dem Norden Nevadas. »Wie ein Herrenhaus im tiefen Süden«[3], schrieb Robert Laxalt, der nur ein paar Straßen weiter aufgewachsen war. Zwei Straßenlaternen aus der Zeit der Jahrhundertwende, die bis vor kurzem noch die Hauptstraße beleuchtet hatten, bewachten die breite Eingangstreppe. »Obwohl die Räume nicht sonderlich vornehm eingerichtet waren, strahlten sie etwas Erhabenes, Würdevolles aus«[4], erinnerte sich ein häufiger Gast des Hauses.

An jenem Abend strömten zahlreiche Gäste durch das hell erleuchtete Portal. In ein paar Tagen sollte der Bundesparteitag der Demokraten in Los Angeles beginnen, und Gouverneur Grant Sawyer hatte einige der Delegierten zu einem privaten Empfang geladen. Nevadas Demokraten waren sich noch uneins über die Nominierung ihres Präsidentschaftskandidaten: Eine Minderheit hoffte, dass Adlai Stevenson bei seinem dritten Anlauf endlich nominiert werden würde, während andere den Spitzenkandidaten der Demokraten, den jungen Senator von Massachusetts, John Fitzgerald Kennedy, favorisierten. Die beiden Senatoren von Nevada, Alan Bible und Howard Cannon, wiederum unterstützten Kennedys ehrgeizigen Rivalen, den mächtigen Mehrheitsführer Lyndon B. Johnson, dessen Berater Bobby Baker – ein Mann mit wichtigen Kontakten nach Las Vegas – »im Frühjahr ganz Nevada beackert hatte«[5], wie sich ein Politiker erinnerte.

Die Kennedys hatten um die Gunst Nevadas gebuhlt. Ein damals führender Demokrat Nevadas erinnerte sich:

> Sie erkannten die Bedeutung unseres Bundesstaats weit früher als die meisten anderen Politiker in Washington, und zwar nicht nur wegen unserer dürftigen Anzahl von Delegierten und Wahlmännerstimmen, sondern vor allem wegen des Geldes und der Macht im Hintergrund.[6]

1958 hatte Kennedy seinen engen Mitarbeiter Hy Raskin nach Nevada geschickt, um das politische Terrain zu sondieren, mit dem Ergebnis, dass er den Gouverneurswahlkampf des Newcomers Grant Sawyer finanziell unterstützte. John F. Kennedy – oder JFK, wie er bald genannt wurde – flog sogar einmal selbst kurz nach Nevada, um für den relativ unbekannten Kandidaten Wahlkampf zu machen. Der 39-jährige Bezirksstaatsanwalt aus Elko mit dem jugendlichen Bürstenschnitt und

Villa des Gouverneurs von Nevada in Carson City Anfang der 60er Jahre

Empfang für Senator John F. Kennedy am 1. Februar 1960 in der Gouverneursvilla. Zu Kennedys Linken die First Lady von Nevada, Bette Sawyer, und ein lächelnder Grant Sawyer mit Bürstenschnitt.

der selbstbewussten, dynamischen Ausstrahlung lag offenbar genau auf Kennedys Linie. Kennedy, dem solche Pflichtauftritte bei Regionalwahlkämpfen eher lästig waren, schien seinen Aufenthalt in Nevada besonders zu genießen; vielleicht faszinierten ihn gerade das raue Klima und die karge Landschaft des Westens – so anders als die gepflegte Atmosphäre in Georgetown oder die Strände von Cape Cod.

Zu Beginn des Jahres 1960 hatte Gouverneur Sawyer den Präsidentschaftskandidaten eingeladen, vor dem Parlament in Carson City zu sprechen, da Kennedy wegen seiner irisch-katholischen Herkunft, seiner Jugend, dem Reichtum und dem Hintergrund seiner Familie durchaus umstritten war. Am Tag vor der Rede gab Sawyer für Kennedy einen Empfang in seiner Villa, wo dieser jedoch so früh eintraf, dass er die First Lady Nevadas in Lockenwicklern und den Hausherrn unter der Dusche antraf. Der Senator ging schnurstracks in die Privaträume des Gouverneurs hinauf, setzte sich auf den Toilettendeckel und diskutierte ungezwungen mit seinem unter der Dusche stehenden Gastgeber über die politische Lage. Noch Jahrzehnte später erinnerte sich Sawyer schmunzelnd an diese kuriose Szene: Der zukünftige Präsident plauderte mit ihm im dampfenden Badezimmer, während sein Pressesprecher Pierre Salinger unten im Salon Klavier spielte. »Sie fühlten sich einfach wie zu Hause«[7], erzählte Sawyer in einem Interview versonnen.

Wie überall strahlte der Spitzenkandidat der Demokraten Souveränität und Kompetenz aus. Der Empfang am 1. Februar lockte Hunderte von Menschen in die Hauptstadt. In der eisigen Kälte warteten sie geduldig in einer Schlange vor der Gouverneursvilla, um dem jungenhaften Kennedy mit dem gewinnenden Lächeln die Hand zu schütteln. Es machte ihm offensichtlich Freude, die lange Reihe aus Ranchern und Schafzüchtern, Anwälten und Geschäftsleuten persönlich zu begrüßen. Er blieb sogar eine Stunde länger als geplant und ließ die Presse warten, damit auch der letzte Besucher zu seinem Recht kam. Sawyer sagte:

> Ein toller Auftritt. Ich war ganz hingerissen von ihm … Es war der Anfang einer dauerhaften Freundschaft.[8]

Bezeichnenderweise gab es auch noch einen anderen, weniger bekannten Grund für das Interesse des attraktiven jungen Politikers an Nevada – es gab noch einen anderen John F. Kennedy, ein anderes Nevada. Nur wenige Tage, nachdem der Präsidentschaftskandidat die Gäste in der Gouverneursvilla in seinen Bann geschlagen hatte, unternahm er einen Abstecher an den Strip, »stieg im Sands ab, amüsierte sich in der Hotelbar … besuchte Fundraising-Partys … und erkundete die Szene«[9]. Er war schon häufig dort gewesen – in Gesellschaft seines Freunds Frank Sinatra und »gewisser Mafiosi«[10], wie es in einem FBI-Bericht von 1959 hieß. Einige Monate bevor Kennedy seine Rede vor dem Parlament in Carson City gehalten hatte, war er eigens zu einem »Gipfeltreffen«[11] von Sinatras legendärem Rat Pack nach Las Vegas gereist, einer Clique aus Entertainern, zu der auch Dean Martin, Sammy Davis jr. und Kennedys Schwager, der mittelmäßige Filmschauspieler Peter Lawford, gehörten. Sie alle traten gemeinsam im Sands auf, in der damals populärsten Show am Strip; die Nummern waren oft improvisiert und die Akteure betrunken. Als Kennedy berühmter wurde und

John F. Kennedy und Schwager Peter Lawford um 1959 vor dem Hotel Sands. Hier erhielt Kennedy 1960 eine Wahlkampfspende in Höhe von einer Million Dollar, und hier traf er sich mit seinen Gespielinnen, die allerdings auch mit Unterweltgrößen verkehrten.

immer mehr Zeit auf ihren wilden Partys verbrachte, nannte Sinatra die Gruppe eine Zeit lang »Jack Pack«.

»Fühlte er sich wegen ihnen dort heimisch, oder war er es einfach?«[11], versuchte der Autor Michael Herr später Kennedys offenkundige Begeisterung für Las Vegas zu ergründen. Selbst im Winter 1960, als er bereits mitten im Präsidentschaftswahlkampf stand, konnte er sich am Strip weitgehend unerkannt bewegen. »Die Hälfte der Leute, denen er dort begegnete, hielten ›Senator‹ für seinen Spitznamen«[11], berichtete ein Kenner der Szene.

> Er genoss diese Stippvisiten nach Las Vegas. Obwohl selbst ein Star, war er fasziniert von den ganzen Stars [am Strip] ... seine Freunde in Vegas arrangierten alles für ihn, vor allem sorgten sie dafür, dass seine Privatsphäre respektiert wurde ... er fühlte sich immer wohl dort.[11]

Am späten Abend des 8. Februar 1960, auf einer der üblichen Privatpartys, die das Rat Pack für Kennedy gab, nahm Peter Lawford Sammy Davis beiseite und deutete auf einen Wandschrank, in dem sich eine braune Ledertasche mit einer Million Dollar befand. »Das spendieren die Hotelbesitzer für Jacks Wahlkampf«, erklärte er Davis und fügte grinsend hinzu, dass außerdem im Nebenzimmer »vier scharfe Mädchen auf ihn warten«[12]. Davis sagte später über die großzügige Geldspende: »Es gibt Dinge, die will man gar nicht so genau wissen.«[12] Während jenes Aufenthalts in Las Vegas traf sich Kennedy in Sinatras »Präsidentensuite« im Sands zu seinem ersten Rendezvous mit der brünetten, sinnlichen Judy Campbell, mit der ihn Johnny Rosselli bekannt gemacht hatte. Die 26-jährige geschiedene Campbell, die während ihrer zweijährigen Affäre mit Kennedy auch mit Sam Giancana und Rosselli ein Verhältnis hatte, war keins der gewöhnlichen Betthäschen, die man in Las Vegas auflas. Die Verbindung sollte die Präsidentschaft Kennedys erheblich belasten.

Doch während des Vorwahlkampfs 1960 waren Kennedys sexuelle Eskapaden am Strip noch weitgehend unbekannt, selbst unter den besser informierten Politikern Nevadas. Gouverneur Sawyer und Justizminister Roger Foley, ein Freund Kennedys aus dem Zweiten Weltkrieg, gehörten zu den ersten führenden Demokraten des amerikanischen Westens, die Kennedys Kandidatur unterstützten. Doch kurz vor dem Parteitag in Los Angeles waren die Delegierten von Nevada noch immer unentschlossen und Kennedys Nominierung noch immer ungewiss. Um die Zögernden auf seine Seite zu ziehen, gab Sawyer in seiner Villa einen ungewöhnlich extravaganten Empfang. »Eine Party, die alle anderen Partys in den Schatten stellte«[13], bemerkte ein Delegierter angesichts der gut sortierten Bar und des fürstlichen Büfetts. Darüber hinaus hatte der Gouverneur einen bedeutenden Ehrengast eingeladen, der sich gerade in der Gegend aufhielt und John F. Kennedys leidenschaftlichster und mächtigster Förderer war: Johns Vater.

Aufgrund seiner umstrittenen Vergangenheit hatte sich Kennedy senior trotz seiner weitreichenden Kontakte und seines Vermögens – und ganz gegen seine Gewohnheit – während des Wahlkampf bewusst im Hintergrund gehalten und würde es auch weiterhin tun. In Nevada jedoch war er bereit, sich ein wenig mehr zu engagieren. Angesichts seiner langjährigen Beziehungen zu Nevada und jenen, die den Bundesstaat kontrollierten, bewegte er sich dort auf vertrautem Terrain. Man hatte die Party im Hause des Gouverneurs nicht öffentlich bekannt gegeben, weshalb auch keine Journalisten anwesend waren. Fast den ganzen Abend über saß der alte Kennedy im Arbeitszimmer des Gouverneurs im ersten Stock und »hielt Hof«[14], wie es ein Beobachter ausdrückte. »Er kam nicht herunter, um sich unters Volk zu mischen«[15], berichtete ein Gast. »Stattdessen saß er oben in Grants Büro und knöpfte sich jeden einzeln Delegierten persönlich vor: Dem einen drehte er lächelnd den Arm um, den anderen wickelte er geschickt um den Finger,«[16] erinnerte sich ein weiterer Besucher. Einer nach dem anderen stiegen die Delegierten die elegante alte Treppe hinauf, die die Eingangshalle beherrschte. Im ersten Stock erwartete sie »der Botschafter«, wie er genannt wurde, der selbst einmal die Präsidentschaft angestrebt hatte und nun der Stammvater einer politischen Dynastie werden sollte – ein Mann, der bei all seinem Ruhm auf eine unrühmliche Vergangenheit zurückblickte, von der keiner von ihnen etwas wusste.

Nachdem der 72-jährige Kennedy alle Delegierten bearbeitet hatte, bedankte er sich bei Sawyer für die Einladung und brach abrupt auf, lange bevor die lebhafte Party zu Ende war. Sein Chauffeur fuhr ihn über die sich schlängelnde Passstraße zur Cal-Neva Lodge am Lake Tahoe zurück, wo er immer abstieg, wenn er in Nordnevada war – eine Fahrt, die ihn an einen Ort brachte, der wie kein anderer Schauplatz seiner dunklen Machenschaften war.

Das aus einfachen Baumstämmen bestehende Ranchtor zum Cal-Neva ließ nichts von der rustikalen Eleganz und der schillernden Vergangen-

Der Eingang zur Cal-Neva Lodge am Lake Tahoe Ende der 40er Jahre, wo Joseph P. Kennedy regelmäßig abstieg. Hier fand auch 1960 das legendäre Treffen wenige Tage vor dem Nominierungsparteitag der Demokraten statt.

heit des Hotels erahnen. Das 1926 als Rückzugsort für wohlhabende Geschäftsleute aus San Francisco konzipierte Landhotel diente von Anfang als Treffpunkt für das organisierte Verbrechen. Zu seinen ersten Besitzern gehörte Renos zwielichtiger Geschäftemacher Bill Graham, der das Cal-Nava dafür benutzte, um berüchtigten Bankräubern wie »Baby Face« Nelson und »Pretty Boy« Floyd Unterschlupf zu gewähren und in seinem damals noch illegalen Hotelkasino ihr schmutziges Geld zu waschen.

Das direkt am Ufer des von smaragdgrünen Bergen umschlossenen kobaltblauen Sees gelegene Hotel, das nur den Sommer über geöffnet hatte, wurde auch das »Juwel am Nordufer«[17] genannt. Es war ein massiver Bau im Blockhausstil mit einer riesigen Eingangshalle mit Steinfußboden, Granitblöcken an den Wänden und dicken Kiefernholzbalken an der Decke. Der wuchtige Kamin war ebenfalls aus Stein und befand sich, wie auch der Swimmingpool, buchstäblich auf der Staatsgrenze, die mitten durch das Anwesen verlief: Während die Zimmer und das Restaurant in Kalifornien lagen, befand sich das Kasino in Nevada. Ein Journalist berichtete über die Verhältnisse im Cal-Neva in den 20er Jahren:

> Die Kartentische wurden zwischen Kalifornien und Nevada hin und her geschoben, je nachdem, aus welchem Bundesstaat die Polizei anrückte, um eine Razzia durchzuführen.[18]

Doch da die Hotelleitung die Beamten auf beiden Seiten der Grenze zu bestechen pflegte, kam es selten zu Durchsuchungen, und die Stammgäste blieben unbehelligt. Hinter dem Hauptgebäude lagen die Privatchalets, die den Prominenten und Reichen Diskretion und Zurückgezogenheit boten – ein »Luxusversteck«[19], wie es ein Gast formulierte.

Schon bald nach der Eröffnung des Cal-Neva stieg Joe Kennedy regelmäßig dort ab, dehnte seine Besuche jedes Mal länger aus und machte das Hotel schließlich zu seinem »Hauptquartier« im amerikanischen Westen. Hier führte er nicht nur seine windigen politischen und wirtschaftlichen Transaktionen durch – die ihn zu einem der reichsten und einflussreichsten Männer Amerikas machten –, sondern hier fanden auch seine nicht weniger zahlreichen Rendezvous statt, sei es mit ganz gewöhnlichen Prostituierten, die ihm das Hotelmanagement besorgte, oder mit Frauen der Gesellschaft wie der weltberühmten Schauspielerin Gloria Swanson.

Vom Cal-Neva aus unternahm er auch Jagd- und Angelausflüge in die Berge, oft in Begleitung wohlhabender Geschäftspartner wie dem Automobilhersteller Errett L. Cord, den Kennedy seit Anfang der 20er Jahre von der Wall Street kannte. Cord hatte seine Aktivitäten in den Westen verlagert und war mittlerweile als Parlamentsabgeordneter in Carson City ein einflussreicher Mann. Der lokale Politboss und Gönner McCarrans, Norman Biltz – durch seine Ehe mit Jacqueline

Der berühmte Spielsaal im Cal-Neva in den 20er und 30er Jahren. Wenn eine Polizeirazzia drohte, wurden die Tische über die mitten durch den Raum verlaufende Staatsgrenze geschoben.

Kennedys Tante ebenfalls mit den Kennedys bekannt – hatte ihm den Tipp gegeben, sich im Steuerparadies Nevada niederzulassen. Auch Millionäre wie Bing Crosby, der Hefeerzeuger Max Fleischmann und der Börsenmakler Dean Witter gehörten zu Kennedys Kreis am Lake Tahoe. Einige dieser Männer sollten nicht nur für den Aufstieg der Kennedys, sondern auch für die Entwicklung von Las Vegas eine bedeutende Rolle spielen. Das von Cord Mitte der 50er Jahre durchgesetzte Steuergesetz, das vor allem den kleineren Landkreisen üppige Einnahmen aus der Glücksspielsteuer einbrachte, sorgte dafür, dass diese sich gegenüber den wachsenden illegalen Gewinnabschöpfungen am Strip nachsichtig zeigten. Biltz wiederum sollte sich beim Präsidentschaftswahlkampf von 1960 als eifriger Spendensammler, wenn nicht gar Geldkurier des Strip betätigen. Doch Joe Kennedy traf sich auch mit ganz anderen Männern in den verschwiegenen Chalets und den kühlen Steinhallen des Cal-Neva, darunter seine ältesten und engsten Freunde und Partner, die alle zum organisierten Verbrechen gehörten – eine Szene, der er einen Großteil seines Jahrzehnte zuvor angehäuften Vermögens verdankte und zu der er weiterhin heimlich Kontakte pflegte, um die politische Karriere seines Sohnes voranzutreiben. Selbst die zahlreichen Gerüchte, Enthüllungsberichte und biografischen Veröffentlichungen über die Kennedys, die sich eingehend mit den »Sünden des Vaters«[20] und »der Saat der Zerstörung«[21] beschäftigten, ignorierten die Cal-Neva-Connection – Joe Kennedys dubiose Kontakte und Geschäfte in Nevada.

Die Männer, mit denen er im Laufe der Jahre verkehrte, hatten sich in der Welt des Verbrechens und der Korruption einen Namen gemacht. Einer von ihnen war Elmer M. »Bones« Remmer, ein Gangster und Drogenhändler aus San Francisco, der gemeinsam mit Bugsy Siegel und McCarran Beamte bestochen hatte, um Baumaterial für das Flamingo zu beschaffen, und der beim FBI als »bekannter ortsansässiger Kasinoboss«[22] galt. Remmer war über zehn Jahre lang Eigentümer des Cal-Neva und gehörte den Autoren Rappleye und Becker zufolge zu den »mächtigsten Männern des landesweiten Syndikats«[23]. Auch der einarmige Bert »Wingy« Grober, der das Cal-Neva von Remmer übernahm, war ein guter Freund Joe Kennedys. Der elegante Mann mit dem silbergrauen Haar, dem sonnengebräunten Gesicht und seiner Vorliebe für weiße Smokings und weiße Krawatten posierte gerne mit prominenten Gästen wie Marilyn Monroe vor der Kamera. So geschickt, wie er seinen fehlenden Arm kaschierte, verbarg er auch seine frühere

Karriere als Meyer Lanskys Partner in Florida, Kuba und Las Vegas, als einer von Lanskys »Männern aus Miami«, die in ganz Nevada operierten. Joe Kennedys enge Verbindungen zu Grober entgingen auch dem FBI nicht, das 1944 bei seinen Ermittlungen in Miami auf »gemeinsame Bekannte«[24] aus dem illegalen Alkohol- und Glücksspielgeschäft stieß. »Der Botschafter stand ihm sehr nah«[25], erinnerte sich ein Anwalt aus Reno. Nach Aussagen von Insidern aus Las Vegas fungierte Grober Ende der 50er Jahre zeitweilig als Strohmann für Kennedy, der stiller Teilhaber des Cal-Neva war, was den Vater eines zukünftigen Präsidenten zum heimlichen Mitbesitzers eines Kasinos machte. Ein Eingeweihter berichtete:

> Wingy war Joes Mann im Cal-Neva. Er kümmerte sich um seine Kasinoanteile.[26]

Ende der 50er Jahre übernahm Paul »Skinny« D'Amato die Geschäftsführung des Cal-Neva. Der ehemalige Nachtklubbesitzer und Zuhälter aus New Jersey kannte Joe Kennedy seit der Prohibition und pflegte als Eigentümer des 500 Club in Atlantic City rege Beziehungen zu korrupten Politikern und Wirtschaftsleuten im gesamten Osten, vor allem in West Virginia. D'Amato hatte außerdem engen Kontakt zu Frank Sinatra, der auch ein alter Freund Joe Kennedys aus dem Cal-Neva war. Hinter Sinatra wiederum stand der Chicagoer Unterweltboss Sam Giancana, den Joe durch seine Geschäfte in Chicago ebenfalls kannte. Während Joe Kennedy in jenem Sommer 1960 eifrig darum bemüht war, seinem Sohn die Nominierung zu sichern, rief dieser ihn regelmäßig im Cal-Neva an, um ihn über den Wahlkampf auf dem Laufenden zu halten. Doch nebenbei war Kennedy senior auch damit beschäftigt, für Sinatras Rat Pack eine weitere Stückelung der Anteile am Cal-Neva auszuhandeln, da diese als Strohmänner für ihn und das Syndikat fungieren sollten. In dem knappen Bericht eines FBI-Informanten heißt es über ein Treffen, das in derselben Woche, möglicherweise sogar am selben Tag stattfand wie Sawyers Party in Carson City:

> Joseph P. Kennedy (der Vater von Präsident John Kennedy) kam mit zahlreichen Gangstern zusammen, die ins Glücksspielgeschäft investieren wollten. Es wurde ein Deal vereinbart, wonach Peter Lawford, Frank Sinatra, Dean Martin und andere Anteile an einem lukrativen Spielkasino erwarben, und zwar am Hotel Cal-Neva am Lake Tahoe. Das Treffen soll im Cal-Neva stattgefunden haben, wo Kennedy damals wohnte.[27]

Das Leben Joseph Patrick Kennedys war die typische amerikanische Erfolgsstory, deren dunkle Seiten erst nach seinem Tod enthüllt wurden. Als Sohn eines Barbesitzers und Lokalpolitikers, der es zum wohlhabenden Spirituosengroßhändler brachte, wuchs Joe im großbürgerlichen Boston auf, wo er als katholischer Ire ebenso ein Außenseiter war wie später als Student an der Harvard University. Der junge Mann, der sich sehnlichst wünschte, akzeptiert zu werden und etwas zu bewegen, bekam stattdessen einen kräftigen Tritt mit dem »lackledernen Schaftstiefel des Standesdünkels«[28], wie es der Historiker Michael Knox Beran ausdrückte. Voller Verbitterung und überzeugt davon, dass alles im Leben käuflich war, ging er daran, sich die materielle Grundlage für die Verwirklichung seiner Ziele zu schaffen. Es gelang ihm mit Hilfe von windigen Spekulationsgeschäften und Kursmanipulationen – was später einmal unter der Bezeichnung »Insidergeschäfte« verboten werden sollte – noch rechtzeitig vor dem Börsenkrach an der Wall Street Millionen zu verdienen, und er vermehrte diese noch, indem er in Hollywood Billigfilme produzierte. Zum Dank für seine finanzielle Unterstützung von Franklin Roosevelts Präsidentschaftswahlkampf 1932 betraute dieser ihn mit der Leitung der Securities and Exchange Commission (SEC), der staatlichen Börsenaufsicht, die bald gegen genau jene Praktiken vorging, die er selbst so gewinnbringend angewandt hatte. Roosevelt begründete gegenüber seinem Berater James Farley seine ungewöhnliche Wahl schmunzelnd:

> Man braucht einen Dieb, wenn man Diebe fangen will.[29]

1938 ernannte ihn der Präsident zum Botschafter in London. Roosevelt fand es insgeheim selbst ein wenig kurios, dass er einen »rothaarigen Iren« zu seinem Abgesandten am englischen Hof machte, doch war er froh darüber, auf diese Weise einen von maßlosem Ehrgeiz getriebenen potenziellen Rivalen loszuwerden. Während dieser ganzen Zeit wurde Kennedy dank seines Spirituosengroßhandels und weiterer Börsengeschäfte immer wohlhabender. 1939 war er der reichste irischstämmige Amerikaner der Welt und schmiedete ehrgeizige politische Pläne: Er wollte als Präsident ins Weiße Haus einziehen. Aber als Roosevelt für eine dritte Amtszeit kandidieren wollte, sanken seine Chancen. Hinzu kam, dass er sich in Washington immer unbeliebter machte, indem er die amerikanische Regierung beschwor, Nazideutschland zu beschwichtigen, und öffentlich erklärte, die britische Demokratie sei zu schwach, um Hitler standzuhalten. Und als sich seine notorische

Roosevelt unterschreibt die Kriegserklärung der USA gegen Japan.

Gehässigkeit, seine Illoyalität gegenüber Roosevelt und seine Appeasementpolitik herumsprachen, hatte er seine Chance endgültig verspielt.

Männer, die einst seine Geschäftspartner oder politischen Freunde gewesen waren und selber über zwielichtige Verbindungen verfügten, attackierten nun Kennedy immer schärfer. Roosevelt jr. bezeichnete ihn als einen der »übelsten, widerwärtigsten Männer, die ich jemals kennen gelernt habe«[30], während Harry Truman ihn für »einen der größten Gauner in diesem Lande«[31] hielt. Allein die Verbissenheit, mit der er seine Ziele verfolgte, empfanden viele als Provokation. Seine unablässigen politischen Manöver waren auch dem weit vermögenderen Howard Hughes ein beständiges Ärgernis. Kennedys Einfluss war für ihn »ein Stachel, der sich mir immer tiefer ins Fleisch bohrt«[32]. Inwieweit jene Männer über das wahre Ausmaß seiner Machenschaften informiert waren, ist unklar; allerdings müssen Politiker wie Truman, die ihre Karrieren ihren eigenen Verbindungen zu mächtigen Parteimaschinen und dem organisierten Verbrechen verdankten, Bescheid gewusst haben. Zumindest wurde in Insiderkreisen darüber gemunkelt, dass der alte Joe mit Gangstern Geschäfte machte; doch selbst die übelsten Gerüchte reichten nicht an die Wirklichkeit heran.

»Kennedy verfügte über Hunderte von Kontakten zur Unterwelt«,[33] schrieb der Sohn eines Syndikatsmitglieds und Freundes von Joe. Während der Prohibitionszeit hatte Kennedy in Zusammenarbeit mit den Unterweltgrößen, die damals den illegalen Alkoholhandel kontrollierten, mit dem Schmuggel von Scotch, Gin und kubanischem Rum eine Menge Geld gemacht, das er an der Börse »wusch« und um Millionen von Dollar vermehrte. Ein Insider berichtete:

> Joe war im Grunde nichts anderes als ein Meyer Lansky oder Moe Dalitz mit einem Harvard-Abschluss.[34]

Als Joe nach Hollywood ging, tat er dies mit dem geheimen Einverständnis der Gangster, die damals die Filmstudios kontrollierten. Mit Erpressung, Einschüchterung und Gewalt setzten sie sowohl Geschäftsführer als auch Arbeiter unter Druck und »zogen im Hintergrund die Fäden«[34], wie es einer von ihnen formulierte. Die 100.000 Dollar, die Joe 1932 für Roosevelts Wahlkampf beschaffte, stammten zum Teil von kriminellen Geldgebern in Chicago und Manhattan. Nach dem Ende der Prohibition erwarb er im Rahmen einer »nationalen Vereinbarung«[35] mit Mitgliedern des organisierten Verbrechens die Vertriebslizenzen für die bekannten Marken Haig & Haig, Dewar's und Gordon's Gin. Mit seiner Spirituosenfirma Somerset Imports Ltd. wurde er bald zum größten Scotch-Händler des Landes. Als er eine Mehrheitsbeteiligung an der Pferderennbahn von Hialeah erwarb, tat er dies in Absprache mit Lansky und anderen Unterweltbossen. Er besuchte regelmäßig Lanskys Colonial Inn in Florida und Grobers Cal-Neva, um zu spielen; er verkehrte in berüchtigten New Yorker »Gangstertreffs« wie dem Restaurant Black Angus und dem Friseursalon im Waldorf-Astoria. Um sein politisches Image aufzubessern, beschloss er, seine Anteile an der Pferderennbahn und seine Firma Somerset Imports abzustoßen, und verkaufte beides an Mitglieder des Syndikats. Als er 1945 das gigantische Großhandelszentrum Merchandise Mart in Chicago kaufte, verhandelte er mit Syndikatsbossen, die einen Großteil der Arbeiterschaft, Politiker und Wirtschaftsleute Chicagos durch Bestechung und Erpressung kontrollierten. Bei den Bürgermeisterwahlen von Chicago unterstützte er dann pflichtschuldig den Favoriten des Syndikats, den Landrat von Cook County, Richard J. Daley.

Er hatte mit all jenen Männern zu tun, die später in Las Vegas die Fäden in der Hand hielten: Frank Costello, Lansky, Giancana, D'Amato, Mitglieder des Patriarca-Clans und andere. Er war ein treuer Freund des schillernden New Yorker Gangsters und Nachtklubbesitzers Owney Madden, der den Cotton Club in Harlem gegründet hatte, ehe er für Carlos Marcello die Kontrolle in Hot Springs übernahm. Kennedy spielte häufig Golf mit Rosselli, den er seit den 30er Jahren aus Hollywood kannte, und mit Mike McLaney, einem Gangster aus New Orleans mit einer Leidenschaft für Sportwetten, der in Havanna und später in Las Vegas mit Lansky zusammenarbeitete. »Die beiden waren ein ideales Gespann«[36], sagte ein Bekannter Mikes und Joes. »Beide waren Eiferer, Spielernaturen, Golfer, katholische Iren und Konservative.«

Hinweise auf Kennedys Verbindungen zu Grober, die Verflechtungen zwischen Somerset und dem Syndikat und sein Treffen mit »Gangstern« im Cal-Neva 1960 tauchten wie die Tonscherben eines verschütteten Gräberfelds in FBI-Akten auf oder traten bei den Kefauver-Anhörungen zu Tage, ohne dass sie jemand zusammenfügte und analysierte. Auch wenn es Joe mit den einzigartigen politischen Manövern eines Roosevelt nicht aufnehmen konnte, so wusste er doch die innere Dynamik des politischen Systems für sich zu nutzen. Wie aus später freigegebenen Akten hervorgeht, war er in den 40er Jahren geheimer Informant des FBI und versorgte seine Auftraggeber hauptsächlich mit Klatsch und Gerüchten, wobei er es nie versäumte, seine Berichte mit schmeichlerischen Kommentaren über FBI-Chef J. Edgar Hoover zu versehen. Darüber hinaus pflegte Kennedy freundschaftlichen Verkehr mit Hoovers Rivalen, etwa CIA-Chef Allen Dulles, den er aus seiner Zeit bei der Börsenaufsicht kannte und der seine isolationistische Haltung zum Krieg, wenn auch nur hinter vorgehaltener Hand, geteilt hatte. Nach dem Krieg plante Dulles insgeheim, führenden nationalsozialistischen Offizieren, Geschäftsleuten und Wissenschaftlern in den Vereinigten Staaten Zuflucht zu gewähren – womit er sich als weit radikaler erwies, als es Joe während seiner Londoner Zeit je gewesen war. Doch im Gegensatz zu Joe gingen Dulles und selbst Hoover wesentlich diskreter vor. »Die goldene Regel lautet: Lass dich nicht erwischen«[37], erklärte Joe einmal gegenüber dem Gewerkschaftsführer Harry Bridges.

Kennedy war nicht habgieriger, korrupter oder skrupelloser als all die anderen amerikanischen Geschäftsleute, die es Anfang des 20. Jahrhunderts zu Vermögen gebracht hatten. Der Gründer von General Motors, William Durant, der Ölgigant Rockefeller und zahlreiche andere Großunternehmer waren durch Börsengeschäfte zu Reichtum und sozialem Ansehen gelangt. Sie alle zahlten Schmiergelder und arbeiteten mit Gangstern des Syndikats zusammen, die ihre Dienste nicht nur dem Firmenmanagement, sondern auch den Gewerkschaften zur Verfügung stellten. Sie alle gehörten dem geheimen »Bündnis« zwischen Regierung, Wirtschaft und Unterwelt an, was man stillschweigend als dunkle Seite des amerikanischen Systems akzeptierte, aber öffentlich nie zugegeben hätte. Schockierend war weniger die Skrupellosigkeit dieses irischen Emporkömmlings als die Tatsache, dass seine Karriere beispielhaft für eine ganze Ära war. Kennedys Unternehmungen – vom Alkoholschmuggel bis zum Filmgeschäft, von Pferderennbahnen bis zum Immobilienbesitz – bedurften oft härterer Methoden als jene, zu denen Wirtschaftsleute und Politiker zu Beginn des Jahrhunderts gegriffen hatten. Er war dreister, weniger weltgewandt und weniger diskret. Er war ein »Oberwelt-Gangster«[38], wie ihn der Historiker Stephen Fox einmal bezeichnete. In Las Vegas allerdings, wo seine Methoden gang und gäbe waren und es zwischen »Ober«- und Unterwelt kaum einen Unterschied gab, hätte man ihn niemals als einen Gauner bezeichnet.

Es gab Gemeinsames zwischen Joe und der Stadt, die ihn so faszinierte: Wie Las Vegas verkörperte er die sichtbare und die unsichtbare Seite Amerikas. Wie Las Vegas strebte er nach Anerkennung und versuchte sich diese mit Geld zu erkaufen. Ebenso wie die Glücksspielmetropole wurde er dafür verachtet, dass er ganz offen tat, was andere nur heimlich zu tun wagten. Das harsche Urteil über ihn und Las Vegas basierte auf der irrigen Vorstellung, dass die Methoden, die sie beide zum Erfolg gebracht hatten, eine Ausnahme seien. Wie sich später herausstellen sollte, gab es in Seattle, Miami, Los Angeles, Chicago, New York, Boston und anderen amerikanischen Großstädten tatsächlich dieselbe »perfekte Verschmelzung«[39] von Unter- und »Oberwelt«, die Las Vegas verkörperte. Und schließlich erreichte Joe Kennedy, wie auch Las Vegas, dass seine Erben die Anerkennung erlangten, die ihm trotz seines Reichtums ein Leben lang versagt blieb.

Der Alkoholschmuggler, Börsenspekulant und Botschafter wusste vor allem aus seiner großen, fotogenen Familie Kapital zu schlagen. Die unzähligen Fotos der Klanmitglieder vermittelten das Bild einer heilen Welt. Doch die Aufnahmen der lächelnden Kennedys täuschten über eine freudlose Realität hinweg: eine leidenschaftslose Ehe, eine gefühllose Mutter und der »erbarmungslose Drill«[40] eines ehrgeizigen Vaters, wie es ein Vertrauter der Familie ausdrückte. Nachsichtig und tyrannisch, geistesabwesend und fordernd, liebevoll und unerbittlich – stets auf der narzisstischen Suche nach seinem Ebenbild – hinterließ der Patriarch ein außergewöhnliches politisches Vermächtnis. Er weckte in seinen vier Söhnen einen starken Konkurrenzgeist und das Gefühl, zu Höherem berufen zu sein. Sie schienen auch seinen unstillbaren Sexualtrieb geerbt zu haben. »Vielleicht konnte Kennedy seine Kinder vor der Welt schützen, aber er konnte sie nicht vor sich selbst schützen«[41], schrieb Stephen Fox in seinem Buch über die Geschichte des organisierten Verbrechens.

> Sie übernahmen seine amoralische Haltung ... [er] lehrte sie, sich durchzusetzen und den Schein zu wahren, worin er ein Meister war, aber er brachte ihnen nichts über Moral und sittliche Werte bei, wovon er nichts verstand.[41]

Er bereitete sie nicht auf das schmutzige Geschäft vor, das er perfekt beherrschte, sondern auf das politische Amt, das er für sich selbst erstrebt hatte – und dies vor allem um der Macht willen und nicht, weil er an so etwas wie *noblesse oblige* glaubte. »Die Jungen können ebenso gut für die Regierung arbeiten, denn die Politik wird in Zukunft das Wirtschaftsleben des ganzen Landes bestimmen,«[42] bemerkte er einmal gegenüber seiner Frau. Dieser herrschsüchtige Mann, der ein zwielichtiges Geschäft nach dem anderen abwickelte, ohne dass jemand davon wusste, hielt seine Söhne bewusst von seinen Aktivitäten fern, schirmte seine Welt von der ihren ab, obwohl die beiden Sphären eng miteinander verknüpft waren. »Er zog buchstäblich eine Wand zwischen seinem Familien- und seinem Berufsleben«[43], schrieb Fox. »Er machte uns unmissverständlich klar, dass seine Feinde nicht unsere Feinde werden durften«[43], erinnerte sich sein Sohn Robert.

Nachdem Joes politische Karriere 1940 abrupt zum Stillstand gekommen war, setzte er seinen ganzen Ehrgeiz in seinen Erstgeborenen, den gut aussehenden, aber mäßig begabten Joe jr. Als sich dieser, von dem Wunsch getrieben, seinen als Kriegsheld ausgezeichneten Bruder John auszustechen, zu einem selbstmörderischen Feindflug meldete und ums Leben kam, richteten sich alle Hoffnungen des Vaters auf seinen agilen, doch häufig kränkelnden zweitältesten Sohn John. Dieser war ebenso ehrgeizig wie sein Bruder, schien sich jedoch weniger ernst zu nehmen; eine gewisse Unbekümmertheit und ein gesundes Maß an Skepsis ließen den Kennedy'schen Machtinstinkt weniger scharf hervortreten. Er hatte eine »anmutige, aber kraftvolle und auch wieder schüchterne Art«[44], schrieb Michael Herr. »Er war unter den vielen Unternehmungen seines Vaters die erfolgreichste und bei weitem die attraktivste.«[44] Aber letztlich war er genauso machtbewusst wie die übrigen Familienmitglieder. Außerdem konnte er sehr überheblich und sarkastisch sein, was er jedoch durch seine sympathische Ausstrahlung, seine Natürlichkeit und seine Nonchalance wieder wettmachte. In mancher Hinsicht war John ganz der Sohn seines Vaters, vor allem was Las Vegas betraf – eine Stadt, deren Entwicklung ähnlich verlief wie seine politische Karriere.

Im Frühjahr 1947, als Bugsy Siegel mit seinem Flamingo allmählich schwarze Zahlen schrieb, verbrachte der 31-jährige John F. Kennedy, der seit einem Jahr im Repräsentantenhaus saß, so manches ausschweifende Wochenende in Manhattans Plaza Hotel in Gesellschaft von Edelprostituierten. Selbst als er Präsident war, schränkte er sein zügelloses Liebesleben nicht ein. Manche hielten seine sexuelle Unersättlichkeit für krankhaft, während der Journalist Jim Hougan ihn recht treffend als »zwanghaften Satyr«[45] bezeichnete. Doch dank der beharrlichen Förderung und finanziellen Unterstützung seines Vaters wurde er 1952 in den Senat gewählt, verfehlte vier Jahre später nur knapp die Nominierung zum Vizepräsidentschaftskandidaten und rüstete sich 1958, kaum 40-jährig, für die Präsidentschaft.

»Wie kann er sich um meinen Wahlkampf kümmern, wenn er sich ständig in Nevada herumtreibt?«[46], beschwerte sich Jack einmal über die ausgedehnten Aufenthalte seines Vaters im Cal-Neva. Kennedys Präsidentschaftswahlkampf sollte der teuerste, bestorganisierte und härteste in der Geschichte Amerikas werden. Die wichtigste Person dürfte jedoch weniger der Kandidat selbst oder sein umtriebiger Vater gewesen sein als vielmehr sein Wahlkampfleiter – sein acht Jahre jüngerer Bruder Bobby. Joe Kennedys drittältester Sohn glich seinem Vater in einigen wesentlichen Punkten: »Wenn ich jemanden hasse, dann bis an mein Lebensende«[47], sagte Joe einmal und fügte hinzu, »keiner in meiner Familie ist nachtragend – bis auf Bobby.«

Obwohl Robert Kennedy etwas über 1,75 Meter groß war, litt er unter der Vorstellung, er sei zu klein – ein völlig »grundloser Napoleon-Komplex«[48], wie einer seiner Mitarbeiter feststellte. Sein hoher Anspruch an sich selbst war das Ergebnis der unzähligen Feuerproben, die er in seiner Kindheit und Jugend zu bestehen hatte. Da er unter den größeren Jungen des Klans immer »der Kleine«[49] war, musste er schwer kämpfen, um mit den anderen mitzuhalten und nicht zu versagen, was in der Familie absolut verpönt war. Schon als kleiner Junge wollte er »Bob« genannt werden, weil er diesen Namen männlicher und erwachsener fand als »Bobby«. Doch dieser Name sollte ihn seine gesamte Karriere hindurch und sogar über seinen Tod hinaus verfolgen – für viele seiner Bewunderer ein Zeichen ihrer Zuneigung und Verehrung. Kämpferisch und grüblerisch, unerschrocken und mürrisch – dies waren die Grundkonstanten seines vielschichtigen Charakters. Als Erwachsener war er herrisch, arrogant und äußerst empfindlich. Sein Biograf James W. Hilty sah in ihm den »eisernen, hartgesottenen, starrköpfigen«[50] Spross seines Vaters, dessen Charakter auch durch die moralischen Prinzipien und die Selbstgerechtigkeit seiner Mutter geprägt war, eine strenge Katholikin, die sich in eine beinah klösterliche Frömmigkeit zurückgezogen hatte. Er war zugleich ein Krieger und ein Prediger. »Eine Anhäufung von Widersprüchen … die Ursache tiefer innerer Zerrissenheit«[51], konstatierte Hilty.

Als Junge träumte er davon, Astronaut zu werden. Nach seinem Tod sagte die streitbare Alice Roosevelt Longworth einmal über ihn, er hätte sicher einen wunderbaren »Revolutionsgeistlichen«[52] abgegeben – eine Ansicht, die Kritiker wie Bewunderer teilten. Ein Biograf sah Bobby als »letzten wahren Aristokraten«[53] und als Konservativen, der zwischen traditionellen Tugenden und modernen Lastern hin- und hergerissen war. Ein besonders wohlmeinender Kritiker hielt ihn für den »interessantesten, fantasievollsten, leidenschaftlichsten und kritischsten«[54] der Kennedys. »Er war ein unvollkommener, mit vielen Fehlern behafteter Mensch, und dennoch könnte man ihn als eine Art Heiligen bezeichnen.«[55] Hilty sah in ihm vor allem den »Großwesir und Beschützer«[56] seines Bruders, sein überhebliches, rücksichtsloses Alter Ego, einen Mr. Hyde und Jacks »Mann fürs Grobe«, dessen brüderliche Liebe und Loyalität in der amerikanischen Politik beispiellos war. Doch dann wurde der verbissene Gangsterjäger vom Schicksal bezwungen und zum grüblerischen Nachfolger seines zum Märtyrer erhobenen Bruders. Dass er all diese Rollen ausfüllte, war ein Beweis für die Vielschichtigkeit seines Charakters.

Robert Kennedy als Senator von New York

Ob in Harvard, bei der Marine oder als Jurastudent an der eher unbedeutenden University of Virginia, Bobby stand immer im Schatten seines strahlenden Bruders, den er Johnny nannte. Anfang der 50er Jahre war er ein eifriger, aber mittelmäßiger junger Anwalt in Washington, wo ihm sein Vater seine erste richtige Stelle verschafft hatte. Dann arbeitete er als juristischer Berater in Senator McCarthys antikommunistischem Untersuchungsausschuss. Diese Tätigkeit schien ihm mehr zu liegen, welche Motive hinter dem erklärten Ziel, »Verschwörungen und Korruption aufzudecken«[57], auch immer stecken mochten.

Als McCarthy nicht ihn, sondern den unflätigen Roy Cohn zum leitenden Rechtsberater ernannte, spielte er mit dem Gedanken, in den

McCarthy und sein junger Rechtsberater Roy Cohn

Westen zu gehen – dessen »Weite und grenzenlose Freiheit«[58] er ebenso »leidenschaftlich liebte« wie sein Bruder und sein Vater – und sich dort einen Namen zu machen. Gegenüber einem Freund sagte Bobby:

> Mit einigem Einsatz und ein bisschen Händeschütteln könnte man in einem Staat wie Nevada bestimmt die Nominierung für den amerikanischen Senat gewinnen.[58]

Doch es kam anders. Da in Washington ein neuer Untersuchungsausschuss im Gespräch war, blieb Bobby in der Hauptstadt. Wäre er Senator von Nevada geworden, hätte er möglicherweise »weit früher einige Lektionen gelernt, die er erst am Ende seines Lebens lernen sollte«[58], schrieb Michael Knox Beran in seiner scharfsinnigen Biografie *The Last Patrician*.

»Fette Beute«[59] nannte Hilty die amerikanischen Gewerkschaften Mitte des 20. Jahrhunderts. Streiks, gewalttätige Auseinandersetzungen und schließlich die Korruption, die Kefauver und kritische Journalisten aufdeckten, lösten in der Öffentlichkeit große Betroffenheit aus. Der Kongress unternahm regelmäßig Vorstöße, um die illegalen Machenschaften der Gewerkschaften zu untersuchen, die jedoch ebenso regelmäßig unterlaufen wurden. Entweder wurden jene bestochen, die die Kommission zusammenstellten, oder die Ausschussmitglieder selbst, so dass die Ermittlungen stets ins Leere liefen. Das Schmiergeld stammte von den Gewerkschaften oder vom Syndikat – was häufig nicht zu unterscheiden war. 1954 stellte der republikanische Kongressabgeordnete aus Ohio, George Bender, die Untersuchung von illegalen Gewerkschaftsaktivitäten in Detroit ein, nachdem ihm die Teamster-Gewerkschaft ihre politische Unterstützung für seine bevorstehende Kandidatur für den amerikanischen Senat zugesagt hatte. Die Demokraten im Norden, wie etwa die Kennedys, die sich von jeher scheuten, ihre traditionelle Wählerschaft unter den Arbeitern vor den Kopf zu stoßen, tolerierten die Korruption in den Gewerkschaften mit der Begründung, dass es auf Seiten der Unternehmer zu weit schlimmeren Auswüchsen komme. Kefauvers Image als Gangsterjäger, das ihn 1952 noch die Nominierung zum Präsidentschaftskandidaten gekostet hatte, war es schließlich, was sie auf den Gedanken brachte, dass sich aus der Bekämpfung der Korruption politisches Kapital schlagen lasse. Als sich auf dem Nominierungsparteitag der Demokraten 1956 Kefauver als Vizepräsidentschaftskandidat gegen Kennedy durchsetzte, verhöhnte der Reporter Clark Mollenhoff den niedergeschlagenen Bobby. »Na, glauben Sie mir jetzt? Jetzt hat er genug Macht, um Ihrem Bruder den Hintern zu versohlen«[60], rief er ihm durch das Stimmengewirr zu und war sich offensichtlich nicht bewusst, wie gering die Chancen des demokratischen Präsidentschaftskandidaten Stevenson und damit auch die Erfolgsaussichten Kefauvers waren.

Die Brüder Kennedy bemühten sich bald um Positionen in einem neu gebildeten Sonderausschuss des Senats, der illegale Gewerkschaftspraktiken untersuchen sollte. John F. Kennedy wurde Ausschussmitglied und Bobby leitender Rechtsberater – allerdings erst nach einer ungewöhnlich heftigen Auseinandersetzung, die sich um Weihnachten 1956 auf dem Familiensitz der Kennedys in Hyannis Port abspielte und allen Anwesenden lebhaft in Erinnerung blieb. »Das war die schlimmste Szene, die ich je miterlebt habe«[61], sagte Jean Kennedy über den Streit zwischen ihrem gewöhnlich so gehorsamen, nachgiebigen Bruder Bobby und dem autoritären Patriarchen, der die Mitarbeit an dem Ermittlungsausschuss für absurd hielt. Joe war »absolut dagegen«[62], erzählte sie. »Es kam zu einem Streit, wie es ihn noch nie zwischen Vater und Sohn gegeben hatte.« Joe fürchtete, John könne im Wahlkampf 1960 die Stimmen der Arbeiterschaft verlieren, außerdem sei Bobby »schrecklich naiv, was die persönlichen und politischen Risiken« angehe. »Der alte Joe hielt die Sache für gefährlich. Er fand, man solle von diesem Thema, und vor allem von diesen Leuten, besser die Finger lassen«, erzählte ein Freund der Familie. Stephen Fox schrieb:

> Gerade der Vater wusste nur zu gut, wie die Unterwelt zurückschlagen konnte, wenn sie sich provoziert fühlte. Über seine heimlichen Ängste vor den möglichen Folgen einer solchen Untersuchung … den Enthüllungen über seine eigene Vergangenheit, lässt sich nur spekulieren … Natürlich war nur ihm bewusst, welche möglicherweise tragische Ironie darin lag, dass ausgerechnet seine Söhne Jagd auf das organisierte Verbrechen machen wollten.[63]

Doch Bobby blieb dabei, dass die Senatsuntersuchung der richtige Weg und er der Aufgabe durchaus gewachsen sei. Fox zufolge war dies die »erste richtige Auflehnung gegen den Willen des Vaters«[64]. Und die Brüder machten ernst.

Journalisten bezeichneten den Sonderausschuss, der gesetzwidrige Aktivitäten im Unternehmensbereich untersuchen sollte, gern als »Verbrechensausschuss«, später wurde er nach seinem Vorsitzenden, John McClellan, »McClellan-Ausschuss« genannt. Der demokratische Senator aus Arkansas vereinigte in sich die ganze Scheinheiligkeit Washingtons. Er war ein frommer Baptist, ein glühender Anhänger des Nativismus, ein gewerkschaftsfeindlicher Südstaatenpolitiker und zugleich ein Fürsprecher der monopolistischen Großbanken im Süden, die ihn und seine Wahlkämpfe heimlich finanzierten. McClellan war fest entschlossen, gegen die Gewerkschaften vorzugehen und das organisierte Verbrechen zu bekämpfen, worin er ein vorwiegend städtisches, ethnisches Phänomen der Nordstaaten sah. Der ehemalige Bezirksstaatsanwalt aus Malvern war angetreten, um »unser Land von all jenen Elementen zu befreien, die sich bei uns niederlassen und uns schamlos ausnutzen«[65], wie er einmal in seinem breiten Südstaatendialekt erklärte. Von der Kategorie jener so genannten »Parasiten der Gesellschaft«[66] nahm der Senator seine freigebigen Freunde aus Bankierskreisen selbstverständlich aus, ebenso wie Madden und Marcello, die Glücksspielkönige in Hot Springs, die sich mit ihren prall gefüllten braunen Briefumschlägen[67] die Loyalität der meisten Politiker in Arkansas erkauft hatten. Dennoch ließ McClellan seinem angriffslustigen juristischen Berater freie Hand.

Der clevere Bobby folgte Hinweisen von Journalisten im ganzen Land, bis er über genügend Material verfügte, um einen juristischen Feldzug einzuleiten, der selbst Kefauvers Ermittlungen noch übertraf. Fox zufolge war es »die gründlichste Untersuchung, die der Kongress je unternommen hatte«[68]. Um die korrupten Machenschaften der Gewerkschaften offen zu legen, befragte der Ausschuss innerhalb von zweieinhalb Jahren über 1000 Zeugen in 500 öffentlichen Anhörungen. Als das Gremium die Veruntreuung von Gewerkschaftsgeldern und die Verbindungen zur kriminellen Szene aufdeckte, führte die Spur schließlich zum Syndikat selbst. Während sich die Untersuchungen ausweiteten, wuchs Bobbys Einfluss und damit auch die Leidenschaft, mit der er sich seiner Aufgabe widmete. Zum ersten Mal trat Bobby auf der politischen Bühne als selbstbewusste Persönlichkeit in Erscheinung, die sich vor allem durch Kompromisslosigkeit auszeichnete. Nun legte er eine Aggressivität und Arroganz an den Tag, die unter Insidern als unverfrorene Demonstration von Macht, aber auch als Zeichen mangelnder Selbstkontrolle gedeutet wurde – ein Verhalten, mit dem Kennedy das Establishment in Washington, das sich von jeher durch unberechenbare Emotionalität bedroht fühlte, nicht nur beunruhigte, sondern sich letztlich sogar zum Feind machte. Seine Entscheidung, sich bei seinem Feldzug auf einen bestimmten Gegner, nämlich die Teamsters, zu konzentrieren – was sich ebenfalls nicht mit der herrschenden politischen Kultur vertrug –, hing zum einen mit seinem Charakter zusammen, zum anderen war auch der Zufall im Spiel. Ein Reporter gab ihm den Tipp, Dave Beck einmal genauer unter die Lupe zu nehmen, ein zwielichtiger Gewerkschaftsfunktionär aus Seattle, der mittlerweile die größte, reichste und korrupteste Gewerkschaft des Landes, die Brotherhood of Teamsters, anführte. Bobby, der »fein säuberlich zwischen ›guten‹ und ›bösen‹ Gewerkschaften trennte«[69], nahm sich daraufhin die Teamsters vor und setzte seine Mitarbeiter auf Becks Nachfolger an, einen ehemaligen Lagerarbeiter bei Kroger Grocery aus Detroit namens Jimmy Hoffa.

Als der Ausschuss 1959 seine Arbeit einstellte, hatte er immer noch nicht eindeutig klären können, seit wann und in welchem Ausmaß das organisierte Verbrechen die amerikanische Arbeiterschaft unterwandert hatte, geschweige denn, welchen Anteil die Unternehmensführung an dem korrupten System hatte und inwieweit es bereits bis an die Basis vorgedrungen war. Der Ausschuss legte einigen der übelsten Verbrecher das Handwerk und konzipierte neue Richtlinien für das Wahlverfahren und die Finanzierung der Gewerkschaften. Infolge ihrer medienwirksamen Arbeit im Ermittlungsausschuss war die Präsidentschaft für die Kennedys nun in greifbare Nähe gerückt. Allerdings hatte es ein paar merkwürdige Vorfälle gegeben: Als sich Sam Giancana bei seiner Anhörung süffisant grinsend auf sein Recht auf Aussageverweigerung berief, bemerkte Bobby lediglich: »Ich dachte immer, nur kleine Mädchen kichern, Mr. Giancana.«[70] In einem anderen Fall sah der gewöhnlich so übereifrige Hauptrechtsberater davon ab, den irischen Ganoven und Chef der New Yorker Teamsters, Johnny O'Rourke, vorzuladen, nachdem sich William J. McCormack bei seinem alten Freund Joe Kennedy dafür eingesetzt hatte, dass man O'Rourke nicht so hart anfasste. McCormack war einer der Syndikatsbosse, die Lansky und der OSS in Operation Underworld im New Yorker Hafenviertel eingesetzt hatten. Des weiteren wurde Abner »Longy« Zwillman, ein Gangster aus New Jersey und heimlicher Kasinobesitzer in Las Vegas, kurz vor seiner Anhörung vor dem Senatsausschuss das Opfer eines dilettantisch inszenierten »Selbstmords«. Zwillman, den Joe Kennedy aus ihrer gemeinsamen Vergangenheit als Alkoholschmuggler kannte, wurde im Keller seiner Villa in West Orange in New Jersey erhängt aufgefunden. Doch niemand stellte einen Zusammenhang zwischen diesen Ereignissen her. Das Interesse der Öffentlichkeit war weiterhin allein auf die Teamsters gerichtet, deren Chef trotz wiederholter Anklagen und Gerichtsverfahren »dreist wie eh und je, seinen Kopf immer wieder aus der Schlinge zog«[71], schrieb Fox. Was immer seine Motive waren und was immer er über die Vergangenheit seines Vaters wusste, Bobby machte die Jagd auf den Gewerkschaftsboss zu seinem »persönlichen Anliegen«[72]. Bei seinen hartnäckigen, gezielten Ermittlungen gegen Hoffa stieß er in eine Welt vor, in der organisiertes Verbrechen und Politik eng miteinander verflochten waren und deren Dreh- und Angelpunkt der Strip war.

Als er den Ausschuss verließ, um Johns Wahlkampf zu leiten, hielt er die Teamsters für die »größten Schurken«[73] unter den Gewerkschaften. Doch er wusste auch, dass hinter ihnen Kräfte standen, die die gesamte Nation bedrohten. Während der Anhörungen hatte er zum ersten Mal den Begriff »Mafia« gehört, wollte aber nicht so recht glauben, dass die Italiener allein für die Machenschaften verantwortlich waren, die der Ausschuss aufgedeckt hatte. Im Gegensatz zu den meisten seiner Kollegen hatte er erkannt, dass sie es mit einem komplexeren multiethnischen Phänomen zu tun hatten. Seine Sicht des organisierten Verbrechens war differenzierter als die klischeehaften Vorstellungen eines Hoover oder Anslinger. Während die Politiker wie gebannt auf die Gefahr aus dem Osten starrten, erkannte Bobby die viel akutere Bedrohung im eigenen Land. »Entweder wir zwingen sie in die Knie oder sie übernehmen das ganze Land«[74], sagte er einmal gegenüber Mitarbeitern.

1960 veröffentlichte er seine beunruhigenden Erkenntnisse in einem Buch, das von einem »beschwörenden, unheilschwangeren Ton geprägt war«[75], schrieb sein Biograf Hilty. »Wenn es uns nicht gelingt, die Aktivitäten des organisierten Verbrechens zu unterbinden, wird sich die US-amerikanische Wirtschaft innerhalb der nächsten zehn Jahre dramatisch verändern«, warnte Kennedy. Las Vegas erwähnte er zwar nur am Rande, aber aus seinen Zeilen war schon herauszulesen, dass er seine Aufmerksamkeit eines Tages auf Nevada richten sollte. »Der Spielplatz des älteren Bruders war der Albtraum des jüngeren«[76], schrieb Michael Herr. Mit dem Unheil verkündenden Titel seines Buchs *Gangster drängen zur Macht* hätte Bobby seine düsteren Vorahnungen nicht besser zum Ausdruck bringen können.

»Ich habe mir nichts sehnlicher gewünscht, als dass man mich akzeptiert, respektiert und mir vertraut«[77], sagte Grant Sawyer gegen Ende seines Lebens in einem vertraulichen Interview.

> Aber schon auf der Highschool wurde ich abgelehnt, und es kann durchaus sein, dass ich übers Ziel hinaus geschossen bin. Eine nicht ganz ungefährliche Sache, wie ich später merkte … Man erregt eine Menge Unmut und plötzlich ist man kein Held mehr, sondern ein Buhmann und wird fallen gelassen.[77]

Es war das traurige Lamento eines reumütigen, geläuterten Reformers und Außenseiters, der auf eine durch öffentliche Angriffe und Rückschläge geprägte politische Karriere zurückblickte und sich für seine Niederlage weit mehr Schuld gab als den Gegnern, gegen die er angetreten war. Er konnte sich nicht verzeihen, dass seine politische Mission gescheitert war – der letzte ernsthafte Versuch Nevadas, den dunklen Mächten von Las Vegas Einhalt zu gebieten.

Grant kam 1918 als jüngster Sohn einer Osteopathin und eines Osteopathen zur Welt, die sich ständig stritten und sich gegenseitig ihre Patienten abspenstig machten. Als er drei Jahre alt war, ließen sich seine Eltern scheiden, so dass er seine Kindheit abwechselnd bei seiner labilen Mutter in Twin Falls in Idaho und bei seinem unzugänglichen Vater in Fallon in Nevada verbrachte. Sein Vater, der mit dem Gesetz in Konflikt geraten war, weil er ohne Approbation praktiziert hatte, wurde später in den Senat von Nevada gewählt und war ein Freund von Pat McCarran. Grant verlebte eine freudlose Kindheit »zwischen den Fronten« sich bekriegender Eltern und Stiefeltern, was nicht spurlos an ihm vorüberging und worüber er später, wenn überhaupt, nur unter Tränen sprach. Der junge Grant hatte eine klangvolle Stimme und einen Sinn für Dramatik, der ihn sein Leben lang auszeichnen sollte. Er erhielt Sprechunterricht und seine Eltern gaben ihm sogar das Geld für einen Anzug, damit er an einem Rhetorikwettbewerb teilnehmen konnte, bei dem er jedoch gegen den jungen Orson Welles unterlag. Wie er sich später erinnerte, litt er die meiste Zeit unter dem demütigenden Gefühl, nur »ein armer Farmerjunge« zu sein. Er wünschte sich nichts sehnlicher als akzeptiert zu werden und dazuzugehören und lebte in ständiger Angst, ausgegrenzt zu werden. Er lernte früh, körperlichen und seelischen Schmerz zu verdrängen und seine Gefühle vor anderen zu verbergen.

Durch seinen Stiefvater lernte der junge Grant einige typische amerikanische Untugenden kennen: Betrug und Heuchelei. Der strenge baptistische Farmer spielte »den Vorzeigechristen«, während er beim Abwiegen seines Weizens betrog. »Zum ersten Mal in meinem Leben begriff ich, dass Menschen nicht immer das sind, was sie zu sein vorgeben«, erinnerte sich Sawyer. Seine temperamentvolle Mutter, eine unordentliche, füllige Frau, die sich in schlichte schwarze Kleider hüllte, engagierte sich leidenschaftlich für die »Unterdrückten«. Grant, der sie einmal »eine überdrehte, schwärmerische Radikale« nannte, sah in ihr ein Musterbeispiel kleinbürgerlichen Schuldbewusstseins. Sein Vater war unnahbar und gefühllos. Er war »ein stolzer Mann und ziemlich reserviert. Ich scheine wohl ein wenig nach ihm geraten zu sein«, sagte der Sohn rückblickend. Doch gab es auch die heilsamen Einflüsse seiner Stiefmutter in Fallon, einer liebenswürdigen, kultivierten Frau namens Byrd Wall Sawyer, die später ein populäres Buch über die Geschichte Nevadas schrieb.

Weder in seiner Familie noch unter seinen Schulkameraden fühlte er sich wirklich anerkannt. Als ihn keine der Bruderschaften an der Highschool aufnahm, war dies, wie er später bekannte, »eins meiner traumatischsten Erlebnisse«. Trotz der einfachen Familienverhältnisse, denen er entstammte, war es klar, dass er als intelligenter, fleißiger junger Mann aufs College gehen würde. Aber als sich seine Mutter nach einem schlimmen Streit mit dem Weizenfarmer von diesem scheiden ließ und ihren Lebensmut verlor, verlangte sie, dass ihr Sohn für sie sorgte und auf sein Studium verzichtete. In ihrer kleinen Wohnung in Twin Falls kam es zu einer dramatischen Szene, als ihre Schwester und einige Freundinnen ihn buchstäblich den Armen seiner »bettelnden, schluchzenden« Mutter entrissen, damit er nach Oregon fahren und am Linfield College studieren konnte.

Auf dem baptistischen College stürzte sich der junge Stipendiat »wie besessen« ins studentische Klubleben und »riss sich förmlich um Ehrenämter«[78]. Als er jedoch eine Tanzveranstaltung organisierte, ging das der Collegeverwaltung so gegen den Strich, dass sie ihn kurzerhand vor die Tür setzte. Grant schrieb sich an der University of Nevada in Reno ein, wo er seine Collegeausbildung abschloss. Er wollte Schauspieler werden, hielt sich jedoch für »nicht attraktiv« genug. »Ich war keine sehr eindrucksvolle Erscheinung«, sagte er später. Also entschloss er sich, Jura zu studieren, in der Hoffnung als Anwalt »seine Talente ähnlich einsetzen zu können wie auf der Bühne«. Obwohl sich sein Vater mit McCarran überworfen hatte, hielt der Senator sein Versprechen, sich um den jungen Grant zu kümmern. Nur Monate vor dem Kriegseintritt der USA begann Sawyer sein Studium an der George Washington Law School in Washington, D.C. Sein Gönner McCarran, den er ehrfürchtig den »Heiligen Geist« nannte, vermittelte ihm einen Abendjob beim Sicherheitsdienst des Capitols, womit er sein Studium finanzierte. Nach seiner vierjährigen Militärzeit schloss er das Jurastudium in Washington ab und ging zurück nach Nevada, wo er eine Frau aus Reno heiratete und sich einen 1939er Chevrolet leistete. Er gehörte zu den loyalsten von »McCarrans Jungs«, obwohl er den Kommunistenhass des Senators ablehnte und insgeheim von ganz anderen politischen Ambitionen erfüllt war.

Er zog mit seiner Familie nach Elko im Nordosten Nevadas, einem ziemlich kleinen Nest, in dem es nur einstellige Telefonnummern gab. Nach einer dreijährigen Amtszeit als Bezirksstaatsanwalt bewarb er sich 1954 bei der lokalen Parteiorganisation der Demokraten um eine Kandidatur für die Gouverneurswahlen, was jedoch an McCarrans Widerstand scheiterte. Als im Herbst der plötzliche Tod des alten Senators die politische Szene Nevadas erschütterte, versuchte Sawyer erneut die Karriereleiter zu erklimmen, indem er für einen Sitz im Bildungsausschuss kandidierte. Nach einer erneuten Niederlage wurde er schließlich zum Vorsitzenden der Demokraten Nevadas gewählt. Der ehrgeizige und pragmatische Parteifunktionär erregte bald die Aufmerksamkeit einer kleinen Gruppe engagierter, wohlhabender Demokraten um Reno, die zum liberalen Flügel der Partei zählten und auf der Suche nach einer »ausbaufähigen« Alternative zu McCarrans Nachfolger waren.[79] Ihrer Wortführerin Hazel Erskine zufolge hatten sich die liberalen Demokraten Nevadas den »sozialen und humanitären Belangen des Staates« verschrieben. Viele von ihnen hatten eine ambivalente Haltung zum Glücksspiel, da es für sie den freiheitlichen Lebensstil des amerikanischen Westens verkörperte, den sie so schätzten. Den Entwicklungen »unten im Süden« von Nevada begegneten sie nach wie vor mit snobistischer Verachtung und einer verhängnisvollen Blauäugigkeit – nicht ahnend, dass die Korruption im expandierenden Las Vegas ihr politisches Programm letztlich scheitern lassen würde.

Nur wenige Stunden vor Ablauf der Bewerbungsfrist für die Wahlen von 1958 wurde das Schicksal Nevadas durch die plötzliche Eingebung eines einzigen Menschen entschieden. Als Sawyer zu der vierstündigen Fahrt in die Hauptstadt aufbrach, hatte er sich noch nicht entschieden, ob er für das Amt des US-Senators, des Gouverneurs oder des Justizministers von Nevada kandidieren würde – eine Missachtung der politischen Spielregeln. »Jeder wollte wissen, was Grant vorhatte, bevor er seine eigne Entscheidung traf«, erinnerte sich ein Parteifreund, »aber er spielte nicht mit.«[80] Auf seiner einsamen Fahrt von Elko nach Carson City beschloss Sawyer, sich um das Gouverneursamt zu bewerben und nicht gegen einen guten Freund anzutreten, der für den Senat kandidierte. Seine gut betuchten liberalen Förderer hätten ihn ohnehin am liebsten als Gouverneur gesehen. Aber es steckten nicht nur politische, sondern auch persönliche Gründe hinter dieser Entscheidung. »Er war in Gelddingen unsicher, und ihm war nicht wohl dabei, sich als Anwalt selbstständig zu machen«[81], erinnerte sich ein Bekannter. »Grant hätte wirklich alles getan, um aus Elko fortzukommen«[82], sagte ein Kollege.

Doch es kam anders. Sawyers Freund unterlag in den Vorwahlen gegen den Juristen Howard W. Cannon, einen aus Utah stammenden Mormonen, der so erpicht auf eine politische Karriere war, dass er sich auf das jeweils höchste Amt bewarb, auf das Sawyer verzichtete.[83] Mit Unterstützung des Politbosses Norman Biltz ging der für seine kreppbesohlten Schuhe und grellen Sportjacketts bekannte Cannon nach Washington, wo er als einflussreicher Politiker die Interessen des Strip vertrat. Unterdessen rüstete sich Sawyer für den Gouverneurswahlkampf – und ein neues Leben in Carson City.

Nachdem der junge Staatsanwalt seine Kandidatur bekannt gegeben hatte, beschlossen die Kennedys, ihn zu unterstützen. »Sie wussten genau, dass der Gouverneur mehr politischen Einfluss auf Nevada hatte als Nevadas Kongressabgeordnete in Washington«[84], sagte ein Eingeweihter. Anfang 1958 hatte Joe Kennedy einen seiner zuverlässigsten

Männer, Hyman Raskin, damit beauftragt, sich in Nevada nach einem passenden demokratischen Anwärter für das Gouverneursamt umzusehen, jemanden, der John F. Kennedy bei den Vorwahlen zwei Jahre später die Delegiertenstimmen aus Nevada sichern würde. Der Arbeitsrechtler Raskin hatte in Arveys Parteimaschine in Chicago Karriere gemacht und die Wahlkämpfe Stevensons 1952 und 1956 im amerikanischen Westen betreut. Ein Reporter schrieb über Raskin:

> Er war ein Hinterzimmer-Politiker, der für Jacks Wahlkampf unentbehrlich war, denn er wusste alte Forderungen einzutreiben.[85]

Um auf Nummer Sicher zu gehen, spannte die »irische Mafia«[86] der Kennedys gleichzeitig ihre Gefolgsleute in Nevada ein, darunter die einflussreichen Foleys, damit diese den demokratischen Spitzenkandidaten für das Gouverneursamt, Harvey Dickerson, umwarben. Hinter Dickerson, dem Justizminister von Nevada, stand die gesamte demokratische Parteimaschine, allen voran Joes Freunde aus dem Cal-Neva, Errett Cord und Norman Biltz. »Sie spielten uns alle gegeneinander aus und verstanden es meisterhaft, uns im Dunkeln tappen zu lassen«[87], sagte ein Insider.

Nachdem sich Raskin bei den jüngeren Demokraten umgehört hatte, die sich frischen Wind in der Partei wünschten, hatte er den Kennedys empfohlen, sowohl den Außenseiter Sawyer als auch den Favoriten zu unterstützen. Der junge Staatsanwalt hatte in den beiden traditionellen Wahlregionen Nevadas – die Gegend um Reno und die abgelegenen ländlichen Landkreise – gute Chancen. Doch um sich landesweit zu behaupten, benötigte er zusätzliche Stimmen aus dem aufblühenden Süden, der neuen »dritten Kraft« im politischen Machtspiel. »Ich überzeugte Raskin davon, dass wir nur 1600 Stimmen aus Las Vegas benötigten, um zu gewinnen«[88], berichtete ein Mitarbeiter Sawyers. Einen Tag nach dieser Unterredung bestellte Raskin Sawyer in das Riviera, wo ein Strohmann des Syndikats namens Ross Miller dem Kandidaten 1300 Dollar überreichte – »für damalige Verhältnisse eine gewaltige Summe«[89], erinnerte sich ein Berater Sawyers. Ein weiterer Mitarbeiter erzählte:

> Das war unsere erste größere Wahlkampfspende, und danach erhielten wir plötzlich auch Unterstützung von Gewerkschaften und anderen Geldgebern außerhalb des Staates.[90]

Auch wenn sich Sawyer damit brüstete, seinen Wahlsieg nur mit Hilfe »kleiner Spenden«[91] errungen zu haben, waren die von Raskin arrangierten Zahlungen und weitere Finanzspritzen für den Wahlausgang von entscheidender Bedeutung. Mit einem Vorsprung von über 7000 Stimmen ging Sawyer als überraschender Sieger aus den Vorwahlen hervor. Einem Freund Sawyers zufolge hatte die im Riviera übergebene Spende »Grant zweifellos zum Gouverneur gemacht«.[92]

Sawyers berühmter Wahlslogan »Nevada ist nicht käuflich!«[93] war unglaublich naiv, aber das war damals nur wenigen bewusst. Bei den Vorwahlen hatte sich dieser Slogan gegen Cord und andere Oligarchen gerichtet, die den Newcomer in Elko hatten abblitzen lassen, als er sie vier Jahre zuvor um ihre Unterstützung gebeten hatte. Als Sawyer dann bei den Wahlen gegen den sympathischen republikanischen Amtsinhaber Charles Russell antrat, kämpfte er mit weniger harten Bandagen und trat mit einem recht traditionellen Wahlprogramm an, dessen Kernpunkte »arbeitnehmerfreundlich, billiges Wasser und Strom ... keine weiteren Steuern«[94] lauteten. Während des lauwarmen Wahlkampfs legten die beiden Kandidaten feierliche Lippenbekenntnisse ab, indem sie ankündigten, gegen das illegale Glücksspiel vorzugehen. Sawyer sagte:

> Wir mussten dem übrigen Land den Eindruck vermitteln, dass die Regierung vor dem organisierten Verbrechen nicht in die Knie geht. Nur so konnte das legale Glücksspiel überleben.[95]

Der springende Punkt war natürlich, dass nur »der Eindruck vermittelt« werden sollte.

Die Praxis der Regierung, über das kriminelle Vorleben der Strip-Bosse hinwegzusehen, solange sie nach außen hin »sauber« blieben und dem Staat zu wirtschaftlichem Wohlstand verhalfen, hatte Tradition. Versuche, diesen stillschweigenden Pakt aufzukündigen, waren immer gescheitert. Das lag daran, dass der Staat Teil des Sumpfes war, den er trockenlegen wollte. Das zähe Ringen zwischen Regierung und organisiertem Verbrechen begann unter Charles Russell, einem Lehrer und Verleger aus der Provinz, der zunächst Parlamentsabgeordneter in Nevada war, dann überraschend in den US-Kongress gewählt wurde und es schließlich infolge innerparteilicher Intrigen überraschend zum Gouverneur brachte. Sein wichtigster Mitstreiter war der ehemalige Besitzer einer Autowerkstatt aus Sparks namens Robbins Cahill, ebenso mächtig wie der Gouverneur selbst. Als seine Firma 1940 pleite ging, trat der erstaunlich kultivierte und belesene Mann mit dem gewinnenden Wesen in den Staatsdienst ein. Der als absolut integer geltende Beamte stieg zum Leiter der Steuerkommission auf. Im Laufe seiner

Karriere gelangte er zu der Einsicht, dass Besitzer und Betreiber von Kasinos nun einmal keine »Heiligen«, sondern »schlicht Hasardeure«[96] seien.

Russell und Cahill hatten die erste Glücksspielverordnung erlassen, die diesen Namen überhaupt verdiente – allerdings nur unter dem Druck eines öffentlichen Skandals. Es begann 1954, als die *Sun* den Sheriff von Clark County der Bestechlichkeit beschuldigte, worauf dieser Hank Greenspun wegen Verleumdung verklagte. Greenspun schlug zurück, indem er den Privatdetektiv Pierre Lafitte auf den Sheriff ansetzte. Lafitte gab sich am Strip als Gangster aus und verwickelte den Sheriff in Gespräche über Schmiergeldzahlungen, die er heimlich aufzeichnete. Der Detektiv entpuppte sich später als ehemaliger Drogenhändler und Doppelagent für jenen George White, der im Auftrag von FBN und CIA Kefauvers Arbeit behindert hatte. Die Veröffentlichung der mitgeschnittenen Gespräche in der *Sun* wurde nicht nur dem Sheriff zum Verhängnis, sondern auch Gouverneur Russells demokratischem Herausforderer und Wunschkandidaten der Kasinobosse, Vail Pittman, und sogar Cliff Jones, der sein Amt als Mitglied des Parteivorstands der Demokraten niederlegen musste. »Ich kenne mich aus … glauben Sie mir, ich habe die Sache im Griff«[97], hörte man Jones im Gespräch mit dem Spitzel prahlen. Die abgehörten Gespräche enthüllten auch die zwielichtigen Finanzierungspraktiken des Thunderbird, für das Cliff Jones als Strohmann fungierte. Als der Steuerkommission Unterlagen des IRS in die Hände fielen, aus denen hervorging, dass die wahren Eigentümer des Kasinos die Brüder Lansky waren, wurde, wenn auch zögerlich, eine Untersuchung eingeleitet.

Die aufsehenerregenden Enthüllungen gewährten einen seltenen Einblick in die internen Abläufe am Strip und schockierten selbst einen hartgesottenen Journalisten wie Greenspun. Russell, der zwar wiedergewählt worden war, dessen nationales Ansehen durch den Skandal jedoch beschädigt war, ließ Anfang 1955 das Thunderbird schließen, setzte für drei Monate alle laufenden Lizenzverfahren aus und berief ein dreiköpfiges Gremium zur Überwachung des Glücksspiels. Aber das oberste Gericht von Nevada gestattete es dem Thunderbird alsbald, den Spielbetrieb wieder aufzunehmen, was jedoch nichts an der Entschlossenheit der Glücksspielaufsicht änderte, den illegalen Praktiken am Strip einen Riegel vorzuschieben. Die Regierung machte sich daran, eine Lücke im Glücksspielgesetz von 1931 zu schließen, die es Gesellschaften ermöglichte, Kasinos zu erwerben. Nun sollten nur noch Personen als Eigentümer zugelassen werden, und sämtliche Betreiber bedurften einer ordnungsgemäßen Konzession. Doch auch dieser erneute Versuch einer staatlichen Kontrolle und Regulierung sollte von listigen Anwälten und neuen Strohmännern unterlaufen werden.

Nachdem die Krise überstanden war, fiel Carson City in seine gewohnte Lethargie zurück. Sergio Lalli zufolge war die Regierung von jeher eher »Partnerin als Gegnerin«[98] der Glücksspielindustrie, und Robert Goodman schrieb sogar, in Nevada lebten »Bacchanal und Bürokratie in friedlicher Koexistenz«.[99] Die Politiker waren wie immer die Geiseln der Glücksspielindustrie. Ein Gouverneur, der die Zügel schleifen ließ, hatte weder von den Strip-Bossen noch seinen Wählern das Geringste zu befürchten; sobald er jedoch irgendwelche Maßnahmen ergriff, um das Ansehen des Bundesstaates zu heben – wie es Russell mit der Einrichtung seiner Glücksspielaufsicht getan hatte –, klopften ihm die Kasinobesitzer kräftig auf die Finger. »Innerhalb eines Wirtschaftssystems, das auf dem Glücksspiel basiert, ist das Abwägen der zu ergreifenden Regulierungsmaßnahmen eine Gratwanderung«[100], hieß es in einer rechtshistorischen Abhandlung vorsichtig.

Die 250 Millionen Dollar Gewinn, die die Kasinos in ihren Jahresabschlüssen auswiesen, machten nur einen Bruchteil dessen aus, was sie wirklich erwirtschafteten. Zudem war Nevadas bescheidene Glücksspielsteuer – eine gestaffelte Abgabe von 3 bis 5,5 Prozent des gemeldeten Gewinns – ein einziger Hohn. 1960 lagen die Einnahmen aus der Glücksspielsteuer unter dem, was andere Bundesstaaten allein aus Pferde- oder Hunderennen bezogen – »nur ein *Horsd'œuvre* verglichen mit dem Festmahl des Pferdewettgeschäfts«[101], schrieb ein Journalist in der *Nation*. Carson City bezog aus den »offiziellen« Kasinogewinnen fast eine Million Dollar weniger an Abgaben als die US-Regierung aus ihrer alten Pauschalsteuer von 250 Dollar pro Spielautomat. Diese traurige Bilanz war das Ergebnis eines geschickten politischen Schachzugs: Joe Kennedys Freund Errett Cord hatte 1957 ein Gesetz durchgedrückt, das die gleichmäßige Verteilung der Kasinoabgaben auf sämtliche Countys vorsah, so dass dünn besiedelten Landkreisen wie Esmeralda County mit seinen 400 Seelen »das Geld schon zu den Ohren herauskam«[102], wie es ein Politiker ausdrückte. Mit diesem Husarenstück gelang es, alle Gemeinden zu direkten Nutznießern der Glücksspielindustrie zu machen und sich damit deren Loyalität zu sichern.[103]

Natürlich wurde nichts von alledem während des Wahlkampfs thematisiert. Nachdem Kennedy Sawyers Kandidatur bei den Vorwahlen kräftig unterstützt hatte, folgten weitere Finanzspritzen aus Las Vegas. Die Kasinobosse ließen Russell fallen und wandten sich ganz seinem demokratischen Herausforderer Sawyer zu: Während wiederholter Treffen am Strip wechselten mit Banknoten gefüllte Umschläge ihren Besitzer – eine Praxis, die Sawyer selbst einmal als das »ekelhafte politische« Geschäft der Geldbeschaffung bezeichnete. »Plötzlich hatte ich jede Menge Freunde am Strip«[104], berichtete er. Er versprach seinen Gönnern, Nevada gegen jede »fremde Hilfe« zu verteidigen, womit er nichts anderes als die Einmischung der Bundesregierung meinte. »Das Schicksal Nevadas muss in unserer Hand bleiben«[105], schrieb er in einem Wahlkampfbrief. Genau diese Haltung war es, die die Kasinobesitzer von ihren Lokalpolitikern erwarteten. Vom Aufwind der Demokraten in Clark County getragen, gewann Sawyer im November die Gouverneurswahlen mit einem sensationellen Vorsprung von 17.000 Stimmen.

Am 5. Januar 1959 drängten sich über 400 Menschen im Abgeordnetensaal des Parlamentsgebäudes von Carson City, um die Vereidigung des seit 40 Jahren jüngsten Gouverneurs von Nevada mitzuerleben. Unter stehenden Ovationen beschwor er in seiner Antrittsrede »Glaube, Vertrauen und gegenseitiges Verständnis«.[106] Am selben Abend fand bei den Sawyers eine ausgelassene Galaparty statt. Die hübsche junge Frau eines von Sawyers Mitarbeitern zog die verblüfften Blicke der Gäste auf sich, weniger wegen ihrer modischen Sonnenbrille als wegen der mit künstlichen Brillanten besetzten Schneidezähne, die sie beim Lächeln entblößte. Man hielt sie wohl für eine Exzentrikerin aus Elko oder eine reiche Erbin aus Genua – in Nevada konnte man ja nie wissen –, doch dann begriffen sie den Scherz und brachen in schallendes Gelächter aus.

Am selben Tag fand in 4000 Kilometer Entfernung ein Machtwechsel anderer Art statt. Auf einem amerikanischen Panzer, den er von der US-gestützten Armee des kubanischen Diktators erbeutet hatte, bahnte sich Fidel Castro einen Weg durch die jubelnde Menge, um als Führer der Revolution seinen triumphalen Einzug in Havanna zu halten. In der Hauptstadt erwarteten ihn über 100 nervöse Männer aus Las Vegas, die auf der Karibikinsel lukrative Kasinos betrieben.

Die Kasinobesitzer hatten mit dem alten diktatorischen Regime auf vertrautem Fuß gestanden. Sie hatten nicht nur Batistas Politik der Unterdrückung und seine Kooperation mit Washington, sondern auch den Finanzhaushalt Kubas kräftig unterstützt. Ihre Schmiergelder machten einen Großteil der Einkünfte des Regimes aus, das aber auch von den USA mit Geld und Waffen beliefert wurde. Die meisten Kasinobosse waren politisch konservativ. Sie lehnten Revolutionen ab und sahen in Batistas Diktatur ein Bollwerk gegen politische Instabilität und den Kommunismus. Wie auch in den Vereinigten Staaten waren ihre Interessen wirtschaftlicher und nicht ideologischer Natur. Ihre »Politik« bestand in der Manipulierung und Korrumpierung der jeweiligen Regierung. Jahrelang hatte das Syndikat Fidel Castro nicht ernst genommen und in ihm lediglich einen vielversprechenden Baseballspieler und studentischen Agitator gesehen und später dann einen ungestümen Anwalt, der gerne Reden hielt. Doch als die revolutionäre Bewegung wuchs, begannen einige Gangster, auch die Rebellen in den Bergen heimlich mit Geld und Waffen zu versorgen. Ein Großteil der Schmuggelware stammte von den Kasinobesitzern Santo Trafficante und Norman »Roughhouse« Rothman in Havanna, wobei an den Waffenlieferungen für Castro auch andere Männer mit Kontakten nach Las Vegas beteiligt waren, darunter Hoffa und Jack Ruby aus Dallas. Man hielt es in Kuba wie in Nevada: Sicherheitshalber bereitete man sich auf einen eventuellen Machtwechsel vor. Als Batista gestürzt wurde, mischten sich einige Gangster unter die jubelnde Masse auf den Straßen, ungeachtet der Tatsache, dass diese ihre Wut zuerst an den beiden verhassten Symbolen ihrer wirtschaftlichen Ausbeutung ausgelassen hatten: den Parkuhren und den Spielautomaten in den Kasinos von Havanna. Unter den altgedienten Kasinobossen, die inmitten der Fahnen schwingenden Menschen entlang der breiten Prachtstraße Malecón standen, war auch Joe Kennedys Freund Michael McLaney.

Entgegen dem Gerücht, er habe sich Batista und dessen Führungsriege angeschlossen, als dieser am Neujahrstag im Morgengrauen mit 300 Millionen Dollar im Gepäck die Hauptstadt Hals über Kopf verließ, war Meyer Lansky in Wirklichkeit geblieben, während die Rebellen Richtung Havanna marschierten. In den Monaten zuvor hatte er Castro mit Geld und Waffen versorgt, aber weiterhin mit Batista Geschäfte gemacht. Als seine mit Maschinengewehren bewaffneten Männer hinter Sandsäcken in Stellung gingen, um das vornehme Riviera vor Randalierern zu schützen, verließ Lansky sein elegantes Penthouse in seinem 21-stöckigen Hotelkasino, um bei der Bewirtung der Hotelgäste zu helfen. Die Köche und Kellner hatten sich einem Generalstreik angeschlossen, mit dem ein Gegenputsch verhindert werden sollte. Obwohl er normalerweise die Presse scheute, war der »Vorsitzende«

des Syndikats bereit, für die populäre *Las Vegas Sun* ein Exklusivinterview zu geben. Gegenüber Greenspuns Sonderkorrespondenten sagte er:

> Ich habe keine Ahnung, was Castro vorhat, aber sicher werden seine Leute bald hier sein, um mit mir zu sprechen.[107]

In Südnevada verdrängten die Schlagzeilen über die siegreiche Revolution in Havanna die Berichte über die Amtseinführung des neuen Gouverneurs in Carson City von den Titelseiten. Zwischen den Ereignissen in Nevada und auf Kuba bestand eine Verbindung, die weitreichende Folgen haben sollte: Unterweltgrößen aus Las Vegas begannen mit dem CIA ein Mordkomplott gegen den neuen Machthaber in Havanna zu schmieden – eine Verschwörung, die die Präsidentschaft in Washington erheblich belastete und die Bosse am Strip mächtiger denn je werden ließ.

»Das Las Vegas vor der amerikanischen Küste«[108] nannte der Autor Gus Russo das vorrevolutionäre Havanna unter der Herrschaft Batistas – eine Stadt, deren Schicksal ebenso eng mit der Geschichte Kubas verknüpft war wie die Entwicklung Las Vegas' mit der Vergangenheit Nevadas. Der 140 Kilometer von der Küste Floridas entfernte Inselstaat, der aus dem Spanisch-Amerikanischen Krieg als souveräner Staat hervorgegangen war, war de facto schon lange eine amerikanische Kolonie. Wie Thomas G. Paterson, Jane Franklin und andere Historiker nachwiesen, hatten mehrere aufeinander folgende US-Regierungen von Theodore Roosevelt bis zu Harry Truman über 50 Jahre lang in Havanna diktatorische Regime installiert, gestützt oder gekauft. 1950 kontrollierten amerikanische Unternehmen die Hälfte der kubanischen Zuckerproduktion und beinah die gesamte Ölindustrie, den Bergbau, die Mineralienindustrie, die Viehwirtschaft und die öffentliche Versorgung – eine Monopolstellung, die den Amerikanern eine Milliarde Dollar einbrachte. Es war eine skrupellose Politik der Inbesitznahme und der Ausplünderung, dasselbe Phänomen, das Mark Twain unter den Bergbaubossen und anderen Kolonialherren im Nevada des 19. Jahrhunderts beobachtet hatte. Als man einen kubanischen Exminister fragte, wie er innerhalb von wenigen Wochen 20 Millionen Dollar aus den Staatskassen entwendet hatte, antwortete er nonchalant: »In Koffern.«[109]

Ebenso wenig wie Nevada nur eine Goldgrube für Eisenbahn- und Bergbaumagnaten war, war Kuba lediglich eine Bananenrepublik oder eine amerikanische Wirtschaftskolonie.[110] Wegen seiner Zucker- und Melasseproduktion und seiner strategisch günstigen Lage war die Insel während der Prohibitionszeit auch ein wichtiger Stützpunkt für Alkoholschmuggler wie Joe Kennedy, Costello, Lansky und andere gewesen. Nach der Aufhebung der Prohibition blieb das organisierte Verbrechen in Kuba und konnte im Windschatten der dort ansässigen US-Firmen seine Position weiter ausbauen. Während es sich ebenso ungestört wie in den USA zu einem mächtigen Wirtschaftsfaktor entwickelte, diente es auch als verlängerter Arm des Firmenmanagements zahlreicher nach außen hin seriöser US-Unternehmen und sogar als deren Kapitalgeber und Investitionsquelle. So ließ sich Lansky in Havanna nieder, übernahm das prächtige alte Casino Nacional und schmiedete sein Bündnis mit Fulgencio Batista y Zaldívar. Der machthungrige Exfeldwebel mit seiner Schwäche für amerikanische Monsterfilme, schneeweiße Uniformen und Plateausohlenschuhe hatte nach einem Militärputsch 1933 die Macht an sich gerissen. Nach der Aufhebung des »Platt-Amendments« im Jahre 1934, das den USA das Recht einräumte, jederzeit auf Kuba militärisch zu intervenieren, fungierte das Syndikat zunehmend als Geheimdienst und Privatarmee sämtlicher amerikanischer Investoren auf der Insel. Im Auftrag von Vertretern der Zuckerindustrie, des Mineraliensektors und der öffentlichen Versorgung und auch auf Initiative Washingtons und amerikanischer Diplomaten vor Ort betrieb das organisierte Verbrechen die Bestechung und Einschüchterung der Regierung und der so genannten Opposition. Damit war die kubanische Führung nichts weiter als »ein gefügiger Esser an der kapitalistischen Futterkrippe Amerikas«[110], wie es ein Historiker treffend formulierte. Bezeichnend für das korrupte System war die Rolle von United Fruit – ein amerikanischer Konzern, der schon seit langem in Kuba und in Mittelamerika Verbindungen zur amerikanischen Regierung und den Syndikatsbossen pflegte. Das Unternehmen, das ehemalige Staatsbeamte, Gangster und zwielichtige Anwälte beschäftigte, arbeitete ungeniert mit Kriminellen, korrupten Gewerkschaftern und Bundesbeamten in Hafenstädten wie New Orleans, San Francisco und New York zusammen.

1960 hatte sich das organisierte Verbrechen außerhalb des amerikanischen Kontinents nirgendwo so stark etabliert wie in Kuba, das nun praktisch eine karibische Besitzung des Syndikats war. Haupteinnahmequelle waren der Drogenhandel und das Glücksspiel. In Kuba wurde nicht nur das »schmutzige Geschäft«[111] der Prostitution, des

Mädchenhandels und des Glücksspiels betrieben, wie der Autor Thomas Paterson schrieb, sondern die Insel war in den späten 40er Jahren auch Hauptverarbeitungsort für Rohopium aus Lateinamerika und Asien, wobei die Kasinos in Havanna als »Umschlagplätze für die großen Heroinlieferungen auf dem Weg von Europa nach Nordamerika«[112] dienten. Da die Zuckerpreise ständig schwankten, war die Investition in Drogen, Kasinos und die 270 Bordelle in Havanna ein krisensicheres Geschäft. Wer Geld hatte, »konnte alles bekommen, buchstäblich alles«[113], erinnerte sich ein Einwohner der Altstadt.

Die Parallelen zwischen Havanna und Las Vegas waren nicht zu übersehen. Als in den 50er Jahren über 300.000 amerikanische Touristen nach Havanna strömten, entstand in der Hauptstadt ein Kasino nach dem anderen. Manche wurden von angesehen Unternehmen wie Hilton oder Pan American finanziert, andere von amerikanischen Banken oder aus den Pensionskassen kubanischer Gewerkschaften unter der Schirmherrschaft des AFL-CIO. Das kubanische Marionettenregime gewährte den Investoren sämtliche Eigentumsrechte und befreite sie von Steuern, Gebühren und sonstigen Abgaben, so dass sich amerikanische Investitionen schnell amortisierten. Die meisten Kasinos, auch wenn sie seriöse Besitzer hatten, waren im Grunde Franchiseunternehmen verschiedener Syndikatsgruppen. Das wurde in den Konferenzräumen von Firmen wie Hilton oder Pan American ebenso akzeptiert wie in den Villen und Kasernen des Batista-Regimes. Die kubanischen Politiker, begierig auf das Tourismusgeschäft und ihr Stück vom Kuchen, begrüßten die »Professionalität« der Gangster als Kasinobetreiber. Auch der amerikanische Botschafter Earl T. Smith hielt die Tatsache, dass die Spielbanken vom Syndikat betrieben wurden, für eine Art Dienst am Kunden, da er überzeugt war, dass ein einheimisches Management die Kasinobesucher nur übers Ohr hauen würde. »Es mag merkwürdig klingen, aber nur so können wir seriös geführte Kasinos gewährleisten«[114], erklärte Smith einem Besucher.

In den 50er Jahren war die Abwanderung von Kasinobetreibern und -managern nach Havanna so groß, dass man in Nevada fürchtete, Las Vegas habe bald keine »Profis« mehr. In Carson City wurde darüber diskutiert, Kasinobesitzern aus Nevada zu verbieten, sich in Kuba zu engagieren, doch man unternahm nichts. Erst 1959 erging auf Sawyers Initiative eine gesetzliche Vorschrift, die es Konzessionsinhabern aus Nevada untersagte, sich in anderen Staaten am Glücksspielgeschäft zu beteiligen. Doch auch dieses Gesetz konnte mit Hilfe von Strohmännern in Kuba mühelos umgangen werden. So führte Charlie Baron aus Las Vegas eine Zeitlang die Geschäfte von Lanskys Riviera, Dalitz und seine Leute übernahmen gemeinsam mit McLaney das alte Nacional und Lanskys Partner Charlie Tourine das Capri. Eddie Levinson und Cliff Jones aus Las Vegas fungierten als Strohmänner für das 24 Millionen Dollar teure Havanna Hilton, Santo Trafficante und Lanskys Partner Norman Rothmann betrieben das pompöse Sans Souci, dessen Geschäfte Johnny Rosselli eine Weile führte. Die Liste der Strohmänner ließe sich beliebig fortsetzen.

Trotz all der Unterschiede zwischen Havanna und Las Vegas, einer dicht besiedelten tropischen Küstenregion und einem immer noch weitgehend unbewohnten Tal in der Wüste, zwischen einer alten Kolonialstadt und einem aufblühenden ehemaligen Handelsposten, waren beide Städte von den Merkmalen ihres wichtigsten Wirtschaftszweigs geprägt: Es gab die gleichen grellen Leuchtreklamen, die gleichen protzigen Showbühnen und das gleiche Unterhaltungsprogramm, und in beiden Städten traf man auf die gleichen sozialen Gegensätze. »Imposant und dürftig, elegant und schäbig, verführerisch und abstoßend, strahlend und düster«[115], sagte ein Besucher über die kubanische Hauptstadt. Noël Coward, der zu jener Zeit die Stadt besuchte, meinte: »Havanna hat mich zugleich bezaubert und enttäuscht.« Nachts erstrahlte die Stadt in einem ebenso unwirklichen Glanz wie Las Vegas. »Der Glorienschein ihres Nachtlebens, diese verhängnisvolle Phosphoreszenz waren so verheißungsvoll«[116], schrieb der kubanische Schriftsteller Guillermo Cabrera Infante über Havanna und hätte ebenso gut den nächtlichen Anblick von Las Vegas' »Glitzerschlucht« meinen können.

Wie Las Vegas lockte das verführerische Havanna viele reiche und berühmte Amerikaner an, und hier wie dort hinterließ der Aufenthalt bei so manchem einen bitteren Nachgeschmack. John F. Kennedy besuchte Ende 1957 zum ersten Mal die Kasinos von Havanna. Als er im darauf folgenden Jahr wiederkehrte, bat er Lansky, »ihm ein paar Frauen zu besorgen«[117], wie sich Lanskys Witwe später erinnerte. Einmal hatte Kennedy eine Affäre mit der Frau des italienischen Botschafters und zog die Aufmerksamkeit von Batistas Geheimpolizei auf sich, was beinah eine diplomatische Krise heraufbeschworen hätte. »Sobald sie einen im Visier hatten, was bei einem Senator nicht anders zu erwarten war, konnte einen das ganz schön in die Bredouille bringen«[118], erzählte Senator George Smathers, Kennedys Freund, über ihre gemeinsamen Reisen. Bei ihren amourösen Abenteuern hatten die Kennedys in US-Botschafter Earl Smith einen verschwiegenen Verbündeten – ein »Playboy ersten Ranges«[119], wie der stellvertretende Außenminister Christian Herter den Partylöwen aus Palm Beach nannte. Ehe Eisenhower ihn zum Botschafter ernannte, war Smith in Palm Beach ein Nachbar der Kennedys gewesen und hatte vor allem Rose nahe gestanden. Seine privaten Vergnügungen ließen dem zukünftigen Präsidenten offenbar wenig Zeit, um sich mit den weniger amüsanten politischen und wirtschaftlichen Verhältnissen auf der Insel auseinander zu setzen. »Ich kann mich nicht erinnern, dass sich Kennedy je über Batista oder Castro geäußert hätte«[120], sagte Smathers.

Havanna und Las Vegas hatten beide ihren dunklen Geheimnisse. Beide Städte waren Nahtstellen zwischen dem organisierten Verbrechen und der US-Regierung, jener »grauen Allianz«[121], die im Zweiten Weltkrieg im Hafen von New York, in Südeuropa, Mexiko und anderswo im Namen der nationalen Sicherheit geschlossen worden war. Ebenso wie Nevada war auch Kuba nach dem Krieg ein Ort, wo Vertreter aus Wirtschaft, Politik und Unterwelt immer häufiger ihre Deals machten. Wie Lansky kurz vor seinem Tod nicht ohne Stolz berichtete, waren Vertreter des Weißen Hauses und Beamte des Marinenachrichtendienstes – deren Namen er taktvoll verschwieg – mit der Bitte an ihn herangetreten, Batista Geld anzubieten, damit dieser nach Miami ins Exil gehe, denn die Zugeständnisse, die der Diktator den Kommunisten machte, bereiteten den Amerikanern zunehmend Sorgen. Als sich Batista 1952 mit einem Putsch seine alte Machtstellung in Kuba zurückeroberte (und damit Castros Revolution auslöste) und Lansky zu seinem offiziellen »Berater« machte, hätte er dem organisierten Verbrechen und der Regierung Truman keinen größeren Gefallen tun können, da Washington mittlerweile weltweit antikommunistische Regime unterstützte, ganz gleich, wie verbrecherisch diese waren.

In den 50er Jahren weitete sich das inoffizielle Bündnis zwischen Gangstern und Regierung auf die gesamte Karibik und Zentralamerika aus, wobei die Bosse aus Las Vegas überall die Finger im Spiel hatten. Nach dem durch den CIA unterstützten antikommunistischen Putsch 1954 in Guatemala, der das Regime von Arbenz zu Fall brachte, hatte Carlos Marcello seine Geschäftsaktivitäten in dieses Land verlagert und beständig ausgebaut. Mit einem Teil seiner Einkünfte finanzierte er drei Jahre später den Bau des Tropicana am Strip. Unter der Regie Rossellis, Stellvertretern Trafficantes und anderer Syndikatsmitglieder – Rosselli und einige seiner Komplizen arbeiteten gleichzeitig als Informan-

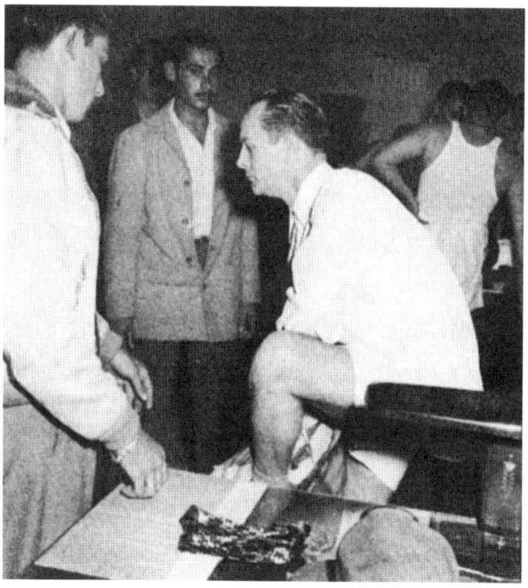

Jacobo Arbenz, der durch einen Putsch gestürzte prokommunistische Präsident Guatemalas, muss sich bei seiner Ausreise nach Mexiko einer Leibesvisitation unterziehen.

ten für den CIA – entwickelte sich der Rauschgifthandel zur Haupteinnahmequelle des neu etablierten organisierten Verbrechens im »befreiten« Guatemala, wobei die Drogengelder in Las Vegas und Havanna »gewaschen« wurden. Ein ehemaliger Tischchef erinnerte sich:

> Eine Menge schmutziges Geld aus dem Süden wanderte damals über die Spieltische und wurde in »saubere« Dollar getauscht, um dann wieder zu den einzelnen Gruppen zurückzufließen.[122]

Die Spielkasinos, die unter dem neuen US-gestützten Regime in Guatemala City entstanden, wurden von Ted Lewin, einem Bekannten Lanskys, kontrolliert. Lewin war bereits auf den Philippinen tätig, wo er und andere Partner Lanskys mit dem CIA und einheimischen Politikern, wie dem zukünftigen Präsidenten Ferdinand Marcos, eng zusammenarbeiteten.

Rosselli, der zwischen dem Strip und Havanna pendelte, gleichzeitig mit dem Syndikat, Regierungs- und Wirtschaftsleuten verkehrte, pflegte Mitte der 50er Jahre enge Kontakte zu US-Agenten in Kuba und Mexiko. Während er den CIA regelmäßig mit Informationen versorgte, arbeitete er in Guatemala für den in New Orleans ansässigen Wirtschaftsgiganten Standard Fruit and Steamship Company – ein Unternehmen mit langjährigen Verbindungen zu New Yorker Verbrecherklans und zu Gangsterboss Marcello –, schmiedete in ihrem Auftrag Komplotte und führte sogar »Privatkriege«. Während der Regierungszeit Eisenhowers unterhielt Rosselli enge Verbindungen zu Ted Lewin, dem legendären CIA-Agenten David Sanchez Morales, alias »El Indio«, und einer Reihe von Mittelsmännern von Standard Fruit, United Fruit und anderen Großunternehmen, die in Kontakt zum Syndikat und zum CIA standen – ein deutlicher Beleg für Rossellis »Affinität zum amerikanischen Nachrichtendienst«[123], wie es seine Biografen Rappleye und Becker ausdrückten.

Wie Zeugenaussagen später belegten, bedurfte die Zusammenarbeit zwischen Privatunternehmen, US-Regierung und den Köpfen des organisierten Verbrechens keiner großen Koordinierungsanstrengungen. In den Führungsetagen des CIA wusste man über die Kontakte und Aktivitäten von Geheimagenten wie Morales und inoffiziellen Mitarbeitern wie Lewin Bescheid. Und man wusste auch, dass Rosselli nach wie vor für seine alten Chicagoer Schutzherren, vor allem Sam Giancana, arbeitete und sich um die Investitionen weiterer Gruppierungen des Syndikats in Las Vegas kümmerte. Die Zusammenarbeit entwickelte sich deshalb ganz natürlich, fast zwangsläufig aus den gemeinsamen Interessen der Beteiligten, ihrer wechselseitigen Abhängigkeit vor Ort und ihrer wachsenden Bereitschaft zur Kooperation. Es herrschte eine Konstellation, die Rappleye und Becker mit akademischer Nüchternheit als »Interessenkonvergenz von organisiertem Verbrechen und US-Regierung«[124] bezeichneten und die dem Syndikat letztlich nur noch mehr Macht und Sicherheit brachte.

Die mit Billigung des CIA durchgeführten paramilitärischen Aktivitäten im Auftrag von Privatfirmen oder Marionettenregimen hatten weitreichende Folgen. Rossellis Privatarmee aus Schlägern und Revolvermännern, die sich von den Gangstertrupps in Chicago und Los Angeles kaum unterschieden, waren die Vorläufer der späteren »Todesschwadronen« in Guatemala und El Salvador oder auch der Contras in Nicaragua – ein weiteres frühes Beispiel für die Rolle, die das Syndikat in der amerikanischen Außenpolitik spielte. Noch vor dem Ende des Jahrzehnts hatte die Triade aus Amerikas Wirtschaft, Regierung und organisiertem Verbrechen die Satellitenstaaten und ihre ohnmächtige Bevölkerung vollständig unter ihre Kontrolle gebracht. In der Karibik und in Zentralamerika, wie auch in Nevada, waren die Interessen korrupter einheimischer Regierungen, US-amerikanischer Banken, Gewerkschaften und Konzerne, antikommunistischer US-Regierungen und des Syndikats miteinander verflochten. Diese sich ausweitende Allianz, die bis 1960 weitgehend unsichtbar blieb, trat erstmals in Vietnam zu Tage, dann im Watergate-Skandal und der Iran-Contra-Affäre und schließlich in den 90er Jahren im amerikanischen Wirtschaftssystem

Fidel Castro während einer Fernsehansprache

selbst, als Privatwirtschaft und staatliche Finanzpolitik unter den Einfluss einer mächtigen Firmenoligarchie gerieten. Damit hatte sich gewissermaßen der Kreis geschlossen: Die »Außenpolitik« der Strip-Bosse hatte sich ins Inland verlagert.

Doch zunächst bot Fidel Castro ihnen allen die Stirn. Der Sohn eines wohlhabenden Großgrundbesitzers – Nutznießer und zugleich Abhängiger amerikanischer Unternehmen –, der Genussmensch, der ehemalige CIA-Informant und begabte Demagoge, war kein Caudillo nach altem kubanischem Muster, der sich vor den Karren der Amerikaner spannen ließ. Wie seine Biografen herausstellten, bestanden zwischen Castro und seinen späteren Erzrivalen, John und Bobby Kennedy, interessante Parallelen: Auch er stammte aus einer begüterten Einwandererfamilie, war katholisch erzogen worden und hatte eine private Universität besucht; auch er war ein tyrannischer politischer Patriarch mit einem ausgeprägten Machtinstinkt. Castro ließ sich durch die heimliche Waffenhilfe und die öffentlichen Sympathiebekundungen der »bekehrten« Kasinobesitzer nicht beeindrucken. Vor einer jubelnden Menschenmenge verkündete er:

> Wir haben nicht das geringste Problem damit, die amerikanischen Gangster rauszuwerfen, auch nicht, sie zu erschießen.[125]

Im Februar 1959 wurden die Spielbanken Havannas wieder geöffnet, allerdings unter veränderten Rahmenbedingungen: Die Regierung forderte hohe Steuerabgaben, verhängte ein Verbot für Spielautomaten und machte es Kasinobetreibern zur Auflage, eine Leumundsbescheinigung der amerikanischen Botschaft vorzulegen.

Wie sich herausstellte, hatte Lansky entgegen seinen flotten Sprüchen gegenüber der *Sun* die Verhandlungen mit den Rebellen gar nicht abgewartet, sondern war Hals über Kopf aus der Stadt geflohen, noch ehe Castro in Havanna eintraf. Wie er später eingestand, hatte er bei seiner Flucht 20 Millionen Dollar in bar zurücklassen müssen. Im April 1959 ließ die neue Regierung einige berüchtigte Partner Lanskys verhaften, darunter seinen Bruder Jake und Santo Trafficante, den Drogenhändler und Unterweltboss aus Tampa, den Rosselli und Jack Ruby im Internierungslager in Havanna besuchten. Trafficante und »Babe« Baron aus Las Vegas, Reservegeneral der Luftwaffe, trafen sich inoffiziell mit Fidels Bruder und Stellvertreter, Raúl Castro, um über das weitere Schicksal der Kasinos zu verhandeln, konnten jedoch nichts ausrichten.

Unterdessen bemühte sich das neue Regime in Havanna, trotz seiner antiamerikanischen Politik und seines Misstrauens, bei den Amerikanern unauffällig um wirtschaftliche und humanitäre Hilfe, wurde jedoch brüsk abgewiesen. Der Bruch der Revolutionsregierung mit der alten Ordnung war zu radikal gewesen. Im Herbst und Winter 1958/59 verhängte das Weiße Haus ein Importembargo gegen Kuba, worauf sich Havannas neuer Gönner, die Sowjetunion, einschaltete und den Kubanern ihre Zuckerernte abnahm. Damit wurde die Insel zum Zentrum des politischen Tauziehens zwischen den beiden Großmächten, was das ohnehin schon angespannte Verhältnis zwischen Washington und Castro noch weiter belastete. Als Grant Sawyer im Sommer 1960 für Joe Kennedy eine Party gab, hatten sich die amerikanischen Geschäftemacher und Wirtschaftsbosse bereits aus Kuba zurückgezogen. Castro ließ die Drogenlabors niederreißen, machte dem Rauschgiftschmuggel ein Ende und verstaatlichte Lanskys Riviera und alle anderen Kasinos sowie zahlreiche amerikanische Firmen. Für das Syndikat bedeutete das Einbußen in Milliardenhöhe. Ein Journalist beschrieb die Situation so:

> Es war, als hätte die amerikanische Autoindustrie Detroit an kommunistische Rebellen verloren.[126]

Daraufhin setzte Lansky eine Million Dollar auf Castros Kopf aus.

Zur gleichen Zeit schmiedete der CIA mit Unterstützung von Topgangstern aus Las Vegas ebenfalls ein Mordkomplott gegen Castro. Zwei der Verschwörer hatten sich Jahre zuvor im alten El Rancho am Strip kennen gelernt. Was viele an den später enthüllten Attentatsplänen so schockierte, war die Komplizenschaft zwischen Staatsdienern und Staatsfeinden – eine Unterscheidung, die zumindest die Öffentlichkeit damals noch machte. Doch angesichts der verborgenen Interessenkoalition von Regierung, Wirtschaft und organisiertem Verbrechen war ein gemeinsames Mordkomplott im Grunde plausibel – ein naheliegender Weg, um Kuba zurückzuerobern.

»Ein ziemlich illustrer Verein«[127], sagte einer der Verschwörer über die Mitarbeiter des CIA, die so gar nicht dem damals noch weit verbreiteten James-Bond-Klischee entsprachen. Der Leiter der Abteilung »Western Hemisphere«, J. C. King, hatte die Militärakademie West Point besucht und zunächst in Argentinien als Pharmavertreter gearbeitet. Später unterhielt er Verbindungen zu Firmen wie United Fruit und vertrat so reaktionäre Ansichten, dass selbst konservative Kreise sich von ihm distanzierten. An der Spitze des Sicherheitsbüros des CIA, das ein Autor als »maßlos überschätzten Schnüfflerverein«[127] bezeichnete, standen Sheffield Edwards und sein Stellvertreter James O'Connell, beides ehemalige FBI-Beamte. Ob sie von Hoover vor die Tür gesetzt oder eingeschleust wurden, konnte nie eindeutig geklärt werden; in jedem Fall hielten ihre Vorgesetzten beim CIA, die allesamt Eliteuniversitäten besucht hatten, keine großen Stücke auf sie. »Man kann förmlich sehen, wie sie beim Lesen die Lippen bewegen«, lautete das vernichtende Urteil eines ihrer Chefs. Ein weiterer Mitarbeiter war ein ausrangierter FBI-Beamter namens William Harvey »the Pear«. Dem Journalisten Evan Thomas zufolge war »die Birne« ein »kleiner, dicker, abstoßender Mann mit Glubschaugen und quäkender Stimme«[127]. Er trug stets eine Pistole aus seiner umfangreichen Waffensammlung bei sich und hatte, wie viele höhere CIA-Beamte zu jener Zeit, ein erhebliches Alkoholproblem.

Ihr Chef, der distinguierte Richard Bissell, ein ehemaliger Wirtschaftsprofessor mit breitem Gesicht und scharfem Verstand, war einer der so genannten Cowboys von der Fifth Avenue[127]. Wenn es um Intelligenz und Schlagfertigkeit ging, stellte er seine Mitarbeiter weit in den Schatten, während er ihrer Grobschlächtigkeit mit Arroganz und Rücksichtslosigkeit zu begegnen wusste. »Wir hätten nach einem solchen Erfolg dranbleiben müssen, um unsere Interessen langfristig zu sichern«, sagte Bissell über die Situation in Guatemala nach dem Umsturz – als seien Unterdrückung, Korruption und Ausbeutung, die auf diese und andere vom CIA inszenierte Staatsstreiche folgten, nicht genug. Bissell, der unter anderem die Entwicklung des Aufklärungsflugzeugs U-2 auf dem streng geheimen CIA-Stützpunkt in der Nähe von Las Vegas geleitet hatte, blickte auf eine von verheimlichten Fehlschlägen und hochgespielten Erfolgen geprägte Karriere zurück. Er verkörperte die fatale Selbstüberschätzung Washingtons in der Ära des Kalten Krieges, »die amerikanische Hybris der Nachkriegszeit«[127] und die sorglose Unkenntnis der »wirklichen Welt« jenseits des Potomac.

»Solange ich im Amt bin, wird es in Lateinamerika keine kommunistische Regierung geben«, erklärte Bissell, als er 1959 stellvertretender

Direktor der Abteilung »Verdeckte Operationen« wurde, wenngleich viele in Washington glaubten, dass es in Kuba längst eine gab. Er hielt sich für »weit fähiger als die meisten Menschen«. Doch gab es außerhalb seines Einflussbereichs zumindest eine Gruppierung, die ihm Respekt abnötigte: »Bissell gestand der Mafia einen hohen Grad an Effizienz zu«[127], schrieb ein Journalist.

Es wurde nie geklärt, wie die Verschwörung begann, noch viel weniger, wer eigentlich wen benutzte. Sicher ist nur, dass die heimliche Komplizenschaft die logische Folge einer langjährigen Entwicklung war. Unter dem Druck von United Fruit, Hilton, der Zuckerindustrie und kubanischen Exilpolitikern schlug J. C. King im Winter 1959 vor, Castro zu »beseitigen«. Grünes Licht für einen Auftragsmord erhielt er zunächst von Bissell, dann von einem alten Freund und Taufpaten einer seiner Töchter, CIA-Direktor Allen Dulles, der wiederum mit Befugnis Präsident Eisenhowers handelte. Wie Archivmaterial und autobiografische Veröffentlichungen später enthüllten, setzte Eisenhower verdeckte Operationen bedenkenlos als Instrument seiner Außenpolitik ein, darunter Attentate im Iran, in Guatemala, Indonesien, dem Kongo und anderswo, während er jedoch wegen seines Ansehens jede Kenntnis davon bestritt. Aber der unvermeidliche Dienstweg sprach eine andere Sprache: »Diese Zahlung hat der Präsident persönlich genehmigt«, versicherte Dulles einem widerstrebenden Zahlmeister, der ihm das Kopfgeld aushändigen sollte. Wenige Wochen später besprachen CIA-Leute das »Attentat« mit einem Beamten der Drogenaufsicht, der für seine guten Unterweltkontakte bekannt war. Zur selben Zeit traten weitere Agenten mit Norman Rothman in Verbindung, Lanskys Stellvertreter im Sans Souci in Havanna und ehemaliger Waffenlieferant Castros. Nachdem Rothmans Mordpläne gescheitert waren, kehrte er nach Miami zurück, kaufte mit Batistas Verwandten ein Hotel und unterstützte eine kubanische Exilgruppe unter Führung eines ehemaligen Leibwächters Castros, einem Überläufer namens Frank Sturgis, der später am Einbruch in das Watergate-Hotel beteiligt war. Nach wiederholten Treffen mit CIA-Agenten erhielt Rothman den Auftrag, weitere Syndikatsmitglieder mit Geschäftsinteressen in Havanna anzuwerben, wobei er offenbar Trafficante, seinen Partner vom Sans Souci, und andere Unterweltgrößen in das Komplott einweihte.

Zwischen Geheimdienst und organisiertem Verbrechen bestand eine klare Abmachung; in einem auf Geheimdokumenten basierenden Artikel der *Time* hieß es:

> Der CIA sicherte sich die Unterstützung von Gangstern mit dem Versprechen, dass sie sich ihre in Havanna zurückgelassene Beute wieder holen durften.[128]

Wie aus einem FBI-Bericht hervorging, bestand auch die Übereinkunft »den Drogenhandel in Kuba wieder aufzubauen und die Monopole Glücksspiel und Prostitution zurückzugewinnen«.[128] Im Nachhinein fragten sich manche, weshalb sich die amerikanische Regierung zu diesem schmutzigen Pakt überhaupt genötigt sah, warum der Geheimdienst einer Großmacht, der schließlich über seine eigenen »Männer fürs Grobe« verfügte, für die Ermordung Castros die Unterstützung der Unterwelt benötigte. Die Antwort liegt zum einen in der realistischen Selbsteinschätzung des CIA, der selbst in seinen besten Zeiten, in den 50er Jahren, weit mehr Fehlschläge als Erfolge aufzuweisen hatte, zum anderen in der Schwierigkeit des Vorhabens, da Castros Sicherheitsleute durch den Putsch in Guatemala und andere Aktionen des CIA gewarnt waren. Doch spielte auch das gemeinsame Interesse am Tod des Rebellen und der Wiederherstellung der eigenen Machtposition im Land eine nicht zu unterschätzende Rolle. Was wenige damals ahnten: Die amerikanische Regierung war bereits fester Bestandteil des korrupten Systems. Seit den 40er Jahren fungierte das organisierte Verbrechen in Kuba praktisch als eine Art Kolonialverwaltung Washingtons und unterstützte US-Firmen tatkräftig bei der Durchsetzung ihrer Interessen vor Ort. Seit den Geheimoperationen im New Yorker Hafen hatte Washington zunehmend enger mit jenen Unterweltmächten zusammengearbeitet, die die amerikanische Innenpolitik insgeheim dirigierten.

Im Sommer 1960 verlor der CIA allmählich die Geduld mit Rothman, Edwards und O'Connell und nahm Verbindung zu ihren Kontaktleuten in Las Vegas auf. Einer von ihnen war Bob Maheu.

Trotz all des Vertrauens, das mächtige Männer in ihn setzten, und der Schlüsselrolle, die er später in Las Vegas spielen sollte, war der Sohn eines Lebensmittelhändlers aus Maine im Grunde eine durch und durch mittelmäßige Persönlichkeit. Nach dem Studium an der Holy Cross University trat er bei Ausbruch des Zweiten Weltkrieges in das FBI ein, wo er sich in der Spionageabwehr einen Namen machte. Er soll an einigen dubiosen Geheimdienstoperationen beteiligt gewesen sein, u. a. eine Aktion, die die Ermordung eines indischen Regimekritikers zum Ziel hatte. Nach dem Krieg schied er aus dem FBI aus und gründete die Molkereifirma Dairy Dream Farms, die pleite ging. Völlig verschuldet, eröffnete er 1954 in Washington die Detektei »Robert A. Maheu Associates«. Das zumindest ist die offizielle Version seiner Geschichte. Der Journalist Michael Drosnin schrieb:

> Es ist völlig unklar, ob Maheu ein abgehalfterter kleiner Schnüffler war, der sich wie ein Topagent gab, oder ein hochkarätiger Strohmann des CIA, der einen heruntergekommenen Schnüffler mimte.[129]

Seine Firma war von Anfang an in erster Linie ein Tarnunternehmen des CIA – eine »inoffizielle Sonderabteilung«[130] – und Maheu ein »Zuhälter für den Schnüfflerverein«, wie ihn einer seiner Angestellten bezeichnete, dessen Vorgesetzter sein einstiger Kollege vom FBI, O'Connell, war. Der mürrische, teiggesichtige Mann ohne besondere Intelligenz und Begabung beschäftigte Dutzende ehemaliger CIA- und FBI Mitarbeiter, Armeeoffiziere und Privatdetektive, um für den amerikanischen Geheimdienst heikle Aufgaben zu erledigen: von Abhöraktionen und Erpressungen mit pornographischem Material bis hin zu Manipulationen in der Schiffsbau- und Ölindustrie oder gar die Entführung linker Rebellen in Lateinamerika. In der Ära des Kalten Krieges mit ihren verdeckten Operationen und politischen Machenschaften, ihren technischen Errungenschaften und Geheimwaffen, entwickelte sich RAMA – wie Maheus Firma unter Insidern genannt wurde – zu einer Art Privatarmee aus Geheimagenten, die für Regierungen, Wirtschaftsunternehmen und reiche Privatleute in James-Bond-Manier tätig waren. Darüber hinaus arbeitete Maheu auch für Männer aus dem öffentlichen Leben, etwa für den Washingtoner Anwalt Edward Bennett Williams, Bobby Kennedys langjährigen Mitarbeiter Carmine Bellino, den Gewerkschaftsboss Jimmy Hoffa, den griechischen Schiffsmagnat Stavros Niarchos, Greenspuns Anwalt Ed Morgan und Vizepräsident Richard Nixon, aber auch für Firmen wie die New York Central Railroad und staatliche Gremien wie den Senatsausschuss für das Bankwesen. Im Laufe der Zeit ergaben sich aber auch »Verbindungen zur Unterwelt«[130].

Neben seinen eigenen dubiosen Geschäften war Maheu vorwiegend damit beschäftigt, durch Zahlung von Schmiergeldern bestimmte Leute »weichzukochen« oder dem einen oder anderen »auf die Sprünge zu helfen«,[131] was ihm die Gunst seiner Klienten, jedoch die Missbilligung der Strafverfolgungsbehörden einbrachte. »Manche nennen es Bestechung«, sagte Maheu einmal, »ich nenne es, den Weg ebnen.« Während Hougan Maheu als »Meisterspion« bezeichnete, sah ein leitender FBI-Beamter in ihm »nichts weiter als einen Ganeff«[132], das jiddische Wort für »Ganove«.

Ganz dem Klischee des schmierigen Schnüfflers entsprechend, übernahm Maheu auch den Auftrag, das Liebesleben der Schauspielerin Jean Peters auszuspionieren. Howard Hughes interessierte sich brennend für die Fotos, die er von ihr und ihrem Liebhaber machte, und sollte den Filmstar später sogar heiraten. Maheu erhielt von Hughes weitere Aufträge und wurde schließlich dessen »wichtigster Geldkurier«[133] und »Lieblingsspion«[134]. Kurz nach der Gründung von RAMA hatte Maheu bei einem Besuch in Las Vegas Rosselli kennen gelernt, einen offenkundig einflussreichen Mann am Strip, mit dem er sich bald anfreundete. Wie sich herausstellte, hatte der Gangster, den seine Kinder »Onkel Johnny« nannten, nicht nur ebenso viele wichtige Kontakte wie er, sondern zum Teil sogar dieselben Freunde.

In den 50er Jahren befand sich Rosselli »auf dem Höhepunkt seiner kriminellen Laufbahn«[135], wie Rappleye und Becker schrieben. Er war ein außergewöhnlicher Mann mit einem »zwanglosen, selbstsicheren«[135] Auftreten, neben dem Maheu verblasste. Rosselli kam am 4. Juli 1905 in einem armen Bergdorf zwischen Neapel und Rom zur Welt. 1918, als er sechs Jahre alt war, übersiedelte die Familie auf dem überfüllten Zwischendeck eines Ozeandampfers nach Boston, wo sein Vater Opfer einer Grippeepidemie wurde und die Familie in bittere Not stürzte. Nachdem er als Teenager seinem Stiefvater bei einem Versicherungsbetrug geholfen und mit ihm das Haus der Familie angezündet hatte, arbeitete er als Wettkurier und Alkoholschmuggler für Longy Zwillman, dann als Killer und Drogenhändler für Al Capone und Mitte der 20er Jahre für Tony Cornero auf Kasinoschiffen in Kalifornien. Bald darauf beteiligte er sich maßgeblich an der organisierten Erpressung von Filmstudios und der Bestechung von Politikern und Staatsbeamten. Er gewann einen so großen Einfluss auf die Stadtverwaltung von Los Angeles, dass sich Rivalen wie Guy McAfee und Farmer Page ins staubige Las Vegas zurückzogen.

In den 30er Jahren war der »Salonlöwe und Gangster«[135] ein mächtiger Mann im Syndikat, der unter anderem mit Bugsy Siegel an der Westküste zusammenarbeitete. 1943 wurde er der Erpressung überführt und zu einer längeren Haftstrafe verurteilt. Nach seinem Gefängnisaufenthalt hatte er jedoch nichts von seiner kriminellen Energie eingebüßt. Rosselli verdankte seinen Erfolg nicht nur seiner Gewaltbereitschaft, seinem Verhandlungsgeschick, seiner Loyalität und Verschwiegenheit, sondern auch seinem Charme und seinem guten Aussehen. Im Unterschied zu anderen Gangstern seiner Zeit wusste er sich die Attribute der

»Oberwelt« zu Eigen zu machen: Er legte sich eine kultivierte Ausdrucksweise, tadellose Umgangsformen, maßgeschneiderte Anzüge und eine gepflegte Erscheinung zu. Während er sein Geschäftsgebaren dem anpasste, was er in Unternehmerkreisen beobachtete, und mit dem »Taktgefühl eines Diplomaten und der Kaltblütigkeit eines Killers« vorging, beherrschte er ebenso gut die Spielregeln der High Society, zu der er rege Kontakte pflegte. Er verstand es, Prominente durch diskrete Gefälligkeiten und Aufmerksamkeiten für sich einzunehmen und sich bei seinen Gesprächspartnern einzuschmeicheln, seien es unbekannte Starlets oder berühmte Persönlichkeiten wie Joe Kennedy und Howard Hughes. Hinter der Maske des seriösen Geschäftsmanns oder des humorvollen Charmeurs verbarg sich stets der nackte Ehrgeiz des Aufsteigers. Er verkörperte die neue Kultur der Selbstdarstellung, den Triumph des Glamours und der Pose. Er war »der Henry Kissinger der Unterwelt«[135], wie ihn ein späterer Partner treffend nannte.

Der charmante und elegante Rosselli auf dem Höhepunkt seiner Macht, Anfang der 60er Jahre.

1948 ging Rosselli nach Reno, wo er als Strohmann für die Eigentümer des Bank Club fungierte. Drei Jahre später erwarb er Anteile an einem Kasino in Las Vegas. Mitte der 50er Jahre pendelte er im Auftrag verschiedener Syndikatsgruppen zwischen Nevada, Kuba und Guatemala hin und her. 1957 vertrat er die Interessen der Chicagoer Unterwelt im Tropicana, wohnte entweder dort oder im Desert Inn, und verdiente über eine Million Dollar im Jahr. Obwohl er in den Pressemitteilungen der Stadt nie erwähnt wurde, kontrollierte er »jede Facette des Wirtschaftslebens der Glücksspielmetropole«[135], wie es in einer historischen Darstellung hieß. »Seine Macht war grenzenlos.« Freunde erzählten, dass er ebenso wie Lansky eine Vision von Las Vegas' Zukunft gehabt habe. Er war erfüllt von »jener tief im amerikanischen Wesen verwurzelten Sehnsucht, die die gläsernen Hochhäuser und flimmernden Neonreklamen inmitten der Wüste wachrufen«[135], schrieben Rappleye und Becker. »Ein namenloses Verlangen, das ein ganzes Volks dazu treibt, seinen letzten Dollar zu opfern, um vielleicht doch noch sein

Glück zu finden … ein Schatten, der den amerikanischen Traum verdunkelt … Der Quell, aus dem sich dieses Verlangen speiste, war unversiegbar.«[135]

Maheu und Rosselli hatten sich Mitte der 50er Jahre durch Edward Bennett Williams kennen gelernt, zu einer Zeit, als sie alle mit dem CIA verstrickt waren. Tatsächlich hatte RAMA mindestens zweimal Rossellis »Beraterdienste« in Anspruch genommen. Die beiden Männer wurden enge Freunde, und Rosselli war ein häufiger Gast in Maheus Haus in Falls Church in Virginia. 1959 gab Maheu eine Party zu Ehren von Scott McLeod, dem berühmt-berüchtigten reaktionären Leiter der Sicherheitsabteilung des Außenministeriums, der McCarthys Säuberungen des Außenministeriums durchgeführt hatte. Dort lernte Rosselli Maheus CIA-Kollegen Edwards und O'Connell kennen, mit denen er sich angeregt unterhielt. Nicht lange nach dieser Begegnung beschlossen der CIA und seine Verbündeten vom Syndikat, den gewandten, erfahrenen und einflussreichen Rosselli zu Rothmans Nachfolger zu machen. Rosselli sollte die Koordination des Mordkomplotts gegen Castro übernehmen, während Maheu als Verbindungsmann zwischen ihm und dem CIA fungierte.

Der wahre Ablauf der nun folgenden Ereignisse sollte wegen der zahllosen widersprüchlichen Berichte nie ganz geklärt werden. Während der CIA groteske Mordmethoden austüftelte – u. a. mit Botulinusbazillen infizierte Zigarren, ein mit Krankheitserregern verseuchter Taucheranzug und eine mit Sprengstoff gefüllte Muschel –, trafen sich Maheu und Rosselli mehrmals im Sommer 1960, um die Einzelheiten des Deals zu besprechen. Nur wenige Tage nach dem Nominierungsparteitag der Demokraten trafen sie sich zum Mittagessen im Restaurant Brown Derby in Los Angeles, wo Maheu seinem Freund die 150.000 Dollar Erfolgsprämie des CIA anbot, die dieser aus patriotischen Gründen höflich abgelehnt haben soll. Allerdings wussten beide Männer von Lanskys Kopfgeld in Höhe von einer Million Dollar, und Rosselli hatte bereits Lansky, wenn nicht sogar anderen, von dem Komplott erzählt. Einer von Rossellis Bodyguards aus Las Vegas sagte:

> Sagen wir einfach, sie waren auf Lanskys Geld scharf, und das Angebot des CIA war ein Witz.[136]

Während in jenem September Castro vor den Vereinten Nationen in New York sprach, trafen sich O'Connell, Maheu und Rosselli im nahe gelegenen Hotel Plaza, um sich eine Vertuschungsgeschichte auszudenken. Ihre Version kam der Wahrheit erstaunlich nahe: Gewisse Geschäftsleute hätten für das Attentat »Geld zusammengelegt«, wobei anklingen sollte, dass es sich dabei um antikommunistische Kreise handelte, zu denen Hughes und die einflussreiche Familie Murchison aus Texas gehörten. Nachdem O'Connell seine Vorgesetzten beim CIA darüber informiert hatte, dass die Sache in Gang kam – allerdings ohne solche »unanständigen Wörter« wie »Mafia« zu benutzen –, flog er Ende September zu einer weiteren Besprechung nach Miami, wo er mit Maheu und Rosselli beschloss, zusätzliche Männer anzuheuern. Im Oktober kamen sie im Hotel Fontainebleau in Miami nochmals zusammen, wo O'Connell zwei neuen Mitverschwörern vorgestellt wurde, die er trotz ihrer Decknamen sofort als Sam Giancana und Santo Trafficante erkannte. Es war das erste von mehreren Treffen in ihrem »Hauptquartier«, wie Maheu es nannte, dem berüchtigten syndikatseigenen Hotel Fontainebleau, wo Rosselli O'Connell ein »schickes Seidenhemd« kaufte, um seine triste Garderobe etwas aufzupolieren. Giancana bestellte Champagner und grauen Beluga, der täglich aus New York eingeflogen wurde.

Doch von Anfang an wurden ihre Aktivitäten vom kubanischen Geheimdienst genau verfolgt – möglicherweise weil Trafficante ein Doppelagent war, wie viele glaubten –, so dass man ihre stümperhaften Attentatsversuche in Havanna blitzschnell und brutal vereiteln konnte: Agenten wurden bei ihrer Landung niedergemetzelt, Einsatzteams an konspirativen Treffpunkten abgefangen und erschossen. Doch im Fontainebleau trafen weiterhin Verschwörer ein – und edler Kaviar.

An einem Winterabend in Chicago liefen Giancana und einige Kasinobesitzer aus Las Vegas vor einem Nachtklub FBI-Männern in die Arme, die sie offenbar beschatteten. Einer der betrunkenen Gangster rief den Beamten zu: »He, was soll denn der Scheiß! Wir gehören doch alle zum selben Team.«[137]

Auf dem Parteitag der Demokraten in Los Angeles im Juli 1960 fand der letzte Akt eines Schauspiels statt, das auf Grant Sawyers Party begonnen hatte. Sinatra traf sonntags aus Las Vegas ein, um am Abend vor der Eröffnung des Parteitages im Beverly Hilton für John F. Kennedy eine große Fundraising-Party zu geben, an der auch Kasinobesitzer aus Las Vegas teilnahmen. Nachdem Kennedy am nächsten Tag erfolgreich Wahlkampf gemacht hatte, traf er sich abends mit seiner Geliebten Judy Campbell, die er im Februar im Sands kennen gelernt hatte, und ver-

Joe Kennedys alter Freund und Strohmann Wingy Grober mit Marilyn Monroe und Frank Sinatra im Cal-Neva (1959)

suchte sie zu einem »flotten Dreier«, wie sie es nannte, zu überreden. »Ich dachte, du hättest Wichtigeres zu tun, als dir so was auszudenken«[138], sagte sie empört zu ihm und verließ seine Suite.

Am Tag der Wahl verfolgte Joe Kennedy in der Villa eines alten Freundes aus Hollywood den Parteitag im Fernsehen, während sich die Politbosse die Klinke in die Hand gaben und Sinatra als »Barkeeper und Empfangschef«[139] fungierte. Als Kennedy schließlich dank der Delegiertenstimmen aus Wyoming nominiert wurde, »geriet Sinatra ganz aus dem Häuschen, sprang wie wild auf und ab«, klopfte einem Freund aus Las Vegas auf den Rücken und rief:

> Jetzt geht's ins Weiße Haus, Junge! Jetzt geht's ins Weiße Haus![140]

Den nächsten Abend verbrachte Kennedy bei Peter Lawford in Santa Monica, wo er seine Cocktail-Bestellungen auf kleine Zettel kritzelte, da er vor lauter Heiserkeit keinen Ton mehr herausbrachte. Er ging mit Marilyn Monroe »auf Tuchfühlung«[141], einer weiteren Geliebten, mit der er sich bereits seit einigen Jahren in Las Vegas und im Cal-Neva zu heimlichen Rendezvous traf.

Für Grant Sawyer brachte der Parteitag jedoch eine herbe Enttäuschung, da es ihm nicht gelungen war, seine kleine Delegation aus Nevada, die Joe Kennedy in Carson City so intensiv bearbeitet hatte, auf seinen Kandidaten einzuschwören. Bobby hatte im Vorfeld dafür gesorgt, dass Sawyers Fraktion die Parteikonferenz in Nevada anführte. Als Wahlkampfleiter hatte sich Bobby den Ruf erworben, mit harten Bandagen zu kämpfen. Adlai Stevenson nannte ihn einmal den »Schwarzen Prinzen«[142], während er für Lyndon B. Johnson, in dem Bobby Neid, Groll und Angst weckte, ein »kleiner Hosenscheißer«[143] war.

Während des Vorwahlkampfs war Bobby mit den Politikern aus Nevada recht ruppig umgegangen. »Ich fand seine arrogante, herablassende Art einfach unmöglich«[144], sagte Sawyer. Doch als Bobby den

Gouverneur in seinem Hotelzimmer in Los Angeles aufsuchte und »um unsere Stimmen für seinen Bruder bettelte«, war er äußerst liebenswürdig, ja fast unterwürfig. Auf dem Parteitag hatte sich John F. Kennedy den Delegierten aus Nevada intensiv gewidmet. Doch die alten Loyalitäten waren nicht so leicht zu erschüttern, besonders weil Johnson nicht nur die Senatoren Nevadas auf seiner Seite hatte, sondern auch Männer wie Marcello und andere, die am Strip großen Einfluss genossen. Ein Berater Sawyers sagte:

> Wir dachten, wir hätten unsere Leute im Griff. Doch in L. A. stellte sich heraus, dass wir die Liberalen aus Reno nicht dazu kriegen würden, Adlai fallen zu lassen, und natürlich konnte LBJ auf die Unterstützung der Senatoren Bible und Cannon zählen. Grant hatte wirklich das Gefühl, Jack im Stich gelassen zu haben.[145]

In dem Wohnwagen, der Kennedy als Wahlkampfzentrale diente, versuchte Hy Raskin den jungen Gouverneur zu trösten, dessen Karriere die Kennedys mit ihrer im Riviera übergebenen Wahlkampfspende energisch vorangetrieben hatten. Sie würden die Stimmen Nevadas gar nicht benötigen, beruhigte er ihn. Tatsächlich wurde Kennedy gleich im ersten Wahlgang nominiert. Bei der Abstimmung entschied sich eine knappe Mehrheit der Delegierten aus Nevada für Johnson, während sich die Stimmen der Liberalen auf Stevenson und Kennedy verteilten. Für Sawyer als Delegationsführer war dies eine schwere Schlappe. Als dann auch noch bekannt gegeben wurde, dass Johnson als Vizepräsidentschaftskandidat antreten würde – worauf »im Saal ein Sturm der Entrüstung losbrach und es laute Buh-Rufe hagelte«[146] –, war er am Boden zerstört. In Begleitung seiner Frau und enger Freunde aus Elko verließ Sawyer Los Angeles, ohne die Dankesreden abzuwarten.

Fast 40 Jahre später enthüllten die posthum veröffentlichten Aufzeichnungen Raskins, dass Johnson sich durch eine Erpressung die Vizepräsidentschaft gesichert hatte. Kennedy hatte ihm das Amt zwar in Aussicht gestellt, sich jedoch noch nicht endgültig entschieden. »Diese Dreckskerle haben mich in die Zange genommen«[147], hatte ein wutschnaubender Kennedy Raskin über seine Unterredung mit Johnson und seinem Gönner Sam Rayburn, Sprecher des Repräsentantenhauses, erzählt. Bobby, der Johnsons Abneigung erwiderte, bezeichnete ihn einmal als »hinterwäldlerischen Mistkerl, durchtrieben, verbittert, bösartig, ein wahres Scheusal«[148]. Er hatte sich auch mit Johnsons Berater Bobby Baker angelegt, weil Johnson hinter vorgehaltener Hand

Präsident John F. Kennedy vor dem Kongress 1961; hinter ihm (links) der Vizepräsident Lydon B. Johnson und der Sprecher des Repräsentantenhauses Sam Rayburn

Bemerkungen über Johns diskret verschwiegene gesundheitlichen Probleme und Joes Appeasementpolitik im Zweiten Weltkrieg gemacht hatte – Äußerungen, die ihn nicht zuletzt deshalb so empörten, weil sie zutrafen. »Das werden Sie eines Tages noch bereuen«[149], hatte Bobby Johnsons Berater gedroht. Doch Johnson saß trotzdem mit im Boot.

»Sie haben mich gewarnt, dass ich Probleme bekommen würde, und ich kann nicht noch mehr Probleme gebrauchen«[150], vertraute John F. Kennedy Raskin nach seiner Nominierung verbittert an. Raskin, der über Kennedys skandalträchtige Aktivitäten – von seinen sexuellen Eskapaden bis hin zu seinen Unterweltkontakten – Bescheid wusste, erfuhr nie, mit welchen Enthüllungen Johnson gedroht hatte. Doch es stand fest, dass angesichts der Ahnungslosigkeit der amerikanischen Wähler zu jener Zeit schon der kleinste Skandal Kennedy vernichtet hätte. Raskin, der die Kennedys so gut kannte wie kaum ein anderer Außenstehender, hatte keinen Zweifel an der Erpressungsgeschichte. 37 Jahre lang hütete er eines der schmutzigsten und folgenschwersten Geheimnisse zweier Präsidenten, bis es Seymour Hersh 1997 in seinem Buch *Kennedy. Das Ende einer Legende* lüftete.

Sawyer, der untröstliche Gouverneur von Nevada, der auf Kränkungen und Zurückweisungen äußerst empfindlich reagierte, wusste von alledem nichts. Ebenso wenig ahnte er, dass das Ende des Parteitags in Los Angeles das Ende einer ganzen Ära markieren würde.[151] Verglichen mit den bitteren Momenten, die noch folgen sollten, empfand Sawyer die Demütigung auf dem Parteitag rückblickend als unbedeutend. Innerhalb eines Jahres sollte Bobby Kennedy die Autorität des Gouverneurs auf eine harte Probe stellen und dessen politische Zukunft ernsthaft gefährden – ein Vorfall, den Sawyer später zornig als »politischen Verrat«[152] bezeichnete. Kaum war dieser Konflikt überwunden, folgte die erschütternde Ermordung Kennedys, dem Sawyer als Mensch und Politiker so zugetan war. Der Tod des Mannes, der sich zwanglos mit ihm in seinem Badezimmer unterhalten hatte, der die Bürger Nevadas mit seinem Charme bezaubert hatte, traf ihn tief. Das neue Jahrzehnt mit seinen schockierenden Enthüllungen und seinen politischen Intrigen, ließ die Party in Carson City zu einer wehmütigen Erinnerung verblassen – eine Erinnerung an eine unwiederbringliche Zeit, an eine laue Sommernacht in einer friedlichen kleinen Stadt am Rande der Sierra Nevada.

12 Der Feind im Innern

In der Nacht vor den Präsidentschaftswahlen 1960 führte Kennedy gegenüber Nixon am Strip in einem Verhältnis von drei zu zwei. Kasinobuchmacher ignorierten ein Gesetz von 1919, das Wetten in Nevada im Zusammenhang mit Wahlen zum Delikt erklärte. Teddy, der jüngste Bruder des demokratischen Kandidaten, damals Wahlkampfkoordinator für die westlichen Staaten, rief aufgeregt einen Freund in Las Vegas an und bat ihn, im Riviera 10.000 Dollar auf John zu setzen. Der Boss des Kasinos war Ross Miller, ein Ganove aus Illinois und früherer Betreiber eines Klubs am Strip, der jetzt als Strohmann für Giancana und den Chicagoer Outfit fungierte. Ein paar Stunden später, als es an der Ostküste bereits hell wurde und der Wahlausgang kurz bevorstand, rief Stephen Smith, ein Schwager der Kennedys, vom Sommersitz der Familie in Hyannis Port im Cal-Neva an und bat Wingy Grober, 25.000 Dollar auf John zu setzen. Die Familie des Kandidaten schien siegesgewiss, wenngleich professionelle Spieler nicht so sicher waren. Die Buchmacher am Strip boten »sechs zu fünf, Sie haben die Wahl«. Das Rennen um die Präsidentschaft der Vereinigten Staaten war zu knapp, um das Ergebnis vorhersagen zu können, selbst in Las Vegas.[1]

Der 8. November 1960 war ein Tag wie kein anderer in der Geschichte der amerikanischen Politik.[2] In einem Wahllokal in Chicago betrog eine Wahlhelferin ihre eigene Partei und beichtete, von Gewissensbissen geplagt, dem Gemeindepriester ihre Sünde.[3] In Texas wurden Zehntausende von Stimmzetteln nicht mitgezählt, 100.000 weitere wurden »für ungültig erklärt« und andere manipuliert, während »die gefälschten Stimmzettel in den Wahlurnen einen neuen Höchststand erreichten«, wie es später hieß. In Neumexikos nördlichen Bezirken verteilten Sheriffs und *Patrones* in Sichtweite der Wahllokale Geld an

Wahlberechtigte, während Hilfssheriffs und Parteifreunde Frauen und Alte in die Kabinen begleiteten, um ihnen bei der Wahl behilflich zu sein, was der Historiker Edmund Kallina als »informelles und höchst ungebührliches Wahlverfahren«[5] bezeichnete. Auf Hawaii erklärten Schlägertypen chinesisch- und japanischsprachigen Wählern, wo sie ihre Kreuze machen sollten, um »ihnen und ihrer Familie Unannehmlichkeiten zu ersparen«[6], wie ein Zeuge später gegenüber dem FBI äußerte. Die Wahlbeteiligung unter den Schwarzen in der heruntergekommenen Westside von Las Vegas war unerwartet hoch. Man munkelte von manipulierten Wählerlisten, da dort erfahrungsgemäß bedeutend weniger Wähler zu den Urnen gingen. Später sprach ein Wahlhelfer vorsichtig von »fragwürdigen Praktiken«[7]. Auch in New Jersey, Pennsylvania, South Carolina und Missouri kam es zu Unregelmäßigkeiten.

An jenem Nachmittag rief Bobby Kennedy aus Hyannis Port einen Parteifreund in Las Vegas an, um sich zu erkundigen, ob sein Bruder die ehemalige Bergarbeiterstadt Goldfield in Esmeralda County gewonnen habe, jenes obskure Nest in Nevada, das seit 1868 als Stimmungsbarometer galt. Es war ihm gelungen. Als das Ergebnis feststand, hatte John F. Kennedy die Wahl mit einer offiziellen Mehrheit von 114.000 Stimmen von insgesamt 69 Millionen abgegebenen gewonnen, die knappste Mehrheit für den Einzug ins Weiße Haus im 20. Jahrhundert. In acht Staaten erzielte er eine Mehrheit von weniger als zwei Prozent. Im Westen eroberte er lediglich Nevada und das auch nur mit knapp 1900 Wählerstimmen mehr als sein nächster Konkurrent, ein Vorsprung, der vor allem mit den überraschenden Stimmen aus dem Ghetto von Las Vegas erzielt wurde. Aber es reichte aus. Graham Hollister, ein wohlhabender Demokrat aus dem Vorland der Sierra Nevada und zukünftiges Mitglied der Regierung Kennedy, überreichte Teddy seinen Wettgewinn aus Los Angeles, den er arglos in einer »braunen Papiertüte«[8] bei sich trug, wie sich ein Zeuge erinnerte. Wingy Grober, so hieß es, schickte den Kennedys ihre Gewinne aus dem Cal-Neva in ähnlicher Verpackung.

Für die Mächtigen des Strip war es eine Wahl wie jede andere. Sie wussten, dass Norman Biltz, zusammen mit Wilbur Clark vom Desert Inn und anderen in Las Vegas in aller Stille die für die damalige Zeit astronomische Summe von 15 Millionen Dollar für John F. Kennedy zusammengebracht hatte. Sie wussten, dass Gelder des Syndikats – wie seit drei Jahrzehnten bei Präsidentschaftswahlkämpfen üblich – an beide Bewerber geflossen waren, Taschen voller Bargeld aus dem Sands und anderen Spielbanken an Kennedy und 500.000 Dollar von Carlos Marcello, dem Besitzer des Tropicana, an Nixon. Nachdem das Ergebnis feststand, gingen die meisten wieder zum Alltag über. Einige waren von Kennedys Sieg felsenfest überzeugt gewesen und Leute wie Giancana – einer der einflussreichsten Männer der Stadt, der im Sahara, Sands, Riviera, Tropicana und Mint sowie dank Joe Kennedys Vermittlung als Miteigentümer im Cal-Neva »absahnte« – waren sicher, dass der Wahlausgang ihr Verdienst war und dass sich auch diese Investition für sie auszahlen würde.

»Die Nacht der Heinzelmännchen«[9], nannte Theodore White, der Chronist mehrerer Präsidentschaftswahlen, die Wahlen von 1960. Die wahren Ereignisse wurden verschleiert; alle Seiten ergingen sich in bewussten Täuschungs- und Ausweichmanövern. Die Republikaner reichten aufgrund »einer Flut von Berichten«[10], die weit über den bei Präsidentschaftswahlen üblichen Wahlbetrug hinausging, in elf Staaten offiziell Beschwerde ein. Selbst eine oberflächliche Untersuchung des FBI in Chicago förderte unzählige Beweise für »Wahlverstöße«[11] zutage, wie eine Geheimakte zeigt: gefälschte Stimmzettel, gekaufte Stimmen, doppelte Stimmabgabe, gefälschte Briefwahlunterlagen, vernichtete Stimmzettel und Wahlunterlagen. Es gab Phantomwähler, Zählmaschinen wurden manipuliert, Wähler unter Druck gesetzt, Stimmzettel im Nachhinein geändert. Morris J. Wexler, Sonderankläger aus Cook County, Illinois, erhielt aufgrund öffentlicher Proteste den Auftrag, in einem Fünftel der Wahlbezirke Chicagos die Stimmzettel zu überprüfen. Wexler, ein prominenter Demokrat, der mit nur einer Hand voll Polizisten der Parteimaschine Daleys ausgestattet war, gelang es dennoch, an diesen relativ wenigen Wahlorten den Diebstahl von über 8800 Wahlzetteln aufzudecken und zu dokumentieren (Kennedy eroberte Illinois mit einer Mehrheit von 4400 Stimmen). Aus Vorkommnissen wie diesen schlossen viele – einschließlich des Verlierers dieses Rennens –, dass Kennedy oder zumindest seine Hintermänner sich den Sieg erschlichen hatten. Ein Republikaner vor Ort meinte:

> Ich glaube, es wäre mir egal, wenn jemand das Gericht »kaufen« würde, aber wenn das Weiße Haus durch Manipulationen eingenommen wird, dann ist das äußerst bedenklich.[12]

Die Wahl von 1960 gehört zu den Ereignissen in der amerikanischen Geschichte, die weitgehend totgeschwiegen wurden. Obwohl der schei-

Richard Nixon im Gespräch mit Journalisten im Hotelkasino Fremont 1961; rechts der kritisch blickende Bob Haldeman. Zu diesem Treffen kam es nicht lange nach den Präsidentschaftswahlen 1960, die von mächtigen Interessengruppen in Las Vegas finanziert worden waren. Auch Nixons politisches Schicksal war eng mit der Stadt verknüpft, angefangen bei den finanziellen Zuwendungen der Kasinos für seine Wahlkämpfe bis zu der undurchsichtigen Rolle des Strip in der Watergate-Affäre.

dende Präsident vom Wahlbetrug überzeugt war und trotz Nixons Wut und seinen Intrigen hinter den Kulissen, beendete Eisenhower die Untersuchungen des FBI nach wenigen Wochen aufgrund der Staatsräson, überzeugt davon, dass sich die Nation auf der Höhe des Kalten Kriegs keine Verfassungskrise und mögliche Neuwahlen leisten konnte. Ein pragmatischer Nixon wusste trotz seiner privaten Vorbehalte ebenfalls, dass aufgrund der Kontrolle der Gerichte und Legislativen in den umstrittenen Staaten durch die Demokraten jedes verfahrensrechtliche Vorgehen aussichtslos wäre und ihm höchstens noch größeren Schaden zufügen könnte: »Der Ruf des schlechten Verlierers hätte mich durch die Geschichte verfolgt und jede Aussicht auf eine weitere politische Karriere zunichte gemacht«[13], sagte Nixon später.

Demokratische Richter, beispielsweise in Texas, versuchten die Untersuchungen zu hintertreiben. Wexler, der über 600 Personen anklagte, wurde in Chicago von einem extra aus St. Louis geholten parteilichen

Richter namens John Marshall Carns boykottiert, dessen entschiedene Abweisung der Klagen von einer Bürgerrechtsorganisation als »Freibrief für zukünftige Verstöße«[14] bezeichnet wurde. Wexlers Untersuchung hatte nur drei Verurteilungen wegen geringfügiger Vergehen zur Folge, unter anderem war jene Chicagoer Wahlhelferin davon betroffen, da sie ihrem Priester erlaubt hatte, vor Gericht auszusagen.

Die Suche nach den Schuldigen war kein leichtes Unterfangen. Eine vollständige landesweite Untersuchung hätte gewiss auch Wahlbetrug durch die Republikaner aufgedeckt, der, wie spätere Untersuchungen herausfanden, dem der Demokraten in nichts nachstand. Die Schlussfolgerung Whites:

> Keiner wird je genau wissen, wer wirklich 1960 die Mehrheit hatte, denn in jener Nacht fälschten Politschieber und Stimmenklauer die Ergebnisse in ganz Amerika ... Der Ausgang des Wahlkampfs um drei Uhr morgens hing maßgeblich vom Können der demokratischen und der republikanischen Betrüger ab.[15]

Die Kennedys waren nicht die einzigen, die zwielichtige Verbündete hatten und fragwürdige Methoden anwandten. Nixons Verhältnis zum organisierten Verbrechen reichte zurück bis in die 40er Jahre, als Bugsy Siegel im Drogenhandel und Wettgeschäft in Südkalifornien aktiv war. Seine Kontakte zu Lansky, die auf das alte Havanna zurückgingen, waren ihm auch 1968 bei seiner Wahl zum Präsidenten dienlich, wie Robbyn Swan und Tony Summers in ihrem Buch *Arrogance of Power* überzeugend nachwiesen. 1950, zehn Jahre, bevor Nixon die halbe Million Dollar des Verbrecherbosses Marcello für seinen Präsidentschaftswahlkampf annahm, war er mit der Unterstützung von Mickey Cohen, einem Gangster aus Los Angeles, der ihm eine Spende von über 75.000 Dollar aus Las Vegas überreichte, als kalifornischer Bewerber zu den Senatswahlen angetreten. 1956, als Nixon beinahe wegen parteiinterner Querelen und Eisenhowers mangelnder Unterstützung von der nationalen Kandidatenliste gestrichen worden wäre, rettete ihn eine heimliche Finanzspritze. Mit dem Geld kaufte er bei den Vorwahlen in New Hampshire Stimmen, bezahlte private Spione und Handlanger und bestach Wahlmänner beim Nominierungsparteitag der Republikaner. Das Geld, das ihm von Maheu ausgehändigt wurde, stammte von Hughes, dem Rüstungslieferanten der Regierung und ungekrönten König von Las Vegas, der 1956 auch Nixons Bruder Donald 205.000 Dollar »geliehen« hatte und der kurz nach Nixons Wiederwahl zum Vizepräsidenten von der Börsenaufsicht, vom Finanzamt, der Aufsichtsbehörde für den zivilen Luftverkehr und dem Justizministerium eine Sonderbehandlung erfuhr, was seinem Konzern Millionen sicherte – Gefälligkeiten, die auch unter Nixons Präsidentschaft erwartet wurden. Wichtiger noch für das damalige Las Vegas war, dass Nixon die Geheimoperationen der Regierung Eisenhower zum Sturz Castros unterstützte und beim Komplott zur Ermordung des kubanischen Führers eng mit dem organisierten Verbrechen zusammenarbeitete. Als Präsident führte er diesen Geheimkrieg wie besessen weiter, um auf der Karibikinsel wieder die ehemalige Kolonial-Syndikats-Herrschaft herzustellen.

Mit den Wahlen 1960 hielt eine Schamlosigkeit in die nationale Politik Einzug, wie sie bis dahin nur in Las Vegas üblich war. Im Nachhinein waren viele davon überzeugt, dass Nixon offenbar glaubte, die illegalen Methoden seiner skrupellosen Gegner noch übertrumpfen zu müssen – ein Vorgeschmack auf seine späteren Intrigen. So bitter die Niederlage auch war, der Verlierer hatte doch eine wichtige Lektion über die politischen Realitäten gelernt. Nixons jahrelanger Förderer Hughes, der wie kein zweiter die Verquickung von organisiertem Verbrechen, Wirtschaft und Politik verkörperte, schrieb unverblümt über den Zweiparteienkrieg, zu dem die Präsidentschaftswahlen verkommen waren:

> Du kannst dir vorstellen, wie grausam es für mich war, nachdem ich Nixon massiv unterstützt hatte, zu erleben, dass Kennedy diesen überaus knappen, so genannten Sieg über meinen Mann davontrug.[17]

Er konnte sich nie mit dem »›Diebstahl‹ des Weißen Hauses durch die Kennedy-Bande« abfinden, wie sein Biograf Drosnin schrieb.

> Sowohl er als auch Joe hatten es darauf angelegt, Amerika zu kaufen. Kennedy war es gelungen.[18]

Die Mächtigen von Las Vegas waren davon überzeugt, einen Präsidenten »gemacht« zu haben, ebenso wie Hughes glaubte, dass man ihn darum gebracht hatte, seinen Kandidaten durchzusetzen. Nach und nach wurden die Hintergründe der Ereignisse am Wahltag bekannt. Memoiren, Familienchroniken, Fußnoten zu Untersuchungsberichten des Kongresses, Geständnisse am Sterbebett, abgehörte Telefonate sowie Überwachungen und eindeutige Beweise ließen keinen Zweifel daran, dass vor allem Las Vegas an Kennedys Nominierung und Wahl starkes Interesse hatte.[19] Das Ganze begann mit obskuren Treffen. An einem Spätnachmittag im Winter 1959 traf Joe Kennedy Sam Giancana im Büro eines ihm wohlgesinnten Chicagoer Richters und besprach mit ihm unter anderem die Manipulation der Chicagoer Wahlbezirke, wie sich ein gemeinsamer Bekannter lebhaft erinnerte, den der Autor Seymour Hersh 40 Jahre später interviewte. Am 29. Februar 1960 sollten sie sich bei einem Treffen in Felix Youngs Restaurant in New York erneut beraten. Es handelte sich dabei um einen Lunch, den Johnny Rosselli arrangiert hatte und bei dem weitere Mitglieder des Syndikats anwesend waren sowie ein Anwalt namens Mario Brod. Dessen Kanzlei vertrat, dem Autor Richard Mahoney zufolge, unter anderem die Teamsters, übernahm »streng geheime Aufträge für den Spionageabwehrdienst des CIA und fungierte als rechtliche ›Feuerwehr‹ für Freunde aus dem Syndikat«. Joe hatte sich auch an Sinatra und andere Kontaktleute vom Cal-Neva gewandt. Darüber hinaus hatte er in Florida Vincent »Jimmy Blue Eyes« Alo aufgesucht, was erst 1997 durch Gus Russo bekannt wurde. Alo, in den 30er Jahren Lucianos Kontaktmann zu Politikern, war inzwischen Lanskys engster Vertrauter und Partner, dem Mike McLaney und andere unterstanden. Er war nicht nur Miteigentümer mehrerer Kasinos in Havanna und an den Gewinnen beteiligt, sondern überwachte auch die Verteilung der Anteile an den illegalen Abschöpfungen des Sands und mehrerer Kasinos am Strip. Wie »Blue Eyes« 30 Jahre nach dem Treffen erzählte, kam Joe, um seine und Lanskys Hilfe für die Wahl John F. Kennedys zu erbitten, die sie ihm ebenso wie Giancana und seine Partner aus Chicago zusagten.

Viele der Machenschaften gingen von Nevada aus, was nicht überraschend war. Beispielsweise wurde »Skinny« D'Amato vom Cal-Neva im Mai zu den Vorwahlen ins protestantische West Virginia geschickt, wo ein Sieg Kennedys als entscheidend angesehen wurde, um eine halbe Million Dollar Glücksspielgelder an Sheriffs und Politiker zu verteilen, die er als Kunden und Schuldner seines 500 Club in Atlantic City kannte. Skinnys Partner Sinatra spielte dort eine ähnliche Rolle als politischer Geldkurier. Die Höhe der Zahlungen variierte; am Wahltag selbst wurde »alles zwischen zwei Dollar und einem Glas Whiskey bis zu sechs Dollar und zwei Whiskeys für eine Stimme«[20] gezahlt, wie der Redakteur eines lokalen Blattes schrieb. Las Vegas' Geldspritze für die Vorwahlen, die zwei Millionen Dollar betragen haben soll, war in dem verarmten Staat beispiellos. Im Herbst setzte sich auch Giancana für Kennedy ein, indem er mit Hilfe von Bestechung und Einschüchterung die Chicagoer Gewerkschaften sowie die Parteimaschinen im gesamten Mittleren Westen und in Staaten wie Kentucky, Tennessee und Missouri mobilisierte.

Norman Biltz hatte insgesamt 15 Millionen Dollar in Las Vegas locker gemacht, wovon das meiste an Anhänger Kennedys ausgezahlt wurde. Der Rest und weitere Gelder des Syndikats wurden für die von D'Amato, Sinatra und Giancana verteilten Schmiergelder verwendet. In Nevada wurde das Geld ebenfalls für Bestechungen ausgegeben, aber auch für Busse, die illegale schwarze Wähler 1960 zu den Wahllokalen brachten – ähnlich wie Biltz 1944 McCarran die ausschlaggebende Stimmenmehrheit beschafft hatte. In New Mexico gingen Zahlungen an kommunale und städtische Beamte, oft Beträge von 20 Dollar und weniger, wie ein demokratischer Geldkurier in seinem schwarzen Adressbuch vermerkte. In Chicago wurden, wie Wexler nur im Ansatz verfolgen und darlegen konnte, mit einem Teil des Geldes Wahlbeobachter, Stimmenauszähler und andere Wahlhelfer gekauft. Neben Joe Kennedy, der eine Summe unbekannter Höhe aus eigener Tasche beisteuerte, trug Las Vegas entscheidend dazu bei, dass John F. Kennedys Wahlkampfkasse vier- bis fünfmal so gut gefüllt war wie die aller Präsidentschaftskandidaten vor ihm. Der Strip hatte das Weiße Haus gekauft, als handele es sich um ein weiteres Kasino.

Die Regierungsbildung in jenem Winter war eine Farce. Der gewählte Präsident scherzte darüber, wie er seinen neuen Justizminister vorstellen würde. Er würde um drei Uhr nachts die Tür seines Hauses in Georgetown öffnen, sich umsehen und, wenn niemand in der Nähe war, flüstern: »Es ist Bobby.«[21] Als der Präsident Roger Foley zum Richter am Bundesbezirksgericht ernannte, war dies »die einzige Ernennung, um die der alte Joe Kennedy gebeten hatte«[22], erzählte John F. Kennedy Foley. Aber Joe hatte auch auf Bobbys Berufung zum Justizminister bestanden. Es sollte ein Geheimnis bleiben, warum er sie forcierte. Als ein Besucher Bedenken äußerte, reagierte Joe aufgebracht: »Bobby wird Justizminister und damit basta.« Äußerte sich darin der Größenwahn des Siegers? »Ich werde dafür sorgen, dass Bobby die gleiche Chance erhält wie Jack«, versicherte Joe einem Freund. Ging es ihm um die Kontrolle der Justiz und damit um Einblick in die Geheimnisse des FBI, um die Macht, Ermittlungen einzuleiten oder davon abzusehen? Oder wollte er nur seinen Sohn an sich binden? Es sei die »Weigerung eines Vaters, seinen Sohn loszulassen«, meinte C. David Heymann. Sowohl Joe als auch John mussten Bobby überreden. »Ich hatte drei Jahre lang Verbrecher gejagt«, sagte dieser später über seine Rolle als Berater des McClellan-Ausschusses, »und wollte das nicht mein ganzes

Leben lang machen.«[23] Aber jetzt nahm er die »Jagd« auf Hoffa wieder auf, die größte Anstrengung seines Lebens, mit der er – zehn Jahre nach Kefauver – eine weitere Konfrontation mit Las Vegas heraufbeschwor.

Die Ernennung schockierte Washington, aber mehr noch den Strip. Der Gangster Mickey Cohen sagte später:

> Ich weiß, dass bestimmte Leute in der Chicagoer Organisation meinten, John F. Kennedy an die Macht bringen zu müssen. Aber niemand in meiner Branche hätte gedacht, dass er Bobby Kennedy zum Justizminister ernennen würde. Das war das Letzte, was sich irgendjemand vorstellen konnte.[24]

Ein Biograf behauptete, dass Bobby von »der Beziehung der Familie zur Unterwelt« keine Ahnung hatte.[25] Andere waren ebenso sicher, dass der zweite Sohn und Wahlkampfmanager, der seinem Vater an Entschlossenheit und Hass in nichts nachstand, etwas über Joes Verbindungen gewusst haben musste. In den »gesäuberten« Wahlkampfakten der Kennedys, die Jahrzehnte später eingesehen werden konnten, fanden sich erstaunlich viele Details zu den einzelnen Wahlbezirken, mit Notizen in Bobbys Handschrift versehen, wenngleich einige Staaten wie Illinois, Texas, New Mexico, Hawaii und Nevada seltsamerweise unvollständig waren oder ganz fehlten.

Der neue Justizminister erfuhr schon bald offiziell von dem Wahlschwindel 1960. Obgleich die Untersuchung des FBI unter Eisenhower endete, fand ein Bericht über die »Unregelmäßigkeiten« in Illinois aus dem Chicagoer Büro der Behörde den Weg in Bobbys Einweisungsunterlagen. »Ich kann Ihnen sagen, dass Robert Kennedy von dem Wahlbetrug unterrichtet wurde«[26], erzählte später Robert Blakey, der frühere Justizbeamte und Juraprofessor, Seymour Hersh. »Nichts passierte«[27], schrieb Hersh über Bobbys Reaktion auf das offizielle Dossier. Andere waren davon überzeugt, dass die Brüder nichts von dem Schwindel wussten. »Wenn die Jungs [die Brüder Kennedy] etwas gewusst hätten, wären die Dinge anders gelaufen«[28], meinte ein alter Gefolgsmann der Kennedys. Was immer John und Bobby gewusst haben mochten, eines war gewiss: Sie würden ihre Verpflichtungen gegenüber Las Vegas letztlich nicht erfüllen.

Bei John F. Kennedys glanzvoller Amtseinführung im Januar 1961 feierten die Sieger und auserwählte Parteianhänger gemeinsam. Sinatra und andere Unterhaltungskünstler des Strip organisierten eine Galaveranstaltung im Washingtoner Armory, allerdings ohne das einzige schwarze Mitglied ihres Rat Pack, Sammy Davis jr. Dieser war von den Kennedys aus Rücksichtnahme auf die Demokraten der Südstaaten stillschweigend ausgeschlossen worden, trotz der Tatsache, dass die Stimmen der Schwarzen, nicht zuletzt derjenigen in Las Vegas, entscheidend zum Sieg beigetragen hatten. Zu den Gästen gehörte auch eine Gruppe von Stars aus Las Vegas und Hollywood, die in vier Logen zu je 10.000 Dollar saßen, die Hughes Aircraft bezahlt hatte. Nur wenige Wochen nach seinem letzten Treffen mit Killern des organisierten Verbrechens und CIA-Männern, bei dem Castros Ermordung geplant wurde, herrschte bestes Einvernehmen zwischen Maheu, Hughes rechter Hand, und der neuen Regierung.

Die Kennedys ließen 300 der verführerischsten Tänzerinnen des Strip einfliegen, die bei zahlreichen Festlichkeiten auftraten. Die »Golden Girls« belebten mit ihrer »Ausstrahlung, ihrem Charme und ihrer Attraktivität«[29] jede Feier, wie ein Veranstalter erklärte. Sie waren auch an jenem sonnigen, eisigen Nachmittag bei John F. Kennedys Antrittsparade anwesend und wurden Zeugen seiner höchst symbolträchtigen und ergreifenden Geste: Er erhob sich vom Rücksitz seiner offenen Limousine und grüßte seinen Vater auf der Zuschauertribüne, indem er seinen Zylinder antippte. Später an jenem Abend befanden sich sechs der Kasinotänzerinnen im Haus des Washingtoner Kolumnisten Joe Alsop in Georgetown, als der neue Präsident, der seine schwangere Frau nach den Bällen im Weißen Haus zurückgelassen hatte, mit Bobby auf einen Schlummertrunk vorbeikam. Die Brüder genossen das Intermezzo und die Gegenwart der »schönen jungen Frauen«[30] aus Nevada.

Am Strip erzielten die Spielbanken im Winter 1960/61 Rekordgewinne. Im Sands konnten sich die Gäste beim Betreten des Veranstaltungssaals aus bereitstehenden, mit Silberdollars gefüllten Behältern bedienen. Türhüter in schicken Uniformen verteilten italienische Seidenbörsen an die Damen und Brieftaschen aus englischem Leder an die Herren, in denen jeweils ein druckfrischer Hundertdollarschein steckte: eine Aufmerksamkeit des Hauses. Im Tropicana, Desert Inn, Stardust und Dunes herrschte ähnliche Freigebigkeit: Saalchefs warfen vorbeiflanierenden Gästen Chips oder Kasinogeld zu. Die vom Hotel Hacienda gecharterten Flugzeuge brachten Kasinobesucher unentgeltlich von Chicago zum McCarran Airport, während die Stewardessen den Passagieren »Ströme von kostenlosem Champagner« servierten, wie sich einer von ihnen erinnerte. Die Kasinobosse waren in Hochstimmung. Rosselli erzählte einem Freund beim Abendessen:

> Alles läuft prima. Das Geld sitzt den Leuten so locker, als gäbe es kein Morgen. Ich habe noch nie so viel Geld auf einmal gesehen.[31]

»Wie jedes Schulkind weiß, besteht Las Vegas ausschließlich aus Geld«[32], schrieb *Newsweek*. »Geld zwingt die Natur in die Knie, lässt die Wüste blühen … alles in Las Vegas spiegelt Geld wider.«[32] Zu Beginn des neuen Jahrzehnts kamen jährlich 10 Millionen Besucher, die Hälfte von ihnen Stammgäste, in das Tal und ließen eine halbe Milliarde Dollar an einer Durchfahrtsstraße zurück, die inzwischen zum Inbegriff amerikanischer Unterhaltungskultur geworden war. Der Strip mit seinem »Wildwest-Rokoko«- und »Miami-Barock«-Look erinnerte an »den Sitz von Göttern«, den »Gottheiten der Wollust und Habgier«, schrieb ein symbolbewusster Arthur Steuer im Sommer 1961 im *Esquire*, aber »das Protzige und der Prunk haben eine ekstatische Wirkung. Diese schamlose Zurschaustellung verfügt über einen vulgären Charme.«[33]

Ein ehemaliger Abgeordneter erklärte gegenüber einem Journalisten von außerhalb:

> Hier gibt es keine Gangster. Hier gibt es nur angesehene Geschäftsleute, die in einer anerkannten Branche, dem Glücksspiel, tätig sind.[34]

»Unser Geschäft unterscheidet sich in nichts vom Bankwesen«[35], sagte der Kasinobesitzer Allard Roen, der sich jetzt, wie andere Spielbankchefs auch, »Generaldirektor« nannte. Dean Martin erzielte Lacherfolge im Sands, wenn er zwischen seinen Auftritten über seine, heimlich von Joe Kennedy vermittelte Beteiligung am Cal-Neva Witze machte: »Ich bin der einzige Unterhaltungskünstler, dem zehn Prozent von vier Gangstern gehören.«[36] Die *Saturday Evening Post* bezeichnete Moe Dalitz, den Besitzer des Desert Inn, als »prominenten Bürger von Las Vegas«[37]. Dalitz, der zehn Jahre zuvor Kefauver Paroli geboten hatte, war 1961 bei einem Interview »so gelassen wie immer«. Angesichts der offiziellen Anerkennung des Glücksspiels in Nevada hatte Moe kaum Interesse an lokaler Politik. »Wir müssen uns nicht mehr wie früher fragen: ›Wird sich dieser Typ als Weltverbesserer entpuppen und uns das Leben schwer machen?‹«[38], antwortete er mit entwaffnender Offenheit. Natürlich bezahlten sie nach wie vor Politiker. »Das sind doch arme Schlucker«[38], meinte er.

Besucher, die zu Beginn der neuen Dekade nach Las Vegas kamen, fanden die Stadt faszinierender denn je, von einem »seltsamen Geist« beherrscht, wie ein Journalist schrieb, »der das Groteske und Absurde normal erscheinen lässt«[39]. *Newsweek* staunte über die riesigen Mengen an Bargeld, die an den Kasinotischen den Besitzer wechselten: »Das ist moderne Alchemie, wenn Menschen in pures Gold verwandelt werden.«[40] Der Boom in Las Vegas wurde von vielen mit Neid beäugt, zumal der Rest des Landes regelmäßig von Rezessionen heimgesucht wurde. Die Bevölkerung der Stadt hatte sich innerhalb von fünf Jahren fast verdoppelt und betrug 1960 über 70.000 Einwohner; 200 Familien zogen jede Woche in den Süden Nevadas, um einen Job in den Kasinos und deren Umfeld zu ergattern. Diese neuen »Stadtmenschen«[41], wie sie eine überregionale Zeitschrift nannte, machten Las Vegas zu einer »Stadt wie jede andere«, deren Lebensqualität vor allem Steuerzahler zu schätzen wussten. Die Supermärkte der »Stadt der Sünde« waren 24 Stunden geöffnet; es gab »Spielautomaten, wie Cornflakespackungen aufgereiht«, und »Frauen in noch knapperen Bikinis, als man sie in Cannes im Hochsommer antraf«. Die Stadt verfügte auch über einen Reinigungsdienst, der Tag und Nacht arbeitete und die fast 300 Meilen Straßen reinigte und den ständig expandierenden Strip fünfmal die Woche säuberte. Es war eine entmutigende Aufgabe, den Wüstensand und den ewigen Staub der vielen Bauvorhaben der Stadt sowie den Müll der Besucherscharen zu entfernen, die »Abfallbehälter zu ignorieren pflegten«[42], beschwerte sich ein städtischer Angestellter. »Wir bedienen zwar die Kasinogegend vorrangig, vernachlässigen aber keineswegs die Wohngegenden«, versicherte der Leiter des Straßenreinigungsamtes.

»Riesig und wahnsinnig bombastisch« nannte ein Kritiker das Casino de Paris im Dunes, wo die in einer fünf Millionen Dollar teuren Show auftretenden barbusigen Revuegirls Federschmuck im Wert von 69.000 Dollar trugen. Diese Produktion verschlang mehr Geld als die zehn teuersten Broadway-Musicals der damaligen Zeit zusammen. Eine ähnlich eindrucksvolle und teure »Show« wurde unter der sengenden Wüstensonne am Strip selbst inszeniert: kilometerlange graue Bretterwände und Maschendrahtzäune, im Hintergrund Kräne, Gerüste und Rohbauten, Baumaschinen und Presslufthämmer sowie Schwärme von Arbeitern auf einer Baustelle neben der anderen, die rund um die Uhr arbeiteten.

In Las Vegas war ein Bauboom ausgebrochen. Viele Hotels wurden erweitert und aufgestockt, neue Spielbanken geplant, der Strip veränderte sein Gesicht. 1963 waren 100 Millionen Dollar in die insgesamt 163 Stockwerke neuer »Hochhäuser« geflossen, wodurch das Angebot an Gästezimmern praktisch über Nacht um 5000 erhöht wurde. Die Namen sämtlicher bekannter Hotels prangten hoch über den alten

Schildern und waren selbst bei Tag, ohne Beleuchtung, meilenweit zu erkennen.

> Es war, als würde man mitten in der Wildnis auf eine Zauberstadt stoßen, wie ein achtes Weltwunder, das man nie im Leben hier erwartet hätte. Plötzlich war's da.[43]

Zur neuen Skyline der Stadt gehörte auch der neunstöckige Neubau des Desert Inn sowie die Top O'the Strip-Lounge im 22. Stock des Dunes, zu der ein separater Aufzug führte. Das Sahara hatte nun 24 Stockwerke. Das gesamte Straßenbild änderte sich: Sands, Stardust, Flamingo, Thunderbird und Aladdin wurden ebenfalls aufgestockt, das Four Queens in der Innenstadt wurde erweitert. Das Stahlskelett des schlanken Landmark-Turms mit seinen 29 (später 31) Etagen und seiner Kuppel konkurrierte mit dem Mint in der Stadtmitte um die Ehre, das höchste Gebäude Nevadas zu werden.

Mit dem Geld der Teamsters und Krediten der Bank of Las Vegas gingen die Bauarbeiten während der nächsten zehn Jahre weiter. Schon bald entdeckten Investoren das Wüstenareal gegenüber dem Flamingo und errichteten dort das luxuriöseste Hotel der Stadt: Das Caesars Palace – das Genitivapostroph wurde aus urheberrechtlichen Gründen weggelassen – sollte mit seinem kaiserlichen Motto die zunehmende Bedeutung der Stadt widerspiegeln. Das Gebäude mit seinem mit Blattgold und brasilianischem Palisander versehenen Foyer, das ein Stück vom Strip zurückgesetzt war, erreichte man über eine 40 Meter lange Auffahrt, die von 18 prächtigen Springbrunnen, italienischen Zypressen und florentinischen Skulpturen gesäumt wurde.

Die prächtigen Springbrunnen und der von Zypressen flankierte Aufgang zum neuen Caesars Palace, um 1970

Mit ihren »pastellfarbenen Wolkenkratzern, die wie die Minarette in Mekka in die Höhe ragen«[44], wie der Reporter der *Denver Post,* Bob Whearley, 1963 schrieb, hatte Las Vegas bereits große Ähnlichkeit mit der Stadt, zu der es sich 30 Jahre später entwickelte. Ihre Silhouette änderte sich zwar noch, neue Gebäude kamen hinzu, alte verschwanden, um Platz zu schaffen für noch gigantischere Bauwerke, die in den Himmel wuchsen. Durch die Bauorgie in den 60er Jahren wurde die Stadt zu dem, was sie heute ist. Bezahlt wurden die mehrere hundert Millionen teuren Projekte aus der Pensionskasse der Teamsters. Es war der blanke Hohn, dass mit den Ersparnissen von Lastwagenfahrern und Lagerarbeitern die Geldwaschanlagen am Strip finanziert wurden. »Ohne die Teamsters gäbe es vielleicht gar kein Las Vegas«[45], bemerkte ein Journalist des *Wall Street Journal.*

Las Vegas' Aufstieg ist eng verknüpft mit dem alten Krieg zwischen Kapitalisten und Arbeitern, in dem das organisierte Verbrechen auf beiden Seiten kämpfte und gewann, sowie mit Regierungsintrigen, Korruption und Drogenhandel – und einer schönen Witwe.

Noch Jahre nach James Riddle Hoffas Geburt im Jahre 1913 nannte ihn seine Familie scherzhaft »Tumor«, weil der Arzt in ihrer Kleinstadt in Indiana steif und fest behauptet hatte, dass Hoffas Mutter ein bösartiges Geschwulst habe, bis schließlich die Wehen einsetzten.[46] Der Junge war sieben, als sein Vater an den giftigen Dämpfen einer Kohlenzeche starb. Vier Jahre später zog die verzweifelte Familie in den Westen von Detroit, wo er einen jungen Gauner namens Dalitz kennen lernte, dessen Familie eine der größten Wäschereien der Stadt besaß und der mit dem Alkoholschmuggel nebenbei ein kleines Vermögen verdiente. In der achten Klasse von der Schule abgegangen, entlud der inzwischen 18-jährige »Tumor« Güterwagen für 32 Cents die Stunde, half mit, eine Ortsgruppe der Gewerkschaft zu gründen, und organisierte seinen ersten Streik. »Der geborene Anwerber«, sagte ein Arbeiter, der ihn kannte. Er »stellte sich direkt vor dich und sah dich an ... der ehrlichste Bursche, den ich je gesehen habe«. Innerhalb weniger Monate arbeitete Hoffa nur noch für die Gewerkschaft der Teamsters, die Anfang der 30er Jahre noch eine kleine, stagnierende Organisation war und sich erbitterte Kämpfe mit den Schlägertrupps der Firmen lieferte.

Später heuerte Hoffa selbst Schläger an, um seine Streiks gegen die Streikbrecher der Firmen durchzusetzen. Er und andere Gewerkschaftsorganisatoren wurden oft zusammengeschlagen, festgenommen und im

Gefängnis halb totgeprügelt, auf ihre Autos und Büros wurden Sprengstoffanschläge verübt. Sie »ertrugen alles mit Stolz und Heldenmut«, schrieb ein Historiker. »Wer keinen Ärger mit der Polizei bekam, hatte sie entweder geschmiert oder er erledigte seinen Job nicht ordentlich«, sagte Hoffa. Kurz vor Ausbruch des Zweiten Weltkriegs war er 27 Jahre alt, ein stämmiger, leicht erregbarer Mann mit Stiernacken und einem gewinnenden Lächeln, der in schlichtem Englisch vor Teamster-Publikum sprach, das ihm gebannt zuhörte. Er begriff, wie das System funktionierte, und lernte ständig dazu.

Hoffa wurde von radikalen Gewerkschaftsorganisatoren in Minnesota gefördert, die er bewunderte. Aber als diese 1941 aus den Teamsters und dem Gewerkschaftsbund AFL austreten wollten, um dem radikaleren CIO beizutreten, organisierte er »hundert Schlägertypen«, wie er stolz erzählte, die in den Straßen von St. Paul seine früheren Mentoren übel zurichteten. Er wollte es innerhalb der Gewerkschaft zu etwas bringen, und inzwischen war er skrupellos genug, um die, die sich ihm in den Weg stellten, auszuschalten. Aber sein Vorgehen hatte noch einen interessanten Begleiteffekt; Hoffa befriedigte nicht nur seinen eigenen Ehrgeiz, sondern handelte auch im Interesse einiger seiner vermeintlichen Feinde: Unternehmen und ihre Lakaien bei der Polizei und in der Politik, Teile des organisierten Verbrechens, die im Norden des Mittleren Westens AFL-Ortsgruppen beherrschten, und FBI-Mitarbeiter sowie konservative politische Kräfte in Washington, die unabhängige Gewerkschaften als Brutstätte des Kommunismus sahen. Wie so oft in der amerikanischen Politik war keine offene Verschwörung notwendig gewesen, um die Interessen Einzelner zu wahren. Die Mobilisierung der Basis durch den radikalen Flügel der Arbeiterbewegung hatte sie alle aufgeschreckt und zu dieser stillschweigenden, vorbehaltlosen Allianz aus Macht und Profit geführt. Das liberal eingestellte Minnesota und die Regierung Roosevelt sahen tatenlos zu, wie Hoffas Schläger als Bewahrer des Status quo auftraten, von dem die Teamsters bald ein anerkannter Teil wurden.

Es handelte sich hierbei um dieselbe Verflechtung zwischen Politik und organisierter Kriminalität, die damals Lansky in Havanna sowie in den New Yorker Hafenanlagen zugute kam, oder auch Hoffas früheren Partnern, wie dem Detroiter Gangster Frank Coppola, der Pate von Jimmys Pflegesohn. Coppolas Engagement als US-Agent an der vom CIA geplanten Ermordung italienischer Linker und anderer Gegner der Mafia in Sizilien nach dem Zweiten Weltkrieg war keineswegs uneigennützig, da diese Gewalttaten Süditalien für den Drogenhandel des Syndikats sicherten und letztlich die italienische Politik korrumpierten.[47] Arthur Sloane, ein alter Freund Hoffas und einer seiner Biografen, beschrieb die Einstellung des Teamster-Chefs folgendermaßen:

> Verbrecher waren schon immer ein fester Bestandteil des politischen Systems. Nur so können sie überleben. Ohne diese Verbindung wären sie Terroristen – und wir hätten kein Problem, sie loszuwerden.

Die blutige Säuberungsaktion in Minnesota »brachte ihn [Hoffa] der nationalen Führung ein gutes Stück näher«, schrieb Peter Dale Scott, und »stärkte seine Beziehungen zu Gangsterkreisen in Chicago und anderswo«.[48] Hoffa war bei der Basis beliebt, da er ihre Anliegen ernst nahm. Sein Stil war militanter als der des farblosen Dave Beck, aber gleichzeitig verkörperte er »einen zynischen Opportunismus«[49]. In dem Maß wie er und die Teamsters ihre Position stärkten, nahmen auch ihre Gewaltbereitschaft und Käuflichkeit zu. Zur Stärkung ihrer Macht sicherten sich Gewerkschaftsführer wie Beck und Hoffa die Unterstützung durch die Geschäftswelt, indem sie in den Betrieben für Ruhe und Stabilität sorgten. Das Wohlwollen der Politiker erkauften sie sich durch offizielle oder diskrete finanzielle Zuwendungen. Oft wurden die Bosse auf Kosten der Basis vom wirtschaftlichen und politischen Establishment hofiert, um zu verhindern, dass radikalere Gewerkschaftsführer an die Macht kamen. Beck hatte sich mit den Republikanern verbündet und Hoffa folgte seinem Beispiel, als er mit Nixon kungelte. Dennoch galt er bei vielen als Populist, vor allem im Kampf gegen die Kennedys. Ziel der Machenschaften beider Führer war ihr eigener Machterhalt. Organisierte Erpressung und rohe Gewalt waren jedoch keineswegs eine Erfindung der Teamsters oder auf die Unterwelt beschränkt. Amerikanische Unternehmen hatten sich anfänglich dieses Hilfsmittels bedient, um die Rechte der Arbeiterschaft einzuschränken, und nachdem sich diese organisiert hatte, wurde dasselbe Mittel angewandt, um ihre Führer zu kontrollieren und die Entstehung nicht korrumpierbarer, unabhängiger Gewerkschaften zu verhindern. Eine gelungene »Symbiose zwischen Geschäftswelt und korrupten Gewerkschaften«[50], wie es die Sozialhistoriker Block und Chambliss nannten.

Hoffa und die Teamsters waren ein Paradebeispiel für dieses korrupte, ganz Amerika beherrschende Geflecht. Mit dem organisierten Verbrechen auf fast jeder Ebene verflochten, waren Ortsgruppen wie in Detroit, Miami und New York nicht nur an organisierter Erpressung im Lebensmittel- und Dienstleistungsbereich beteiligt, verdienten an Musikautomaten und kassierten Schmiergelder von diversen Firmen, sondern auch am Drogenhandel des Syndikats. Vor allem im Süden der Vereinigten Staaten machte die Gewerkschaft kein Hehl aus ihren Kontakten zu Gangstergrößen wie Trafficante und Lansky; oftmals teilten sich Ortsgruppen der Teamsters sogar ein Büro mit Rauschgiftdealern, das als Aufbewahrungsort oder Zwischenlager für Drogen und Bargeld diente. Dennoch deckten weder die McClellan-Anhörungen in den 50er Jahren noch die sensationelle strafrechtliche Verfolgung Hoffas in den 60er Jahren dieses florierende Geschäft auf; es war eine jener »geheimen« Aktivitäten, die für alle Seiten profitabel waren. Schließlich gedieh der Rauschgifthandel seit 1960 in der politischen Kultur Amerikas und bescherte Politikern beider Parteien einen hübschen »Nebenverdienst«. Die Drogenbeziehungen waren ein weiterer Beweis für die Macht und den Einfluss des Syndikats, was einmal mehr zeigt, wie naiv es ist, dieses Netzwerk für die »Mafia« zu halten. Scotts Analyse lautete:

> Die amerikaweit operierende Mafia der Nachkriegszeit zeichnete sich weniger durch eine hierarchisch strukturierte, ethnische, nationale Organisation aus als vielmehr durch enge partnerschaftliche Beziehungen zu den Teamsters und dem Geheimdienst, der den ausgedehnten Drogenhandel billigte.[51]

1957, als Hoffa im Begriff war, Becks Nachfolge anzutreten, bestand die gegenseitige Abhängigkeit zwischen ihm und berüchtigten Ganoven schon seit Jahren, unter ihnen Paul »Red« Dorfman, dessen Versicherungsmonopol bei der Gewerkschaft für den Chicagoer Outfit Millionen an Provision abwarf und dessen Nachfolger, sein Stiefsohn Allen, ebenfalls am Strip kein Unbekannter war. Der Umgang der Teamsters mit der Pensionskasse, die Beck eingerichtet hatte und für die Hoffa jetzt verantwortlich war, stellte jedoch alles andere in den Schatten. Dieses Rentengeld wurde von korrupten Funktionären und Syndikatsmitgliedern verwaltet, ebenso von Wirtschaftsbossen und anderen in leitenden Positionen, darunter Treuhänder des Fonds. Einige wussten vom Missbrauch des Geldes, unternahmen aber nichts dagegen, um ihre eigenen Kontakte und Profite nicht zu gefährden. Der 1955 eingerichtete Central States Pension Fund zählte damals 177.000 Mitglieder, deren Einlagen 200 Millionen Dollar betrugen. Und jedes Jahr kamen weitere Millionen hinzu. Damit hatten die Teamsters ein Machtmittel in der Hand, das andere – Großunternehmen, Banken, die Regierung, das

Syndikat – bereits fleißig nutzten. Sie konnten sich jetzt auch »alten Freunden gegenüber dankbar zeigen, und problemlos neue finden«[52], wie es Hoffa unverfroren ausdrückte. »Geschäft war Geschäft«[52], kommentierte Sloane die Haltung seines Freundes gegenüber der Rentenkasse. »Er sah keine Notwendigkeit, sich zu rechtfertigen.«[52]

Hoffa, der ehemalige Lagerarbeiter und Agitator, der plötzlich zum Finanzverwalter avanciert war, ging in den ersten Jahren als Gewerkschaftsführer mit den ihm anvertrauten Geldern recht verantwortungsbewusst um; er überließ es Banken, sie anzulegen, und vergab nur Darlehen an Unternehmen mit gutem Leumund. Es galt damals als ratsam, das Geld »angeschlagenen alteingesessenen Firmen«[53], wie es ein Analyst nannte, zur Verfügung zu stellen, beispielsweise bestimmten New Yorker Immobilienfirmen und Investmentgesellschaften der Wall Street. Die Gemeinschaftsunternehmen mit den Rockefellers und anderen brachten oft herbe Verluste ein. Dennoch waren diese Finanzgeschäfte ein weiterer Beleg für das gute Einvernehmen zwischen diesen angeblich verfeindeten Welten.

1957/58 ging Hoffa plötzlich zu einer weniger orthodoxen Kreditvergabe über: Er verlieh Geld an die Pferderennbahn Cleveland Raceways, an alte Freunde und Treuhänder der Pensionskasse sowie an Motels, die Jay Sarno, dem zukünftigen Besitzer des Caesars Palace, gehörten – allesamt Kredite, die sich am Ende entweder als Verlustgeschäft oder Fehlinvestition erwiesen.

1958 gelangte das erste Geld der Teamsters nach Las Vegas: 475.000 Dollar für ein Darlehen, das von Parry Thomas' Bank of Las Vegas ausgezahlt wurde. Das Geld war für einen Golfplatz bestimmt, den Hank Greenspun in Paradise Valley anlegen wollte. Hoffa und Greenspun kannten einander von Reisen in den Nahen Osten – sie hegten beide große Sympathien für Israel – und über gemeinsame Bekannte wie den Washingtoner Anwalt Ed Morgan. Hoffas Gangsterintimus »Red« Dorfman hatte den Kredit an Greenspun in Las Vegas unterzeichnet. »Der abscheulichste Mann, dem ich je begegnet bin«[54], bemerkte ein Zeitgenosse, der nicht genannt werden wollte, und fügte hinzu, dass Dorfman offenbar mit Greenspun auf vertrautem Fuß stand.

Hoffa und Las Vegas waren keineswegs ein ideales Gespann, auch wenn es später so schien. Die grelle, sittenlose Stadt hatte ihre Probleme mit Hoffas »puritanischem Lebenswandel«[55], wie sein Biograf Sloane die »untadeligen« Gepflogenheiten des Gewerkschaftsbosses beschrieb. Er rauchte nicht, trank keinen Alkohol und wohnte trotz der Hunderte

Millionen Dollar, die er verwaltete, in einem unscheinbaren Haus in Detroit, beschäftige keinen Chauffeur und hatte einem Freund zufolge eine »fast viktorianische Einstellung, was sexuelle Unschicklichkeiten anging«[56]. Das war mit ein Grund für seine Abneigung gegenüber seinen berühmten Widersachern: »Die Kennedys vergnügten sich erst in Palm Beach und dann in Las Vegas«[57], wie sich Hoffas Sohn und Nachfolger erinnerte.

> Die Zeitungen brachten Fotos von Footballspielen im Familienkreis, von harmonischen Familienfeiern, aber er wusste es besser. Er wusste, dass die männlichen Kennedys jedem Rock hinterherjagten, und war angewidert.[57]

In Bezug auf Las Vegas hatte er weniger Skrupel. Ende 1959 vergab Hoffa einen Kredit in Höhe von einer Million Dollar an das Sunrise Hospital im Süden Nevadas, das einer Firmengruppe unter der Führung seines Detroiter Jugendfreunds Moe Dalitz gehörte, jenem Mann, den die Presse bald darauf so entspannt im Desert Inn antraf. Hoffa hatte den Gangster seit den 20er Jahren in Detroit nicht mehr gesehen. Wie es das Schicksal wollte, brachte sie die Liebe zu einer Frau wieder zusammen. Sylvia Pigano arbeitete als Bürokraft für die Gewerkschaft, eine heißblütige Frau mit dunklen Augen, »eine lebenslustige Brünette von hinreißender Schönheit«[58]. Hoffa hatte Anfang der 30er Jahre mit ihr eine Affäre, bevor beide andere Partner heirateten. Sylvias erster Mann, der für Gangster in Kansas City als Chauffeur arbeitete, starb nicht lange nach der Hochzeit. Bald darauf verlor sie ihren zweiten Mann. 1940 zog sie mit ihrem sechsjährigen Sohn zu Hoffa und seiner Frau, die Sylvia von ihrer Gewerkschaftsarbeit her kannte. Es war ein seltsamer Haushalt; die beiden Frauen »kamen gut miteinander aus«, wie ein Biograf Hoffas schrieb. Hoffa war, wie seine Familie und seine Freunde versicherten, seiner Frau treu und liebte zugleich Sylvias Sohn Chuckie abgöttisch, der Gerüchten nach sein eigener war und später sein Pflegesohn wurde. Wie auch immer ihr Zusammenleben ausgesehen haben mag, es blieb jedenfalls für Las Vegas nicht ohne Folgen.

Dalitz, der Sylvias Männer persönlich kannte, »hatte ebenfalls eine Schwäche für sie«[59], wie ein Bekannter erzählte. Er besuchte sie jedes Mal, wenn er in der Stadt war. Auf diese Weise entwickelte sich auch eine enge Beziehung zwischen ihm und Hoffa. 1949 hatten sowohl Hoffa als auch Dalitz beträchtliche Summen angenommen, um einen Teamster-Streik gegen Detroiter Reinigungen zu beenden, wie Informanten später vor dem McClellan-Ausschuss aussagten. Im Laufe der nächsten zehn Jahre sollte sich ihre Zusammenarbeit noch intensivieren.

Dalitz' Sunrise Hospital war der Grundstein eines Geschäftsimperiums jenseits des Glücksspiels und in gewisser Hinsicht der Beginn des modernen Las Vegas'. Für den Gangster war das Darlehen der Teamsters nur die erste von mehreren zehn Millionen Dollar aus der Pensionskasse, die in seine Immobilien und verschiedene andere Projekte flossen, einschließlich des 1962 erbauten, luxuriösen Rancho La Costa bei San Diego, einer Hotelanlage, die wegen ihrer Gäste aus dem organisierten Verbrechen berüchtigt war. Dalitz' Partner im Sunrise, La Costa und anderen Unternehmungen waren die Bauunternehmer Merv Adelson und Irvin Molasky aus Las Vegas, für die sich die Zusammenarbeit als höchst profitabel erwies. 1970 gründeten Adelson und Molasky Hollywoods Lorimar Productions. Die Paradise Development Company des Trios war, nicht zuletzt dank der Beteiligung der Teamsters sowie vorteilhafter Verträge und Regierungszugeständnissen, maßgeblich an der Entwicklung neuer Wohn- und Gewerbegebiete beteiligt.

1967 erbauten sie die Boulevard Mall, das erste moderne Einkaufszentrum der Stadt, und verwandelten bald darauf den Maryland Parkway, eine schmale Straße, die parallel zum Strip Richtung Westen verlief, in eine Hauptverkehrsader. Ihre Projekte waren ein Vorgeschmack auf das zukünftige Las Vegas, eine wuchernde, durch Abgase vergiftete Stadt, in der alles auf das ursprüngliche Darlehen der Teamsters zurückging und fast nichts durch die Eigeninitiative freier Unternehmer entstanden war. Hoffa stellte den Erfolg des Sunrise sicher, indem er den Gewerkschaften der Teamsters und Culinary Workers, der lokalen Gewerkschaft für das Hotel- und Gaststättengewerbe, in Las Vegas einen Gesundheitsplan vorschrieb, wonach sich ihre Mitglieder nur im Sunrise oder im staatlichen Clark County Hospital behandeln lassen konnten. Anfang der 60er Jahre nahm Dalitz' 100-Betten-Haus »Tausende von ›geknebelten‹ [Teamster] Patienten auf«[60], wie es Reid und Demaris ausdrückten. Und das sollte erst der Anfang sein.

»Wenn Moe ihnen sagte, sie sollten einen Kredit vergeben, dann taten sie's«[61], berichtete ein Zeitgenosse. 1960 flossen Gelder der Teamsters in die nächste Restaurierungsrunde der Kasinos, Beträge, die weit höher waren als die diskreten Darlehen, die die Bank of Las Vegas zur Verfügung stellte. Die Gewerkschaft finanzierte die Erweiterungen des Fremont, des Desert Inn und des Stardust, einschließlich des 18-Loch-Platzes, der mit »Golftaschen voller Pensionsgelder« ausgelegt war, wie ein Reporter die 1,2 Millionen Dollar teure Anlage beschrieb. Von den ersten neun Darlehen aus der Pensionskasse bekam Dalitz allein vier. Größere Kredite gingen auch an das Dunes, das Landmark, das Four Queens, das Aladdin und an Sarnos Caesars Palace, das insgesamt über 20 Millionen Dollar erhielt (später kamen noch Gelder für Sarnos Circus Circus hinzu). Die Darlehen der Teamsters, die sich in zehn Jahren auf über 100 Millionen Dollar belaufen sollten, wurden in der Regel über die Bank of Las Vegas, die inzwischen in Valley Bank umbenannt worden war, abgewickelt. Parry Thomas unterhielt enge – und lukrative – Beziehungen zu Dalitz und Hoffas Anwalt Morris Shenker aus St. Louis, der für das Syndikat arbeitete, über unzählige politische und geschäftliche Kontakte verfügte und selbst an Kasinos beteiligt war. Durch die Beziehungen zu den Teamsters und die damit einhergehenden Bankdarlehen unterstützte Walter Cosgriffs ehrbare Bank immer ehrgeizigere, nicht unbedingt moralisch einwandfreie Projekte, was aber erst Jahrzehnte später ans Licht kommen sollte.

Schon bald regierten die Teamsters und das organisierte Verbrechen, das hinter Hoffa stand, die Stadt. »Jimmy war ein Schlitzohr«[62], sagte ein Bürger von Las Vegas Anfang der 60er Jahre über Hoffa. Mit den Darlehen, die »auf stillschweigenden Vereinbarungen beruhten«, wie sich ein Kasinoanwalt erinnerte, wuchs die Zahl derer, die von den illegalen Abschöpfungen profitierten, darunter Hoffas Verbündete aus dem Mittleren Westen. Die Vorherrschaft Lanskys und seiner Partner blieb jedoch unangefochten. »Eine Menge Jungs teilten sich damals die Gewinne, aber die meisten Läden gehörten Lansky«[63], erzählte ein langjähriger Kasinomanager. Hoffas Millionen änderten letztlich nichts an den Machtverhältnissen, obwohl die Präsenz der Gewerkschaft unverkennbar war. In Nevada durch die Anwaltskanzlei von US-Senator Alan Bible in Reno repräsentiert, wurden die Teamsters einer der größten Gläubiger und Hypothekare Nevadas, eine Macht, mit der man rechnen musste. »Jeder ehrgeizige Geschäftsmann in Las Vegas hatte irgendwann mit den Teamsters zu tun, den größten Geldverleihern des Staates«[64], schrieb ein Reporter aus Cleveland. »Sie finanzierten einen Großteil von Las Vegas«[65], meinte ein Journalist des *Wall Street Journal*. Über der Bedeutung der Finanzierung durch korrupte Gewerkschaften sollte jedoch nicht vergessen werden, dass es auch andere, ebenso wichtige Geldquellen für die Stadt gab.

Während Hoffas Pensionskasse den Strip finanzierte, investierte der Baumagnat Del Webb, dessen riesiges Unternehmen bereits an der Börse notiert war, seinerseits in Kasinos. Webbs Geschäftsführer, ein ehemaliger Schreiner namens L.C. »Jake« Jacobson, hatte sich im gewerkschaftlich-kriminellen Milieu Oregons bewegt, wo er den Geschäftemacher Al Winter kennen gelernt hatte. Indem er sich der »beträchtlichen Geldmittel und des guten Namens« von Webbs Unternehmen bediente, hatte Jacobson Winter und seinen windigen Partnern in den 50er Jahren bei der Finanzierung des Sahara geholfen. Ein Jahrzehnt später zwangen Jacobson und Webb Winter und seine Partner, ihnen ihre Anteile am Sahara und am Mint in Glitter Gulch abzutreten. Bald darauf erwarben sie noch das Thunderbird und das Lucky in der Innenstadt sowie das große neue Hotelkasino Sahara-Tahoe am Südufer des Sees.

1965 betrugen Webbs Investitionen in Nevada über 60 Millionen Dollar und konkurrierten mit denen der Teamsters. Auch Webb hatte problemlos Nevadas Beschränkungen bezüglich der Lizenzierung juristischer Personen umgangen, indem er die »Consolidated Casinos« gründete, ein Zusammenschluss mehrerer eigenständiger Kasinos – und damit verschiedenen Konzessionsinhabern –, deren Gewinne ins Stammhaus zurückflossen. Der Erwerb und die Erweiterung der Kasinos wurden mit Hilfe von Anleihen in Millionenhöhe finanziert, die von dem ehrwürdigen Investmenthaus Lehman Brothers an der Wall Street vermittelt wurden, während die eigentlichen Kreditgeber – die Stiftungen der Princeton University, der U.S. Steel-Pensionsfonds und die Morgan Guaranty Trust Company, eine führende Investmentbank – diskret im Hintergrund blieben.

Webb und seine angesehenen Investoren waren nicht die ersten ihrer Art am Strip. Schon bevor Webb das Sahara kaufte, hatte ein Investmentkonsortium aus Manhattan unter der Leitung von Lawrence Wien, der zugleich einer Gruppe vorstand, der das Empire State Building gehörte, das Desert Inn gekauft und es umgehend wieder an Dalitz und seine Partner verpachtet – ähnlich wie Webb die Leitung seiner lukrativen Kasinos Syndikatsmitgliedern übertrug. »Ich glaube, dass für alle Beteiligten etwas dabei heraussprang«[66], meinte einer, der an diesem Deal beteiligt war. Unternehmen, Aktionäre und das Syndikat scheffelten Jacobson zufolge »Geld, wie Farmer Heu machen«[67].

Auch weniger »konventionelle« Investoren interessierten sich für die höchst profitablen Spielbanken und ihre Abschöpfungsmöglichkeiten. 1963 beteiligte sich die American National Insurance Company, ein großer Versicherungskonzern aus Galveston in Texas, an der Finanzierung des Dunes. ANICO, wo Parry Thomas' Mentor George Eccles im Vorstand saß, gehörte der politisch einflussreichen Familie Moody, die ihrerseits enge Beziehungen zu Sam Maceos Verbrecherregime in Galveston unterhielt. Bereits vor den 50er Jahren war die American National laut *Fortune* ein »großer« Kreditgeber am Strip. 1964 besaß Troy Posts GreatAmerica Corporation durch ihre Tochtergesellschaften Gulf Life und American Life Insurance Hypothekenbriefe von Binions Horseshoe, dem Stardust, Sands und selbst vom Desert Inn. Die rasche, massive Expansion der vom organisierten Verbrechen kontrollierten Spielbanken verschlang ein Vermögen. Aber wie so oft nach 1954 kamen andere für die Kosten auf. Zusammen mit den Teamsters waren jene »Quellen von außen«[68], wie sie Thomas im folgenden Jahr gegenüber einem Reporter nannte, für »etwa 120 Millionen Dollar an Hypothekendarlehen für Glücksspielhäuser in Las Vegas« verantwortlich. Ein Großteil der Kredite wurden über Thomas' Valley Bank abgewickelt. Der umgängliche mormonische Bankier bot »günstige Konditionen, Diskretion eingeschlossen«[69], wie *Fortune* schrieb.

Ende der 60er Jahre, als sich das öffentliche Interesse auf die berüchtigten Teamsters konzentrierte, waren die gewerkschaftlichen Pensionsfonds keineswegs die einzige bedeutende Geldquelle des Strip. Im Grunde genommen war es das amerikanische kapitalistische System, das Las Vegas in einer stillschweigenden Allianz mit dem organisierten Verbrechen und unter Mithilfe seiner führenden Köpfe erbaute, und zwar in einem viel größeren Ausmaß und schon viel früher als bislang angenommen wurde.

Dieser mächtigen Interessengemeinschaft sah sich Grant Sawyer gegenüber, als er Anfang der 60er Jahre von Carson City aus auf die Kasinos blickte. Auch während seiner Kandidatur um das Gouverneursamt gab es Ereignisse, die ihn in seinem Bestreben, gegen das Glücksspiel vorzugehen, bestätigten. Als Frank Costello bei einem gescheiterten Mordanschlag 1957 angeschossen wurde, fand man in seiner Tasche einen Zettel, auf dem die Einnahmen des Tropicana verzeichnet waren. Wenig später fand man Gus Greenbaum und seine Frau mit aufgeschlitzten Kehlen; der alkoholkranke und hoch verschuldete Gangster wurde erwischt, als er größere Summen aus dem Riviera für sich abzweigte. Kurz nach seiner Amtseinführung boxte Sawyer ein Gesetz zur Einsetzung einer fünfköpfigen Kommission von Bürgern durch; diese wurden vom Gouverneur ernannt, waren für die Erteilung von Konzessionen sowie die Überwachung und Besteuerung der Glücksspielindustrie zuständig und kontrollierten Charlie Russells Glücksspielaufsicht. Der Kommission wurden Ermittler zur Seite gestellt, die dem ungehobelten, ehemaligen FBI-Mitarbeiter Ray Abbaticchio unterstanden und die Aufgabe hatten, »bekannte Ganoven daran zu hindern, das Glücksspielgeschäft in Verruf zu bringen«[70]. Dieser ambitionierte Versuch Nevadas, das Glücksspiel unter staatliche Kontrolle zu bringen, zeigte nur allzu deutlich den ungleichen Kampf zwischen Staat und organisiertem Verbrechen.

Bobby Kennedy hatte Sawyer angeboten, ihm einige Mitglieder des McClellan-Ausschusses zur Verfügung zu stellen, dessen Untersuchungen im Sommer 1959 eingestellt wurden – ein Vorschlag, der angesichts zukünftiger Ereignisse nicht einer gewissen Ironie entbehrte. Der misstrauische Gouverneur lehnte das Angebot ab, vielleicht weil er die Einmischung Washingtons fürchtete oder weil er nicht den Eindruck erwecken wollte, er selbst könne keine geeigneten Leute finden. Aus ähnlichen Gründen hat er sich wohl auch regelmäßig schriftlich gegen die Angriffe der Presse gewehrt. »Nevada ist nicht käuflich, war es auch noch nie und wird es auch nie sein«, schrieb er 1960 an Henry Luce, den Herausgeber des *Time*-Magazins, und fügte spitz hinzu: »Ich möchte noch darauf hinweisen, dass es in Nevada mehr Kirchen pro Kopf gibt als in jedem anderen Staat der Vereinigten Staaten.«[71]

Auf Sawyers Anweisung hin ersuchte Abbaticchio den FBN-Leiter Harry Anslinger und andere Staatsbeamte in Washington um Akteneinsicht in bestimmte Fälle des organisierten Verbrechens, die in der Regel durch gezielte Indiskretion der Bundesbehörde an die Presse gelangten. »Nevada war schon immer gut für eine Karriere fördernde Story«[72], bemerkte Sawyer verächtlich. Aber Anslinger und Hoover weigerten sich, lokalen Behörden Informationen zur Verfügung zu stellen, mit der Begründung, dass sie »Quellen« ihrer Behörde schützen müssen. Mit diesem Vorwand konnten die Washingtoner Bürokraten ihre Privilegien bewahren, ihre Unwissenheit und ihre Versäumnisse verschleiern sowie die durch die Abhängigkeit von Doppelagenten bedingte Korruption innerhalb der eigenen Apparate; außerdem ließ sich Nevadas »Übereifer« bremsen. Das Verhältnis zwischen den einzel- und bundesstaatlichen Behörden war fortan von gegenseitiger Verachtung bestimmt. »Dürfte ich vorschlagen, dass Sie kompetente Spitzel sizilianischer Herkunft engagieren, die in der Lage sein sollten, ausreichend Informationen und Beweismittel für Ihre Behörde aufzutrei-

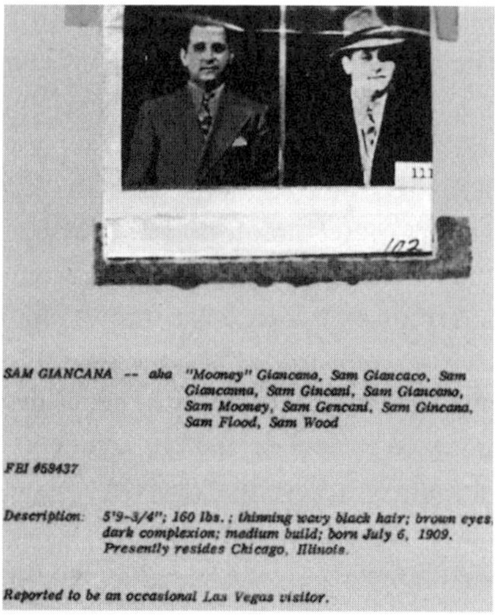

Sam Giancana Anfang der 60er Jahre in der ersten »Schwarzen Liste« Nevadas, in der alle Personen aufgelistet waren, die in den Kasinos von Nevada Hausverbot hatten. Zu jener Zeit teilte sich der Chicagoer Gangster mit dem amerikanischen Präsidenten eine Geliebte und ging am Strip und im Cal-Neva unbehelligt ein und aus.

ben«[73], lautete 1960 Anslingers schroffe Antwort auf das Hilfegesuch aus Carson City.

Im Juni 1960 gab Sawyers Administration eine »Schwarze Liste« heraus, eine für das stümperhafte Unterfangen bezeichnende lose Blattsammlung mit bebilderten Kurzdossiers all jener Personen, denen der Zutritt zu den Kasinos in Nevada verwehrt war und die weder eine Spielbank besitzen noch leiten durften. Die elf Männer, deren Fotos sich in jenem Monat in diesem Ringbuch befanden – die ersten von insgesamt 38 innerhalb von fast vier Jahrzehnten –, waren fast alle kleine Ganoven, die schon in Kefauvers Abschlussbericht auftauchten, aber auch davor längst aktenkundig waren. Die meisten hatten italienische Familiennamen und waren relativ unbedeutend. Die einzige Ausnahme war die Nummer acht, der Chicagoer Gangsterboss Sam Giancana, der als heimlicher Besitzer des Cal-Neva drei Jahre lang unbehelligt blieb und bei verschiedenen Kasinos am Strip absahnte. Gegenüber seinesgleichen brüstete er sich:

> Mir gehört Chicago. Mir gehört Miami. Mir gehört Las Vegas.[74]

Ende der 60er Jahre gab es einigen Wirbel um die »Schwarze Liste«, als staatliche Ermittler etwas ungeschickt einem der elf, einem geschniegelten Chicagoer Gangster namens Marshall Caifano, auf die Pelle rückten, der am Strip als Johnny Marshall bekannt war. Ihm wurden »einige besonders brutale Bandenmorde«[75] angelastet. Caifano hatte als Syndikatsbeauftragter in Las Vegas Kasinos überwacht und verhöhnte nun die

Ermittlungsbeamten, indem er nach Erscheinen der »Schwarzen Liste« in verschiedenen Strip-Hotels abstieg, »herzlich empfangen von den Besitzern und höheren Angestellten«[76]. Schließlich verließ er die Stadt und verklagte den Staat Nevada. Zur großen Überraschung Sawyers, der die Verfassungsmäßigkeit der Liste schon immer angezweifelt hatte, bestätigten Bundesgerichte das Recht Nevadas, bestimmten Gästen den Zugang zu einer Spielbank zu verwehren. Jedenfalls war Caifano der einzige Fall, der für Aufsehen sorgte. Von Anfang an sorgte der Staat dafür, dass keine Syndikatsgrößen in die »Schwarze Liste« gerieten, und erteilte Konzessionen an »eine ganze Reihe von Einzelpersonen, die in Verbindung zu Meyer Lansky standen«[77], wie ein Ermittler in einem vertraulichen Interview erklärte.

In den Bergen von Akten über Kasinokonzessionen in Carson City steht kein Wort über die Finanzierung der Spielbanken oder deren Abschöpfungspraxis. Totgeschwiegen wurde alles, was es dem Staat erlaubt hätte, den wahren Eigentümern und Betreibern dieses die gesamte Wirtschaft dominierenden Gewerbes auf die Schliche zu kommen. Hinter den Kulissen wurde hier ein Kampf um die künftige Rolle Nevadas ausgefochten zwischen Sawyer auf der einen Seite, der kaum je in Las Vegas gewesen war, bevor er 1958 dort Geld für seinen Wahlkampf sammelte, und Parry Thomas, Hoffa, Shenker, Webb, der Wall Street und der Empire State Group, den Sitzungssälen von Versicherungen und den Abrechnungsräumen des organisierten Verbrechens auf der anderen Seite. Die Aktion »Schwarze Liste« war im Grunde ein Scheingefecht. Mit der ganzen »Verbrecherjagd« wurde nur die Illusion genährt, dass die Regierung das Glücksspiel im Griff habe und die Stadt keinen Anlass mehr zur Besorgnis gebe. Aber verglichen mit dem, was später seine Nachfolger in Carson City zustande brachten, war Sawyers »Ringbuch« ein ernst zu nehmender Versuch.

Als die Kennedys im Winter 1961 die Regierung übernahmen, kam es in Nevada zu einer symbolträchtigen Begebenheit. »Ein Schauder« ergriff die Kasinos, schrieb ein Reporter, als Gouverneur Sawyer verbreiten ließ, »dass die neue Regierung gegen Gangster hart durchgreifen würde«[78]. Doch ein paar Tage später konnten sich die Mächtigen des Strip in Sicherheit wiegen: »Nachforschungen in Kennedys Umfeld lassen darauf schließen, dass ein solches Vorgehen gegen organisierte Kriminelle unwahrscheinlich ist«[79], telegrafierte der Washingtoner Korrespondent der *Sun*. Die Warnung sei nur Sawyers »letzter Versuch, die Kasinobesitzer davon zu überzeugen, Gangster auszuweisen«, das alte

Schreckgespenst bundesstaatlicher Aktionen, »eine leere Drohung«[79]. Schließlich ging es um Macht. »Die Regierung in Washington kann gegen Gangstergrößen nicht vorgehen, weil diese mit Politikern zusammenarbeiten«, darunter auch »langjährige Anhänger Kennedys«[79], fasste der *Sun*-Korrespondent die Stimmung in der Hauptstadt zusammen, und die *Sun* konstatierte nüchtern:

> Der Einfluss verbrecherischer Elemente auf Politik, Geschäftswelt und Gewerkschaften nimmt stetig zu, und die Aussichten, diese Entwicklung aufzuhalten, sind bestenfalls gering.[79]

Kaum im Amt, ging Justizminister Robert Kennedy gegen Hoffa und kriminelle Elemente vor, die der McClellan-Ausschuss nicht berücksichtigt hatte. Er war überzeugt, dass »die heimtückische Fäulnis schon den inneren Kern der Nation befallen hatte«[80], wie Kennedys Biograf C. David Heymann schrieb. Bei seinem Amtsantritt fragte er den scheidenden Anslinger um Rat, der in aller Stille sowohl McClellans als auch Kefauvers Untersuchungen unterstützt und beeinflusst hatte. Während dieser Nevadas Hilfeersuchen nur Monate zuvor rundweg abgelehnt hatte, brachte er Bobby »ein dickes schwarzes Buch mit Daten über achthundert Ganoven«[81], wie ein Zeuge berichtete. Wie bei den meisten Akten der Behörde handelte es sich auch hierbei um eine Genealogie der »Mafia«. Die italienischen Stereotypen täuschten über den multiethnischen Charakter des organisierten Verbrechens hinweg und lenkten die Aufmerksamkeit von den Drogenbossen ab, die von der Regierung bei Geheimoperationen benutzt und beschützt wurden. Kennedys eigenes Konzept, von einem Autor als »Syndikatsmodell« bezeichnet, sollte differenzierter und weniger ideologisch gefärbt sein. Aber zum damaligen Zeitpunkt war Anslingers umfangreiche Datensammlung die Ausgangsbasis für die Ermittlung. Aus dieser Verbrecherkartei wählten Kennedy und seine Mitarbeiter – ehrgeizige junge Anwälte, die für ihre »Loyalität gegenüber den Kennedys und letztlich auch untereinander«[82] bekannt waren – 40 Männer aus, auf die sich die Untersuchung konzentrieren sollte. Zu ihnen gehörten Giancana, Trafficante, Hoffa und andere, die mit dem Glücksspiel, Las Vegas und den Teamsters in Zusammenhang standen, wenngleich Lansky und seine wichtigsten Partner fehlten. Diese Auswahl sollte als »Abschussliste« bekannt werden.

Das unverfrorene Vorgehen war ganz und gar nicht in J. Edgar Hoovers Sinn, der sich von seinem 35-jährigen Vorgesetzten im Justizministerium unter Druck gesetzt fühlte. Der Bruder, Wahlkampfmanager und wichtigster außen- und innenpolitischer Berater des Präsidenten, war der zweitmächtigste Mann in der Exekutive und der wohl einflussreichste Justizminister aller Zeiten – und als solcher für Hoover und das FBI eine Bedrohung. 1961 glaubte manch einer, dass es unwichtig war, ob Hoover wegen Homosexualität, Transvestismus oder anderer Neigungen erpresst worden war. Seine Kontakte zu zwielichtigen Personen sowie zum kriminellen Milieu waren allgemein bekannt. Männer wie der Spirituosenhersteller Lewis Rosenstiel, Joe Kennedy, Del Webb, Rosselli, die Murchisons aus Texas, Marcellos Partner Dub McClanahan und Irving »Ash« Resnick, ein Partner der Patriarcas, trafen sich regelmäßig in San Diegos berüchtigtem Gangstertreff, dem Hotel Del Charro. Hoovers Kommunistenhass, sein Machthunger, seine Profilierungssucht und sein Ehrgeiz, all das führte zu einem Interessenkonflikt zwischen dem FBI und dem Syndikat. Das FBI war – nicht anders als der KGB, dessen Machenschaften nach dem Zusammenbruch der UdSSR aufgedeckt wurden – im Grunde eine mittelmäßige Bundespolizei, die Andersdenkende unterdrückte, dem organisierten Verbrechen freie Hand ließ und die öffentliche Korruption ignorierte. Im New Yorker Büro der Behörde, die in den 50er Jahren für Hoovers zahlreiche Manien herhalten musste, hatte der Dienstherr 400 Mitarbeiter zur Bekämpfung des Kommunismus abgestellt und ganze 10 für das organisierte Verbrechen.

1957, als sich 63 italienische Gangsterbosse in Apalachin im Staat New York trafen, sorgte das Ereignis in ganz Amerika für Schlagzeilen. Man vermutete, dass Lansky, der zu diesem Gipfel nicht erschienen war, entsprechende Informationen der Polizei zugespielt hatte, um so seine Konkurrenten auszuschalten. Die sensationellen Verhaftungen schienen Beweis genug für eine »amerikaweit operierende Mafia«, und das sprach Lansky von jedem Verdacht frei. Hoover reagierte wie gewohnt öffentlichkeitswirksam mit einer Großfahndung nach Topverbrechern. Er machte sich sogar die fragwürdige Theorie seines Erzrivalen Anslinger von der sizilianischen Mafia zu Eigen, wenngleich er eine neue Bezeichnung einführte: »La Cosa Nostra«, kurz »LCN« im Behördenjargon. Aber die illegal abgehörten Telefongespräche und die kruden Überwachungsmethoden vereitelten eine Strafverfolgung. Außerdem unterdrückte Hoover einen internen FBI-Bericht über die zunehmende Bedeutung des multiethnischen Syndikats, dessen Existenz er jahrelang geleugnet hatte. Er blieb ein politischer Machtfaktor, nicht nur in Washington, sondern auch in Amerika, und arbeitete verbissen an einem dicken Dossier über John F. Kennedy, Lyndon B. Johnson und andere. Im Winter 1960 stand fest, dass er dem neuen Kabinett angehören würde. Bobby behandelte Hoover mit dem notwendigen Respekt, machte aber privat kein Hehl aus seiner Verachtung. Als Hoovers langjähriger Freund und Stellvertreter Clyde Tolson operiert werden musste, fragte er:

> Was war's denn? Wurde die Gebärmutter entfernt?[83]

Die Stümpereien im FBI sollten später noch eine entscheidende Rolle in Las Vegas spielen. Nach außen hin schien es aber, als gelinge es Bobby, zumindest während der ersten beiden Jahre der Legislaturperiode, Hoover und seine Leute auf Trab zu bringen, mit zum Teil dramatischen Folgen. Innerhalb von drei Monaten nach Kennedys Amtseinführung gelang es der Regierung, den verbitterten und rachsüchtigen Carlos Marcello nach Guatemala abzuschieben. Der heimliche Besitzer des Tropicana und Verbündete Hoffas, von seinem Biografen John Davis als »Mafiakönig« bezeichnet, war ein vehementer Gegner der Kennedys, hatte jahrelang Lyndon B. Johnson finanziell unterstützt und dann 1960 Nixons Wahlkampf finanziert. »Wenn ich nicht überlebe«, schärfte Marcello einem Handlanger im Exil ein, »erzähl meinen Brüdern, wenn du zurückkommst, was dieser Bobby uns angetan hat. Sag ihnen, sie sollen tun, was sie tun müssen.«[84] Inzwischen schrieb das Objekt seines Hasses Geschichte: 1960 gab es 49 Anklagen gegen das organisierte Verbrechen, 1961 schon 121, im Jahr darauf 350 und 1963 schließlich 615, darunter einige Anklagen gegen die Hauptdrahtzieher in Apalachin. Öffentlich und mit unvermuteter Härte führte der Justizminister seinen »Feldzug gegen das Verbrechen«, wie er es nannte, während er innerhalb der Regierung Druck machte, das Abhören von 600 Telefonleitungen genehmigte und seinen Einfluss im Weißen Haus geltend machte, damit seinen Anliegen »erste Priorität innerhalb der innenpolitischen Angelegenheiten der Regierung Kennedy«[85] eingeräumt wurde.

Nur wenigen fiel auf, dass die Säuberungsaktion nicht alle betraf und nicht überall stattfand. Leute wie Doc Stacher, Meyer Lansky, Moe Dalitz und andere, die von Joe Kennedys Alkoholschmuggel wussten, schienen von Bobbys Kampagne verschont zu bleiben, ebenso Chicago, Lake Tahoe und Hollywood. Bobbys konzertierte Aktion galt kriminellen, politischen Hochburgen wie der von Marcello in New Orleans und anderen im Mittleren Westen und Westen. Diese Machtzentren waren für die neue Regierung im Weißen Haus eine potenzielle Gefahr, nicht, weil sie die demokratische Politik missbilligten, sondern weil sie Kennedy-Gegnern aller Couleur zu Geld und Einfluss verhelfen konnten. Von der Verhaftung kleinerer Ganoven abgesehen, blieben auch regionale und nationale kriminelle Organisationen wie die von Buffalo aus operierende Familie Jacobs von den Ereignissen unberührt, ebenso Lansky und sein weites Netz aus Partnern und Protegés, das bis in die Karibik und auf die Philippinen reichte – alles Männer und Netzwerke, die über gute Beziehungen zu Joe Kennedy und seinem politisch einflussreichen Sohn verfügten.

Hoover ahnte Bobbys Beweggründe, als dieser bei der Besetzung des Chefpostens der für das organisierte Verbrechen zuständigen Abteilung auf William Hundley, einen Amtsträger aus der Präsidentschaft Eisenhowers, zurückgriff. Hundley war ein Justizbeamter, den Bobby zunächst ersetzt hatte, der aber jetzt einspringen sollte, nachdem sein Vorgänger zu wenig Initiative gezeigt hatte. Hundley hatte während der Smith-Act-Verfahren, in denen umstürzlerische Aktivitäten untersucht wurden, als Ankläger gedient. Er war unter Eisenhower befördert worden und als Leiter einer Kommission zur Bekämpfung des organisierten Verbrechens verantwortlich für das vergleichsweise milde Vorgehen gegen das Syndikat. Hundley war außerdem ein enger Vertrauter von Edward Bennett Williams und anderen Washingtoner »Organisatoren«.

> Hoover war sich sicher, dass »die Verbrecher von Las Vegas einen heißen Draht« zu Bobbys Kommandozentrale hatten.[86]

Es war kein Urteil, das Hoover trotz seiner berüchtigten Exzesse leichtfertig über die gleichgültigen Karrieristen im Justizministerium fällte, und der Verdacht schien begründet, als Hundley das Justizministerium verließ und Washingtoner Klienten mit eindeutigen Verbindungen zu kriminellen Kreisen in Las Vegas vertrat.

Bevor Kennedy Hundley in sein Kabinett berief, hatte er sein Augenmerk schon auf die Kasinos am Strip gerichtet, die einer seiner jungen Berater als »riesige Goldgrube« und »Notenbank«[87] des Syndikats bezeichnete. Während Carson City immer noch Beamte in Washington um Informationen über »Unterwelteinflüsse« ersuchte, machte sich das neue Justizministerium keine Illusionen über den »Sumpf« korrupter Behörden vor Ort. Ronald Goldfarb, Staatsanwalt unter Kennedy, schrieb in seinen Memoiren:

> Wir wussten, dass trotz der Beteuerungen von Nevadas Staatsbeamten, die entsprechenden Maßnahmen getroffen zu haben, um die Rechtmäßigkeit des Glücksspiels zu gewährleisten, das organisierte Verbrechen alles unterwandert hatte.[88]

Sie wussten auch, fuhr er fort, dass »illegale Abschöpfungen in Las Vegas schon seit langem ein einträgliches Geschäft waren«[89]. Die Staatsanwälte konzentrierten sich vor allem auf das Sahara, das Thunderbird und das Tropicana. Die Stadt genoss die Protektion einer »Kerngemeinde von ungefähr 10.000 Personen«, die den Regierungsvertretern zufolge »wussten, wem sie ihre Pfründe verdankten«[90], Gönner, zu denen offenbar auch Getreue John F. Kennedys wie Gouverneur Sawyer und der Justizminister von Nevada, Roger Foley, zählten. »Kennedy war von der Vorstellung besessen, dass das organisierte Verbrechen Nevadas Glücksspielbranche kontrollierte«[91], schrieb Richard Spees.

> Bobby Kennedy war davon überzeugt, dass die Glücksspielbestimmungen des Staates Nevada bestenfalls ineffizient waren, wahrscheinlich aber von Vertretern des organisierten Verbrechens beeinflusst oder sogar diktiert wurden.[91]

Nach Ansicht der bundesstaatlichen Ermittler erforderte allein die Untersuchung der Abschöpfungspraxis eine ungewöhnliche und ausgeklügelte Herangehensweise. Sie konnten weder eine unabhängige Ermittlungsinstanz vor Ort einrichten, noch ortsansässige Beamte zu den Ermittlungen hinzuziehen. »Wir trauten den lokalen Behörden nicht«[92], schrieb Goldfarb später. »Das Gericht und die Staatsanwaltschaft befanden sich fest in der Hand der städtischen Führungsschicht, die trotz ihrer bürgerlichen Tugenden, wie unsere Informationen besagten, den wichtigsten Industriezweig der Region am Leben erhalten wollte.«[92] Zufällig war der Bundesbezirksanwalt von Südnevada auf der Suche nach einem erfahrenen Prozessanwalt, und Kennedy hatte genau den richtigen Mann für ihn. Der neue Anwalt musste eine »doppelte Mission«[93] erfüllen. Zum einen musste er sich bei Strafverfolgungen in Las Vegas »unentbehrlich machen«[93] und zum anderen mit auserwählten FBI- und IRS-Männern eine Strategie zur Untersuchung der Abschöpfungspraktiken entwickeln, im Grunde also mit dem FBI und anderen bundesstaatlichen Beamten in Las Vegas als Informant und verdeckter Ermittler des Justizministeriums Hand in Hand arbeiten. Washington behandelte Nevada als feindliches Gebiet, und der Bundesstaat seinerseits hatte das Gefühl, von einer fremden Macht attackiert und vereinnahmt zu werden.

Während Kennedys Ermittlungsbeamte sich darauf vorbereiteten, hinter die feindlichen Linien in Las Vegas zu gelangen, wurde Hoover von seinem Dienstherrn angewiesen, ebenfalls gegen die Kasinos loszuschlagen. Allerdings hielt er seine Operation nicht nur vor den Einwohnern Nevadas, sondern auch vor Kennedys Männern geheim. Zu Beginn des Jahres 1961 mieteten FBI-Mitarbeiter von der Telefongesellschaft in Südnevada 25 private Telefonleitungen, die mit dem lokalen Büro der Behörde verbunden und der unter der FBI-Adresse gelisteten Henderson Novelty Company in Rechnung gestellt werden sollten. Als Telefonmonteure getarnt, installierten FBI-Männer im Fremont, Sands, Stardust, Desert Inn und Riviera Abhörgeräte

Hoover behauptete später, dass Kennedy die Abhöraktion gebilligt hätte. Obwohl dieser bestritt, von den Wanzen gewusst zu haben, gilt es aus heutiger Sicht als erwiesen, dass er weit mehr Lauschangriffe genehmigte, als er offiziell angab, und dass auch seine Berater davon wussten. Unbestritten ist, dass die Abhörgeräte – wie die meisten Wanzen des FBI vor und nach Kennedys Amtsantritt – ohne richterlichen Beschluss installiert wurden. Das Resultat des Lauschangriffs war beeindruckend: Es wurde über Abschöpfungstechniken und »idiotensichere Methoden«[94] diskutiert, über die Verteilung der »Dividenden« durch Kuriere per Flugzeug, Zug und Auto, über Konten in der Schweiz und auf den Bahamas. Im abgehörten Desert Inn, das offiziell Lawrence Wiens seriösen Investoren in Manhattan gehörte und das mit einem Darlehen der Teamsters erweitert worden war, sprach man 1961 und 1962 von einer zwölffachen Aufteilung der Abschöpfungen, und zwar zwischen Dalitz, Giancana, Joe Bonanno aus Brooklyn, Rosselli, Lansky und anderen.

Bei der Behandlung der Spielbanken gab es erhebliche Unterschiede zwischen denen, die von den Ermittlern des Justizministeriums unter die Lupe genommen wurden, und jenen, die das FBI fast drei Jahre lang abhörte, was möglicherweise nicht nur bürokratische Gründe hatte. Für Kenner des Strip waren die Versäumnisse des FBI, als sie bekannt wurden, bezeichnend. Obwohl von Kennedys Ermittlern ausgewählt, wurden im Sahara, das Hoovers Freund Del Webb gehörte, der auch als Strohmann fungierte, keine Abhörgeräte installiert. Ausgenommen waren auch das Flamingo und das Thunderbird, beide von Webb erbaut, deren Abschöpfungen vornehmlich an Lansky gingen, waren ausgenommen. Obwohl Gespräche abgehört wurden, die Lansky und seine

Partner belasteten, schien das eher ein Versehen zu sein. Die Abhörkriterien des FBI führten dazu, dass Lanskys Rolle am Strip heruntergespielt wurde, was den Verdacht von Kritikern und Biografen Hoovers erhärtete, dass Lansky Hoover geschmiert hatte. »Lansky scheint die Protektion der FBI-Spitze genossen zu haben«[95], wie Summers aufgrund der mitgeschnittenen Gespräche und anderer Beweise folgerte. »Dieser Beschützer war Hoover selbst«[96], meinte ein Biograf Lanskys, der seine Schlussfolgerung auf IRS-Quellen und andere Dokumente stützte. Letztlich schien es unerheblich, was die Abhöraktionen aus den Jahren 1961 bis 1963 bestätigten oder verbargen, denn nichts davon wurde je als Beweismittel verwendet.

An einem Freitagnachmittag im Sommer 1961 in Carson City freute sich Grant Sawyer gerade auf einen frühen Feierabend, als Roger Foley aufgeregt anrief und ihn umgehend treffen wollte. Als sie im Büro des Gouverneurs allein waren, erzählte Foley, dass das Justizministerium ihn ersucht habe, 65 Männer zu benennen, die »in jedes größere Kasino in Reno und Las Vegas eindringen sollen, um eine große Razzia in den Glücksspieleinrichtungen in Nevada durchzuführen«.[97] Die Vorbereitungen seien schon in vollem Gang: Eine über 100 Mann starke Truppe aus Washington und Nevada würde die Kasinos vom Saal bis zum Abrechnungsraum nach Beweisen durchsuchen und nach Belieben Einrichtungen schließen. »Ich war wie vor den Kopf gestoßen«, berichtete Sawyer.

Bobby hatte plötzlich beschlossen, einen Angriff auf Las Vegas zu starten. Sawyer war verärgert über die Razzia und die kurze Vorwarnung. Besorgt um seine Karriere, rief er in Bobbys Büro an, um für den nächsten Tag einen dringenden Termin zu vereinbaren. Am späten Samstagnachmittag wurde der noch immer aufgebrachte Sawyer, der dennoch respektvoll in dunklem Anzug erschienen war, zu Kennedy vorgelassen. Er traf Bobby in Tenniskleidung an, barfuß und mit zerzaustem Haar, als käme er gerade vom Tennisplatz des Weißen Hauses »oder so«, fügte Sawyer beißend hinzu, als er später davon erzählte. Hier prallten zwei Welten aufeinander: Twin Falls und Hyannis Port, Carson City und Washington und zwei ehrgeizige, im Grunde unsichere Männer, die wider Erwarten Geschichte machten.

Waren die Razzien in Nevada wirklich sein Ernst, fragte Sawyer Kennedy, »und wenn ja, warum«? Das löste eine »hitzige Diskussion« aus, wie sich der Gouverneur 30 Jahre danach noch lebhaft erinnerte.

Beim letzten Treffen, auf dem Parteitag der Demokraten, hatte Bobby ihn um die Stimmen Nevadas gebeten; diesmal war es Sawyer, der um etwas bat. Der Staat habe »verzweifelt versucht« mit den Behörden in Washington zusammenzuarbeiten, sagte er, »um alle Missstände zu beseitigen« und fügte hinzu: »Wenn sie uns nur sagen würden, worum es eigentlich geht, würden wir uns sofort darum kümmern. Aber inmitten unserer gemeinsamen Anstrengungen zur Lösung unserer Probleme, wie wir glaubten, muss ich erfahren, dass es einen geheimen Plan gibt.« Er sei »schockiert«, dass man ihm als Gouverneur und treuen Anhänger Kennedys »nicht einmal die Höflichkeit erwiesen hatte, ihn darüber zu informieren«. Der Medienwirbel um eine Razzia, erklärte er, »könnte dem Staat großen Schaden zufügen«, und damit auch ihm, Sawyer. Aber sein Zuhörer war zu »keinen Zugeständnissen oder Kompromissen« bereit. Sawyer war überzeugt, dass Kennedy Nevada und seinen Gouverneur verachtete. »Ein erbärmlicher Haufen von Hinterwäldlern und Schlitzohren«, fasste Sawyer später die Meinung des Justizministers zusammen, der dies jedoch so nie gesagt hatte.

> Jeder, der in Nevada lebte oder dorthin zog, war korrupt, einschließlich mir. Für Bobby war ich jemand, der geradewegs von einem Crap-Tisch kam, und er schien zu unterstellen, dass ich mit Kriminellen unter einer Decke steckte, was mich fuchsteufelswild machte.

Im Verlauf der Auseinandersetzung schlug der Gouverneur auf den Tisch, und beide Männer brüllten, bis sie schließlich verärgert auseinander gingen. Kaum hatte Sawyer Kennedys Büro verlassen, rief er im Weißen Haus an und bat um eine Unterredung mit dem Präsidenten. Am nächsten Tag traf er ihn in dessen Amtszimmer. Er erzählte John F. Kennedy von der geplanten Razzia und seinem Gespräch mit Bobby. »Ich gewann den Eindruck, dass er nichts von dem Plan seines Bruders wusste«, sagte Sawyer später. Nevada mache Fortschritte, was die Regulierung des Glücksspiels angehe, versicherte er dem Präsidenten, und »dieser überstürzte Schritt seitens des Justizministers wäre äußerst schädlich.« Vor allem – jetzt sprach er zu dem Mann im Schaukelstuhl als Politiker – wäre es eine »Katastrophe« für Cannon, Bible, Sawyer, Foley und Nevadas Demokraten und fügte hinzu:

> Wenn uns allen gemeinsam von der demokratischen Regierung nicht einmal das Recht zugestanden wird, eine so billige, sensationsheischende Maßnahme zu verhindern … wenn uns so etwas nicht mal möglich ist, zählen wir wirklich nicht viel.

Grant Sawyer und Kennedy im Oval Office, Sommer 1961. Ihr Lächeln verrät nichts über den jüngsten Konflikt zwischen Sawyer und Justizminister Robert Kennedy, der eine groß angelegte Razzia in den Kasinos von Las Vegas anordnete.

Schließlich handele es sich um eine politische Entscheidung, die ihnen allen teuer zu stehen kommen werde, selbst John F. Kennedy. »Er verstand, was ich damit sagen wollte«, erzählte Sawyer. Der Präsident, der die Leute eher mit Samthandschuhen anfasste, statt wie sein Bruder mit der Axt auf sie loszugehen, ließ ihn ausreden, behandelte ihn »freundlich, ja herzlich«, wie sich der Gouverneur erinnerte, aber blieb unverbindlich.

Die Razzia fand nie statt.

Trotzdem konnte Sawyer diesen Vorfall nicht vergessen. »Ich habe mich persönlich verraten gefühlt«, erzählte er. »Dass sich diese Regierung so kurz nach der Wahl gegen uns stellte, war fast politischer Verrat.« Er hasste Bobby wie keine andere Person des öffentlichen Lebens, oder besser gesagt, der Welt des Glücksspiels und der Korruption, über die sie sich entzweit hatten. »Ich traute ihm nicht und unterstützte ihn später auch nicht mehr«, sagte er einem Interviewer. »Ich hätte ihn unter keinen Umständen unterstützt ... der Gedanke, dass Bobby Präsident der Vereinigten Staaten werden würde, jagte mir Angst ein.«

Was die abgeblasene Razzia 1961 bewirkt hätte, bleibt eine der unbeantworteten Fragen in der Geschichte von Las Vegas. Ein Schwarm von Bundesermittlern hätte sicher viel Aufsehen erregt und einige Gäste verschreckt, Sawyer und andere Politiker hätten vielleicht ihren Hut nehmen müssen; aber eine Razzia hätte kaum die Praktiken der Abschöpfungen aufdecken können. Außerdem hätten die Hinweise auf Steuerhinterziehung und auf die eigentlichen Besitzverhältnisse an den Kasinos, die durch eine illegale Abhöraktion ans Licht kamen, vor Gericht nicht verwendet werden können. Die angedrohte Razzia war »bestenfalls ein öffentlicher Kraftakt«, behauptete Sawyer. »Bobby Kennedy wollte zeigen, dass er derjenige war, der gegen Sittenlosigkeit und Korruption vorging, und Nevada war dafür ideal.« Dennoch wäre es in den Annalen der Stadt eine beispiellose Machtdemonstration gegenüber diskreten Investoren, Banken, Versicherungsgesellschaften, selbst gegenüber Hoffas Teamsters und einigen Mitgliedern des Syndikats und nicht zuletzt gegenüber Carson Citys stolzen, wenn auch zögerlichen Entscheidungsträgern sowie seinen eingeschüchterten und korrupten Parlamentariern gewesen, und zwar zu einem Zeitpunkt, als die gegnerischen Kräfte aufeinander prallten und schwerwiegende Entscheidungen getroffen wurden.

Da Sawyer die Dinge persönlich nahm und die Regulierung des Glücksspiels als seine Zuständigkeit bzw. die Angelegenheit Nevadas ansah, manövrierte er sich mehr und mehr in die Rolle eines Verteidigers des Strip. Eine Zusammenarbeit zwischen Washington und Carson City war für ihn undenkbar; Bobby Kennedy und Hoover wurden als zwei »biblische Plagen« gesehen, die ihre Autorität missbrauchten, um Nevada an den Pranger zu stellen. Die beiden Männer »gehörten derselben Kategorie an«, wie Sawyer betonte, dem der wesentliche Unterschied zwischen ihnen zum damaligen Zeitpunkt nicht klar war. Gegen Ende seines Lebens sprach der ehemalige Gouverneur mit Bitterkeit über die Auseinandersetzung und räumte einem Interviewer gegenüber ein:

> Es kann schon sein, dass während meiner Amtszeit kriminelle Elemente Einfluss ausübten, aber wenn dem so war, dann hatte ich keine konkreten Hinweise darauf, und ich bin sicher, dass diejenigen, die für die Kontrolle des Glücksspiels zuständig waren, auch nichts wussten … und die bundesstaatlichen Behörden, die behaupteten, kriminelle Elemente hätten ihre Finger im Spiel, gaben uns keinerlei Hinweise, denen wir hätten nachgehen können.

Dies war seine Verteidigung und Rechtfertigung, an der er bis zu seinem Tod 1996 festhielt, unbeirrt und noch darin bestärkt durch die Enthüllungen über die Kennedys und Hoover sowie über die außerordentliche Macht des Syndikats in Las Vegas, die in seinem letzten Lebensjahrzehnt publik wurden. Bobby verteidigte die Unschuld seines

Vaters und Bruders gegen den Vorwurf der Korruption und auch Hoover wollte nur seine eigene Haut retten, erklärte Sawyer gegenüber Freunden. Nevada war bloß ein bequemer Sündenbock für sie alle.

»Zwei Leute würde ich gern loswerden«, vertraute John F. Kennedy während des Wahlkampfs 1960 einem Berater an, »Jimmy Hoffa und Castro.«[98] Als Senator hatte er noch Castros Sieg begrüßt, aber im Kampf um das Präsidentenamt bediente er sich chauvinistischer Argumente, um nicht hinter Nixons Demagogie zurückzustehen, und gab sich einem linksgerichteten Kuba gegenüber kriegsbereit. 30 Jahre später kam es zu einem internationalen Aufschrei, als Tausende gerade freigegebener Geheimdokumente zeigten, dass ein amerikanischer Präsident sowie sein Bruder und engster Berater das Oberhaupt eines souveränen Staates durch einen Putsch stürzen wollten. Hätten sie Erfolg gehabt, wäre wieder einmal ein kleiner Staat gezwungen gewesen, sich der alten amerikanischen Interessengemeinschaft von kolonialistischer Regierung und organisiertem Verbrechen zu unterwerfen.

Anfang 1961 gab Kennedy einer CIA-Invasion von Kuba grünes Licht, die der vorsichtige Eisenhower niemals genehmigt hätte. Die misslungene Invasion einer Gruppe von Exilkubanern in der Schweinebucht erschütterte das Weiße Haus nur wenige Wochen nach der glamourösen Amtseinführung Kennedys. Dieser gab dem stümperhaften Vorgehen des CIA die Schuld für seine Blamage, während die amerikanische Rechte sowie Exilkubaner in Florida wütend auf die Weigerung des Präsidenten reagierten, die Invasion durch die Luftwaffe zu unterstützen. Die Unterwerfung Kubas wurde zur Obsession des Weißen Hauses. »Hass, verletzter Stolz«[99], resümierte Gus Russo aufgrund der freigegebenen Dokumente in seinem 1998 erschienenen Buch. Um die Schande wettzumachen, verließ sich der Präsident immer mehr auf seinen Bruder. Wie zu erwarten, machte Bobby die Manie seines Bruders zu seiner eigenen und entwickelte einen Plan, um Castro zu beseitigen und Kuba wieder der Herrschaft der USA zu unterstellen und damit – beabsichtigt oder nicht – der Kontrolle des Syndikats. Als »offizieller Chef des Justizministeriums und inoffizieller Chef des CIA«[100] befand er sich in einem unlösbaren Interessenkonflikt, wie sein Biograf C. David Heymann schrieb. Nach Bobbys Ermordung 1968 machte ein Marineoffizier, der an den Komplotten gegen Castro beteiligt gewesen war, vor seinen schockierten Bekannten keinen Hehl aus seiner Erleichterung. Seine Tochter sagte:

> Es war, als würde ihm eine schwere Last von den Schultern genommen. Er kannte Bobby und glaubte, wenn dieser gewählt würde, hätten wir einen Gangster zum Präsidenten.[101]

Die Kennedys verfolgten entschlossener denn je ihren Plan, Castro zu beseitigen. Zunächst sollten ihre eigenen Killer den Auftrag ausführen, obwohl einige CIA-Mitarbeiter fürchteten, dass diese die Sache nicht ernst genug nahmen, und später dann Rosselli. »Maheu betrügt den CIA nach Strich und Faden«[102], bemerkte Giancana einmal Rosselli gegenüber. »Wie willst du den Typen da drüben umlegen?«, fügte er, sich auf Castro beziehend, hinzu. »Er ist ein Meuchelmörder. Er kennt sämtliche Tricks.«[101] Nach 1961 hatte Giancana weniger mit den Intrigen zu schaffen, während seine früheren Mitverschwörer Maheu, Rosselli und Trafficante weiter aktiv blieben, denn »zu keinem Zeitpunkt wurde die Aktion abgeblasen«[103], wie Rosselli später aussagte.

Wie viel der Präsident und sein Justizminister über die Einzelheiten der Allianz zwischen dem CIA und dem organisierten Verbrechen tatsächlich wussten, bleibt unklar. Rossellis Missionen schlugen, ähnlich wie parallel laufende CIA-Operationen, immer wieder fehl. Die Kubaner nahmen einige der potenziellen Killer gefangen, folterten sie und schickten sie als Doppelagenten, wie Rosselli und andere behaupteten, in die USA zurück. Ab 1962 mehrten sich die Hinweise, dass Trafficante tatsächlich Castros »Maulwurf« war. Der Gangster aus Tampa hatte in Havanna wieder ein Zahlenlotto eröffnet, dessen Abschöpfungen zum Teil an die Geheimpolizei des neuen kubanischen Regimes gingen, und den Drogenhandel via Kuba wieder aufgenommen – ein Zugeständnis der kubanischen Regierung, wie der amerikanische Geheimdienst glaubte, die sich davon Informationen über die Pläne des CIA und Syndikats erhoffte.

Mit jedem neuen Debakel stieg der Druck aufs Weiße Haus. John F. Kennedy schimpfte über die Unfähigkeit des Geheimdiensts und drohte, »den CIA in tausend Stücke zu zerschlagen und in alle Winde zu zerstreuen«[104]. Aber er dachte auch über seine eigene Verantwortung nach und kam zu der Überzeugung, dass »die Schuld für die Schweinebucht«, wie Russo schrieb, »hauptsächlich ihm anzulasten sei und nicht dem CIA«[105]. Trotz der Verachtung und des Misstrauens, das Kennedy den Spionen entgegenbrachte, arbeitete er weiter mit ihnen zusammen. Wenige Wochen nach den Ereignissen in der Schweinebucht ließ Kennedy einer direkte Leitung von seinem Amtszimmer zum Haus von

J. C. King installieren, dem emsigen CIA-Mann, der für die Eliminierung Castros zuständig war. Das rote Telefon im privaten Arbeitszimmer des ehemaligen Pharmavertreters klingelte, wie sich seine Familie erinnerte, »zu jeder Tages- und Nachtzeit«[106]. Bobby seinerseits arbeitete kurzzeitig mit dem alkoholkranken Bill Harvey zusammen, der immer eine Waffe bei sich trug und den er kurzerhand nach Rom schickte, als dieser die dilettantischen Mordversuche skeptisch beurteilte. Rosselli jedoch blieb mit Harvey und anderen Agenten noch lange, nachdem die Kennedys sie angeblich abserviert hatten, in Kontakt.

Der Justizminister verfügte bald über einen persönlichen Verbindungsmann zum Syndikat, einen CIA-Agenten mit dem Decknamen »Rocky Fiscalini«, der sich die meiste Zeit in Las Vegas aufhielt. Rocky handelte im Auftrag desselben Mannes, der zuvor Grant Sawyer vorgeworfen hatte, dass er mit dem organisierten Verbrechen unter einer Decke stecke. »Zeit und Ort«, so erinnerte sich ein hochrangiger CIA-Mitarbeiter, als er nach »Fiscalinis« häufigem Auftauchen am Strip gefragt wurde, »wurden von Bobby Kennedy und seinen Kontaktpersonen bei der Mafia festgelegt.«[107]

Diese Verbindungsleute waren Rosselli, Trafficante und andere Kasinogrößen aus Havanna, was darauf hinwies, dass Washington offenbar bereit war, zumindest eine Gruppierung des Syndikats in einem Kuba nach Castro zu dulden. Selbst Harold »Happy« Meltzer, Lanskys und Siegels wichtiger Partner im mexikanischen Drogenhandel, gehörte der Allianz zur Ermordung Castros an – der alte Drogenhändler als typischer Vertreter jener Mächte, die am Werk waren. Wie eine Untersuchung des Kongresses später aufdeckte, nahm Norman »Roughhouse« Rothman, einer von Lanskys Männern und Trafficantes Partner im Sans Souci, 1961 und 1962 an geheimen Treffen im Weißen Haus und im Justizministerium teil. Die so genannten White House Cubans, eine Gruppe von Exilkubanern, darunter ehemalige Anhänger Batistas, die auf Lanskys Lohnliste standen, berieten sich mit den Brüdern Kennedy, wie Fotos belegen, die später in Büros in Miami hingen und signiert waren mit: »Los Amigos de Roberto« und »Meinen guten Freunden, von John Kennedy«.

Im Herbst 1961 trafen sich Joe Kennedy, John und Bobby mit Joes Freund Mike McLaney, einem ehemaligen Kasinobesitzer und Partner Lanskys in Havanna, um zu beraten, wie man Castro am besten »loswurde«[108], wie Steve Reynolds, McLaneys Anwalt, der bei diesem Treffen anwesend war, später enthüllte. Monate später, nach einem bewegenden Auftritt mit seiner Frau Jackie vor den Veteranen der Schweinebucht anlässlich der »Orange Bowl«, besuchte der Präsident höchstpersönlich McLaney in dessen nahe gelegener Villa in Miami, wo auch Rosselli, stellvertretend für Giancana und Trafficante, zugegen war. Bei einem anderen persönlichen Gespräch auf McLaneys Hausboot in Florida, wieder in Anwesenheit von Reynolds, bohrte Bobby wütend einen Finger in die Brust des alten Golfpartners seines Vaters und befahl ihm, in Kuba keine Raffinerien oder sonstige Anlagen zu zerstören, da diese noch »in der Zeit nach Castro gebraucht würden«[109], wie sich Reynolds erinnerte. Die Spur führte nicht zuletzt zu McLaney, als das FBI im Juli 1963 auf einen Tipp hin das paramilitärische Lager und geheime Waffenversteck auf dem Grundstück seines Bruders Bill am Ufer des Lake Ponchartrain bei New Orleans entdeckte. Das Weiße Haus schlug das Verfahren im Zusammenhang mit dieser Razzia nieder. Aber sowohl die Behörden vor Ort als auch in Washington ließen Informationen durchsickern und die Vorbereitungen für eine weitere Invasion machten in New Orleans und anderswo Schlagzeilen, was Befürworter und Gegner auf den Plan rief, zum Beispiel den angeblichen Castro-Bewunderer Lee Harvey Oswald.

Zur selben Zeit sorgte in Las Vegas ein Skandal für Aufregung. Giancana verdächtigte seine Geliebte Phyllis McGuire, Sängerin am Strip, sich im Riviera mit Sinatra zu vergnügen. Um Sam zu beruhigen, bot Maheu an, die Suite des Paars abhören zu lassen; der CIA kam für den Einbruch und die Installation der Wanze auf. Aber als Maheus Männer die Operation verpfuschten – sie belauschten McGuire und den Fernsehkomiker Dan Rowan statt Sinatra – und Maheu in Las Vegas angeklagt wurde, musste der CIA den Fall vertuschen. CIA-Mitarbeiter Sheffield Edwards erklärte dem FBI, dass die Abhöraktion Teil einer Geheimoperation war, die Maheu und Giancana einbezog, eine Information, die Hoover im Mai 1961 prompt an den Justizminister weitergab. Offiziell erfuhr Bobby dadurch erstmals von der Allianz zwischen dem CIA und kriminellen Elementen, obwohl viele inzwischen glauben, dass er schon länger über diese Regierungsverschwörung mit dem organisierten Verbrechen Bescheid gewusst hatte und außerdem bereits zusammen mit seinen Verbündeten aus dem Syndikat seinen eigenen Krieg gegen Castro führte.

Hoover, der sich auf vom FBI abgehörte Gespräche bezog, berichtete im Februar 1962 dem Präsidenten und Bobby, dass Judy Campbell, eine von John F. Kennedys Geliebten, sowohl mit Rosselli als auch mit Giancana ein Verhältnis habe. Die indirekte Erpressung blieb kein Geheimnis. »J. Edgar Hoover hat Jack Kennedy bei den Eiern gepackt«[110], triumphierte Lyndon B. Johnson gegenüber einem Freund. Es kursierte das Gerücht, dass Hoovers Posten ihm nun sicher sei, auch gegen Bobbys Willen. Aber Hoovers Wissen über die Syndikatsgeliebte des Präsidenten hinderte diesen nicht daran, sich seiner Affäre mit ihr noch weitere acht Monate zu erfreuen, wenngleich er nun etwas diskreter vorging. Nicht lange nach seinem Triumph sah sich Johnson Verdächtigungen ausgesetzt. Sein Widersacher Bobby, in der Absicht, Johnson 1964 von der Kandidatenliste zu streichen, interessierte sich für dessen Kontakte zu Marcello und den Korruptionsverdacht im Zusammenhang mit seinem Berater Bobby Baker, einschließlich Bakers finanzieller Partnerschaft mit dem Gangster Eddie Levinson aus Las Vegas, dem Betreiber des Fremont und stillen Teilhaber des Horseshoe.

Als Kennedy seine Affäre mit Judy Campbell beendete, waren die Einsatzpläne des Pentagons für eine Invasion Kubas im Herbst 1962 so gut wie abgeschlossen. Castro blieb weiterhin Staatsfeind Nummer eins. Der Countdown wurde nur kurzzeitig unterbrochen, als im Oktober Aufklärungsflugzeuge belegten, dass russische Raketen auf der Insel stationiert waren. Die Geschichtsschreibung interpretiert die Raketenkrise allgemein als Ergebnis ziemlich offensichtlicher geopolitischer Motive, als das Gerangel zweier Großmächte um ein Gleichgewicht der Kräfte. Dokumente, die nach dem Kalten Krieg zum Vorschein kamen, belegen, dass die Krise ihre Ursache auch in den Attacken der USA gegen Castro hatte und dass Moskau seinen Verbündeten schützen wollte. Und wie die meisten amerikanischen Verschwörer wussten, hatte die geheime Kampagne, die die Sowjets provozierte, viel mit den verlorenen Pfründen des organisierten amerikanischen Verbrechens und der Geschäftswelt in Kuba zu tun. So gesehen spielten die Interessen maßgeblicher Kreise am »Las Vegas vor der Küste« eine entscheidende, wenn auch heimliche Rolle in der schwerwiegendsten Krise des Atomzeitalters.

Um einen Krieg zu vermeiden, versprach Washington, Kuba nicht anzugreifen, wenn die Sowjetunion ihre Raketen von der Insel abzog. Im Herbst 1963 jedoch arbeiteten Beamte des Pentagon, auf Anordnung des Weißen Hauses, an OPLAN 380-63, einem Einsatzplan, der eine Invasion Kubas für 1964 vorsah; die Siegesfeier in Havanna sollte wenige Wochen vor Kennedys Wiederwahl stattfinden.

Doch schon im Winter 1961 ereigneten sich Dinge, die ein baldiges Ende der Herrschaft der Kennedys ankündigten. In jenem Dezember, noch bevor sein Weihnachtsbaum vom Cal-Neva eintraf, erlitt Joe Kennedy einen Schlaganfall. Er konnte zwar noch sehen und hören und war auch geistig noch rege, aber seine Kommunikation bestand nur noch aus einem lang gezogenen »Nnnnooo!«

In Las Vegas zirkulierte das Geld der Teamsters, die Baubranche boomte weiter, die angezapften Leitungen des FBI produzierten Kilometer an belastendem, aber illegalem Bandmaterial. In mühsamer Kleinarbeit trug Earl Johnson, Kennedys Staatsanwalt, der dem US-Staatsanwalt vor Ort zur Seite gestellt worden war, gemeinsam mit der Steuerfahndung »Beweismaterial für eine große Anzahl von Anklagen zusammen«[111], wie einer seiner Kollegen im Justizministerium schrieb. Im Herbst 1963, nachdem Hoover einem befreundeten Reporter der *Chicago Sun-Times* Material über die Abschöpfungspraxis zugespielt hatte, was den Strip misstrauisch werden ließ, entdeckte ein Angestellter des Sands durch Zufall eine Wanze des FBI. Schließlich wurden Abhörgeräte im Dunes, Stardust, Desert Inn und im Riviera gefunden. Carson City war blamiert und zu Recht empört, aber nicht über die Abschöpfungen, sondern über die Unverfrorenheit Washingtons, das hinter den Lauschangriffen steckte. »Nevadas Politiker waren außer sich«[112], erinnerte sich ein Staatsanwalt des Justizministeriums. Das galt auch für viele seiner Kollegen in Washington, die von den Abhörmaßnahmen nichts gewusst hatten. Dem Staatsanwalt Johnson in Las Vegas tischte das FBI regelmäßig Lügen auf. Als die Anwälte der Kasinos Klage einreichten, hatten vor Gericht selbst die Verfahren keine Chance mehr, die mit dem Lauschangriff rein gar nichts zu tun hatten. Johnson und seine IRS-Kollegen vor Ort waren »demoralisiert«[113].

Der Lauschangriff sorgte dafür, dass man nun in Nevada noch laxer mit dem Glücksspiel umging. Auf die von Hoover ausgelöste Artikelserie im Sommer in der *Sun-Times* über Abschöpfungen in Las Vegas antwortete Sawyers Glücksspielkommission mit einem Dementi. »Illegale Abschöpfungen waren ein von den Medien kreiertes Phänomen, das auf Robert Francis Kennedys Initiative zurückging«[114], lautete Sawyers Kommentar. Sawyer schickte Bobby Zeitungsausschnitte aus lokalen Blättern und bat ihn knapp um »Informationen in dieser Angelegenheit«, womit er auf die Abhöraktion anspielte. Wütend darüber, dass er erneut ignoriert wurde, was er als persönlichen Affront wertete, warf Sawyer Kennedy und Hoover vor, »einzel- und bundesstaatliche Gesetze zu brechen«[114].

Anfang September 1963 wachte Carson City kurzzeitig aus seiner Apathie auf, als Giancana, inzwischen wieder mit McGuire vereint, zufällig dabei erwischt wurde, wie er im Cal-Neva zechte und sich mit McGuires Manager stritt. Der damalige Leiter der Glücksspielaufsicht, ein barscher ehemaliger Reporter namens Ed Olsen, forderte daraufhin Giancanas Strohmann Frank Sinatra auf, die Anwesenheit eines der wenigen in der »Schwarzen Liste« aufgeführten Topgangster im Kasino in Tahoe zu erklären. Wie es seine Art war, rief Sinatra Olsen an und bedachte ihn mit Flüchen und Drohungen, über die selbst der hartgesottene Reporter mit dem grünen Augenschirm staunte: Seine Tirade bestand größtenteils aus »Scheiße«. Obwohl Sinatras Anwälte Wochen danach noch nicht auf Olsens offizielle Beschwerde reagiert hatten und auch nicht vor Gericht erschienen waren, erhielt Sinatra seine Konzession Ende des Monats zurück. Das verdankte er Hank Greenspun und anderen prominenten Bürgern von Las Vegas, die Sawyer angerufen und gebeten hatten, »Frank nicht so hart anzufassen«[115], wenn er nicht auf zukünftige Wahlkampfspenden verzichten wolle. Derart unverhohlene Drohungen erregten selbst in Nevada Aufmerksamkeit, und so hatte

Kennedy während seines letztem Besuchs in Las Vegas im September 1963 zusammen mit dem Unterhaltungschef des Sands, Jack Entratter. Der Präsident hatte gerade Nevadas Beamte gerügt, weil sie Frank Sinatras Konzession für das Cal-Neva eingezogen hatten. Jene Nacht verbrachte er im Cottage des Sands, das ihm Johnny Rosselli zur Verfügung gestellt hatte.

der empörte Gouverneur auch nichts Eiligeres zu tun, als die Presse davon zu unterrichten, ohne jedoch die Namen der Anrufer, zum Teil seine Hauptgeldgeber, zu nennen.

Es hatte noch eine weitere denkwürdige Intervention für Sinatra gegeben, die Sawyer aber erst Jahre später enthüllte. Bei einem Kurztrip in den Westen besuchte John F. Kennedy am Wochenende des 28./29. September 1963 Las Vegas und sprach vor einer begeisterten Menge im Convention Center nahe Glitter Gulch. Er hatte Sawyer und die Senatoren Cannon und Bible gebeten, ihn auf der Fahrt vom McCarran Airport in seiner Luxuslimousine zu begleiten. Obwohl Bobby seinen Bruder John vor Sinatra wegen dessen Beziehungen zu kriminellen Elementen gewarnt hatte und trotz Sinatras Wutausbruch, als John F. Kennedy einen Besuch im Haus des Sängers in Palm Springs abgesagt hatte, setzte sich der Präsident für ihn ein.

»Wie behandelt ihr meinen Freund Frank Sinatra?«[116], fragte Kennedy, sobald der Wagen den Flughafen verlassen hatte.

»Nun, Herr Präsident, ich kümmere mich um die Dinge hier draußen in Nevada und wünsche Ihnen Glück auf der nationalen Ebene«, antwortete Sawyer laut und vernehmlich, während die Senatoren sich in Schweigen hüllten.

An jenem Abend wussten alle Eingeweihten, was die FBI-Akten später bestätigten, dass der Präsident der Vereinigten Staaten sich heimlich von der offiziellen Party wegstahl, um sich in einem privaten Ferienhaus zu amüsieren, wo Rosselli wie gewohnt für »mehrere attraktive Prostituierte«[117] vom Strip gesorgt hatte. Es war das letzte Mal, dass John F. Kennedy die Annehmlichkeiten dieser Stadt genoss, die er liebte und wo er sich wie zu Hause fühlte.

Zwei Monate später, am 22. November 1963, ging eine Ära zu Ende. Die Ermordung des Präsidenten am hellichten Tag auf einer belebten Straße, das Trauma, die Vertuschung und die allmähliche Desillusionierung der Öffentlichkeit waren der Beginn eines Zynismus, dem weitere Attentate, Täuschungsmanöver und politische Skandale folgten und der am Ende des Jahrhunderts zu einem massiven Vertrauensverlust der Bevölkerung in die Politik führte. Der Strip erwies dem toten Präsidenten seinen Respekt, indem er den Spielbetrieb vorübergehend einstellte. Diese beispiellose Geste war durchaus angemessen, hatten doch zwischen Las Vegas und John F. Kennedy enge Beziehungen bestanden.

Auch Lee Harvey Oswald hatte Verbindungen zum Strip und zu Kuba. In den 90er Jahren freigegebene Dokumente belegen, dass er 1963 in die Machenschaften zur Ermordung Castros involviert war. Historiker diskutierten endlos über Oswalds Beweggründe: Hatte er bewusst oder unbewusst für Kuba, für das organisierte Verbrechen, für einen abtrünnigen CIA oder eine Koalition aus Politikern und Syndikat oder gar aus persönlicher Motivation gehandelt? Zweifellos war es eine politisch motivierte Tat, die die amerikanische Politik und Gesellschaft schlagartig und nachhaltig veränderte. Doch wegen der Täuschungsmanöver und der Geheimniskrämerei gibt es noch immer keinen stichhaltigen Beleg für sein Motiv und auch keine Hinweise auf eventuelle Mittäter. Wahrscheinlich wird es auch keine geben, wenngleich der Kennedy-Experte Richard Mahoney in seiner Studie *Sons and Brothers* (1999) überzeugend darlegt, dass sich im Verlauf des Jahres 1963 die Einstellung des Syndikats und ihrer Kumpane unter den Exilkubanern gegen Kennedy kehrte. Auch Rossellis fragwürdige Aktivitäten vor dem Attentat auf den Präsidenten in Dallas nimmt er darin unter die Lupe. Jedenfalls führten die Spuren dieser Tat an jenem strahlenden Mittag in Texas unweigerlich zu dem »anderen Havanna« in der Wüste Nevadas, zu seinen Herren, die eifrig darauf bedacht waren, die Laster eines stolzen, arroganten Präsidenten auszunutzen und ihr »Las Vegas vor der Küste« zurückzufordern.

Jack Ruby, Oswalds Mörder, war der Inbegriff des kleinen Gauners und Schmarotzers, wie sie Las Vegas massenhaft hervorbrachte. Zwar lebte Ruby in Dallas, wo sich auch sein heruntergekommener Carousel Club befand, aber das hielt ihn nicht davon ab, eine seiner früheren Bars »Vegas Club« zu nennen. Der Strip war in mehrfacher Hinsicht der Mittelpunkt seiner Welt. Von den 13 Telefonaten in den Tagen vor der Ermordung John F. Kennedys (ein Bruchteil der Ferngespräche, die er in den Wochen vor der Reise des Präsidenten nach Dallas führte) gingen mindestens sieben an seinen alten Freund Louis McWillie in Las Vegas. McWillie, Benny Binions Kasinomanager in Fort Worth, hatte danach Lanskys Interessen im Tropicana in Havanna wahrgenommen, hatte in Kuba mit Rothman gearbeitet und in Havanna und Miami für Trafficante, war anschließend Saalchef in Giancanas Cal-Neva gewesen und im Herbst 1963 nach Las Vegas zurückgekehrt, ins Thunderbird der Brüder Lansky. Rubys Adressbuch enthielt neben McWillies Namen auch den eines anderen Vertrauten aus Las Vegas, Johnny Drew, ein Intimus von Dalitz und Strohmann des Stardust, der später zusammen mit Marshall Caifano in einen Erpressungsfall verwickelt war. Man vermutete, dass Ruby mit seinem langjährigen Partner aus Dallas, Russell B. Matthews[118], in den Tagen vor der Ermordung in engem Kontakt gestanden hatte. Matthews arbeitete später für seinen alten Freund Benny Binion in Las Vegas.

Den Mitgliedern des Kongressausschusses Ende der 70er Jahre zufolge gab es Beweise, dass am Wochenende vor Kennedys Ermordung Jack Ruby nach Las Vegas gekommen war, wo er versucht hatte, am Kassenschalter des Stardust einen Scheck einzulösen, obwohl weder McWillie noch Drew ihn angeblich in Nevada gesehen hatten. Seine Absichten am Strip – ob er Geld besorgen wollte, um seine Schulden zu begleichen, oder Bedeutsameres plante – gehören zu den vielen ungeklärten Fragen im Zusammenhang mit dem Mord. Wenige Wochen zuvor, im Oktober 1963, hatte Ruby Rosselli zweimal in Miami getroffen, wo Rosselli den Eindruck hatte, dass »Ruby mit Trafficante in Havanna in dubiose Geschäfte verwickelt war«[119], wie er dem Journalisten Scott Malone erzählte. Weder für das Wochenende in Las Vegas noch für den Trip nach Miami fand sich in den Untersuchungsberichten eine Erklärung, auch nicht in den vier Millionen streng zensierten, »redigierten« Regierungsdokumenten über die Ermordung, die Ende der 90er Jahre freigegeben wurden.

Ruby, der 52 Jahre alt war, als er Oswald erschoss, verfügte über gute Kontakte zur Unterwelt. Als Junge hatte er für Al Capone Botengänge gemacht; in den 40er Jahren hatte er sich mit Hoffas Freund »Red« Dorfman und dem zwielichtigen Politiker Jake Arvey an den Machenschaften der Gewerkschaft in Chicago beteiligt. Außerdem kannte er zwei der Ganoven, die an dem Auftragsmord an James Ragen in Las Vegas beteiligt waren. Redselig und schnell aufbrausend wie er war, gehörte er nie zu den ganz Großen, war aber in vieles eingeweiht und wurde aufgrund seines Insiderwissens bald von FBI und FBN als Informant angeheuert. Den Kefauver-Ausschuss versorgte er mit Informationen über das kriminelle Milieu von Illinois und lenkte damit die Aufmerksamkeit vom Drogenhandel des Syndikats und den Nachkriegsaktivitäten des Chicagoer Outfit in Dallas ab. Passenderweise war Bill Decker – ein ehemaliger Gefolgsmann Binions, der im Nachkriegsregime Chicagos überlebt und 1947 Benny aus Fort Worth vertrieben hatte – 1963 Sheriff von Dallas County. Decker und seine Männer, einige davon Freunde Rubys, waren für Oswalds Verhaftung und Verhör zuständig und, wie später ans Licht kam, verantwortlich für die chaotische Handhabung dieses Falles.

Nur wenige Tage vor dem Mord hatten zwei seiner ehemaligen Gefährten Ruby in Dallas besucht und mehrmals mit ihm telefoniert; beide waren zusammen mit Lansky, Siegel und Meltzer in den 40er Jahren in den mexikanischen Rauschgifthandel des Syndikats über Südkalifornien verwickelt gewesen. Er hatte zu beiden Männern über zehn Jahre lang keinen Kontakt gehabt, und bislang gibt es keine plausible Erklärung dafür, warum dieser plötzlich im November 1963 wieder aufgenommen wurde. Es gab sogar eine Verbindung zwischen Ruby und Oswald, denn Ruby kannte die Anwälte, die Oswalds Witwe und Bruder vertraten. Aber auch diese Tatsache wurde bei den offiziellen Ermittlungen kaum beleuchtet. Nicht lange nach den Ermordungen erhielt Oswalds Frau Rechtsbeistand und Unterstützung von der Great Southwest Corporation of Dallas, einem Immobilienunternehmen, das von einem Partner von Bobby Baker kontrolliert wurde. Letztlich liefen die Fäden über den Washingtoner Anwalt Ed Morgan und die Pensionskasse der Teamsters in Las Vegas zusammen.

Skeptische Autoren meinten jedoch zu Recht, dass solche Verbindungen nicht für eine Verschwörungstheorie ausreichten. In Briefen und Notizen sowie einem Gespräch mit seinem Rabbi 1966 an seinem Sterbebett, ebenso wie in seinem Gefängnistagebuch, das Gus Russo 1998 gründlich studierte, betonte Ruby immer wieder, dass er auf eigene Faust gehandelt habe, als er Oswald erschoss. »Ich war völlig außer mir.«[120] Dennoch bleiben Fragen offen.

Die Untersuchung des Mordes durch das FBI gehört zu den stümperhaftesten und korruptesten Fällen in der Geschichte dieser Behörde; sie wurde praktisch im »Eilverfahren«[121], wie es ein leitender Mitarbeiter vorsichtig ausdrückte, durchgeführt. Das FBI war froh, mit Oswald einen verrückten Einzeltäter gefunden zu haben, wodurch sich weitere Aktionen und die Frage nach den Verantwortlichkeiten erübrigten. Am Tag nach der Ermordung des Präsidenten, als die ganze Welt trauerte, gingen Hoover und Clyde Tolson wie üblich zum samstäglichen Pferderennen nach Pimlico.

Auch der CIA in seinem neuen Hauptquartier in Virginia schien sich bei der Aufklärung der Ermordung des mächtigsten Politikers der westlichen Welt kein Bein ausreißen zu wollen. Umso mehr bemühte er sich, seine Beteiligung an den Komplotten gegen Castro und seine Beziehung zu Oswald zu vertuschen, ebenso die Beschattungen und Geheimaktionen in Minsk, Mexico City, New Orleans und Havanna – allesamt Hinweise auf die Verstrickungen der korrupten Behörde in das Attentat auf den Präsidenten. Erst Jahrzehnte später wurden mit der Freigabe beeidigter Erklärungen, die der Untersuchungsausschuss des Repräsentantenhauses aufgenommen hatte, das Ausmaß der Korruption innerhalb des CIA und seine Verbindungen zu Las Vegas bekannt. »John Scelso«[122] (der Deckname des immer noch geheimen CIA-Beamten, der die interne Untersuchung der Behörde über das Attentat damals leitete) berichtete den Untersuchungsbeamten des Kongresses unter Eid, dass die Beziehungen James Angletons, des Chefs des Spionageabwehrdiensts, zum organisierten Verbrechen »bekannt« waren. Nach Scelsos Aussagen hatte Angleton nicht nur von den Kontakten zwischen dem CIA und Oswald gewusst, sondern auch 1962/63 die Untersuchungen des CIA der Abschöpfungspraxis in den Vereinigten Staaten und im Ausland erfolgreich verhindert.

Erwartungsgemäß scheiterte jede offizielle Untersuchung der Ermordung an politischen Interessen und Voreingenommenheit: Dem Warren-Untersuchungsausschuss verweigerte das Weiße Haus den Zugang zu bestimmten Informationen; der Church-Ausschuss, der Mitte der 70er Jahre ermittelte, unterließ es, John F. Kennedys Mitschuld an den geplanten Attentaten auf Castro zu untersuchen; ein 1978/79 ermittelnder Sonderausschuss des Repräsentantenhauses war felsenfest davon überzeugt, dass die »Ermordung auf das Konto krimineller Elemente« ging.

Lyndon B. Johnson seinerseits teilte wiederholt Freunden und Beratern vertraulich mit, dass seiner Meinung nach Kennedys Ermordung eine Art »Reaktion und Vergeltungsmaßnahme« auf die Intrige zur Ermordung Castros war. Nachdem er die Präsidentschaft angetreten hatte, erfuhr er angeblich von einer »verdammten Mörder AG in der Karibik«[123]. Inoffiziell erzählte er einem Reporter:

> Kennedy versuchte Castro zu erledigen, aber Castro kam ihm zuvor. Eines Tages wird alles herauskommen.[124]

Aber »eines Tages« lag in weiter Ferne. 1963 oder 1964 hätte eine Untersuchung der »verdammten Mörder AG«, die möglicherweise Kubas Mitschuld bewiesen hätte, nur die Gemüter erhitzt und vielleicht zu einem Krieg gegen Kuba geführt. Stattdessen ließ man die Sache auf sich beruhen. Man wollte offenbar um jeden Preis vermeiden, dass auch die Korruptheit des neuen Präsidenten sowie seines langjährigen Beraters Baker ans Licht kam. Angeblich lag in der Woche, als John F. Kennedy erschossen wurde, eine dicke Akte über Johnsons korrupte Machenschaften auf dem Schreibtisch des nun verbissen schweigenden Bobby Kennedy. In jedem Fall hatte Johnson gute Gründe, die ganze Angelegenheit zu vertuschen und sich bedeckt zu halten. Als Präsident stoppte er sofort die Umsetzung von Plänen für eine Invasion Kubas und die Ermordung Castros – und widmete sich seiner eigenen katastrophalen Außenpolitik in Südostasien.

Bobby Kennedy brach den Kontakt zu seinen Partnern aus dem organisierten Verbrechen ab und vermied jede kritische Äußerungen über das Syndikat, von dem er noch unlängst geglaubt hatte, dass es eine ernsthafte Bedrohung für die Nation darstelle. Er verhielt sich merkwürdig zurückhaltend, was den Tod seines Bruders betraf: Wie sich im Laufe der Jahre zeigte, bewahrte er, nicht zuletzt wegen der Mitschuld der Kennedys an den Ereignissen in Kuba, Stillschweigen. Davon abgesehen hatte er von Las Vegas Gefälligkeiten angenommen, war den Männern der Stadt spätestens seit den Wahlen 1960 verpflichtet und hatte sogar schon vorher ihre Hilfe im Krieg gegen Castro in Anspruch genommen und sie gleichzeitig bedroht – in der Sprache des Strip: mit gezinkten Karten gespielt. Dafür würden sie alle büßen müssen. Im Grunde spielte es keine Rolle, wer John F. Kennedy ermordet hatte: Las Vegas' Interessen blieben jedenfalls gewahrt.

1968, kurz vor seiner eigenen Präsidentschaft, die der Stadt möglicherweise wieder Probleme beschert hätte, wurde Robert Kennedy selbst zum Opfer. Wie William Klaber und Philip Melanson drei Jahr-

Robert Kennedy am Grab seines Bruders während der mitternächtlichen Beisetzung in seiner letzten Ruhestätte am 14. März 1967. Bis zu seiner eigenen Ermordung ein gutes Jahr später verfolgten ihn die kompromittierenden Beziehungen der Kennedys zu Las Vegas.

zehnte nach dem Mord dokumentierten, blieb auch dieses Attentat weitgehend im Dunkeln, sei es wegen der Unfähigkeit der Justiz, einer nicht schlüssigen Beweislage oder offener Fragen nach dem Motiv des Mörders Sirhan Sirhan. Hatte dieser tatsächlich allein gehandelt? Wurde der tödliche Schuss auf Kennedy wirklich aus seinem Gewehr abgefeuert? Trotz Sirhans verwirrtem Geisteszustand und seiner undurchsichtigen Vergangenheit war eines unbestritten: Ebenso wie Oswald hatte er sich früher im Glücksspielgeschäft und Pferdewettmilieu Südkaliforniens bewegt, das Rosselli und andere Syndikatsmitglieder lange Zeit kontrollierten.

Auch Bobby hatte die Mächte, die hinter Las Vegas standen, und ihren Einfluss unterschätzt. Selbst der Schmerz über den gewaltsamen Tod seines Bruders konnte nicht die Bestürzung mildern, die der einst so entschlossene und von sich überzeugte Kämpfer und Prediger jetzt empfand: »Ich habe etwas entdeckt, was ich noch nicht wusste«, sagte er in Dallas nicht lange vor seiner Ermordung. »Ich habe entdeckt, dass meine Welt nicht die wirkliche Welt ist.«[125]

13 »Der große Schwindel«

Nachdem der Schäfer in den Bergen Nevadas auf die Überreste der toten Lämmer gestoßen war, ging er auf die Wiese, wo ihn der Löwe bereits erwartete. Das Tier duckte sich, um ihn anzugreifen, doch der Mann ging furchtlos weiter, hielt seinen Gehstock, den baskischen *makhila*, als Waffe hoch über den Kopf. Das Tier knurrte. Der Mann ging weiter. Beide waren nur noch etwa einen Meter voneinander entfernt, als der Löwe sprang. Einen Augenblick lang schien es, als würde das Tier sich auf ihn stürzen. Doch dann drehte es sich mitten im Sprung, landete dicht neben dem Schäfer auf dem Boden und zog sich gedemütigt brummend zurück.

Einer der Söhne dieses Mannes, ein bekannter Schriftsteller, sollte eines Tages über den Mut seines Vaters schreiben, während ein anderer Sohn, der zukünftige Gouverneur Nevadas, mit dem Buch seines Bruders Wahlkampf machen würde. Manche Leser sahen in dem Schäfer einen einfachen Mann von fast biblischer Größe, ein Vorbild, wie man es sich in Nevada wünschte. Seine Bewunderer beschenkten ihre Freunde mit dem Buch, zeigte es doch, dass Nevada nicht nur aus Korruption und Glitzer bestand. Für andere verkörperte der alte Mann die Kraft und Unerschrockenheit, die man brauchte, um es mit einer ganz anderen Art von Bestie aufzunehmen, eine innere Stärke, an der es seinem Sohn, dem Gouverneur, mangeln sollte.

Dominique Laxalt liebte das Leben in freier Natur. Er genoss es, nachts unter einem funkelnden Sternenhimmel zu schlafen. Er hatte einen festen Lagerplatz zwischen Wüstenbeifuß und hohen Espen, mit Feuergrube und allem, was er sonst noch benötigte. Nachdem er so viele Jahre in den Bergen gelebt hatte, konnte er sich an die Sessel in seinem Haus in Carson City nie recht gewöhnen. Robert Laxalt schrieb über seinen Vater:

Er saß am liebsten auf dem Boden, und obwohl er oben unter dem Dach schlief, konnten wir hören, wie er sich nachts schlaflos im Bett herumwälzte.[1]

Theresa Alpetche stammte aus dem baskischen Dorf St. Etienne de Baigorry in den französischen Pyrenäen, das nicht weit vom Geburtsort ihres Mannes entfernt lag. Sie hatte im Cordon Bleu in Paris eine Ausbildung als Köchin gemacht, ehe sie sich von dem Traum von einem neuen Leben in Amerika anstecken ließ und nach dem Ersten Weltkrieg nach Nevada auswanderte. Als sie 1921 Dominique heiratete, war er der stolze, wohlhabende Miteigentümer von Allied Land and Livestock, einem Verbund von Schafzuchtfarmen in Nordnevada und Kalifornien. Er kaufte ihr eines der eleganten Herrenhäuser in der Court Street in Reno oberhalb des Truckee River. Doch als die Depression einsetzte, verloren sie ihren gesamten Besitz. Alles, was ihnen blieb, war eine Schafherde, die Dominique in die Berge oberhalb von Lake Tahoe hinauf trieb, während Theresa ihn begleitete und ihre Kochkünste über flackernden Lagerfeuern erprobte. Als sich ihre finanzielle Lage verbesserte, kauften sie Ormsby House, ein kleines Hotel in Carson City, direkt gegenüber dem Parlamentsgebäude. Dort servierte »Mama Laxalt«, wie sie in dem 1600-Seelen-Nest genannt wurde, ihren Gästen baskische Gerichte und reichlich Schnaps, während ihr Mann mit seinen Schafen in den Bergen umherzog. »Ein Mann wie er sollte nicht heiraten. Er passt einfach in kein Haus«[2], sagte sie einmal zu ihren Söhnen.

Paul Dominique Laxalt kam im Sommer 1922 als erstes von sechs Kindern zur Welt. Er war ein schlaksiger, besonnener Junge, der zu Hause »Pablo« genannt wurde. Da sein Vater nur wenige Tage im Jahr bei seiner Familie verbrachte und seine Mutter sich um den aufreibenden Hotelbetrieb und die Betreuung der Kleinsten kümmern musste, war Paul für seine Geschwister bald der »Chef«. Einer seiner Brüder erzählte rückblickend: »Er musste schon sehr früh eine Menge Verantwortung übernehmen.«[3]

Obwohl Paul, der bis zur seiner Einschulung kein Englisch sprach, von seinen Mitschülern gehänselt wurde, ließ er sich nicht unterkriegen und verteidigte seine baskische Herkunft, die sein Bruder Robert einmal ihr »flammendes Schutzschild«[4] nannte. Während er im Restaurant seiner Mutter kellnerte und die Abgeordneten bediente, die das Lokal während ihrer Parlamentssitzungen frequentierten, bekam er Einblicke in die politischen Debatten jener Zeit und in die faszinierende Welt der Macht und Politik. Er begann von einer Karriere zu träumen, die ganz und gar nicht den Vorstellungen seiner Mutter entsprach, die sich wünschte, er würde Priester werden. Als Pat McCarran, ebenfalls Katholik und Stammgast des Lokals, Theresa den Tipp gab, ihr Geld in Grundbesitz anzulegen, hörten ihre Söhne aufmerksam zu. »Diese verdammten Republikaner werden die Banken noch in den Ruin treiben«[5], meinte er.

Paul spielte hervorragend Tennis – ein Zeitvertreib, der unter den Ranchersöhnen als weibisch verpönt war. Sie machten sich über Pauls weiße Shorts lustig und nannten ihn einen »Schlappschwanz«. Doch Paul war auch ein guter Boxer. Sein Vater hatte für ihn und seine Brüder einen Ring gezimmert, wo er regelmäßig übte und »eine große Reichweite, einen guten Schlag und eine beachtliche Technik entwickelte«[6], wie sich einer seiner Brüder erinnerte. Der vielseitige junge Sportler qualifizierte sich für das Halbfinale der Boxmeisterschaften Nevada Golden Gloves, schaffte es auf die Tennisrangliste der amerikanischen Junioren und lernte nebenbei Golf, während er für reiche Gäste aus Reno oder Tahoe City als Caddie arbeitete. In der Highschool war er ein »strebsamer Schüler«[7], wie sich ein Freund erinnerte. Er erhielt zahlreiche Auszeichnungen. Zu Hause regelte er die Finanzen der Familie, kümmerte sich um die Hoteleinnahmen und die Hypotheken. Als Paul zu Beginn des Zweiten Weltkriegs das College verließ, um zur Armee zu gehen, war er ein heiterer, beinah übermütiger junger Mann mit einer glänzenden Zukunft.

Doch der Krieg änderte alles. Er war als Sanitäter an blutigen Kampfeinsätzen beteiligt und wäre auf der Philippineninsel Leyte fast ums Leben gekommen; aber über diese Erlebnisse verloren weder er noch seine Familie je ein Wort. »Es waren die schrecklichsten 53 Tage meines Lebens«[8], schrieb er mehr als 50 Jahre später in seinen Memoiren, ohne darauf näher einzugehen. Er kehrte als gebrochener Mann aus dem Krieg zurück. »Er schien seine ganze Willenskraft und sein Selbstvertrauen eingebüßt zu haben«[9], schrieb sein Bruder Robert. »Er zog sich wie ein verwundetes Tier in die Einsamkeit der Berge zurück und lebte bei unserem Vater, bis er sich wieder erholt hatte.«[9] Trost und Ruhe fand er am Lagerplatz seines Vaters nahe dem Marlette Lake, einem malerischen See in einer Senke zwischen dunkelgrünen Bergen, 600 Meter oberhalb vom Lake Tahoe. Freunden gegenüber bezeichnete er den Ort einmal als seinen »Kompass«[10], der ihm helfe, zu sich selbst zu finden. Er sollte immer wieder dorthin zurückkehren. Der Lagerplatz lag in völliger Abgeschiedenheit, aber Paul fühlte sich dort nie einsam. »Er [sein Vater] machte zwar einen in sich gekehrten Eindruck, war aber alles andere als wortkarg. Er unterhielt sich gern, und er hatte eine volle, raue Stimme, der man gerne zuhörte«[11], schrieb Robert. Der Schafzüchter, der einen leichten Akzent hatte, führte mit seinem Sohn lange Gespräche über die Familie, das politische Leben Nevadas und das Weltgeschehen. Schließlich kehrte der Sohn voller Tatendrang nach Hause zurück, wo ihn eine wechselvolle Karriere erwartete.

Vor dem Krieg hatte er auf Verlangen seiner »strikten und autoritären«[12] Mutter, die immer noch einen Kirchenmann aus ihm machen wollte, das jesuitische Santa Clara College in Kalifornien besucht, wo er seinen Abschluss in Geschichte gemacht hatte. Nach seiner Militärzeit spielte er mit dem Gedanken, Medizin zu studieren, war aber zu »ungeduldig«, wie er später bekannte, um sich die naturwissenschaftlichen Grundlagen anzueignen, so dass er nach seiner Genesungszeit am Marlette Lake zum Santa Clara College zurückkehrte, um Jura zu studieren. Später scherzte Laxalt einmal:

> Mein Vater hielt mich nicht für clever genug, um Schafe zu hüten, deshalb verdonnerte er mich zum Jurastudium.[13]

Nachdem er sich durch das erste Studienjahr gequält hatte, wechselte er an die weniger anspruchsvolle University of Denver, wo er zu seiner alten Hochform zurückfand und nicht nur als Jahrgangsbester abschloss, sondern sich auch als engagierter Studentenführer[14] und herausragender Sportler hervortat.

Es war das Jahr 1949, ein Jahr, in dem sich Pauls weiterer Lebensweg und damit auch das Schicksal Nevadas entscheiden sollten. In seiner Jugendzeit hatte Paul in zwei Welten gelebt: Am väterlichen Lagerfeuer hatte er das alte, bodenständige Nevada kennen gelernt, eine Welt, »in der Banker und Geschäftsleute mit hohen weißen Kragen mit staubigen, nach Leder und Wüstenbeifuß riechenden Männern über wichtige Geschäfte verhandelten, und wo Geld noch eine ›Seele‹ hatte, weil diese Männer es sich mit ihrem Schweiß, ihrem Blut und ehrlicher Arbeit verdient hatten«[15], schrieb Robert Laxalt später. Doch er hatte auch die raue Welt der Politik und der seelenlosen Geldmacherei in Carson City erlebt, vor der sein Vater geflohen war, in der seine Mutter jedoch nach materiellem Erfolg und sozialer Anerkennung für ihre Familie strebte. Als er nach dem Jurastudium nach Carson City zurückkehrte, musste er sich entscheiden, in welchen dieser beiden Welten er leben wollte.

Drei Jahre zuvor hatte er Jackalyn Ross kennen gelernt und geheiratet, eine junge Schriftstellerin, die ihre beruflichen Pläne aufgab, als sie sich »in die Beine eines Mannes namens Paul verliebte«, wie sie später erzählte. Ihr Vater, John Ross – ein konservativer republikanischer Anwalt, der es bis zum Bundesbezirksrichter bringen sollte –, nahm seinen Schwiegersohn schon bald unter seine Fittiche. Nachdem Paul in die Kanzlei seines Schwiegervaters eingetreten war, kandidierte er für das Amt des Bezirksstaatsanwalts von Ormsby County – ein Schritt, den manche für sehr gewagt hielten, da er erst ein Jahr zuvor Examen gemacht hatte. Doch er bekam den Posten. Als er drei Jahre später nach Carson City zurückkehrte, um wieder mit seinem Schwiegervater zusammenzuarbeiten, tat er dies als gleichberechtigter Partner. Während der 50er Jahre entwickelte sich die Kanzlei, der nun auch sein Bruder Peter und sein Schwager John Ross jr. angehörten, zu einem lukrativen Unternehmen, dessen wichtigste Klienten Harvey Gross und Pauls Landsmann, der Baske Johnny Ascuaga, waren – beide Eigentümer zweier der berühmtesten Kasinos im Norden Nevadas.

Nach den Gesetzen Nevadas durften der Gouverneur und der Vizegouverneur verschiedenen Parteien angehören. So kam es, dass der republikanische Vizegouverneur Rex Bell beschloss, bei den Gouverneurswahlen von 1962 gegen den amtierenden demokratischen Gouverneur Grant Sawyer anzutreten und sich nach einem geeigneten Mitstreiter umzusehen, der wiederum für das Amt des Vizegouverneurs kandidieren würde. Bell, ein ehemaliger Westerndarsteller, der mit dem Stummfilmstar Clara Bow verheiratet war, konnte dank seiner Popularität zwar auf die Stimmen aus Südnevada zählen, doch um seine Kandidatur im Norden abzusichern, benötigte er die Unterstützung eines Mitkämpfers, der dort einen guten Namen hatte. Als er sich an seinen alten Freund John Ross sen. um Rat wandte, empfahl ihm dieser seinen Schwiegersohn – »ein 1,80 Meter großer Bursche mit dichtem, kurz geschorenen, graumelierten Haar, mit Wildwest-Touch und baskischem Einschlag«[16], wie ihn ein Journalist aus Reno beschrieb.

> Die Republikanische Partei war damals ziemlich bedeutungslos … Doch nachdem das Machtmonopol McCarrans gebrochen war, kam die Partei wieder auf die Beine.[17]

Da es bei den Laxalts üblich war, wichtige Entscheidungen gemeinsam zu treffen, wurde auch über Pauls Kandidatur im Familienkreis beraten. Während die Geschwister um den weiß gedeckten Esstisch saßen, rauchten und hochprozentige baskische Cocktails tranken, trug die resolute Matriarchin Platten mit Kutteln, Lamm und Kartoffeln auf. Sie hatte die Kränkungen, die sie und ihre Kinder in der neuen Heimat erlitten hatten, nicht vergessen und wusste, dass das soziale Ansehen der Familie letztlich vom Erfolg ihres Erstgeborenen abhing. Doch nach all den Jahren, die sie ihren Sohn angespornt hatte, war Paul nun erstaunlich unentschlossen. (»Bell hatte ihn praktisch mit dem Lasso einfangen und ihm die Füße zusammenbinden müssen, damit er mit ihm kandidiert«[18], erzählte ein Freund.) Obwohl die drei Brüder beruflich sehr eingebunden waren, wurde von ihnen erwartet, dass sie »alles stehen und liegen ließen, um Pauls Karriere zu unterstützen«[19], erinnerte sich ein Eingeweihter. Paul war zu jener Zeit der »absolute Mittelpunkt der Familie, nicht nur, weil er sie finanziell unterstützte, sondern auch emotional«[20], während sich sein rastloser Vater immer seltener blicken ließ. »Paul erwartete von seinen Brüdern Loyalität und Engagement, und er wurde nicht enttäuscht.« Nachdem Pauls Kandidatur beschlossene Sache war, wurde daraus ein Gemeinschaftsunternehmen, das die Familienmitglieder nach dem Motto »Wir gegen den Rest der Welt« enger denn je zusammenschweißte, sie allerdings Jahrzehnte später um so heftiger wieder entzweite.

Von Anfang an sah sich Gouverneur Sawyer zwei Kontrahenten gegenüber, die das Image des kernigen Cowboys verkörperten, und dies in einem Bundesstaat, in dem seit hundert Jahren beinah jeder Politiker »einer Rancherfamilie entstammte«[21]. Eine Wahlkampfwerbung mit dem Slogan »Ein Mann in Bewegung« zeigte den Gouverneur mit Bürstenschnitt und Brille beim gewagten Twist mit der Frau eines Gangsters. Die sowjetische Zeitung *Isvestija* veröffentlichte das Foto als Beleg für die Dekadenz der Amerikaner. Er würde es schwer haben, sich auf den unvermeidlichen Paraden während des heißen Wahlkampfsommers zu behaupten, denn man erwartete von den Kandidaten, dass sie sich aufs Pferd schwangen. Als Sawyer zum ersten Mal während des populären Rodeo- und Westernfestivals »Helldorado Days« in Las Vegas an einem Umzug teilnahm, hielt er sich mit einer Hand am Sattelknauf fest – ein Fauxpas, der ihn sofort als Greenhorn entlarvte – und das in einem Bundesstaat, in dem in 15 von 17 Wahlkreisen die Rancher dominierten. Und als sei dies nicht schon peinlich genug, hielt er mit der anderen Hand krampfhaft seinen eigens für diesen Anlass gekauften viel zu großen Stetson fest, der ihm halb »über die Ohren und Augen gerutscht war«[22], berichtete ein Zuschauer. Bell dagegen war eine imposante Erscheinung mit seinen Glattleder-Chaps, dem handgefertigten Garcia-Sattel, der farbenprächtigen Navajo-Decke, dem silberbeschlagenen Halfter, den geflochtenen Zügeln und dem taillierten Satinhemd aus dem Western-Laden, der ihm selbst gehörte. Während sein Hengst, den er von seiner Ranch bei Searchlight mitgebracht hatte, über den Asphalt der Fremont Street trabte, stand er in den Steigbügeln und winkte der jubelnden Menge zu. Ein Vertrauter Sawyers erinnerte sich:

> Es war, als ritte man direkt neben dem verdammten Gene Autry.[23]

Nun musste sich Sawyer auch noch mit Laxalt messen, dem Spross einer »alten Viehzüchterfamilie aus Nevada«, wie es in dessen Wahlkampfwerbung schönfärberisch hieß. Obwohl später behauptet wurde, dass Laxalt nie in seinem Leben geritten sei, weil ihn ein durchgegangener Mustang einmal zu Tode erschreckt habe, hatte der große, sonnengebräunte Rechtsanwalt mit den Stiefeln aus Eidechsenleder durchaus die Ausstrahlung eines Leinwandhelden. Und er hatte das »Charisma Kennedys«, wie ihm die Lokalpresse bescheinigte. Es gab noch andere Parallelen zwischen Paul Laxalt und John F. Kennedy: eine streng katholische Erziehung, eine kesse brünette Ehefrau namens Jackie und einen ehrgeizigen, loyalen Bruder namens Robert.

Doch die Ereignisse nahmen eine schicksalhafte Wendung, die selbst für die politische Geschichte Nevadas bizarr war: Am amerikanischen

Rex Bell, Westernstar und Vizegouverneur von Nevada, steht für die neue Politik Nevadas nach dem Zweiten Weltkrieg. Hinter dem traditionellen Cowboyimage verbarg sich ein moderner Politiker im Dienste mächtiger Wirtschaftsinteressen.

Nationalfeiertag, dem 4. Juli, 16 Tage nach der Eröffnung des Wahlkampfs, erlitt der strahlende Bell auf einer öffentlichen Veranstaltung in einem Park im brütend heißen Las Vegas einen Herzinfarkt. Er starb noch am selben Abend in den Armen seiner Geliebten. Ein Mitarbeiter Sawyers erinnerte sich:

> Obwohl Grant den alten Rex, den er für einen wahren Gentleman hielt, wirklich mochte, löste der Tod seines politischen Gegners verständlicherweise nicht nur Trauer in ihm aus.[24]

Viele Kasinobosse am Strip ermutigten Laxalt, nun selbst für das Gouverneursamt zu kandidieren, da sie hofften, auf diese Weise Sawyer und seine verhasste »Schwarze Liste« loszuwerden. Doch der unsichere Laxalt, der sich »auf der politischen Bühne wie ein Novize fühlte«[25], hatte Bedenken und überließ das Feld Hank Greenspun und dem Bürgermeister von Las Vegas, Oran Gragson, der den ehrgeizigen Verleger in einer Stichwahl aus dem Rennen schlug. Bei den allgemeinen Wahlen setzte sich der Amtsinhaber Sawyer gegen den Republikaner Gragson durch; aber auch Laxalt errang einen Sieg, so dass Sawyer zum zweiten Mal mit einem republikanischen Vizegouverneur geschlagen war. Die beiden Politiker sollten sich jahrzehntelang bekämpfen.

Laxalt nutzte seinen neuen Status, um zwei Jahre später gegen den demokratischen Senator Howard Cannon anzutreten. Cannon war Vorsitzender des mächtigen Geschäftsordnungsausschusses des amerikanischen Senats, der damals gerade gegen Bobby Baker wegen dessen Verbindungen zu den Kasinobossen Eddie Levinson und Cliff Jones ermittelte. Da ihm der Ruf anhaftete, eine »Marionette der Wirtschaft«[26] zu sein, bot er seinem Rivalen eine willkommene Angriffsfläche. Laxalt machte sich das schriftstellerische Talent seines Bruders Robert zunutze, um Cannon mit spitzfindigen Vorwürfen zu attackieren. Robert hatte kurz zuvor *Baskische Heimkehr*, eine Biografie über seinen Vater, veröffentlicht, die landesweit Anerkennung fand und dem Namen Laxalt in Nevada zu noch größerem Ansehen verhalf. Er war es auch, der »für Paul den Laden schmiss«[27], wie ein Freund erzählte. »Er schrieb seine Reden und Presseerklärungen und war unglaublich geschickt im Umgang mit Reportern.«

Als Paul Laxalt seine wichtigsten Klienten abgab, um mögliche Interessenkonflikte zu vermeiden, pries ihn eine Renoer Zeitung als einen »Streiter für Ehrlichkeit und Integrität«. Laxalt setzte alles daran, um Cannon als korrupten Politiker zu entlarven. Er spielte der Presse

Informationen zu, wonach der Senator mit einem von Bobby Baker gecharterten Flugzeug zu einer Fundraising-Party nach Las Vegas geflogen sei, wo für seinen Wahlkampf 100.000 Dollar gespendet wurden; Laxalt legte sogar eine Passagierliste vor, auf der die Namen einiger zwielichtiger Geschäftemacher standen. Darüber hinaus behaupteten die Brüder Laxalt öffentlich, dass Cannon die Untersuchung gegen Baker manipuliert hätte, nicht nur aus Gefälligkeit gegenüber seinem langjährigen politischen Verbündeten Lyndon B. Johnson, sondern auch, um seine eigenen Machenschaften zu vertuschen. Außerdem habe er die Anhörung von Hauptzeugen verhindert und damit die Untersuchung gegen Baker unterlaufen, wetterte Laxalt:

> Cannon hat die Arbeit des Ermittlungsausschusses massiv eingeschränkt, indem er statt der erforderlichen 100.000 Dollar nur 10.000 Dollar an Etat beantragte … Zum ersten Mal in unserer Geschichte hat sich ein Senator aus Nevada vor den Augen der Nation verdächtig gemacht und Schande über unseren Bundesstaat gebracht.[28]

Im Herbst 1964 war Laxalt »im Aufwind«[30], wie ein Zeitzeuge berichtete. Er war sogar schon als möglicher Bewerber für die Vizepräsidentschaft im Gespräch, als Partner seines »guten Freundes Barry Goldwater«[29], der in jenem Jahr für die Präsidentschaft kandidieren wollte. Nach einem Wahlkampf, den die Medien als »einen der knappsten und aggressivsten in der politischen Geschichte des modernen Nevada« bezeichneten, schlug ihn Cannon jedoch mit einem Vorsprung von 48 Stimmen bei 134.000 abgegebenen Wählerstimmen.

Barry M. Goldwater, Präsidentschaftskandidat der Republikaner 1964

Laxalt führte seine Niederlage auf »faule Tricks in der Westside«[31] zurück, da die Wahlergebnisse im Ghetto von Las Vegas verdächtig einheitlich waren, und beschuldigte seine politischen Gegner, die Wahlmaschinen manipuliert zu haben. Ein Lokalpolitiker, der im Ghetto kandidiert hatte, war überzeugt davon, dass »mindestens zehn Prozent der Neger dort so unzufrieden«[32] mit den Verhältnissen seien, dass sie niemals für den amtierenden Gouverneur gestimmt hätten. »Schauen Sie mich doch an«, sagte eine Ghettobewohnerin, »ich habe vier Kinder. Sehn Sie sich nur die Löcher in ihren Schuhen an. Sie haben nichts zum Anziehen.« Wie Laxalts Informanten ihm berichteten, hatten Cannons Leute nicht nur an den Wahlmaschinen gedreht, sondern unter den Schwarzen auch noch das Gerücht verbreitet, die ersten Sklavenhändler seien Basken gewesen.

Dieser Rückschlag trieb ihn an seinen Zufluchtsort am Marlette Lake zurück. Die Ergebnisse der Nachauszählung, die er schließlich erwirkt hatte, waren nicht weniger niederschmetternd gewesen, da er nun sogar mit 84 Stimmen unterlag. Ebenso wie Richard Nixon nach dem Wahlbetrug der Demokraten 1960 ein anderer war – voller Misstrauen und Groll –, sollte auch Paul Laxalt nach seiner bitteren Niederlage von 1964 nicht mehr derselbe sein. Er und seine Brüder schworen sich, eine solche Kränkung und Demütigung der Familie nicht noch einmal hinzunehmen. »Was wir doch für Kindsköpfe waren«, schrieb Robert Laxalt über diese ersten politischen Bewährungsproben. »Aber selbst Kinder lernen schnell.«[33]

Als Laxalt sich 1966 erneut um das Gouverneursamt bewarb, erhielt er von dem führenden Syndikatsmitglied Ruby Kolod Tausende von Dollar, um den Wahlkampf zu finanzieren, den viele für den wichtigsten in der Geschichte Nevadas hielten. »Soweit man weiß, war dies das erste Mal, dass er sich gefährlich nah am Abgrund bewegte«[34], schrieb Dan Moldea. Grant Sawyer, der bei seinen Wahlkämpfen 1958 und 1962 auf die Unterstützung des Strip zählen konnte, hatte es sich mit den Kasinobossen endgültig verscherzt. »Der alte Kolod hatte sich geschworen, seinen letzten Dollar zu opfern, um Sawyer zu Fall zu bringen«[35], erinnerte sich ein Vertrauter Sawyers. Kolod und seine zwielichtigen Partner vom Desert Inn unterstützten Laxalt deshalb nur zu gern und ließen ihm nach Angaben des Autors Gabe Vogliotti 200.000 Dollar zukommen. Sawyer hatte veranlasst, dass Kolods Spielkonzession aufgehoben wurde, solange sein Berufungsverfahren wegen eines Erpressungsfalls lief. »Zu allem Überfluss hatten es Sawyers Beamte Moe Dalitz untersagt, ein zweites Kasino, das Riviera, zu erwerben«[36], berichtete ein Politiker aus Las Vegas. Dalitz, der Laxalt als »seinen Mann« bezeichnete, sowie Kolod und Frank Sinatra sorgten dafür, dass der baskische Vizegouverneur »im Geld schwamm«[37], wie sich ein Wahlhelfer Laxalts erinnerte. Sinatra konnte Grant Sawyer nicht vergessen, dass er ihm die Spielkonzession für das Cal-Neva entzogen hatte. Doch es gab noch mehr Gründe, weshalb Sawyer am Strip so verhasst war: Er hatte sich energisch gegen Bestrebungen gewandt, eine Mehrfachlizenzierung einzuführen, die es einem Konzessionsinhaber erlaubt hätte, in Nevada mehrere Kasinos zu betreiben. Ebenso hartnäckig bekämpfte er alle Versuche, ein Gesetz aufzuweichen, dass es Konzessionsinhabern in Nevada untersagte, sich irgendwo anders in der Welt an einem Kasino zu beteiligen. Außerdem stellte er sich gegen die Einführung eines Gesetzes, das es Gesellschaften gestattete, Kasinos zu besitzen und Spielkonzessionen zu erwerben. Sawyer, der fürchtete, dass sich das organisierte Verbrechen hinter solchen Gesellschaften verstecken könnte, hatte »wesentlich dazu beigetragen, dass diese Gesetzesvorhaben in den beiden Legislaturperioden zwischen 1963 und 1967 zu Fall gebracht wurden«[38]. Als sich Sawyer 1966 zur Wiederwahl stellte, hatte sich »so ziemlich der gesamte Strip gegen ihn verschworen«[39], schrieb ein politischer Beobachter.

Trotz der großzügigen Wahlkampfspenden der Kasinobosse gab sich Laxalt »als der unverbrauchte, junge Republikaner, der das unglückselige Opfer eines Wahlbetrugs war und nun gegen eine überalterte demokratische Parteimaschine und einen etablierten Gouverneur antrat«[40], schrieb Laxalts ehemaliger Berater Richard Spees. Es gelang ihm das Kunststück, sich einerseits am Strip eine politische Basis zu schaffen, während er andererseits »dem FBI versicherte, er werde dort aufräumen«[41], schrieben die Journalisten Robert Gottlieb und Peter Wiley. »Er kam nach Las Vegas und hielt die Hand auf«[42], erinnerte sich ein republikanischer Politiker. Laxalt kritisierte Sawyers Kampfansage an FBI-Chef Hoover mit dem Argument, er sei nicht nur unpatriotisch, sondern schade den Interessen Nevadas:

> Wenn Sawyer schon solche leichtfertigen Vorwürfe gegen einen der angesehensten Männer des Landes erhebt, dann sollte er wenigstens nicht den ganzen Staat mit hineinziehen.[43]

Im eloquenten Stil seines Bruders Robert kündigte er an, er werde mit Hoover eng zusammenarbeiten, um »den Verdacht aus der Welt zu schaffen, dass wir mit Gangstern unter einer Decke stecken«[44]. Spees zufolge glaubten die Kasinobesitzer, dass Sawyer mit seiner Forderung, Hoover solle entweder mit »Beweisen herausrücken oder seine Männer zurückzupfeifen«[45], das Misstrauen und die Überwachung durch die Bundesbehörden nur verstärkt habe.

Laxalt war einer der ersten Politiker Nevadas, die den »faulen Kompromiss« nicht nur rechtfertigten, sondern sogar offen befürworteten, indem er die Glücksspielindustrie als Branche hinstellte, »die einem wirtschaftlich rückständigen Staat zum Wohlstand verholfen«[46] habe, wie es in Roberts Wahlkampfnotizen hieß. Er lehnte es ab, sich für einen Staat zu entschuldigen, der »in aller Öffentlichkeit« das tue, was in ganz Amerika in »dunklen Hinterzimmern«[46] gemachte werde. Die Wirtschaft des Bundesstaates basiere nun einmal auf dem Glücksspiel und es sei »pure Heuchelei, etwas anderes zu behaupten«[47]. Mit einer Mischung aus baskischem Stolz und Selbstgerechtigkeit warb Laxalt leidenschaftlich für die Souveränität Nevadas und appellierte an den aufrechten Pioniergeist seiner Wählerschaft. »Eine unsentimentale Haltung gegenüber den Realitäten des Lebens, das ist es, was den Staat Nevada auszeichnet – den tolerantesten Staat der Union«[48], erklärte er emphatisch. Er führte die Zähigkeit der Einheimischen auf ihre raue Umgebung zurück. »Wir brauchen uns nur die Wüste anzusehen, um uns dies zu vergegenwärtigen.«[49] In dieser einzigartigen Landschaft sei der unbändige Geist der Freiheit geboren. Nicht das Glücksspiel sei Nevadas Problem, sondern Sawyer, der er es versäumt habe, »die größte Industrie des Bundesstaates vor korrumpierenden Einflüssen zu schützen«[50]. Ein Wahlslogan Roberts lautete:

> Wem gehört Nevada? Dem FBI, den Gangstern oder uns?[51]

Nachdem Sawyer in einem landesweit ausgestrahlten Fernsehinterview bekannt hatte, dass er nicht wisse, ob in den Kasinos in Las Vegas Gewinne unterschlagen würden, holte Laxalt zum nächsten Schlag aus. »Nach einer Amtszeit von acht Jahren ist dies ein erschreckendes Eingeständnis.«[52] Als Sandy Smith von der *Chicago Sun-Times* Informationen aus dem Justizministerium über die illegalen Gewinnabschöpfungen des Syndikats zugespielt bekam und sich über »die Glücksspielgesetze Nevadas und ihre Durchsetzung öffentlich lustig machte«, wusste Sawyer dem nichts entgegenzusetzen.[53] Im selben Sommer beschlagnahmte das FBI in einer Fabrik in Oklahoma Unmengen von präparierten Würfeln mit den Zeichen von Riviera, Stardust und Dunes. Presseberichten zufolge entdeckte man auch mit Elektromagneten ausgerüstete Craps-Tische, haufenweise gezinkte Kartenspiele, verkabelte Rouletteteller und Spieltische, in deren Beinen elektrische Leitungen verborgen waren. Sawyer, der immer behauptet hatte, dass die Stichproben seiner Behörde in den Kasinos die Verwendung manipulierter Spielgeräte wirksam unterbinde, geriet nun erneut unter Beschuss.

Es war ein schmutziger, aggressiver Wahlkampf, in den sich sogar Hoover persönlich einschaltete, indem er Sawyer in einem Brief scharf kritisierte – etwas, was sich Hoover bislang noch keinem amtierenden Gouverneur gegenüber herausgenommen hatte. Diesen Brief brachte Sawyers langjähriger Rivale Hank Greenspun auf der Titelseite seiner Zeitung. »Niemand, der sich damals mit dem allmächtigen Hoover anlegte, kam ungeschoren davon«[54], sagte Sawyer Jahre später. »Das war lange, bevor seine korrupten Machenschaften ans Licht kamen.«

Trotz der Unterstützung einiger prominenter Anhänger – in einem Fernsehspot nannte Sammy Davis jr. den Gouverneur »einen tollen Hecht«[55], während Dan Blocker alias Hoss Cartwright aus *Bonanza* ihm begeistert zustimmte – war Sawyers Stern am Sinken. Der nächste Tiefschlag war Johnsons Weigerung, für ihn in Nevada Wahlkampf zu machen, offenbar eine späte Rache für seine Niederlage auf dem Nominierungsparteitag der Demokraten 1960. Nicht nur, dass Sawyer es sich wegen seiner Verbindungen zu den Kennedys mit Johnsons Anhängern verdorben hatte, mittlerweile hatten sich auch die Beziehungen zum politischen Lager der Kennedys abgekühlt – eine Folge seiner fehlgeschlagenen Bemühungen, die Wahlmännerstimmen Nevadas für Kennedy zu sichern, und seines späteren Konflikts mit Bobby. Als Präsident Johnson Sawyers Bitte um Wahlkampfunterstützung abschlug, begründete er dies mit einem erstaunlichen Argument. In einer Erklärung von Johnsons Regierungssprecher hieß es:

> Die Wahlen sind eine interne Angelegenheit Nevadas, und es ist daher nur recht und billig, dass die Bürger Nevadas allein darüber entscheiden.[56]

Angesichts der Tatsache, dass Johnson oft genug für seine Lakaien Cannon und Bible in die Bresche gesprungen war, konnte man dies nur als blanken Zynismus auffassen. Doch Sawyer wusste, dass der eigentliche Grund für Johnsons Strafaktion dessen enge Freundschaft mit diesem »gottverdammten Edgar Hoover« war – einem Mann, den Sawyer einmal mit Hitler verglich und dessen Praktiken sein Chefberater als »Nazimethoden« bezeichnet hatte. »Als Laxalt die Wahlen gewann, war dies für Hoover ein ebenso großer Sieg wie für Laxalt.«[57]

Was Sawyer möglicherweise das Genick brach – aber auch für Laxalts Familie verhängnisvolle Folgen haben sollte –, war die Entscheidung, Robert Laxalts Biografie *Baskische Heimkehr* für den Wahlkampf zu nutzen. »Das war der Moment, in dem die Familie einen Pakt mit dem Teufel schloss«[58], schrieb ein politischer Beobachter. »Das dunkelblaue Buch«[59], wie es Roberts Tochter Monique nach der Farbe seines Umschlags nannte, wurde massenhaft im ganzen Staat verbreitet, mit dem Ziel, Pauls Image durch die Tugenden seines Vaters aufzuwerten. Wie Monique 30 Jahre später in ihrem Roman *The Deep Blue Memory* schrieb, sollte sich »am Tag, an dem das dunkelblaue Buch missbraucht wurde«, das Leben des Familienklans für immer verändern.

Während das »dunkelblaue Buch« bei der Bevölkerung Nevadas nostalgische Gefühle weckte und den Namen Laxalt romantisch verklärte, agierte im Hintergrund eine Phantomgestalt, die nicht nur Laxalts Zukunft, sondern auch die Geschicke Nevadas beeinflussen sollte. Laxalt hatte während des Wahlkampfs 1966 heimlich Tausende von Dollar von einem ungenannten Gönner erhalten, der mit dem Ideal des mutigen baskischen Schäfers nichts gemein hatte. Doch Paul sah in diesem Mann einen Heilsbringer, den ersehnten Erretter Nevadas. »Las Vegas als zweites Lourdes«[60], lautete der sarkastische Kommentar des Autors John L. Smith.

Es war der amerikanische Traum von Reichtum und Erlösung, einer der mächtigsten Mythen der Nation, für den so viele in Nevada empfänglich waren und den jene wach hielten, die Las Vegas ausplünderten.

Howard Robard Hughes war einer der reichsten Männer der Welt, ein genialer Geschäftsmann, ein berühmter Dandy, ein glamouröses Idol. Er machte gerne Kurzurlaub in Las Vegas, fernab vom Medienrummel, der ihm verhasst war. Als er einmal das Penthouse eines Hotels länger belegte als angekündigt und man ihn bat, die Wohnung für die nächsten prominenten Gäste zu räumen, kaufte er kurzerhand das ganze Hotel. Er erwarb weitere Kasinos, einen Fernsehsender, und bald gehörte ihm die halbe Stadt. Mit seinem sagenhaften Vermögen wollte er aus Las Vegas etwas Großes machen.

Es hieß, er sei angetreten, um die üblen Elemente, die die Zukunft und den Wohlstand der Stadt gefährdeten, aus Las Vegas zu vertreiben. Der heldenhafte Tycoon wolle die Stadt von ihrer zwielichtigen Vergangenheit befreien, drohende Skandale abwenden und das Glücksspiel endlich zu einer seriösen Investition für rechtschaffene Unternehmer machen. Obwohl niemand den Milliardär, seit er zurückgezogen in seinem Penthouse hinter zugezogenen Vorhängen lebte, zu Gesicht bekommen hatte, hätten die Honoratioren der Stadt und führende Männer Nevadas ihre Hand für ihn ins Feuer gelegt. Senator, Gouverneur,

Zeitungsverleger, Bankiers und renommierte Anwälte – sie alle verbürgten sich für einen Mann, in dem sie einen Wohltäter, wenn nicht gar Befreier sahen. Doch die Realität sah völlig anders aus.

Keine andere prominente Persönlichkeit jener Zeit lebte so zurückgezogen und erregte dennoch so viel Aufmerksamkeit wie Howard Hughes. Niemand war so faszinierend und geheimnisvoll, trotz der Berge von Papier, die über ihn geschrieben wurden. Der Grund für seinen Reichtum und Erfolg war kein Geheimnis. In seinem Lebenslauf spiegeln sich die entscheidenden Stationen der amerikanischen Geschichte in den ersten 70 Jahren des 20. Jahrhunderts wieder: von den wilden, spekulativen Ölbohrungen in Texas um die Jahrhundertwende über die schmutzigen Intrigen während des Kalten Krieges bis hin zu den gigantischen finanziellen Transaktionen der 60er Jahre. Hughes' Werdegang war beispielhaft für die Entwicklung der gesamten Nation.

Howard Hughes kam 1905 in Houston zur Welt – einer von Ölbohrtürmen umgebenen Stadt, die von der fieberhaften Suche nach dem schwarzen Gold vibrierte. Er wuchs in einem familiären Umfeld auf, das durch äußeren Erfolg und häusliches Elend geprägt war. Von seiner neurotischen, besitzergreifenden Mutter hatte er seine spätere krankhafte Angst vor Schmutz und Bazillen und sein gestörtes Verhältnis zu allen Körperfunktionen. Von seinem strengen Vater erbte er eines der großen amerikanischen Vermögen, das er der Erfindung eines Bohrkopfs verdankte, der die Erdölförderung revolutionierte. Howard war ein scheuer, misstrauischer Junge und ein mäßig begabter Schüler ohne jeden Ehrgeiz. Als er 16 war, starb seine Mutter, zwei Jahre später sein Vater, woraufhin er unerwartet Eigeninitiative und Geschäftssinn entwickelte. Er bezahlte seine Verwandten aus, um die alleinige Kontrolle über das väterliche Unternehmen Hughes Tool Company zu erlangen – eine sprudelnde Kapitalquelle, die ihm seine späteren Investitionen in der Filmindustrie und anderen Branchen ermöglichte. In den ausgelassenen 20er Jahren war er ein eleganter Dandy, in den tristen 30er Jahren ein tollkühner Pilot, der einen Flugrekord nach dem anderen brach und nach seiner Weltumrundung 1938 sogar mit einer Konfettiparade auf dem Broadway empfangen wurde – ein Idol ganz im Trend der Zeit, das die Träume vieler Menschen verkörperte. Doch von da an sollte es nicht mehr viele solcher Freudenfeste geben, weder für ihn noch für die Nation.

Was als kleine Maschinenhalle für Hughes' Privatflugzeug begann, wurde im Zweiten Weltkrieg ein bedeutendes Flugzeugwerk, das für die Air Force Militärmaschinen baute. Das von Hughes Aircraft entwickelte Flugboot Hercules, mit dem Spitznamen »Spruce Goose«, war das größte Flugzeug, das je gebaut wurde. Allerdings wurde es nur einmal eingesetzt und galt in der Presse bald als »Symbol für die Verschwendungspolitik der Regierung«[61]. Doch dies waren nicht die einzigen Millionen, die der Staat wegen Hughes' Inkompetenz und Stümperei in den Sand setzte. Es folgten weitere Tollheiten: Ein zweites Amphibienflugzeug stürzte über dem Lake Mead ab; dann unternahm Hughes 1946 mit dem Prototypen eines Aufklärungsflugzeugs einen Testflug und stürzte über Beverly Hills ab (unweit des Hauses, in dem sein Freund Bugsy Siegel ein Jahr später ermordet werden sollte). Hughes überlebte den Absturz, sollte jedoch sein Leben lang unter chronischen Schmerzen leiden, die er mit immer stärkeren Medikamenten bekämpfte. Nach dem Unfall wehrte er sich empört gegen Kritiker im Kongress, die ihm Missmanagement vorwarfen. Entgegen allem Anschein war Hughes kein apolitischer Industrieller, sondern – ganz im Einklang mit dem Zeitgeist – ein glühender Antikommunist, der von Nixon dafür gelobt wurde, dass er einen angeblichen Staatsfeind aus seinem Filmstudio entlassen hatte. Der Abenteurer Hughes, dessen glamouröses Image wirtschaftliche Misserfolge, Flugzeugabstürze und Überspanntheiten unbeschadet überstanden hatte, wandte sich schließlich dem hehren Geschäft der nationalen Sicherheit zu, bei dem Geld keine Rolle spielte.

Mitte der 50er Jahre hatte es Hughes zu »unvorstellbarem Reichtum« gebracht, wie es der kanadische Journalist Gerald Bellett ausdrückte. Dank der Regierungsaufträge während des Kalten Krieges hatte er das väterliche Vermögen um ein Vielfaches vermehrt. Sein Geld verlieh ihm eine Aura der Unverwundbarkeit, denn obwohl er bei riskanten Geschäften Millionen von Dollar verlor, galt er weiterhin als Wirtschaftsgenie. Und obwohl er den Staat mit seinen unternehmerischen Fehlschlägen um Millioneninvestitionen brachte, flossen aus irgendwelchen »schwarzen Kassen« genügend Gelder, um ihm weitere Aufträge zuzuschanzen. Diesmal ging es um die Herstellung von Elektronik und Hardware für Waffensysteme und die Raumfahrt. Mittlerweile war er auch Hauptaktionär von Trans World Airlines. Als er zehn Jahre später, nach jahrelangen Auseinandersetzungen mit Gerichten und Aktionären, TWA schließlich für 546 Millionen Dollar verkaufte, war dies der Auftakt zu einer langen Reihe von Wirtschaftsintrigen und dubiosen Finanzgeschäften, die die letzten Jahrzehnte des Jahrhunderts kennzeichnen sollten; doch vor allem war es einer der größten Aktienverkäufe der Geschichte. »Noch niemals war ein Scheck über eine solche Summe ausgestellt worden«[62], schrieb Michael Drosnin.

1958 hatte der Tycoon, »der letzte große Freibeuter Amerikas«[63], der mit Amerika groß geworden und dessen Erfolgsgeschichte eng mit der seines Landes verwoben war, »praktisch alle Kontakte zur Außenwelt abgebrochen«[64], wie seine Biografen Barlett und Steele berichteten. Doch sein zurückgezogenes Leben ließ ihn nur noch faszinierender erscheinen. Immer noch wurden die legendären Fotos von ihm abgedruckt – Schlaglichter vergangener Epochen: Der große, schlanke, unrasierte junge Mann mit Filzhut in schüchterner Pose neben seiner silbernen Lockheed, der schnurrbärtige Playboy in Begleitung hübscher Starlets, der seriöse Rüstungslieferant im Zweireiher im Wortgefecht mit Senatoren – sein Gesicht kaum gealtert, »wie Dorian Gray, ein Mann, dem die Zeit nichts anhaben konnte«[65], schrieb Drosnin. Doch als der 61-jährige Hughes mit seiner spektakulären Vergangenheit und seinem ebenso spektakulären Vermögen 1966 nach Las Vegas kam, war er ein anderer geworden. Von nun an blieben nicht nur er selbst, sondern auch seine Geschäfte der Öffentlichkeit weitgehend verborgen.

Der Geschäftsmann Hughes pflegte schon seit langem enge Verbindungen zur Unterwelt. Seine Kontakte zum Syndikat reichten bis in die Prohibitionszeit zurück. Longy Zwillman, der einst in seinem Auftrag Alkohol geschmuggelt hatte, war auch jetzt noch sein Freund und Geschäftspartner. Bugsy Siegel und Johnny Rosselli kannte er aus Kalifornien, wo diese im Auftrag des Syndikats die Filmindustrie kontrolliert hatten. Die RKO-Studios, die er von Unterweltgrößen erworben hatte, verkaufte er 1952 ebenfalls an einen Gangster, seinen langjährigen Geschäftspartner Frank Costello. Als er in den 40er Jahren seine ersten Rüstungsaufträge erhielt, legte das emsige FBI über 250 Dossiers über seine dubiosen Verbindungen an. Dass diese Ermittlungen folgenlos blieben, hatte er weder dem Zufall noch purem Glück zu verdanken: Hinter den Kulissen beschäftigte er PR-Leute, Lobbyisten, Anwälte und Privatdetektive, die mit Hilfe von Geld, sexuellen Gefälligkeiten und »karrierefördernden Maßnahmen« Presse, Kongress und Regierung ruhigstellten. Wie Barlett und Steele schrieben, zahlte Hughes »Millionen von Dollar an Politiker beider Parteien – auf lokaler, bundesstaatlicher und nationaler Ebene –, mit dem Ziel, politische Funktionsträger, vom einfachen Abgeordneten bis hin zum Präsidenten, zu manipulieren und die Entscheidungsprozesse in öffentlichen Gremien und Behörden zu beeinflussen, angefangen bei Stadträten bis hin zur obersten Finanzverwaltung«[66]. Mit diesen skrupellosen Manipulationen gelang es ihm, seine Kontakte zur Unterwelt, seine kriegsgewinnlerischen Aktivitäten im Zweiten Weltkrieg und seine Fehlschläge während des Kalten Krieges vergessen zu machen.

Ende der 50er Jahre war Hughes Aircraft – mittlerweile nicht nur Hauptlieferant elektronischer Systeme für die Luftwaffe, sondern auch von Spionagesatellitentechnik – »eine Art Tochtergesellschaft des CIA, deren Interessen sich mit denen des Geheimdienstes mehr oder weniger deckten«[67], wie ein Mitarbeiter des Pentagon später berichtete. Hughes war jahrzehntelang sowohl Geschäftspartner als auch Strohmann des CIA: angefangen bei den Entwicklungen im Bereich der Raumfahrttechnik in den 50er Jahren, über die von ihm gepachteten Inseln als Stützpunkte für CIA-Operationen gegen Castro und die Rolle der TWA als Transport- und Tarnunternehmen für CIA-Operationen in den 60er Jahren, bis hin zu *Glomar II,* dem Tiefseetauchboot von Hughes Tool, das er für ein aberwitziges, kostspieliges Geheimprojekt in den 70er Jahren entwickelt hatte, bei dem ein gesunkenes sowjetisches U-Boot geborgen werden sollte.

Während des Krieges besuchte er oft Las Vegas, um in den Kasinos zu spielen und Frauen kennen zu lernen, und als 1946 sein Lieblingskasino in Fort Worth, Benny Binions Top O'Hill Terrace, schloss, kam er sogar noch häufiger. Anfang der 50er Jahre stieg er regelmäßig im Desert Inn, im El Rancho und besonders im Flamingo ab, wo er Bugsys persönlicher Gast war und dessen übereifriger PR-Mann, Hank Greenspun, ihn mit Revuegirls bekannt machte. Seine Biografen schrieben:

> Er mochte das glamouröse, glitzernde Leben der Stadt und er genoss es, abends durch die Kasinos und Hotels zu ziehen, um nach jungen attraktiven Frauen Ausschau zu halten.[68]

Damals plante er bereits, sein Wirtschaftsimperium nach Nevada zu verlegen. Während des Koreakrieges gelangte er durch einen mysteriösen Deal in den Besitz eines äußerst wertvollen Grundstücks – ein über 10.000 Hektar großes Areal außerhalb von Las Vegas – und wurde damit der größte private Grundstückseigner von Clark County. Mit Hilfe seines langjährigen Washingtoner Anwalts Clark Clifford, des Senators McCarran sowie seiner Kontakte aus Militär- und Geheim-

Howard Hughes zur Zeit seiner ersten Besuche am Strip, lange bevor Medikamentensucht und Wahnsinn ihren Tribut forderten.

dienstkreisen tauschte Hughes wertloses Wüstenland in fünf verschiedenen Countys im Norden Nevadas gegen das kleinere Areal im Süden, das der Bundesregierung gehörte. »Das Pentagon übte enormen Druck aus, um den Tauschhandel voranzutreiben, da er angeblich den nationalen Verteidigungsinteressen dient«[69], berichtete die Lokalpresse damals. Das neue Grundstück, das sein Eigentümer »Husite« taufte, war größer als das gesamte Stadtgebiet von Las Vegas. Als sich die Behörden in Carson City bei Hughes erkundigten, was er mit dem Land vorhabe, schaltete sich das Verteidigungsministerium ein und erklärte, alle Einzelheiten unterlägen »strikter Geheimhaltung«.

1953 mietete Hughes einen Bungalow mit fünf Zimmern in unmittelbarer Nachbarschaft des Desert Inn, der wegen seiner Farbe »das grüne Haus« genannt wurde und mit seinem leuchtenden Anstrich die karge Umgebung belebte. Hughes zitierte Wirtschaftspartner aus allen Teilen der Welt in seine »neue kleine Stadt«[70], wie er Las Vegas nannte, um mit ihnen seine Geschäfte abzuwickeln. Als er nach fast einem Jahr die Stadt wieder verließ, veranlasste er, dass man an dem kleinen Bungalow, in dem er sich so wohl gefühlt hatte, nicht das Geringste veränderte. Doch er sollte nie mehr dorthin zurückkehren. Die ersten Anzeichen für das tragische Schicksal, das den Milliardär einholte, waren nicht zu übersehen: Türen und Fenster des »grünen Hauses« waren mit speziellem Klebeband abgedichtet, um bedrohliche Bakterien und schädliche Strahlen abzuhalten.

1944 war seine Krankheit zum ersten Mal zum Ausbruch gekommen. Er hatte von heute auf morgen sein Haus in Los Angeles verlassen und war Monate lange rastlos zwischen Las Vegas und Reno hin und her gependelt, wo er sich unter falschem Namen in Hotels eingemietet hatte. 1957 heiratete er die Schauspielerin Jean Peters unter recht skurrilen Umständen. Die heimliche Trauung, die der Anwalt aus Las Vegas, Howard Cannon, für ihn arrangierte, fand in dem schäbigen Hotel Mizpah in der ehemaligen Silberstadt Tonopah statt, etwa 300 Kilometer nördlich von Las Vegas. Nur ein Jahr später erlitt er einen weiteren Schub, der ihn vorübergehend in einen Zustand tiefer geistiger Verwirrung stürzte. Das wiederholte sich in immer kürzeren Abständen. Wie wir von den wenigen Menschen in seiner unmittelbaren Umgebung wissen, schwankte er zwischen Wahnsinn und völliger Klarheit, zwischen sinnlosem Gebrabbel und größenwahnsinnigen, aber durchaus ernst zu nehmenden Fantastereien, zwischen Phasen, in denen er gegen Türen urinierte oder buchstäblich in seinen eigenen Exkrementen saß, und Phasen, in denen er verzweifelt versuchte, sich mit zwanghaften Ritualen vor jeglicher Verseuchung oder Ansteckung zu schützen. Seine Biografen zeichneten das Bild eines medikamentenabhängigen Mannes, im Banne seiner Wahnvorstellungen und Zwangsneurosen:

> Er saß nackt in seinem weißen Ledersessel, hatte sich seit Monaten nicht gewaschen, die grauen Haare hingen ihm über den Rücken, der verfilzte Bart reichte ihm bis zur Brust, die Zehen- und Fingernägel sahen aus wie Vogelkrallen.[71]

Das war acht Jahre bevor er an den Strip zurückkehrte, und sein Zustand sollte sich noch verschlimmern.

Seine Angestellten und Geschäftspartner, selbst hohe Regierungsbeamte, nutzten seine Krankheit schamlos aus. Niemand rührte einen Finger, um ihm die erforderliche Hilfe zukommen zu lassen. Niemand wollte das öffentliche Bild des »kompetenten« Hughes zerstören, denn dies hätte die Karriere vieler in seiner Umgebung gefährdet – Manager, die um ihre einflussreiche Positionen in seinem Firmenimperium fürchteten, und seine engsten Mitarbeiter, die um ihre Privilegien bangten.

1947 hatte Hughes einen zuverlässigen jungen Mormonen von der Brigham Young University in Provo, Utah, als Sekretär eingestellt, der, wie vorherzusehen war, weitere Mormonen in den zunehmend einflussreicheren Kreis von Hughes' Helfern holte. »Wenn in Hughes' Büro in Kalifornien eine Stelle frei war, wurde dies auf sämtlichen schwarzen Brettern der mormonischen Kirche in Los Angeles bekannt gegeben«[72], berichtete ein Insider. Meist waren es ehemalige Lastwagenfahrer, Arbeiter und Büroangestellte, die das unverhoffte Glück hatten, vom Wahnsinn eines reichen Mannes zu profitieren. Seine Biografen Donald Barlett und James Steele schrieben:

> Indem sie sich bereitwillig in Hughes' Wahnwelt begaben, sicherten sie sich sagenhafte Gehälter, üppige Spesenkonten, die Vergünstigungen eines Firmenmanagers und eine sorgenfreie finanzielle Zukunft – Karrieren, die ihnen normalerweise verschlossen geblieben wären.[73]

Diese Menschen verheimlichten seinen Geisteszustand und sorgten dafür, dass er sein Refugium nicht mehr verließ. 1960 waren seine engsten Mitarbeiter de facto seine Gefangenenwärter geworden. Doch sie und Hughes' Manager sollten nicht die einzigen sein, die aus dem Elend des Tycoons Kapital schlugen. In Las Vegas erwarteten ihn bereits Männer von ganz anderem Kaliber.

Am 27. November 1966 kurz vor Sonnenaufgang fuhr ein Privatzug mit zwei Salonwagen auf den Gleisen in Las Vegas ein, die einer ihrer Gründervater, Senator William Clark, 50 Jahre zuvor hatte legen lassen. Der Zug hielt an einem einsamen Bahnübergang in der Carey Avenue im Norden der Stadt. Nur 16 Tage nach Laxalts Wahl zum Gouverneur traf sein heimlicher Gönner Howard Hughes in Las Vegas ein und wurde vom »Strategen« des Strip, Johnny Rosselli, empfangen. »Wie ein orientalischer Pascha oder ein verwöhntes Kind«[74], habe sich der 61-jährige Hughes in einer Art Sänfte in einen »improvisierten Krankenwagen«[75] verfrachten und dann im Eiltempo zum Desert Inn fahren lassen, berichtete ein Journalist. »Der Zauberer von Oz war in der Smaragdenstadt eingetroffen«[76], schrieb Hughes' Biograf Michael Drosnin.

Er kam aus einem ganz bestimmten Grund. Hughes hatte vor seinem Eintreffen in Las Vegas geheime »Verhandlungen über den Erwerb des Desert Inn und des Sands geführt«[77], offenbarte ein Eingeweihter. Nicht nur Laxalt, auch das Syndikat – besonders Dalitz' und Lanskys Leute – hatten ungeduldig auf Hughes gewartet. Der Bundesstaat war »ins Kreuzfeuer der Kritik geraten, nachdem bekannt geworden war, dass dem organisierten Verbrechen Kasinogewinne zugeflossen waren«[78], schrieben Barlett und Steele. Die Stadt war noch in heller Aufregung wegen der Enthüllungen in der *Chicago Sun-Times*, wonach die Kasinos 6 Millionen Dollar am Fiskus vorbeigeschleust hatten. Wie die Zeitung durch geheime Informanten des FBI erfahren hatte, waren innerhalb eines Jahres von den Einnahmen der Strip-Kasinos Desert Inn, Stardust, Flamingo und Sands sowie dem Fremont und dem Horseshoe in Glitter Gulch monatlich 100.000 Dollar abgezweigt worden und größtenteils direkt zu Lansky nach Miami gewandert. Dalitz stand wegen Steuerhinterziehung vor Gericht, und Hoffa, der 1964 wegen Geschworenenbestechung und Veruntreuung von Pensionsgeldern verurteilt worden war, hatte so gut wie alle Rechtsmittel ausgeschöpft und musste ebenfalls mit einer Gefängnisstrafe rechnen. Darüber hinaus ermittelten die Bundesbehörden wegen illegaler Geschäftspraktiken gegen die Emprise Corporation in Buffalo, die heimliche Eigentümerin des Frontier war. Ferner war im Zuge einer umfassenden Abhöraktion des FBI aufgedeckt worden, dass »führende Mitglieder der demokratischen und der republikanischen Partei«[79] von Gangstern Geld erhalten hatten, darunter ein nicht namentlich genannter ehemaliger Gouverneur von Nevada – wahrscheinlich der ehemalige Erzfeind des FBI, Grant Sawyer –, der 200.000 Dollar kassiert hatte. Nach Berichten in der *Sun-Times* herrschte zwischen den Besitzern des Riviera und des Stardust – also zwischen Dalitz und seiner Detroiter Clique und Giancana und der Chicagoer Unterwelt – ein Bandenkrieg, dessen Hintergründe nie ganz geklärt wurden. Und schließlich berichtete die Chicagoer Boulevardpresse über die Verbindungen zwischen einer von Bobby Baker geführten Bank auf den Bahamas und Partnern Lanskys in Las Vegas.

Drosnin zufolge wurde Las Vegas in den nationalen Medien als »ein einziges riesiges Verbrechernest, eine gigantische Metropole des Lasters«[80] dargestellt. Die wirtschaftliche Entwicklung der Stadt stagnierte, zumindest im Vergleich zu früher. Wegen der jüngsten Skandale schreckten seriöse Unternehmen vor Investitionen zurück. Seit den Kefauver-Anhörungen hatte auf der Stadt und dem Staat kein solcher öffentlicher Druck mehr gelastet. Es kursierten Gerüchte, dass das FBI scharf gegen die Kasinos vorgehen oder sie gar schließen lassen wolle. »Gerade als das Spiel aus zu sein schien, tauchte Hughes auf der Bildfläche auf, ein Gimpel mit einem riesigen Bankkonto«[81], schrieb Drosnin, und der Journalist Gerald Bellett kommentierte das Ereignis:

> Man empfing ihn wie einen Messias, der die Stadt vom Stigma Bugsy Siegels und seiner Nachfolger befreien würde.[82]

Rosselli, der mit seinem Washingtoner Anwalt Edward P. Morgan, Hughes' Sicherheitschef Maheu und Hank Greenspun eng zusammenarbeitete, hatte alles für die Ankunft des Milliardärs vorbereitet. Gemeinsam mit einigen Klienten und Partnern Morgans – darunter Hoffa, Dalitz und Parry Thomas – sollten sie in den nächsten vier Jahren die Geschichte der Stadt entscheidend beeinflussen und dabei Millionen von Dollar verdienen.

Greenspun wurde von Morgan beauftragt, eine geeignete Unterkunft für Hughes zu finden. Nachdem er erfolglos versucht hatte, eine Suite im Dunes zu bekommen, mietete er zwei komplette Stockwerke des Desert Inn. Es dauerte vierzehn Tage, bis die erforderliche elektronische und medizinische Ausrüstung installiert war. Als Morgan Greenspun bat, alle Meldungen zu unterdrücken, die den medienscheuen Hughes verschrecken könnten, »überschlug sich«[83] der Zeitungsverleger förmlich vor Entgegenkommen und war sogar bereit, dafür zu sorgen, dass auch die übrige Presse in Nevada die Sensationsmeldung von Hughes' Ankunft vorerst zurückhielt. Greenspuns Loyalität gegenüber Morgan – den er einmal als seinen »größten Wohltäter« bezeichnet hatte, nachdem dieser ihn unentgeltlich vor Gericht vertreten hatte, und dem er später seine Memoiren widmen sollte – ging sogar so weit, dass er sich über seine Informationspflicht als Journalist hinwegsetzte und »über einen Monat lang die Geschichte unter Verschluss hielt«[84], wie er später prahlte. Diese selbst auferlegte Nachrichtensperre war »um so erstaunlicher, als es sich bei Hughes um eine der medienwirksamsten Personen der Welt handelte«[85], schrieb J. Anthony Lukas. Allerdings nahm Greenspun im Laufe der folgenden vier Jahre gegenüber seinem alten Bekannten Hughes »weniger die Rolle des Journalisten als die des Geschäftsfreunds und Partners ein«.

Sobald sich Hughes in seinem neuen, hermetisch abgeschirmten Quartier eingerichtet hatte, kam Greenspun schließlich als erster mit der Sensationsmeldung heraus und berichtete auf der Titelseite seiner Zeitung enthusiastisch von Hughes' Entscheidung, Las Vegas zu seiner neuen Heimat zu machen. »Dieser zurückhaltende, bescheidene Mann hat ein Recht auf seine Privatsphäre, auf einen Ort, an dem er sich zu Hause fühlen kann. Wir hoffen, dass er ihn hier bei uns in Nevada gefunden hat.«[86] Von all den faszinierenden Städten der Welt habe der menschenscheue Tycoon Las Vegas ausgewählt, schrieb Greenspun weiter, weil er dessen Potenzial erkannt habe. Dies war der erste von zahlreichen Artikeln, mit denen die *Sun* die Legende über Hughes' Rolle als Retter von Las Vegas verbreiten sollte.

Es hieß, Dalitz habe gedroht, Hughes und sein Gefolge aus seinem Hotel zu werfen. Daraufhin wurde hinter den Kulissen hektisch agiert: Maheu soll Rosselli gebeten haben, Hoffa einzuschalten, damit dieser bei Dalitz einen Aufschub für Hughes durchsetzte, während Greenspun Morgan beauftragte, bei Dalitz vorzufühlen, ob er das Hotel nicht verkaufen wolle. »Nachdem Johnny [Rosselli] den Weg geebnet hatte, übernahm Morgan dann die Verhandlungen für Dalitz und das Desert Inn«[87], berichtete Maheu später. Nach langem Hin und Her zwischen den Unterhändlern Maheu und Morgan, zahlte der Milliardär Moe Dalitz und seinem Partner Ruby Kolod – einem angeklagten und einem

Dieser Willkommensgruß vor dem mit Teamster-Krediten finanzierten Hotel Landmark Ende der 60er Jahre zeigt die Freude der Stadt über die Ankunft des Milliardärs, der bald darauf eine Reihe von Kasinos erwirbt.

verurteilten Gangster – 6,2 Millionen in bar und übernahm dazu noch Verbindlichkeiten in Höhe von weiteren 7 Millionen Dollar, wobei es sich hauptsächlich um Kredite der Teamsters handelte.

Morgan erhielt von Dalitz ein »Anwaltshonorar« in Höhe von 150.000 Dollar, von denen er 50.000 an Rosselli weiterreichte. Der Bankier Parry Thomas, der mit Dalitz und Hoffa Geschäfte machte, bekam von Hughes ein Honorar für die Prüfung von Dalitz' Bilanzen. Hoffas Teamster-Kredit für das Desert Inn, den die Bundesbehörden gerade unter die Lupe nahmen, wurde auf einen Schlag zurückgezahlt. Greenspun seinerseits erhielt von seinem neuen Freund Maheu eine Vorauszahlung für einen Anzeigenabschluss mit der *Sun* in Höhe von 500.000 Dollar.

Maheu, der von Hughes ein Jahresgehalt von einer halben Million Dollar bezog, profitierte von dem Umzug seines Chefs nach Nevada. »Der wichtigste Geldkurier des Milliardärs«, und im Grunde »nur ein überschätzter Schnüffler«[88], wie Michael Drosnin ihn beschrieb, gründete eine eigene Briefkastenfirma, die Hughes Nevada Operations, zu der eine Reihe von Tochterfirmen gehörten, die wiederum an Hughes verschiedene Dienstleistungen zu überhöhten Preisen verkauften. Rappleye und Becker schrieben:

> Maheus Position bot ihm die Möglichkeit, sich mitten in der Wüste sein eigenes privates Imperium aufzubauen, und die ließ er sich nicht entgehen.[89]

»Der große Verlierer war Howard Hughes«[90], so Barlett und Steele.

Nach der erfolgreichen Übernahme des Desert Inn galt es nun, eine Spielkonzession zu erwerben, was nicht leicht war, da die Behörden Nevadas unter starkem Druck Washingtons standen und bei der Konzessionsvergabe strengere Maßstäbe anlegten. Hier kam nun ein lang gehegter Schützling des Syndikats ins Spiel – der neue Gouverneur. »Der Mann, der die Wüste erblühen ließ, war Laxalt«[91], schrieb Maheu später.

Laxalt erkannte sofort, dass die Übernahme des Desert Inn durch Hughes »das anrüchige Image eines mit Teamsters-Krediten finanzierten Hotelkasinos enorm verbessern«[92] würde. »Das FBI hatte den Verdacht, dass es [das Desert Inn] Verbindungen zum organisierten Verbrechen unterhielt«[93], schrieb Laxalt später. Eine der ersten Amtshandlungen des neu gewählten Gouverneurs im Januar 1967 bestand darin, gemeinsam mit seinen wichtigsten Gönnern Thomas, Greenspun und dem internationalen Hotelier Barron Hilton das Parlament in Nevada zu bewegen, die Glücksspielgesetze dahingehend zu ändern, dass in Zukunft auch juristische Personen Spielkonzessionen erwerben konnten, mit dem Argument, dass auf diese Weise die Stadt von kriminellen Elementen »gesäubert« würde. Später sagte Thomas:

> Ich war überzeugt, dass wir einen allmählichen Rückgang des kriminellen Einflusses erreichen würden, wenn wir es Investoren unter den strengen Auflagen der Börsenaufsicht ermöglichten, in das Glücksspielgeschäft einzusteigen.[94]

Laxalt erreichte auch, dass Hughes eine Konzession für das Desert Inn erhielt, obwohl er die gesetzlichen Bestimmungen missachtete: Der Einsiedler hatte sich weder fotografieren noch Fingerabdrücke abnehmen lassen und sich geweigert, in einem Fragebogen Auskunft über seine finanziellen Verhältnisse zu geben oder gar persönlich vor der Glücksspielaufsicht zu erscheinen. »Jeder andere Antragsteller wäre sofort abgewiesen worden«[95], schrieb Sergio Lalli. Auf Laxalts Vorschlag hin engagierte Hughes Thomas Bell, einen ortsansässigen Anwalt mit guten Beziehungen, der die Sache für ihn abwickelte. Bell war ein Protegé von Senator Alan Bible und wurde auch von Senator Howard Cannon empfohlen. Praktischerweise war Bells Bruder Vertreter des Sheriffs, während der Sheriff selbst Vorsitzender des Ausschusses zur Erteilung von Schank- und Spielkonzessionen von Clark County war und damit über die Übernahme des Desert Inn zu entscheiden hatte.

Eine Hand voll Skeptiker im Parlament und einige verärgerte Antragsteller, denen man eine Konzession verweigert hatte, prangerten Hughes' Sonderbehandlung an. »So wie sich die Sache für sie darstellte, hätte ebenso gut ein dressierter Affe die Knöpfe drücken können«[96], schrieb Omar Garrison. Um die Kritiker zu besänftigen und die öffentliche Meinung auf seine Seite zu ziehen, legte Maheu einen handgeschriebenen Brief von Hughes vor, in dem dieser sich erbot, die Einrichtung einer dringend benötigten medizinischen Fakultät an der University of Nevada in Las Vegas zu finanzieren und versprach, »über einen Zeitraum von zwanzig Jahren jährlich zwischen 200.000 und 300.000 Dollar«[97] zur Verfügung zu stellen. Nur 48 Stunden bevor der Bewilligungsausschuss tagte, verkündete Laxalt mit Maheus Einverständnis in einer hastig einberufenen Pressekonferenz die gute Nachricht. Zwei Tage später befand die Glücksspielaufsicht über einen Antrag, in dem zwar Hughes' Haarfarbe, Größe und Gewicht vermerkt waren, alle anderen erforderlichen Informationen jedoch »nicht verfügbar« waren. Am 30. März empfahl das Gremium dem Glücksspielausschuss von Nevada, Hughes eine Spielkonzession zu erteilen – eine Empfehlung, die der Ausschuss prompt beherzigte. Laxalt erntete öffentliches Lob dafür, dass er dem anstößigen Glücksspielgeschäft ein »Gütesiegel«[98] beschafft hatte, und es bürgerte sich ein, von einer »Branche« oder gar »Industrie« zu sprechen, als würde in den Kasinos tatsächlich irgendetwas produziert.

Am 1. April wurde der isolierte, geisteskranke Hughes offizieller Besitzer des Desert Inn. »Ein Treffpunkt der Köpfe des organisierten Verbrechens«[99] gehörte nun einer Ikone des Kapitalismus. »In der Nacht der Übergabe wurde keine Zählung der Einnahmen durchgeführt«[100], berichtete ein Zeuge. Tausende von Dollar wanderten an jenem Abend unregistriert durch den Abrechnungsraum des Desert Inn, während Hughes' wichtigste Berater – darunter Maheu und Raymond Holliday, der Chef von Hughes Tool, der extra aus Houston angereist war – im Stockwerk darüber saßen und beratschlagten, wie man ein Kasino führt. Ein Journalist schrieb:

> Es kann gut sein, dass sich die Kasinoangestellten, die noch zu Dalitz' Crew gehörten, kräftig bedienten, während Hughes' unerfahrene Leute ahnungslos in ihren großen Büros herumsaßen.[101]

»Keiner von uns kannte den Unterschied zwischen einer Field- und einer Place-Wette«[102], erzählte später einer von Hughes' Leuten. Doch

Maheu hatte die Lösung. »Ganz gleich, wie ich persönlich zu ihm stand, Rosselli war der Schlüssel zu Las Vegas, er war der gewiefteste Unterweltorganisator weit und breit«[103], berichtete er später. Maheu besetzte die Schlüsselpositionen des Kasinomanagers und des Entertainment-Direktors mit Rossellis Vertrauensleuten und heuerte umgehend Dalitz als »Berater« an.

»Und so gingen die Gangster wieder ungestört ihren alten Geschäften nach«[104], schrieb Sergio Lalli. Man hatte Hughes aufs Kreuz gelegt: Er hatte für seine 13 Millionen Dollar nichts weiter erworben als das Recht, das Hotel und das Kasino bis zum Jahr 2022 zu betreiben, während Dalitz und seine drei Partner aus Cleveland nach wie vor die Eigentümer der Immobilie blieben.

»Das Ganze war ein abgekartetes Spiel des Syndikats«[105], erzählte Rosselli später. Rosselli wusste, dass Hughes ein Objekt suchte, in das er seine TWA-Gewinne investieren konnte, während die »Kasinobesitzer eine neue Tarnung brauchten, die sie vor den Ermittlungen der Bundesbehörden schützte … und bei Rossellis Freund Maheu konnte man sicher sein, dass er sich nicht einmischte«[106], hieß es später. »Wir haben Hughes dazu gekriegt, dass er das Desert Inn kauft«[107], erzählte Rosselli einem Bekannten. »Er ist genau der Mann, den wir brauchen, vor allem, wenn Maheu den Laden schmeißt.«[107]

Nachdem die bürokratische Hürde genommen war, riss Hughes »sich protzige Hotels und Spielkasinos unter den Nagel wie ein dämonischer Halbgott bei einem gigantischen Monopoly-Spiel«.[108] Als Verwalter von Hughes' Milliardenvermögen kaufte Maheu, »Hughes' Gauleiter von Nevada«[109], wie ihn ein Journalist nannte, Zug um Zug syndikatseigene Kasinos auf; es war eine der »unglaublichsten Transaktionen unserer Zeit«. Insider am Strip wussten, dass die Kasinoaufkäufe System hatten. »Sie wurden alle von Lansky eingefädelt«[110], berichtete ein Eingeweihter. »Es gab noch eine weitere Gemeinsamkeit: Die meisten hatten bei den Teamsters offene Kredite.«[111] Nach der Übernahme der Kasinos wurden die Ermittlungen gegen Lansky wegen dessen vermuteter heimlicher Eigentümerschaft sofort eingestellt und die Darlehen bei den Teamsters in voller Höhe getilgt, so dass die gewaltigen Erträge, die den Teamsters nun aus ihren Investitionen in Las Vegas zuflossen, deren Anstößigkeit vergessen ließen.

Die einzig interessante Frage war aber, »wer wirklich am Drücker saß«[111], oder, wie Robert Laxalt es ausdrückte, »wer Hughes und damit sein Imperium kontrollierte«. Hughes, ständig zwischen klaren und umnachteten Phasen pendelnd, erteilte mal Anweisungen, mal dämmerte er im Morphiumnebel dahin. Mit Maheu und seinen Mitarbeitern kommunizierte er über schriftliche Mitteilungen – Tausende von Seiten –, die er mit blauem Kuli auf gelbe linierte Schreibblöcke schrieb. Hinter den Kulissen hielt Johnny Rosselli die Fäden in der Hand, »verhandelte diskret mit Maheu und arrangierte die Kasinokäufe«.[112] Auch Morgan und Thomas spielten bei diesen Transaktionen eine zentrale Rolle. »Thomas übernahm unterschiedliche Funktionen, je nachdem, ob er als Hughes' Bankier und Bevollmächtigter auftrat oder als Vertreter von Hughes' Verhandlungspartnern«[113], schrieben Barlett und Steele. Omar Garrison zufolge fungierte Thomas »bei anderen Immobiliengeschäften auch als Hughes' Strohmann, indem er nach und nach Grundstücke im Wert von einigen Millionen Dollar erwarb, die sich mit den Neuerwerbungen von Hughes Tool wie die Teile eines Puzzles perfekt zusammenfügten«.[114]

Fast unmittelbar nach dem Kauf des Desert Inn trat eine »Gruppe von Gangstern«, wie ein Journalist sagte, über ihren Mittelsmann Laxalt an Maheu heran und bot ihm das Sands zum Kauf an. Dalitz unterstützte das Geschäft gegenüber Hughes und »empfahl dringend, die Spitzenleute vor Ort«[115] – womit er die kriminellen Betreiber meinte – doch gleich mit zu übernehmen. Wie das Desert Inn benötigte auch das Sands, der langjährige Lieblingstreffpunkt von Sinatra und seinem Rat Pack, dringend ein neues sauberes Image. Erst kürzlich hatte man herausgefunden, dass der eigentliche Besitzer des Kasinos Lansky war und sein Betreiber Jack Entratter, ein ehemaliger Rausschmeißer im New Yorker Stork Club. Gegen Entratter war ein Verfahren wegen seiner Beteiligung an einem Autounfall anhängig, bei dem ein prominenter New Yorker ums Leben gekommen war. Man munkelte, dass er »für einen israelischen Diplomaten, der in Wirklichkeit am Steuer gesessen hatte, den Kopf hinhielt«.[116] Dieser Prozess und weitere Zivilklagen gegen Entratter hatten dem Ansehen des Kasinos empfindlich geschadet.

Nach zügigen Verhandlungen zwischen Maheu und den Unterhändlern Morgan und Thomas ging das Sands am 1. August 1967 in Hughes' Besitz über. Er zahlte 14,6 Millionen Dollar für das 777-Zimmer-Hotel und das 74 Hektar große Grundstück. Bei Vertragsabschluss wurden wieder einmal immense Honorare unter den Beteiligten aufgeteilt. Thomas, der Barlett und Steele zufolge »bei der einen Transaktion Hughes' Interessen vertrat, bei der nächsten die seiner Verhandlungspartner«[117], erhielt für seine Mitwirkung an dem Deal 275.000 Dollar. Morgan kassierte 225.000 Dollar, von denen er 95.000 umgehend an Rosselli weiterleitete.

Dann erwarb Hughes auf Empfehlung Rossellis das 571-Zimmer-Hotel Frontier. Es gehörte Rossellis Partner Maury Friedman, der gerade wegen Kartenschwindels im Friar's Club in Los Angeles verurteilt worden war, und dem 25-jährigen Steve Wynn, einem cleveren Newcomer am Strip, der rechtzeitig vor dem Verkauf zusätzliche Anteile am Frontier erworben hatte. Wie Garrison betonte, kaufte »Howard Hughes das Hotel unmittelbar nachdem der Sheriff und zwei Ermittler ein Treffen zwischen dem Hauptgeschäftsführer des Frontier und einem mutmaßlichen Detroiter Gangster hatten auffliegen lassen«[118] und noch während gegen die Emprise Corporation ein Verfahren wegen gesetzwidriger Geschäftsbeziehungen mit dem Kasino lief. Hughes zahlte 23 Millionen für das Frontier und schloss mit Rosselli einen langfristigen Pachtvertrag für die lukrative Hotelboutique ab. Dann kaufte er nach und nach das kleinere Castaways, das Silver Slipper und das riesige, im Bau befindliche Landmark, für das er 17 Millionen Dollar zahlte und einen offenen Teamster-Kredit von 8,9 Millionen Dollar übernahm, ferner eine Reihe von Unternehmen und unbebauten Grundstücken, darunter ein 12,5 Hektar großes Areal gegenüber dem Sands, 100 Parzellen im Desert Inn Country Club, die Fluggesellschaft Alamo Airways, den North Las Vegas Airport und »das gesamte Gelände um den McCarran Airport«[119] sowie Schürfrechte für Gold- und Silbervorkommen im gesamten Staat, deren Wert sich laut CBS »eines Tages auf sechshundert Milliarden Dollar belaufen könnte«.[120] Er plante auch, Dunes, Stardust und Caesars Palace aufzukaufen, »praktisch den ganzen Strip«[121]. Er besaß bald »jedes freie Grundstück auf dem fünf Kilometer langen Abschnitt zwischen Tropicana und Sahara«[122], schrieb der Historiker Hal Rothman.

Auf den ersten Blick wirkte die Auswahl von Hughes' neu erworbenen Objekten völlig beliebig; und dies war auch der Eindruck, der nach außen vermittelt werden sollte, was die Lokalpresse bereitwillig tat. Seine Kaufentscheidungen wurden etwa damit begründet, dass ihm ein benachbartes Gebäude ein Dorn im Auge sei, weshalb er es aufkaufen und renovieren lassen müsse, oder dass er eben einfach alles besitzen müsse, was ihm gefiel. Die Marotte eines Exzentrikers, das Privileg eines verrückten Genies – das waren die Standarderklärungen, die jede weitere Frage überflüssig machten. Man erklärte den Bürgern von Las

Vegas, dass ihre Stadt nicht nur die Zufluchtsstätte eines gepeinigten Milliardärs sei, sondern dass dieser Fremde auch von der Idee besessen sei, »Las Vegas in einen Ort zu verwandeln, der so respektabel ist wie die New Yorker Börse«[123]. In einer seiner Mitteilungen an Maheu schrieb Hughes:

> Das Glücksspiel in Nevada soll in den Rang von Londons Lloyds erhoben werden.[123]

»Hughes war längst nicht mehr irgendeine neue Attraktion wie Oben-ohne-Tänzerinnen oder Rund-um-die-Uhr-Trauungen«[124], schrieben Barlett und Steele. »Er war jetzt einer der größten privaten Landbesitzer und Arbeitgeber des Bundesstaates.« Der Mann, der als mächtigster Wirtschaftsfaktor in der Geschichte Nevadas galt und selbst »die Minen der Comstock Lode an Bedeutung übertraf«[125], gab täglich über 367.000 Dollar in Las Vegas aus.

Im November 1967, genau ein Jahr nach Hughes' Ankunft am Strip, kamen Beamte der Glücksspielaufsicht zu mitternächtlicher Stunde zusammen, um über seinen Konzessionsantrag für das Frontier zu befinden.

Drosnin schilderte den ungewöhnlichen Vorfall:

> Wie ein Geheimbund zur Geisterstunde versammelt, holten sie schlafende Kollegen zu Konferenzgesprächen aus dem Bett und beschlossen um 1:30 Uhr dem ungeduldigen Milliardär seine vierte Spielkonzession zu erteilen.[126]

Unter Missachtung der Gesetze Nevadas hatte man es Hughes gestattet, fast 11000 Hektar Land und Immobilien im Wert von 125 Millionen Dollar zu erwerben. Einige Abgeordnete, die über die wachsende Konzentration auf dem Immobilienmarkt beunruhigt waren, forderten zwar eine Überprüfung der Konzessionsvergabeverfahren im Falle Hughes, doch ihre Bedenken wurden schlichtweg ignoriert.

Paul Laxalt, der Hughes nie persönlich begegnet war, hatte seine Karriere mittlerweile völlig von dem Milliardär abhängig gemacht. Politische Beobachter fragten sich, ob dahinter Habgier, Ehrgeiz oder reines Machtstreben standen. Während seiner Amtszeit als Gouverneur erhielt seine Kanzlei von Hughes 180.000 Dollar an Anwaltshonoraren, und man munkelte, dass er sogar auf die Position eines juristischen Beraters in Hughes' Firmenimperium spekuliere, auf einen Job mit sechsstelligem Jahreseinkommen; Laxalt bestritt solcherlei Ambitionen. Hughes seinerseits hatte mit dem Gouverneur offenbar große Pläne, wie er schrieb:

> Ich bin bereit, mit diesem Mann den ganzen Weg zu gehen, und der dürfte im Weißen Haus enden.[127]

Laxalt, mittlerweile nicht nur ein regelmäßiger Passagier in Hughes' Jets, sondern auch Tennispartner und enger Vertrauter Maheus, erhielt von diesem wiederholt die Zusicherung, dass Hughes ihn bei einer möglichen Präsidentschaftskandidatur großzügig finanziell unterstützen werde. Doch insgeheim beschlichen den Gouverneur immer stärkere Zweifel, denn es war ihm nicht geheuer, dass er »einem unsichtbaren Mann eine Macht eingeräumt hatte, wie sie sonst kaum jemand in einem demokratischen Staat besaß«[128]. Im Dezember 1967 beraumte er in Carson City eine geheime Sitzung mit den Beamten des Glücksspielausschusses an, auf der man beschloss, sich ganz unauffällig zu vergewissern, ob Hughes »tatsächlich lebt«[129]. Zunächst sollte Laxalt bei dem Magnaten höflich um einen Privattermin ersuchen. Man fürchtete nämlich, dass Hughes den Staat verlassen könnte oder ihn gar bereits verlassen hatte. »Man konnte den Goldesel unmöglich entwischen lassen«[130], schrieb Sergio Lalli. »Es schien, als hätten alle Politiker und Geschäftsleute in Nevada erkannt, dass Hughes um jeden Preis gehalten werden musste.«

Um den Gouverneur zu beschwichtigen, übersandte ihm einer von Hughes' Anwälten eine Vollmacht, die der Milliardär angeblich unterzeichnet hatte. »Laxalt nahm das kostbare Stück Papier an sich und übergab es nervös dem FBI zur Überprüfung«[131], schrieb Drosnin. Der FBI-Chef in Las Vegas schickte das Dokument zusammen mit einem Kommentar an Hoover nach Washington, in dem es hieß:

> Niemand, auch der Gouverneur des Bundesstaates Nevada nicht, hat Howard Hughes jemals gesehen, mit ihm gesprochen oder mit ihm über Konzessionsangelegenheiten verhandelt. Es besteht große Sorge, … dass hier möglicherweise ein Riesenschwindel inszeniert worden ist.[132]

Hoover, der von Hughes' Kontakten zum CIA wusste und froh war, dass Hughes das anrüchige Image von Las Vegas »säuberte«, schrieb quer über die interne Mitteilung: »Wir sollten uns aus dieser Sache unbedingt heraushalten.«[133] Ein Beamter des Justizministeriums berichtete später, Hoover habe gesagt, dass Del Webb und Hughes anderen Kasinobetreibern in Las Vegas »bei weitem vorzuziehen« seien.

Um den besorgten Gouverneur zu beruhigen, rief Hughes – oder jemand, der sich für ihn ausgab – Laxalt in seiner Villa in Carson City an, ein Ereignis, das die Zeitungen in Nevada wie »die Wiederkunft Christi feierten«[134]. Während des Telefonats berichtete Hughes dem Gouverneur von seinen Plänen für Nevada und versicherte ihm, dass er die Bürger des Bundesstaates mit Wohltaten überschütten werde. Er werde sich sein restliches Leben der Aufgabe widmen, die Stadt zum Vorbild für die ganze Nation zu machen. Es war angeblich das erste Mal, dass Hughes in Nevada mit jemandem sprach, der nicht zu seinem engsten Mitarbeiterkreis gehörte. Nach diesem Gespräch, das Laxalt als »eine der interessantesten Unterhaltungen meines Lebens«[135] bezeichnete, waren seine Bedenken endgültig ausgeräumt. »Alles, was dieser Mann unternimmt, sei es in der Glücksspielindustrie oder in anderen Bereichen, kann Nevada nur nützen.«[136] Laxalt erklärte später, dass Hughes ihn wegen einer Erkrankung nicht persönlich habe empfangen können. »Ich sehe wie ein wandelnder Leichnam aus«[137], soll Hughes zu ihm gesagt haben.

Nach diesem »Beweis«, dass Hughes tatsächlich ein Mensch aus Fleisch und Blut war, zeigte sich Laxalt dem Milliardär gegenüber ergebener denn je. »Ich glaube, man kann Laxalt dazu bringen, sein politisches Schicksal in unsere Hände zu legen«[138], schrieb Hughes. Laxalt seinerseits behauptete, Hughes habe ihn wiederholt angerufen und ihn sogar häufig nachts aus dem Schlaf gerissen. »Er rief mich zu allen Tages- und Nachtzeiten an. Er war ständig allein, lag in einem abgedunkelten Zimmer im Bett.«[139] Schließlich habe er Hughes klar machen müssen, dass er als Gouverneur einen »hektischen, anstrengenden Tag« habe und seinen Schlaf brauche. Daraufhin hörten die nächtlichen Anrufe auf.

Dank Laxalts tatkräftiger Unterstützung blühte Hughes' »Byzanz« in Nevada auf. Er gab sein Geld mit vollen Händen aus, während Maheu stets in vorderster Reihe agierte und »seine neue Rolle als Wüstenfürst perfekt ausfüllte«[140], wie es seine Biografen Rappleye und Becker beschrieben. Maheu spielte sich als Stellvertreter des Milliardärs auf, obwohl er diesem nie persönlich begegnet war – was er »wohlweislich für sich behielt«[141], wie Robert Laxalt schrieb – und bezeichnete sich gern als »Prinzregent« des »Königs von Las Vegas«[142]. Er verfügte über einen Sicherheitsapparat, dem ehemalige Mitarbeiter von IRS, CIA und FBI angehörten, und war Jim Hougan zufolge »der höchstbezahlte private Geheimagent der USA … ein Topspion im Dienste des amerikanischen Kapitalismus«.[143]

Maheu profitierte von Hughes' geheim gehaltenem Leiden enorm. Er finanzierte mit dem Geld des Milliardärs seinen luxuriösen Lebensstil, während seine Scheinfirma Hughes Nevada Operations, um die er sich kaum kümmerte, die Millionen von Dollar verwaltete, die täglich in Hughes' Kasinos hängen blieben. Er ließ sich auf dem Gelände des Desert Inn Country Club für 640.000 Dollar eine protzige Villa bauen – »eine Mischung aus Kolonialstil und Las-Vegas-typischem Pomp«[144] –, die man in der Stadt »little caesars palace« nannte und wo er verschwenderische Partys gab. Er warb den Chef des örtlichen FBI-Büros, Dean Elson, ab und stellte den vulgären, zwielichtigen Jimmy »The Greek« Synder als PR-Mann ein. »Während Hughes seine Tage zusammengekauert in einem abgedunkelten Zimmer verbrachte, führte Maheu das schillernde Leben eines Partylöwen«[145] und verkehrte mit Hollywoodstars, Politikern und Syndikatsbossen, wie Drosnin schrieb.

Das Bild, das Maheu von Hughes verbreitete, war das einer grauen Eminenz, »die in ihrer mit elektronischen Geräten, Schaltpulten und leuchtenden Monitoren ausgestatteten Kommandozentrale lauert«.[146] In Wirklichkeit jedoch verbrachte Hughes seine wachen Stunden »nackt in seinem Schlafzimmer, ungewaschen und ungepflegt, mit langen verfilzten Haaren«.[147] Er sah sich immer wieder *Eisstation Zebra* mit Rock Hudson an oder bombardierte Politiker in Carson City und Washington mit Protestbriefen gegen die Atombombenversuche in Nevada, während ihm seine mormonischen Pfleger regelmäßig Klistiere und Morphiumspritzen gaben – »seine kleine polygame Familie, die einzige Familie, die Howard Hughes geblieben war«[148], schrieb Drosnin.

Durch Maheu erfuhren die Menschen in Nevada von den sagenhaften Plänen Hughes': Der »mächtige Industrielle«[149] sei nach Las Vegas gekommen, »um die Glücksspielindustrie aus den Fängen der Unterwelt zu befreien«. Er würde die proletarische Version des »Norman Rockwell'schen Amerika«[150], wie es die billigen Vergnügungen am Strip verkörperten, in »das eleganteste Urlaubsparadies der Welt«[151] verwandeln, zitierte Maheu aus einem von Hughes' internen Schreiben. Er plante den Bau von Hochgeschwindigkeitszügen auf Hightech-Schienen und träumte davon, »das landschaftliche, wirtschaftliche, soziale und geistige Antlitz Nevadas«[152] zu verändern. »Das ist die letzte Gelegenheit, um die ideale Stadt zu erschaffen, denn ringsum gibt es Land in Hülle und Fülle«, erklärte Hughes.

Maheu gab Hughes' Pläne für den Bau »des größten Hotels der Welt« bekannt, das auf dem Gelände des Sands entstehen sollte: ein 150 Millionen teurer Komplex mit 4000 Zimmern und einem riesigen Swimmingpool – nach dem Lake Mead die zweitgrößte Wasserfläche Nevadas. Hughes wollte auch das Dunes kaufen, dessen Besitzer – Syndikatsmitglieder aus St. Louis – gerade wegen Korruption unter Anklage standen. Dann nahm er mit seinem »Kasinoberater« Dalitz Verhandlungen auf, dem er das Stardust abkaufen wollte – das größte und profitabelste Hotel in Las Vegas. Morgan, der sich unentbehrlich gemacht hatte und mittlerweile von Hughes monatlich über 100.000 Dollar bekam, wurde mit der Transaktion betraut und erhielt dafür von Dalitz nochmals 500.000 Dollar.

Als sich Hughes um den Kauf des Stardust bemühte, gingen in Washington die Warnlichter an. Das Justizministerium unter Präsident Johnson war entschlossen, den Deal zu verhindern, da er »gegen den Grundsatz verstößt, dem zufolge eine Privatperson oder eine Firma in einer Stadt von 250.000 Einwohnern nicht mehr als ein Fünftel der Wirtschaftsaktivitäten kontrollieren darf«.[153] Die Beamten des Justizministeriums wiesen »das nur allzu bekannte Argument« zurück, »Hughes befreie Las Vegas von unerwünschten Elementen«, mit dem Hinweis, dass »dieses Argument von Monopolisten immer wieder bemüht« werde.

Wieder einmal eilte Greenspun Hughes zu Hilfe, indem er ihn als »bescheidenen, zurückhaltenden Menschen« beschrieb, der »in seiner gesamten Laufbahn nicht die geringsten monopolistischen Ambitionen gezeigt«[154] habe. Greenspun hatte sich in der Presse leidenschaftlich für Hughes eingesetzt und sich sogar in Carson City dafür stark gemacht, dass man dem Milliardär eine fünfte und sechste Spielkonzession erteilte. Nach Barlett und Steele war dies eine glatte »Kehrtwendung« für einen Journalisten, der acht Jahre zuvor dagegen protestiert hatte, dass Dalitz eine dritte Lizenz bekam. Ovid Demaris schrieb:

> Hank Greenspun wurde zum selbst ernannten Hüter des einsamen Mannes in seinem Penthouse und zeigte jedem die Zähne, der die Privatsphäre seines Schützlings bedrohte.[155]

Mittlerweile »sah Hank Greenspun einer glänzenden finanziellen Zukunft entgegen«.[156] Er hatte von Hughes nicht nur eine großzügige Vorauszahlung für eine Anzeigenserie in der *Sun* bekommen, über deren Verwendung er »keinerlei Rechenschaft ablegen musste«[157], sondern auch noch weitere 488.000 Dollar für zusätzliche Werbemaßnahmen, über die er ebenfalls frei verfügen konnte. Im September 1967 erhielt er von Hughes einen Kredit über 4 Millionen Dollar zu einem lächerlich niedrigen Zinssatz von drei Prozent. Im Gegenzug verkaufte ihm Greenspun seinen Fernsehsender KLAS für 3,6 Millionen Dollar. Als Maheu vor dem Problem stand, bei der Federal Communications Commission für Hughes eine Sendelizenz zu beantragen, ohne dass Hughes dort persönlich erschien, wandte er sich an Morgan, der sich kurzerhand »in Medienrecht schlau machte«[158] und erreichte, dass man Hughes in Washington eine Konzession erteilte »ohne diesem die geringsten Unannehmlichkeiten zu bereiten«.

Als der als »kartellfeindlich« geltende Justizminister Ramsay Clark unbeirrt an seinem Veto gegen die Stardust-Übernahme festhielt, mobilisierte Laxalt seine politischen Freunde in Carson City. Laxalt war nicht der einzige Staatsbeamte, der von dem Goldesel Hughes profitierte. Nicht nur er war mit Hughes' Jets zwischen Las Vegas und Reno hin- und hergeflogen und einmal sogar in Washington gewesen, um die widerspenstigen Bundesbeamten umzustimmen, sondern auch die Senatoren Bible und Cannon hatten diesen Service nur zu gerne genutzt. Darüber hinaus wanderten zwischen 1966 und 1969 allein aus dem Kassenraum des Silver Slipper fast 900.000 Dollar in die Taschen von Politikern aus Nevada, wobei der Anwalt Tom Bell als Geldkurier fungierte. Späteren Veröffentlichungen zufolge erhielt Bible mindestens 50.000 Dollar, Cannon 70.000 Dollar und der aufstrebende demokratische Politiker Harry Reid 10.000 Dollar. Abgesehen von Wahlkampfspenden, die im Prinzip rechtmäßig waren, bezogen Politiker aber auch bare Zuwendungen direkt aus den Kasinokassen. Ein ehemaliger Staatsbeamter erinnerte sich daran, wie ein hochrangiger Politiker aus Washington einmal schnurstracks zur Kasse des Silver Slipper gegangen war und Daumen und Zeigefinger »etwa fünf Zentimeter auseinander hielt, um zu zeigen, wie dick das gewünschte Bündel Hundertdollarscheine sein sollte«.[159] Cannon, Bible und Laxalt setzten nun alle Hebel in Bewegung, um auf den Justizminister Druck auszuüben. Als sich Clark nicht umstimmen ließ, blies Hughes die ganze Transaktion ab und konzentrierte sich statt dessen auf die bevorstehenden Präsidentschaftswahlen 1968, in der Hoffnung, dass der nächste Justizminister eher seinen Vorstellungen entsprechen würde. Hughes tat nur, was er

Gouverneur Paul Laxalt und der republikanische Präsidentschaftskandidat Richard Nixon nach einer Besprechung in der Villa des Gouverneurs während des Wahlkampfs von 1968. Ironischerweise fand sie im selben Raum statt, in dem Joe Kennedy im Sommer 1960 mit den Delegierten Nevadas gesprochen hatte.

schon immer getan hatte: Er visierte die nächst höhere politische Ebene an.

»Ich kann jeden Menschen kaufen«[160], hatte er einmal geprahlt, obwohl er oft die Tatsache beklagte, dass sich die wohlhabende Familie Kennedy seinem Einfluss entzog. Hughes' Organisation, die der Historiker Michael Drosnin als »die mächtigste private Politmaschine im ganzen Land«[161] bezeichnete, konzentrierte sich grundsätzlich auf beide großen Parteien. Hughes beauftragte Maheu, dafür zu sorgen, dass »sein Mann« Nixon der nächste Präsident werden würde. Zu diesem Zweck ließ Maheu Nixon 100.000 Dollar zukommen, teils über Laxalt, teils über Morgan. Doch Hughes, der wie immer auf Nummer sicher gehen wollte, zahlte dieselbe Summe auch an den demokratischen Gegenkandidaten Hubert Humphrey, diesmal über Maheu und Grant Sawyer, der nun ebenfalls für ihn arbeitete. Hughes unterstützte sogar Robert Kennedys Präsidentschaftswahlkampf mit 25.000 Dollar – »der einzige Kandidat, den er nicht manipulieren wollte und konnte«[162], schrieb Drosnin.

Der demokratische Gegenkandidat Humphrey erhielt ebenso viel Geld von Hughes wie der Republikaner Nixon.

In der Nacht des 4. Juni, als Robert Kennedy ermordet wurde, war Hughes »so aufgeregt, dass er nicht schlafen konnte«[163], tat zwei Nächte lang kein Auge zu und beauftragte Maheu schließlich, so schnell wie möglich die gesamte Mannschaft Kennedys anzuheuern. »Ich hasse es, mit der Tür ins Haus zu fallen, aber ich sehe hier eine Möglichkeit, die sich mir vielleicht nie wieder bietet«[164], schrieb er Maheu in einer »Hausmitteilung«. Noch während der Leichnam des Ermordeten von Los Angeles zur Trauerfeier nach New York überführt wurde, machte Maheu dem engsten Mitarbeiterstab von Robert Kennedy bereits erste Angebote. Hughes schrieb an Maheu:

> Ich möchte kein Bündnis mit der Kennedy-Gruppe, ich will sie auf unsere Gehaltsliste setzen.[165]

Mit seinem grandiosen Plan, sich Kennedys Organisation einzuverleiben, »damit wir uns niemals mehr über eine so lächerliche Sache wie das Antitrustproblem Sorgen zu machen brauchen«[165], verfolgte er noch ein weiteres Ziel:

> Ich denke dabei an die Möglichkeit, Gouverneur Laxalt, wenn wir es wollen, 1972 oder 1976 ins Weiße Haus zu hieven.[166]

Die Übernahme der Kennedy-Mannschaft war leichter als erwartet. Wie sich herausstellte, zeigten sich viele Mitarbeiter der führungslosen Truppe, die durch die Ereignisse des 22. November 1963 und des 5. Juni 1968 traumatisiert waren, zu einem Wechsel bereit. In einem unblutigen, aber kostspieligen Putsch engagierte Maheu innerhalb weniger Tage Kennedys wichtigsten Mann, Lawrence O'Brien, den Hughes als »Kopf der irischen Mafia«[167] bezeichnete. Der alte Freund Joe Kennedys, Wahlkampfleiter Johns und enge Vertraute Bobbys gehörte jetzt ihm.

»Mit der Amtseinführung Richard Nixons war die Eintracht zwischen Hughes und dem Weißen Haus wiederhergestellt«, schrieben Barlett und Steele. Nixons neuer Justizminister, John Mitchell, hatte keinerlei kartellrechtliche Bedenken gegen die Kasinoübernahmen in Las Vegas. Doch mittlerweile hatte Hughes weit größere Probleme.

»1970 zerplatzte alles wie eine Seifenblase«[168], schrieben Rappleye und Becker. Hughes' Kasinos machten aus unerklärlichen Gründen enorme Verluste – selbst die Goldgrube Desert Inn. Hughes wurde Opfer der »selbstsüchtigen Machenschaften und Intrigen«[169] Maheus, Greenspuns, Thomas' und anderer, die ihn um Millionen von Dollar erleichterten. »Für Dalitz und andere Mitglieder seiner Clique war Hughes nichts weiter als ein steinreicher Narr, den es auszunehmen galt«[170], schrieb der Journalist Timothy O'Brien. Ein Geheimbericht des IRS ging damals davon aus, dass »unter Maheus Regie 50 Millionen Dollar aus Hughes' Kasinotresoren geschleust worden waren«.[171]

»Zwischen Mayhew [sic] und bekannten Mafiagrößen bestehen enge und unheilvolle Beziehungen«[172], schrieb ein Berater Nixons zu jener Zeit an seinen Boss H. R. Haldeman in einer vertraulichen Mitteilung, die die Mitglieder des Watergate-Ausschusses eines Tages in den Händen halten sollten.

> Mayhew und seine kriminellen Komplizen haben gewaltige Gewinne aus dem Kasinogeschäft für sich abgezweigt… Erst jetzt werden sich Hughes' Firmenmanager über das ganze Ausmaß klar… Man fürchtet, dass es sich um Millionenbeträge handeln könnte.[173]

Zur selben Zeit planten Maheus Rivalen einen raffinierten Coup, um ihn zu entmachten. Im Zentrum dieses Komplotts stand die private Geheimdienstorganisation Intertel (International Intelligence Incorporated), der vor allem ehemalige Anwälte aus dem Justizministerium und Mitarbeiter Robert Kennedys angehörten. Intertel war eine hundertprozentige Tochtergesellschaft von Resorts International – einer Firma mit einer »Vorliebe für schmutziges Geld, das meist von Partnern aus dem organisierten Verbrechen stammte«[174]. Resorts International war wiederum die Nachfolgerin der Mary Carter Paint Company, einer Tarnfirma des CIA, die Anfang der 60er Jahre Gelder für die kubanische Exilarmee gewaschen hatte. Resorts besaß mehrere Kasinos auf den Bahamas und wurde vermutlich von Meyer Lansky kontrolliert. Der IRS sah in der von Lanskys Partnern 1962 gegründeten Intertel »ein Unternehmen des organisierten Verbrechens mit Schwerpunkt auf den Bahamas«[175]. Robert Kennedys einstige Topermittler Robert Peloquin und William Hundley waren in die Firma eingetreten und hatten Mitarbeiter von CIA, FBI, IRS und dem Secret Service angeworben. Da die Organisation ausschließlich aus ehemaligen »Hoffa-Jägern«[176] bestand, war Intertel tatsächlich eine Art privatwirtschaftlicher CIA. Hoffas Biograf Moldea schrieb:

> Mit der Ermordung Robert Kennedys 1968 fand der Feldzug der Bundesregierung gegen das organisierte Verbrechen ein jähes Ende und zwei ihrer besten Frontkämpfer, Bill Hundley und Bob Peloquin, hatten die Waffen noch im Anschlag, aber keinen Feind mehr.[177]

Im Sommer 1970 luden Hughes' langjähriger juristischer Berater und Maheus Erzfeind Chester Davis den Präsidenten von Resorts International und Peloquin nach Las Vegas ein, um ihnen den folgenden Vorschlag zu unterbreiten: »Intertel löst Maheu an der Spitze von Hughes' Unternehmen ab, und Hughes übernimmt Resorts International auf den Bahamas.«[178] Ebenso wie Hughes in Las Vegas als »perfektes Aushängeschild des Syndikats«[179] gedient hatte, sollte er nun auch auf den Bahamas Lanskys Geschäfte decken. Lansky, der mittlerweile genauso einsiedlerisch lebte wie Hughes und »sich in Israel vor den Spätfolgen von Robert Kennedys Ermittlungen in Las Vegas versteckte«[180], benötigte dringend eine Tarnung. Wie jeder am Strip wusste, hatten Lanskys Probleme in Las Vegas nicht erst mit Kennedy begonnen, sondern mit dem Aufstieg Laxalts zum Gouverneur; die Wahl Nixons zum Präsidenten 1968 hatte Lansky schließlich in noch größere Bedrängnis gebracht. William Chambliss schrieb:

> Da Lansky enge Kontakte zu den Demokraten pflegte, hatten Santo Trafficante jr. (und andere Unterweltbosse wie Carlos Marcello aus New Orleans) ihre Verbindungen zu den Republikanern ausgebaut.[181]

Die Folge war, dass Lansky aus dem »Interessenbündnis zwischen Teamsters und Republikanern«[182] hinausgedrängt wurde und »mit Bebe Rebozo und anderen Verbündeten Nixons erbittert um die Kontrolle der Kasinos und Banken in Miami und auf den Bahamas rang«.

1970, an einem Sommerabend in Las Vegas, die Gluthitze des Tages lag noch über der Stadt, trafen sich Bebe Rebozo, ein Unternehmer aus Florida und enger Freund Präsident Nixons, und Richard G. Danner, Hughes' Verbindungsmann zum Weißen Haus, mit Vertretern von Resorts International und Hughes' Leuten in einem Kasino am Strip zum Abendessen. Noch ehe das Essen vorüber war, hatten die beiden Parteien »eine vorläufige Übereinkunft«[183] erzielt.

Nur einige Monate später, am Abend vor Thanksgiving, fielen Intertel-Agenten in Las Vegas ein, mit dem angeblichen Auftrag, Hughes' Wirtschaftsimperium von den kriminellen Elementen zu säubern, die es unter Maheus Herrschaft unterwandert hatten. Genauso heimlich, wie Hughes vier Jahre zuvor nach Las Vegas gekommen war, wurde er nun »auf einer Trage aus dem Desert Inn zu einem Lieferwagen gebracht und zur Nellis Air Force Base gefahren«. Der ehemalige Mitarbeiter von Nixons Sicherheitsdienst und derzeitige Vizepräsident von Intertel, James Golden, hatte dafür gesorgt, dass der schwerkranke Mann aus

Las Vegas fortgeschafft und in einem Privatflugzeug auf die Bahamas geflogen wurde, wo man ihn im Britannia Beach Hotel von Resorts International unterbrachte.

Während einige Intertel-Agenten Hughes über die Hintertreppe aus dem Desert Inn hinaustrugen, »stürmten andere die Kassenräume und stopften Geldbündel und Schuldscheine in Ledertaschen«[184]. Sie traten die Türen zu Maheus Büroräumen ein und brachten sämtliche Kasinos von Hughes unter ihre Kontrolle. Es war eine Ironie des Schicksals, dass ausgerechnet Robert Kennedys legendäres Ermittlungsteam von einst nun sechs große Kasinos von Las Vegas übernommen hatte, während Gouverneur Laxalt und seine Mitarbeiter verzweifelt versuchten, sich einen Reim auf die Vorgänge zu machen.

Es dauerte fast eine Woche, bis Maheu und Greenspun dahinterkamen, was sich abgespielt hatte und wie es gelungen war, Maheus ausgeklügelte Sicherheitssysteme auszutricksen. »Trotz all seiner Macht war Maheu eben doch nur der Hausdetektiv, ein arrivierter Schnüffler«[185], schrieb Drosnin. In den ersten beiden Tagen nach dem Verschwinden des Milliardärs wurde in den Führungsetagen des Hughes-Imperiums ein »erbitterter Machtkampf ausgetragen«[186], bei dem Laxalt seinen ganzen Einfluss als Gouverneur geltend machte, um seinen Freund Maheu zu unterstützen. Hughes' Berater legten eine Handlungsvollmacht vor und behaupteten, Hughes hätte Maheu gekündigt. Der schockierte Maheu ließ sich aber nicht einfach abservieren und »trommelte seine Mannschaft vom Frontier zusammen«[187], schrieb Gerald Bellett. Zum ersten Mal zog Maheu Hughes' Zurechnungsfähigkeit öffentlich in Zweifel und behauptete, der Milliardär sei von rivalisierenden Gruppen in der Organisation entführt worden – eine Räubergeschichte, die in Greenspuns *Las Vegas Sun* und den landesweit erscheinenden Kolumnen Jack Andersons begierig aufgegriffen wurde.

Maheu klammerte sich verzweifelt an seine Macht und startete sogar eine Rettungsaktion für Hughes. Robert Laxalt schrieb in seinen privaten Aufzeichnungen:

> Nachdem er sich mit ein paar Gläsern Kognak Mut angetrunken hatte, stellte er einen bewaffneten Trupp zusammen, der Hughes von den Bahamas zurückholen sollte … wie damals das Kommando, das Castro ermorden sollte.[188]

Spiro Agnew, Vizepräsident von Intertel, informierte Laxalt telefonisch darüber, dass ihm der CIA bestätigt habe, dass Hughes Maheu tat-

Hughes' ehemaliger Sicherheitsberater und Alter Ego in Las Vegas, Robert Maheu, nach seinem Bruch mit dem Milliardär in den 70er Jahren

sächlich »loswerden«[189] wolle. Schließlich rief Hughes ein letztes Mal Laxalt an, um ihm persönlich mitzuteilen, dass er »Maheu gefeuert«[190] habe, wie Laxalt 25 Jahre später schrieb. Um drei Uhr morgens suchte Laxalt Maheu in seinem Haus auf, um ihm die schlechte Nachricht zu überbringen. »Ich habe noch nie einen so niedergeschmetterten Mann erlebt«[190], erinnerte er sich. Dann machten sich der Gouverneur und die Beamten der Glücksspielaufsicht daran, herauszufinden, wer die Kasinos eigentlich kontrollierte.

Die Einwohner von Las Vegas verfolgten das »Thanksgiving-Day-Massaker« teils irritiert, teils neugierig. Die *Sun*, die Hughes immer als Nevadas »Märchenprinz«[191] präsentiert hatte, vermeldete nun auf ihrer Titelseite, dass der kranke Milliardär gegen seine Willen von Intertel entführt worden sei. Greenspun attackierte die Firma sogar ganz offen, indem er erklärte, Intertel sei »der verlängerte Arm des internationalen Glücksspielkartells« und beschäftige »genau dieselben Leute, die früher als Mitarbeiter unserer Strafverfolgungsbehörden gegen das organisierte Verbrechen vorgegangen sind und die jetzt von dem Wissen und dem Prestige aus dieser Tätigkeit profitieren«.[192]

Als Hughes – oder jemand, der sich für ihn ausgab – in seinem neuen Unterschlupf auf den Bahamas eine »telefonische Pressekonferenz« gab, bei der er Maheu als einen »nichtsnutzigen, niederträchtigen Lumpen«[193] bezeichnete, der ihn »bis aufs Hemd ausgezogen« habe, verklagte Maheu seinen ehemaligen Gönner wegen Verleumdung auf 17,5 Millionen Dollar. Nun verlangte Hughes von Greenspun sein Vier-Millionen-Darlehen zurück. Tief gekränkt darüber, dass sie bei ihrem einstigen Wohltäter so plötzlich in Ungnade gefallen waren, wandten sich Greenspun und Maheu wie zwei verschmähte Liebhaber nun leidenschaftlich gegen das Objekt ihrer Verehrung. »Ich habe mich ohne Not vor Howard Hughes' Karren spannen lassen«[194], bekannte Greenspun später. Er hielt Hughes für eine »schreckliche Gefahr für unser Land«, und er sollte einen langwierigen Rechtsstreit mit jenem Mann ausfechten, zu dessen Machtentfaltung er selbst beträchtlich beigetragen hatte.

Hughes kehrte nie wieder nach Las Vegas zurück, aber sein Vermächtnis sorgte noch lange, nachdem sein Leichnam beerdigt und sein Besitz verkauft waren, für Machtkämpfe und Intrigen. Intertel veranlasste eine Ermittlung der Steuerfahndung gegen Maheu, die »sich zu einer groß angelegten Überprüfung des gesamten Hughesschen Wirtschaftsimperiums auswuchs und sich zunächst auf den Milliardär selbst, dann aber auch auf Richard Nixon konzentrierte«[195], schrieb Drosnin. Nixon lebte in ständiger Angst, Maheu könne Insiderinformationen über seine langjährigen Verbindungen zu Hughes gegen ihn verwenden – eine Art von Paranoia, die der Journalist Lalli einmal als »Saat Watergates«[196] bezeichnete. Hinzu kam, dass Maheu enge Beziehungen zu dem Journalisten Anderson und dem Verleger Greenspun pflegte, die keinerlei Hemmungen gehabt hätten, kompromittierendes Material über Nixon zu veröffentlichen. Zu jener Zeit ließen G. Gordon Liddy – »ein Waffenfanatiker, der sich gerne alte Propagandafilme der Nazis ansah«[197] – und E. Howard Hunt, beide Mitarbeiter des Weißen Hauses, Anderson überwachen und erwogen, den Enthüllungsreporter unter Drogen setzen oder umbringen zu lassen. Kurz nachdem Greenspun Informationen über Hughes an die Medien weitergegeben hatte, heckten Liddy und Hunt den Plan aus, in einer Gemeinschaftsaktion mit Hughes' Agenten den Panzerschrank der *Sun* zu knacken. Das schlug zwar fehl, aber aus dem Büro eines von Greenspuns Anwälten in Las Vegas wurde ein Safe gestohlen, den man später aufgesprengt und ausgeplündert in der Wüste fand.

Laxalt war der erste Gouverneur in Nevada seit 1938, der nach Ablauf seiner Amtszeit nicht zur Wiederwahl antrat. Er wollte mehr Zeit mit seiner Frau verbringen, die Alkoholprobleme hatte, und seinen Kindern, die »aufsässig und streitsüchtig«[198] waren, wie Steven Roberts im *New York Times Magazine* schrieb. Während seiner Amtszeit kam kein einziger neuer Name in die »Schwarze Liste« hinzu. Er nahm seine Anwaltstätigkeit wieder auf und zog mit seiner Kanzlei in eine elegante alte Villa im Herzen von Carson City, direkt neben dem Haus, in dem Mark Twain gewohnt hatte. Nur wenige Tage nach seiner offiziellen Verabschiedung kassierte er von Hughes 72.000 Dollar Anwaltshonorar; gleichwohl behauptete er in seiner 2002 erschienenen Autobiografie, niemals für Hughes' Unternehmen gearbeitet zu haben.[199] Dann machte er den zwielichtigen Anwalt Tom Bell zu seinem Partner. Einer seiner wichtigsten Klienten war Delbert Coleman, ein Kasinoboss aus Las Vegas, der Laxalt 100.000 Dollar Vorschusshonorar zahlte.

Colemans Geschäftspartner war der Chicagoer Arbeitsrechtler Sidney Korshak, der über seine Ehefrau private Kontakte nach Nevada hatte. Nach Einschätzung des Justizministeriums war Korshak »eine der fünf mächtigsten Unterweltgrößen des Landes und die wichtigste Verbindung zwischen dem organisierten Verbrechen und der Geschäftswelt«[200]. Kurz nach der Wiederaufnahme seiner Anwaltstätigkeit verfasste Laxalt mit Datum vom 26. Januar 1971 ein vertrauliches Schreiben an Richard Nixon, in dem er den Präsidenten bat, Jimmy Hoffa, den er als »Opfer von Robert Kennedys Rachefeldzug« bezeichnete, zu begnadigen.[201]

Laxalt schrieb Nixon:

> Die Kredite der Teamsters an unsere Hotels in Nevada stellen bei weitem die größte Investition in unserem Bundesstaat dar. Ihre Aktivitäten hier waren stets »lupenrein« und haben zum Wohlstand Nevadas beigetragen.

Im darauffolgenden Jahr ließ sich Laxalt scheiden und baute das Ormsby House, das größte Hotelkasino in Carson City, das er Dank Colemans Vermittlung bei der First National Bank of Chicago mit ungedeckten Schuldscheinen finanzierte.[202] Der dem Andenken seiner Mutter gewidmete »Glücksspielpalast« mit seinen 237 Zimmern stand auf einem drei Hektar großen Grundstück gegenüber dem Parlamentsgebäude und wurde im Juni 1972 eröffnet. »In der Familie gab es nicht das geringste Vermögen«[203], erzählte ein jüngerer Bruder Laxalts einem Reporter. Doch wie die Journalisten Wiley und Gottlieb berichteten, fanden die Laxalts bald heraus, dass man »in Nevada aus nichts etwas machen«[204] konnte. »Paul hatte gelernt, wie man so etwas finanzierte, ohne einen Scheck auszustellen«[205], sagte ein Anwalt aus Reno gegenüber *The Nation*. »Er brauchte nur das anzuwenden, was er als Gouverneur immer wieder beobachtet hatte.« Die Brüder investierten insgesamt 1851 Dollar an privatem Kapital in das Projekt. Der Rest stammte von drei Banken in Nevada, der First National Bank of Chicago und privaten Investoren, die zu dem Finanzexperten der Teamsters, Allen Dorfman, gute Kontakte hatten.

Das Ormsby House und der Skandal, in den es später verwickelt wurde, sollten nicht nur das politische Leben Nevadas, sondern auch das des gesamten Landes beeinflussen. Und für die Laxalts bedeutete dies einen endgültigen Bruch mit der Vergangenheit, der schließlich sogar zur Entzweiung der Familienmitglieder führte.

In den folgenden Jahren lebte Hughes weiterhin zwischen Wahnsinn und Normalität, die langen Haare verfilzt, die Fingernägel wie Vogelkrallen, süchtig nach seinen täglichen Injektionen. Offiziell war er immer noch der größte private Arbeitgeber und Grundbesitzer des Bundesstaates, der einen Großteil der Wirtschaft Nevadas kontrollierte. Er blieb der Mann, der die Stadt »gesäubert« hatte, indem er »den seriösen amerikanischen Kapitalismus in eine Stadt brachte, die zuvor nur die Geldwaschanlage der Unterwelt gewesen war«[206]. Dieser Mythos hielt sich deshalb so hartnäckig, weil Nevada sich nach wie vor als Opfer einer »Hetzkampagne« sah und sich nicht für korrupter hielt als andere Bundesstaaten. Ein einflussreicher Beamter der Glücksspielaufsicht schrieb dazu:

> Es gibt keine Parallele zu unserer Situation. Es gibt keinen anderen Staat, mit dem wir uns vergleichen können, denn außer uns wurde noch nie ein ganzer Staat geschmäht. In der amerikanischen Geschichte gab es immer wieder einzelne Personen, die zur Zielscheibe der Kritik wurden – Benedict Arnold, Al Capone, Huey Long, Joe McCarthy –, die bösen Buben der Nation eben, doch niemals ganze Staaten. 18 Jahre lange war Nevada unablässigen Angriffen ausgesetzt. Die renommiertesten Journalisten des Landes beteten den gesamten Sündenkatalog herunter. Sie bezeichneten Nevada als käuflich, korrupt, ehrlos, unmoralisch, sittenlos, kriminell, durch und durch verdorben – eine Verbrecherkolonie. Es begann mit Kefauver 1950 und endete mit Howard Hughes.[207]

In der Stadt der Strohmänner und Scheinfirmen war Hughes der größte Strohmann aller Zeiten. »Die Leute glauben immer noch, dass Hughes die Gangster aus der Stadt verjagt und eine Ära des sauberen Unternehmertums eingeleitet hat. Nichts davon ist wahr«[208], schrieb Lalli lange nach Hughes' Tod.

Nevada und letztlich die gesamte Nation wurden Opfer eines großen Schwindels, auch wenn sie ihren Betrügern selbst in die Hände gespielt hatten. Hughes hinterließ eine moderne Stadt, jedoch ohne irgendeines seiner Versprechen eingelöst zu haben. Die 5 Millionen Dollar für die medizinische Fakultät der University of Nevada, mit der er den Staat bestochen hatte, um eine Spielkonzession für das Desert Inn zu bekommen, blieb Hughes der Stadt schuldig, ja, er stemmte sich sogar gegen die für den Bau des Fakultätsgebäudes erforderlichen Parlamentsbeschlüsse. Mit seinen schier unerschöpflichen Geldmitteln kämpfte er gegen die Umsatz-, Mineralöl- und Tabaksteuer im Staat und gegen die Rassenintegration an öffentlichen Schulen. Auch wehrte er sich dagegen, dass in seinen Hotelkasinos Unterhaltungskünstler aus dem Ostblock und Rockmusiker auftraten. Der gigantische 7000-Zimmer-Hotelkomplex, der gegenüber dem Sands entstehen sollte, nahm nie Gestalt an, so dass schließlich Steve Wynn – auch ein berühmter »Retter« der Stadt – das nahezu unschätzbare Grundstück übernahm und auf dem Gelände die Hotels Mirage und Treasure Island errichtete. Auf dem 10.000 Hektar großen Areal »Husite«, für das Hughes die erforderliche Unbedenklichkeitsbescheinigung erhalten hatte, um dort eine Lenkwaffenbasis einzurichten, entstand stattdessen das größte und eleganteste Wohngebiet der Stadt – nach Hughes' Großmutter Jean Amelia Summerlin benannt. An diesem war auch Greenspuns Schwiegersohn und zukünftiger Bürgermeisterkandidat, der Bauunternehmer Mark Fine, beteiligt. Drosnin schrieb in seiner Biografie:

> Das Einzige, was Hughes jemals in Nevada bauen sollte, war Maheus Villa. Ansonsten versuchte er alles, um jedes neue Hotel, jedes neue Wirtschaftsunternehmen, jede »Konkurrenz« zu verhindern.[209]

Als Howard Hughes 1976 auf dem Flug von Acapulco nach Houston starb, wog der einst so gut aussehende Playboy und schneidige Pilot noch 43 Kilo, war am ganzen Körper wund gelegen, hatte eine blutende Geschwulst am Kopf, abgebrochene Injektionsnadeln in den Armen und eine tödliche Menge Kodein in seinem dehydrierten Körper. Zum Zeitpunkt seines Todes verdiente er 1,7 Millionen Dollar am Tag, hauptsächlich mit unter der Hand vergebenen Aufträgen des CIA. Letztlich wurden mit diesen Steuergeldern auf verschlungenen Wegen das organisierte Verbrechen in Las Vegas gestützt und gedeckt und Hughes' Günstlinge in Nevada finanziert. Wie sich allmählich herausstellte, waren gewisse Regierungsstellen, darunter auch der amerikanische Geheimdienst, über Hughes' Zustand durchaus im Bilde. Sie wussten, dass er schon seit längerer Zeit keine Kontrolle mehr über sein Imperium hatte und deshalb für vieles, was in seinem Namen geschah, nicht verantwortlich war.

An der Beerdigung des weltbekannten Tycoons nahmen ganze zwanzig Personen teil. Die Trauerrede hielt bezeichnenderweise James Jesus Angleton – der berüchtigte Kalte Krieger und Chef der Spionageabwehr, der zugleich der mächtigste Verbündete des Syndikats im amerikanischen Geheimdienst und einer der vielen Menschen war, die Hughes schamlos ausgenutzt hatten:

> Wo immer es um die Interessen seines Landes ging, wusste niemand besser als er, was seine Pflicht war. Wir können uns glücklich schätzen, ihn zu den unseren zu zählen. Er war ein großer Patriot.[210]

Die unbeabsichtigte Ironie seiner Worte dürfte den Trauergästen entgangen sein.

14 Spielerkönige

Zeit der Abrechnungen. *Juni 1972:* Kurz nach zwei Uhr morgens in einer schwülen Nacht in Washington, D.C., betreten fünf Männer in Anzügen und mit blauen Latexhandschuhen ein Büro unweit des Potomac. Sie haben hochmoderne Kameras und Abhörgeräte dabei. Sie suchen im Auftrag des Weißen Hauses hier nach Material, das den Präsidenten der Vereinigten Staaten mit korrupten Machenschaften in Las Vegas in Verbindung bringen könnte. Plötzlich tauchen Polizisten und Wachpersonal mit gezückten Waffen an der Tür auf, die Einbrecher kauern sich hilflos hinter eine niedrige Holztrennwand. Einer von ihnen flüstert mit kubanischem Akzent jenen Satz in ein Funksprechgerät, der in die Geschichte eingehen wird: »Sie haben uns erwischt.«[1] Der Einbruch wird einen Skandal auslösen und höchste politische Kreise in Aufruhr versetzen.

Juli 1972: Die Explosion einer Bombe, die die Nachmittagsstille von Las Vegas zerreißt, sprengt ein Loch in den Stahlbetonboden und lässt die Benzintanks von fünf Wagen explodieren, die in der zweiten Etage eines Parkhauses unweit von Glitter Gulch stehen. Der Kasinobesitzer und ehemalige FBI-Mitarbeiter Bill Coulthard wird, als er seinen Cadillac startet, buchstäblich in Stücke gerissen und kann nur noch anhand seiner Zähne identifiziert werden.

Juni 1975: In seiner Bude im Keller eines Hauses in Chicago, hinter doppelt verriegelten Stahltüren, bereitet sich Sam Giancana seinen Mitternachtsimbiss aus Endiviensalat und Wurst zu. Er steht am Herd, mit dem Rücken zu seinem alten Freund Tony »The Ant« Spilotro, der bald ein einflussreicher Mann in Las Vegas sein wird. Eine durch einen Schalldämpfer aus unmittelbarer Nähe abgefeuerte Kugel dringt in Giancanas Hinterkopf ein, eine zweite geht durch den Mund, fünf weitere bilden einen Halbkreis unter seinem Kinn. Es handelt sich um eine Botschaft des Strip: ein Schuldspruch für das Opfer, der immer auch eine Warnung an die Lebenden ist.

Juli 1975: Jimmy Hoffa erzählt seiner Schwester, dass er sich in dem Nobelrestaurant Red Fox außerhalb von Detroit mit gewerkschaftlichen und politischen Führern treffen will, um über seine Rückkehr an die Macht zu beraten. Hoffa, der dem Strip mit seinen Gewerkschaftsgeldern seinen Stempel aufprägte, fährt in seinem dunkelgrünen Pontiac davon und verschwindet auf Nimmerwiedersehen.

Juli 1976: »Wenn sie mich umbringen wollen, dann tun sie's, aber sie werden mir keine Angst einjagen«[2], sagt Johnny Rosselli in jenem Sommer zu einem Freund. An einem Donnerstagnachmittag verlässt er das Haus mit seinen Golfschlägern, er trägt sein rosafarbenes Lieblingshemd. Das Erste, was ein neugieriger Fischer entdeckt, als er einen Blick in ein Ölfass wirft, das vor der Küste Floridas auf dem Wasser treibt, ist ein Fetzen dieses leuchtenden Stoffs. Im Innern befindet sich eine verwesende Leiche, der Oberkörper von der Brust bis zum Nabel aufgeschlitzt, die Beine am Oberschenkel mit einer Säge abgetrennt. Gewissermaßen als letzte Demütigung hatte man den modebewussten Rosselli mit einem alten Waschlappen geknebelt.

Februar 1977: In der Wüste unweit des Mount Potosi, 15 Meter neben einem alten Pionierpfad, der aus dem Las Vegas Valley Richtung Westen führt, finden Wanderer die Überreste des lokalen Gewerkschaftsbosses Al Bramlet. Seine nackte Leiche liegt unter einer dünnen Steinschicht begraben; ein Arm ragt hervor, was offensichtlich so gewollt ist. Man hat ihm dreimal ins Herz und einmal in jedes Ohr geschossen. Zwei Wochen zuvor wurde Bramlet auf dem McCarran Airport von Männern entführt, die er für Bombenanschläge engagiert hatte, aber nicht bezahlen wollte, weil einige Bomben nicht explodiert waren.

Dezember 1978: An Tagen wie diesen, so sagen die Einheimischen, knistert die Luft in Westtexas förmlich. Lee Chagras Frau hat ihren Ehemann, einen Drogendealer und Anwalt, den man am Strip »Black Striker« nennt, mit Karten für den Sun Bowl überrascht, aber zuvor will dieser noch etwas in seinem festungsähnlichen Büro in El Paso erledigen. Eine Kugel, Kaliber .22, durchschlägt beide Lungen und durchtrennt die Hauptschlagader. Chagra liegt auf einem Teppich unter einem Buntglasfenster und verblutet; eine Stunde lang windet er sich vor Schmerzen.

Wie die Watergate-Affäre gehen diese Morde in die Geschichte ein und gemahnen daran, was sich hinter der Fassade von Las Vegas verbirgt. Die 70er Jahre sind eine Dekade der Skandale und gerichtlichen Untersuchungen, die letztlich alle im Sand verlaufen. Die Kongressuntersuchsausschüsse zur Watergate-Affäre, zu den Attentatsplänen des CIA, den politischen Morden im eigenen Land und dem nach dem Vietnamkrieg überhand nehmenden Rauschgifthandel vermitteln einen Eindruck von den wahren Machtverhältnissen in Amerika. Alle Fäden laufen in Las Vegas zusammen; die Stadt ist der Schlüssel zum Verständnis dieser fatalen Entwicklung, die das gesamte Land nimmt. Würde man hinter die Kulissen des Strip blicken, zeigten sich dort die nationalen Ereignisse in einem völlig anderen Licht. Der vermeintliche Nebenschauplatz Las Vegas ließe die Zukunft ganz Amerikas erahnen. Aber diese Chance einer Konfrontation mit dem eigentlichen Las Vegas wurde wieder einmal vertan. Die Stadt prosperiert mehr denn je dank der Allianz aus Beamten, Bossen und Banditen, vor der Estes Kefauver 25 Jahre zuvor gewarnt hatte.

Was unter dem Begriff »Watergate« bekannt werden sollte, machte über zwei Jahre lang Schlagzeilen. Die Spur des Einbruchs in das Büro des Bundesparteivorstands der Demokraten führte unausweichlich ins Weiße Haus. Es zeigte sich, dass Watergate nur eine von vielen illegalen Maßnahmen eines verbitterten, argwöhnischen Präsidenten und seiner arroganten Helfer war. Vier der Einbrecher waren Exilkubaner, die für E. Howard Hunt, den früheren CIA-Agenten und Schweinebuchtveteranen, arbeiteten. Der fünfte im Bund war ein einstiger CIA-Angestellter namens James McCord. Die Sache flog auf dank ehrgeiziger Journalisten und gezielter Indiskretion, hartnäckiger Ermittlungen und nicht zuletzt durch puren Zufall. Aber auch Zwistigkeiten unter den Mitarbeitern des Weißen Hauses, die sich gegenseitig beschuldigten und zerfleischten, spielten dabei eine Rolle, sowie die Intrigen des inneren Zirkels der Regierung, die stark an einen heimlichen Coup gegen einen Präsidenten erinnerten, der politische Tabus gebrochen und sich mittels illegaler Methoden Informationen beschafft hatte. Zu dem Machtmissbrauch, der allmählich aufgedeckt wurde, gehörten Schmiergeldzahlungen sowie Einbrüche und Behinderungen der Justiz. Nixon und seine Mitverschwörer, deren Stimmen trotz des kratzigen Stakkato auf den berühmten Tonbandaufnahmen aus dem Amtszimmer des Präsidenten deutlich zu erkennen waren, hatten eine Fülle von Verfassungsverstößen und Vertuschungsmanövern zu verantworten, deren Ausmaß mit jeder Aufzeichnung, die in den folgenden Jahrzehnten an die Öffentlichkeit gelangte, immer klarer wurde. Als sich mit dem drohenden Amtsenthebungsverfahren durch das Repräsentantenhaus und die zu erwartende Verurteilung durch den Senat die Situation im August 1974 zuspitzte, trat mit Nixon erstmals in der Geschichte der USA einer ihrer Präsidenten zurück. Als Nixon in einem Marinehubschrauber vom Rasen des Weißen Hauses abhob, schien es, als würde sich der Skandal mit ihm verflüchtigen und Amerika sei durch seine Verbannung von einer, wie viele glaubten, einmaligen Korruptionsaffäre reingewaschen.

Watergate enthüllte ein korruptes System, in dem die agierenden Politiker praktisch austauschbar waren. Neben all den vergleichsweise kleineren Vergehen, derer Nixon sich gemäß der Verfassung schuldig gemacht hatte – Behinderung der Justiz, Pflichtverletzung, Unterschlagung von Beweismaterial, Bestechung von Zeugen, Steuerhinterziehung usw. –, stießen die Ermittler in ein wahres Wespennest der Korruption. Zentrale der Machenschaften war wie immer der Strip: im Hintergrund wirkende Interessengruppen, die die amerikanische Politik mittlerweile ebenso bestimmten wie die beiden großen Parteien; Schmiergeldzahlungen, deren Ausmaß das überstieg, was durch Zeugenaussagen aufgedeckt wurde; eine Komplizenschaft mit dem Syndikat, die alles, was im Zuge der Ermittlungen ans Licht kam, in den Schatten stellte; ein Bündnis zwischen organisierter Kriminalität und Geheimdiensten, das mächtiger war, als es die Andeutungen bei den Anhörungen ahnen ließen. Vieles konnte nach Las Vegas zurückverfolgt werden, von den illegalen Abschöpfungen, die in politische Kampagnen flossen, über die privaten Armeen aus ehemaligen Geheimagenten, bis zu den problematischen Beziehungen zu Kuba.

In jener zwielichtigen Welt hatte sich Nixon jahrzehntelang bewegt. Die gescheiterte Gestalt, die beim Verlassen des Weißen Hauses an jenem Augusttag trotzig die Hand zum Siegeszeichen erhob, befand sich jedoch in bester Gesellschaft. Auch Nixons direkte Vorgänger waren in dieser Welt zu Hause: Lyndon B. Johnson, der Marcellos Geld akzeptiert hatte, und John F. Kennedy, dessen Beziehungen und Kompromisse mit dem Syndikat inzwischen in aller Munde waren. Nixon sollte auch nicht der letzte Präsident sein, der der Macht und dem Einfluss von Las Vegas verpflichtet war; spätere Regierungschefs wie Ronald Reagan und Bill Clinton pflegten ebenfalls ihre Kontakte zu den Mächtigen der Stadt und hatten keine Skrupel, Geld anzunehmen. Doch im Sommer 1974 schien Nixon ein Ausnahmefall zu sein.

Der Presse zugespielte Informationen und mehrere Einbrüche in Las Vegas, ein Jahr vor Watergate, ließen deutlich werden, dass es sich hier um ein politisches Spiel mit hohem Einsatz handelte, bei dem die Watergate-Affäre nur eine Episode war. Im Mittelpunkt einer Reihe denkwürdiger Ereignisse stand jenes mächtige Gespann, das Howard Hughes nach Las Vegas gebracht hatte und das inzwischen aus dem Imperium der Milliardäre ausgeschlossen worden war: Rosselli, Greenspun, Morgan und Maheu. Ihr Sprachrohr war der Journalist Jack Anderson. Professor Peter Dale Scott beschreibt sie als »mächtiges Morgan-Maheu-Anderson-Team, das ein dafür empfängliches Weißes Haus unter Druck setzte«.[3]

Auf Nixons Seite befand sich eine Gruppe von verdeckt arbeitenden Agenten, offiziell »Special Investigations Unit« genannt, inoffiziell als »Klempner« bekannt, die den Auftrag hatten, »undichte Stellen aufzuspüren«, und zu der Hunt und der ehemalige FBI-Mitarbeiter McCord sowie G. Gordon Liddy und andere »schwere Jungs« gehörten. Der Einbruch, durch den sie berühmt wurden, war der letzte in einer Reihe von Gesetzesverstößen, die vom Weißen Haus als »schmutzige Tricks« bezeichnet wurden.

Ermittlungsbeamte und die Berater des Präsidenten kamen zu der Überzeugung, dass es Nixons Fixierung auf seine Verbindung zu Hughes war,[4] wie John Ehrlichman, der Leiter des neuen innenpolitischen Ausschusses, sagte, die letztlich den Watergate-Skandal auslöste. Dem Historiker Stanley Kutler zufolge war Nixons Stabschef H.R. Haldeman der Meinung, dass der Präsident »jeden Bezug zur Realität zu verlieren schien«[5], wenn es um Hughes ging. Die so genannte Hughes-Verbindung wurde zum Sammelbegriff für Nixons Ängste, angefangen bei seiner Befürchtung, Maheu wüsste über ihn Bescheid, über seine »Obsession« mit dem DNC-Vorsitzenden, dem einstigen Gefolgsmann Hughes und langjährigen Vertrauten Kennedys, Larry O'Brien, bis zu seiner »Paranoia gegenüber Johnny Meier«[6], dem dubiosen »wissenschaftlichen Berater« Hughes' für Geschäfte mit Nixons Bruder Donald.

Nixons »beinahe irrationales Interesse«[7] an Greenspun, wie Jim Hougan in *Secret Agenda* schrieb, »zeigte deutlich seine Besorgnis über die Beziehungen seiner Familie zu dem Industriellen Hughes«. Hougan zufolge war Greenspun so tief »in die Angelegenheiten des menschenscheuen Milliardärs in Las Vegas verwickelt gewesen«[8], dass Nixon nicht sicher sein konnte, wie viel er »über die Verbindungen des Präsidenten zu Hughes« wusste. Noch bedrohlicher als Greenspun mit seiner relativ kleinen *Sun* war für Nixon die jahrzehntelange Beziehung des Herausgebers zu Drew Pearson, dessen überregionale politische Kolumne »Washington Merry-Go-Round« äußerst populär war. Es war Pearson, zusammen mit seinem Zögling Anderson, der am Vorabend der Präsidentschaftswahlen 1960 über jenes verfängliche Darlehen von Hughes berichtet hatte. Es handelte sich dabei um einen Kredit über 205.000 Dollar aus dem Jahr 1956, die Hughes Tool an eine von Donald Nixon geleitete Firma gezahlt hatte, nachdem sein Bruder zum Vizepräsidenten gewählt worden war. Laut Pearson verbesserte sich daraufhin das Verhältnis zwischen Hughes und der Regierung Eisenhower/Nixon. Hughes' TWA erhielt die Genehmigung für neue weltweite Routen, Hughes Tool kam in den Genuss zahlreicher lukrativer Rüstungsaufträge, und die Kartellbehörde in Washington drückte in Bezug auf mögliche Verstöße ein Auge zu. Viele politische Beobachter und Nixon selbst waren davon überzeugt, dass ihn diese durchgesickerte Geschichte 1960 die Wahl gekostet hatte.

Nixons Ängste wegen seiner Beziehungen zu Hughes und Las Vegas, begründet oder nicht, wurden jedenfalls noch geschürt, als 1970 die Interessengemeinschaft Rosselli, Greenspun, Morgan und Maheu in Ungnade fiel. Das Gespann wandte sich ans Weiße Haus und erpresste Nixon mit geschickt gestreuten Informationen, die politischen Zeitbomben gleichkamen. Ihre Forderungen waren sowohl persönlicher als auch kollektiver Natur. Rosselli standen eine Gefängnisstrafe und Ausweisung bevor, da der Vorwurf des Betrugs gegen seinen Friar's Club vom Berufungsgericht bestätigt worden war. Er drohte, die Partnerschaft zwischen CIA und Syndikat bei der versuchten Ermordung Castros auffliegen zu lassen, falls die Regierung Nixon nicht ihren Einfluss geltend mache. Maheu hatte sein herrschaftliches Haus in Las Vegas räumen und nun eine Steuerprüfung über sich ergehen lassen müssen. Außerdem ermittelte die Börsenaufsicht gegen ihn wegen Aktienbetrugs, und er war in einen millionenschweren Rechtsstreit mit Hughes verwickelt. Ebenso wie Rosselli versuchte Maheu aus seinem

Wissen über Nixon und die Bundesregierung Kapital zu schlagen, um seine persönliche Situation zu verbessern. Schließlich kannte er die vielfältigen Beziehungen zwischen Hughes und der Regierung sowie dem Präsidenten, die weit mehr Zündstoff boten als die illegalen Zuwendungen. Er hatte Kenntnis von geheimen CIA-Programmen und wusste auch, dass der Geheimdienst Hughes' *Glomar II* bei einer geheimen Operation eingesetzt hatte. Außerdem hatte er Einblick in die zahlreichen Machenschaften der Behörde, die der Regierung zweifellos peinlich wären, falls sie ans Licht kämen. »Maheus Fühler reichen in viele extrem sensible Bereiche der Regierung«, heißt es in einer internen Mitteilung des Weißen Hauses, »von denen jeder das Potenzial für eine Enthüllung à la Jack Anderson hat«.[9] Auch gegen Greenspun ermittelte die Steuerfahndung, während die Börsenaufsicht seine Rolle bei Hughes' Manipulation der Air-West-Aktien untersuchte. Und selbst Anderson, der für die journalistischen Knüller dankbar war, um die ihn seine Kollegen beneideten, hatte nicht nur die Aufklärung der Öffentlichkeit im Sinn.[10] Nachdem er Anteile von Greenspuns *Sun* erworben hatte, spielte er eine zunehmend aktivere Rolle in der politischen Szene von Las Vegas. »Ich besaß ein paar Aktien der *Sun* – ein Geschenk von Hank als Anerkennung für meine Hilfe bei seiner Verleumdungsklage«, schrieb Anderson 1999 in seinen Memoiren, bestritt aber, dass dies sein Interesse an den Wahlen in Nevada oder der Wirtschaft des Staats beeinflusst habe.

Von ihren individuellen Anliegen und Forderungen abgesehen, fühlten sich alle vier dem großen Wohltäter von Las Vegas, Jimmy Hoffa, verpflichtet. Sie hatten von den einst unbegrenzten Millionen der Teamsters profitiert und setzten nun das Weiße Haus unter Druck, um eine Strafmilderung für Hoffa zu erwirken. Ihr Anwalt war wieder Ed Morgan.

Während Rosselli auf das Urteil des Bundesbezirksgerichts in Los Angeles wartete, bat er Morgan, alle Register zu ziehen. Drei Jahre zuvor, 1967, hatte Morgan in einer »Täuschungskampagne« – die dazu diente, die Mittäterschaft des CIA bei »Kapitalverbrechen, an denen Santo Trafficante beteiligt war«, zu verschleiern – als Rossellis »Verbindungsmann zur Presse«[11] fungiert. Morgan hatte Rossellis Informationen Pearson und Anderson zugespielt, die erwartungsgemäß jene Kolumne schrieben, die als »politische Wasserstoffbomben«-Story[12] oder »die erste Lancierung der Castro-Vergeltungstheorie« Furore machte. Der Artikel spielte die Rolle des CIA und des Syndikats herunter und machte eine persönliche Blutrache zwischen den Kennedys und Castro für die Ermordung John F. Kennedys verantwortlich.

> Nach unbestätigten Berichten hat Senator Robert Kennedy anscheinend einen Attentatsplan gebilligt, wobei der Schuss möglicherweise nach hinten losging und seinen Bruder das Leben kostete.[13]

Andersons Kolumne löste »in Regierungskreisen eine Welle der Angst« aus.[14] »In dem Artikel wurde nicht nur Castro beschuldigt, gegen Kennedy intrigiert zu haben, sondern er enthüllte zum ersten Mal, wenn auch nur ansatzweise, die Komplotte des CIA gegen Castro.« In diesem ersten Artikel fehlten entscheidende Details, weshalb er hauptsächlich als »Angriff auf Bobby Kennedy«[15] gewertet wurde. Historikern zufolge wählte Rosselli just diesen Zeitpunkt für die Veröffentlichung der Castro-Vergeltungsstory, um die erfolgversprechenden Ermittlungen des Staatsanwalts von New Orleans, James Garrison, der die Rolle des CIA bei der Ermordung Kennedys untersuchte, zu boykottieren. Damals »stimmte die ganze Nation darin überein, dass Kennedy einer Verschwörung zum Opfer gefallen war und nicht einem gesellschaftlichen Außenseiter mit einem billigen Gewehr aus dem Katalog«[16], schrieb James Phelan. Garrisons Ermittlungen, die Gus Russo für »schwachsinnig« hielt, sorgten für Aufsehen. Er hatte einen Geschäftsmann aus New Orleans wegen des Verdachts auf Teilnahme an der Verschwörung zur Ermordung des Präsidenten festnehmen lassen und 14 CIA-Beamte wegen Mittäterschaft angeklagt. »Es war die am breitesten angelegte und am großzügigsten finanzierte Untersuchung seit dem Warren-Ausschuss«[17], schrieben Rossellis Biografen Rappleye und Becker. »Es fiel John Rosselli zu, die potenzielle Gefahr von Garrisons Ermittlungen zu minimieren.«[17] Indem er die Aufmerksamkeit auf Castro lenkte, versuchte Rosselli »den Verlauf der Ermittlungen über die Ermordung Kennedys zu beeinflussen«[18]. Als »zuverlässiger Mann«[19] befolgte Rosselli nur die Anordnungen des Syndikats und des CIA. Seine Bemühungen hatten Erfolg. Garrisons Untersuchung wurde als belanglos hingestellt, verspottet und verunglimpft, er selbst als Verrückter mit einem ausgeprägten Geltungsdrang abgetan.

> Außer, dass es fast eine weitere amerikanische Invasion Kubas ausgelöst hätte, hat das Ganze nichts gebracht.[20]

Rosselli, dem eine Haftstrafe drohte, entschloss sich im November 1970 Kontakt zum CIA aufzunehmen. Zunächst wandten sich Morgan und

Maheu direkt an den Leiter des CIA, Richard Helms, und unterrichteten ihn darüber, dass »Rosselli über seine Arbeit für die Behörde auspacken würde, falls der CIA sich nicht für ihn verwende«[21], wie es in seiner Biografie heißt. Helms teilte Maheu mit, dass der CIA in Rossellis Fall nicht eingreifen würde. Rosselli hatte Gerüchte gehört, dass der CIA hinter dem Versuch steckte, ihn ausweisen zu lassen. Regierungsdokumente, die Jahrzehnte später freigegeben wurden, zeigten jedoch, dass der CIA hinter den Kulissen mit hochrangigen Beamten der Einwanderungs- und Einbürgerungsbehörde verhandelt hatte, um die Ausweisung des gebürtigen Italieners zu verhindern. Wütend und verzweifelt entschied sich Rosselli, »seine Drohung wahr zu machen«[22]. Der CIA hatte »die Verhaltensregeln gebrochen« und er würde seinem Beispiel folgen. Sein Sprachrohr würde, was nicht überraschte, Anderson sein, da Pearson im Jahr zuvor gestorben war. »Ich stellte ein Licht für ihn ins Fenster«[23], schrieb Anderson Jahrzehnte später, »und er [Rosselli] kam vorbei, wenn er in Washington war.« Opal Ginn, die Assistentin des Journalisten, versorgte ihn mit altem Scotch, den sie in ihrem Schreibtisch aufbewahrte, und servierte ihm ihre berühmten, mit Maismehl bestäubten, gebratenen grünen Tomaten. Wie es in den journalistischen Kreisen Washingtons üblich war, hielten die beiden freundschaftlichen Kontakt und Rosselli versorgte Anderson mit weiteren Ausschmückungen der Handlung. Am 18. Januar 1971, als Anderson »die Bombe platzen ließ«[24], nannte er Rosselli erstmals als Beteiligten, gab ihn aber noch nicht als seine Informationsquelle preis. »Dies ist die Geschichte von sechs Attentatsversuchen des CIA auf Kubas Fidel Castro, für die die höchste Geheimhaltungsstufe galt«[25], schrieb Anderson. Der CIA gab ein Dementi heraus und Nixons Weißes Haus verweigerte Rosselli seine Hilfe.

Obwohl Rosselli Anderson von der Rolle Trafficantes und Giancanas erzählt hatte, ließ sie der Kolumnist absichtlich aus der Geschichte heraus. »In solchen Angelegenheiten musste eine Etikette befolgt werden«[26], erklärte er fast 30 Jahre später, indem er Rosselli zitierte.

> Santo Trafficante war der Pate im Exil in Kuba … Rosselli konnte nicht mal ohne Erlaubnis auf Zehenspitzen durch Trafficantes Territorium schleichen, und er konnte sich nicht an Trafficante wenden, ohne ihm offiziell vorgestellt worden zu sein.[26]

Aber da Rossellis Boss Giancana »Patenstatus« besaß, konnte er [Giancana] »Trafficantes Hilfe erbitten, um Castro auszuschalten«[26].

Aber Rosselli verschwieg Anderson die wichtigste Information – oder Desinformation, wie manche Autoren glauben –, und es sollten Jahre ins Land gehen, bis Anderson dem Geheimnis auf die Spur kam. Während der Operation hatte sich laut Mahoney »offenbar das Glück gegen Trafficantes Killerteam gewandt«[27]. Für das Attentat auf Castro 1963 »hatte er drei der besten Scharfschützen ausgewählt und sie auf einem Dach in Havanna plaziert«[28]. Aber die vermeintlichen Todesschützen wurden »gefangen genommen, gefoltert und als Doppelagenten in die Vereinigten Staaten zurückgeschickt, um Präsident Kennedy zu ermorden«, wie es bei Mahoney heißt. Rosselli behielt diese Information, seinen Trumpf in petto, bis zu seinem Tod für sich. 30 Jahre später schrieb Anderson:

> Castro, erbost über die Anschläge auf sein Leben, rächte sich an Kennedy; die Mafia, erbost über Bobby Kennedys unerbittlichen Krieg gegen das organisierte Verbrechen, wurde Castros williger Komplize; somit wurde das Komplott gegen Castro zu einem gegen Kennedy.[29]

Rossellis Insiderwissen über die Ermordung Kennedys, seine Kenntnis von den »ungeheuerlichen Zusammenhängen«, wie die *Washington Post* schrieb, bedeuteten letztlich seinen Tod. Aber nun, eine Woche nach Andersons Sensationsmeldung, die jedoch von keiner nationalen Zeitung aufgegriffen wurde, stellte sich Rosselli, da der CIA ihm offenbar nicht zu Hilfe kommen wollte, einem Sheriff in Südkalifornien. »Ich bin nicht in der Lage zu entscheiden, ob Mr. Rosselli für seinen Versuch, Fidel Castro zu ermorden, Wichtelpunkte zustehen«[30], erklärte Bundesbezirksrichter William Gray kurz und bündig bei der Urteilsverkündung im Juli 1971 trotz Andersons Bitte, mit seinem Informanten aus der Unterwelt nicht so streng zu sein, einem Mann, den Anderson als »Patrioten« bezeichnete.

Inzwischen hatte der CIA Andersons Geschichte über einen Komplott gegen Castro entschieden dementiert und Maheu zweifelte öffentlich Rossellis Behauptungen an: »Ich werde eine solche Geschichte doch nicht dadurch aufwerten, dass ich sie kommentiere«[31], erklärte er gegenüber der *Los Angeles Times* und distanzierte sich von seinem langjährigen Freund und Partner, in der Hoffnung, sich beim CIA einschmeicheln zu können. Gleichzeitig übten er, Greenspun, Morgan und Anderson weiterhin Druck auf Nixon und das Weiße Haus aus.

Alarmiert durch Rossellis Verhaftung, versuchte Maheu alles, um seine eigene Haut zu retten. »In dem Glauben, Nixon habe sich mit

Hughes verbündet, der Präsident würde gegen ihn konspirieren und FBI und CIA seien ebenfalls zum Angriff angetreten, feuerte Maheu einen Warnschuss gegen das Weiße Haus ab«[32], wie Michael Drosnin in seinem Buch *Howard Hughes. Der Mann, der Amerika kaufen wollte* schrieb. Maheu erzählte Greenspun, der es wiederum Anderson erzählte, dass er Dokumente besitze, die eine Zahlung von Hughes an Nixon in Höhe von 100.000 Dollar belegten, die aus illegalen Abschöpfungen stammten – »aus dem Silver Slipper geschlürft wie ein Schluck Champagner«[33], schrieb Anderson 1999 – und von Rebozo übergeben wurden. »Nixon wartete voller Panik darauf, dass die ganze Geschichte ans Licht kommen würde«[34], aber nichts geschah. Die nationale Presse ignorierte die Eröffnungen ebenso wie Andersons Artikel über die Attentatspläne des Syndikats in den Monaten zuvor.

Gerade als das Weiße Haus glaubte, alles sei ausgestanden, wandte sich Greenspun bei einem Kongress der Zeitungsverleger am 26. September 1971 in Oregon an den Pressesprecher des Weißen Hauses, Herb Klein. Greenspun erzählte Klein, dass er von einer Geschichte wisse, die »Nixon vernichten«[35] könnte. Als Klein Ehrlichman von dem Gespräch erzählte, schickte dieser sofort Nixons privaten Anwalt Herb Kalmbach nach Las Vegas, der sich mit dem Herausgeber treffen sollte, um ihm auf den Zahn zu fühlen und zu versuchen, ihn von der Veröffentlichung abzubringen. Es war weder Kalmbachs noch Ehrlichmans erster Ausflug zur Schadensbegrenzung nach Las Vegas. Es hatte viel »Zähneknirschen wegen der Beziehung zwischen Donald Nixon und Hughes Berater Johnny Meier«[36] gegeben, wie Ehrlichman in einem Interview Jahrzehnte später sagte. Der 55 jährige Bruder des Präsidenten verbrachte in Nevada viel Zeit mit Meier, und Ehrlichman; Haldeman sowie Rebozo beobachteten argwöhnisch die wachsende Freundschaft, nicht ohne Donald mehrfach zu warnen. Ehrlichman räumte später ein:

> Ich habe ihm eine Moralpredigt gehalten … Er sollte sofort den Traum vom großen Geld vergessen, John Meier in Ruhe lassen und ein ruhiges, rechtschaffenes Leben führen.[37]

Die Tatsache, dass Meier auch ein enger Freund von Greenspun und vermutlich ein Informant Andersons war, verstärkte noch ihre Besorgnis.

Am 12. Oktober trafen sich Kalmbach und Greenspun im Hotel Sahara am Strip und unterhielten sich mehrere Stunden lang. »Kalmbach machte sich auf einem gelben Block Notizen«[38], wie Howard Kohn schrieb. Greenspun erzählte, dass Nixon die 100.000 Dollar von Hughes für die Ausstattung seines Hauses in San Clemente, dem »Weißen Haus« an der Westküste, verwendet habe. Obwohl Greenspun nie darüber berichtete, tickte die Zeitbombe weiter und auch seine eigene Mitwisserschaft geriet nicht in Vergessenheit. Er gab selten seine Informanten preis; ihm war es lieber, wenn man im Weißen Haus im Unklaren darüber blieb, wer bestimmte Gerüchte in die Welt gesetzt hatte, und sich die Spur nicht nach Las Vegas zurückverfolgen ließ. Nur wenige Tage nach dem Treffen zwischen Kalmbach und Greenspun servierte Hughes' PR-Mann in Washington, Robert F. Bennett, dem Sonderberater des Präsidenten, Charles Colson, einen schwer verdaulichen Leckerbissen: Der Herausgeber aus Las Vegas habe in seinem Bürosafe Hunderte brisanter Aufzeichnungen, die Maheu aus seiner Zeit mit Hughes beiseite geschafft hatte. Solches Wissen schürte Nixons Ängste und Wahnvorstellungen, dass geheimen Mächte ihn als Präsidenten zerstören wollten, wie Ehrlichman sagte. Im Dezember versuchten die »Klempner« verzweifelt, die undichten Stellen zu Anderson aufzuspüren. Selbst an eine Ermordung des Journalisten dachten sie, beispielsweise »indem sie das Lenkrad seines Wagens mit Gift bestrichen«[39], wie Anderson später schrieb.

Zwei Monate später erfuhren die schockierten Mitarbeiter des Weißen Hauses, dass die Überprüfung Maheus durch den IRS einen Betrugsskandal aufgedeckt hatte, bei dem es um Millionenbeträge ging und in den auch Donald Nixon und sein Freund aus Las Vegas, John Herbert Meier, verwickelt waren. Der aus Long Island stammende Meier war 1968 als Computerexperte, der angeblich zwei Doktortitel besaß, in den inneren Kreis um Hughes gelangt. »Dr. Meier«, wie der schwerfällige, genussfreudige Mann genannt wurde, begann sofort die Neuigkeit seines Aufstiegs »in Washington zu verbreiten und erzählte jedem, der bereit war, ihm zuzuhören, dass er in Hughes' Gunst ganz oben stand«[40], schrieb Maheu später bitter. »Meier freundete sich mit Donald an, kurz nachdem sein Bruder ins Weiße Haus eingezogen war.«[40]

Als die Gold- und Silberpreise weltweit anstiegen, kaufte Hughes Nevadas einst produktive Minen auf. »Die Familie Hughes kehrte wieder zu ihren Ursprüngen zurück«, schrieben Barlett und Steele, stammte doch das Hughes-Vermögen aus der Herstellung von Bohrköpfen. Hughes beauftragte Meier mit dem Aufkauf von Silber- und

Goldminen in ganz Nevada, was Barlett und Steele als »eine seltsame Besetzung für die Leitung eines Multimillionen-Dollar-Projekts«[41] bezeichneten. Einer der ersten, die an Hughes verkauften, war George von Tobel aus Las Vegas, der auch dem Glücksspielausschuss angehörte. Von Tobel, ein ehemaliger Parlamentarier aus einer Pionierfamilie in Nevada, veräußerte sein Stück Land unweit von Comstock Lode für 225.000 Dollar – »ein Vorgeschmack auf künftige Transaktionen«, wie ein Zeitgenosse bemerkte. Von Tobel »sah keinen Interessenkonflikt in seinem Minenverkauf an Hughes, obwohl er dessen Glücksspielunternehmen überwachte«[42]. Hughes' Kaufrausch erinnerte an seine früheren Kasinoaufkäufe. »In den letzten hundert Jahren hatte Nevada nichts Vergleichbares erlebt.«[42] Innerhalb weniger Monate hatte Meier 80 Prozent der bekannten Silbervorkommen in den Countys Nye und Esmeralda für Hughes erworben.

Im Zuge seiner Geschäfte machte Meier die Bekanntschaft von Anthony G. »Tony« Hatsis, dem Präsidenten von Salt Lake Citys Toledo Mining Company. Die beiden Männer lernten sich im Hotel Sands kennen, als Hatsis in Las Vegas Urlaub machte. Beide waren im Bergbaugeschäft tätig und merkten schnell, dass sie voneinander profitieren konnten. Hatsis' Firma besaß zahlreiche Grubenfelder in Nevada und Utah, und Meier arbeitete für einen Mann, der sie gern kaufen würde. Die beiden planten, die Millionen von Hughes auf das Treuhandkonto von Hatsis einzahlen zu lassen, das dieser – zufälligerweise – bei Walter Cosgriffs Continental Bank in Salt Lake City hatte. Als der Schwindel aufflog, hatte Hughes 20 Millionen Dollar für praktisch wertlose Schürfrechte ausgegeben, und das Geld befand sich auf Nummernkonten in der Schweiz, auf den Bahamas und in Liechtenstein.

Als Ehrlichman hörte, dass Meier Hatsis in Donald Nixons Kreis eingeführt hatte, nahm er sich Hatsis FBI-Akte vor. Er erfuhr, dass der Mann aus Salt Lake City »eine zwielichtige Person mit Verbindungen zum organisierten Verbrechen« war. Heimlich von seinem Freund, dem Leiter der IRS, über die Nachforschungen von dessen Behörde in Kenntnis gesetzt, erfuhr Ehrlichman, dass »sämtliche Eskapaden Donald Nixons und John Meiers aufgedeckt wurden: nicht nur die getürkten Schürfrechte, sondern auch Grundstücks- und Börsengeschäfte mit Leuten aus der Unterwelt, Urlaubsreisen nach Hawaii, die von Meier vorgelegt und letztlich von Hughes beglichen wurden, sowie Reisen in die Dominikanische Republik wegen fragwürdiger Geschäfte mit wichtigen Regierungsvertretern«.[43] Ehrlichman erstattete dem Präsidenten laufend Bericht, der daraufhin anordnete, dass sein Bruder überwacht und seine Telefone abgehört werden sollten. Außerdem schickte er seinen Freund Rebozo zu Donald, um den Bruder eindringlich aufzufordern, seine Kontakte zu Meier sofort abzubrechen. Im Dezember 1971 brüstete sich Meier »geheimer Treffen mit dem Präsidenten höchstpersönlich«[44], eine Behauptung, die durch Spesenquittungen an Hughes erhärtet wurde. Ein Skandal drohte, in den Donald Nixon und damit auch der Präsident verwickelt sein würden. Außer sich verfluchte dieser seinen »blöden Bruder«[45].

Richard Nixon musste einen weiteren Schlag einstecken, der offenbar auf das Konto von Las Vegas ging. Am 7. Dezember 1971 kündigte der McGraw-Hill-Verlag in New York eine Sensation an: die Veröffentlichung »einer 23.000 Wort starken Abschrift der aufgezeichneten Erinnerungen Howard R. Hughes'«.[46] *Life* würde ab März 1972 Abschnitte des Buchs abdrucken. Die Eröffnung, dass der Autor Clifford Michael Irving, ein in Spanien lebender amerikanischer Schriftsteller, angeblich 100 Interviews mit dem scheuen Milliardär geführt hatte, sandte Schockwellen durch Nixons Weißes Haus. Der Assistent des Präsidenten, John Dean, wandte sich an ihre Hughes-Quelle, Robert Bennett, während Haldeman versuchte, Informationen über Irvings Enthüllungen direkt vom FBI zu bekommen. Hoover teilte Haldeman mit, dass das Buch verheerende Informationen über Nixons Beziehungen zu Hughes und Las Vegas enthielt. Irving behauptete, er habe Beweise für eine 400.000-Dollar-Spende an Nixon, damit der die Sache mit TWA regele, sowie für eine Zahlung von einer Million für die Beendigung der Atomtests in Nevada; er wisse auch, dass es Hughes war, der Pearson von dem Darlehenskandal 1960 erzählt hatte.

Irvings Buch brachte Nixons Paranoia voll zum Ausbruch.[47]

Hughes Pressesprecher tat die Nachricht sofort als Falschmeldung ab und beteuerte, dass der Milliardär niemals von Irving interviewt worden sei. Kurz nachdem die Nachricht eingegangen war, schwor Greenspun dem Journalisten James Phelan:

> Ich küsse dir mitten auf dem Strip in Vegas 130 Mal den Arsch, wenn das Buch keine Fälschung ist. Hughes ist gar nicht in der Verfassung, ein Buch zu schreiben.[48]

Sowohl Hughes' Lager als auch das Weiße Haus glaubten, dass Maheu hinter dem Betrug steckte. Maheu schrieb später:

> Das war völliger Unsinn. Ich wusste sehr gut, dass Howard niemals den Fuß vor die Tür des Desert Inn gesetzt hatte … wenn McGraw-Hill daran interessiert gewesen wäre, die Fakten zu überprüfen, hätten sie nur mich zu fragen brauchen.[49]

Es sollten drei aufreibende Monate für das Weiße Haus werden, bis sich Irving in New York schuldig bekannte, den Verlag um 750.000 Dollar geprellt zu haben. Aber inzwischen hatten Greenspuns Indiskretionen, die die »Klempner« nicht verhindern konnten, das Ansehen des Präsidenten beschädigt. Obwohl das Manuskript vom Verlag noch zurückgehalten wurde, lautete im Januar 1972 der Aufmacher der *New York Times:* »Beziehungen zwischen Hughes und Nixon in einem Buch enthüllt«[50]. Dem Artikel folgte eine Woche später ein verblüffender Bericht über Bobby Kennedy, in dem es hieß, dass er als Justizminister ernsthaft erwogen habe, Nixon wegen der Bestechungsgelder von Hughes strafrechtlich zu verfolgen. Inzwischen nannte Nixon den zum Märtyrer erhobenen Kennedy nur noch »einen rücksichtslosen, kleinen Bastard«[51]. Aber es sollte noch schlimmer für das Weiße Haus kommen. Zunächst brachte Anderson noch einmal die Story über 100.000 Dollar vom Silver Slipper und schmückte sie mit zusätzlichen Details über die Rolle des Nixon-Intimus Rebozo aus: »ehemaliger Tankwart, Chauffeur, Flugbegleiter, Besitzer eines Geschäfts für die Runderneuerung von Autoreifen, Leiter einer Waschsalonkette, Immobilienspekulant, Wahlhelfer von [George] Smathers und jetziger Bankdirektor, Millionär und Vertrauter des Präsidenten«[52]. Greenspun erzählte dem *Times*-Journalisten Wallace Turner, dass er 200 von Maheus brisantesten Schriftstücken in einem Safe in seinem Zeitungsbüro in Las Vegas auf bewahre, unter einem kürzlich geschossenen Foto, das ihn zusammen mit Präsident Nixon zeige. »Wally Turner war ein alter Freund von mir«, sagte Greenspun später über seine Enthüllungen. Am 3. Februar berichtete Turner über das Versteck und machte Andeutungen, dass viele der Mitteilungen von Hughes handschriftlich verfasst und höchst explosiv seien.

Am nächsten Tag bekam Liddy grünes Licht von Justizminister Mitchell, in Greenspuns *Sun*-Büro einzubrechen und den Inhalt des Safes zu stehlen. Liddy delegierte den Auftrag an Hunt, der sich seinerseits mit Hughes' Sicherheitschef Ralph Winte traf, um über die »Gemeinsamkeit ihrer Interessen« zu diskutieren, wie er später erklärte. Am 19. Februar kamen Hunt, Liddy und Winte in Beverly Hills zusammen, um den Einbruch in Las Vegas vorzubereiten. Alle drei behaupteten später, dass das »Ding« abgeblasen wurde, obwohl Greenspun angab, dass in sein Büro tatsächlich eingebrochen wurde und »eine Stahlplatte« von seinem Safe »abgerissen wurde«[53], wie die Zeitschrift *Rolling Stone* berichtete. Ein aufgezeichnetes Gespräch, das später freigegeben wurde, weist ebenfalls darauf hin, dass der Einbruch stattgefunden hatte und erfolgreich verlaufen war. »Sie flogen hin, brachen seinen Safe auf und holten alles raus«, erzählte Ehrlichman dem Präsidenten (aber möglicherweise meinte er den geknackten Safe eines Anwalts von Greenspun im April 1972).

Am Wochenende des Heldengedenktags (30. Mai) drang ein von Hunt und Liddy angeführtes Team ins Hauptquartier der Demokratischen Partei im Washingtoner Watergate-Hotel ein. Obwohl die Einzelheiten und Motive des Einbruchs von den Teilnehmern bestritten und von Historikern jahrzehntelang angezweifelt wurden, war die Tatsache, dass O'Briens Telefon angezapft wurde und Dokumente fotografiert wurden, unbestritten. Da die Wanze nicht funktionierte, kam es am 17. Juni zu einem zweiten Einbruch in die Parteizentrale. In jener Nacht informierte ein Wachmann die Polizei, die die Einbrecher auf frischer Tat ertappte. Damit war Nixons Schicksal besiegelt.

Acht Monate danach bildete der Senat einen Sonderausschuss, der die ungeklärten Fragen im Zusammenhang mit Watergate, die Verschwörungen und Vertuschungen untersuchen sollte. Nixon, dem zumindest im Sommer und Herbst 1972 keine direkte Beteiligung daran nachgewiesen werden konnte, wurde im November mit überwältigender Mehrheit wieder gewählt. Aber im darauf folgenden Februar tauchten im Zuge der Ermittlungen beunruhigende Belege für Verbindungen zwischen dem Präsidenten und Las Vegas auf.

Sam Dash, Chefberater des Ausschusses, »sah einen Zusammenhang zwischen einer abgebrochenen Operation in Las Vegas [die Aktion, die Greenspuns Safe betraf] und dem dreistesten Einbruch in der Geschichte der Vereinigten Staaten«[54], wie der Journalist Gerald Bellett schrieb. *Newsweek* berichtete:

> Schon zu Beginn des Watergate-Skandals wurde in Washington gemunkelt, dass der Milliardär und Einsiedler Howard Hughes irgendwie darin verstrickt war.[55]

Berater des Senats waren besonders an Hughes' Versuchen im Jahr 1970 interessiert, das Dunes zu kaufen. Es kursierten Gerüchte über Bestechungsgelder an Nixons Justizministerium zur Lockerung kartellfeindlicher Bestimmungen sowie über Gouverneur Laxalt, der Hughes und Mitchell als Mittelsmann gedient habe. Obwohl Justizbeamte Mitchell mitgeteilt hatten, dass der Erwerb des Dunes »zweifellos gegen das Kartellgesetz verstieß«[56], gab Mitchell Hughes eine Woche später sein Einverständnis. Eine solche Entscheidung hatte höchstwahrscheinlich Nixons Unterstützung, wie Barlett und Steele argumentierten, die über Nixons »Wut« über das Justizministerium bei einem anderen Verstoß gegen das Kartellgesetz berichteten.

Der Präsident tobte:

> Ich möchte, dass eins klar ist … ich will nicht, dass das Justizministerium herumrennt und Leute verfolgt und Unternehmen die Hölle heiß macht.[57]

Die Watergate-Ermittler konzentrierten sich auf Mitchells private Treffen mit Hughes' Berater Richard Danner. Die beiden Männer kannten sich seit Nixons Präsidentschaftswahlkampf im Jahr 1968. »Mitchell und Danner trafen sich innerhalb von sieben Wochen zu drei vertraulichen Gesprächen. Dann gab Mitchell grünes Licht«[58], berichtete die Zeitschrift *Rolling Stone*. »Wir sehen kein Problem«, beruhigte Mitchell Danner bezüglich des Dunes, »beginnen Sie ruhig mit den Verhandlungen.«[59] Danner, der ehemalige Leiter des FBI-Büros in Miami, teilte erfreut Mitchells Zustimmung seinem Kollegen Maheu mit. »Es dauerte nicht lange, da machte die Neuigkeit am Strip von Las Vegas die Runde, dass John Mitchell Howard Hughes gesagt hatte, er könne das Dunes kaufen.«[60]

Der juristische Berater des Watergate-Ausschusses, Terry Lenzner, ein engagierter Mann mit einem ausgeprägten Kinn, war ebenfalls fasziniert von den Kontakten zu Nevada, von denen John Meier ihm gegenüber berichtet hatte. Meier wurde im Oktober 1973 als erster Hughes-Kenner[61], der sich als Zeuge gemeldet hatte, interviewt. Meier versorgte die Watergate-Ermittler mit Informationen über weitere Verbindungen zwischen Nixon und Hughes, während er gleichzeitig Anderson diese Informationen zuspielte. Er bestätigte Einzelheiten von Hughes Zahlungen an Nixon über Rebozo. Meier berichtete auch über die Beziehung zwischen Donald Nixon und Hatsis, was als brisantes Wissen aus erster Hand betrachtet wurde. Er enthüllte die Nutzung von Cay Sal durch den CIA – jene Insel der Bahamas, die Hughes seit 1957 gepachtet hatte – als geheimen Stützpunkt für Spionageoperationen gegen Kuba. Er behauptete, wie ein kanadischer Journalist sagte, er sei im Besitz »einer Liste mit den Namen Dutzender Politiker, deren Wahlkampf auf Wunsch des CIA von Hughes finanziell unterstützt wurde«[62]. Zwar gab er Details über die engen Beziehungen zwischen Hughes' Imperium und dem CIA preis, aber er verschwieg dem Ausschuss geheime Informationen über die noch laufende, mehrere Millionen Dollar teure *Glomar-II*-Operation. Anderson gab Lenzner den Tipp, dass die 100.000 Dollar vom Silver Slipper in Banderolen mit dem Aufdruck »Las Vegas« steckten und zwischen Nixons beiden Brüdern und Rose Mary Woods, der Sekretärin des Präsidenten, aufgeteilt wurden.

Lenzner verfolgte die Spur nach Nevada und schickte Ermittler los, um Paul Laxalt zu befragen. Sie trafen ihn in seiner Kanzlei in seiner »wunderschön restaurierten alten Villa aus der Jahrhundertwende«[63] in Carson City, wie es in einem Vermerk eines Mitarbeiters an Lenzner heißt. Bei einer ausführlichen Unterredung am 2. Januar 1974 wurde Laxalt gefragt, ob er bei einem Dinner in Palm Springs im Jahr 1968 50.000 Dollar von Hughes an Nixon übergeben habe. Laxalt bestritt vehement, dem Kandidaten Bargeld gegeben und Hughes je als Kurier gedient zu haben. Er räumte zwar ein, sich bei jenem Essen länger mit Nixon unterhalten zu haben, aber das Gespräch habe sich nicht um Beihilfen irgendwelcher Art gedreht. Beiläufig erwähnte Laxalt, dass sein Bruder Peter den Wahlkampf Nixons in Nevada geleitet und 50.000 Dollar in bar von Hughes an diverse republikanische Kandidaten des Staates verteilt habe. »Spenden in Form von Bargeld waren damals in Nevada gang und gäbe«[64], erzählte er. Laxalt beharrte »hartnäckig«[65] darauf, dass er nie von »irgendjemandem« auf Hughes' Dunes-Kauf angesprochen worden sei, auch habe er nie Beamte in Washington gebeten, sich für die Belange von Kasinobesitzern in Nevada einzusetzen. Als er wegen seiner Treffen mit Regierungsvertretern in die Mangel genommen wurde, gab er zu, bei zwei Gelegenheiten J. Edgar Hoover getroffen zu haben, einmal in Begleitung von Del Webb, wo er ihn aber nur »begrüßt habe«[66]. Er erinnerte sich auch an eine Begegnung mit John Mitchell, wusste aber nicht mehr, ob sie über Kartelle gesprochen hatten. Bei einer anderen Gelegenheit hatte er Kirk Kerkorian, den Besitzer des neuen, 80 Millionen Dollar teuren, über 1500 Zimmer verfügenden International Hotel and Casino, zu einem Treffen mit Beamten der Börsenaufsicht begleitet, leugnete aber, politischen Druck auf die Behörde ausgeübt zu haben, die Kerkorian überprüfte. Laxalt erklärte Lenzners Ermittlern, dass er sehr wenig über das Dunes wisse, nur dass der Bankier Parry Thomas aus Las Vegas eine entscheidende Rolle bei der Finanzierung gespielt habe.

Ende 1973 erschien den Kongressermittlern die Einbruchstheorie, der zufolge O'Briens Büro nach Informationen durchsucht worden war, um damit Nixons Kontakte zu Hughes und Las Vegas nachzuweisen, am plausibelsten. Dash war zu diesem Schluss gelangt, erzählte er der *Los Angeles Times* im Dezember, nachdem er Meier »unter vier Augen« nach der 100.000 Dollar hohen Wahlkampfzuwendung von Hughes an Nixon befragt habe. Die Watergate-Ermittler prüften »eine mögliche Beziehung zwischen den Übergaben [des Bargelds] und dem Wunsch nach einer positiven Beurteilung von Anträgen, die Hughes bei diversen Behörden und zwei Ressorts der Bundesregierung 1970 laufen hatte«[67], wie sie dem Sonderankläger Leon Jaworski berichteten.

Aber die Hinweise auf Hughes gerieten schnell in Vergessenheit, was zum Teil Hughes' PR-Mann in Washington, Robert Bennett, zu verdanken war. Der Mormone aus Utah und Sohn von Senator Wallace F. Bennett verfügte über »solide politische Beziehungen« und hatte gleichzeitig die »unheimliche Gabe, die Medien zu manipulieren«[68], so Barlett und Steele. Bennett intervenierte bei Sam Ervin, dem Vorsitzenden des Watergate-Untersuchungsausschusses, und lenkte den Verdacht von Hughes ab. Bennetts Mullen Company war, Zeugenaussagen zufolge, seit ihrer Gründung 1959 eine Tarnfirma des CIA. Bennett selbst war »der große Unbekannte im Watergate-Skandal«[69], wie es ein Ausschussanwalt ausdrückte. Nach dem Einbruch »schlug Bennett einen Kurs ein, der den CIA und Hughes auf Nixons Kosten schützte«[70], berichtete Howard Kohn. Dazu gehörten die berühmten, der *Washington Post* zugespielten Informationen, jener Zeitung, die die Watergate-Story gebracht hatte. »Bennett versorgte Bob Woodward mit Neuigkeiten, der sich ›entsprechend dankbar‹ zeigte«[71], wie es in einer internen Mitteilung des CIA heißt. Obwohl Bennetts Name Dutzende Male auftauchte, wurde er nie als Zeuge vorgeladen. Stattdessen befragten ihn die Ermittler unter Ausschluss der Öffentlichkeit, ein Verfahren, das im Zusammenhang mit Las Vegas üblich war. »Hughes' leitende Angestellte wurden, wenn überhaupt, nacheinander in geheimen Sitzungen befragt«[72], schilderten Barlett und Steele das ungewöhnliche Vorgehen, das in krassem Gegensatz zu den groß angekündigten, im Fernsehen übertragenen Anhörungen stand. »Mehr als zwei Dutzend Leute, die über die Kontakte zwischen dem Hughes-Imperium und Watergate Bescheid wussten, wurden persönlich, oft inoffiziell und nicht unter Eid befragt.« Anfang 1974 waren die Verbindungen der Regierung zu Hughes und Las Vegas völlig aus den Schlagzeilen verschwunden. Einer von Andersons Reportern erzählte Meier:

> Eine Menge Leute befürchten, dass jetzt, da die Anhörungen mehr in Hughes Einflussbereich gerückt wurden, vieles im Verborgenen bleibt, was nicht nur Richard Nixon betrifft.[73]

Die Watergate-Ermittler wurden jedesmal hellhörig, wenn Nixon von dem Einbruch ins Hauptquartier der demokratischen Partei erzählte und dabei die »Schweinebuchtgeschichte«[74] erwähnte. Kurz nach dem Einbruch hatte Nixon den Leiter des CIA, Richard Helms, darauf hingewiesen, dass die Watergate-Affäre möglicherweise mit der Schweinebucht in Zusammenhang stand, und die Befürchtung geäußert, dass im Zuge der Ermittlungen auch die »Schweinebuchtsache« auffliegen könnte.[75] Er hatte den CIA nachdrücklich darum gebeten, die FBI-Untersuchungen aus Gründen der nationalen Sicherheit zu stoppen. Nixons gleichzeitig aufgezeichnete Anspielungen auf die »Schweinebuchtgeschichte« erschienen Ehrlichman und anderen Mitarbeitern des Weißen Hauses wie ein Euphemismus für die von CIA und Syndikat ausgeheckten Pläne zur Ermordung Castros, da die zehn Jahre zurückliegende Invasion der Schweinebucht kein Geheimnis war. Nach einer Theorie, die die Watergate-Ermittler überprüften, hatte der Präsident selbst die Einbrüche bei O'Brien und Greenspun angeordnet, um Maheus Aufzeichnungen zu finden, die seine Rolle in den CIA-Komplotten gegen Kuba dokumentierten. Die Ermittler hatten erfahren, dass Jack Andersons Kolumnen von 1971 über den Castro-Komplott, denen Kennedy zum Opfer fiel, »im Weißen Haus eine Flut von internen Mitteilungen ausgelöst hatten und direkt zu der unseligen Kontaktaufnahme des Weißen Hauses mit Robert Bennett«[76] führten. Zur Überprüfung der Hypothese, dass sich Nixon in seiner Eigenschaft als inoffizieller Chef des CIA bei den Operationen gegen Kuba während seiner Amtszeit als Vizepräsident schuldig gemacht hatte, lud der Ausschuss Johnny Rosselli vor.

In einer vertraulichen Unterredung im Februar wurde Rosselli ausführlich darüber befragt, ob der damalige Vizepräsident Nixon von der Komplizenschaft zwischen CIA und Syndikat Kenntnis hatte. Die Republikaner glaubten, dass ein »Dokument existiere, das beweist, dass Nixon in die Machenschaften des CIA und das geplante Attentat auf Castro verwickelt war oder zumindest davon wusste«[77], sagte Leslie

Scherr, der Washingtoner Anwalt, der zusammen mit Rosselli vor dem Ausschuss erschien. Bei Rappleye und Becker heißt es:

> Nixons größte Angst war, dass seine direkte Beteiligung an den ursprünglichen Plänen zur Ermordung Fidel Castros ans Licht käme.[78]

Falls tatsächlich ein Killerteam »umgepolt« worden war, wie Rosselli behauptete, dann musste Nixon außerdem fürchten, der Mitschuld an der Ermordung seines Erzfeinds John F. Kennedy angeklagt zu werden. Nichts von alldem geriet an die Öffentlichkeit, und als Nixon an jenem schwülen Sommertag des Jahres 1974 zurücktrat, schien es, als habe es die Beziehungen zu Las Vegas, die laut Rossellis Anwalt »so undurchsichtig und verworren waren, dass selbst John le Carré sie nicht hätte aufdecken können«[79], nie gegeben.

Vizepräsident Gerald Ford, Nixons Nachfolger, erteilte seinem Vorgänger einen Monat nach dessen Rücktritt eine »vollständige, uneingeschränkte und unbeschränkte Amnestie« für Verbrechen, »die er, Richard Nixon, während seiner Präsidentschaft tatsächlich oder möglicherweise begangen hat«. Mit seiner Unterschrift unter diese Erklärung brachte Ford die Watergate-Untersuchungen zum Stillstand. Aber das amerikanische Volk war über die Enthüllungen erschüttert, die die Historikerin Kathryn Olmsted als »früher unvorstellbare Ebenen der Korruption und Verschwörung innerhalb der Exekutive«[80] bezeichnete.

Zu Beginn des folgenden Jahres schockierte Seymour Hersh, Journalist der *New York Times,* die Öffentlichkeit mit einer Serie von Artikeln über »den Sohn von Watergate«[81], in denen ein vom CIA finanziertes, umfangreiches Bespitzelungsprogramm beschrieben wurde. Hershs Enthüllung unmittelbar nach den Straftaten Nixons und des Weißen Hauses »riefen bei dem nach Watergate wieder erstarkten Kongress und der Presse heftige Reaktionen hervor«, und »beide Kammern beschlossen umfangreiche, über ein Jahr laufende Untersuchungen der Sicherheitsorgane«[82]. Der US-Senat rief einen Sonderausschuss zur Untersuchung von Geheimdienstaktivitäten ins Leben, der von Senator Frank Church aus Idaho geleitet wurde und »mit einem breiten Mandat ausgestattet war, um sowohl dem CIA als auch dem FBI auf den Zahn zu fühlen«. Ford kündigte die »Einsetzung einer Expertenkommission an, die den Behauptungen, der CIA betreibe inländische Spionage, nachgehen würde«[83], wie es in einem Bericht über die Rockefeller-

Kommission heißt. »Ford wusste, dass der CIA keine Chance hätte, wenn irgendetwas aufgedeckt würde«[84], schrieb Maheu später. Die Kommission wurde beauftragt, die CIA-Attentate zu untersuchen, die »intern als ›Familiengeheimnis‹ bezeichnet wurden, während sie gleichzeitig versuchte, den CIA vor völliger Entlarvung zu schützen«.[85] Außerdem gab es noch einen Sonderausschuss des Repräsentantenhauses, bei dem Otis Pike, ein moderater New Yorker Demokrat, den Vorsitz hatte, der versprach, »die methodischen Probleme der Sicherheitsorgane zu untersuchen«[86].

Die Presse wurde umgehend mit »einer Fülle von verblüffenden Behauptungen versorgt, ... dass der CIA der Ermordung Castros zugestimmt habe und Bobby Kennedy von den Komplotten und der Kollaboration mit der Mafia wusste«[87]. Die Enthüllungen über den Machtmissbrauch von CIA und FBI riefen bei der Bevölkerung tiefes Misstrauen gegen die Zentralregierung hervor und ließen Verschwörungstheorien wieder aufleben, vor allem im Zusammenhang mit der Ermordung John F. Kennedys.

> Nachdem sie erfuhren, dass Hoovers FBI versucht hatte, Martin Luther King jr. zum Selbstmord zu bewegen, dass die »Klempner« des Weißen Hauses einen Plan zur Ermordung Jack Andersons ausgeheckt hatten und dass der CIA ahnungslose Bürger mit Drogen vollgepumpt hatte, begannen einige Amerikaner die offiziellen Erklärungen für zahlreiche Geschehnisse der jüngsten Zeit anzuzweifeln.[88]

Sowohl Pike als auch Church machten ihrem Ärger über den Staat im Staate Luft. »Diese Untersuchung hat mich davon überzeugt, dass mir immer Lügen aufgetischt worden waren«, erzählte Pike einem Journalisten, »und ich merkte, dass ich es leid war, angelogen zu werden.«[89]

Wieder einmal war das Zentrum dieser Lügen und Halbwahrheiten Las Vegas, aber der Sommer 1975 sollte für viele der Akteure die Zeit der Abrechnung werden. »Mit CIA-Attentaten als erstem Punkt der Agenda richtete sich das Hauptinteresse jetzt auf Gangster, die in die Komplotte verwickelt waren, also Rosselli, Santo Trafficante und Sam Giancana«[90], wie es in einem Bericht des Church-Ausschusses heißt. Es war das erste Mal, dass Trafficantes Name öffentlich im Zusammenhang mit den Intrigen des CIA und des Syndikats auftauchte, was den Verbrecherboss aus Florida veranlasste, sich auf sein Anwesen in Costa Rica zurückzuziehen, um einer Vorladung durch den Kongress zu entgehen. Er blieb jedoch die ganze Zeit über mit Rosselli in Kontakt.

Maheu kam der Vorladung nach und entschloss sich schließlich, seinen patriotischen Schweigekodex zu brechen, wie er in seiner vor Selbstbeweihräucherung triefenden Autobiografie schrieb, weil »ein hoher Beamter des CIA« ihm gesagt habe, dass sich der CIA entschieden habe »seine schmutzige Wäsche zu waschen«.[91] Maheu versprach seine volle Kooperation, wenn ihm im Gegenzug Straffreiheit zugesichert würde, und gab seine Zeugenaussage in einer geheimen Sitzung zu Protokoll. Allerdings bestätigte Maheu nur das Szenario, das in den Jahren zuvor bereits von Anderson und Pearson mehrfach publiziert worden war und deshalb weder für den CIA noch das Syndikat eine besondere Bedrohung darstellte. In einem leidenschaftlichen Monolog gegen Präsident Kennedy und die fehlgeleiteten Untersuchungen über den Machtmissbrauch des CIA hielt Maheu der Regierung unter anderem vor, »die Ermordung der Jungs in der verpfuschten Schweinebuchtoperation«[92] auf dem Gewissen zu haben.

Giancana, der gesundheitlich etwas angeschlagen war, hatte kein Interesse daran, vor dem Church-Ausschuss zu erscheinen, hatte aber auch nicht die Absicht zu fliehen. Er war erst kürzlich aus Mexiko ausgewiesen und gezwungen worden, vor einer Bundesanklagejury in Chicago auszusagen. »Der Boss der Bosse« kontrollierte die Machtübernahme in Las Vegas durch den Chicagoer Outfit, wie am Beispiel des Stardust deutlich wurde, und »hatte wenig Lust, sich von einem Kongressausschuss in die Mangel nehmen zu lassen«. Am 19. Juni erschienen Mitarbeiter des Church-Ausschusses in Chicago, um Giancana sicheres Geleit nach Washington zu geben, wo er über die geplanten Attentate auf Castro aussagen sollte. Aber am nächsten Morgen war der Gangsterkönig von Las Vegas tot, ein groteskes Lächeln im Gesicht, verursacht von den Einschusslöchern im Kinn.

> Im Mafia-Jargon war die Botschaft eindeutig: Giancana war zum Schweigen gebracht worden. Für immer.[93]

Rosselli, dessen Strafe zwei Jahre zuvor zur Bewährung ausgesetzt worden war, hielt sich im Watergate-Apartment seines Freundes Fred B. Black jr. versteckt, einem »Superlobbyisten mit einem Einkommen von 300.000 Dollar«[94], als er von Giancanas Tod erfuhr. Bobby Baker, ein jahrzehntelanger Gefährte Blacks, enthüllte später, dass Black ebenfalls »Jack Anderson Informationen zugespielt hatte«[95], und zwar über eine von Andersons Angestellten, zu der er ein sexuelles Verhältnis hatte. Black und Rosselli waren seit den 50er Jahren befreundet, als Rosselli

Judith Campbell und andere Frauen aus Las Vegas und Hollywood für Blacks Suite im Hotel Sheraton-Carlton in Washington besorgte. In dieser Suite sowie in Blacks privatem Quorum Club im alten Hotel Carroll Arms kamen Lobbyisten, Mitglieder des Repräsentantenhauses, Senatoren und Präsidenten zusammen, um sich bei »Auflockerungspartys«, wie Maheu es nannte, zu entspannen. Black, einer von »Johnsons Lobbyisten aus der Waffenindustrie«[96], war in Washington noch lange, nachdem er der Steuerhinterziehung überführt worden war, politisch einflussreich.

Rosselli, der an jenem 20. Juni ein Mitglied des Church-Ausschusses treffen sollte, war bereits um sechs Uhr wach, als er durch einen Telefonanruf von Giancanas Tod erfuhr. In seinen »besten Morgenrock und einen seidenen Pyjama gehüllt«[97], wie sich sein Anwalt erinnerte, bestellte Rosselli gelassen den Zimmerservice. Auf die im Zimmer Anwesenden wirkte er seltsam unberührt, während die »Mitarbeiter des Church-Ausschusses sichtbar erschüttert waren«[98]. Überzeugt, dass Trafficante hinter dem Mord an Giancana steckte, und aus Angst, ihr einzig verbliebener Syndikatszeuge für die Attentatspläne gegen Castro könnte ebenfalls ermordet werden, setzten die Mitarbeiter des Ausschusses Rossellis Zeugenaussage noch für den selben Tag an, statt ihn wie geplant vier Tage später zu vernehmen. Er wurde von der Polizei in einen Anhörungsraum des Kongresses geführt, wo ihm die Anwesenden stehend zuhörten. Ruhig und gelassen berichtete der tadellos gekleidete Geschäftsmann über Einzelheiten der Verschwörung. Ein Zeuge bezeichnete seinen Auftritt sogar als »hypnotisch«.

In einer banalen, an die Kefauver-Anhörungen erinnernden Befragung forderte Senator Barry Goldwater Rosselli auf, seine Geschichte mit handschriftlichen Notizen zu untermauern, wie sie der CIA dem Ausschuss vorgelegt hatte. Rosselli antwortete mit ausdruckslosem Gesicht und einem Satz, der in die Annalen des Syndikats eingehen würde:

> Senator, in meiner Branche machen wir uns keine Notizen.[99]

Obwohl seine Zeugenaussage selbst dem größten Zyniker glaubwürdig vorkam, war sie für Rosselli kaum mehr als leeres Gerede. Es gelang ihm, seinen CIA-Kontaktmann in Miami zu schützen und nicht mehr zu enthüllen, als es Anderson in seinen Kolumnen ohnehin schon getan hatte. Selbst Rossellis zweites Verhör ein paar Monate danach brachte kaum etwas ans Licht. Einer seiner Partner sagte später:

> Er erzählte ihnen nur, was sie bereits wussten. Er gab keinen Deut mehr preis. Keiner hatte von Johnnys Aussage irgendwas zu befürchten.[100]

Rosselli trat von der nationalen Bühne ab und widmete sich nur noch seiner Beraterrolle in Las Vegas: »Ein Botschafter ohne Portefeuille«[101], dessen wichtigster Verbündeter nach Giancanas Tod Trafficante war. Die Ausschüsse ihrerseits mussten sich geschlagen gegeben. »Die Geheimdienste gingen aus der Schlacht mit den Ermittlern klar als Sieger hervor«[102], bemerkte Olmsted.

> Der Pike-Ausschuss löste sich frustriert und unter gegenseitigen Vorwürfen auf. Der Church-Ausschuss gab einen umfangreichen, detaillierten Schlussbericht heraus, aber einige Passagen über Auslandsspionage erschienen vielen Kritikern zu vage und unverbindlich.[102]

Rossellis souveräner Auftritt hatte jedoch zwei Senatoren eher irritiert als beruhigt. Der liberale Republikaner aus Pennsylvania, Richard Schweiker, und der Demokrat Gary Hart aus Colorado waren zutiefst besorgt über die Rolle des CIA und des FBI, die wichtige Informationen über das Bündnis zwischen Maheu, Rosselli und Giancana im Zusammenhang mit der Ermordung Kennedys zurückgehalten hatten. Sie bildeten daraufhin einen Sonderausschuss, der die ungelösten Fragen klären sollte, und starteten ihre eigenen Untersuchung des Kennedy-Attentats und der Ermittlungen bzw. Vertuschungen von CIA und FBI. Falls Rosselli geglaubt hatte, die Sache sei ausgestanden, so hatte er sich getäuscht. In der nächsten Runde sollte es ihm nicht mehr gelingen, um den heißen Brei herumzureden.

Am 23. April 1976, weniger als ein Jahr nach seinem Erscheinen vor dem Church-Ausschuss, reiste Rosselli heimlich nach Washington, ohne seine engsten Freunde in der Hauptstadt zu benachrichtigen. Unter strengsten Sicherheitsvorkehrungen wurde er von Schweiker im Hotel Carroll Arms, wo er in der Vergangenheit manch vergnügliche Stunde verbracht hatte und das – wie es das Schicksal wollte – inzwischen dem Kongress gehörte, in die Mangel genommen, woraufhin er seine frühere Aussage revidierte und sogar zugab, dass er keinerlei »Beweise« für eine Revanche Castros habe. Verschwunden war die Offenheit, die er im vergangenen Jahr noch gezeigt hatte. Staunend vernahmen die Leute des Ausschusses, wie Rosselli frühere Behauptungen widerrief und geltend machte, dass er nie mit seinem Anwalt

Ed Morgan über das Thema diskutiert habe. An jenem Abend, nachdem er dem Ausschuss Paroli geboten hatte, flog der 71-jährige Rosselli zurück nach Miami, wo er Vorbereitungen für eine Rückkehr nach Las Vegas traf. Auf einem Abstecher nach Los Angeles traf er einen langjährigen Freund, einen katholischen Priester, und »zum ersten Mal seit seiner Kindheit kniete sich Rosselli hin und legte die Beichte ab«[103]. Dann kehrte er nach Florida zurück, wo ihn ein paar Wochen später Fred Black anrief und ihm dringend riet, Miami zu verlassen, da Trafficante ihn umbringen wolle. Aber Rosselli schien die Sache auf die leichte Schulter zu nehmen, zumal er wusste, wenn Trafficante seine Drohung wahr machte, hätte er ohnehin keine Chance.

Am nächsten Tag, am 28. Juli 1976, war Rosselli, ein Geheimnisträger, der einiges preisgab und noch mehr zurückhielt, verschwunden. Eine Woche später tauchte seine verstümmelte Leiche in einem mit Ketten beschwerten Fass an der Wasseroberfläche der Dumfoundling Bay vor Miami auf. Seine Verwandten hofften, dass sein Mord irgendwie mit dem CIA in Zusammenhang stand:

> Zumindest wäre Johnny dann für eine gute Sache gestorben.[104]

Der Fall sollte nie aufgeklärt werden, aber die Ermittler glaubten, dass die Spur zu Trafficante führte. Es handelte sich dabei »wie bei Giancana auch, um eine weitere Botschaft aus der Stadt«[105], meinte ein Bekannter Rossellis aus Las Vegas. Senatoren, die der Untersuchungskommission angehörten, drängten das Justizministerium, bei der Untersuchung des Mordes mitzuwirken, da Rosselli ein Zeuge des Kongresses gewesen war. Das FBI lehnte das Ansinnen zunächst ab, engagierte sich dann zögernd, als Kongressabgeordnete und die *Washington Post* Druck machten. Vor allem Senator Hart war über die Brutalität der Ermordung entsetzt: »Nie zuvor hatte der Mord an einem Gangster in Washington solche Gewissenskonflikte ausgelöst«[106], schrieben Rappleye und Becker später.

Obwohl Rosselli scheinbar den Schweigekodex *(Omertà)* der Mafia, gebrochen hatte, indem er freiwillig vor dem Kongress aussagte, gingen Syndikat und Abgeordnete davon aus, dass es sich bei seiner Aussage um eine gezielte Desinformation gehandelt hatte. Seine Eingeständnisse bezüglich der Mordintrigen gegen Castro brachten keine neuen Erkenntnisse, sondern dienten vielmehr dazu, die »Umpolungstheorie« zu entkräften und vor allem die andauernde Beziehung zwischen CIA und Syndikat zu vertuschen – vornehmlich im Opiumhandel in Südostasien, der besonders während des Vietnamkriegs blühte, sowie die neue Kokainroute von Kolumbien nach Florida, die beide von Trafficante in Zusammenarbeit mit dem CIA kontrolliert wurden. In Südflorida waren die Mafia und der CIA zumindest seit 1960 bis in die 70er Jahre ein und dasselbe und weder in ihren Zielen noch ihren Mitarbeitern oder ihren Methoden voneinander zu unterscheiden. Zweifellos waren Syndikat und CIA beunruhigt darüber, dass Rosselli sein Schweigen gebrochen hatte. Die Befürchtung, dass es dazu kommen könnte, war mit Rossellis zunehmendem Alter immer wahrscheinlicher geworden. Sein Patriotismus, die wiederholten Treffen mit dem Journalisten Anderson und sein wieder auflebender Katholizismus sowie sein Versuch, Hollywood für einen Film über die Pläne zur Ermordung Castros zu interessieren, all das hatte Anlass zur Besorgnis gegeben.

Von den Motiven seiner Killer abgesehen, signalisierte Rossellis Tod das Ende einer Ära, die Ian Fleming in seinen James-Bond-Romanen anschaulich wiedergab: Vorbei war die Zeit sexueller Abenteuer und politischer Morde, der Paranoia des Kalten Kriegs, eifriger Reformer und in Gabardine gehüllter Gangster, die die Außenpolitik bestimmten, und das alles vor dem Hintergrund der einzigen »offenen Stadt« der USA, einem Casablanca-ähnlichen Las Vegas, wo nichts unmöglich war. Ihre herrschende Klasse schien aus diesen Enthüllungen und Abrechnungen den Schluss zu ziehen, dass in der nächsten Phase in der Metamorphose der Stadt nichts dem Zufall überlassen würde. Die Erben von Rosselli, Giancana und Hoffa – viele selbst Söhne von Gangstern – hatten Eliteuniversitäten besucht und meldeten nun ihre Ansprüche in den Palästen des Strip an. Ebenso wie sie schien die Stadt aus ihrer Adoleszenz mit einer vielschichtigeren, komplexeren Identität, wenn auch mit der alten Ausbeutungsethik hervorgegangen zu sein.

Las Vegas gab sich kultiviert, setzte aber hinter seiner unternehmerisch aufpolierten Fassade seine lange Tradition als Geldwaschanlage für die Gewinne aus dem Drogenhandel fort. Nach dem Vietnamkrieg hatte vor allem der von Trafficante und dem kolumbianischen Kartell kontrollierte Heroin- und Kokainmarkt unglaubliche Ausmaße angenommen. Las Vegas war auf die enormen Profite vorbereitet und sorgte dafür, dass Milliarden von Rauschgiftdollars in legale Wirtschaftszweige flossen. Wie immer in dieser Stadt gab es viele Verlierer und eine Hand voll Gewinner.

In den 70er Jahren wurde nur ein einziges Hotel am Strip gebaut; ein Machtkampf um die Kontrolle der bereits existierenden dominierte das Jahrzehnt. Zwischen den einzelnen Gruppen – Hughes, Syndikat, Teamsters und verschiedenen Unternehmen – entbrannte ein Unterweltkrieg, der zur Gründung unzähliger Scheinfirmen und zu einem »Verschleiß« an Strohmännern führte. Von Aktienskandalen gebeutelt, die die neuen Glücksspielgesetze des Staates ausgelöst hatten, von illegalem Drogengeld überflutet, von der Börsenaufsicht und von der Drogenfahndung wegen der Machenschaften der Kasinos ins Visier genommen, vom FBI wegen der Teamster-Millionen verfolgt, ihrer Gewerkschaftsführer beraubt, stand die Stadt am Beginn einer Ära, die der ehemalige FBI-Mitarbeiter William Roemer den »Krieg der Paten«[108] nannte.

Killer aus Kansas City und Chicago führten ihre Aufträge am hellichten Tag aus – ein dreister Mord auf dem Parkplatz des Caesars Palace, die Ermordung des besten Freundes und Nachbarn von Parry Thomas, dem Bankier, durch eine Bombe in einem Parkhaus in der Innenstadt, die Explosion des Wagens des Mannes, der das größte Kasinounternehmen des Staates leitete –, Gewalt, die ein Jahrzehnt zuvor undenkbar gewesen wäre.

Ein Kolumnist der *Sun* schrieb:

> Die alte Ordnung hat sich geändert und jetzt herrschen neue Gesetze. Einst war es Ehrensache, dass selbst der kleinste Ganove sowie jedes Mitglied der Unterwelt in Nevada unantastbar waren.[109]

Die bekannten Größen des Strip wurden durch neue »geheimnisumwitterte Männer« ersetzt. Die für das Glücksspiel zuständigen Beamten überprüften nun Männer, die Meshulem Riklis, Ed Doumani, Lefty Rosenthal, Allen Glick, Tony Spilotro oder Jay Sarno hießen. Die Glücksspielaufsicht untersuchte die Besitzverhältnisse von Firmen, spürte Fusionen und Namensänderungen nach und prangerte eine Spielbank nach der anderen an.

Das einzige Hotelkasino, das zwischen 1969 und 1989 erbaut wurde, war 26 Stockwerke hoch und bei seiner Eröffnung das größte der Welt. Inspiriert durch den MGM-Film *Menschen im Hotel* bzw. *Grand Hotel* eröffnete der Flugzeugmagnat Kerkor »Kirk« Kerkorian 1973 sein eigenes Grandhotel, das MGM Grand. Es kostete 106 Millionen Dollar, zog aufgrund seines Filmthemas scharenweise Hollywood-Prominenz an und beherrschte den Strip.

1917 als Sohn eines Obsthändlers geboren, verließ Kerkorian nach der achten Klasse die Schule, um in der Zeit des New Deal als Holzfäller zu arbeiten. Dann »verkaufte er Zeitungen und war Mitglied der Bande League of Nations«[110], wie Jack Sheehan schreibt. Als Golden-Gloves-Champion, dessen Rechte gefürchtet war, sagte man ihm nach, er sei »in der Besserungsanstalt und nicht auf der Highschool« erzogen worden. Er brachte mit seinem Einkommen seine Familie in Fresno durch die Depression und sparte eisern, um seine Flugstunden zu finanzieren. Er arbeitete auf einer Farm, wo er Pestizide vom Flugzeug aus versprühte, verdingte sich dann als Fluglehrer und übernahm im Zweiten Weltkrieg für die Royal Air Force die gefährlichen Transportflüge der Moskitobomber von Kanada nach Schottland. Nach Kriegsende kaufte er eine einmotorige Cessna und baute eine kleine Chartergesellschaft auf, den Los Angeles Air Service, der Spieler von Kalifornien nach Nevada beförderte. Nicht lange danach transportierte Kerkorian Luftfracht und übernahm »während des Koreakriegs lukrative Militäraufträge«[111]. Außerdem beförderte er Regierungsfracht von der San Antonios Travis Airforce Base nach Guam.

Wegen seiner irritierenden Gemütsruhe beim Spielen wurde er »Perry Como des Craps«[112] genannt. 1955 investierte Kerkorian zum ersten Mal in Las Vegas, wo er einen kleinen Anteil des Dunes erwarb. 1962 kaufte der Mann mit der Schmalztolle für 960.000 Dollar das Land gegenüber dem Flamingo und verkaufte es sechs Jahre später für fünf Millionen Dollar ans Caesars Palace – eine Transaktion, die *Forbes* als »eine der erfolgreichsten Landspekulationen in der Geschichte von Las Vegas«[113] bezeichnete. 1967 war seine Flotte zu der weltweiten Fluggesellschaft Trans International Airlines angewachsen, deren Verkauf sein Privatvermögen auf 100 Millionen Dollar erhöhte und seine Spielbankkäufe ermöglichte. In jenem Jahr kaufte er zunächst das Flamingo, um seine Angestellten auszubilden, bevor er mit der Umsetzung seines Traums, dem Bau des International, begann. Das Hotel eröffnete 1969 mit Barbra Streisand in einem der Veranstaltungssäle, dem beliebten Musical *Hair* in einem anderen und Rockstars wie Ike und Tina Turner in der Lounge, ein Zugeständnis des International an die euphorischen 60er Jahre. Ein Journalist taufte Kerkorian den »Vater der Megahotels von Las Vegas«[114].

»Extrem zurückhaltend«[115], mit »Eiern aus Stahl«[115] beschreibt Sheehan den neuen »König von Las Vegas«, der nebenbei noch ein marodes MGM-Studio in Hollywood erwarb. Nachdem Kerkorians politischer

Kirk Kerkorian im Oktober 1968 in Las Vegas; hinter ihm sein neues im Bau befindliches Hotel International

Wasserträger, Gouverneur Paul Laxalt, die Börsenaufsicht und das Justizministerium massiv unter Druck gesetzt hatte, ging Kerkorian mit seiner International Leisure Corporation an die Börse, wo er 17 Prozent der Firma veräußerte. Die Aktie stieg sprunghaft von 5 auf 50 Dollar an. Damals untersuchte das Justizministerium gerade die illegalen Abschöpfungen des Flamingo, was Ermittler bewog, sich Kerkorians Beziehungen zu »Lanskys Strohmännern in Miami«[116] in den 50er Jahren genauer anzusehen, sowie Lanskys stille Teilhaberschaft an dem Kasino, das sein alter Freund Bugsy erbaut hatte. Als jedoch die Börsenaufsicht Kerkorian einen zweiten Börsengang untersagte, mit der Begründung, dass er es versäumt habe, Auskunft über die verdeckten Besitzer des Flamingo zu geben, war er gezwungen, im Juli 1970 beide Besitztümer an Hilton Hotels zu verkaufen. Da er nun Aktien, die sechs Monate zuvor 180 Millionen Dollar wert waren, für 16 Millionen verkaufen musste, warf Kerkorian der Regierung Erpressung vor, die ihn in seinen Augen dafür bestrafte, dass er es unterlassen hatte, für Lansky und andere schädliche Informationen preiszugeben. Kerkorian »war ein ganzer Kerl, der niemanden verpfiff«[117], wie ein Kenner der Szene erklärte, was in der Sprache des Strip bedeutete, dass er jederzeit mit offenen Armen empfangen würde. Er verkaufte seine Luxusvilla in Las Vegas, sein Privatflugzeug und seine Jacht. Aber nachdem er offenbar neue Geldquellen aufgetan hatte, kam er innerhalb eines Jahres in die Stadt zurück, wo er 1971 den Bau »des größten Hotels der Welt« in Angriff nahm.

Im Zuge der Watergate-Ermittlungen und der Überprüfung Kerkorians durch die Börsenaufsicht kam es in Las Vegas zu zahlreichen Untersuchungen, über die in der Stadt selbst jedoch kaum etwas bekannt wurde. »Bundesermittler suchen nach Hinweisen auf den Verbleib der Dollarmillionen aus Howard Hughes sieben Kasinohotels und seinen anderen Investitionen in Nevada«[118], berichtete die *Business Week* im Januar 1973. Sowohl das Sonderdezernat zur Bekämpfung des organisierten Verbrechens in Los Angeles als auch die Börsenaufsicht überprüften einen zunehmend reizbaren Parry Thomas, der bei den meisten Hughes-Erwerbungen seine Finger im Spiel hatte. Die *Business Week* schrieb:

> Als die Bundespolizei in Las Vegas einfiel, war ihre erste Anlaufstelle die Zentrale der Valley Bank of Nevada.[119]

Thomas hatte inzwischen seine geschäftlichen Aktivitäten ausgeweitet und ein persönliches Vermögen von 20 Millionen Dollar erwirtschaftet. Ihm gehörten ein »Anteil am Hotel Riviera in Höhe von 8,4 Millionen Dollar«, Aktien der Continental Connector Corp. – jenem Unternehmen, dem das Dunes gehörte – und eine Flotte von Öltankern, die unter liberianischer Flagge lief und von Thomas' »feudalen Büros in Manhattan«[120] aus gesteuert wurde.

Thomas' Bank, deren Startkapital sich auf 250.000 Dollar belief, verfügte inzwischen über Geldmittel in Höhe von 270 Millionen Dollar und machte mehr Gewinn als jede andere Bank in ihrem Bezirk. »Ich will, dass mein Firmenzeichen und -name meilenweit zu sehen sind«[121], sagte Thomas 1975, wie sich der Bauunternehmer Irwin Molasky aus Las Vegas erinnerte. »Er legte auf Prestige Wert und wollte eine moderne Zweigniederlassung in der Innenstadt«, erzählte Molasky, dessen Paradise Development Company den Auftrag erhielt, im Zentrum von Las Vegas das höchste Gebäude der Stadt zu erbauen. Von seiner neuen 17-stöckigen Valley Bank Plaza in der Nähe der Fremont Street aus machte sich Thomas daran, »die Valley Bank zu einem der mächtigsten Bankhäuser des Südwestens auszubauen«[122], sagte Molasky später. Thomas und seine Familie flogen derweil zwischen ihrem Luxushaus in Las Vegas' Rancho Circle, ihrem New Yorker Apartment, einem Ferienhaus in Newport Beach und ihrem Domizil in Sun Valley hin und her. Thomas hatte *Business Week* zufolge das »verschlafene Las Vegas zu einem bedeutenden Vergnügungsort gemacht«[123]. Der Bankier, den die Ortsgruppe der Menschrechtsorganisation B'nai B'rith wiederholt zum »Mann des Jahres« gewählt hatte und der einer Zeitschrift zufolge »mehr als jeder andere zum Erfolg der Glücksspielbranche beigetragen hatte«[124], war Mitte der 70er Jahre die Galionsfigur einer Gruppe erfolgreicher Geschäftsleute, die er scherzhaft »Rudel« nannte.

Zu Thomas' exklusivem Zirkel gehörten nationale Größen wie Morris Shenker, Harvey Silbert, Sidney Korshak, Albert Parvin, Delbert Coleman und Ed Torres sowie seine langjährigen Mitarbeiter Jerome Mack und Kenneth Sullivan an. Die Aufkäufe des »Rudels« hingen mit der zehn Jahre zuvor modifizierten Glücksspielpolitik Nevadas zusammen, für die sich Thomas damals tatkräftig eingesetzt hatte und weshalb er die Kandidatur Paul Laxalts für das Gouverneursamt unterstützt hatte. Ein Bankier in Las Vegas erinnerte sich:

> Nachdem Laxalt Gouverneur geworden war und die Voraussetzungen dafür geschaffen hatte, dass Gesellschaften Kasinos erwerben und betreiben konnten, begann Thomas sofort nach einem an der Börse gelisteten Unternehmen zu suchen, das er übernehmen könnte. Er und Jerry Mack erwarben eine maßgebliche Beteiligung an der Continental Connector Corp., einer New Yorker Elektronikfirma.[125]

Continental Connector besaß zwar »die begehrte Börsenzulassung«, war aber »eine merkwürdige Wahl für die Las-Vegas-Clique«[126], wie die *Business Week* fand. Dennoch sollte dieses kleine unbekannte Unternehmen die Ausgangsbasis sein für »zahllose Erwerbungen und Investitionen, die den mehrfachen Wert der ursprünglichen Firma hatten«[127].

Die »Continental begann sofort mit dem Erwerb von Firmen, an denen Thomas und seine Freunde beteiligt waren«[128], berichtete *Business Week* 1973. Zunächst kaufte sie Western Transportation Co. of Chicago, ein von den Teamsters finanziertes Transportunternehmen, das dem Syndikatsmitglied Jake Gottlieb gehörte. Thomas hatte Gottliebs Kauf des Dunes finanziert, einschließlich des wertvollen Grundstücks am Strip, auf dem es stand. Der nächste große Erwerb der Gruppe war M & R Investment, der später das Dunes gehörte; innerhalb von sechs Jahren hatte das Dunes vier Mal den Besitzer gewechselt, wenngleich es sich dabei drei Mal um denselben Käufer handelte. »Ein Konsortium, das durch seine internen Auf- und Verkäufe die Preise hochtreibt«, berichtete ein beunruhigter Anwalt der Börsenaufsicht. Durch die Machenschaften des »Rudels« erhöhte sich der Preis des Dunes samt Country Club von 10 Millionen auf 59 Millionen Dollar. »Somit stieg der Wert des Dunes auf dem Papier in sechs Jahren um 450 Prozent«[129], wie ein Wirtschaftsjournalist der *Business Week* ausrechnete.

Shenker, der »brillante Anwalt und Strohmann des Syndikats in St. Louis«, wie ein Kollege Hoffas Anwalt beschrieb, der 40 Prozent des Aktienkapitals der Continental besaß, »kam nach Las Vegas, um die Leitung des Dunes zu übernehmen«[130]. Obwohl Shenker schon lange größere Kredite für verschiedene Kunden über Thomas' Bank abwickelte, hatte er sich immer nur kurz in Las Vegas aufgehalten. Jetzt war er der offizielle Chef eines von Gangstern kontrollierten Kasinos, während gleichzeitig zahlreiche seiner Klienten und Unternehmungen von Bundesbehörden überprüft wurden.

Einer von Shenkers Klienten, die ANICO (American National Insurance Company aus Galveston), hatte jahrelang heimlich in Thomas' Bank und die Stadt investiert und schon im Jahr 1965 Wechsel von der Valley Bank erworben. ANICO hatte zig Millionen in Glücksspielunternehmen in Las Vegas gepumpt, wovon allein 13 Millionen Dollar an Shenker gingen, 5 Millionen an die Reederei, die Thomas, Mack und Silbert gehörte, und der größte Teil an Parvin-Dohrmann. In der Direktion von Parvin-Dohrmann, der Eigentümerin des Stardust, des Aladdin und des Fremont, saßen Thomas und die »Rudel«-Mitglieder Coleman, Torres, Korshak und Silbert. Ein Großteil der Gelder der Teamsters, die in den 60er und 70er Jahren nach Las Vegas flossen, gingen durch Korshaks Hände, den das FBI als den »wohl bestbezahlten Anwalt der Welt« bezeichnete und der in Las Vegas als »Investor aus Chicago« bekannt war, der gewöhnlich in der Präsidentensuite des Riviera abstieg. Wie Dan Moldea in seinem Buch *Dark Victory* schreibt, hatte Hoffa zumindest einmal seine Suite geräumt, um Korshak Platz zu machen. Torres war Chef der drei Parvin-Dohrmann-Kasinos. Coleman war ein Musikautomatenmagnat aus Chicago und Hauptaktionär des Baseball-Clubs Atlanta Braves. Silbert, einer von Thomas' engsten Freunden und Anwalt in Beverly Hills, unterhielt persönliche Beziehungen zu Allen Dorfman, dem Verwalter der Pensionskasse der Teamsters, der, »mit Ausnahme des verstorbenen Meyer Lansky vielleicht, verantwortlich war für die massive Unterwanderung von Las Vegas und der Spielkasinos durch das organisierte Verbrechen«[131], wie der Washingtoner Journalist Dan Moldea schrieb.

Ende der 60er Jahre stand Parvin-Dohrmann im Mittelpunkt eines nationalen Skandals, in den auch die beiden Richter am obersten Bundesgericht, Abe Fortas und William O. Douglas, verwickelt waren. Der IRS überprüfte Korshaks Vermittlungsprovision in Höhe von einer halben Million Dollar, die er für den Verkauf des Stardust an Parvin-Dohrmann kassiert hatte, während Baseballpräsident Bowie Kuhn gleichzeitig eine Untersuchung gegen einige Funktionäre der Atlanta Braves und der Oakland Athletics erwirkte, die im Besitz von Parvin-Dohrmann-Aktienpaketen waren. »Der ganzen Probleme in Las Vegas überdrüssig«[132], entschloss sich Albert Parvin, Mitglied der Chicagoer kriminellen Szene und kalifornischer Möbelfabrikant, der die Kasinos des Syndikats in Las Vegas belieferte, zum Verkauf seiner Gesellschaft. »Ein Geschäftspartner Korshaks, Delbert Coleman, Harvard-Absolvent und Anwalt, zeigte Interesse an dem Unternehmen«[133] und kaufte – mit Krediten der First National Bank of Chicago – insgesamt 300.000 Anteile zu 35 Dollar das Stück und »erwarb damit alle drei Kasinos auf einen Schlag«[133], erzählte ein Zeitgenosse. »Aufgrund finanzieller Manipulationen stieg die Aktie sprunghaft auf 141 Dollar an«, bevor sie ebenso plötzlich auf 12,50 Dollar fiel.[134] Die Börsenaufsicht musste den Handel einstweilen einstellen und ermittelte gegen die Firma und ihre drei Kasinos in Las Vegas. Gouverneur Laxalt, der die »Untersuchung verurteilte«, begleitete seinen »guten Freund«[135] Coleman nach Washington. Laxalt ließ sich von Coleman eine Reise in die Schweiz spendieren, obwohl Beamte der Glücksspielaufsicht aufgrund des schwebenden Verfahrens wegen Aktienbetrugs Coleman die Konzession für das Stardust entzogen. Derartige Interessenkonflikte waren für Nevadas Staatsdiener nichts Ungewöhnliches und offenbar auch keine Schande. Coleman zeigte sich dem Gouverneur erkenntlich, indem er ihm von der First National Bank of Chicago einen zinslosen Kredit besorgte, womit dieser seinen Traum von einem Kasino, dem Ormsby House, verwirklichte.

Nach den Ermittlungen musste Coleman als Direktor von Parvin-Dohrmann zurücktreten. Parvin änderte sofort den Namen der in Misskredit geratenen Firma in Recrion und schickte den adretten, liebenswürdigen Bauunternehmer Allen Glick aus San Diego als neuen Strohmann nach Las Vegas. Glick sollte später sein eigenes Unternehmen gründen, die Allen R. Glick Enterprises oder auch Argent genannt. Mehrere höhere Angestellte des Dunes, das Continental Connector gehörte, wurden wegen illegaler Abschöpfungen angeklagt, während die Börsenaufsicht gegen die Firma und ihren Hauptaktionär Shenker ermittelte. Auch Thomas blieb nicht verschont. Ebenso wie Kerkorian warf er der Regierung vor, ihn zu zwingen, seine Kollegen in Las Vegas zu verpfeifen.

Der populäre Journalist des *Las Vegas Review-Journal,* John L. Smith, dessen unabhängige Berichterstattung über Steve Wynn und andere Oligarchen des Strip ganz in der ehrwürdigen Tradition des kritischen Journalismus in Nevada stand

Nachdem seine Spielbankaktivitäten mit einem Makel behaftet waren, benutzte Thomas nun seine beträchtlichen Ressourcen und Kontakte, um einen Ersatzmogul zu erschaffen, einen Kasinoboss, der alle anderen Spielbankchefs in Las Vegas in den Schatten stellen würde. Dazu bediente sich der mächtige Bankier »einer Reihe geschickter finanzieller Manöver«[136], wie John L. Smith schrieb. Der »lebhafte, rachsüchtige, charismatische und scharfsinnige«[137] Stephen Alan Wynn sollte zu »einem Mythos werden, ebenso ein Produkt sorgfältiger Planung wie seine Karriere«[138], wie Wynns Biograf Smith in *Running Scared* schrieb.

»Er ist wie ein Sohn für mich«[139], kommentierte Thomas den bemerkenswerten Aufstieg seines jungen Protegés, ein Gefühl, das dieser teilte: »Er hatte vier Söhne und eine Tochter und ich wurde sein sechstes Kind.«[140]

Zwar gehen die Berichte über das erste Zusammentreffen dieser beiden legendären Gestalten auseinander, aber die meisten Zeugen sind sich einig, dass Korshak diese fruchtbare Beziehung vermittelte. Unbestritten ist auch, dass der 25-jährige Wynn 1967 plötzlich mit Geld die Szene betrat, dessen Herkunft bis heute unklar ist.

Stephen Alan Wynn wurde am Neujahrstag des Jahres 1942 als Sohn eines Spielers in New Haven geboren. »Ein Kind, mit dem keine Mutter zurechtkam«[141], wie Smith über den jungen Wynn schrieb. Er ging auf die private Highschool Manlius Academy, eine Vorbereitungsschule auf Westpoint, New York, und schrieb sich dann an der University of Pennsylvania ein, wo er englische Literatur studierte. Gleichzeitig belegte er Kurse an der Wharton School of Business. Am Wochenende fuhr er nach Wayson's Corner in Maryland, um in der elterlichen Bingohalle auszuhelfen. Er kam öfters nach Miami, wo ihn das noble Hotel Fontainebleau dazu inspirierte, einmal »seinen eigenen ›Laden‹ zu besitzen«. Auch die Spielschulden seines Vaters überzeugten den jungen Mann davon, »dass man in einem Kasino nur Geld machen kann, wenn es einem gehört«[142].

Bei einer von seinen Eltern eingefädelten Verabredung verliebte sich der Teenager in Elaine Pascal, die Tochter eines Freundes seines Vaters. Obwohl sie einer höheren Gesellschaftsschicht angehörte, verfolgte er die blonde Schönheit mit einer Leidenschaft, die auch für seine zukünftige Laufbahn als Unternehmer charakteristisch sein sollte. Die ehemalige Miss Miami studierte Politikwissenschaften an der UCLA, wechselte aber bald auf die George Washington University in Washington, D.C., um in der Nähe ihres Freiers zu sein. Später schrieb sie den überraschenden Erfolg seines Werbens seiner Unverschämtheit zu: »Er hat mich einfach überrumpelt«.[143] Die beiden heirateten 1963 in New York, kurz nach dem Tod seines Vaters. Das Paar zog nach Wayson's Corner, wo Mutter und Ehefrau »sich ums Geschäftliche kümmerten«, während Wynn in der Bingohalle Nummern aufrief. Das Paar langweilte sich schnell – es war »nicht genug los«[144], wie ein Bekannter meinte – und beschloss, sein Glück in Las Vegas zu versuchen.

1967 eroberten die Wynns den Strip im Sturm, er mit seinem Abschluss von einer Eliteuniversität, seinen Maßanzügen und den Gerüchten über die Beziehungen seines Vaters, sie mit ihrer grazilen Figur und der zauberhaften Designergarderobe. Als erstes erwarb er für 45.000 Dollar eine dreiprozentige Beteiligung am Frontier, wo er als Spielautomatenmanager engagiert wurde. Wie Thomas im Jahre 1997 Timothy O'Brian erzählte, erhielt er seine Anteile von Rossellis Partner Maury Friedman, was Wynn jedoch bestritt: »Thomas hat sich an dieses Detail nicht richtig erinnert.«[145] Zufällig jedoch fiel sein Aktienerwerb mit der Verurteilung Friedmans, dem Besitzer des Friar's Club und alten Gönner seines Vaters, zusammen. Den in die Jahre gekommenen Friedman beschrieb Smith als »fettleibigen Meister des schnellen Geldes, Kasinobetreiber und Gangsterintimus«.[146] Kurz darauf wurden drei Mitglieder der Cosa Nostra in Detroit wegen krimineller Machenschaften angeklagt und Wynn gelang es, zwei weitere Prozent des Frontier zu erwerben; das Geld dafür lieh er sich von Thomas' Valley Bank. Ein paar Tage danach bezahlte der Milliardär Howard Hughes den inflationären Preis von 24 Millionen für die gebeutelte Spielbank – ein Deal, der durch die Vermittlung von Wynns Mentor Thomas zustande kam.

Nachdem er die erste Runde am Strip überlebt hatte, hatte der neue Wunderknabe schon halb gewonnen. Insider wussten bereits, dass

Thomas »Steve Wynns Karriere in Las Vegas förderte«[147]. Wynn sagte später, dass Thomas' »Patenschaft einem Wall-Street-Training durch Bernard Baruch entsprach«[148]. Thomas »ist für Unternehmer der Kasinoindustrie, was der Urknall für das Universum war«[149], schrieb der angesehene Kolumnist der Stadt, Ned Day, Jahre später.

Der inzwischen prominente Wynn zog im August 1967 unfreiwillig die Aufmerksamkeit der Öffentlichkeit auf sich, als er in einen Unfall verwickelt war, bei dem eine Frau ums Leben kam. Es begann ganz harmlos: Wynn kreuzte gemeinsam mit den Gangstern Friedman und Irving »Niggy« Devine, einem Kurier Lanskys, sowie ein paar jungen Frauen mit der Jacht des Caesars Palace auf dem Lake Mead. Als einer der Gäste, eine dunkelhaarige, nur mit einem Bikini bekleidete Prostituierte, damaligen Zeitungsberichten zufolge eine Informantin des FBI, zum Schwimmen ins Wasser sprang, wurde sie von dem 13 Meter langen Kabinenkreuzer überfahren – die Schiffsschraube zerschnitt sie in zwei Teile. Zeugenaussagen zufolge hatte sie niemand springen sehen. Wynn und Friedman hatten angeblich geschlafen.

Die Tragödie verfolgte Wynn noch jahrzehntelang, vor allem, wenn er mit diesem Abschnitt seiner Vergangenheit konfrontiert wurde. Da es keine Autopsie gab, die Todesursache also nicht zweifelsfrei geklärt war, blieb das Ganze, angesichts der vagen Aussagen der Bootspartie-Teilnehmer ein Rätsel – ebenso wie Steve Wynns Anwesenheit auf der Caesars Galley an jenem Tag.

Der gut aussehende, gewandte junge Aufsteiger, den der Vorfall offenbar nicht sehr berührt hatte, sprühte vor Energie. Er veranstaltete Lounge-Shows und war in den gesellschaftlichen Kreisen der Stadt bald kein Unbekannter mehr. Aber er wollte mehr und wandte sich 1969 an seinen Mentor: »Paps, ich muss was tun, ich brauche eine neue Aufgabe.«[150] Dieser reagierte mit seinem üblichen Eifer und machte Wynn mit einem anderen bemerkenswerten Kunden der Bank bekannt, dem impulsiven, steinreichen Magnaten Meshulem Riklis. Diese Verbindung sollte für Las Vegas' Zukunft bedeutsam werden. Ähnlich wie Thomas seinem Schützling Wynn beratend zur Seite stand, so beriet Riklis einen unkonventionellen, ehrgeizigen jungen Börsenmakler namens Michael Milken. Riklis sorgte für einen Wendepunkt in der Geschichte des amerikanischen Business, indem er zu »Milkens Mentor wurde und ihm die Vorteile risikoreicher Anleihen vor Augen führte«[151]. Die Zusammenarbeit zwischen Milken und Wynn, die eine Art Seelenverwandtschaft verband, sollte Früchte tragen.

Riklis' Vergangenheit bot reichlich Stoff für Spekulationen: Es hieß, er sei gebürtiger Ungar und in der Türkei aufgewachsen. Angeblich waren seine Eltern Diplomaten im British Foreign Service. Er galt aber auch als »Spion der Haganah«[152], die von Palästina aus operierte. Anderen Quellen zufolge hatte er als Soldat in Montgomerys 8. Armee »in Nordafrika gegen Rommel gekämpft«. Fest steht, dass er 1923 in Istanbul geboren wurde und 1947 über Israel nach Minneapolis kam, wo er sich schnell den Ruf eines jungen Finanzgenies erwarb. Bei seiner Ankunft in Las Vegas in den späten 60er Jahren war er bereits Besitzer von RKO-Kinos, Playtex und anderen Firmen. Kurz zuvor hatte er von dem berüchtigten Lewis Rosenstiel die Schenley Industries übernommen und sollte bald das Riviera kaufen. Connie Bruck schrieb in ihrem Buch *Predators' Ball*.

> Riklis ging folgendermaßen vor: Er kaufte ein Unternehmen und finanzierte damit das nächste … eine Spirale ohne absehbares Ende.[153]

»Er galt als Erfinder hochverzinslicher, risikoreicher Fonds, die später allgemein als Ramschanleihen bezeichnet wurden.«[154] Sein Geschäftsmodell, das von Thomas und Wynn begeistert aufgegriffen wurde, sollte in den nächsten zwei Jahrzehnten die Expansion von Las Vegas vorantreiben.

Von Thomas mit Geldmitteln ausgestattet, erwarb Wynn 1969 die alleinigen Vertriebsrechte von Schenley für Nevada und versorgte alle größeren Hotels und Restaurants in Las Vegas und Reno mit Boddle's Gin und Dewar's Scotch. Wynn erhielt seine Alkohollizenz als Großhändler zu einer Zeit, als »der Alkoholverkauf so gut wie monopolisiert war und derartige Lizenzen so eingeschränkt waren, dass man sie praktisch kaum bekam«[155], wie ein Kasinobesitzer in Las Vegas erzählte, der Wynn gut kannte. Aber Wynn gelang es trotzdem. Er investierte seine Gewinne aus dem Spirituosenhandel umgehend in eine Reihe genialer finanzieller Transaktionen. Im darauf folgenden Jahr kaufte er am Strip vier Hektar Land für 154.000 Dollar, lieh sich 600.000 Dollar von Thomas' Bank, und baute auf das Grundstück eine Lagerhalle. Dann verkaufte er sein Franchiseunternehmen und investierte das Geld in Aktien. Nun war er gerüstet für einen der legendärsten Deals in der Geschichte von Las Vegas, »bei dem er mit Thomas' Hilfe das Caesars austrickste«[156].

1972 nahm Wynn zusammen mit dem J&B-Scotch-Magnaten Abraham Rosenberg bei Thomas' Bank ein Darlehen auf und kaufte für

1,1 Millionen Dollar ein schmales Grundstück an einer der geschäftigsten Ecken der Stadt. Die Chancen, dass sich ihm noch einmal eine solche Gelegenheit bot, meinte Wynn, standen »eins zu einer Million«. Das Grundstück lang an der Ecke Flamingo Road und Strip und wurde vom Caesars Palace als Parkplatz genutzt. Ursprünglich hatte es dem Spediteur Jake Gottlieb gehört, dann hatte Thomas es 1968 erworben und offenbar 1969 an Hughes weiterverkauft. Hughes hatte das Land an das Caesars verpachtet, das »annahm, dass es ein Vorkaufsrecht habe«[157], wie ein Manager des Caesars sagte. Das wertvolle Stück Land ging auf den Strip und grenzte mit 450 Metern an das Grundstück des Caesars. Thomas bat Hughes über Maheu, es an Wynn zu verkaufen.

Nun drohte Wynn, »das schmalste Kasino der Welt«[158], wie ein Architekt aus Las Vegas sagte, auf seinem Grundstück zu bauen, und plötzlich bekam das handtuchbreite Grundstück für das Caesars einen unglaublichen Wert. Innerhalb eines Jahres konnte Wynn »seine Hektar puren Goldes«[159] für 2,25 Millionen Dollar an das Caesars verkaufen. Wynn zahlte den Kredit zurück und teilte sich die restliche Million mit Rosenberg.[160] Durch die der *Sun* zugespielten Informationen stand Wynn nun als brillanter Geschäftsmann da, mit einem Bündel sauberer Banknoten und ohne unangenehme Fragen nach seinen Geschäftsbeziehungen und der Herkunft seines Kapitals beantworten zu müssen. Greenspun schwärmte, dass die Transaktion gezeigt habe, dass ein Grundstück am Strip jetzt »2000 Dollar den Quadratmeter«[161] wert sei, wenngleich die meisten in Las Vegas wussten, dass das besagte Stück Land beim nächsten kräftigen Regenguss überflutet würde.

Wynn führte seinen kometenhaften Aufstieg in Las Vegas auf diesen Deal zurück. Mit seinem Gewinn konnte er die Golden-Nugget-Anteile des Gangsters Jerome Zarowitz erwerben, den die Glücksspielaufsicht auf die Schwarze Liste setzten sollte. Ein Kasinobesitzer am Strip erzählte:

> Das Caesars kaufte das Gelände zu einem horrenden Preis, wodurch Wynn das Geld bekam, das er für das Golden Nugget brauchte, von dem er seit Jahren Anteile erworben hatte. Wynns öffentliche Ankündigung, dass er auf der 7,5 Meter breiten Fläche das höchste und schmalste Kasino aller Zeiten bauen würde, war nur ein Trick, um den Preis vernünftig erscheinen zu lassen.[162]

Zwei Monate nach dem Geschäft mit dem Caesars bot Wynn Zarowitz an, ihm seine Anteile am Golden Nugget abzukaufen, ein Deal, der in die Annalen der Stadt einging. Die traditionsreiche Spielbank in der

Innenstadt, die einst Bugsy Siegel gehört hatte und seit 1949 florierte, war zweifellos eines der erfolgreichsten und beständigsten Glücksspielunternehmen. Thomas' Continental Connector hatte jahrelang versucht, das Kasino zu kaufen, war aber von der Börsenaufsicht daran gehindert worden. Gleichzeitig hatte die Glücksspielaufsicht Zarowitz mitgeteilt, dass er wegen seiner engen Beziehungen zu den Gangsterfamilien Genovese und Patriarca keine Konzession bekommen würde. Im März 1973 erwarb Thomas' Protegé Wynn die 92.000 Anteile von Zarowitz und im Sommer, mit 30 Jahren, hatte er das Golden Nugget komplett übernommen.

Die Erteilung der Konzession an Wynn hatte weitreichende Folgen für Amerikas Glücksspielbranche und machte Grant Sawyers 14 Jahre zurückliegenden Versuch einer Regulierung zunichte. Bei seiner Anhörung vor der Glücksspielaufsicht gab Wynn vor, seine Beteiligung an der Bingohalle in Wayson's Corner behalten zu müssen, um seine Investitionen ins Golden Nugget finanzieren zu können. Eingeweihte wussten, dass eine solche Behauptung lachhaft war, da die Valley Bank alles, was er anpackte, finanzierte. Shannon Bybee setzte sich bei seinen Kollegen für Wynn ein. »Er ist kein Fremder«, argumentierte Bybee, »er lebt hier seit sechs Jahren.«[163] Die Behörde erteilte Wynn die Konzession, ohne darauf zu bestehen, dass er seine Glücksspielbeteiligung in seinem Heimatstaat aufgab, und schuf damit einen Präzedenzfall, der der amerikaweiten Verbreitung des Glücksspiels Tür und Tor öffnete. Mit der Konzession für Steve Wynns Golden Nugget setzte sich Nevada einer noch größeren Konkurrenz aus als zur Blütezeit Havannas. Aber Wynn beschränkte sich zunächst auf Las Vegas, auf den Umbau des alten Kasinos und den Bau eines neuen Hotels. 1996 prahlte Wynn in einem Interview:

> Mit Hilfe der Bank der mormonischen Kirche, der First Security of Utah, und meinem mormonischen Banker aus Las Vegas, Parry Thomas, der mir 12 Millionen Dollar verschaffte, baute ich ein neues Parkhaus und ein Sechshundert-Zimmer-Hotel.[164]

Das sollte nur der Anfang von »Steve Wynns ungebremstem Aufstieg«[165] sein. Auf das durch illegale Gewinnabschöpfungen gebeutelte Ormsby House anspielend erzählte Dan Moldea:

> Gerade als Laxalt in der schwersten finanziellen Krise seiner Karriere steckte, verkündete der demokratische Senator Alan Bible aus Nevada, dass er keine Wiederwahl anstrebe. Laxalt, der einmal eins zu

tausend gewettet hatte, dass er nie mehr in die Politik zurückkehren würde, bewarb sich sofort um den frei gewordenen Sitz im Senat.[166]

Sein Mitkonkurrent war der demokratische Vizegouverneur Harry Reid, der sich als starker Gegner erweisen sollte. Reid war aus seiner ersten Konfrontation mit dem »sozialen Gewissen« der demokratischen Partei des Staates, Maya Miller, einer Philanthropin und Feministin aus Carson City, geschwächt hervorgegangen. Der nationale Aktivist und Journalist Ken Bode kam nach Nevada, um Millers Wahlkampf zu organisieren, aber die maßgeblichen Stellen in Las Vegas ließen sie im Stich. »Sie nannten es den Kampf der Titanen«[167], erinnerte sich Miller, die sich dabei auf Grant Sawyer, inzwischen Mitglied des Bundesparteivorstands der Demokraten und nomineller Kopf der Partei, und den überaus mächtigen demokratischen Gouverneur Donal »Mike« O'Callaghan bezog. Sawyer und O'Callaghan fochten in der Frage um Senator Bibles Nachfolge einen persönlichen Machtkampf aus. Inzwischen hatte Las Vegas den Norden Nevadas wirtschaftlich und politisch überholt; seine Einwohnerzahl und sein Handelsaufkommen waren doppelt so hoch wie die von Reno, so dass sich die Liberalen aus dem Norden von den »Titanen« aus dem Süden blauäugigen Idealismus vorwerfen lassen mussten. Sawyer hatte, nachdem er sein von Hoover angeregtes FBI-Dossier gesehen hatte, seine Hoffnungen auf ein politisches Amt begraben und verdiente Millionen als Seniorpartner einer der größten Anwaltskanzleien des Landes, die die Spielbanken des Strip vertrat. O'Callaghan, Greenspuns sorgsam ausgewählter Kandidat für das Gouverneursamt, war noch 1970 ein unbeschriebenes Blatt gewesen, aber schnell zu einem der beliebtesten Gouverneure des Staates geworden. O'Callaghan behauptete sich und der gefügigere Reid setzte sich gegen Miller durch, was Wählerinnenstimmen kostete, die Kluft zwischen Norden und Süden noch vergrößerte und den liberalen Flügel der Partei ins Abseits drängte.

Trotz des Zwiespalts innerhalb der gegnerischen Partei hatte Laxalt kein leichtes Spiel. Sein Bruder Robert, dessen Wahlkampfhilfe wieder gefragt war, schrieb:

> Wir dachten, wir würden uns in der Politik auskennen, aber da ging's um das Gouverneursamt. Jetzt gab es völlig neue Regeln, an die man sich halten musste.[168]

Im Anschluss an Nixons Rücktritt mussten republikanische Kandidaten im ganzen Land herbe Verluste hinnehmen. Robert Laxalt schrieb:

> Paul war wütend, als er Nixon im Fernsehen sah. Es störte ihn nicht so sehr, dass er nervös wirkte, sondern dass er schuldig aussah.[169]

Laxalt distanzierte sich vom skandalumwitterten Weißen Haus und »baute praktisch eigenhändig eine republikanische Partei in Nevada auf«[170], was sich letztlich auszahlen sollte. Laxalt und Jake Garn aus Utah waren die einzigen republikanischen Senatoren, die 1974 gewählt wurden. Laxalt, der erste Amerikaner baskischer Abstammung, der es je in den Senat schaffte, gewann nach einer zweiten Zählung mit nur 624 Stimmen Vorsprung. Laxalt galt als »krasser Individualist mit einer neokonservativen, westlich-populistischen Weltanschauung«, ein Mann, der sich laut Moldea »wie ein französischer Bankier«[171] kleidete. Laxalt tat sich in Washington schnell als machtiger und unverblumter Fürsprecher der Glücksspielindustrie hervor. »Was in Nevada als moralisch angesehen wird, muss nicht woanders gelten, und das wissen wir«[172], erklärte Laxalt vor einem nationalen Ausschuss. Als Befürworter der Sagebrush-Rebellion, die in Nevada als Bürgerprotest gegen den bundesstaatlichen Besitz großer Teile des Landes begonnen hatte und in Laxalts Worten inzwischen auch die Einmischung Washingtons in Nevadas Angelegenheiten einschloss, wurde er als leidenschaftlicher Verfechter einzelstaatlicher Rechte bekannt.

Er heiratete seine langjährige Sekretärin Carol Wilson und wurde zum »führenden konservativen Kritiker«[173] des Präsidenten Jimmy Carter, der wegen der Panamakanal-Frage »die Aufmerksamkeit des Senats auf sich zog«. Als enger Freund des kalifornischen Gouverneurs Ronald Reagan unterstützte Laxalt schon früh dessen Kandidatur, drängte ihn, Präsident Gerald Ford herauszufordern, und gründete sogar die erste Wählerinitiative für Reagan. »Sie hielten sich beide gern in der Natur auf, liebten Pferde und trugen Cowboyhüte«[174], schrieb ein Vertrauter über die Ähnlichkeiten zwischen den beiden Männern. Sie hatten auch beide mächtige Gönner, darunter Sidney Korshak, Moe Dalitz, Allen Dorfman und die Teamsters.

Laxalt profitierte von Reagans zunehmender Popularität. Sein Name wurde zunächst als Bewerber um das Amt des Vizepräsidenten gehandelt, dann sogar als vielversprechender Präsidentschaftskandidat. Aber seine frühere politische Karriere sollte solche Hoffnungen zunichte machen. Das Geld, das er bei den Gouverneurswahlen 1966 vom Syndikat akzeptiert hatte, die ihm ohne Sicherheiten in Chicago bewilligten Darlehen, den Druck, den er zugunsten von Hoffa, Coleman und Kerkorian auf die Regierung Nixon ausgeübt hatte, seine enge Freundschaft mit Ed Doumani, Howard Hughes' finanzielle Zuwendungen und seine Beziehung zu Dorfman, Hoffas Nachfolger, erwiesen sich als Stolpersteine. Vielleicht hätte Sawyer die Jahrzehnte zurückliegende Warnung Senator McCarrans beherzigen sollen, dass ein Politiker aus Nevada niemals das Präsidentenamt anstreben sollte.

Als Laxalt sein politisches Comeback plante, wusste er jedoch nicht, dass das FBI »gegen Allen Dorfman die größte Ermittlung seit der Lindbergh-Entführung«[175] eingeleitet hatte. Die so genannte »Operation Pendorf« sollte für den amtierenden demokratischen Senator Howard Cannon das politische Aus bedeuten. »Wenn man sich erstmal mit Gangstern eingelassen hat, verbringt man den Rest seines Lebens damit, sie wieder loszuwerden«[176], vertraute Laxalt einem seiner Brüder an, entschlossen, diesem Fallstrick zu entgehen. »Armer Howard«, sagte er über seinen demokratischen Gegenspieler. »Ich werde nicht denselben Fehler machen wie er. Er hat sich von drei von ihnen völlig abhängig gemacht und war danach nie mehr sein eigener Herr.«[176]

Cannons Probleme begannen, als Jackie Presser, Vizepräsident der Teamsters, FBI-Informant wurde und Einzelheiten über die Rolle des Syndikats in Las Vegas ausplauderte. Pressers Vater Bill, ehemaliger Teamster-Boss in Cleveland, hatte 1974 »einen von den Teamsters finanzierten Plan ausgeheckt, wodurch zwei große Spielbanken in Las Vegas in die Hände der Mafia gelangten, was ihm eine Provision von 600.000 Dollar einbrachte«[177], wie der Journalist James Neff berichtete. Es war »ein meisterhaft eingefädelter Deal, an dem die Gangsterfamilien von Kansas City, Chicago, Milwaukee und Cleveland beteiligt waren und durch den der Zugriff der Mafia auf den Strip noch verstärkt wurde«[177]. Drahtzieher war Dorfman, der Versicherungsmonopolist und »Pensionsgelderjongleur«[178]. Presser erzählte Mitarbeitern des FBI, dass Dorfman überteuerte Versicherungspolicen für die Kasinos ausstellte, die alle von der Harley E. Harmon Insurance Agency gegengezeichnet waren. Als Bill Briar, ehemaliger Bürgermeister von Las Vegas, Mitglied der mächtigen Clark County Commission wurde, wechselte Dorfman zu dessen Versicherungsgesellschaft. »Man konnte dort sämtliche Versicherungen abschließen«, erinnerte sich ein Anwalt aus Las Vegas, »Feuer, Inventar, Haftpflicht. Und sie versicherten praktisch jeden: das Caesars, das Circus Circus, Stardust, Desert Inn, Dunes, Aladdin und das Sands.«[179] Die enormen Profite wurden »über das Dunes zurückgeschleust«, erzählte Presser dem FBI, »und unter

Korshak, Bramlet und Dorfman aufgeteilt«.[180] Dorfman selbst war zusammen mit dem Chicagoer Gangster Ross Miller heimlicher Besitzer des Bingo Palace, während Millers Sohn, ein Bezirksstaatsanwalt, Presser zufolge Aktien dieser Spielbank besaß. Als das FBI seine Ermittlungen gegen Dorfmans heimliche Miteigentümerschaft an Kasinos in Las Vegas, in die die Millionen der Teamsters flossen, aufnahm, führte die Spur direkt zu Senator Cannon.

Presser, Neff zufolge »der wertvollste Informant des FBI«[181], behauptete, genug Informationen zu haben, um »Las Vegas dichtzumachen«, und frohlockte angesichts der Möglichkeit, auch noch einen Senator bloßzustellen. Ein abgehörtes Telefongespräch zwischen Cannon und Dorfman »enthüllte ein Netzwerk an mächtigen und einflussreichen Personen, das sich uber den industriellen Mittleren Westen bis zur Westküste und im Osten bis nach Washington erstreckte«[182]. Am überraschendsten aber war, dass »Jackie [Presser] und der Vorstand der Teamsters planten, Ronald Reagans Präsidentschaftswahlkampf zu finanzieren«.[183]

Die FBI-Ermittler konzentrierten sich auf Pressers Behauptung, dass Cannon zugestimmt habe, in seiner Funktion als Vorsitzender des Handelsausschusses einen dem Ausschuss vorgelegten Gesetzentwurf zu blockieren, wenn er dafür eine wertvolle Immobilie in Las Vegas erhielt. Senator Ted Kennedy hatte im Januar 1979 den so genannten Trucking Deregulation Bill im Kongress eingebracht, der mehr Konkurrenz im Transportwesen vorsah und damit die Monopolstellung der Teamsters gefährdete, letztlich jedoch in Vergessenheit geriet. Keine zwei Wochen zuvor hatten sich Cannon und Dorfman im Büro des Senators in Las Vegas getroffen, um den Kauf einer 2,3 Hektar großen Parzelle der Las Vegas Country Club Estates, die den Teamsters gehörten, zu besprechen.

Cannon leugnete lange, dass er eingewilligt habe, den Gesetzentwurf im Gegenzug für ein Grundstück zu boykottieren. Er behauptete, dass Nachbarn an ihn herangetreten seien, die über den geplanten Bau von drei neunstöckigen Gebäuden auf besagtem Grundstück besorgt gewesen seien, weil ihnen dadurch die Sicht versperrt würde – eine Behauptung, die von seinen Nachbarn nicht bestätigt wurde. Er habe eingewilligt, als Vermittler bei Dorfman vorzusprechen, dessen Vater, »Red« Dorfman, er seit den 50er Jahren kannte. Der Senator gab zu, sich mit Dorfman getroffen zu haben, und erzählte, dass sie sich darauf geeinigt hätten, dass die Nachbarn das Land für 1,4 Millionen Dollar, immerhin 200.000 Dollar weniger als das damalige Höchstgebot, erwerben könnten. Aber er leugnete vehement, dass der Abbau staatlicher Kontrollen bei den Verhandlungen eine Rolle gespielt habe.

Ende 1979 beschlagnahmte das Chicagoer Sonderdezernat sämtliche Reiseunterlagen Cannons und lud Zeugen vor eine Chicagoer Anklagejury. Cannon und seine Nachbarn hatten vom Kauf des Grundstücks Abstand genommen, und er beteuerte während der gesamten Verhandlung seine Unschuld. Als er bei den nachfolgenden Wahlen von einem praktisch Unbekannten geschlagen wurde, war seine drei Jahrzehnte lange politische Karriere beendet.

Im Zuge der bundesstaatlichen Ermittlungen in Kansas City und Chicago wurden auch Missstände in Las Vegas aufgedeckt, von illegalen Abschöpfungen beim Tropicana über die heimliche Eigentümerschaft am Stardust bis zu Drogengeldern, die im Caesars Palace und Golden Nugget gewaschen wurden, wodurch viele Gangster und Politiker in Nevada Ende der 70er Jahre unter enormen Druck gerieten. Das gesäuberte Image ihres Heimatstaats, das die beiden Senatoren aus Nevada, Cannon und Laxalt, Washington präsentierten, war pure Mythologie. Die Spielkasinos von Las Vegas wurden zum Zentrum eines Multimillionen-Dollar-Drogennetzwerks und einer Untergrundwirtschaft, die alles übertraf, was das Land bisher gesehen hatte.

Ende der 70er Jahre konzentrierte sich die DEA (Drug Enforcement Agency), eine Nachfolgeorganisation des FBN, in Las Vegas auf das Caesars Palace als Hauptsitz einer mehrere Millionen Dollar schweren internationalen Rauschgiftorganisation, die sich »Die Firma« nannte. Ob es sich bei diesem höchst effizienten, undurchschaubaren Unternehmen um einen abtrünnigen Ableger des CIA handelte, der in Geheimdienstkreisen allgemein »Die Firma« hieß, war unklar. Die Drogenfahnder mussten verlegen zugeben, dass die Möglichkeiten bundesstaatlicher Verbrechensbekämpfung in diesem Fall nicht ausreichten. Die Fahnder, die der Untersuchung des Rauschgifthandels und der Geldwäsche des Caesars Palace den Decknamen »Operation Jaeger« gaben, gestanden in einem vertraulichen internen Schreiben an Vorgesetzte in Washington ein, dass sie »der Vielfalt, dem Ausmaß und der Komplexität der Unternehmungen« nicht gewachsen waren. Im Mittelpunkt der Ermittlungen in Las Vegas stand ein texanischer Spielerkönig namens Jamiel »Jimmy« Chagra, ein Drogenboss, der Beziehungen zur Familie Patriarca in New England und zum Chicagoer Syndikat unterhielt.

Ein hochrangiger Mitarbeiter der Rauschgiftbehörde in Las Vegas schrieb:

> Unser Geheimdienst berichtete uns, dass sie Heroin und Haschisch aus dem Nahen Osten einführten und Kokain über Mexiko. Sie landeten auf einer privaten Rollbahn und wurden von einer Luxuslimousine des Caesars Palace und den Sicherheitsleuten des Kasinos in Empfang genommen. Wir hatten damals gar keine Chance.[184]

An einem schwülen Morgen Mitte Juni des Jahres 1977 drosselte ein Lear-Jet über der Karibik sein Tempo und landete in Santa Marta an der Nordküste Kolumbiens.[185] Während er zu seinem Standplatz in der Nähe des kleinen Flughafengebäudes rollte, tauchte ein Krankenwagen auf und kam neben ihm zum Stehen. Zwei Sanitäter stürzten aus dem Flugzeug, um sich um den Verletzten zu kümmern. Der Mann hatte lebensgefährliche Brandwunden am ganzen Körper und würde nicht mehr lange leben. Sie waren nur wenige Sekunden bei ihm, als die kolumbianische Polizei das Flugzeug umstellte, alle Beteiligten festnahm und den Jet beschlagnahmte.

Als die Nachricht von dem Unglück, zunächst bruchstückhaft, Nevada erreichte, löste sie Schock und Wut aus. Der gecharterte Lear-Jet, der für einen Luftambulanzservice aus Las Vegas namens Jet Avia Ltd. flog, war laut Aussagen der Fluggesellschaft auf einem »Rettungseinsatz« unterwegs gewesen, um einen schwer verletzten Amerikaner zur Behandlung nach San Antonio zu bringen. Einer der Freunde des Opfers, den die lokale Presse lediglich als »texanischen Geschäftsmann« bezeichnete und der den Flug in Auftrag gegeben hatte, war als Passagier mitgekommen und wurde nun zusammen mit der Besatzung und den Sanitätern aus Las Vegas in Santa Marta festgehalten. Es gab Berichte darüber, dass die kolumbianischen Behörden den Verdacht hegten, dass das Flugzeug mit dem Rauschgiftschmuggel in Zusammenhang stand. Jet Avia wies solche Vorwürfe weit von sich und bestand darauf, dass die einzigen »Drogen« an Bord Schmerzmittel und Heilsalbe gegen Verbrennungen für den Patienten waren. Bei einer Durchsuchung des Flugzeugs durch die Polizei von Santa Marta konnte keine Schmuggelware entdeckt werden. Die ganze Aktion war »nichts anderes als eine Geiselnahme«, erklärte ein Sprecher der Fluglinie ungehalten.

Viele in Las Vegas wussten aufgrund der enormen Publicity, die die Gesellschaft seit ihrer Gründung 1974 genoss, dass Jet Avia ein

Luftambulanzservice war, aber auch ein Charterunternehmen für hochkarätige Spieler und Berühmtheiten jeglicher Couleur, vom Gouverneur bis zum Unterhaltungskünstler am Strip. Die drei Besitzer der Firma gehörten zu den prominentesten Bürgern der Stadt. Elias Ghanem, »Arzt der Stars«[186], ein früherer Kasinoarzt, hatte regelmäßig Elvis Presley in einem Raum behandelt, der in seinem luxuriösen Haus in Las Vegas speziell für den Sänger eingerichtet worden war. 1977 eröffnete er die erste einer Reihe von Privatkliniken und wurde, zumindest im medizinischen Bereich, zu einem der wohlhabendsten Bauherren im Westen der USA. Dr. Harold Feikes, der erste Herzspezialist von Las Vegas, war früher Howard Hughes persönlicher Arzt und einer der wenigen, die Hughes in den letzten Jahrzehnten seines Lebens zu Gesicht bekamen. Nach Feikes eigenen Aussagen gab er dem dahinsiechenden Eremiten im Desert Inn lebensrettende Transfusionen und nahm deshalb bei der Beurteilung von Hughes Zustand, als dieser Las Vegas verließ, eine Schlüsselrolle ein. Der dritte Partner, Christ »Chris« Karamanos, war in gewisser Hinsicht ein noch bemerkenswerterer Zeitgenosse. Karamanos war Hubschrauberpilot in Vietnam und Polizist in Newport Beach in Kalifornien gewesen. Mit einem Juniorencollege-Abschluss in der Tasche, aber ohne jegliche Geschäftserfahrung, kam er mit 27 nach Las Vegas, arbeitete im größten Hotelkasino der Stadt und stieg schnell zum stellvertretenden Geschäftsführer auf, woraufhin er in wichtige staatliche Ausschüsse berufen und Mitglied des Aufsichtskomitees der University of Nevada wurde.

Selbstverständlich wandten sich die einflussreichen Besitzer von Jet Avia sofort an ihre mächtigen politischen Freunde, um die Herausgabe des Flugzeugs und die Freilassung der Passagiere durchzusetzen. Die Senatoren Cannon und Laxalt, James Santini, der Kongressabgeordnete aus Nevada, sowie Gouverneur Mike O'Callaghan, sie alle drängten Präsident Carter, bei der kolumbianischen Regierung zu intervenieren. Die Geschäfts- und Finanzelite der Stadt war besorgt. Jet Avia tätigte Geschäfte in Millionenhöhe mit der Valley Bank, und diverse andere Gesellschaften in Las Vegas waren an der Luftverkehrsgesellschaft beteiligt. Jet Avia hatte das Flugzeug von Geschäftsleuten aus Little Rock geleast, weshalb Politiker aus Arkansas ebenfalls seine Rückgabe forderten. Innerhalb weniger Wochen ließ Kolumbien Passagiere und Besatzung frei. Trotz des politischen Drucks sollten fast eineinhalb Jahre vergehen, bevor der Jet nach Las Vegas zurückkehren durfte. Aber zu diesem Zeitpunkt existierte Jet Avia bereits nicht mehr, und der Zwischenfall war in Vergessenheit geraten. Der Stadt konnte es nur recht sein, denn die ganze Angelegenheit war viel komplexer, als es nach offizieller Version schien.

Bei dem Patienten auf dem Rollfeld handelte es sich um kein normales Unfallopfer, sondern um den Kopiloten eines Transportflugzeugs, das mit Rauschgift so überladen war, dass es beim Start im Dschungel abstürzte. Der »texanische Geschäftsmann« an Bord, dessen Männer die Fracht geschmuggelt hatten, die dann in Flammen aufging, war Jimmy Chagra. Chagra war eine der schillerndsten Spielerpersönlichkeiten des Strip, ein Lebemann, der zig Millionen an Drogengeldern an den Spieltischen von Las Vegas wusch, ein Mann, der allein im Caesars Palace Kredit in Höhe von 8 Millionen Dollar hatte und dem das Kasino eine bewaffnete Leibwache, eine Penthouse-Suite, Decknamen für seine Transaktionen und gecharterte Lear-Jets zur Verfügung stellte. Chagra war in den 70er Jahren in Las Vegas eine so herausragende Persönlichkeit, dass er »in einer Stadt, in der Spielerkönige so alltäglich waren wie Frühstücksflocken, als Spielerkönig Nummer eins galt«[187]. Aber der eigentliche Drahtzieher der Operation war Jimmys Bruder Lee, der am Strip als »Black Striker« bekannt war: »black« wegen seiner schwarzen Spielergarderobe, die er so sorgfältig auswählte, dass er fürs Ankleiden zwei Stunden brauchte, »Striker«, weil er mit so hohem Einsatz spielte, dass er jederzeit die Bank hätte sprengen können. Als Strafverteidiger in El Paso, »der beste Rauschgiftanwalt der Welt«, wie ihn ein Reporter nannte, war Lee Chagra auch für seine unverhohlene Verachtung für das, was er als die Korrumpierung der amerikanischen Drogenfahndung ansah, bekannt, eines Beamtentums, das an dem ausgedehnten Rauschgifthandel jener Zeit gut verdiente. Nach seiner Ermordung übernahm sein Bruder Jimmy das Rauschgiftimperium der Familie.

Auch der Dritte im Bunde, Chris Karamanos, war kein geborener Geschäftsmann. Der joviale, beleibte ehemalige Polizist hatte ebenfalls Kontakte zum organisierten Verbrechen und zu Drogenkreisen und war außerdem, wie er später gegenüber Beamten bei einem vertraulichen Gespräch in Nevada zugab, gelegentlich für den CIA tätig, was seinen kometenhaften Aufstieg und die politische Gunst, die er in Las Vegas genoss, erklärte. Karamanos' Vertraute, aber auch die Bundespolizei wussten, dass der CIA Jet Avia von Anfang an für bestimmte Einsätze in Anspruch genommen hatte. Ein guter Freund sagte über ihn:

> Chris erzählte stundenlang davon, dass er für den CIA flog, und gab damit an, dass Jet Avia mit Infrarot-Nachtsichtgeräten erstellte Spionagefotos nach Zentral- und Südamerika brachte.[188]

Unklar bleibt jedoch, ob die beiden anderen Eigentümer der Fluglinie, Ghanem und Feikes, von dieser Zusammenarbeit wussten.

Auch der Lear-Jet, mit dem Jimmy Chagra nach Kolumbien flog, war kein x-beliebiges geleastes Flugzeug. Es gehörte dem Fast-Food-Millionär und Spielerkönig Danny Ray Lasater, gegen den schon bald darauf wegen seiner Kontakte zum organisierten Verbrechen ermittelt wurde und der schließlich wegen Kokainhandels verurteilt wurde. Lasater, der kurz nach dem Zwischenfall in Santa Marta in seine Heimat Arkansas zurückkehrte, wurde bald ein guter Freund und wichtiger Förderer des jungen ehrgeizigen Gouverneurs des Staates, Bill Clinton. Aber Lasater war nicht die einzige Verbindung des zukünftigen Präsidenten zur Jet Avia. Auch Ghanem zählte zu seinem engeren Bekanntenkreis. Als Sohn eines leitenden Angestellten einer Mineralölgesellschaft in Haifa in Israel geboren, war der Libanese Ghanem Anfang der 70er Jahre nach Las Vegas gekommen und hatte in Dalitz' Sunrise Hospital gearbeitet, bevor er eigene, lukrative Kliniken eröffnete. Man sagte ihm nach, dass er dem Sicherheitspersonal in Hotels am Strip Hundertdollarscheine zusteckte, damit sie ihre Notfälle in seine Krankenhäuser schickten. Als es zu dem Zwischenfall in Santa Marta kam, war Ghanem in die Kontroverse um den Tod seines ehemaligen Patienten Elvis Presley verwickelt. Später ermittelte das FBI gegen ihn, weil er Gewerkschaftsmitglieder und Staatsbeamte in seine Kliniken geschleust hatte. Die Ermittlungen wurden jedoch eingestellt. Im Laufe seiner Karriere baute der Arzt eine enge Beziehung zu Virginia Clinton, der Mutter des zukünftigen Präsidenten, auf, einer leidenschaftlichen Spielerin und Stammgast in Las Vegas, die er über gemeinsame Freunde am Strip kennen gelernt hatte. Ghanem engagierte sich als Spendensammler für Clinton und gehörte bald zum engsten Freundeskreis des künftigen Präsidenten, der auch hin und wieder in seinem Haus in Las Vegas übernachtete.

Seit den 70er Jahren spielte noch ein weiterer Mann eine wichtige Rolle: Jimmy Chagras Anwalt Oscar Goodman. Goodmans Honorar stammte aus illegalen Geldquellen. Als Jimmy Chagra von dem Mord an einem Bundesbezirksrichter freigesprochen wurde, war Goodman mit einem Schlag berühmt. Kurz vor der Jahrtausendwende wurde er

Bürgermeister von Las Vegas und hatte damit die erste Stufe seiner politischen Karriereleiter erklommen.

Vor diesem Hintergrund gesehen, war der Flug der Jet Avia nach Santa Marta weit mehr als ein verhängnisvoller »Rettungseinsatz«. Er war ein weiteres Stadium in der Geschichte von Las Vegas: die überragende Rolle der Stadt als internationaler Knotenpunkt des Rauschgifthandels, Waffenschmuggels und der Geldwäsche, die brutale Realität hinter der Fassade seriöser Konzerne, die die Ära nach Howard Hughes symbolisierten, und einer beispiellosen Korruption.

15 Abschied vom Strip

In der FBI-Zentrale in Washington nannte man die Außenstelle in Las Vegas »das schwarze Loch, ein Abstellgleis für mittelmäßige Beamte«[1]. Wenn in dem kleinen Büro überhaupt irgendwelche Fälle aufgeklärt wurden, dann nur die banalsten. Es herrschte eine enorme Fluktuation, da viele Beamte in den vorzeitigen Ruhestand gingen oder aus dem Staatsdienst ausschieden, um gut bezahlte Jobs als Sicherheitsleute in den Kasinos anzunehmen, wo sie häufig von denselben Leuten üppige Gehälter bezogen, gegen die sie zuvor ermittelt hatten. So wurde ein FBI-Mann, der mit der Untersuchung von Benny Binions Bombenanschlag auf den Anwalt William Coulthard beauftragt war, in Binions Horseshoe angestellt. Ein anderer wechselte ins Caesars Palace und nahm einen Großteil seines Teams mit, während in dem luxuriösen Kasinopalast in großem Stil Drogengelder gewaschen und Gewinne abgeschöpft wurden.

Nachdem nach Hoovers Tod 1972 erste Korruptionsfälle beim FBI ans Licht gekommen waren, versuchte die Bundespolizei Ende der 70er Jahre ihr Image wiederherzustellen und das Vertrauen der Öffentlichkeit zurückzugewinnen. Trotzdem galt Las Vegas nicht als Einsatzort für Beamte, die ihre Arbeit ernst nahmen. Seit Bobby Kennedys Feldzug gegen das organisierte Verbrechen zum Stillstand gekommen war, mehrten sich im Justizministerium die Gerüchte, dass der Strip mit seinem langen Arm nach Washington die Wahl des für Las Vegas bestimmten FBI-Chefs beeinflusste. In Insiderkreisen wusste man davon. »Sie hatten ein Dossier über jeden neuen FBI-Chef, noch ehe er in der Stadt eintraf, und so lief das seit Jahren«[2], berichtete ein Eingeweihter.

Folglich war man Ende 1979 in Nevada und Washington überrascht und beunruhigt, als der reformfreudige FBI-Direktor William Webster – ein strenger Richter aus St. Louis – seinen Topermittler für Las Vegas sorgfältig auswählte. Trotz des verbreiteten Mythos, dass Hughes Las Vegas »gesäubert« habe, hielt Webster die Stadt nach wie vor für eine »Hochburg des organisierten Verbrechens«[3]. Der Richter entschied sich für Joseph Yablonsky, einen erfahrenen FBI-Mann, der bereits seit 27 Jahren im Dienst war, davon 21 im Außendienst. Obgleich Jude, hatte er in einer Behörde Karriere gemacht, die Robert Friedman zufolge durch »Hoovers hartnäckigen Antisemitismus«[4] geprägt war. Yablonsky hatte im Bereich der verdeckten Ermittlung Pionierarbeit geleistet und sich mit seinen erfolgreichen Einsätzen als Undercoveragent zwischen Neuengland und Florida einen Namen gemacht. In einer Organisation, die seit Jahren einen halbherzigen, weitgehend erfolglosen Kampf gegen das organisierte Verbrechen führte und sich auch nach Hoovers Tod durch Bürokratismus und Inkompetenz auszeichnete, war er mit seinem unerschütterlichen Idealismus und seiner genauen Kenntnis der Organisationsstruktur und Arbeitsweise des Syndikats eine absolute Ausnahmeerscheinung. Er hatte sich Zugang zu den jüdischen Kreisen des organisierten Verbrechens verschafft und war über ihren immensen Einfluss in den USA, ihre Verbindungen nach Israel und deren Folgen für die internationale Politik gut informiert, und er hatte sich auch mit der italienischen und irischen Verbrecher-

FBI-Sonderermittler Joe Yablonsky (rechts) mit dem FBI-Direktor William Webster. »Yobos« kurzer, aber entschlossener Einsatz in Las Vegas Anfang der 80er Jahre war der letzte ernstzunehmende Versuch der Bundesbehörden, den Mächtigen der Stadt das Handwerk zu legen.

szene vertraut gemacht. Im Gegensatz zu weiten Teilen des FBI und der amerikanischen Öffentlichkeit, die immer noch an die Vorherrschaft der italienischen Mafia glaubten, ging er von der Existenz eines nationalen multiethnischen Syndikats aus – eine Einschätzung, die er mit Bobby Kennedy teilte, den er von gemeinsamen Lagebesprechungen im New Yorker FBI-Büro in den 60er Jahren kannte, und der nach seiner Meinung »über Las Vegas genau Bescheid wusste und über das organisierte Verbrechen und seine weitreichenden Kontakte und Aktivitäten bestens informiert war«[5].

Als man Yablonsky nach Las Vegas schickte, war er 51 Jahre alt. Er war ein hochgewachsener, sympathischer Mann mit Brille, freundlichen Augen und einem ausgeprägten Sinn für Humor, der über seine Härte und Willensstärke hinwegtäuschte. Er entsprach ganz und gar nicht dem Typ »arglos wirkender netter Mann von Nebenan«[6], die es im FBI-Büro in Las Vegas zu Dutzenden gab. Selbst nachdem er nun nicht mehr als Undercoveragent arbeitete, zeugten seine Kleidung und sein Auftreten noch immer »von dem Milieu, in dem er sich bewegt hatte«[7]: dunkler gestreifter Anzug mit breitem Revers, goldene Ketten, Ringe und Manschettenknöpfe, abgekaute kubanische Zigarre und ein rauer, vulgärer Umgangston. Aufgrund der verdeckten Ermittlungen, die er in Lanskys Umfeld in Miami durchgeführt hatte, waren ihm die meisten Unterweltgrößen am Strip und in Glitter Gulch wenn nicht vom Sehen, so doch dem Namen nach bekannt. »Ich glaube, sie verkörperten für ihn das organisierte Verbrechen schlechthin. Manche waren die Bosse der Typen, die er jahrelang gejagt hatte«[8], erinnerte sich einer seiner Kollegen.

> Hier in Vegas landete er mitten unter den Unterweltgrößen, und ich glaube, er betrachtete es als seine Pflicht, seinen Job zu Ende zu bringen.[9]

Aus den Akten, die Yablonsky im Januar 1980 in der FBI-Dienststelle in Las Vegas vorfand, ging hervor, dass mindestens fünf große Kasinos einen Teil ihrer Gewinne für Unterorganisationen des Syndikats in New York, Chicago und Kansas City abzweigten, dass in der Stadt in großem Stil gestohlene Kunstwerke und Schmuck an Hehler verschoben und Drogengelder »gewaschen« wurden. Ferner war den Unterlagen zu entnehmen, dass der Chicagoer Gangsterboss Tony Spilotro mit seiner auf Einbruchdiebstahl, Brandstiftung und Auftragsmord spezialisierten »Hole in the Wall Gang« in der Stadt aktiv war und

Der Anwalt Oscar Goodman (links) mit seinem Klienten Tony »The Ant« Spilotro, einem Killer des Syndikats, um 1980. Goodman wurde später Bürgermeister von Las Vegas, während Spilotro halbtot geprügelt wurde und in einem flachen Grab in einem Maisfeld im Mittleren Westen endete.

dass ihm der Strafverteidiger Oscar Goodman – ein Handlanger des Syndikats – regelmäßig aus der Klemme half. Darüber hinaus hieß es in einem FBI-Bericht, dass man an Hand von umfangreichen Gerichtsakten »16 weitere in Las Vegas ansässige Topgangster« identifiziert hatte.

Als Yablonsky nicht lange nach seiner Ankunft in Las Vegas in den Coffeeshop des Riviera ging, stellte er zu seiner Verblüffung fest, dass dort berüchtigte Unterweltgrößen um einen Tisch versammelt waren, als sei es die natürlichste Sache der Welt. Offensichtlich nahmen weder seine Kollegen vom FBI noch die örtliche Polizei, noch die staatliche Glücksspielaufsicht, noch führende Geschäftsleute und Bankiers der Stadt den geringsten Anstoß an der Anwesenheit dieser Männer. Im korrupten Miami hielten sich die Gangsterbosse diskret im Hintergrund, und ein FBI-Beamter bekam sie nur dann zu Gesicht, wenn er einen ihrer Treffpunkte aufsuchte, zum Beispiel das Restaurant Forge. Doch in Las Vegas bestand offenbar keinerlei Notwendigkeit für eine solche Zurückhaltung. »Bis auf Lansky war alles dort vertreten, was in der Szene Rang und Namen hatte«[10], erinnerte sich Yablonsky später. Unter ihnen befanden sich Moe Dalitz, der Chef der Mayfield Road Gang aus Cleveland, Al Polizzi, Moes Partner aus dem Desert Inn, Morry Kleinman, und der Geschäftsführer des Stardust, Herb Tobman, der einmal zu Yablonskys Tisch kam und seinem Begleiter zuraunte:

> Anscheinend stört es Sie nicht, mit wem Sie hier gesehen werden.[11]

Falls dieser Auftritt den neuen FBI-Chef einschüchtern sollte, so verfehlte er seine Wirkung, denn kurz danach ermittelte Yablonsky gegen Tobman und seinen Partner Al Sachs wegen ihrer illegalen Gewinnabschöpfungen im Fremont und im Stardust. Seit den Bemühungen Kennedys in den Jahren 1961–1963 war dies die erste größere Ermittlung gegen Mitglieder der Kasinoszene in Las Vegas. Sie sollte die beiden Männer schließlich ihre Spielkonzessionen kosten. Es war zugleich der Beginn eines vier Jahre dauernden Krieges in Nevada, der sich bis Washington ausweitete.

Bevor Yablonsky einige Monate nach seiner Ankunft in Las Vegas zum Angriff überging und die entsetzte Prominenz der Stadt unter Strafandrohung vor eine Bundesanklagejury zitierte, wurde der FBI-Chef, wie jeder bedeutende Neuankömmling, herzlich empfangen. Greenspun und andere namhafte Leute luden ihn und Gattin zu Dinnerpartys ein. Die Lokalzeitungen brachten wohlwollende Artikel über den ehemaligen Undercoveragenten, den sie den »Mann mit den vielen Gesichtern«[12] nannten, und veröffentlichten ein Foto von Yablonsky und seiner hübschen Frau Wilma, die sich beide für eine Halloweenparty als »Gangster und Gangsterbraut« verkleidet hatten. Die Aktivistin Edyth Katz und andere führende Mitglieder der jüdischen Gemeinde – der auch Dalitz, Tobman und einige ihrer Partner angehörten – führten die Yablonskys in die Synagoge Temple Beth Sholom ein, und Wilma wurde bald ein aktives Gemeindemitglied. Joe wurde von verschiedenen privaten Clubs der Stadt gebeten, einen Vortrag über seine Arbeit zu halten. Allerdings verstimmte er seine Zuhörer mit dem unverblümten Hinweis, dass das organisierte Verbrechen in der Stadt nach wie vor großen Einfluss habe, was er mit aktuellen Zahlen belegte, wonach das Syndikat die Volkswirtschaft jährlich um 170 Milliarden Dollar bringe. Den entgeisterten Rotariern erklärte er:

> Stellen Sie sich einmal vor, wie viel Steuern auf dieses Einkommen erhoben werden könnten und was mit diesem Geld für jeden Einzelnen von Ihnen getan werden könnte.[13]

Einige seiner Zuhörer wussten nur zu gut, dass seine Darstellung eher untertrieben war. Doch in einem Staat, der noch immer an die Wundertaten eines Howard Hughes glaubte, wurden Yablonskys Äußerungen von vielen zunächst als unglaubhaft, dann als bestürzend und schließlich als provozierend empfunden. Ein ortsansässiger Arzt erinnerte sich:

> Es war wie bei einem Krebspatienten, dem ein Quacksalber eingeredet hat, er würde wieder gesund, und der dann erfährt, dass seine Krankheit weit fortgeschritten und möglicherweise unheilbar ist. Zuerst war die Stadt wie betäubt, dann leugnete sie alles und schließlich machte sie Joe für die niederschmetternde Diagnose verantwortlich.

Die *Sun* und das *Review-Journal* brachten eine Zeitlang pflichtschuldig Artikel zum Thema, die aber Yablonskys düstere Bestandsaufnahme verharmlosten. Wie so oft in der Geschichte der Stadt wandte man sich zwar öffentlich gegen das organisierte Verbrechen und die Kriminalität im Allgemeinen, weigerte sich jedoch, das Problem auf die eigene Situation zu beziehen und die Dinge beim Namen zu nennen. Niemand wollte wahrhaben, wie tief Politik und Wirtschaft der Stadt bereits in die illegalen Machenschaften des Syndikats verstrickt waren. Doch Yablonsky forderte nicht nur das Syndikat heraus, sondern er machte auch die käuflichen Politiker Nevadas für die Herrschaft des organisierten Verbrechens verantwortlich und prangerte eine Stadt an, die wie keine andere das Goldene Kalb anbetete:

> Wären Politiker und Beamte in diesem Staat nicht so korrupt, könnten viele Aktivitäten des organisierten Verbrechens verhindert werden. Solange Las Vegas' Tresore mit Bargeld gefüllt sind, wird die Stadt ein Mekka für Gangster und schwache Politiker bleiben.[15]

Womit Yablonsky allerdings nicht gerechnet hatte, war die antiföderalistische Haltung, die Anfang der 80er Jahre in Nevada stärker war denn je – eine Haltung, die durch Kefauvers Feldzug gegen das organisierte Verbrechen neu entstanden war und während Sawyers Konflikt mit den Kennedys und mit Hoover Züge von Fanatismus angenommen hatte. 86 Prozent des Staatsgebiets von Nevada befanden sich nach wie vor im Besitz der Zentralregierung. Obwohl die Bewohner Nevadas mächtige Männer wie Wingfield oder Hughes mit offenen Armen aufgenommen hatten, ließ es ihr stolzer Pioniergeist nicht zu, die Autorität Washingtons anzuerkennen. Auch unterschätzte Yablonsky die schiere wirtschaftliche Macht der Glücksspielindustrie. Natürlich wusste er, dass sich das organisierte Verbrechen in Las Vegas »durch Drogenhandel, Hehlerei und illegale Gewinnabschöpfungen in den Kasinos enorm bereicherte«[16], wie er mehr als einmal betonte. Doch was er nicht wusste, war, dass 1980 das Syndikat und seine Strohmänner immerhin fast 30 Prozent der 424.000 Arbeitsplätze in Nevada stellten. Trotz der illegal abgeschöpften Gewinne und der lächerlich niedrigen Glücksspielsteuer, die sich im Laufe von mehr als 30 Jahren um 0,25 Prozent auf 5,75 Prozent erhöht hatte, machten die öffentlichen Einnahmen durch die Kasinos immer noch beinah die Hälfte des gesamten Steueraufkommens von Nevada aus. Die Gesellschaft hatte sich in eine tiefe Abhängigkeit zur Glücksspielindustrie begeben und wurde von ihr so manipuliert und korrumpiert, dass sie einem leitenden FBI-Beamten, der sich nicht in das geltende Arrangement fügte und sich auch noch ein kritisches Urteil über sie anmaßte, mit unverhohlener Feindseligkeit begegnete.

Sein Leben lang hatte sich Yablonsky zu den »Guten« gezählt, in Las Vegas jedoch gehörte er plötzlich zu den »Bösen«:

> Ich bewegte mich in einer Subkultur, die sich völlig von dem unterschied, was ich bisher erlebt hatte. In einem Umfeld, das den allmächtigen Mammon anbetet und in dem Moe Dalitz eine Art Schutzheiliger ist, macht man einen seltsamen Anpassungsprozess durch, so dass sich sogar die eigenen Werte zu verändern beginnen.[17]

Ende 1980 war von dem anfänglichen Wohlwollen der Einwohner Yablonsky gegenüber nichts mehr zu spüren. Der FBI-Chef wurde von Greenspun und anderen »Stadtvätern« immer schärfer angegriffen. Aber wie schon Tobmans Drohung im Coffeeshop des Riviera stachelte die allgemeine Ablehnung Yablonskys Kampfgeist nur noch mehr an, und er schlug um so härter zurück, je mehr soziale Ächtung und politische Obstruktion ihm entgegenschlugen. Er stellte ein schlagkräftiges Team aus sachkundigen und erfahrenen Männer des FBI zusammen. Yablonsky, der Las Vegas für eine weltoffene Stadt gehalten hatte, musste bald feststellen, wie provinziell und engstirnig die Stadt im Grunde war, besonders in Fragen der Politik, des Geldes und der öffentlichen Moral. Das Problem war nicht nur die Ineffizienz und Bestechlichkeit der FBI-Mitarbeiter vor Ort. Er sah sich vielmehr einem subtilen, engmaschigen Netz der Komplizenschaft gegenüber, das jahrzehntelang perfekt funktioniert hatte: Richter hatten Ermittlungen behindert, Politiker hatten FBI und IRS öffentlich diffamiert und deren Arbeit boykottiert; polizeiliche Abhöraktionen waren unterlaufen und die Sitzungsprotokolle der Anklagejury heimlich weitergegeben worden. Das FBI hatte ein Telefongespräch abgehört, bei dem der Manager des Tropicana, Joseph Vincent Agosto, mit seinem Einfluss auf einen höheren Beamten der Glücksspielbehörde prahlte, den er als »Mr. Saubermann«[18] bezeichnete; das FBI ging davon aus, dass es sich dabei um den Vorsitzenden des Glücksspielausschusses und späteren Kongressabgeordneten und Senator Harry Reid handelte, der dies natürlich entschieden bestritt.

Nicht nur Yablonsky, auch einige Bundesanwälte in Washington wussten über die Verflechtungen zwischen Unter- und »Oberwelt« in Las Vegas durchaus Bescheid. Später sagte ein Beamter des Justizministeriums:

> Bis Ende der 70er Jahre war die Ermittlungsarbeit in Las Vegas praktisch lahmgelegt. Es herrschte eine solche Korruption, dass wir immer wieder mit dem Kopf gegen die Wand rannten[19].

Yablonsky zog aus dieser Situation radikale Konsequenzen: Er verstärkte die Sicherheitsvorkehrungen um das FBI-Büro und stellte die Zusammenarbeit mit sämtlichen Richtern und Polizeidienststellen ein, die an den halbherzigen Ermittlungen des FBI in der Vergangenheit beteiligt gewesen waren. Er flog regelmäßig nach Washington, um beim Bundesgericht Genehmigungen für Abhöraktionen einzuholen, und leitete auch andere Formen der Überwachung ein. »Es tauchten immer mehr verdächtige Lieferwagen in den Straßen auf«[20], berichtete ein Reporter später. Yablonskys Maßnahmen versetzten nicht nur die Kasinoszene, sondern auch die Behörden von Las Vegas in höchste Alarmbereitschaft. Gerüchte und Insiderinformationen über die Angriffsziele dieser »Mobilmachung« des FBI drangen bis nach Carson City und weiter.

Noch bevor Offizielles bekannt gegeben wurde, enthüllte die Lokalpresse bereits, wen Yablonsky im Visier hatte – darunter einige bislang »Unberührbare«: Benny Binion sollte wegen der Ermordung Coulthards, der Bundesbezirksrichter Harry Claiborne wegen Steuerhinterziehung und Senatsmitglied Floyd Lamb wegen Bestechlichkeit angeklagt werden. Die Situation spitzte sich zu, als gemunkelt wurde, Justizbeamte aus Washington seien eingetroffen – denn das geschah nur in Fällen staatlicher Korruption. Nachdem Lamb bei einer Undercoveroperation überführt worden war, bestand kein Zweifel mehr, dass es der »Meister der verdeckten Ermittlung« ernst meinte. Yablonskys Generalangriff auf Las Vegas, unter dem Decknamen »Operation YOBO«, musste um jeden Preis vereitelt werden.

Um die Ermittlungen zu hintertreiben und um Yablonsky zu vernichten, schalteten Dalitz und seine Komplizen wieder einmal ihre einflussreichen politischen Verbündeten ein und »ließen ihre Verbindungen nach Washington spielen«[21], wie sich ein Kasinoboss erinnerte. Ihr wichtigster Mann war Paul Laxalt, inzwischen ein enger Freund Präsident Reagans und einer der mächtigsten Politiker in der Hauptstadt; sie konnten auf seine Loyalität ebenso zählen wie auf seine guten Beziehungen.

»Er ist mein Mann«, sagte Dalitz einmal. »Ich hab ihn dorthin gebracht.«[22]

Der gut aussehende Senator Laxalt mit den silbergrauen Haaren blickte auf eine traumhafte politische Karriere zurück. Der ehemalige Gouverneur und Kasinobesitzer hatte den Skandal um sein Hotelkasino Ormsby House unbeschadet überstanden und wurde 1974 nach einer zweiten Stimmauszählung mit einer hauchdünnen Mehrheit in den US-Senat gewählt und 1980 mit einem überwältigenden Wahlsieg in seinem Amt bestätigt. »Ein wahres Freudenfest für Laxalt«[23], sagte ein Politiker. Laxalt wurde von denselben Strip-Bossen unterstützt, denen Yablonsky den Kampf angesagt hatte. Er kassierte fast die gesamten 1,1 Millionen ihrer offiziellen Wahlkampfspenden, etwa vier Mal so viel wie die Summe, die der demokratischen Gegenkandidatin Mary Gojack, einer Liberalen aus Reno, zur Verfügung stand. Zu seinen Gönnern gehörte alles, was am Strip Rang und Namen hatte, darunter seine langjährigen Förderer Dalitz und die Brüder Doumani, Yablonskys Zielscheiben Binion, Tobman und Sachs, der Syndikatsanwalt Morris Shenker, der Strohmann Jay Sarno, der Kasinobesitzer Frank Fertitta, die Showlegende Wayne Newton und der umtriebige Parry Thomas.

Obwohl Laxalt in früheren Wahlkämpfen Cannon und Sawyer wegen ihrer Kontakte zur Kasinoszene heftig kritisiert hatte, war ihm nun die generöse Unterstützung durch seine eigenen Gönner keineswegs peinlich. Er verteidigte diese Art der Wahlkampfhilfe sogar mit einer lässigen, häufig arroganten Haltung. »Eine Spende von Moe Dalitz an einen Politiker von Nevada ist genau dasselbe wie eine Spende von General Motors für einen Kandidaten in Michigan«[24], erklärte er einmal herablassend, ohne sich der Ironie dieser Aussage bewusst zu sein. Als man ihn einmal auf seine Kontakte zu dem zwielichtigen Besitzer des Desert Inn, Moe Dalitz, ansprach, der ihn bei seinem erfolgreichen Gouverneurswahlkampf 1966 großzügig unterstützt hatte, erwiderte er: »Er ist ein Freund, den ich nicht fallen lassen werde, nur weil es mir politisch schaden könnte«[25]. Mary Gojack hatte in ihrem Wahlkampf die Spendenpraxis des Syndikats angeprangert; es ging um Summen, die einem Insider zufolge »selbst an hiesigen Maßstäben gemessen ungeheuerlich«[26] waren. Auch stellte sie heraus, dass Laxalt die meisten Abstimmungen im Senat versäumt habe, weil er ständig unterwegs gewesen sei, um für Reagan und sich selbst Wahlkampf zu machen. Doch Laxalts Beliebtheit und seine Nähe zum Präsidentschaftskandidaten Reagan machten ihn unangreifbar. »Die einzigen, die sich an Laxalts häufiger Abwesenheit im Senat wirklich stießen, waren eine Minderheit aus Intellektuellen und kritischen Zeitungsverlegern«[27], sagte Gojack. Je höher Laxalt in der Parteihierarchie der Republikaner aufstieg, desto konservativer wurde er; als einer von nur sechs Senatoren stimmte er gegen ein »Essen-auf-Rädern«-Programm für Bedürftige, Alte und Behinderte. Gojack sprach in ihren Wahlkampfreden auch immer wieder Laxalts fragwürdige Verbindungen im Zusammenhang mit der Finanzierung von Ormsby House an.

> Wenn man sich solchen Leuten gegenüber einmal verpflichtet hat, bleibt man es sein Leben lang. Man schließt einen Pakt mit dem Teufel und das war's dann.[28]

Doch die blinden Flecken in seiner politischen Karriere schadeten ihm ebenso wenig wie seine reaktionären Ansichten.

Laxalt nahm in der Regierung Reagan eine einzigartige Machtstellung ein, und es kam nicht von ungefähr, dass der neue Präsident Schlüsselpositionen mit einer ungewöhnlich hohen Zahl von Politikern aus Nevada besetzte. Als langjähriger Freund und ehemaliger Amtskollege des früheren kalifornischen Gouverneurs hatte Laxalt Reagans Kandidatur von Anfang an unterstützt. Während der republikanischen Vorwahlen 1980 und im anschließenden Präsidentschaftswahlkampf gegen Jimmy Carter war er Reagans wichtigster Berater gewesen. Laxalt stand auch der äußerst bestimmenden, einflussreichen Nancy Reagan nah. Die neue First Lady zog den galanten, eilfertigen Senator den meisten anderen Mitarbeitern ihres Mannes vor, unter ihnen auch Vizepräsident George Bush, in dem viele den zukünftigen Herausforderer Laxalts um die Führung der republikanischen Partei sahen, den Nancy jedoch für schwach und wankelmütig hielt und deshalb hinter vorgehaltener Hand einen »Jammerlappen«[29] nannte. Nach dem Amtsantritt des Präsidenten 1981 wurde Laxalt bald »engster Freund« des Präsidenten und seiner Frau, wie die Medien in Washington zu berichten wussten. Er

Senator Paul Laxalt begrüßt seinen engen Freund Präsident Ronald Reagan 1982 in Las Vegas. Das mächtige Bündnis zwischen den beiden Männern beschleunigte den Aufstieg von Las Vegas zur heimlichen Hauptstadt Amerikas.

verkehrte regelmäßig privat mit den Reagans, sah sich mit ihnen Filme an oder ging mit ihnen reiten. Nancy nannte ihn und ihren Mann einmal »meine liebsten Gefährten«.[30]

Auch während der folgenden acht Jahren pflegte Laxalt diese Freundschaft, die ihm Prestige und Macht einbrachte und Nevada einen noch nie da gewesenen Einfluss in Washington sicherte. Selten hatte es in der amerikanischen Geschichte eine so enge Beziehung zwischen einem Präsidenten und seinem Berater gegeben. Was die beiden Männer aus dem amerikanischen Westen verband, waren nicht nur ihre Mentalität und politische Einstellung, sondern auch ihre gemeinsamen Gönner in Las Vegas und Hollywood. Manche Insider in Washington glaubten sogar, Laxalt sei die »graue Eminenz« hinter dem Präsidenten, die nicht nur den ersten Mann im Staat überzeugend vertrat, sondern auch die Interessen jener Kräfte, die ihn an die Macht gebracht hatten. Es war also nicht irgendein Politiker, auf den Dalitz und seine Freunde zurückgriffen, um sich Yablonsky vom Hals zu schaffen.

Laxalt verlor keine Zeit, um seinen Einfluss in der Bundeshauptstadt geltend zu machen, wobei er es jedoch an politischem Anstand und Diskretion fehlen ließ. Sein dreistes Auftreten hatte vielleicht auf die politische Bühne Nevadas, aber nicht auf die Washingtons gepasst. Er setzte nicht nur seine neu erlangte Macht leichtfertig aufs Spiel, sondern auch seine angesehene, bislang unangreifbare Position in Las Vegas. Gegenüber einem Journalisten erklärte er frech, dass er seine »Verbindungen zur Regierung Reagan« nutzen werde »um die Untersuchungen gegen das organisierte Verbrechen in Nevada zu unterbinden«[31].

Als Laxalt Reagan persönlich auf das Thema ansprach, verwies dieser ihn wohlweislich an den Justizminister William French Smith, seinen ehemaligen Anwalt und Kopf seines kalifornischen »Küchenkabinetts«. 1981 kam Laxalt dreimal mit Smith zusammen, um mit ihm über die »Reduzierung der Rolle des Spezialteams in Vegas«[32] zu sprechen; als Laxalt den FBI-Direktor Webster zu einer dieser Besprechungen einlud, weigerte sich dieser, zu erscheinen. Es ärgerte den Senator, »dass ständig irgendwelche Bundesbeamte in Las Vegas auftauchen, die die Bürger belästigen und drangsalieren«. Er beschwerte sich beim Justizminister darüber, dass Yablonskys rücksichtslose Beamte der Glücksspielindustrie auf den Leib rückten und »in die Privatsphäre unbescholtener Bürger eindringen«[33]. Er verlangte die Versetzung, oder besser noch, Entlassung Yablonskys und drohte, falls Smith nicht unverzüglich handele, Senatsanhörungen in die Wege zu leiten, die den Dienstvergehen von Justizbeamten in Las Vegas auf den Grund gehen würden. Selbst hart gesottene Politiker in Washington waren schockiert über die Tatsache, dass der beste Freund und ehemalige Wahlkampfleiter des Präsidenten einen von Reagans Ministern und engsten Vertrauten derart unter Druck setzte.

Im Oktober 1982 schaltete Laxalt den kämpferischen Greenspun ein, um mit ihm gemeinsam das Justizministerium dazu zu bewegen, die Ermittlungen gegen ihren gemeinsamen Freund Harry Claiborne einzustellen. Der Bundesbezirksrichter wurde beschuldigt, von dem Besitzer der Mustang Ranch, einem Bordell in Storey County, Schmiergeld in Höhe von 85.000 Dollar angenommen zu haben. Greenspun erklärte später, er habe dem Ministerium damit gedroht, anhand von 800 »Geheimdokumenten« Amtsmissbrauch seitens Yablonskys nachzuweisen. Die Mitarbeiter des Justizministers wiesen Greenspuns Behauptungen jedoch als »absurd« zurück.[34] Nachdem der Verleger unverrichteter Dinge nach Las Vegas zurückgekehrt war, fuhr er gegen Yablonsky und das Justizministerium immer schwerere Geschütze auf und forderte sogar, dass man gegen den örtlichen FBI-Chef wegen Korruptionsverdachts ermittelte.

Es war ein ungeschriebenes Gesetz in Washington, die Überparteilichkeit des FBI-Direktors zu respektieren. Trotzdem wurde Webster »wegen Joe Yablonsky von allen Seiten bedrängt«[35], erinnerte sich einer seiner Mitarbeiter.

Webster warnte Yablonsky:

> Die wollen wirklich Ihren Kopf.[36]

Doch der FBI-Direktor stand unbeirrt hinter seinem Mann in Las Vegas. Die Tatsache, dass Yablonsky sämtlichen Manövern, ihn unschädlich zu machen, so hartnäckig getrotzt hatte, war eine unmissverständliche Botschaft an die Bosse der Glücksspielmetropole. Viele erkannten, dass ein zähes Tauziehen zwischen Laxalt, Smith und Webster im Gange war und dass früher oder später einer der drei mächtigen Männer in die Knie gehen würde.

Nur wenige Mitarbeiter des Justizministeriums und der Bundespolizei durchschauten die Hintergründe dieser Machtkämpfe in Reagans Regierung. Seit dem ersten Korruptionsfall im Zusammenhang mit dem Bau des Flamingo 1946 wurden regionale oder lokale FBI-Beamte jedes Mal abgezogen, wenn sie sich zu sehr für Las Vegas interessierten. Später sagte Yablonsky:

> Sie wollten einfach keine Untersuchungen in der Stadt und sie setzten ihren Willen immer durch. Von Anfang an wurden Ermittler zurückgepfiffen, die Bugsy, Lansky, Costello oder das Flamingo ins Visier nahmen.[37]

Drohungen seitens Kefauvers oder Kennedys hatten in Las Vegas keinerlei Wirkung gezeigt. Die Stadt verfügte über einen Überlebensinstinkt, mit dem sie jede äußere Gefahr abwehrte, und eine Widerstandskraft, die sie gegen jedweden Skandal immun machte. Laxalts Säbelrasseln in Washington Anfang der 80er Jahre war eine weitere Demonstration dieses Überlebenswillens, auch wenn dieser auf eine harte Zerreißprobe gestellt wurde.

Yablonsky, den der ungewöhnlich heftige Widerstand Laxalts zugleich verblüfft und entsetzt hatte, fühlte sich durch Websters Rückendeckung jedoch dazu ermutigt, nicht nur seine Ermittlungsarbeit entschlossener denn je fortzusetzen, sondern sogar den Senator selbst genau unter die Lupe zu nehmen. Ein Beamter des Justizministeriums, der zu jener in Las Vegas tätig war, sagte:

> Eigentlich wusste keiner von uns besonders viel über Paul Laxalt, außer dass er Reagans Freund war und man in der hiesigen Presse garantiert nichts Negatives über ihn finden würde. Aber natürlich fragten wir uns, warum der Bursche so viel aufs Spiel setzte, um eine Bande von Halunken in Vegas zu schützen.[38]

Yablonsky und seine Mitarbeiter stießen bald auf die dubiosen Finanzierungsgeschäfte im Zusammenhang mit Ormsby House, über die man bereits 1981 im *Miami Herald* berichtet hatte. Yablonsky erzählte später:

> Es war schon erstaunlich: Nach einem Treffen mit Dorfman, Korshak und Coleman schrieb Laxalt einen Brief an Präsident Nixon, in dem er versuchte, Jimmy Hoffa reinzuwaschen. Kurz danach arrangierte Korshak bei einer Chicagoer Bank prompt einen Kredit für ihn. Das war schon ziemlich offensichtlich.[39]

Je mehr er über den Senator in Erfahrung brachte, desto stärker zog er dessen »Integrität und Gesetzestreue« in Zweifel. »Laxalt entpuppte sich mehr und mehr als Handlanger des organisierten Verbrechens«[40], erzählte Yablonsky weiter. Mittlerweile war er auf Laxalts politischen Berater Sig Rogich gestoßen – einen ehemaligen Werbetexter aus Las Vegas und nun Imageberater, der später sowohl für Reagans als auch Bushs Stab im Weißen Haus arbeitete und Ende der 90er Jahre eine zentrale Rolle in Las Vegas spielte. Als er Einsicht in Rogichs Geschäftsbücher verlangte, schien er das politische Establishment Nevadas mitten ins Herz zu treffen.

Die Presseberichte über Yablonskys Ermittlungen lösten in der Stadt wilde Spekulationen und Gerüchte aus: Es hieß, dass auf Laxalt und Gouverneur List ein Undercoveragent angesetzt werden sollte und dass der Senator sich rächen wolle, indem er bei Reagan eine Klage gegen Yablonsky durchsetzte. Greenspun heizte die Stimmung weiter an, indem er auf der Titelseite seiner Zeitung immer massivere Attacken gegen Yablonsky ritt und diesen als einen »Feind der *Sun*«[41] anprangerte. Darüber hinaus setzte er sich vehement für seinen alten Freund Binion ein, der sich Jahre zuvor als Einziger nicht am Boykott der Kasinobesitzer gegen seine Zeitung beteiligt hatte und für dessen Busenfreund und ehemaligen Anwalt des Horseshoe, Harry Claiborne, der seine Ernennung zum Bundesbezirksrichter angeblich Bennys beträchtlichen Schmiergeldzahlungen verdankte. Doch in Wirklichkeit ging es ihm weniger darum, seine alten Freunde reinzuwaschen, als Yablonsky mit Schmutz zu bewerfen und die Arbeit des FBI-Büros zu diskreditieren. Laxalt und seine Mitarbeiter versorgten den aufbrausenden Verleger, dessen Stimmungen unvermittelt zwischen Zorn und Bestürzung wechseln konnten, emsig mit Material. »Der FBI-Chef kam mit der vorgefassten Meinung nach Las Vegas, dass jeder in Nevada ein

Gauner ist«,[42] wetterte Greenspun, als sei Operation YOBO eine planlose Großfahndung und keine gezielte Ermittlung gegen einige der schlimmsten Verbrecher des Bundesstaates.

Von seiner FBI-Außenstelle in Las Vegas aus konnte sich Yablonsky allmählich ein immer besseres Bild von seinen Widersachern machen. Yablonsky sagte später:

> Greenspun wollte stets sein Stück vom großen Kuchen. Er war ein skrupelloser Erpresser und gebärdete sich wie ein regelrechter Feudalherr. Ich war für ihn eine Bedrohung, wegen all der windigen Geschäfte, mit denen er es zu einigem Vermögen gebracht hatte.[43]

Soziale Ächtung und politische Intrigen waren der Preis, den Yablonsky und seine Familie für seine Unbestechlichkeit zahlen mussten. Kurz nach seiner Aufnahme in die jüdische Gemeinde Beth Sholom wurde Yablonsky einstimmig in den Vorstand der Synagoge gewählt. Doch auch dort schlug ihm bald offene Feindschaft entgegen: Dalitz leistete eine Bankbürgschaft in Höhe von 400.000 Dollar für einen Kredit, mit dem der Bau einer neuen Synagoge finanziert werden sollte, und erklärte feierlich, dass er einen Großteil der Gemeinde – darunter auch die Greenspuns – in die neue Synagoge »mitnehmen« werde. Je weiter Yablonskys Ermittlungen voranschritten, desto feindseliger begegnete man ihm auf den Sitzungen des Gemeindevorstands und in den Gottesdiensten. »Die Juden behandelten mich schlechter als irgendjemand sonst«[44], sagte Yablonsky später. Verwunderlich war dies nicht angesichts der Tatsache, dass die kleine, aber wohlhabende jüdische Gemeinde ein bedeutender gesellschaftlicher, wirtschaftlicher und politischer Faktor in der Stadt war.

Das Trommelfeuer schien kein Ende zu nehmen. Als eine Zeitung aus Reno das Gerücht kolportierte, Yablonskys Sondereinheit verfüge über ein »Verbrecheralbum« mit Fotos führender Persönlichkeiten Nevadas, die »mit viel sagenden Bildunterschriften«[45] versehen seien, veranlasste der mit Binion und Claiborne befreundete Bundesbezirksrichter Roger Foley eine Durchsuchung der Diensträume des FBI – ein beispielloser Vorgang in der amerikanischen Geschichte. Die Aktion förderte Fahndungsfotos einiger der besagten Personen zutage, teils mit boshaften Kommentaren versehen, was Yablonskys Feinde noch mehr erbitterte. Ein Kollege des FBI-Chefs berichtete:

> Joe, seine Mitarbeiter und die Staatsanwälte waren größtenteils hartgesottene Burschen und absolute Profis, aber man muss es selbst

> erlebt haben, um zu verstehen, wie man sich fühlt, wenn einem auf Schritt und Tritt diese Feindseligkeit begegnet – gleich morgens, wenn man die Zeitung aufschlägt, dann auf dem Weg zur Arbeit oder beim Einkaufen, ja sogar im Gottesdienst.[46]

Als Wilma Yablonsky eines Morgens aus dem Haus trat, entdeckte sie in der Einfahrt eine Patrone – eine stumme, aber unmissverständliche Warnung.

Doch Yablonsky hatte auch Verbündete in der Stadt – Menschen, die seinen Mut bewunderten und hofften, dass es ihm gelingen möge, den Gangstern und ihren Strohmännern, die Las Vegas und den ganzen Staat beherrschten, endlich das Handwerk zu legen. »Wird das organisierte Verbrechen Joe Yablonsky kaltstellen?«[47] lautete die Schlagzeile der *Valley Times,* die der *Sun* seit Ende der 70er Jahre zunehmend Konkurrenz machte. Ihr Herausgeber Bob Brown war ein erfahrener, professioneller Journalist, der im Laufe seiner Karriere auch eine Zeitlang beim *Review-Journal* gearbeitet hatte. Aus Protest gegen die ständigen redaktionellen Einmischungen des parteiischen, autoritären Verlegers aus Arkansas, Don Reynolds, hatte er jedoch bald wieder gekündigt. Bob Brown, ein kleiner, kahl werdender Mann mit blitzenden Augen, war ein schlagfertiger, kluger und leidenschaftlicher Journalist, der in Las Vegas »das Medienmekka Amerikas«[48] sah. Mit seinen bedächtigen Kollegen vom *Review-Journal* hatte er ebenso wenig gemeinsam wie mit dem polternden, unberechenbaren Greenspun. Er war nicht davor zurückgeschreckt, die Gouverneure O'Callaghan und List aufs Korn zu nehmen. Letzterer hatte sich von Kasinobossen Mahlzeiten und Übernachtungen spendieren lassen und so manch andere Gefälligkeit angenommen – die übliche Bestechungsmethode am Strip. Da Bob Brown es als seine Aufgabe sah, seine Leserschaft über die Rolle der Glücksspielindustrie in der Stadt und die politische Korruption aufzuklären – ein Anspruch, den wohl kein anderer Journalist in Las Vegas teilte –, stärkte er selbstverständlich auch Yablonsky den Rücken. Doch mit einer Auflagenhöhe von nur 15.000 Exemplaren hatte die *Valley Times* natürlich bei weitem nicht die Verbreitung der größeren Konkurrenzblätter.

Ein weiterer Journalist, der zur selben Zeit über Yablonskys unerwünschte Ermittlungstätigkeit berichtete, war Ned Day jr., der erst einige Jahre zuvor seinen Abschluss an der University of Wisconsin gemacht hatte, dann kurze Zeit Browns Starreporter bei der *Valley Times* und Redakteur bei einem lokalen Fernsehsender war, ehe er Leitartik-

Der Journalist Ned Day war das einsame Gewissen der Stadt, bis er 1987 unter rätselhaften Umständen starb.

ler beim *Review-Journal* wurde. Der jungenhafte Lebemann, dessen Herz für die einfachen Leute und Kasinoangestellten schlug – Frauen und Männer mit »Grips und Mumm«, wie er sie einmal beschrieb –, war fasziniert vom Strip, verachtete jedoch die Kasinobosse. Ned jr. war in Wisconsin aufgewachsen, in »schäbigen Billardsalons«[49], wo er »die ganzen Tricks und Gaunereien« lernte, die ihm überaus nützlich waren, als sein Vater Anfang der 60er Jahre pleite ging. Als Teenager hatte er sich »im Hafen von New York City, auf Pferderennbahnen in Florida und in finstersten Kneipen in Chicago herumgetrieben«[50], ehe er mit 28 Jahren ernsthaft zu studieren begann, schließlich eine Laufbahn als Journalist einschlug und eine kurze Ehe mit »Miss Nude America« einging. Als er im Herbst 1976 nach Las Vegas kam, fühlte er sich in »eine gigantische Spielhölle«[51] versetzt, an einen Ort, in dem alles fauler Zauber war.

In seinen Berichten über Yablonskys Arbeit ging Day nun in die Offensive und prangerte die »monatelange, unglaublich bösartige Schmutzkampagne« der *Sun* an, die darauf abziele, den FBI-Ermittler »zu diskreditieren und zu demütigen«.[52] Er klagte seine Kollegen an:

> Warum gibt es keinen Aufschrei in der Presse angesichts dieser widerwärtigen Verleumdungskampagne gegen Yablonsky?[53]

Doch das Kesseltreiben gegen Yablonsky hörte nicht auf. In Washington versuchte Laxalt verbissen, Yablonsky per Gerichtsbeschluss unschädlich zu machen. Doch gerade Laxalts anfängliche aggressiven Manöver und die zunehmend bösartigeren öffentlichen Angriffe gegen Yablonsky in Las Vegas machten es der Regierung unmöglich, sich des FBI-Beamten zu entledigen, ohne womöglich den Präsidenten selbst in eine peinliche Lage zu bringen. Die Regierung Reagan, die das Image politischer Integrität pflegte, konnte es sich nicht leisten, Yablonsky zum Märtyrer zu machen und sich des Verdachts der Vertuschung und der Mauschelei auszusetzen. Mit seiner Machtdemonstration in Washington hatte der übereifrige Laxalt Las Vegas unversehens ins Blickfeld gerückt. Dalitz und »sein Mann« hatten gegen Lanskys eiserne

Regel verstoßen, indem sie ihren Konflikt mit Yablonsky in aller Öffentlichkeit ausgetragen und damit auf die Stadt und ihre geheime Macht aufmerksam gemacht hatten.

Auch am Strip hatte man den Eindruck, dass sich Dalitz zu weit aus dem Fenster gelehnt hatte. Ein Saalchef, der zunächst in Nordkentucky und dann im Desert Inn für Dalitz gearbeitet hatte, erinnerte sich:

> Moe hat sich irgendwann wirklich für den »Mann des Jahres« gehalten, zu dem sie ihn gekürt hatten. Er vergaß, dass er im Grunde nur ein Alkoholschmuggler und ein Killer war.[54]

Nicht nur die Lokalpresse befasste sich mit dem Strip; durch die Verbindungen der Kasinobosse zu höchsten politischen und wirtschaftlichen Kreisen begann man sich auch in anderen Teilen des Landes für Las Vegas zu interessieren. 1983, zwei Jahre nach dem ersten Enthüllungsbericht im *Miami Herald*, nahmen Journalisten der Zeitungen *Wall Street Journal*, *Village Voice*, *The Nation*, *Mother Jones* und besonders der *Sacramento Bee* Laxalts Vergangenheit unter die Lupe; ihr Interesse beruhte nicht nur auf Laxalts Bekanntheit und seiner Nähe zu den Reagans, sondern auch auf seinen aufsehenerregenden Versuchen, Yablonsky abzusägen. Darüber hinaus hofften manche Reporter bei ihren Recherchen auch auf zwielichtige Verbindungen des Präsidenten selbst zu stoßen.

Da das Weiße Haus und das Justizministerium Yablonsky nicht aus dem Verkehr ziehen konnten, ohne sich selbst zu schaden, griffen sie zu einer Strategie, über die man schon seit einiger Zeit in Las Vegas spekulierte. Man beschloss, einen neuen Bundesbezirksanwalt für Nevada einzusetzen, der Yablonsky in seine Schranken verwies und ihn möglicherweise sogar wegen Amtsvergehen anklagte. Der amtierende Bundesbezirksanwalt war Mahlon Brown aus Nevada, der zur Bestürzung seines Gönners Senator Cannon loyal hinter Yablonsky stand und furchtlos seine vielversprechende politische Karriere aufs Spiel setzte. Doch im Sommer 1983 gelang es der Regierung schließlich, ihren neuen Mann ins Spiel zu bringen – den ortsansässigen Mormonen Lamond R. Mills, den Laxalt und der Vorsitzende der republikanischen Partei Nevadas, Frank Fahrenkopf, eigens ausgewählt hatten. In seiner Funktion als Oberstaatsanwalt vor Ort hatte Mills die Befugnis, Yablonsky außer Gefecht zu setzen, indem er ihn wegen angeblicher Übergriffe der Bundespolizei belangte. »Nachdem er versprochen hatte, alles in seiner Macht stehende zu tun, um die Aktivitäten des FBI in Nevada einzuschränken«[55], und im Juni 1983 vereidigt worden war, leitete der neue Bundesbezirksanwalt unverzüglich eine Untersuchung gegen Yablonsky ein, weil dieser sich im MGM Grand hatte ein Essen spendieren lassen, und wegen anderer kleinerer Verstöße gegen die Dienstvorschriften.

Obwohl ihn nur noch sechs Monate von seiner Pensionierung trennten, verfolgte Yablonsky unbeirrt sein Ziel. Er richtete umgehend eine Hotline ein und rief die Bevölkerung von Las Vegas auf, ihn über Korruptionsfälle zu informieren – eine Maßnahme, die FBI-Direktor Webster, der ihn wegen des Gratisessens im MGM Grand offiziell verwarnt hatte, ausdrücklich begrüßte. Dieser Vorfall – die einzige Unbesonnenheit, die dem Beamten in der Stadt unterlaufen war – hinterließ selbst bei Yablonskys Bewunderern einen bitteren Nachgeschmack. Wie nicht anders zu erwarten, war Laxalt über Yablonskys Telefonaktion empört und bearbeitete weiterhin die kampfmüden Beamten des Justizministeriums, die seiner Beschuldigungen allmählich überdrüssig wurden.

Als Yablonsky Ende 1983 in den Ruhestand versetzt wurde, nahm das schäbige Melodram endlich ein Ende. Im Gegensatz zu den meisten seiner Kollegen stand der gehasste und gefürchtete FBI-Chef nun in Las Vegas vor dem beruflichen Aus, denn seine Feinde hatten sich geschworen, dafür zu sorgen, dass er in Nevada nicht einmal mehr eine Lizenz als Privatdetektiv bekommen würde, wie Greenspun in seinen Leitartikeln immer wieder verkündete. Natürlich bot ihm niemand am Strip einen der üblichen einträglichen Ruheposten an, die ehemalige Staatsanwälte und Ermittlungsbeamte unter sich aufteilten.

Trotz der Steine, die man ihm in Washington und Las Vegas in den Weg gelegt hatte, trotz der Millionen abgezweigter Kasinogewinne, die dem organisierten Verbrechen und einer wachsenden Zahl von legalen Unternehmen nach wie vor mehr Geld einbrachten als irgendein anderes illegales Gewerbe, ja selbst der Drogenhandel, konnten sich Yablonskys Erfolge sehen lassen. Von den zahlreichen Männern, die er vor Gericht brachte, wurden alle bis auf zwei verurteilt – unter den gegebenen Umständen eine außerordentliche Leistung für eine Außenstelle des FBI, noch dazu in Las Vegas. Yablonskys Ermittlungen gegen das Tropicana, Stardust und Sundance wegen illegaler Gewinnabschöpfungen förderten Querverbindungen zu anderen Fällen in Chicago, Kansas City und anderswo zu Tage, was weitere Verurteilungen nach sich zog, so dass es gelang, die Chicagoer Verbrecherszene, die sich vor fast 30 Jahren in Las Vegas eingenistet hatte, weitgehend aus der Stadt zu vertreiben. Auch gelang es den FBI-Beamten, einige Leute von Spilotros »Hole in the Wall Gang« zu überführen und hinter Schloss und Riegel zu bringen. Mit Hilfe von Undercoveragenten wurden gestohlene Kunstwerke, Drogen und andere Schmuggelware im Wert von über 6 Millionen Dollar sichergestellt, was zu 50 weiteren Verurteilungen führte. Während sich das Beweismaterial türmte, gerieten Laxalts Freunde und Parry Thomas' Kunden, die Brüder-Doumani und andere in immer größere Bedrängnis und es sah so aus, als seien die »goldenen Zeiten am Strip« endgültig vorbei.

Die Ereignisse in Las Vegas zogen immer weitere Kreise. Im Januar 1983 wurde der 60-jährige Allen Dorfman in einem Chicagoer Vorort beim Verlassen eines Restaurants von Spilotros Leuten aus nächster Nähe durch einen Kopfschuss getötet. Er war kurz zuvor zu einer Gefängnisstrafe von 55 Jahren verurteilt worden, weil er versuchte hatte, Senator Cannon zu bestechen, doch man hatte ihm eine Strafminderung angeboten, wenn er mit der Justiz zusammenarbeitete. »Dorfman hätte jeden in Vegas hinter Gitter bringen können«[56], sagte ein ranghoher Bundesbeamter.

Joe Agosto, der seine Verurteilung hauptsächlich Yablonskys hartnäckiger Ermittlungstätigkeit zu verdanken hatte, entschloss sich vier Monate später, ebenfalls auszupacken, was in Nevada Panik auslöste, besonders unter Politikern wie »Mr. Saubermann«. Yablonsky erzählte:

> Niemand konnte zweifelsfrei nachweisen, dass es sich bei »Saubermann« um Harry Reid handelte, aber als sich Agosto bereit erklärte, vor Gericht auszusagen, kriegte es Reid mit der Angst.[57]

Agosto kündigte an, die Namen zahlreicher Staatsbeamter und anderer Personen in Nevada preiszugeben, die angeblich »geschmiert« worden waren. Er erzählte unter anderem, dass Syndikatsbosse ihn und Dorfman gebeten hätten, Sprengstoff für einen Anschlag auf Allen Glick zu beschaffen. Glick war ein zwielichtiger Bauunternehmer aus San Diego und Eigentümer der Argent Corporation, der im Stardust und Fremont als Strohmann fungierte und den man in Las Vegas bezeichnenderweise zum »Mann des Jahres« gekürt hatte. Angesichts der Ermittlungen des FBI wegen illegaler Gewinnabschöpfungen befürchtete man in der Szene jedoch, dass er plaudern könne, und beschloss ihn zum Schweigen zu bringen. Als Glick jedoch für öffentliches Aufsehen sorgte, ließ man den Mordplan wieder fallen. Der plötzlich so gesprächige Agosto bat die Justizbehörden inständig, ihn in ein Zeugenschutzprogramm aufzunehmen, damit er nicht »wie Allen Dorfman ende«.[58] Doch noch ehe seine Vernehmung abgeschlossen war, erlag er allem Anschein nach einem Herzinfarkt.

Gegen Spilotro, der dank Goodmans juristischer Winkelzüge schon mehrfach einer Anklage entgangen war, liefen 1986 drei neuen Verfahren, die zum Teil auf Yablonskys Arbeit zurückgingen. Doch der großspurige, skrupellose Mörder Giancanas, Dorfmans und 20 weiterer Menschen sollte den Ausgang seiner Prozesse nicht mehr erleben: Er wurde noch im selben Jahr totgeknüppelt und seine Leiche in einem Maisfeld im Mittleren Westen versteckt.

Doch auch die andere Seite hatte Verluste. Der Herausgeber der *Valley Times,* Bob Brown, wurde nicht nur von seinen Rivalen bei der *Sun* und dem *Review-Journal* gnadenlos unter Druck gesetzt, sondern auch von seinen Gläubigern, die zu jenen Kreisen in der Stadt gehörten, die sich durch den kompromisslosen Journalismus der *Valley Times* bedroht sahen. »Als Journalist mit Leib und Seele hätte Bob alles getan, um seine Zeitung zu retten«[59], sagte die Fernsehreporterin Liz Vlaming. Während Brown um das Überleben der *Valley Times* kämpfte, verlor er wegen eines Konflikt mit einem Kasinobesitzer seinen größten Anzeigenkunden und wurde auch noch in eine Bestechungsaffäre verwickelt; man hatte ihm eine Falle gestellt, und er war dumm genug gewesen, hineinzutappen. Durch diesen Skandal am Boden zerstört, starb der 53-jährige kämpferische Verleger 1984 an einem Herzinfarkt und seine geliebte *Valley Times,* die einzige wirklich unabhängige Zeitung in Las Vegas, stellte zwei Wochen später ihr Erscheinen ein.

Browns nicht weniger freimütiger und couragierter Schützling Ned Day starb 1987 im Alter von 42 Jahren während eines Urlaubs auf Hawaii. Nach einer gerichtsmedizinischen Untersuchung wurde Herzversagen als Todesursache festgestellt; tatsächlich gab es in der Familie des Journalisten, der einen exzessiven Lebensstil pflegte, eine gewisse Veranlagung zu Herzleiden. Doch Day, der über den Strip so gut informiert gewesen war wie kaum ein anderer und der in einer Fernsehdokumentation über Las Vegas mit dem optimistischen Titel *Die Gangster auf der Flucht* einen entlarvenden Beitrag über Dalitz, Spilotro und andere Gangster gebracht hatte, war immer häufiger bedroht worden. Nur wenige Monate vor seinem Tod waren auf seinen Wagen zwei Bombenanschläge verübt worden. Ein Kollege berichtete:

> Ned wurde zu einer ernsten Gefahr für das Syndikat. Er hatte es besonders auf Spilotro abgesehen. Als sich Ned noch in Milwaukee oder Chicago herumtrieb, soll es zwischen den beiden böses Blut gegeben haben.[60]

Day war nach Kalifornien geflogen, um »gezielt die Treffs von Spilotros Komplizen ausfindig zu machen«, erzählte ein weiterer Kollege. Dann rief er eines Nachts in seiner Redaktion in Las Vegas an und berichtete, dass man ihn unter Drogen gesetzt und in einer dunklen Gasse in San Diego abgeladen habe, offenbar in der Annahme, er sei tot. Day fand bei seinen Nachforschungen heraus, dass in Unterweltkreisen ein regelrechtes »Fahndungsplakat« von ihm kursierte, mit einer Großaufnahme von ihm und der Aufforderung, ihn zu »liquidieren«.

Trotz dieser Einschüchterungsversuche gab Day nicht klein bei, sondern schien seine Gegner sogar noch herauszufordern, indem er mit seiner »Unverwundbarkeit« prahlte. Er war überzeugt, dass er zu bekannt war, um ohne viel Aufsehen aus dem Weg geräumt zu werden. In einem Interview mit dem *Las Vegan City Magazine* sagte Day 1981:

> Wenn mir etwas passiert, dann werden sich die Typen von *60 Minutes* und *20/20* auf Las Vegas stürzen, wie sie es damals in Arizona gemacht haben, als Don Bolles umgebracht wurde. Ich bin wie eine lästige Stechmücke auf dem Rücken eines Arbeitselefanten. Man stößt den Elefanten nicht von der Klippe, nur um die Mücke loszuwerden.[61]

Doch als er starb, fielen keine Journalisten in Las Vegas ein, um den Umständen seines Todes auf den Grund zu gehen.

Wie eine schaurige Abschiedsbotschaft klangen Days Zeilen an das *Review-Journal,* die er seinem letzten Beitrag aus Hawaii beifügte. Er bat die Redaktion, diese »Day'sche Glanzleistung« unbedingt aufzuheben, »als historisches Dokument für den Fall, dass ich heute Nacht ins Gras beiße«.[62] Am nächsten Tag war er tot. »Ich weiß, dass Agosto, Brown und Day offiziell an einem Herzinfarkt gestorben sind«, sagte der altgediente Journalist aus Las Vegas A. D. Hopkins, der die drei Männer persönlich gekannt hatte, »aber sie sind alle drei denselben Leuten ziemlich auf die Pelle gerückt, und diesen Leuten kam ihr Tod mehr als gelegen.«[63]

Brown und Day, die insgesamt keine zehn Jahre in Las Vegas tätig gewesen waren, standen für das dem Untergang geweihte goldene Zeitalter des Journalismus in Las Vegas. Sie waren für die Presse, was der unbestechliche Yablonsky für den FBI war. Mit ihrem kritischen Blick auf die Stadt, die sie beide liebten, und ihrem sicheren Gespür für ihr dringlichstes Problem, nämlich die Korruption am Strip, wurden sie zu verfemten Außenseitern einer Presselandschaft, die sich weitgehend mit dem Syndikat verschworen hatte. Am Tag von Days Beisetzung bat einer der Sargträger den Fahrer des Leichenwagens, noch ein letztes Mal den Strip entlang zu fahren – als trotziger »Abschied vom Strip«[64], jener Straße, die Day so vertraut war. Doch der Fahrer schlug ihm die Bitte ab.

Noch Jahre danach wurde Days enger Freund und Kollege, George Knapp, jedes Mal, wenn er gerade an einem brisanten Thema arbeitete, von anonymen Anrufern bedroht. Es waren »knallharte Jungs, die durchblicken ließen, dass mir dasselbe wie Ned passieren könnte«, berichtete Knapp. Doch Days Andenken lebte weiter. Jedes Jahr an Days Geburtstag ging Knapp mit einer Flasche Jack Daniels und einer Dose 7-Up Light auf den Friedhof, um mit dem Lieblingsdrink seines alten Freundes auf ihn zu trinken. Die Flasche Whiskey ließ er am Grab zurück.

Kurz bevor Yablonsky in den Ruhestand ging, gelang es ihm, Bundesbezirksrichter Harry Claiborne zu Fall zu bringen – die mächtige Marionette der »geheimen Allianz aus Beamten, Bossen und Banditen«. Obwohl ihn der clevere Syndikatsanwalt Oscar Goodman verteidigte, wurde er 1984 wegen Steuerbetrugs verurteilt. Als sich zwei Jahre später Goodmans großmäulige Beschuldigungen gegen das FBI wegen angeblicher Übergriffe als haltlos erwiesen, wurde Claiborne vom US-Senat angeklagt und schließlich seines Amtes enthoben. Er war der erste Bundesbezirksrichter seit dem Bürgerkrieg, dem diese öffentliche Demütigung widerfuhr; doch das oberste Gericht von Nevada befand, dass Binions alter Freund das Opfer »fragwürdiger Untersuchungsmethoden«[65] geworden sei, und ermöglichte ihm bald wieder die Aufnahme in die Rechtsanwaltskammer von Nevada.

Auch Yablonskys größter Widersacher sollte nicht ganz ungeschoren davonkommen. Als Yablonsky Las Vegas und das FBI Ende 1983 verließ, schien es zunächst, als hätte Laxalt nicht nur einen persönlichen, sondern auch einen politischen Sieg errungen. Allerdings hatte er nicht mit der Beharrlichkeit des renommierten Journalisten Denny Walsh gerechnet, der in dem überregionalen Blatt *Sacramento Bee* eine Reihe von Artikeln über seine dubiose Verbindungen veröffentlicht hatte –

einen letzten im November 1983, in dem er über angebliche illegale Gewinnabschöpfungen in Ormsby House berichtete. Walsh hatte offenbar nicht nur in Yablonskys Sonderdezernat, sondern auch bei der Steuerfahndung seine Informanten. Beamten der Glücksspielaufsicht, die einem Vertuschungsmanöver in ihrer eigenen Behörde auf die Spur gekommen waren, hatten dem IRS einen Tipp gegeben. Obwohl Walsh nie behauptete, dass Laxalt an den illegalen Transaktionen von Ormsby House persönlich beteiligt gewesen sei, so lag die Vermutung natürlich nahe. Im Unterschied zu anderen überregionalen Zeitungen wurde die *Sacramento Bee* auch in Nevada gelesen, wo viele die Familie Laxalt persönlich kannten.

Dennoch verging fast ein Jahr, ohne dass Walshs Bericht in der *Bee* irgendwelche negativen Folgen für Laxalt gehabt hätte. 1984 leitete Laxalt Reagans Kampagne für seine Wiederwahl und war sogar als Anwärter für ein Richteramt am obersten Bundesgericht im Gespräch, während Greenspuns Sohn Brian schon in den Startlöchern saß, um Laxalts Sitz im Senat zu übernehmen. Doch in jenem Herbst wurde bekannt, dass die Nachrichtenmagazine von CBS und ABC schockierende Enthüllungen über Laxalt planten, darunter Interviews mit seinem Erzfeind Joe Yablonsky. Laxalts Getreue gingen sofort zum Angriff über: Sie teilten beiden Sendern mit, dass der Senator die *Sacramento Bee* wegen Verleumdung auf 250 Millionen Dollar verklagen werde und dass auch ihnen eine Klage drohe, falls sie die Beiträge ausstrahlten. Greenspun rief bei CBS an und sagte Mike Wallace von *60 Minutes,* dass ein Interview mit Yablonsky »ein Affront gegen Israel sei«, denn »alles, was Paul Laxalt und Ronald Reagan schadet, schadet auch Israel«[66]. Als sich die beiden Sender die Exklusivrechte an den Interviews mit Yablonsky sichern wollten, dieser jedoch ganz unbefangen erklärte, er wolle in beiden Sendungen auftreten, bliesen CBS und ABC verärgert die ganze Sache ab. Damit war nicht nur die Enthüllungsstory über Laxalt geplatzt, sondern auch eine kostbare Chance vertan, die Öffentlichkeit über den »langen Arm« von Las Vegas aufzuklären.

Nachdem Laxalt gegen die *Sacramento Bee* eine Verleumdungsklage eingereicht hatte, zogen sich die Voruntersuchungen dreieinhalb Jahre hin, da Anwaltskanzleien und Privatermittler im ganzen Land – darunter auch der pensionierte Yablonsky – jedem Detail in Laxalts Leben nachspürten. Doch dann geschah etwas, was beide Parteien tief bestürzte und höchstwahrscheinlich auch der Grund für die Einstellung des Verfahrens war: der tragische Selbstmord von Paul Laxalts Exschwägerin Katherine. Die Exfrau von Peter Laxalt, Miteigentümer von Ormsby House, hatte unter Eid ausgesagt, sie wisse nichts über ein Treffen der Brüder Laxalt mit Dorfman und Korshak in den 70er Jahren in Palm Springs, bei dem die Finanzierung des Kasinos in Carson City geregelt worden sei. Doch in einem harmlosen, heimlich aufgezeichneten Gespräch mit einem alten Freund, der sich später als verdeckter Ermittler entpuppte, bekannte sie ohne Umschweife, dass sie »sehr wohl«[67] wisse, dass die Teamsters das Kasino finanziert hätten. Ihr Mann habe ihr nach seiner Rückkehr aus Palm Springs erzählt, dass praktisch »die größten Ganoven des Landes« dort gewesen seien. Dies brachte eine dramatische Wende für den Prozess, der im Juni 1987 in Reno stattfand. Katherine war nun die Hauptzeugin der Verteidigung. Obwohl ihr eine Anklage wegen Meineids drohte, widerrief sie ihre frühere Aussage. Vier Tage später fand man sie mit einer Überdosis Schlaftabletten vollgepumpt am Ufer des Napa River in Nordkalifornien. Daraufhin ließ Paul Laxalt unverzüglich seine Klage gegen die *Sacramento Bee* fallen. In seinen Memoiren behauptete er jedoch, Katherines Tod hätte nichts mit dieser Entscheidung zu tun gehabt.

Trotz dieser Ereignisse war Laxalt, der 1986 nicht mehr für den Senat kandidierte, nach wie vor einer der mächtigsten und beliebtesten Politiker Washingtons. Mit derselben dreisten Anmaßung, mit der er sein Kesseltreiben gegen Yablonsky inszeniert hatte, strebte er nun die Präsidentschaft für 1988 an. Er konnte auf die Unterstützung der Reagans zählen, die ihn seinem Rivalen, Vizepräsident Bush, eindeutig vorzogen.

Der Präsident lobte Laxalt so überschwänglich, dass dies praktisch einer offiziellen Wahlempfehlung gleichkam. 1986, auf einem Fundraising-Dinner für Laxalt, bei dem ein Gedeck tausend Dollar kostete, sagte der Präsident pathetisch:

> Halten Sie sich an diesen Mann aus den Bergen der Sierra Nevada, den Sohn baskischer Einwanderer, den Sohn eines einfachen Schäfers. Halten Sie sich an diesen Mann, einen Freund, einen Amerikaner, der sein Leben aufs Spiel gesetzt hat, damit andere in Freiheit leben können.[68]

Laxalt erklärte einmal großspurig, dass er so viel Zeit im Weißen Haus verbracht habe, dass es sein zweites Zuhause geworden sei. »In meiner Heimat würde man sagen: Nachdem ich lange genug Cowboy war, kann ich jetzt den Job des Vormanns übernehmen«, erklärte er vor dem amerikanischen Journalistenverband.

Doch es zeigte sich, dass Laxalt die Schatten seiner Vergangenheit nicht abschütteln konnte. Schließlich war er gezwungen, aus dem Wahlkampf auszusteigen. Allerdings kehrte er nicht mehr nach Nevada zurück, sondern blieb in Washington, um ein wohlhabender Lobbyist der Kasinoindustrie zu werden. Es hieß, er habe einen Großteil des väterlichen Landbesitzes am Marlette Lake verkauft – seinen Zufluchtsort hoch oben in der Sierra oberhalb vom Lake Tahoe, wo er einst von seinem Kriegstrauma genesen war. »Kein Ort der Welt liegt mir so am Herzen«[69], schrieb er in seiner Autobiografie. Wie Robert Laxalts Tochter Monique in ihrem autobiografisch gefärbten Roman *The Deep Blue Memory* andeutete, hatte die übrige Familie infolge von Pauls turbulenter Karriere so manche Demütigung und Kränkung hinnehmen müssen. Selbst der gute Name des furchtlosen Schäfers, der einst einen Berglöwen bezwungen hatte, war schließlich beschmutzt worden.

Als 1983 Freunde und Kollegen Yablonskys für den FBI-Chef eine Abschiedsparty organisierten, ahnte noch niemand etwas von diesen dramatischen Ereignissen. Man hatte an die 200 Gäste eingeladen, doch beim FBI liefen die Telefone heiß, weil zahlreiche Bürger der Stadt um eine nachträgliche Einladung baten. Für viele kam die Teilnahme an der Abschiedsfeier in Paul Ankas beliebter Diskothek Jubilation einem öffentlichen politischen Bekenntnis gleich, einem Akt des sozialen und moralischen Abweichlertums, der mit beruflichen und persönlichen Risiken verbunden war. Tatsächlich notierten sich Hank Greenspuns Privatdetektive die Nummern der Autos auf dem Parkplatz und am nächsten Tag hielt der Verleger einigen Gästen eine wütende Strafpredigt. Doch sie waren trotzdem gekommen, um sich von dem mutigen Kämpfer gegen ein Verbrechersyndikat zu verabschieden, das nicht nur ihre Stadt, sondern den ganzen Bundesstaat unter seine Kontrolle gebracht hatte.

Viele, die während Yablonskys einsamem Kampf geschwiegen hatten, drückten ihm nun dankbar die Hand – eingeschüchterte Bürger, die auf ihn gebaut hatten und deren Anwesenheit bezeugte, dass es in dieser korrupten Stadt noch Rechtschaffenheit und Anstand gab. Es war ein beschwingter Abend, wenn auch mit einem Anflug von Wehmut. Niemand ahnte, dass Yablonsky der letzte große Herausforderer der Mächtigen von Las Vegas sein sollte, deren Imperium sich von nun an unaufhaltsam ausdehnen würde.

Während sich Yablonskys Zeit in Las Vegas ihrem Ende näherte, wurden Washington und schließlich die gesamte Nation von einer stillen Revolution erfasst, einem »Staatsstreich im Zeitlupentempo«[70]. Weder Panzer blockierten die Straßen zum Regierungsviertel, noch stürmten Soldaten das Weiße Haus; diese Machtergreifung vollzog sich ganz diskret in den Sitzungszimmern von Gesetzgebungsausschüssen und den holzgetäfelten Büros von Konzernchefs, ohne einen Pistolenschuss, allein aufgrund neu erlangter Autorität und alter Seilschaften. Und doch war es ein Staatsstreich. Ende der 80er Jahre sollte Amerika ein anderes Land sein, ein Land, in dem es Las Vegas zu Ansehen brachte, sich neue, gewaltige Kapitalquellen erschloss und sein nationales Imperium in einem Maße ausweiten konnte, das selbst die kühnsten Träume eines Lansky oder Thomas übertraf. Der »Conférencier dieser Revolution« war kein Geringerer als Ronald Reagan. Der glücklose Filmschauspieler, der 25 Jahre zuvor bei seinem zweiwöchigen Engagement im Last Frontier so jämmerlich durchgefallen war, feierte das spektakulärste Comeback in der Geschichte des Showbusiness.

Reagan leitete die radikalste Umwandlung der amerikanischen Gesellschaft ein, die je eine Regierung in der modernen Geschichte des Landes in Angriff genommen hatte: Neokonservative und die rechten Kräfte der republikanischen Partei verquickten sich mit den immer mächtiger werdenden Wirtschaftsinteressen der USA, was sich in einer Reihe von wegweisenden, parteiübergreifenden Maßnahmen niederschlug. 1981 wurden die Steuern für Großverdiener drastisch gesenkt, während Wirtschaftsunternehmen und wohlhabende Privatleute in den Genuss noch üppigerer Subventionen und Vergünstigungen kamen. 1982 lösten umfassende Deregulierungsmaßnahmen ein wahres Spekulationsfieber an den Finanzmärkten aus, was zu einer Welle von Firmenübernahmen und Entlassungen führte; die Folge war die Vernichtung von Hunderttausenden von Arbeitsplätzen, Produktivitätseinbußen in Milliardenhöhe, geplünderte Pensionskassen und ein dramatischer Rückgang an öffentlichen Einkünften. 1983 wurden die 200 Milliarden Dollar an Einnahmen aus der Sozialversicherungssteuer überwiegend von den mittleren und niedrigen Einkommensschichten getragen.

In den folgenden drei Jahren sorgten weitere Eingriffe ins Steuerrecht dafür, dass Bürger mit einem Jahreseinkommen von 200.000 Dollar und darüber zu »Nutznießern« des Staates wurden, während die Haushaltsbeschlüsse der Regierung die wirtschaftliche Regression beschleunigten und die Lasten des defizitären Haushalts jenen aufbürdeten, die weniger als 50.000 Dollar im Jahr verdienten. »Es war eine Orgie der Bereicherung«, sagte Reagans Budgetdirektor rückblickend. Die Folge waren weitere Konkurse, stagnierende Reallöhne, Stellenkürzungen, ein massiver Abbau von Sozialleistungen und ein enormer Anstieg der Verschuldung der privaten Haushalte – insgesamt eine dramatische Entwicklung. Im Zuge dieser »größten wirtschaftlichen Umverteilung in der Geschichte des Landes«[71], die den Charakter einer staatlich sanktionierten Enteignung des Mittelstands hatte, wanderten Milliarden von Dollar in die Taschen der Reichen und Mächtigen – Folgen einer »entfesselten« Marktwirtschaft. »Innerhalb nur eines Jahrzehnts schwenkte Amerika vom ›Neuen Patriotismus‹ zur ›Neuen Habgier‹ um«[72], schrieb der Journalist der *Washington Post* Haynes Johnson.

Die Regierung Reagan, die dank beträchtlicher finanzieller Unterstützung aus Las Vegas und anderer zwielichtiger Geldgeber an die Macht gekommen war, hatte immer ein offenes Ohr für Las Vegas. Nicht nur Laxalts zahllose Günstlinge aus Nevada, denen er in Washington einflussreiche Posten verschafft hatte, waren den Strip-Bossen wohl bekannt, sondern auch viele führende Männer des neuen Regimes, die aus Kalifornien und anderen aufblühenden republikanischen Hochburgen im Süden stammten: aus der Tourismus- und Unterhaltungsbranche, dem Bauwesen, der Ölindustrie, der Agrarwirtschaft, dem Technologiesektor, dem Bank- und Versicherungswesen und nicht zuletzt der Justiz – Bereiche, die das Syndikat seit den 50er Jahren durch Investitionen und politische Einflussnahme kontrollierte. Seit Beginn der Regierung Kennedy hatten sich die Kasinobosse keiner so starken Lobby mehr in Washington erfreut. Reagan war nicht der erste und auch nicht der letzte amerikanische Präsident, der über seine ganz eigenen Verbindungen zum Syndikat und den mit ihm verbündeten Wirtschaftsunternehmen verfügte, vor allem die Music Corporation of America. Wie aus einem Kongressbericht von 1984 hervorging, hatten sich noch vor Ablauf seiner ersten Amtsperiode über 100 Verwaltungsbeamte »krimineller Vergehen, Amtsmissbrauch und Verstöße gegen die Dienstvorschriften«[73] schuldig gemacht – die Folgen des »Klüngel-Faktors«, der Reagans Präsidentschaft kennzeichnete.

Pünktlich vor jeder Wahl gab das Weiße Haus öffentliche Erklärungen heraus, die die Kriminalität und Korruption verurteilten. »Ich bin fest davon überzeugt, dass die Regierung die Strukturen der regionalen und nationalen Verbrecherorganisationen zerschlagen kann«[74], erklärte Reagan 1983 und kündigte zum wiederholten Male an, er werde »das Syndikat vernichten«. Unterdessen strichen seine Leute stillschweigend die Etats für FBI, Börsenaufsicht, DEA und andere Behörden rigoros zusammen und schränkten den Handlungsspielraum der bundesstaatlichen Strafverfolgungsbehörden durch entsprechende Maßnahmen weiter ein. Der Präsident pflegte auch enge Kontakte zu hohen, dem Syndikat nahe stehenden Funktionären der Teamsters. Als Reagan per Videoübertragung zum Gewerkschaftstag der Teamsters in Las Vegas sprach, der Stadt, die ihre Existenz den Teamsters verdankte, rief er der begeisterten Menge zu:

> Ich möchte zum Team der Teamsters gehören.[75]

In Reagans zweiter Amtszeit beanstandete der von ihm selbst geschaffene Ausschuss zur Bekämpfung des organisierten Verbrechens die »bedenklichen Beziehungen«[76] zwischen der Regierung und der berüchtigten Gewerkschaft. In seinem Abschlussbericht von 1986 verwies das Gremium ferner auf die »Geldwäsche und den Einfluss des Syndikats« auf die Kasinos von Las Vegas. Doch diese Erkenntnisse wurden ignoriert. Wie ein Ausschussmitglied später beklagte, war die Kommission, vermutlich aus Furcht vor den politischen Folgen ihrer Nachforschungen, »zentralen Fragen nicht nachgegangen … eine traurige Geschichte vertaner Gelegenheiten«.[77] Dieser Kommissionsbericht hatte der Präsidentschaft Reagans ein Armutszeugnis ausgestellt, weshalb Dan Moldea und andere in Reagans Wiederwahl einen »düsteren Sieg«[78] sahen.

Aber nicht nur die heimliche Komplizenschaft zwischen Washington und Las Vegas, auch die radikalen Veränderungen, die Reagans Politik in der amerikanischen Volkswirtschaft bewirkte, verschafften dem Syndikat mehr Handlungsspielraum denn je. Die amerikanische Gesellschaft machte einen tief greifenden Wandel durch und auch das Syndikat änderte sein Gesicht. Während sich alternde Syndikatsfürsten aus dem »Geschäft« zurückzogen und Unterweltbosse in New York und anderswo hinter Gittern landeten, rückte allmählich eine neue Generation gebildeter, kultivierter »Gangster im Nadelstreifenanzug« nach. Das durch Reagans ökonomischen Kurs stark gemachte Las Vegas war keine Wirtschaftskolonie mehr, hatte nichts mehr von einem Clearing-Haus, sondern es war das Herz des amerikanischen Wirtschaftssystems. Auf dem Nährboden des materialistischen Zeitgeists der 80er Jahre entwickelte sich ein neuer Typus des Kapitalisten, dem es wie den Geschäftemachern am Strip ausschließlich um Gewinnmaximierung ging. Im Unterschied zu ihren Vorgängern an der Wall Street und in den Führungsetagen der Wirtschaftskonzerne konnten diese neuen Unternehmer offen zu ihrer skrupellosen Firmenpolitik stehen. Als diese postmodernen Freibeuter und Spekulanten auf das postmoderne Syndikat trafen, führte dies zur spektakulärsten Vermählung, die Las Vegas je gesehen hatte.

Als Benny Binion am 3. November 1976 mit einem Freund vom Strip im Horseshoe zu Mittag aß, rief sein alter Partner Meyer Lansky an. Man brachte ihm den Apparat an den Tisch, und fast zögerlich griff Binion nach dem Hörer, hielt einen Moment inne und sagte dann: »Hallo, Meyer. Glückwunsch! Das hast du ja prima hingekriegt.«[79] Am Vortag war in New Jersey das Glücksspiel per Volksentscheid legalisiert worden. Als Lansky Binion sein Kasino in Atlantic City samt Konzession anbot, lehnte dieser jedoch ab. Der alte Mann zog es vor, in Glitter Gulch zu bleiben.

Sämtliche Kasinos, die in Atlantic City entstanden, gehörten dem Syndikat. Die Stadt war die erste »Glücksspiel-Kolonie« von Las Vegas seit dem Verlust Havannas im Jahre 1958. Um die Legalisierung des Glücksspiels in New Jersey durchzusetzen, hatten die Kasinobosse Millionen in die intensive Lobby- und PR-Arbeit gesteckt, 60-mal so viel wie ihre politischen Gegner. Ihr Erfolg war das Ergebnis jahrzehntelanger politischer Agitation und Einflussnahme durch Gruppierungen des organisierten Verbrechens in New York, New Jersey und Pennsylvania. Diese würden nun nicht nur an den Kasinogewinnen kräftig mitverdienen, sondern auch alle Zweige der Glücksspielindustrie kontrollieren, das Bau- und Transportwesen, den Lebensmittel- und Spirituosenhandel, die Unterhaltungsindustrie und unterschiedlichste Dienstleistungsbereiche.

Das erste Unternehmen, dem die angeblich wachsamen Beamten des Glücksspielausschusses in New Jersey eine vorläufige Konzession erteilten, war Resorts International, das in den 60er Jahren durch seine Verbindungen zu Lansky in Verruf geraten war, sein Image jedoch aufbessern konnte, indem es Bobby Kennedys Topermittler eingestellt hatte. Während Resorts auf seine endgültige Konzession wartete, brachten Abhöraktionen im Rahmen der FBI-Operation ABSCAM ans Licht, dass Lansky der große Drahtzieher in Atlantic City war.

»Resorts International gehört in Wirklichkeit ihm, und zwar über die Mary Carter Paint Company«[80], hatte ein Staatsbeamter aus New Jersey in einer heimlich aufgezeichneten Unterhaltung gesagt. Der Glücksspielausschuss reagierte auf diese Enthüllungen bestürzt und der Justizminister des Bundesstaates erklärte öffentlich, dass man dem Unternehmen keine Dauerkonzession erteilen dürfe, worauf die Aktien von Resorts in den Keller fielen. Doch bereits wenige Wochen später bewilligten die Behörden dem Unternehmen eine Konzession, worauf die Kurse wieder sprunghaft anstiegen. Dem 72-jährigen Lansky war es gelungen, eine moderne Variante seiner alten Spielhöllen in New Jersey zu etablieren.

Im Mai 1978, nachdem Resorts International sein Kasino an der Strandpromenade von Atlantic City eröffnet hatte, stieg ein bedeutender Gast aus Las Vegas dort ab: Steve Wynn, ein »guter Bekannter des Präsidenten von Resorts International Jack Davis«[81], wie sein Biograf John L. Smith schrieb, wollte den neuen Markt sondieren. Im Kasino standen die Gäste vor den Spielautomaten und Craps-Tischen in Dreierreihen Schlange, »wie Alkoholiker in der einzigen Kneipe der Stadt«. Doch auch ohne die Besuchermassen mit eigenen Augen gesehen zu haben, wusste der legendäre Besitzer des Golden Nugget in Las Vegas, welche lukrativen Investitionsmöglichkeiten die Stadt bot. Seit der Legalisierung des Glücksspiels in Atlantic City wohnte nun »jeder vierte Amerikaner in sechsstündiger Entfernung von einem Blackjack-Tisch«[82], schrieb später der Journalist des *Philadelphia Inquirer*, David Johnston. Wynn hatte bereits im Vorjahr mit Parry Thomas die Stadt besucht, woraufhin gemunkelt wurde, dass er seit längerem vorhabe, auch in Atlantic City zu investieren, obwohl dies gegen die Gesetze Nevadas verstieß. Offensichtlich hatte er nicht alle Mitaktionäre des Golden Nugget in seine Pläne eingeweiht. Doch nun, nachdem ihn seine Kontaktleute bei Resorts dazu ermuntert hatten, entschloss er sich kurzerhand, das alte Strand Motel und das Nachbargrundstück am Ende der Strandpromenade für 8,5 Millionen Dollar zu kaufen. Er schrieb sofort einen Scheck über eine Million Dollar als Anzahlung aus und erwarb damit innerhalb von Minuten zwei der begehrtesten Immobilien im neuen Eldorado der Glücksspielindustrie. Viele hatten den Eindruck, dass der 36-jährige ehemalige Spielautomaten-Manager wieder einmal unverschämtes Glück gehabt hatte.

Zweieinhalb Jahre später wurde in Atlantic City Wynns zweites Golden Nugget feierlich eröffnet. Das mit 506 Zimmern ausgestattete luxuriöse Hotelkasino war »der strahlende Stern der gesamten Ostküste«[83], wie John Smith es ausdrückte. Um das gigantische Projekt zu finanzieren, hatte sich Wynn dreister Methoden bedient, deren Erfolg er letztlich der Spekulationswut der Ära Reagan verdankte, und zwar in Gestalt eines unscheinbar wirkenden, ehrgeizigen jungen Wall-Street-Brokers namens Michael Milken.

Die Verbindung zwischen Wynn und Milken geht eindeutig auf ihre Mentoren Thomas und Riklis zurück, in deren Fußstapfen die beiden Männer bei ihren gemeinsamen Finanzgeschäften traten. Ende der 70er Jahre hatte sich Milken mit seinen spektakulären Börsengeschäften an der Wall Street bereits einen Namen gemacht. Mit missionarischem, ja fast fanatischem Eifer pries er so genannte Ramschanleihen an – die einst so verpönten, niedrig bewerteten, äußerst risikoreichen Schuldverschreibungen, mit denen auch die für den Bau von Wynns Golden Nugget in Atlantic City benötigten 160 Millionen Dollar Kapital beschafft werden sollten.

Ebenso wie die Ramschanleihen, mit denen er handelte, verkörperte der gerissene Anleihehändler und führende Mitarbeiter des Investmenthauses Drexel Burnham Lambert das moderne Raubrittertum der 80er Jahre. Mit seinen gewagten, häufig leichtsinnigen Transaktionen verhalf er sich und anderen – meist gut situierten, einflussreichen Leute – zu sagenhaftem Reichtum, wofür allerdings viele Amerikaner noch Jahrzehnte nach dem jähen Ende seiner Blitzkarriere einen hohen Preis zahlen sollte. Sein Handel mit Ramschanleihen verhalf riskanten neuen Technologien, wie dem Kabelfernsehen und dem Mobilfunk, zu einem rasanten Aufschwung, ermöglichte expansionswütigen Unternehmen einige der verhängnisvollsten Firmenübernahmen aller Zeiten und führte schließlich zum Zusammenbruch von über 55 Bausparkassen im ganzen Land, was enorme soziale und wirtschaftliche Einbußen zur Folge hatte.

Doch es waren nicht nur Kühnheit und Findigkeit, mit denen Milken den sensationellen Reichtum der einen und den wirtschaftlichen Ruin der anderen bewirkte, sondern auch handfeste Gesetzesverstöße. Ende der 80er Jahre wurde Milken wegen schweren Betrugs in sechs Fällen zu einer Geldbuße von einer Milliarde Dollar und einer 22-monatigen Haftstrafe verurteilt und galt als »größter Finanzbetrüger der Vereinigten Staaten«[84]. Doch all dies beeinträchtigte die »glückliche Verbindung« zwischen dem Anleihehändler und dem Kasinokönig, zwischen Ramschanleihen und Las Vegas, nicht im Geringsten. Timothy O'Brien, der Journalist der *New York Times*, schrieb:

> Für Las Vegas war Milken das Huhn, das goldene Eier legt. Er löste die sprudelnde Geldquelle der Teamster-Fonds ab.[85]

Im Mai 1989, als Milken kurz vor seiner Verurteilung stand, pries Greenspun den skrupellosen Börsenmakler in der *Sun* als »ein Phänomen des 20. Jahrhunderts« und als »Magier der Wall Street«, der ein Opfer neidischer Konkurrenten sei und sich keines »wirklichen Vergehens« schuldig gemacht hätte.[86] Der Wirtschaftsverbrecher, der den Strip-Bossen Kredite in Milliardenhöhe verschafft hatte, sollte laut Greenspun »unseren Bundeshaushalt verwalten«, und zwar als »Finanzminister« von Präsident Bush.

Dank Milkens Unterstützung sicherte sich Wynn mit der Emission hochverzinslicher Schuldverschreibungen 160 Millionen Dollar für den Bau des Golden Nugget. Bald folgten weitere Kasinobetreiber in Las Vegas seinem Beispiel und nahmen insgesamt ein Anleihekapital in Höhe von 2,5 Milliarden Dollar auf. 1987 investierte Wynn Hunderte Millionen von Dollar aus dem Verkauf seines Kasinos in Atlantic City und weiteres Anleihekapital in den Aufbau seines Glücksspielimperiums in Las Vegas.

Angesichts der gewaltigen Kapitalmengen, mit denen man nun in der Glücksspielindustrie operierte, unterschieden sich die Hotelkasinos am Strip kaum noch von anderen an der Börse notierten Unternehmen. Allerdings drohte so manches Geschäft an den bürokratischen Hürden zu scheitern. Für sein im November 1980 in Atlantic City eröffnetes Golden Nugget erhielt Wynn erst 1981 eine Konzession, was zum Teil daran lag, dass ihn die Behörden von New Jersey über seine Aktivitäten in Las Vegas weit gründlicher befragten, als es je ein Beamter in Nevada getan hatte. Es hieß nämlich, dass in Las Vegas gerade gegen die Mitarbeiter des Golden Nugget wegen Kokainhandels und anderer Vergehen ermittelt werde.

Zwei Jahre später plante Wynn den Kauf einer Immobilie im Vergnügungsviertel von London und beantragte bei den Londoner Behörden eine Spielkonzession. Die Ergebnisse der routinemäßigen Überprüfung durch Scotland Yard, die nie offiziell bekannt gegeben wurden, sollten Jahre später von einem amerikanischen Journalisten ausschnittsweise veröffentlicht werden und zu einem aufsehenerregenden Prozess führen. Doch vorerst erfuhr niemand etwas über die Einzelheiten der

Ermittlung, und als Wynn plötzlich seinen Antrag zurückzog, war die Sache offenbar vergessen.

Nachdem Wynn 1987 mit Unterstützung von Drexel Burnham Lambert sein Golden Nugget in Atlantic City an Bally's verkauft hatte, um von dem Erlös und zusätzlichem Anleihekapital das imposante Mirage am Strip zu bauen, gehörten solcherlei Ärgernisse der Vergangenheit an. Hotelkasinos wie das Caesars, das größtenteils mit Milkens Ramschanleihen finanziert worden war, verhalfen der Stadt zu einem beispiellosen Aufschwung. In den »goldenen Achtzigern« wurden zahlreiche Hotelanlagen kontinuierlich erweitert, so dass sich die Zahl der Hotelbetten am Strip und in Glitter Gulch verdoppelte, was selbst den Boom der 60er Jahre weit übertraf. Trotz der üblichen Klagen von Hotelmanagern und PR-Leuten über »Rückgänge« und sogar »Verluste« infolge der Rezessionen der 80er Jahre machten die Spielbanken weiterhin kräftige Gewinne. Am Ende des Jahrzehnts strömten fast 25 Millionen Besucher jährlich in die Kasinos der Stadt, doppelt so viel wie 1980, und natürlich plante man, diese Zahl noch zu übertreffen.

Die PR-Leute in Las Vegas stellten sich mühelos auf das politische Klima im Land ein, das ein reaktionärer, unglaublich medienwirksamer und beliebter Präsident geschickt manipulierte. David Johnston schrieb:

> Während der Präsidentschaft Reagans schwamm Las Vegas schamlos auf der patriotischen Welle mit und warb im überregionalen Fernsehen mit Slogans wie »The American Way to Play«.[87]

Wieder einmal klafften Schein und Wirklichkeit auseinander: Eine Stadt, die nach außen hin die amerikanische Nation und Kultur feierte, wurde von internationalem Drogengeld förmlich überschwemmt und war mehr denn je Geldwaschanlage und Tummelplatz ausländischer Verbrecherorganisationen. Doch man appellierte nicht nur an das Nationalgefühl und die Spielleidenschaft der Amerikaner. Mit seinen neuen Vergnügungsparks und seinen Attraktionen für Groß und Klein gab sich Las Vegas immer mehr den Anstrich eines Urlaubsparadieses für die ganze Familie und investierte Ende der 80er Jahre Millionen in die Vermarktung dieses Images. Wie erfolgreich dieses Konzept war, sollte das nächste Jahrzehnt zeigen: Las Vegas zog mehr Touristen an als Orlandos Disneyworld, hatte mehr Hotelzimmer als irgendeine andere amerikanische Stadt, richtete mehr Parteitage aus als New York oder Chicago und konnte sich 12 der 15 (später 15 der 20) größten Hotels der Welt rühmen.

Die ehrgeizigen Pläne der Glücksspielbarone beschränkten sich längst nicht mehr auf das Las Vegas Valley. Während sie raffinierte, aufwändige Werbekampagnen durchführten, betätigten sie sich seit einigen Jahren auch als unermüdliche Lobbyisten in eigener Sache. Mit viel Ausdauer und Cleverness versuchten sie in anderen Bundesstaaten Politiker und Beamte zu einer Aufhebung des Glücksspielverbots zu bewegen, indem sie ihnen die Zulassung von Spielkasinos als rasch wirkendes Patentrezept gegen die desolate Lage ihrer öffentlichen Haushalte schmackhaft machten. Las Vegas war entschlossen, für Amerika das zu tun, was es einst für Nevada getan hatte: In Iowa, South Dakota, Mississippi, Illinois, Missouri, Louisiana und Colorado würde die Stadt ihre Kasinoschiffe und Glücksspielprofis, ihr flexibles Kapital und ihre flexible Moral zum Einsatz bringen. Als das oberste Bundesgericht 1987 das Glücksspiel in Indianerreservaten erlaubte und der Kongress 1988 den Indian Gaming Act verabschiedete, waren die Glücksspielmissionare sofort zur Stelle, um den zahlreichen verarmten Stammesgemeinschaften unter die Arme zu greifen. Innerhalb von kürzester Zeit richteten sie in Connecticut, Kalifornien, Michigan, Minnesota, Nebraska und Wisconsin Kasinos ein, die sich nur auf dem Papier in indianischer Hand befanden. In 20 weiteren Bundesstaaten entstanden alsbald Dutzende von Spielbanken.

Wie zehn Jahre zuvor in New Jersey blieben die Hintergründe dieses »Legalisierungsbooms« der Öffentlichkeit nicht ganz verborgen: In Arizona gestanden 1990 sechs Parlamentsabgeordnete, Schmiergelder und illegale Wahlkampfspenden angenommen und als Gegenleistung die Legalisierung des Glücksspiels unterstützt zu haben; in Kentucky wurden sieben Parlamentarier verurteilt, weil sie von »Glücksspielinvestoren«, wie man es vorsichtig ausdrückte, Bestechungsgelder angenommen hatten; in West Virginia, wo 30 Jahre zuvor »Spenden« aus Las Vegas den Präsidentschaftswahlkampf entschieden hatten, bekannte Gouverneur Arch Moore jr., von denselben vage umschriebenen »Glücksspielinvestoren« Schmiergeld kassiert zu haben; ferner wurden in Indianerreservaten im ganzen Land Einheimische, die gegen die Kasinos protestierten, bedroht, zusammengeschlagen, erpresst oder umgebracht. Doch ebenso wie Wynn die peinliche Untersuchung durch Scotland Yard schnell wieder verdrängt hatte, zog man es in Las Vegas vor, diese Vorfälle zu ignorieren und jede Verantwortung von sich zu weisen. Anfang der 90er Jahre brach ein neues Zeitalter in der Geschichte der Glücksspielmetropole an, in der der Strip, mächtiger denn je, seinen Herrschaftsbereich auf das gesamte Land ausdehnen sollte – ein Eroberungsfeldzug, den er mit bewährten Waffen führte.

1989 hatte die Stadt den Tod dreier ihrer Gründerväter zu betrauern: Binion, der letzte Vertreter des alten »wilden« Westens, Dalitz, der »Menschenfreund«, und Greenspun, der ausgekochte Geschäftemacher und Verfechter staatsbürgerlicher Tugenden. Sie alle starben als Multimillionäre und hatten ein bewegtes Leben hinter sich; so wenig man über die wahre Geschichte der Stadt wusste, so wenig wusste man über die Rolle, die sie als ihre Mitbegründer gespielt hatten. Als ein Freund Binions diesem anbot, seine Autobiografie zu schreiben, sagte Binion etwas, das Dalitz und Greenspun sicher voll und ganz unterschrieben hätten:

> Nix da, kein Buch. Was ich weiß, geht nur mich was an, und das nehm ich mit ins Grab.[88]

Sechs Jahre zuvor war mit dem Tod Lanskys eine Ära zu Ende gegangen. Mit seiner Vision und seinem Organisationstalent hatte er eine Stadt geschaffen, die sie alle reich gemacht hatte. Auch er war ein Mann, der dem Gebot der Verschwiegenheit höchste Priorität einräumte. Nicht lange vor seinem Tod hatte ihn ein israelischer Journalist im Krankenhaus in Miami besucht und ihn gefragt, ob es irgendetwas in seinem Leben gebe, das er bereue. Er schwieg einen Moment und sagte dann: »Ich habe nichts auf dem Gewissen. Ich würde nichts anders machen.«[89]

Auch wenn keiner dieser Männer die weitere Entwicklung von Las Vegas vorausgesehen haben dürfte – die neuen, ausgeklügelten Methoden der Werbeindustrie, die massive Lobbyarbeit der »Glücksspielinvestoren« und der wachsende Einfluss auf die nationale und internationale Politik –, so hätte sie dies alles nicht sonderlich überrascht. Sie wussten besser als irgendjemand sonst, dass der Erfolg ihrer legendären, sich ständig wandelnden Stadt in ihrer nie versiegenden Energie und Zielstrebigkeit lag.

16 »Eine Spielhölle ist und bleibt eine Spielhölle«

Es ist der letzte Abend des 20. Jahrhunderts. Anlässlich dieses denkwürdigen Ereignisses werden aufwändige Livesendungen über Satellit in die ganze Welt gesendet, vor allem aus den Zentren westlicher Zivilisation und Wirtschaft wie Paris, London, New York – und Las Vegas. Interessanterweise wird bei allen Sendungen, die im Lauf des Tages und Abends in verschiedenen Sprachen an Hunderte Millionen Zuschauer ausgestrahlt werden, keinem Ort auf dem gesamten Planeten mehr Interesse zuteil als der Stadt in der Wüste im Süden Nevadas – ihrem Unterhaltungsangebot, ihrer Lebendigkeit, ihrer Atmosphäre, ihrer farbenprächtigen Kulisse. Die Berichterstattung ist das Ergebnis einer Umfrage über die Wünsche und Erwartungen der Fernsehzuschauer in ganz Amerika und spiegelt zugleich den Konsens unter den Produzenten wider. Die Kameras schwenken auf die Symbole der Macht. Am Vorabend des neuen Jahrtausends ist Las Vegas eine Weltstadt.

Um das Panorama einzufangen, platziert eine Fernsehgesellschaft ihr Team auf dem 350 Meter hohen Stratosphere Tower, das höchste Gebäude der USA westlich des Mississippi und nur 60 Meter niedriger als das World Trade Center. Eine andere Kamera befindet sich nicht weit davon entfernt in der Kabine eines Luftschiffs 450 Meter über dem Las Vegas Valley. Keine Linse, keine Kameraposition scheint das Gesamtbild wiedergeben zu können. Das ist auch kein Wunder, denn die Größe der Stadt war noch nie leicht zu erfassen. Die Verwandlung, die Las Vegas in den vergangenen Jahren erfahren hat, wird durch den Begriff »Bauboom« nur unzureichend ausgedrückt. Das Las Vegas der 80er Jahre, ein nationales Prestigeobjekt und die Haupttouristenattraktion der Landes, erscheint vergleichsweise schäbig.

1989 greift Steve Wynn das Motto »Südsee« auf und baut die erste neue Hotelanlage des Strip seit 16 Jahren, das 610 Millionen Dollar teure, luxuriöse Mirage, das über insgesamt 3000 Zimmer in drei 30-stöckigen Türmen verfügt, die sich über prächtigen Ballsälen, riesiger als die der russischen Zaren, erheben. 1990 eröffnet Circus Circus Enterprises unter ihrem Präsidenten Bill Bennett das 300 Millionen Dollar teure »mittelalterliche« Excalibur, das erste Hotel mit einem Themenpark, das Las Vegas als Vergnügungsstätte für die ganze Familie attraktiv macht, wenngleich es unter seinen Burgtürmen ein Kasino von der Größe von vier Fußballplätzen beherbergt.

1993 wählt Bennett für das 375 Millionen Dollar teure Luxor Ägypten als Thema. Das Hotel, eine 30-stöckige schwarze Glaspyramide, die man durch eine entsprechend große Sphinx betritt, verfügt über 2500 Zimmer und das größte Atrium der Welt. Im selben Jahr eröffnen Wynn und seine Partner das 437 Millionen Dollar teure Treasure Island, eine Hotelanlage mit 2900 Zimmern, die die Karibik zum Motto hat, mit drei 36-stöckigen Flügeln und einem 7000 Quadratmeter großen Kasino, vor dem ein Seeräubernest naturgetreu nachgebaut wurde. Inzwischen hat auch Kirk Kerkorian sein neues, eine Milliarde teures MGM Grand Hotel, Casino and Theme Park fertiggestellt, das zweitgrößte Hotel der Welt, mit mehr als 5000 Zimmern und dem größten Kasino der Erde, das über 3500 Spielautomaten und 170 Spieltische verfügt und nach den Motiven des *Zauberers von Oz* und Hollywood gestaltet ist.

1996 baut Bob Stupak das 550 Millionen Dollar teure Stratosphere mit einem 3000 Quadratmeter großen Kasino und der höchsten Achterbahn der Welt, die sich in 270 Meter Höhe befindet. Im selben Jahr erbaut Wynn mit anderen Partnern das 344 Millionen Dollar teure Monte Carlo, das Monacos mondäne Eleganz verkörpern soll und mit seinen 3000 Zimmern das siebtgrößte Hotel der Welt ist. 1997 errichtet ein Konsortium unter der Federführung von Kerkorian und anderen Kasinobesitzern aus Nevada das New York New York, eine zwei Milliarden teure Nachbildung des »Besten, was der Big Apple zu bieten hat«. Hier findet man die Nachbauten berühmter Wolkenkratzer und ganzer Straßenzüge, der Freiheitsstatue, der Brooklyn Bridge, einer Coney-Island-Achterbahn und der alten New Yorker Börse, die als Kassenraum dient. 1998 eröffnet Wynn das luxuriöse, 1,8 Milliarden Dollar teure Bellagio, mit 35 Stockwerken und 3000 Zimmern. Im selben Jahr weiht Circus Circus Enterprises das eine Milliarde Dollar teure, über 4000 Zimmer verfügende Mandalay Bay ein, das von einem »Regenwald« umgeben ist und vor dessen Restaurant »Roter Platz« mit seiner Wodkabar – in Erinnerung an die frühere Sowjetunion – eine überlebensgroße, kopflose Leninstatue aufgestellt wird.

Im letzten Jahr des 20. Jahrhunderts errichtet der Computermessenveranstalter Sheldon Adelson sein zwei Milliarden teures Venetian Hotel Resort and Casino, ein elegantes, 35-stöckiges Themenhotel, mit bereits 3000 Zimmern in der ersten Bauphase, ausschließlich Suiten. Ebenfalls im Jahr 1999 eröffnet Arthur Goldberg, der ehemalige Bally's-Chef und jetzige Präsident der Park Place Entertainment (aus einer Fusion zwischen Bally's und Hilton hervorgegangen), das 750 Millionen Dollar teure, 50-stöckige Paris mit 3000 Zimmern und einem 8000 Quadratmeter großen Swimmingpool.

Um für all das Platz zu schaffen, werden die Monumente der Vergangenheit in einem grandiosen öffentlichen Kraftakt der Zerstörung dem Boden gleichgemacht. An einem Abend im Oktober 1993 versammeln sich 200.000 Menschen und sehen zu, wie Wynn einen Schalter betätigt, woraufhin Stockwerk um Stockwerk des alten Dunes in sich zusammenstürzt, gefolgt vom Sands, dem Hacienda und dem Landmark. In wenigen Jahren werden hier mehr Hotelzimmer zerstört, als die meisten Städte im Verlauf eines Jahrhunderts gebaut haben. Abseits des Strip werden Hunderte Millionen an privaten und öffentlichen Geldern für Umbauten und Modernisierungen aufgewandt; das Ergebnis ist eine sich über fünf Häuserblocks erstreckende, mit über zwei Millionen Glühbirnen versehene Fußgängerpassage, die das ehemalige Vergnügungsviertel Glitter Gulch mit den Hotelkasinos Horseshoe, California, El Cortez, Four Queens, Fremont, Golden Nugget und Las Vegas Club einschließt. In regelmäßigen Abständen wird hier eine beeindruckende Light-Show, die Fremont Street Experience, geboten. Neben dem Strip und den Spielbanken der Innenstadt gibt es noch eine Reihe neuer protziger Bauten im Las Vegas Valley, darunter die Kasinos Rio, Boulder, Sunset und Palace Stations.

Die neuen Megahotels am Strip sind prächtiger als alles, was Las Vegas bisher gekannt hat; sie verfügen über Luxuszimmer zu 400 Dollar die Nacht, weltberühmte Gourmet-Cafés und Boutiquen internationaler Designer wie Armani, Chanel, Lagerfeld, Hermès und Gucci. Die neuen Themenhotels mit ihren Luxusbasaren zielen auf die obersten fünf Prozent der amerikanischen Gesellschaft ab. Obwohl die Stadt nach wie vor auf die breite Masse angewiesen ist und versucht,

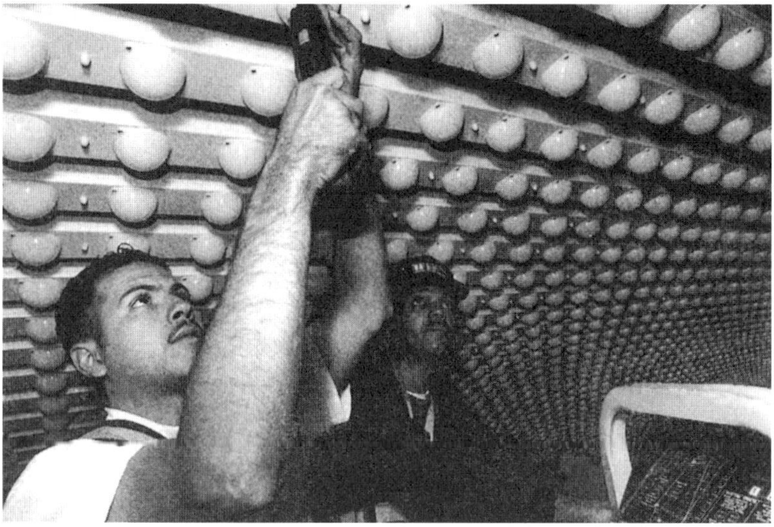

Der in Las Vegas geborene Wartungsmonteur Mario Basurto (links) wechselt während seiner Nachtschicht zusammen mit einem Helfer eine der 2,1 Millionen Glühbirnen in der Überdachung der Fremont Street aus (1998). Der Glanz der Stadt beruhte schon immer auf der unermüdlichen Arbeit der »unsichtbaren« Arbeiterschaft.

»ihr elitäres Denken der Allgemeinheit zu verkaufen«, wie es ein Journalist in Las Vegas bezeichnet, war sie schon immer ein Ort, wo sich Normalsterbliche als etwas Besonderes fühlten. Aber jetzt, da sich die überwiegende Zahl der Besucher die luxuriösen Zimmer und noblen Restaurants nicht leisten kann, laufen diese staunend durch die neuen Hotelanlagen und ihre Einkaufszentren mit den Pariser Straßennamen und den mit italienischem Marmor ausgelegten Wegen, bewundern die prachtvollen Schaufensterdekorationen und prunkvollen Foyers, als spazierten sie durch eine Märchenstadt.

Doch Glamour und Pomp können nicht darüber hinwegtäuschen, dass hier das Glücksspiel im Mittelpunkt steht. Ziel ist es nach wie vor, den Leuten das Geld aus der Tasche zu ziehen, und darin ist die Stadt unübertroffen. Diejenigen, die das klar erkennen, die wenigen, die noch aus dem alten Las Vegas übrig sind, lässt die neue Fassade kalt. Ein Kasinomanager, der einst mit Meyer Lansky in die Stadt kam, erklärt lakonisch:

> Eine Spielhölle ist und bleibt eine Spielhölle.[1]

Während der Silvesterabend voranschreitet, erscheint die ABC-Moderatorin Connie Chung vor dem Bellagio, um den Unterhaltungskünstler

Wayne Newton zu interviewen, eine aufgedunsene, stark geschminkte Imitation des einstigen pummeligen Teenagerstars aus Glitter Gulch, der vom Stardust für die ersten zehn Jahre des neuen Jahrtausends verpflichtet wurde. Sie plaudern eine Weile, Chung sichtbar darum bemüht, etwas Amüsantes und Interessantes zu sagen. Wie wird Las Vegas im neuen Jahrtausend aussehen, fragt sie schließlich den Sänger und fügt mit einem Lächeln hinzu: Wird das organisierte Verbrechen zurückkommen und die Stadt wieder beherrschen? Aber statt diese Frage, die in Las Vegas tabu ist, als Scherz abzutun, reagiert Newton nervös und macht damit deutlich, wie dünn die Fassade der Respektabilität ist. Kenner der politischen Szene nehmen Chungs Frage durchaus nicht auf die leichte Schulter. Newton erwidert schnell und blickt dabei so eindringlich in die Kamera, als hätte er Menschen aus Fleisch und Blut vor sich:

> Dazu kann ich nichts sagen. Ich will nur, dass alle wissen, dass ich mit so was nichts zu tun habe.[2]

Aber der extravagante Höhepunkt des Abends lässt das Unbehagen des Künstlers schnell vergessen. Als es nach pazifischer Zeit Mitternacht schlägt, beginnt das großartige Finale der Feiern des Kontinents zur Jahrtausendwende: Wynns berühmte Wasserspiele vor dem Bellagio, wo tausend beleuchtete, exakt aufeinander abgestimmte Fontänen bis zu 240 Meter hoch in die Luft steigen. Es ist ein Moment, der Sensationelles mit Sakralem vereint, passenderweise aus dem amerikanischen Mekka übertragen.

Zehn Tage nach den Milleniumsfeierlichkeiten verkündeten Schlagzeilen die größte Fusion der Geschichte: das 350-Milliarden-Dollar-Geschäft zwischen den amerikanischen Kommunikationsgiganten Time Warner und America Online. Der daraus hervorgehende Medien-Internet-Konzern, der der Öffentlichkeit mit seiner verführerischen Computertechnologie in Zukunft vorschreiben würde, was sie sieht, hört und liest, erschien vielen als Beginn einer Monopolbildung ungeahnten Ausmaßes. »In unserer Profitgier haben wir demokratische Prinzipien ganz aus den Augen verloren«, schrieb die Journalistin Jill Nelson. Aus Sicht des Strip war der neue Gigant nur ein weiteres Beispiel für eine Machtkonzentration, wie sie in Las Vegas seit mehr als zehn Jahren gang und gäbe war. Wieder einmal stand die Entwicklung der Stadt stellvertretend für das ganze Land.

Die in Las Vegas seit einem halben Jahrhundert herrschende Oligarchie bestimmte das wirtschaftliche und politische Leben der Stadt. Eine Hand voll prominenter Männer, die mächtige, weniger sichtbare Interessengruppen vertraten, hielt die Macht in den Händen. Die Aktien der in Las Vegas vertretenen Firmen wurden Ende des 20. Jahrhunderts fast ausnahmslos an der Wall Street gehandelt. »Die Amerika AG kauft die Mörder AG auf«[3], beschrieb David Johnston die Entwicklung hin zu Glücksspielkonzernen, was Las Vegas offiziell als Aufwertung verstand und als »Integration des Glücksspiels in die amerikanische Wirtschaft« feierte.[3] Aber wie schon zu Zeiten von Del Webb, Hughes, Parvin-Dohrmann, Continental Connector, Recrion, Argent und Dutzenden anderer eingetragener Gesellschaften war der seriöse Anstrich in vielerlei Hinsicht dünn. Die betrieblichen Entscheidungen wurden noch immer von einigen wenigen getroffen. 17 der 20 größten Kasinos des Strip wurden in den 90er Jahren von fünf Männern kontrolliert: Kerkorian (MGMs), Bennett (Circus Circus Enterprises), Wynn (Mirage, Inc.), Adelson (Las Vegas Sands, Inc.) und Arthur Goldberg (Place Entertainment). Diese fünf Giganten der Megahotelkasinos hielten die Macht in den Händen. Die übrigen großen Spielbanken der Stadt gehörten knapp einem Dutzend Firmen, z. B. Hotelketten wie Hilton, oder Personen wie Jack Binion, Michael Gaughan und Bill Boyd, den Söhnen von Familien, die seit den 40er Jahren in Las Vegas ansässig waren.

Gemäß dem Trend der Zeit präsentierten die Geschäftsführer des Strip auf Aktionärsversammlungen ihre Gewinne und Zukunftspläne ebenso enthusiastisch, wie Michael Milken seine Ramschanleihen anpries, der für potenzielle Investoren aufwändige Veranstaltungen, so genannte Raubtierbälle, organisierte. Dieses Terrain war nicht ganz ungefährlich und manch einer fiel den hier ausgefochtenen Machtkämpfen zum Opfer, ein Schicksal, das er mit dem einen oder anderen früheren Syndikatsboss teilte. So musste Bennett Mitte der 90er Jahre nach einer Meinungsverschiedenheit mit Großinvestoren seinen Stuhl als Präsident der Circus Circus Enterprises räumen. Hinter den Markennamen, Beteiligungen und dem Abstimmverhalten bei Aktionärsversammlungen standen Männer, deren Führungsstil dem ihrer Vorgänger sehr ähnlich war. Die Stadt, ihre Kultur und ihre Moral hatte auch sie geprägt, wenngleich mancher bereits bei seiner Ankunft keine blütenweiße Weste mehr hatte. Kerkorians frühere Verbindungen zu Miami und seine dubiosen Finanzgeschäfte verfolgten ihn bis nach Las Vegas, wo er sich in den 40er Jahren als hochkarätiger Spieler einen

Namen machte. Bennett stieg im selben Milieu auf, vom Gästebetreuer in Kasinos und Nachtmanager zum Vorstandsvorsitzenden. Er war ein Vertrauter des berüchtigten Allen Dorfman, seine Karriere war eng mit dem Teamster-Schuldner und Strohmann des Syndikats, Jay Sarno, verknüpft. Wynns Herkunft war hinlänglich bekannt. Adelson, der Milliarden schwere Veranstalter und rechte Zionist mit geschäftlichen und politischen Beziehungen zu Israel, hatte dieselbe Mentalität wie frühere Kasinobosse. In den 50er Jahren hatte er in den Straßen von Brockton in Massachusetts Automaten verkauft, wo die Familie Patriarca selten Konkurrenz auf diesem Gebiet zuließ, und seine reaktionäre, gewerkschaftsfeindliche Haltung entsprach der Einstellung früherer Unterweltgrößen. Als neuer Mogul, der mit der Arroganz und Dreistigkeit eines alten Bosses auftrat, bewegte er sich in den 90er Jahren in der Stadt und tauchte selbst in der Redaktion des *Review-Journal* in Begleitung seiner Ex-Mossad-Leibwächter auf, die ungeniert mit ihren halbautomatischen Waffen herumfuchtelten.

Goldberg hatte als Führungskraft im Spediteursgewerbe von New Jersey ein Vermögen gemacht. Er war dann zu Bally's gewechselt, einer Firma mit langjährigen Beziehungen zum organisierten Verbrechen, und hatte die Fusion mit Hilton in die Wege geleitet. Für das Zustandekommen dieses Deals kassierte er zig Millionen Dollar, was ihm eine Aktionärsklage eintrug. Durch die Fusion entstand das größte Kasinoimperium der Welt. Ende 1999 erwogen die Glücksspielbehörden in New Jersey, Bally's wegen Beamtenbestechung in Florida die Konzession zu entziehen. Goldbergs damaliger Chefberater war der frühere Leiter des FBI-Büros in Newark.

Von ihrer Herkunft und ihren Geschäftsgepflogenheiten abgesehen, bedienten sich diese neuen Monopolisten, ebenso wie ihre Vorgänger, des Glücksspiels, um nicht nur die Stadt, sondern den ganzen Staat zu kontrollieren.

In den 90er Jahren war die Glücksspielbranche der wichtigste Wirtschaftsfaktor des Landes. Die elf umsatzstärksten Unternehmen Nevadas waren allesamt Spielbanken; allein der Marktwert von acht dieser Spielhöllen war höher als der Haushalt des Bundesstaats. Zu den 25 wichtigsten Arbeitgebern Nevadas zählten 17 Hotelkasinos. Das Sicherheitspersonal des Strip war zahlenmäßig viermal so groß wie der Polizeiapparat von Clark County. Damit war das Glücksspiel mehr denn je die »heilige Kuh, die sämtliche Politiker Nevadas mit Ehrerbietung behandelten«[4], wie William Fulton 1999 schrieb.

> Städte, die von einem Unternehmen dominiert werden, entwickeln nur dann soziale Komponenten, wenn die Politiker aufhören, dem Unternehmen jeden Wunsch zu erfüllen.[4]

In Nevada hatte diese »Nachgiebigkeit« längst zum politischen Selbstmord geführt. Am Ende des Jahrhunderts ließen es die Kasinobetreiber nicht bei präventiven Maßnahmen bewenden, sondern griffen massiv ins politische Geschehen ein. Einer Studie von 1999 zufolge stammte in fast jedem Wahlkampf der letzten Jahrzehnte in Nevada mehr als die Hälfte der Wahlkampfgelder des erfolgreichen Kandidaten von den Kasinos. Niemand kam ohne die Spielbanken ans Ruder. Wer dagegen aufbegehrte, wurde ausgegrenzt und mundtot gemacht. In Städten und Gemeinden sorgte diese De-facto-Diktatur für Strukturen, die vor allem auf die Bedürfnisse der Kasinos zugeschnitten waren. In Carson City garantierte sie die Unantastbarkeit einer niedrigen Glücksspielsteuer, die 6,25 Prozent der Gewinne aus dem Glücksspiel betrug und damit niedriger war als in jedem anderen Staat. Die relativ geringen Steuerabgaben der Glücksspielbranche standen in keinem Verhältnis zu der Stellung, die sie in Wirtschaft und Politik einnahm. Die neue Unternehmenskultur forderte eine noch größere gesellschaftliche Konformität als die rohe Gewalt der Vergangenheit. »Die Branche beherrschte praktisch jeden Lebensbereich im Las Vegas Valley«[5], schrieb ein Reporterteam gegen Ende des Jahrhunderts. »Das Pluralismuskonzept, das entscheidend ist für die Stabilität eines demokratischen Systems, ist Las Vegas fremd«[6], konstatierte der Rechtsanwalt und Herausgeber des angesehenen *Nevada Index,* Chuck Gardner, 1998. »Eine einflussreiche, korrupte Kultur hat sämtliche Bereiche des politischen Lebens durchdrungen.« Die daraus resultierende Lebensqualität war niedriger als in den 50er Jahren.

In den letzten Jahrzehnten des Jahrhunderts war die Bevölkerungszahl von Clark County um das Zwanzigfache gestiegen, »ein Rekord, an den keine andere Region in den USA auch nur annähernd heranreicht«[7], wie es bei Littlejohn heißt. Immer wieder gab es Anzeichen für Krisen und soziale Probleme, die mit dem phänomenalen Wachstum der Stadt einhergingen: überfüllte Schulen, unzureichende Trinkwasserversorgung und minderwertige Wasserqualität, eine alarmierend hohe Zahl von Gewaltdelikten, Verkehrsstaus trotz neuer Straßen und eine ausufernde Bautätigkeit, die Littlejohn als »Chaos einer nicht vorhandenen Planung«[8] beschrieb.

1974 ließ der Twentieth Century Fund eine unabhängige Studie »dieser bemerkenswerten Gemeinde«[9] im Süden Nevadas erstellen, die die enorme Zuwanderung, die große Zahl an offenen Stellen und den relativen Wohlstand von Las Vegas aufführte, dessen mittleres Haushaltseinkommen in den USA immerhin an 37. Stelle rangierte. Die Autoren der Studie waren jedoch überrascht über »die soziale Zerrüttung«, die trotz Fortschritt und Reichtum herrschte. In den frühen 70er Jahren war die Verbrechensrate der Stadt mit doppelt so vielen Morden und Vergewaltigungen höher als im nationalen Durchschnitt oder vergleichbarer Städte. Es gab in Clark County 30 Prozent mehr Alkoholiker als im nationalen Durchschnitt, weshalb Nevada in der Statistik der Leberzirrhoseopfer den zweiten Platz direkt hinter New York einnahm. Die umfangreichen Interviews der Erhebung zeigten außerdem eine überdurchschnittlich hohe Zahl von Kindesvernachlässigung und -misshandlung, Scheidungen und häuslicher Gewalt, von Lungenkrebs und anderen oft tödlichen Krankheiten sowie eine erschreckend hohe Anzahl psychisch Kranker. Die vielen gut bezahlten Arbeitsplätze täuschten darüber hinweg, dass es unter den Arbeitnehmern eine hohe Fluktuation gab, die offenbar viel mehr unter Entfremdung litten, als es Gewerkschaften, Kasinos und die Betroffenen selbst wahrhaben wollten. Die Selbstmordrate in Las Vegas »übertraf bei weitem sowohl den nationalen Durchschnitt als auch die anderer Großstädte«[10]. Diese Zahl schloss zwar Nichtansässige ein – Gäste, über die sich die Spielbanken bedeckt hielten –, aber auch ohne diese hätte es für den Spitzenreiterplatz gereicht. »Viele Bewohner der Gegend weisen einen pathologischen Befund auf«[11], stellten die Autoren der vom Twentieth Century Fund finanzierten Studie fest, mussten aber zugeben, dass es keinen signifikanten Zusammenhang zwischen diesem niederschmetternden Ergebnis und der Glücksspielindustrie oder den Spielgewohnheiten der Bevölkerung von Las Vegas gab.

25 Jahre danach war das Glücksspiel in Nevada eine der profitabelsten Branchen in der Geschichte der Menschheit. Nevadas Senatoren gehörten zu den mächtigsten des Landes. Die Einwohnerzahl der Metropole Las Vegas hatte sich erneut verfünffacht. Ende der 90er Jahre führte eine Gruppe von Journalistikstudenten der University of California at Berkeley unter der Leitung des ehemaligen Korrespondenten des *Wall Street Journal,* David Littlejohn, eine ähnliche Untersuchung durch. Ihre Funde deckten sich mit denen anderer Wissenschaftler und Autoren im selben Zeitraum. Las Vegas, dessen Wachstumsrate in Ame-

rika eine Spitzenreiterposition einnahm, führte ebenfalls die Statistik bei Verbrechen, Unfällen, Alkoholgenuss, Teenager-Schwangerschaften und unverheirateten Müttern an; außerdem war nur ein geringer Prozentsatz der Einwohner der Stadt krankenversichert. Die Selbstmordrate war immer noch doppelt so hoch wie im nationalen Durchschnitt. Die Luftverschmutzung in der Wüstenstadt war mit die höchste in ganz Nordamerika. Gemessen an der Bevölkerungszahl verfügte Las Vegas über weniger kulturelle und Freizeiteinrichtungen als jede andere Stadt in den USA. Von dem zunehmend teureren Unterhaltungsangebot der Kasinos abgesehen, herrschte weitgehend kulturelle Ödnis: Es gab kein städtisches Sinfonieorchester, keine Oper und kein Kunstmuseum, das diesen Namen verdiente. Der Schulbezirk war der neuntgrößte der Vereinigten Staaten, aber die Schulen in Las Vegas waren hoffnungslos überfüllt und die Ausstattung veraltet. Der zwölftgrößte Flughafen der USA hieß jährlich zig Millionen Fluggäste willkommen, was in den Augen vieler Piloten und Fluglotsen angesichts der unzureichenden Kapazitäten unverantwortlich war.

Noch immer blendeten die grellen Lichter des Strip – und nun auch die personell gut ausgestatteten PR-Abteilungen – den Rest des Landes. Und auch viele Journalisten, die die Stadt besuchten, waren offenbar blind gegenüber der Realität hinter der Neonbeleuchtung. 1994 erklärte *Time* in einer für die damalige Zeit typischen Titelgeschichte Las Vegas »zum Inbegriff der amerikanischen Stadt« und zur »neuen Wahlheimat« der Amerikaner.

Diese fatale Entwicklung machte nicht am Rande des Tals halt. Nevada, das inzwischen von den Spielbanken beherrscht und betrogen wurde, hatte zwar noch immer eines der höchsten Pro-Kopf-Einkommen des Landes, aber diese Statistiken spiegelten lediglich den großen Reichtum der Stadt wider und besagten nichts über die tatsächliche Verteilung des Einkommens, geschweige denn der Macht. So verzeichnete die Stadt auch die höchste Konkursrate der Vereinigten Staaten und die höchste Zahl an Schulabbrechern. Zwar trugen die Colleges die Namen berühmter Männer der Stadt, doch der Hochschulbereich wurde schändlich vernachlässigt, da die führenden Hotels ihre Angestellten überwiegend unter den Highschool-Abgängern rekrutierten und die meisten ihrer Führungskräfte von außerhalb des Staates kamen.

Theoretisch hätte es noch andere staatliche Einnahmequellen zur Sanierung des Haushalts gegeben. In den 90er Jahren, als es zu einem zweiten Bergbauboom kam, war Nevada in der Gold- und Silberförderung führend, doch der Staat sah wieder tatenlos zu, wie sich bestimmte Unternehmen schamlos bereicherten. 1999 schrieb der Historiker Eugene Moehring:

> Seit 1989 existierte eine Art informeller Vereinbarung zwischen den Kasinos und Bergwerksgesellschaften, der zufolge die gegenseitigen Interessen bezüglich der Steuerpolitik respektiert würden. Nevada fungierte wieder einmal als Bank für die Bergwerksunternehmen, die ihre zu gering versteuerten Gewinne dazu benutzten, um in anderen Bundesstaaten und Ländern Bergbaubetriebe zu finanzieren.[12]

Der Gouverneur, der die Komplizenschaft zwischen Bergwerksgesellschaften und Glücksspielunternehmen duldete, war kein anderer als Bob Miller, der Sohn des zwielichtigen Besitzers des Riviera. Mit dem Aufstieg des früheren Staatsanwalts von Clark County 1988 zum Gouverneur war die Mär von der angeblichen Trennung zwischen Politik und Glücksspiel endgültig widerlegt. Der Mann, der als stiller Teilhaber an Spielbanken beteiligt war und der halbherzig die Gewinnabschöpfungen von Binions Horseshoe untersucht hatte, gehörte nun zum Strip. Er genoss »die politische Unterstützung von fast jedem Kasinobesitzer des Staates«[13] und beugte sich seinerseits bei jedem halbwegs wichtigen Thema ihrem Willen.

Neben der Monopolisierung von wirtschaftlicher und politischer Macht und dem hohen Preis, den die Gesellschaft dafür bezahlte, existierte noch ein kläglicher Rest an gewerkschaftlichem Potenzial – fast schon eine Anomalie für die damalige Zeit.

1946, als Bugsy Siegel gerade das marmorne Foyer und die geschwungene Treppe des Flamingo bauen ließ, kam ein 29-jähriger Farmersohn und früherer Tellerwäscher aus Arkansas namens Elmer Alton Bramlet als Funktionär der Barmixer-Gewerkschaft in die Stadt. Sieben Jahre später war er Schriftführer und Schatzmeister der Culinary Workers, der lokalen Gewerkschaft für Hotel- und Restaurantangestellte, und sollte während der folgenden 25 Jahre die Politik der Gewerkschaften in Las Vegas bestimmen. Mit seiner Vorliebe für Freizeitanzüge und lange Macanudo-Zigarren, seinem Dienstwagen, einem silbernen Lincoln Continental, entsprach der raubeinige Bramlet mit der Knollennase dem Klischee eines selbstherrlichen, korrupten Gewerkschaftsbosses. Seit seinem Amtsantritt sorgte er dafür, dass es in den Kasinos des Syndikats zu keinen Unruhen oder Streiks kam. Während er neue

Mitglieder für seine Gewerkschaft warb, beteiligte er sich gleichzeitig an Schmiergeldzahlungen und internen Mauscheleien und besaß nebenbei Unternehmen, die mit Kasinos Geschäfte machten und sogar mit seinen eigenen Mitgliedern in Konkurrenz traten.

Zu einem ersten ernsthaften Zusammenstoß mit Kasinobesitzern kam es in den 60er Jahren, als Spielbanken von Hughes und anderen bestreikt wurden. Aber im Grunde blieb Las Vegas unter Bramlets Regiment das Paradox einer gewerkschaftlich organisierten, streikfreien Stadt in einem Staat, der sich das Recht auf Arbeit auf die Fahnen geschrieben hatte und dessen Oligarchen traditionell gewerkschaftsfeindlich eingestellt waren. Er machte seine Gewerkschaft und sich selbst zum wesentlichen Bestandteil des Systems. 1976, als B'nai B'rith Bramlet zum Mann des Jahres wählte, lieh er Freunden Millionen aus der lokalen Pensionskasse, nahm Schmiergelder von Dorfman und Korshak an, ließ jedes Unternehmen, das sich weigerte, mit ihm zusammenzuarbeiten, in die Luft sprengen und stritt sich mit dem Chicagoer Outfit, Kasinobossen und seiner eigenen, von Gangstern beherrschten Gewerkschaft um die Gewinne. Als er von Spilotros Absicht, ihn umzubringen, erfuhr, versuchte er in aller Eile Geld außer Landes zu schaffen, um seine Flucht vorzubereiten. Dieser Plan wurde jedoch vereitelt, als ihn drei seiner eigenen Bombenleger und Brandstifter, denen er Geld schuldete, auf dem Parkplatz des McCarran Airport in einen Kleinlaster schoben und entführten. Sie hielten bei einem Münzfernsprecher an, damit er einen Freund im Dunes anrufen und bitten konnte, 10.000 Dollar an Benny Binion zu zahlen. Anschließend fuhren sie mit ihm in die Wüste, wo sie ihn niedermetzelten und seine nackte Leiche, samt seinem Wissen über die kriminellen Machenschaften der Stadt und des Staats, unter einem Steinhaufen begruben.

Arbeiterführer Al Bramlet in den 70er Jahren, als der Farmerjunge aus Arkansas und ehemalige Tellerwäscher bereits einen Großteil seiner 25-jährigen Herrschaft als Boss der Gewerkschaft der Culinary Workers in Las Vegas hinter sich hatte

Bramlets Ermordung war der Auftakt der Übernahme der Stadt durch die Spilotro-Gruppe aus Chicago, die Yablonsky zufolge Anfang der 80er Jahre dort ihr Unwesen trieb. Auch nach Bramlets Tod blieben die Culinary Workers in Las Vegas – immerhin die zweitgrößte Gruppierung innerhalb der Gewerkschaft der Hotel- und Restaurantangestellten, die von Chicago aus von ihrem Vorsitzenden Ed Hanley geführt wurde – skandalumwittert. Das Justizministerium sollte später von einem »klassischen Beispiel für die Übernahme einer führenden Gewerkschaft durch das organisierte Verbrechen«[14] sprechen. Die Betrügereien und Manipulationen von Hanley, Korshak und Bramlets Nachfolger Ben Schmoutey waren so ungeheuerlich, dass die drei 1983 vor einen Unterausschuss des Senats geladen wurden – letzterer begleitet von Oscar Goodman, der dafür sorgte, dass sein Klient ungeschoren davonkam, während er dem Ausschuss Befangenheit vorwarf. Obwohl die Anhörungen Korruption im Zusammenhang mit dem Gesundheits- und Sozialfonds der Gewerkschaft aufdeckten, blieb Hanley im Amt und sahnte auch während der folgenden zwölf Jahre kräftig ab. Gegen Ende des Jahrhunderts sollten selbst höchste politische Kreise in die korrupten Machenschaften verwickelt sein. Einer der Hauptnutznießer von Hanleys Regime war Elias Ghanem, der Arzt des Strip, der über gute Beziehungen verfügte und ein enger Freund, Wahlkampfsponsor und Spendensammler von Bill Clinton war. Er erhielt den Zuschlag für die Gesundheitsfürsorge der 30.000 Mitglieder und ihrer Familien in Las Vegas, was ihm Millionen einbrachte.

Während die Kasinochefs Ramschanleihen ausgaben und mit der Umwandlung ihrer Häuser in Aktiengesellschaften zugange waren, riefen die Gewerkschaften in Las Vegas zu ausgedehnten Streiks auf, um endlich ein Stück vom Kuchen abzubekommen. Ein zwei Monate währender Streik der Culinary Workers im Jahr 1984, der sich gegen einige der Großverdiener richtete, endete mit einer Schlichtung. Die Gewerkschaft verlor vier Hotels, ein Schlag, von dem sie sich nur schwer wieder erholte. Im Verlauf der nächsten Jahre – 1990 wurde Binions Horseshoe bestreikt – gewannen die Culinary Workers langsam ihre einstige Macht zurück, was sie jedoch keineswegs der Kompromissbereitschaft der Glücksspielunternehmen verdankten. Es entstand eine breite Kluft zwischen den großen, schwer unter Druck geratenen Kasinos, deren Kurse an der Wall Street trotz ihrer enormen Gewinne sensibel auf Arbeitsunruhen reagierte, und lokalen Familienunternehmen, deren Abneigung gegen Gewerkschaften vehementer denn je war. Aber auch wenn die neuen Konzerne eher zu einer gütlichen Einigung bereit waren, war ihr Verhältnis zur Belegschaft schon aufgrund ihrer Größe und Struktur unpersönlicher und kostenbewusster. Trotz der harten Bandagen war der alte Paternalismus des Syndikats für viele

Arbeiter einfacher und berechenbarer gewesen. Ein langjähriges Gewerkschaftsmitglied meinte:

> Ich glaube, die alten Bosse dachten immer, dass genug für alle da ist, und wollten keinen Ärger. Also haben sie sich um die Leute gekümmert. Aber diese neuen Bosse interessiert nur, was unterm Strich übrig bleibt, und man selbst ist für sie nur irgendeine Nummer.[15]

Diese Spaltung führte zu kuriosen Szenen auf den Straßen der Stadt: So weigerte sich Bill Boyd, der inzwischen die Kasinos der Familie leitete, die Gewerkschaft anzuerkennen, während sich sein pensionierter Vater Sam, ein ehemaliger Croupier auf einem Kasinoschiff, der sich seine Unabhängigkeit in der von Gangstern beherrschten Stadt schwer erkämpft hatte, als Streikposten zu seinen früheren Angestellten gesellte.

Von vielen unbemerkt kam es 1991 bei einem Streik gegen das heute vergleichsweise schäbige Frontier zu einer symbolischen Prüfung für die Gewerkschaft. Obwohl die großen Spielbanken nie offen mit den reaktionären Besitzern des Frontier brachen, waren sie sichtbar besorgt über die alljährlich wiederkehrenden Streikposten, die in ihren Augen ein »Schandfleck« waren. Bennett bemerkte einmal gegenüber Reportern, dass Las Vegas »auch ohne diese Sache schon genug Probleme« habe und wies seine Küche an, die Streikenden mit Essen zu versorgen. Während sich dieser Konflikt hinzog, setzten sich die Culinary Workers 1995 erfolgreich gegen Kerkorians MGM Grand durch, nachdem sie 5000 Streikposten zur Eröffnung des Kasinos zum Strip geschickt hatten und Politiker aus Nevada, trotz ihrer Unterwürfigkeit gegenüber den Spielbankbesitzern, gezwungen waren, ihr Anliegen zur Kenntnis zu nehmen. Zwei Jahre später gewann die Gewerkschaft auch die Auseinandersetzung um das Frontier, den längsten Streik in der amerikanischen Geschichte.

Ende der 90er Jahre musste Hanley seinen Hut nehmen und wurde durch den früheren Gewerkschaftsfunktionär in Las Vegas, John Wilhelm, ersetzt. Die Culinary Workers schienen so mächtig wie nie zuvor. Den über 50.000 organisierten Kellnerinnen, Zimmermädchen, Spielautomatenaufsehern, Hotelpagen, Küchenangestellten und anderen Kasinobeschäftigten waren Gesundheitsfürsorge, eine gewisse Arbeitsplatzsicherheit und durchschnittlich 30 Prozent mehr Lohn als ihren nicht gewerkschaftlich organisierten Kollegen zugesichert worden – letztere waren immer noch die Norm in Nevada sowie im übrigen Amerika, mit Ausnahme von Atlantic City. »Man kann über Las Vegas

Szenen aus den 90er Jahren: Angestellte der Glücksspielbranche streiken in Glitter Gulch. Eine Mutter mit ihren Kindern beteiligt sich an dem Streik gegen das Frontier. Die Ausbeutung der Arbeiterschaft ist ein dunkles Kapitel in der Geschichte einer Stadt, in der Vermögen verdient wurden.

sagen, was man will, aber hier kann man sich als Zimmermädchen ein eigenes Haus kaufen und eine Familie ernähren«, erklärte Hattie Canty stolz, eine Witwe mit zehn Kindern und Vorsitzende der örtlichen Gewerkschaft. Gleichzeitig wurde in Washington, nach hektischem Geschachere in Hinterzimmern, überraschend der Chef der Gewerkschaft für Dienstleistungsbeschäftigte, ein feister Ire namens John Sweeney, zum Vorsitzenden der AFL-CIO gewählt, der umgehend die erfolgreichen Culinary Workers in Las Vegas als »Herzstück der amerikanischen Gewerkschaftsbewegung«[16] bezeichnete. In einer leidenschaftlichen Rede nannte er die Stadt das »Epizentrum« eines Arbeitskampfs, der in der Ära Reagan-Bush völlig zum Erliegen gekommen war und nun neuen Aufschwung erhielt.

Das neue Gegengewicht zu den übermächtigen Kasinos sollte jedoch die Hoffnungen nicht erfüllen. Ende des Jahrhunderts eröffnete der strikt gegen Gewerkschaften eingestellte Adelson trotz Streikposten sein Venetian und drohte, das Rad zurückzudrehen: Je länger er ohne Verhandlungen mit den Streikenden seinen Betrieb aufrechterhielt, desto verlockender erschien es den anderen Kasinochefs, seinem Beispiel zu folgen. Trotz ihrer relativen Macht waren die Erfolgsaussichten der Culinary Workers in einem Amerika skrupelloser, profitorientierter Unternehmen gering und in Las Vegas nur unwesentlich größer. Ihre Mitglieder waren ebenso wenig wie Arbeitnehmer in ganz Amerika gegen »Kündigungen, Schicht-, Teilzeit-, Saison- und Leiharbeit«[17] geschützt. Die Gewerkschaft, von Sweeney als Vorbild für die gesamte Nation gepriesen, hatte es nicht einmal geschafft, die Angestellten der florierenden Kasinos abseits des Strip für ihre Sache zu gewinnen. Hinzu kam, dass zwar der größte Teil der Kasinobauvorhaben von Firmen, deren Angestellte gewerkschaftlich organisiert waren, ausgeführt wurde, die bummeligen, rassistischen Gewerkschaften des Baugewerbes der Stadt sich aber bisher weder auf dem übrigen gewerblichen Sektor, noch auf dem privaten Bausektor engagiert hatten. Ein Gewerkschaftsführer vor Ort gab zu:

> Es sieht vielleicht so aus, als hätten wir's geschafft, aber wenn man genauer hinsieht, ist es nur ein Kartenhaus.[18]

Die unsichere Situation der Gewerkschaften erlaubte es ihnen nicht, auch nur den kleinsten Funken politischen Reformgeists zu unterstützen. Als der weltfremde afroamerikanische Senator aus Las Vegas 1999 vorschlug, die Glücksspielsteuer von 6,75 auf 8,25 Prozent zu erhöhen – immer noch weit niedriger als die der meisten Staaten, die das Glücksspiel legalisiert hatten –, hielten sich die Gewerkschaften zurück. Sie argumentierten, dass andere Bereiche der boomenden Wirtschaft, vom Einzelhandel über das Dienstleistungsgewerbe bis zur Immobilienbranche, so gut wie keine Steuern zahlten. Außerdem wisse man, dass die Spielbankbesitzer des Strip letztlich jede Abgabe auf ihre Angestellten umlegten. »Man sollte nie vergessen, dass diese Bastarde [Konzernchefs] noch gieriger sind als die Gauner von früher«[19], meinte ein Kasinomanager vom alten Schlag, der auf ein halbes Jahrhundert des Glücksspiels in Las Vegas zurückblickte.

Bei den letzten Präsidentschaftswahlen 1996 zeigte sich der politische Einfluss der Stadt, die früher diskret im Hintergrund gewirkt hatte, ganz offensichtlich. Anders als die Millionen Spieler, die in Las Vegas auf etwas Glück hofften, schienen Clinton und Bob Dole gleich die Bank sprengen zu wollen. Demokraten und Republikaner bedienten sich wie nie zuvor des Gelds der Spielbanken, nahmen offizielle Spenden von über 5 Millionen Dollar entgegen und viele Millionen aus inoffiziellen Quellen. Aber welches Spiel tatsächlich gespielt wurde, blieb für die meisten undurchsichtig: Die eigentlichen Gewinner waren wie immer am Ende die Herren des Strip.

Vorbei waren die Zeiten, als Kasinobosse bei einer der Rat-Pack-Partys im Sands John F. Kennedy heimlich eine Reisetasche mit einer Million Dollar zukommen ließen, als Marcellos Spenden für Lyndon B. Johnson, Hughes' Gelder für Richard Nixon und die staatliche und gewerkschaftliche Wahlkampfhilfe für Ronald Reagan von Mittelsmännern überbracht wurden oder als Laxalt seine Kandidatur um das Präsidentenamt zurückzog wegen des Makels, der Las Vegas anhaftete. Nun wurde die Übergabe des Geldes publikumswirksam inszeniert.

Im Juni 1995 besuchte Senator Dole in Begleitung von Journalisten Wynns 130 Hektar großen, 48 Millionen Dollar teuren privaten Golfplatz Shadow Creek, ein bewachtes Gelände, wo das Personal zur Verschwiegenheit verpflichtet war, wo nur Zutritt hatte, wer in Wynns Kasinos mindestens 100.000 Dollar Kredit hatte und wo auf dem Fairway Kaviar serviert wurde. Dole war ein willkommener Gast. Ein Lunch, bei dem das Gedeck 5000 Dollar kostete und so illustre Gäste wie Frank Fertitta und Blake Sartini von den Station Casinos, Binions Sohn Jack und andere wohlhabende Bürger von Las Vegas erschienen, brachte Dole eine halbe Million Dollar ein. 1994 hatte Wynn ein Frühstück gegeben, das den Republikanern 540.000 Dollar bescherte. All das nimmt sich jedoch bescheiden aus angesichts der 7 Millionen, die Las Vegas für Wahlkampagnen in ganz Amerika aufbrachte und der Summen persönlicher Wahlkampfspenden an beide Parteien, die Anfang der 90er Jahre geflossen waren. Nach Doles Besuch sammelte Wynn, der allein 90.000 Dollar von seiner Familie und den Mirage-Angestellten beisteuerte, über eine Million Dollar für Dole, und John A. Moran, Wynns Freund und Partner, wurde Doles Finanzchef. Nie zuvor hatte die Glücksspielindustrie solche enormen Summen in einen amerikanischen Wahlkampf gepumpt. In den ersten Wochen des Jahres 1996 betrugen die Investitionen des Strip in die Präsidentschaftswahl bereits achtmal so viel wie 1992.

Zunächst lagen die Republikaner bei den »finanziellen Zuwendungen vorn«[20], aber die Demokraten holten auf. Im Juni 1996 war Präsident Clinton zum Lunch bei *Sun*-Herausgeber Brian Greenspun eingeladen, einem langjährigen Freund, der gelegentlich in Shadow Creek Golf spielte und dessen Frau Myra erst kürzlich der demokratischen Partei 35.000 Dollar gespendet hatte. Luxuslimousinen mit getönten Scheiben säumten die Straßen von Green Valley, jenes Wüstenareals, das Hank Greenspun Jahrzehnte zuvor gekauft und in ein exklusives Wohngebiet verwandelt hatte. In Greenspuns luxuriösem Haus aßen die Reichen der Stadt den Lachs, den Spago für 25.000 Dollar pro Paar geliefert hatte. Anwesend waren auch die Manager des Sands, des Bally's und Circus Circus sowie der umtriebige Wynn. Bei dieser Veranstaltung flossen 650.000 Dollar in die Wahlkasse der Demokraten. Dies war jedoch nur der Beginn von Las Vegas' Engagement für Clintons Wiederwahl; auch Clintons guter, alter Freund Ghanem sollte noch seinen Beitrag leisten.

In einer langen Tradition, die auf die Präsidentschaftswahlen des Jahres 1960 zurückging, hatte das Syndikat immer die Kandidaten beider Parteien unterstützt, weshalb sich am Strip niemand wunderte, dass sich Wynn zunächst für die Republikaner und dann für die Demokraten engagierte. Innerhalb weniger Wochen, nachdem er vor den Republikanern in Nevada eine Rede gehalten und Dole als »Mann mit vernünftigen Ansichten«[21] gepriesen hatte, versprach er Clinton sechsstellige Wahlkampfspenden. Die Unterstützung Clintons hing nicht nur mit dessen anfänglicher Führung bei den Umfragen zusammen, sondern offenbar auch mit einem Golfspiel im Mai 1996, das Gouverneur Miller für den Präsidenten und Wynn im Congressional Country Club in Washington organisiert hatte. Gegenüber einem lokalen Reporter witzelte der Besitzer des Mirage später:

> Ich bin jemand, der sich nicht entscheiden kann. Ich beobachte immer nur, woher der Wind weht.[22]

Und so wunderte es ebenfalls niemanden, als Wynn wenige Tage nach dem Lunch in Green Valley über seinen Firmensprecher verlauten ließ, dass er nach wie vor Dole unterstütze.

Die Medien, die sich nun an Clintons und Doles Fersen hefteten, mussten feststellen, dass hinter der viel gelobten Unterstützung der beiden großen Parteien massive Interessen standen. Unternehmen aus Las Vegas investierten inzwischen im ganzen Land und nahmen entsprechend Einfluss auf die politischen Entscheidungsprozesse. Immer mehr Gemeinden mit leeren Kassen setzten auf das profitable Glücksspiel. Überall schossen Spielhöllen wie Pilze aus dem Boden; es gab sie nun auch in den indianischen Reservaten und auf Schiffen, die die Flüsse befuhren. Die Glücksspielbranche hatte nicht nur in Nevada großen Einfluss, sondern vertrat ihre Interessen auch in den Gouverneursbüros, den Parlamenten, Bezirks- und Stadtverwaltungen von 47 weiteren Staaten, wo sie in den 90er Jahren mehr als 100 Millionen Dollar für Lobbyarbeit und finanzielle Zuwendungen aufbrachte. Die personell gut besetzten Abteilungen für »Regierungsangelegenheiten« der Spielkasinos führten professionelle Umfragen zu politischen Themen und Kandidaten jeglicher Couleur durch. Laxalt diente Dole als Chefberater, sein langjähriger Freund und Nachfolger im Amt des Vorsitzenden der Republikanischen Partei Frank J. Fahrenkopf war nun mit einem Jahressalär von 750.000 Dollar Chef der mächtigen Glücksspielvereinigung, die in Washington unermüdlich Lobbyismus betrieb.

Ganz Amerika war der Spielleidenschaft verfallen, der es jedes Jahr mit über 40 Milliarden Dollar fröhnte. Aus Verunsicherung, Zukunftsangst und Zweifel am »Nutzen der Arbeit«[23], wie A. Alvarez in *The New York Review of Books* schrieb, gab die Nation jetzt sechsmal so viel für Glücksspiele aus wie für alle anderen Arten der Unterhaltung, wesentlich mehr für Spielautomaten, Kartenspiele und Zahlenlottos als für Kino, Vergnügungsparks, Kreuzfahrten und Musik.

»Wir sind nicht U. S. Steel«[24], sagte ein Kollege Wynns über das fragwürdige Image der Branche, und nur wenigen fiel die Ironie auf. In dem Film *Der Pate* (1974) wendet sich die Figur Meyer Lansky in einer Szene an seinen jüngeren italienischen Partner, um ihm das internationale Glücksspielimperium zu beschreiben. »Michael«, haucht er, »wir sind größer als U.S. Steel«, ein Satz, der von einem Originaltonband des FBI stammte. Das entsprach Ende der 50er Jahre, der Handlungszeit des Films, durchaus den Tatsachen, trifft aber heute mindestens ebenso zu, da das Glücksspiel, was den Umsatz anbelangt, nicht nur die verarbeitende Industrie längst überholt hat, sondern auch die neu aufstrebende Technologiebranche und das Dienstleistungsgewerbe. Mit 30 bis 50 Prozent Profit, doppelt so viel wie in den meisten anderen Branchen, war die Billionen schwere Glücksspielindustrie zu einem der mächtigsten Wirtschaftsfaktoren in der Geschichte der USA geworden. Von ihrem Hauptsitz in Las Vegas aus bestimmte sie die Politik des Landes. Der Journalist des *Review-Journal*, Smith, sagte:

> Früher gaben Kasinobesitzer den Politikern Geld und hielten sich ansonsten zurück. Heute spielen sie ihre Macht skrupellos aus. Wenn die Politiker ihnen nicht das geben, was sie wollen, sind sie weg vom Fenster.[25]

Während Clintons Präsidentschaft demonstrierte der Strip zweimal unmissverständlich seine Macht. 1994 hatte das Weiße Haus eine vierprozentige landesweite Glücksspielsteuer zur Finanzierung der Sozialhilfereform in Erwägung gezogen, um das Haushaltsdefizit um mehrere Milliarden Dollar zu verringern und dadurch weitere Kürzungen im sozialen Bereich zu vermeiden. Die Spielbankbetreiber gingen prompt auf die Barrikaden und sprachen von einer »Schreckensherrschaft« des Weißes Hauses. Die Culinary Workers unter Hanley schlugen sich auf die Seite der Opposition, MGM zahlte Laxalt zuverlässigen Quellen zufolge eine hübsche Summe dafür, dass er gegen die Gesetzesvorlage Stimmung machte, und Dole sowie andere Republikaner und Demokraten verurteilten umgehend die Gesetzesinitiative. Schließlich, nach »massivem Lobbyismus«[26], wie die *Los Angeles Times* schrieb, an dem mehrere Senatoren und Abgeordnete des Repräsentantenhauses beteiligt waren, ließ der Präsident seinen Plan fallen. Als Clinton im Juni 1996 nach Las Vegas kam, um an dem besagten Lunch bei Greenspuns teilzunehmen, das den Demokraten 650.000 Dollar einbrachte, zeigte er sich verständnisvoll und tat die Glücksspielsteuer als eine missverstandene Gedankenspielerei »eines unwichtigen Mitarbeiters«[27] aus dem Finanzministerium ab. Gegenüber der *Las Vegas Sun* versicherte er:

> Dies war niemals eine Empfehlung meines Kabinetts, und schon gar nicht von jemandem im Weißen Haus.

Während Clinton noch die Wogen zu glätten versuchte, gerieten die Spielbanken von einer anderen Seite unter Beschuss. Die Expansion der Glücksspielindustrie hatte in vielen Gemeinden zu heftigen Reaktionen geführt, die sich in ungewöhnlichen Allianzen äußerten. Beispielsweise hatte die rechtsgerichtete Christian Coalition mit Rennbahnarbeitern und liberalen Aktivisten ein Interessenbündnis geschlossen. Mitte der 90er Jahre war es lokalen Anti-Glücksspiel-Bewegungen trotz ihrer bescheidenen Mitteln gelungen, durch über 20 landesweite Volksbefragungen zur Ausweitung des Glücksspiels die Branche empfindlich zu treffen, indem die Gegner sich die wachsende Besorgnis der Bevölkerung angesichts der Zunahme von Süchtigen und Verbrechen sowie des verderblichen Einflusses der Spielhöllen zunutze machten. Der von Konzernen dominierte, monopolisierte Strip unterstützte bei den Wahlen 1996 beide politischen Lager, und der Kongress versuchte die wachsende Opposition in der Bevölkerung zu besänftigen, indem er eine Kommission einsetzte, die die gesellschaftlichen Auswirkungen der Glücksspielindustrie untersuchen sollte. Viele begrüßten die Initiative als Gelegenheit, eine »aasfressende Kasinoökonomie«[28] aufzudecken, die Milliarden einnahm, die schuld an den Tausenden von Süchtigen war und die ohne den geringsten sozialen oder volkswirtschaftlichen Beitrag zu leisten, die Gemeinden in den Ruin trieb.

Eine bundesstaatliche Kommission hätte zum ersten Mal seit Kefauver und den Kennedys wieder Gesetzesverstöße verfolgen können, beispielsweise die geheimen Teilhaberschaften, die illegalen Gewinnabschöpfungen, die Geldwäsche, die Absprachen zwischen Kasinogesellschaften und indianischen Glücksspielunternehmen zum Schaden der Beschäftigten oder die Verbindungen zum organisierten Verbrechen. Aber das hätten die Spielbankbetreiber von Las Vegas nie zugelassen. Im letzten Jahrzehnt hatte Las Vegas Millionen für eine Imagekorrektur ausgegeben: Aus »zwielichtigen Geschäften« wurden »Industriebranchen«, aus »Glücksspiel« wurde »Unterhaltung«, aus »Spielhöllen« wurden »Hotelanlagen«, aus einer »Stripteaseshow« wurde eine »Erlebniswelt für die ganze Familie« und aus »Gangstern« wurden »Konzernchefs«. Zum ersten Mal seit 30 Jahren sah die Glücksspielindustrie ihre Macht und ihre Pfründe bedroht und reagierte entsprechend.

Am Morgen nach dem Dinner mit Wynn im April 1996 versicherte der Sprecher des Repräsentantenhauses, Newt Gingrich, einem republikanischen Spendensammler im Mirage, dass die Vollmachten des Ausschusses »eingeschränkt werden müssten, damit er nicht mehr das Recht hat, jemanden unter Androhung von Strafe vorzuladen«[29] – so die *Washington Post.* Wie angekündigt, ließ Gingrich den entsprechenden Paragraphen in der endgültigen Version des Gesetzentwurfs streichen und Dole seinerseits unterstützte stillschweigend einen entsprechenden Entwurf des Senats, in dem der betreffende Passus ebenfalls fehlte. Erwartungsgemäß betonte Clinton bei seinem Besuch im Juni 1996 in Las Vegas, dass er keine »Hexenjagd«[30] auf das Glücksspiel zulassen würde, und versicherte den versammelten Kasinobesitzern, dass der Ausschuss nur in der von Gingrich und Dole vorgeschlagenen Form tätig werden würde.

Wieder einmal war die Politik zum Spielball privatwirtschaftlicher Interessen geworden. Bevor der Kongress im Sommer 1996 die abgespeckte Gesetzesvorlage beschloss, hatten die Kasinos bereits damit begonnen, den Ausschuss nach ihren Wünschen zu besetzen: Clinton, Gingrich und Trent Lott, der republikanische Fraktionsführer der Mehrheitspartei im Senat, sollten jeder drei Kandidaten vorschlagen. Die Zusammensetzung des Ausschusses, die stark an den Kefauver-Ausschuss erinnerte, war ein Zugeständnis an Las Vegas. Die Vertreter der Branche und ihre Lakaien, gefügige, »neutrale« Mitglieder, darunter ein amerikanischer Ureinwohner, der von den indianischen Kasinos keine Ahnung hatte, waren zahlenmäßig den beiden Alibi-Kritikern weit überlegen. Nachdem der Ausschuss drei Jahre lang eine Reihe oberflächlicher Anhörungen durchgeführt hatte, ohne wichtige Zeugen vorladen zu können, versorgte die Glücksspielbranche beide Parteien zur Sicherheit noch einmal mit 6 Millionen Dollar.

Der 300 Seiten starke Bericht des Ausschusses, der im Juni 1999 fertig gestellt wurde, beschäftigte sich hauptsächlich mit belanglosen Anpassungen der staatlichen Lotterien, mit der Anhebung des Glücksspielalters auf 21 Jahre und mit von vornherein zum Scheitern verurteilten Vorschlägen: ein Wettverbot bei College-Sportveranstaltungen, mehr Kontrolle über Kasinos in indianischer Hand, die fast 7 Milliarden Dollar im Jahr erwirtschafteten, und eine Beschneidung der politischen Einflussnahme der Branche, die den Ausschuss erst zu dem gemacht hatte, was er jetzt war. Insgesamt waren die Vorschläge »so allgemein und verwässert«, wie die *Los Angeles Times* schrieb, »dass sie keine ernsthafte Bedrohung für die Branche darstellten«.[31] Weder hatte sich der Ausschuss eingehend mit der Eigentümerschaft und Finanzierung von Spielbanken befasst noch mit der Geldwäsche und dem Drogenhandel, der Rolle des organisierten Verbrechens, dem Insiderhandel und der Bereicherung des Managements, auch nicht mit den extrem niedrigen Gewinnchancen bei den beliebten Automatenspielen. Auch mit den Gangstermethoden, die in Wirtschaftskreisen vorherrschten und inzwischen auch zum politischen Standard gehörten, hielt sich der Ausschuss nicht lange auf. Die Glücksspielindustrie finanzierte nach wie vor die Wahlen zum Repräsentantenhaus und zum Senat, um damit zu verhindern, dass irgendeiner der Vorschläge des Ausschusses umgesetzt würde – so wie frühere Kasinobetreiber Senator McCarran und andere Politiker dazu gebracht hatten, gesetzliche Maßnahmen, die aufgrund der Kefauver-Anhörungen erforderlich waren, zu blockieren.

Abgesehen vom üblichen Spott, dem der Ausschuss ausgesetzt war, drang er mit nichts von Belang ins öffentliche Bewusstsein. Nur wenige Kommentatoren stellten kritische Fragen, etwa nach dem Einfluss des Strip und der Zukunft Amerikas. Alvarez sprach von der »Las Vegasierung Amerikas«[32]. Michael Ventura führte das düstere Bild dieser Stadt auf »den horrenden Preis, den wir für die Herrschaft des Geldes zahlen«[33], zurück. Aber in Washington gab es dafür, dass die ungezügelte

Macht der Glücksspielindustrie, die das Vermögen einer ganzen Nation verschlang, den Politikern Sorgen bereitete, keinerlei Anzeichen.

Auch bei den Wahlen im Jahr 2000 trafen die Kasinochefs Vorsorge und unterstützten wie stets großzügig die Präsidentschaftskandidaten beider Parteien. Ihr Geld und ihr Einfluss hatten Las Vegas zur heimlichen Hauptstadt der USA gemacht und die Herren vom Strip und von Glitter Gulch wussten daraus Kapital zu schlagen. Wie die ersten Wahlen des 21. Jahrhunderts auch ausgingen, Las Vegas würde in jedem Fall profitieren. Schon die Gründer der Stadt wussten, dass Geld die Welt regiert; wer von den Politikern gerade das Sagen hatte, war zweitrangig. Durch Unternehmensbeteiligungen und Börsenspekulationen waren Tausende von Einzelpersonen und Institutionen zu Aktionären geworden, von der Stiftung der Harvard University, über den Pensionsfonds für kalifornische Beamte bis zu den Nachfolgern von Costello, Luciano, Siegel, Giancana und anderen, die den Grundstein zu dem Glücksspielimperium gelegt hatten. Lanskys Allianz aus »Ober«- und Unterwelt, die er geschmiedet und 50 Jahre lang zusammengehalten hatte, machte das einst verpönte Glücksspiel zum integralen Bestandteil der Volkswirtschaft eines ganzen Staats. In diesem korrupten, kapitalistischen System waren die Gewinner die, die das Spiel kontrollierten, alle anderen die Verlierer. Jener Ort voller Engel, »so eine Art Himmel«, den der Sohn polnischer Einwanderer erträumt hatte, war zu einem »Paradies voller Trottel« geworden.

Präsident Clinton schien die zweigleisige Strategie des Strip besser zu verstehen als jeder andere zeitgenössische Politiker. Seine Familie hatte in Hot Springs, wo er aufwuchs, vom Glücksspiel profitiert, das in den 50er Jahren, als die Stadt noch mit Las Vegas konkurrierte, in Hinterzimmern praktiziert wurde. Sein Onkel Raymond, der in der Stadt die Spielautomaten der Familie Marcello betrieb, hatte die politische Karriere des jungen Bill in die Wege geleitet. Bei einem Lunch im Oktober 1999, das 10.000 Dollar pro Gedeck kostete und im Gourmetrestaurant im Eiffelturm des neuen Kasinos Paris stattfand, von wo aus man einen fantastischen Blick auf den Strip hat, bedankte sich Clinton bei seinen Geldgebern, darunter Elias Ghanem, und rühmte ihre Tugenden:

> Eines der Dinge, die ich an Arthur Goldberg und an euch, meinen langjährigen Freunden, schätze, ist, dass ihr über eine gesunde Portion Egoismus verfügt. Ihr seid intelligent genug, die Demokraten zu unterstützen, damit ihr auch weiterhin wie Republikaner leben könnt.[34]

Inzwischen drohte in Las Vegas ein Skandal. 1995 plante Lyle Stuart, Verleger der Barricade Books, *Running Scared: The Life and Treacherous Times of Las Vegas Casino King Steve Wynn* herauszubringen. Die Biografie, verfasst von John L. Smith, einem preisgekrönten Journalisten des *Review-Journal,* dessen Familie seit vier Generationen in Las Vegas lebte, war das seit *The Green Felt Jungle* von Ed Reid und Ovid Demaris wichtigste kritische Buch über Las Vegas. Smith, der Wynn nie als Werkzeug des Syndikats bezeichnete, zeigte sich skeptisch, wenn der Kasinobesitzer seine anrüchigen Beziehungen leugnete. Die in Las Vegas übliche Unterscheidung zwischen »Gangstern« und »Freunden von Gangstern« hielt er für fragwürdig. Der junge Journalist gehörte auch zu den ersten, die über das kontroverse Material von Scotland Yard über Wynns Bewerbung um eine Londoner Glücksspielkonzession zehn Jahre zuvor berichteten.

Lange bevor Smiths *Running Scared* erschien, hatte Wynn eine Klage über mehrere Millionen Dollar wegen übler Nachrede gegen Stuarts Verlagsvorschau in Nevada eingereicht und anschließend eine ähnliche Klage gegen das Buch in Kentucky. Als es herauskam, wurde vor den Gerichten über die Glaubwürdigkeit der Informationen Scotland Yards gestritten, die Wynn als unwahr und nicht fundiert zurückwies, die aber jetzt durch die Presse gingen. Kritisch war vor allem die Aussage eines britischen Ermittlers:

> Den Schluss, den man aus den neuen Informationen ziehen kann, ist, dass Stephen Wynn, der Präsident der GNI [Golden Nugget, Inc.], der in den 60er Jahren nach Las Vegas kam, um im New Frontier Casino Aktionär zu werden, seitdem unter der Ägide der Familie Genovese handelte.[35]

Diesen Satz aus den Akten der obersten britischen Polizeibehörde gab Stuart in seiner Vorschau wieder, ersetzte jedoch den Begriff »unter der Ägis« durch »als Strohmann«, da er annahm, dass der Begriff »Ägis« (Ägide) nicht jedem Buchhändler geläufig war. Gegen diese Formulierung richtete sich Wynns Zorn.

Die Botschaft von Wynns Klage war eindeutig. »Er will dich ruinieren«, sagte Stuart zu Smith. Neben den Scharen von Anwälten, die in Nevada und Kentucky Anklage erhoben, hatte Wynn zur Verhandlung in Las Vegas weitere persönliche Unterstützung mitgebracht. Der Gouverneur von Nevada, Bob Miller, und Jan Jones, der frühere Autoverkäufer, der es zum Bürgermeister von Las Vegas gebracht hatte, erschienen als Zeugen für den Kläger und schilderten ihn als »super Typen«[36]. Den Vorsitz in der Verhandlung in Las Vegas hatte die von Miller ernannte Bezirksrichterin Sally Loehrer, die das von dem Beklagten vorgelegte Beweisangebot von 10.000 Punkten auf ganze sechs Seiten zusammenstrich. Als Vorsitzende einer Richterbank leitete Loehrer später ein Verfahren, das auf eine Initiative von Mirage Resorts Inc. zurückging und sich mit der zeitlichen Befristung des Richteramts befasste. Zwei Jahre nach Erscheinen des Buchs wurde die Klage gegen Smith in Nevada schließlich fallen gelassen, woraufhin Wynn seine Klage in Kentucky zurückzog. Aber acht der Geschworenen in Las Vegas verurteilten den Verleger zu einem Schmerzensgeld in Höhe von 500.000 Dollar für die emotionalen Qualen, die der Kasinomogul erlitten hatte, sowie 1,5 Millionen Dollar wegen Rufschädigung und eine weitere Million als Schadensersatz mit Strafcharakter. »Wir leben in einer Stadt, die keine Moral kennt, aber wenn man einen Kasinoboss kritisiert, ist es eine Sünde«[37], beklagte sich Smith einmal gegenüber Reportern. Der Gewinner war nicht im Gerichtssaal, als das Urteil erging. Wynn befand sich mit Präsident Clinton im Mirage, als Gastgeber einer Versammlung der Gouverneure der Vereinigten Staaten.

Der Schiedsspruch der Geschworenen zwang Stuart, Konkurs anzumelden. Der Einspruch des Verlegers gegen das Urteil ging von einer Instanz zur nächsten, während Wynns Anwälte drohten, erneut Klage gegen Smith zu erheben. Im Sommer 2000 kam es zur Verhandlung des Falls vor dem obersten Gericht von Nevada.

Smith schrieb weiterhin seine Kolumne »Über den Boulevard« und berichtete mit spitzer Feder und großem Sachverstand über die illustren Gestalten des Strip wie vor ihm nur Ned Day. Dennoch hinterließ Wynns Vergeltungsschlag ein spürbares Gefühl der Angst. Ein pensionierter Zeitungsredakteur meinte:

> Früher schickten die Kasinos ihre Schlägertrupps. Heute hetzen dir die großen Konzerne ihre Anwälte auf den Hals. Der entscheidende Punkt ist nicht, wie sie es tun, sondern dass sie es auf die eine oder andere Weise immer wieder tun. Die Stadt versteht die Botschaft. Alle wissen, wie leicht sie sich die Zunge verbrennen können und halten deshalb den Mund.[38]

Trotz der Einschüchterungsversuche sowie der Haltung der Staatsanwälte liebte Smith immer noch seine Stadt, ohne sich jedoch Illusionen zu machen. »Hier wohnen zwar eine Menge guter Seelen«, erklärte er im Dezember 1999 gegenüber einem Reporter, »aber man sollte nie vergessen, dass es unter der Oberfläche brodelt.«[39]

Zur gleichen Zeit zog Wynn abermals die Aufmerksamkeit der Öffentlichkeit auf sich. Im November 1999 hatte er eine Gruppe von Investmentanalysten der Wall Street mit seiner Präsentation bei einer Konferenz über die Zukunft des »Gastgewerbes«[40] schockiert. Statt wie üblich über Cashflow, Abschreibungen und Gewinnerwartungen zu referieren, schritt Wynn auf die Bühne und schmetterte einen Song nach dem anderen des Musicals *Miss Spectacular,* das in Kürze in seinem 1500 Plätze fassenden Mirage Theater aufgeführt werden sollte. Diese merkwürdige Vorstellung, die ein Geschäftsrivale als »völlig daneben«[41] bezeichnete, veranlasste den angesehenen Wirtschaftsjournalisten des *New York Observer,* Christopher Byron, Wynns Eignung zum Kon zernchef in Frage zu stellen, zumal er außerdem seiner Firma für die Miete der Gemälde im Bellagio fast 4 Millionen Dollar in Rechnung stellte. In seiner Kolumne am 10. Januar 2000 fragte Byron:

> Erscheint es Ihnen richtig oder korrekt, eine private Kunstsammlung, mit Gemälden einiger der berühmtesten und teuersten Maler aller Zeiten, zusammenzustellen und sich diese von einem an der Börse gehandelten Unternehmen, von dem Sie zwölf Prozent Anteile besitzen, finanzieren zu lassen? Mir jedenfalls nicht.[42]

Wie der *Observer* berichtete, bezog Wynn ein Jahresgehalt von 3,8 Millionen Dollar, inklusive Tantiemen, und kassierte über 100 Millionen Dollar in Form von Aktienoptionen. Außerdem saß seine Frau Elaine im Vorstand der Mirage Resorts. Byron empörte sich:

> Wir sind entsetzt, dass Firmen wie J. P. Morgan & Company, die TCW Group, Capital Research and Management Company und die State Street Research & Management Company, denen zusammen 26,9 Prozent des Unternehmens gehören, so etwas hinnehmen. Warum haben sie diese Niete nicht längst gefeuert?[43]

Die Frage wurde nur wenige Wochen später, am 7. März 2000, beantwortet, als der Mogul des MGM Grand, Kirk Kerkorian, für 6,7 Milliarden Dollar Wynns Mirage Resorts, Inc. übernahm. In aller Welt verkündeten Schlagzeilen die Übernahme, wodurch 14 der 15 größten Hotels des Strip nun zwei Firmen gehörten, dem neuen MGM-Mirage-Giganten und Park Place. Kerkorian besaß nun fast die Hälfte des globalen Glücksspielimperiums, was zu einer noch größeren Oligopolbildung in der millionenschweren internationalen Kasinobranche führte. In Las Vegas selbst wurde die größte Transaktion in der Geschichte des Strip von den Journalisten kaum erwähnt. Diese dürftige Berichterstattung zeigte wieder einmal die Macht der Glücksspielbarone in Amerikas wohlhabendster und am schnellsten wachsender Stadt. Eine Übernahme dieser Größenordnung hätte Aufsehen erregen müssen. Auf der einen Seite der Freibeuter Wynn, der verlorene Sohn des Glücksspiel, der es zum ungekrönten Herrscher gebracht hatte, jetzt aber von vielen nur noch als verschwenderischer, überbezahlter, von unzufriedenen Aktionären bedrängter Geschäftsführer angesehen wurde; auf der anderen Seite sein Erzfeind, der 80-jährige Milliardär Kerkorian, von den lokalen Medien als »Löwe von Las Vegas« gefeiert, während er in der überregionalen Presse als »Aasgeier« galt oder wie es der *New York Observer* ausdrückte: »einer der meistgehassten Männer der Wall Street«[44]. Was diese beiden Männer betrifft, so wird wohl vieles für immer im Dunkeln bleiben, denn in dieser Stadt, die sich immer wieder neu erfand, die ihre Geschichte leugnete und stets neue, glitzernde Fassaden errichtete, erfuhren die Einwohner aus der Presse wenig über die Hintergründe des Milliardengeschäfts.

Am 23. Februar hatte MGM Grand Interesse signalisiert, Mirage Resorts für 17 Dollar die Aktie zu erwerben. Wynn gab sich kämpferisch und ließ durchsickern, dass es noch einen Käufer gebe, um den Preis auf 21 Dollar hochzutreiben. Mit diesem Trick erhöhte sich der Preis für das Unternehmen von 5,4 Milliarden auf 6,7 Milliarden Dollar. Wynn erhielt für seine Anteile über 500 Millionen Dollar. Der MGM-Mirage-Gigant gehörte nun Kerkorian. Es war die größte Machtkonzentration seit 50 Jahren. *New York Times, Business Week, Wall Street Journal, New York Observer* und andere Wirtschaftsjournale berichteten schon Monate zuvor, dass Wynns Mirage reif für eine Übernahme war. Zwischen den Zeilen konnte man lesen, dass Kerkorian interessiert war, nachdem er zunächst Aktien der Mirage Resorts erworben hatte, »um dem Unternehmen auf den Zahn zu fühlen«[45] und dann nach einer Meinungsverschiedenheit mit Wynn seine Anteile wieder auf den Markt zu werfen. Die Aktien des Unternehmens, die im Mai 1999 noch mit 26,38 Dollar gehandelt wurden, betrugen am Vortag der Bekanntgabe der Übernahme noch 10,88 Dollar. Überregionale Zeitungen nannten die Gründe für den extremen Wertverlust: Wynns Vorliebe für Trips in Firmenjets, seine lukrativen Aktienoptionen, der Mietvertrag für seine Gemälde und die Tatsache, dass er seine Frau in den Vorstand gehievt hatte. Sein Gehalt in Höhe von 2,5 Millionen Dollar, seine jährlichen Tantiemen von 1,25 Millionen sowie 5,2 Millionen für die Vermietung seiner Kunstsammlung machten ihn zu einem der am besten bezahlten Manager des Landes. Hinzu kamen Berichte über seine Launenhaftigkeit und sein merkwürdiges Verhalten bei öffentlichen Auftritten. In einer Zeit, in der man das Kasinogeschäft nach Kriterien wie Kosteneinsparungen und Aktienkurs beurteilt, mussten Wynns Allüren, die an frühere Strip-Zeiten erinnerten, vor allem zur Verunsicherung der Aktionäre führen.

Aber dank der Zurückhaltung der Presse in Las Vegas schien Wynns Zukunft ungetrübt. Das Finanzamt hatte ihm gerade eine Steuerminderung für seine 400 Millionen Dollar teure Kunstsammlung genehmigt – ein Zugeständnis von Carson Citys Parlamentariern an Wynn, der beide Parteien großzügig unterstützt hatte. In ihren Augen war Wynn der mächtigste Mann des Staates, der den Journalisten John Smith aus Nevada, der offenbar zu viel wusste, mundtot gemacht hatte. Noch Ende 2000, als Wynns Stern längst zu sinken begann, war er für die Blätter seiner Wahlheimat immer noch der angesehenste Mann der Stadt. Im März berichtete der Londoner *Independent* über Wynn in einer Deutlichkeit, wie sie in Las Vegas unbekannt war:

> Politiker tanzten nach seiner Pfeife, Kandidaten demütigten sich, um seine Unterstützung und Wahlkampfhilfe zu erhalten. Stadtplaner verlegten auf seine Veranlassung hin Straßen und Abwasserkanäle, die Stadtverwaltung ließ ihn Millionen von Litern kostbaren Wassers für seinen privaten Golfkurs abzweigen.[46]

Trotz der Meldungen in überregionalen und ausländischen Medien über die Probleme der Mirage Resorts schlug Kerkorians Übernahme im Süden Nevadas wie eine Bombe ein. Weder das *Review-Journal* noch die *Las Vegas Sun* hatten über Wynns Schwierigkeiten berichtet, und so waren viele Leser sprachlos, als sie von dem Verkauf erfuhren. »Die Einwohner von Las Vegas mussten in die Bücherei gehen, um zu erfahren, was in der Branche los war, die ihren Staat beherrschte«[47], empörte sich ein ehemaliger Journalist. »Ich bin immer noch fassungslos«, schrieb der Herausgeber der *Sun,* Brian Greenspun, einige Tage nach der Übernahme, »wir hatten ja kaum Zeit herauszufinden, wer auf welcher Seite stand.«[48]

Die Berichterstattung über den Deal war typisch für Las Vegas' Presse. Das Ereignis wurde als »Fusion« dargestellt, während es sich tatsächlich um die feindliche Übernahme einer Firma handelte, die die lokale Presse immer mit Glacéhandschuhen angefasst hatte. In den Zeitungen vor Ort wurde der Verlust der Mirage-Aktien mit der großen Konkurrenz unter den Spielbanken in Las Vegas, mit Wynns »Enttäuschung über die Wall Street« und mit finanziellen Problemen seines Kasinos in Mississippi erklärt. Nach dem Verkauf berichtete die *Sun,* Wynn »schwelge in den ›herrlichen‹ Möglichkeiten für seine Zukunft«[49], während das *Review-Journal* in einem Leitartikel Wynn als »Gewinner«[50] präsentierte.

Im Gegensatz dazu hieß es in der *New York Times,* der Deal sei weniger das Ergebnis von Wynns Unzufriedenheit mit der Wall Street als vielmehr die Skepsis der Wall Street gegenüber Wynn. Die Zeitschrift *Time* berichtete am 6. März, dass »wenige Stunden, nachdem Kerkorian sein Angebot unterbreitet hatte, fünf Mirage-Aktionäre in Las Vegas eine Sammelklage einreichten und Wynn und seinen Vorstand aufforderten, jedes andere Angebot ernsthaft zu prüfen«[51]. Zu den Gerüchten, die nach der Übernahme kursierten, gehörte ein Artikel im *New York Observer,* in dem von einem »netten Arrangement für Mr. Wynn«[52] die Rede ist, der »diese Meisterwerke weit unter Wert erwarb und sie nun an Mitbeteiligte weiterverscherbelte«. Einer der Käufer war der Medienmogul S. I. Newhouse, ein langjähriger Freund Wynns, der am Vorabend von Wynns Verkauf der Mirage Resorts sein Firmenflugzeug bestieg, um mit dem Kasinokönig zu speisen und bei dieser Gelegenheit über den Erwerb eines Picasso aus dem Jahre 1942 zu verhandeln. Aber von diesen interessanten Begebenheiten am Rande wurde in Las Vegas kaum etwas bekannt. »Ich habe schon vor langer Zeit gelernt, dass ich die *Los Angeles Times* lesen muss, um zu erfahren, was hier vor sich geht«[53], bemerkte ein in Las Vegas lebender Historiker.

Interessanterweise tauchte in keinem der Presseberichte in Las Vegas über den MGM-Mirage-Deal Smiths Name auf. »Es ist wirklich lästig«, sagte Smith, »dass ich nichts über Wynn publizieren kann, ohne persönlich dafür haftbar gemacht zu werden.«[54] Er schrieb zwar weiterhin seine populäre Kolumne, verlor aber kein Wort mehr über Wynn. Was ihm als Autor widerfahren war und was er als »große Entmutigung«[54] bezeichnete, war typisch für den Journalismus in Las Vegas. Zur Zeit der Übernahme des Mirage stand Stuarts Einspruch gegen das Urteil in Las Vegas auf der Prozessliste des obersten Gerichts von Nevada, wo Wynns Anwälte versuchten, Smith wieder in den Prozess gegen seinen Verleger einzubeziehen. Bei einer Anhörung am 16. Juni 2000 wies einer der Richter darauf hin, dass alle sieben Richter des höchsten Gerichts des Staates von Wynns Unternehmen Wahlkampfspenden erhalten hatten, aber keiner von ihnen es für nötig erachte, den Fall abzulehnen. Bei einer davon unabhängigen Verhandlung am selben Tag behauptete ein Rechtsanwalt:

> Jeder Anwalt weiß, dass es dem Gericht unmöglich ist, gegen Steve Wynn zu entscheiden. Wir wissen, dass er ein mächtiger Mann ist, mächtiger als der Gouverneur. Ein Königsmacher, der seine Günstlinge auch jederzeit wieder fallen lassen kann.[55]

Im Herbst 2000 schien Wynn wieder auf dem Weg nach oben zu sein. Innerhalb weniger Tage nach dem Verkauf des Mirage hatte er Moe Dalitz' legendäres Desert Inn gekauft, wo er sämtlichen 1500 Angestellten mit einer Frist von 90 Tagen kündigte, auch verdienten Mitarbeitern, die seit 20 Jahren im Kasino arbeiteten. Er kündigte an, das alte Wahrzeichen einreißen zu lassen, um Platz für ein extravagantes Themenhotel inmitten eines Sees zu schaffen.

Während kritische Stimmen öffentlich zum Schweigen gebracht wurden, kam es auch innerhalb der Staatsanwaltschaft zu Vertuschungen. In den 80er Jahren war Ken Mizuno einer der berühmtesten asiatischen Spieler am Strip. Als der ehemalige Baseballstar im Tropicana ein japanisches Gourmetrestaurant und einen Fitnessklub eröffnete und sich um eine Alkohollizenz bemühte, kamen trotz der üblichen oberflächlichen Nachforschungen seine langjährigen Kontakte mit der japanischen Verbrecherorganisation Yakuza zutage. Ursprünglich war Mizuno die Lizenz verwehrt worden, aber bei einer Sitzung einige Wochen später änderten die Kommissionsmitglieder ihre Meinung – eine Erfahrung, die Bugsy ebenfalls gemacht hatte. Fast zehn Jahre lang gehörte Mizuno zum Kreis der bedeutendsten internationalen Bürger der Stadt und wurde im Mirage, wo er über 100 Millionen Dollar verspielte, von einer persönlichen Hostess bedient.

In den 90er Jahren drängten reiche Tokioer Investoren die japanische Polizei, Mizuno im Zusammenhang mit einem Golfklub-Deal zu belangen, bei dem es um 853 Millionen Dollar ging. Sein Untergang wurde in Spielbankkreisen bedauert, wo er wegen seiner 100.000-Dollar-Wetten beim Bakkarat ein gern gesehener Gast war. Mizuno landete schließlich in Japan im Gefängnis. Sein Sturz hatte eine lange Vorgeschichte.

1991 wurde die kleine Zollbehörde in Las Vegas durch den Zollattaché der amerikanischen Botschaft in Tokio auf Mizuno aufmerksam. Die Fahnder in Las Vegas interessierten sich jedoch weniger für die Beziehungen des Spielers zur Yakuza oder die beträchtlichen Summen, die an ausländische Syndikate flossen, etwas, womit sich die Ermittlungsbeamten üblicherweise beschäftigten, sondern vielmehr für die Hunderte von Millionen Dollar, die über ausländische kriminelle Vereinigungen nach Las Vegas geschleust wurden. Durch den Fund von Geldbündeln, die mit Kasinobanderolen versehen waren, stießen die Zollfahnder auf eine Spur, die von der Notenbank in San Francisco zum Strip führte, und deckten umfangreiche Geldtransfers auf. Mizunos Spind in Shadow Creek befand sich direkt neben Wynns. Der Japaner war er als großzügiger Lebemann bekannt, der insgesamt 220 Millionen Dollar durch Banküberweisungen und auf anderen Wegen, die in den Zollerklärungen nicht auftauchten, in die Stadt gebracht hatte. Es gab außerdem Hinweise dafür, dass er einen Großteil der verbliebenen 800 Millionen Dollar aus dem Tokioer Betrugsfall nach Südnevada überwiesen hatte – Hunderte von Millionen mehr, als er an den Spieltischen von Las Vegas gesetzt hatte.

Im Laufe der Ermittlungen zeigte sich, dass viele Spuren zum Mirage führten. Mizunos Freundin arbeitete in der »internationalen Abteilung« des Kasinos. Er selbst hatte »angeblich mehr als 75 Millionen Dollar in zwei Jahren«[56] an den Tischen des Mirage verloren. Mizuno, der von einer Luxuslimousine des Mirage von einer privaten Rollbahn abgeholt wurde, wenn er aus dem Ausland kam, verschwand dann rasch hinter den getönten Scheiben und umging eine Überprüfung durch den Zoll. Von seinem guten Freund Wynn kaufte er eine DC-9, die die Zollbehörde später als Beweismittel für die dubiosen Finanzgeschäfte, derer er verdächtigt wurde, beschlagnahmte. Die Ermittler und zumindest einer der mit dem Fall vertrauten Staatsanwälte glaubten, dass sich hinter Mizuno mächtige kriminelle Investoren verbargen, deren Gelder in den Bau der neuen Megahotels am Strip wie beispielsweise das Treasure Island flossen, die angeblich vollständig durch die Wall Street finanziert wurden. Angesichts der enormen Summen, die Mizuno verspielte – einer Quelle zufolge mindestens 150 Millionen Dollar, und das zu einer Zeit, als Kerkorian das Desert Inn und das Sands für insgesamt 167 Millionen kaufte –, glaubte der Zoll nicht mehr an Zufall.

Die fünfköpfige Zollbehörde von Las Vegas fühlte sich zu Beginn ihrer Ermittlungen ihrer Aufgabe kaum gewachsen angesichts des Ausmaßes der Transfers und wegen der Komplexität der Abläufe und der eingesetzten technischen Mittel sowie des Netzwerks ehrbarer Unternehmen hinter den kriminellen Aktivitäten und vor allem der hartnäckigen Verschwiegenheit der Kasinos und ihrer Weigerung, irgendwelche Informationen preiszugeben. Wie die Ermittler später erzählten, konnten sie nicht einmal eine Spielbank betreten, um Mizuno zu beobachten, geschweige denn die Angestellten zu befragen, da sich ihnen schwer bewaffnetes Sicherheitspersonal in den Weg stellte. »Es war eine Welt für sich«[57], sagte einer der Ermittler und stimmte darin mit Yablonsky und anderen überein. »Als Soldat auf feindlichem Gebiet habe ich mich mehr zu Hause gefühlt als dort.«[57] Aber als die Beamten vor Ort ihre Vorgesetzten in Washington um mehr Personal und Finanzmittel baten sowie die Genehmigung, zur Spitze des »kriminellen Unternehmens«, das sie hinter Mizuno vermuteten, vorzudringen, stießen sie auf taube Ohren. Ihre Anfragen gingen verloren oder gerieten aufgrund organisationsbedingter Verzögerungen in Vergessenheit, wurden allesamt mit bürokratischen Mitteln erfolgreich abgewürgt, ohne jedoch offiziell abgelehnt zu werden, so dass niemand persönlich haftbar gemacht werden konnte. Der Zoll konnte schließlich Besitz im Wert von über 60 Millionen Dollar sicherstellen, darunter Golfplätze im Las Vegas Valley und in Palm Springs, Immobilien und andere Vermögenswerte in Clark County. Es schien, als sei den Fahndern ein großer Coup gelungen: Immerhin handelte es sich um den größten, nicht drogenbedingten Geldwäscheskandal in der amerikanischen Geschichte. Doch die Ermittler wussten, dass dies nur »die Spitze eines Eisbergs inmitten der Wüste«[58] war. Sie erfuhren nie, warum sie vor dem Abschluss des Falls abgerufen wurden.

Gemessen an den nachfolgenden Ereignissen, war der Fall Mizuno bedeutungslos. Staatliche Ermittler kamen einem groß angelegten Schwindel auf die Spur, der in Las Vegas seinen Ausgang genommen und dann enorme Ausmaße angenommen hatte. Es begann 1996, als Zollbeamte in Los Angeles die »Operation Casablanca«[59] einleiteten, eine über zweieinhalb Jahre dauernde Untersuchung, die sich mit Geldwäsche im Zusammenhang mit dem Rauschgifthandel beschäftigte, in die unter anderem zahlreiche mexikanische Bankiers und Syndikatsmitglieder verwickelt waren. Ende der 90er Jahre kamen 70 Prozent des in den Vereinigten Staaten verkauften Kokains aus Mexiko, weit mehr als beispielsweise von den berüchtigten kolumbianischen Medellín-Kartellen. Die Wäsche von Drogengewinnen brachte am Ende des Jahrhunderts, von den Vereinten Nationen sorgfältig dokumentiert, 600 Millionen Dollar am Tag ein. Das organisierte Verbrechen, das schon lange den Präsidenten und die Regierung Mexikos in der Hand hatte und dessen Hauptquartier sich zudem noch im Nationalpalast in Mexico City befand, hatte inzwischen auch das mexikanische Finanzwesen unterwandert. Indem sie Drogengelder in Bankwechsel tauschten, die sich schwer zurückverfolgen ließen, verwandelten Mexikos Banken Milliarden an illegalen Einnahmen und offiziellen Schmiergeldern in sauberes Geld, nicht ohne zuvor horrende Gebühren zu kassieren.

Um die Verantwortlichen zu überführen, hatten verdeckte Ermittler des amerikanischen Zolls ein eigenes illegales Unternehmen gegründet, eine fingierte Import-Export-Firma namens Emerald Empire Corporation mit einem Büro und einer Lagerhalle in Santa Fe Springs, 15 Autominuten von Los Angeles entfernt, unweit der mexikanischen Grenze. Diese Firma bot ihre Geldwäschedienste an: Geheimagenten nahmen in New York, Chicago, Houston, Miami und einem Dutzend anderer amerikanischer Städte Drogeneinnahmen von Kurieren in Empfang oder holten sie aus Lagerhäusern ab und brachten das Geld nach Los Angeles. Dort wurde es entweder über die mexikanische Grenze geschmuggelt oder auf bestimmte Konten eingezahlt und auf mexikanische Banken überwiesen. Die »sauberen«, nicht zurückzuverfolgenden Bankwechsel, auszahlbar in amerikanischen Dollars, wurden bei Banken in Mexiko oder den Vereinigten Staaten eingelöst, und anschließend wurde das Geld an die Drogenhändler und ihre Handlanger verteilt. Wie bei Mizunos Transaktionen wurden Millionenbeträge an der Steuer und am Zoll vorbeigeschleust, trotz der Meldepflicht für die Einfuhr von mehr als 10.000 Dollar. Emerald Empire half bei dem Schwindel mit und verschaffte sich dadurch Glaubwürdigkeit. »Wir sind keine Kriminellen«, versicherte ein Geheimagent in Santa Fe Springs einem argwöhnischen mexikanischen Bankier und wies auf ein Schild an der Wand, »wir sind von der Handelskammer anerkannt.« Und die Kunden waren dankbar. »Gott segne dich«, sagte ein Drogendealer nach einer lukrativen Transaktion zu einem Agenten. Das Unternehmen köderte sie mit weiteren Geldwäscheprofiten und Besuchen in Las Vegas, wo sie sich oft trafen, um Geschäftliches zu besprechen und auf weitere gute Zusammenarbeit anzustoßen.

Im Mai 1998 kam es zu einer Verhaftungswelle auf drei Kontinenten, unter anderem auch auf einer Landstraße in der Nähe von Las Vegas. Die Folge waren eine Reihe von Anklagen gegen Rauschgifthändler und ihre Anwälte und vor allem gegen 31 Bankiers der größten Finanzhäuser Mexikos, Klagen gegen drei mexikanische Banken und die Sicherstellung von 35 Millionen Dollar sowie zwei Tonnen Kokains. Die Beweismittel, die dem Gericht vorgelegt wurden, die Aussagen vor dem Kongress, interne Zollberichte und andere Dokumente zeigten das Ausmaß der Operation. Obwohl nur ein kleiner Teil der Geldwäsche über Emerald Empire abgewickelt wurde, waren über 180 Millionen Dollar durch Hände der Zollfahnder gegangen. »Wir waren ja so vorsichtig«[60], erinnerte sich einer, »wir hätten nicht Millionen, sondern Hunderte Millionen waschen können.«[60] In einem Haus in Illinois fanden die Agenten ein Hauptbuch, in dem 200 Millionen Dollar als Gewinn aus den Drogenschäften weniger Wochen verbucht waren.

Die Operation Casablanca belastete einige der höchsten Beamten innerhalb der mexikanischen Regierung. Verdeckte Zollfahnder beteiligten sich in den 90er Jahren am Rauschgifthandel, in dem sie, wie Meyer Lansky und Bugsy Siegel 50 Jahre zuvor, die mexikanische Bundespolizei und Mitarbeiter des Geheimdiensts schmierten. Bei vier verschiedenen Gelegenheiten brachten sie, den Casablanca-Akten zufolge, Koffer voller Geldscheine ins Foyer oder in Suiten eines Luxushotels an der Reforma, der Prachtstraße von Mexico City. »Taschen voller Bargeld für die mexikanischen Spitzel«, beschrieb es ein US-Agent nüchtern. Koffer, voll gestopft mit Banknoten, waren bei dieser Operation üblich. Bei einem mit Video aufgezeichneten Treffen sieht man einen ächzenden Geheimagenten, wie er den Koffer mit dem Schmiergeld aufs Hotelbett zu hieven versucht und dabei fast gestürzt wäre.

Dieses Geld floss nicht nur in die Taschen kleiner Ganoven. Es gab Hinweise darauf, dass selbst der Präsident und der Justizminister in den Drogenhandel verwickelt waren. Agenten der Operation Casablanca hatten wiederholt mit Abgesandten des mexikanischen Verteidigungsministers, General Enrique Cervantes, zu tun, die 1,15 Milliarden Dollar an Bestechungsgeldern »waschen« wollten. 15 Ton- und Videobänder über Treffen mit zwei Drogendealern und mindestens vier Bankiers ließen an der Rolle von Cervantes und anderen hochrangigen Politikern »keinen Zweifel«, wie ein US-Agent vor dem Kongress aussagte. Im April 1998 riet einer der Männer des Ministers Kontaktleuten des amerikanischen Geheimdiensts, gut auf die 1,15 Milliarden aufzupassen. »Er sagte, es könnte sehr gefährlich werden, wenn etwas schief laufe«, erzählte ein Zollbeamter, »weil das Geld ihnen ›allen gehöre, einschließlich dem Präsidenten‹.« Außerdem hatte der militärische Geheimdienst NSA (National Security Agency) Nachrichten abgefangen, die Cervantes belasteten, Schriftstücke, die der Vorsitzende des Kongressausschusses, Zollfahnder und hohe Regierungsvertreter eingesehen hatten.

Aber Cervantes und seine mexikanischen Helfer waren nicht die einzigen Verdächtigen. An jedem einzelnen Transfer der insgesamt 180 Millionen Dollar, die die amerikanischen Geheimagenten tätigten, war eine amerikanische Bank beteiligt. »Es wurde kein einziger Dollar, der sich nicht irgendwann einmal auf einem amerikanischen Konto befand, durch eine mexikanische Bank gewaschen«, erinnerte sich ein Geheimdienstmitarbeiter. Die Akten der Operation Casablanca führten über 100 Geldwäschekonten auf, deren Spur zu mehr als 70 amerikanischen Banken führte, darunter die mächtigsten und angesehensten des Landes wie Chase Manhattan, Bankers Trust, Bank of New York, Chemical Bank, Citibank, Great Western, Nationsbank, Norwest, American Express Bank und viele andere. Allein in Florida waren um die 20 Banken in den Fall verwickelt, zusammen mit Handelsgesellschaften in Südflorida, die, wie die Agenten herausfanden, ein parallel laufendes Geldwäschegeschäft betrieben und den Staat um jährlich 50 Milliarden Dollar Steuereinnahmen prellten.

Für das Ausmaß dieser Geldwäsche gaben viele Zollbeamte dem 1993 in Kraft getretenen Nordamerikanischen Freihandelsabkommen NAFTA die Schuld, da es kriminelle Handlungen begünstige und die Verbrechensbekämpfung erschwere. Infolge der von Geschäftsleuten und Politikern beider Länder geforderten Handelserleichterungen hatten Banken und andere Wirtschaftsunternehmen ihre Sicherheitsauflagen gelockert. »Das nordamerikanische Abkommen für freien Drogenhandel«, wie es ein Agent bissig nannte, hatte unvorhersehbare Folgen. Die Korruption, die 1996–1998 in den USA während der Operation Casablanca aufgedeckt wurde, war nicht geringer als die in Mexiko. In den ersten Tagen und Wochen nach den Verhaftungen unweit von Las Vegas schien es, als löse die Untersuchung einen der größten internationalen Skandale des Jahrhunderts aus. Aber nur ein Jahr später, nachdem sich zwei mexikanische Banken schuldig bekannt hatten und eine Hand voll mexikanische Bankangestellte verurteilt worden waren, geriet die ganze Sache in Vergessenheit. Wie beim Fall Mizuno hatte man auch diesen zu den Akten gelegt, ohne die Drahtzieher in Las Vegas, Washington oder anderswo zur Verantwortung zu ziehen.

Auf die Einstellung der Ermittlungen drängten vor allem die, denen es um ihren Machterhalt in Las Vegas ging. Konfrontiert mit den unliebsamen Enthüllungen, hatten Politiker, Beamte und Bankiers wie üblich reagiert: Als die mexikanische Regierung und besorgte amerikanische Gläubiger gegen die einseitigen Schuldzuweisungen sowie das Vorgehen gegen General Cervantes und andere protestierten, versuchten das US-Außenministerium und das Weiße Haus den diplomatischen und politischen Schaden zu begrenzen, indem sie die mexikanischen Enthüllungen über die Mitschuld Amerikas einfach verschwiegen. 1998, im Zuge der Verhaftungen, nannte Finanzminister Robert Rubin die von der Operation Casablanca aufgedeckte Geldwäsche »den Lebensnerv des organisierten Verbrechens«, aber die Washingtoner Führung, der Präsident, der Außenminister und der Justizminister sowie der dem Strip verpflichtete Kongress wollten nichts mehr von der Existenz einer »amerikanischen Verbrecherorganisation« wissen, nachdem die »Mafia«, wie sie sagten, in Las Vegas und anderswo ausgerottet worden war.

Hohe Beamte hatten gute Gründe, die Untersuchung zu hintertreiben oder im Sand verlaufen zu lassen. Vor allem fürchteten sie die Bloßstellung durch eine Operation, die – ähnlich wie die Ermittlungen gegen Mizuno – der üblichen bürokratischen Lethargie getrotzt hätte. Auch die amerikanische Geschäfts- und Finanzwelt, die durch die Erkenntniss ebenso kompromittiert war wie die mexikanischen Bankiers, zeigte kein Interesse an einer Fortsetzung der Ermittlungen. Ein Zollbeamter des Falls Mizuno erinnerte sich: »Wir waren kurz davor, Las Vegas das Handwerk zu legen«, während ein Agent der Operation Casablanca meinte: »Beinah hätten wir das Scheißsystem zerschlagen.«[61] Aber damals wie jetzt hatten die Mächtigen der Stadt gesiegt.

Im Juni 1999 wählte Las Vegas einen neuen Bürgermeister, den letzten für das 20. Jahrhundert und den ersten für das neue Jahrtausend. Mit überwältigender Stimmenmehrheit eroberte der Anwalt Oscar Goodman das Rathaus. Als Apologet der Glücksspielindustrie hatte der 59-Jährige aus Philadelphia seit seiner Ankunft 1964 überall die Finger im Spiel gehabt. Seitdem war er als Anwalt, Sprecher und Freund berüchtigter Syndikatsgrößen zu Ruhm und Reichtum gelangt.

Schon während des Wahlkampfs war es bei Interviews mit dem britischen Fernsehen, dem *New Yorker* und *60 Minutes* gelegentlich zu peinlichen Situationen gekommen, als sich der schwadronierende

Goodman im Ton vergriff, was er dann später etwas lahm als Scherz abtat, den nur niemand verstanden habe. Eine Fernsehdokumentation kurz vor seinem politischen Debüt zeigte die unerwartete Konfrontation Goodmans mit einem alten Widersacher vom FBI. Connie Bruck vom *New Yorker* schrieb:

> Der frühere Agent ist ihm bei ihrer lautstarken Auseinandersetzung überlegen und wirft Goodman vor, dass er, um seine Ziele zu erreichen, die Welt auf den Kopf stelle, Gutes in Böses verkehre und umgekehrt. Goodman ist im Begriff zu gehen, dreht sich aber noch einmal um und sagt dann mit einem Blick und in einem Ton, der für den Umgang, den er 35 Jahre lang pflegte, bezeichnend ist: »Fahren Sie vorsichtig!«[62]

Aber das öffentliche Zähnefletschen war kein Hindernis für seine Wahl in Las Vegas. Goodmans Ruf bewirkte, dass viele die Stadt wieder einmal nicht ernst nahmen.

In jenem Sommer, als Goodman sein Amt antrat, waren die Menschenmengen am Strip größer denn je. Trotz Terrorismuswarnungen und der Angst vor Computerausfällen drängten sich Hunderttausende durch die surrealen Korridore, wo einst Wüstenwinde Bugsy Siegels Gabardinemantel aufgebläht hatten. Für das Jahr 2000 erwartete Las Vegas über 50 Millionen Besucher.

Las Vegas bietet ihnen, wie seit Jahrzehnten schon, zensierte Nostalgie. Es hält Souvenirs und Poster von den legendären Künstlern dieser Unterhaltungsmetropole bereit: die Copa Girls, die für die Kamera postieren; Schnappschüsse von Sinatra und seinem Rat Pack, die sich im Sands amüsieren; ein aufgedunsener schwitzender Elvis, der in einem viel zu engen, weißen paillettenbestickten Anzug steckt, seinem späteren Markenzeichen; die Showlegende Liberace, der über seinen weißen überdimensionalen Flügel hinweg lächelt, und eine Reihe ehemaliger Lounge-Stars. Auch die inzwischen verschwundenen Kasinos geraten nicht in Vergessenheit; einige ihrer berühmten Neonschilder und Wahrzeichen hat man wie kostbare Artefakte restauriert und in der überdachten Fremont Experience in der Innenstadt ausgestellt. In Antiquitäten- und Buchläden abseits des Strip, wo Touristen und Einheimische auf der Suche nach der sittenlosen, blutrünstigen Geschichte der Stadt herumstöbern, finden sich die unvermeidlichen grobkörnigen Fotos von Bugsy. Der harmlos aussehende Gangster gehört offiziell ebenso der Vergangenheit an wie die prähistorischen Knochen, die immer noch in Tule Springs entdeckt werden, oder das zerfallene, aus Lehmziegeln erbaute Mormonenfort im Norden von Las Vegas oder die ersten provisorischen Sicherheitshelme, mit Teer überzogene Stoffmützen, die von den Ladern, Felsputzern und Sprengmeistern beim Bau des Boulder-Damms getragen wurden. Die kommerzialisierte, verkitschte Geschichte der Stadt hat sich Generationen von Amerikanern eingeprägt, den Millionen von glücklosen Spielern – die von dieser von Zahlen besessenen Stadt statistisch nie erfasst wurden – ebenso wie den gleichfalls eindrucksvollen Scharen von Besuchern, die von dieser schillernden Erlebniswelt bisher angezogen wurden.

Die Ströme von Menschen, die zur Jahrtausendwende den Strip entlang flanieren, werden von Geistern begleitet, deren Vermächtnis zu widersprüchlich und oft auch zu schwer verdaulich für den touristischen Geschmack ist. Von einem Kasino zum nächsten, vom alten Horseshoe und dem Golden Nugget in der Innenstadt bis zum neuen Mandalay Bay am anderen Ende des Strip, durch neuen Luxus und alte Schäbigkeit, über sündhaft teure Grundstücke, vorbei an den herausgeputzten Fassaden alter Spielhöllen schlendern die nimmermüden Besucher von Las Vegas staunend, wenn auch blind, in Begleitung einfältiger und korrupter Politiker, von Männern mit Geld und Visionen, brutalen Gangstern, charmanten und verrückten kleinen Ganoven, couragierten und feigen Journalisten, zwielichtigen und kämpferischen Gewerkschaftsführern sowie heldenhaften und käuflichen Polizisten. Es ist ein gespenstisches Abbild des übrigen Amerika, dessen Unterwelt sich in Las Vegas frei bewegt und dessen »Oberwelt« sich der Stadt bemächtigte. Viele dieser Geister sind für die Besucher, aber auch die Einwohner der Stadt so gesichtslos wie die wahren Besitzer von Las Vegas, die Banken und Investoren, die um die Jahrtausendwende hinter dem Strip stehen, so unsichtbar in der offiziellen Geschichte der Stadt wie in den Akten der Glücksspielbehörden.

Vor allem ein Geist wirft eine Frage auf, die die Lebenden nach wie vor beschäftigt. Der Senator aus Tennessee, der mit seiner Brille an eine Eule erinnerte, wusste von Anfang an, dass es keine Frage der Moral war, die ein »Volk von Glücksrittern«[63] zügelte, die die Wettleidenschaft der Amerikaner, ihre Risikobereitschaft, ihren unerschütterlichen Optimismus bremste. Eine zivilisierte Gesellschaft würde seiner Überzeugung nach das Glücksspiel erlauben, wenngleich mit höheren Gewinnchancen und damit gerechter verteilten Gewinnen, niedrigeren Profiten für die Kasinos, einem Mitspracherecht und einer Beteiligung der Belegschaft, einer fairen Besteuerung der Gewinne, einer Einschränkung des politischen Einflusses der Glücksspielbranche und entsprechenden Auflagen zur Begleichung der gesellschaftlichen Kosten. An jenem Tag im März 1951, als der Gangster Lansky den Senator Kefauver nach einer nicht öffentlichen Anhörung privat traf, stimmten beide Männer darin überein, dass es sich bei der Kontrolle des Glücksspiels nicht um eine Frage des Prinzips handelte, sondern um eine Frage der Macht.

»Was ist am Glücksspiel verkehrt?«, hatte Lansky den Senator gefragt. »Ihnen gefällt's doch auch. Ich weiß, dass Sie schon oft gespielt haben.«

»Das stimmt«, hatte Kefauver geantwortet, »aber ich will nicht, dass Leute wie Sie es kontrollieren.«

Nachwort

Die heimliche Hauptstadt

»Eine fatale Anhäufung von Unwägbarkeiten«[1] nannte Winston Churchill jene Momente in der Geschichte, in denen die Weichen für eine unheilvolle Entwicklung gestellt werden. In gewisser Hinsicht traf und trifft das auch auf Las Vegas zu.

Die Entwicklung der Stadt und ihr verheerender Einfluss auf das übrige Amerika waren weder vorherbestimmt noch unabwendbar. Hätte Nevada in den 40er Jahren die Kasinobosse des Strip in ihre Schranken verwiesen, bevor sie zu mächtig wurden, hätte Estes Kefauvers Entlarvung der Allianz aus Beamten, Bossen und Banditen in den 50er Jahren landesweit ernst gemeinte Reformen nach sich gezogen, hätten sich Amerikas Geheimdienst, Polizei und Justiz nicht 50 Jahre lang von den Mächten, die hinter der Stadt standen, gängeln lassen, wäre John F. Kennedy nicht ermordet worden und hätte Bobby Kennedy seinen erklärten Krieg gegen das organisierte Verbrechen fortgesetzt und gewonnen, hätten die Wall Street, die amerikanischen Banken, die mormonische Kirche und andere einflussreiche Institutionen nicht seit den 50er Jahren die Kasinos finanziert und damit auch das wachsende, über Nevada hinausgehende Imperium ihrer Besitzer, hätte sich Howard Hughes nicht von der Stadt als Aushängeschild missbrauchen lassen, wäre das Kartellamt zwischen Anfang der 70er Jahre und der Übernahme von Steve Wynns Mirage Resorts durch Kirk Kerkorian im Frühjahr 2000 irgendwann einmal gegen die Monopolisierung des Glücksspiels vorgegangen, hätte irgendein amerikanischer Präsident einmal öffentlich die engen Beziehungen zwischen Washington und Las Vegas und das Ausmaß des Drogenhandels und der Geldwäsche zugegeben – dann wäre die Geschichte der Stadt und damit auch des ganzen Landes möglicherweise anders verlaufen. Wäre an bestimmten Wendepunkten eine andere Richtung eingeschlagen worden, hätte sich die Stadt vielleicht aus der Tyrannei der Gangsterbosse und später der Konzernchefs befreien können und hätte sich nicht zum finanziellen Zentrum jener Mächte entwickelt, die inzwischen die Politik des Landes bestimmten. Aber so stärkte jede Nachlässigkeit, jede Unterlassung und jedes stillschweigende Einverständnis die Macht dieser Kräfte.

Während der turbulenten fünf Jahrzehnte des Aufstiegs der Stadt führten die meisten von ihnen ein ehrbares Leben. Ned Day hatte Recht mit seiner Behauptung, dass die Arbeit in einem Kasino »Mumm« erforderte. Es gehörte viel Mut dazu, alles aufzugeben und in die Wüste zu ziehen, um als Kellner oder Croupier zu arbeiten, sich als Revuetänzerin zu verdingen oder irgendwie zu versuchen, den Lebensunterhalt für sich und seine Familie zu bestreiten. Es gehörte auch Mut dazu, nicht die Flinte ins Korn zu werfen, wenn sich die hohen Erwartungen nicht erfüllten. Die Bürger von Las Vegas trugen zur Dynamik und Anziehungskraft der Stadt bei, die sie für Zuwanderer so attraktiv machte. Aber jenseits der gepflegten Stadtteile und Einkaufszentren, der großzügigen Bebauung und breiten Straßen, in der sich die Stadt durch nichts von jeder anderen amerikanischen Großstadt unterschied, existierte das eigentliche Las Vegas, die Schattenseite dieser Glitzermetropole. »Ich mag sie. Sie ist wunderbar«[2], sagte John L. Smith über seine Heimatstadt. Aber auch er wusste um ihre schwarze Seele.

Ganz gleich, was jenseits der zerklüfteten Berge, die das Tal im Süden Nevadas umschließen, passierte, was Politiker in Carson City, Washington oder New York unternahmen oder unterließen, die Einwohner von Las Vegas hatten eine Verantwortung gegenüber ihrer Stadt, der sie sich nicht hätte entziehen dürfen. Hätten sie den kommerziellen Verlockungen der Kasinos widerstanden, ihren Faust'schen Pakt mit der Glücksspielindustrie aufgekündigt, statt mitzuspielen, hätten sie vielleicht ihrem Schicksal entgehen können.

Die Stadt war schon immer ein Mikrokosmos des übrigen Amerika. Sie verkörperte nicht nur die Kultur und das Wertesystem Amerikas, sondern auch die Macht des Geldes. Seit dem Bau des Flamingo 1947 spiegelte Las Vegas die wirtschaftliche und politische Korruption wieder, die in ganz Amerika existierte, dort aber weniger deutlich in Erscheinung trat. Was Las Vegas seit dem Zweiten Weltkrieg in aller Öffentlichkeit und mit großer Selbstverständlichkeit praktizierte – angefangen beim Glücksspiel bis zur Kooperation mit dem Syndikat –, war auch in anderen Städten der USA seit Jahrzehnten gang und gäbe;

auch ihre Wirtschaft und ihre politischen Organe wurden von »einem Staat im Staat« geknebelt. Las Vegas' illegale Machenschaften – von der Geldwäsche und dem Drogenhandel bis hin zu Auftragsmorden – waren in ein weit gespanntes kriminelles Netzwerk eingebunden. Die aus dem ganzen Land stammenden Besitzer und Manager der Kasinos des Strip bereicherten sich durch illegale Abschöpfungen und legale Gewinne, bedienten sich der Möglichkeiten der Stadt auf jede redliche und unredliche Weise. Amerika bot einen fruchtbaren Nährboden für diese Entwicklung.

Las Vegas verdankte seinen wirtschaftlichen Erfolg vor allem dem Kapital des übrigen Amerika und den Gästen aus dem ganzen Land. Es konnte sich in den letzten Jahrzehnten des 20. Jahrhunderts nur deshalb zur heimlichen Hauptstadt der USA entwickeln, zum Mekka für Politiker und Touristen, einer Glücksspielmetropole, deren Einfluss bald bis in den hintersten Winkel des Landes reichte, weil das übrige Amerika Habgier und Ausbeutung zu nationalen Werten erhoben hatte.

Um die Jahrtausendwende hatte das demokratische System der Vereinigten Staaten längst kapituliert und war von einer Oligarchie abgelöst worden. Las Vegas hatte als Vorreiter für diese Entwicklung fungiert. Es fällt nicht leicht, die schicksalhafte Macht dieser Stadt zu akzeptieren. Was für ein trauriges, düsteres Spiegelbild präsentiert uns Las Vegas. Letztlich wird Amerika nicht umhin können, sich mit seiner eigenen verdrängten Geschichte auseinander zu setzen.

Anmerkungen

Abkürzungen:

CL	*Las Vegas City Life*
DTD	Robert Gottlieb, Peter Wiley, »Just don't Touch the Dice«, September 1980
EKP	Estes Kefauver Papers
FBI	Akten des Federal Bureau of Investigation
FBIVI	FBI Voting Irregularities Field Investigation, 1960–61
GJ	*Reno Gazette-Journal*
HSCA	House Select Committee on Assassinations
JFKAA	John Fitzgerald Kennedy Assassination Archives
LAT	*Los Angeles Times*
LVL	*Las Vegas Life*
LVPL	Las Vegas Public Library Special Collections
NHS	Nevada Historical Society, Reno und Las Vegas
NSLA	Nevada State Library and Archives, Carson City
NYT	*New York Times*
OH	University of Nevada Oral History Program
RJ	*Las Vegas Review-Journal*
SUN	*Las Vegas Sun*
UNLV	University of Nevada Las Vegas, Special Collections
UNM	University of New Mexico, Clinton P. Anderson Special Collections
UNR	University of Nevada Reno, Special Collections
VI	Vertrauliches Interview
WP	*Washington Post*
WSJ	*Wall Street Journal*
WPA	*The WPA Guide to 1930s Nevada*

Vorwort: Die Stadt des 21. Jahrhunderts

Unsere Ausführungen zu »Operation Casablanca« (hier und in Kap. 16) beruhen auf Interviews mit Zollbeamten und Staatsanwälten in Nevada, Kalifornien und Washington, D.C. Ferner stützen wir uns auf unveröffentlichte Zeugenaussagen vor dem U.S. Congressional Subcommitte on Criminal Justice, Drug Policy, and Human Resources, auf Interviews mit Mitgliedern des Unterausschusses und Beamten von CIA und NSA (National Security Agency) sowie Zeitungsberichte aus Kalifornien und Florida. Unser Abriss über den mexikanischen Drogenhandel seit 1940 basiert auf folgenden Quellen: McCoy, *The Politics of Heroin* (dt.: *Die CIA und das Heroin. Weltpolitik durch Drogenhandel*); Scott, *Deep Politics*; das FBI-Dossier über Benjamin »Bugs« Siegel (FBI #62-2837); die Senatsanhörungen »Organisiertes Verbrechen und Drogenhandel«, 1964; Noyes, *Legacy of Doubt*; Block, *Perspectives on Organizing Crime*; Eisenberg et al., *Lansky: Mogul to the Mob* (dt.: *Der König der Mafia*), sowie Turkus und Feder, *Murder, Inc.* Die Daten zur Wirtschafts- und Bevölkerungsentwicklung von Las Vegas im Jahr 1999 stammen aus Unterlagen des Center for Business and Economic Research an der University of Nevada in Las Vegas und der Nevada Development Authority sowie aus der von der Metropolitan Research Association in Las Vegas herausgegebenen Dokumentation *Las Vegas Perspective*, Ausgaben 1997 und 1999.

1 VI

2 Der Begriff stammt von William E. Gately, Sonderermittler bei der Financial and Drug Smuggling Investigations Division of Customs Los Angeles Office, der die Operation Casablanca plante und leitete.

3 *San Diego Union-Tribune*, 29. September 1998

4 VI; NYT, 11. Juni 1998; RJ, 20. Mai 1998; LAT, 3. Juni 1998

5 *Washington Times*, 19. Mai 1998

6 *Financial Times* (London), 30. Mai 1998

7 VI

8 VI mit Beamten der Zollfahndung und Ermittlern im Mizuno-Fall (Untersuchungsdetails in Kap. 16)

9 *San Diego Union-Tribune*, 29. September 1998 (tatsächlich sagt Ingrid Bergman in *Casablanca* »Play it, Sam«)

10 VI

11 VI

12 VI

13 Vgl. Scott, *Deep Politics*, S. 141–145, 343 f.; Noyes, S. 57; im Senatsbericht Nr. 781 (1964) über die Anhörungen zum Drogenhandel wird Meltzer als »Unterweltgröße« bezeichnet, »die den amerikanischen Rauschgifthändlern bestens bekannt« war. Vgl. Reid, *The Grim Reapers*, S. 292. Auf der Grundlage der FBI-Akte #113017 schildert er Meltzers Aktivitäten in Kalifornien, u. a. in der Prostitution und im Pferdewettgeschäft, und beleuchtet dessen Rolle als »Weltreisender der Organisation, der in den vergangenen Jahren in Kanada, Kuba, Hongkong, Japan, Hawaii und den Philippinen unterwegs war« und »in Oklahoma, Texas, Baltimore, Miami, Las Vegas und Boston Partner hatte«. Nach Auswertung von Meltzers Dossier kommt Reid zu dem Schluss, dass Meltzer »in der Syndikatshierarchie auf derselben Stufe wie Glücksspielkönig Meyer Lansky rangiert«. Zur Beteiligung Meltzers am Mordkomplott des CIA gegen Fidel Castro während der Präsidentschaft Kennedys vgl. Mahoney, S. 269, 412; »Mason Cargill Memorandum to the File«, 30. April 1975, HSCA; vgl. hier Kap. a. 2.

14 FBI-Bericht, »Vice Conditions Las Vegas«, 24. Juni 1946; Dossier »Benjamin Siegel«; *Los Angeles Daily Reporter*, 24. Juni 1947; *Los Angeles Examiner*, 29. Juni 1947; *Los Angeles Mirror*, 16. Juni 1949; FBI-Bericht, »Re: Benjamin ›Bugs‹ Siegel«, 29. November 1946 (darunter zahlreiche Querverweise auf Akten des FBN über Siegels Drogengeschäfte)

[15] Vgl. Scott, *Deep Politics*, S. 104 f., 123 f., 141–149, 301; Scott, Marshall, S. 33–43, 85 f; Walker, S. 162–167, 178. Die lange Kooperation zwischen CIA und seinem mexikanischen Ableger Dirección Federal de Seguridad (DFS) und ihren Nachfolgeorganisationen wurde auch in vertraulichen Interviews mit amerikanischen Zollfahndern, Beamten der Bundesdrogenfahndung (DEA), Polizisten und Ermittlern der Verkehrspolizei in New Mexico, Arizona und anderen Bundesstaaten sowie Beamten von CIA und NSA bestätigt.

[16] Zu den illegalen Geldtransporten nach Las Vegas und der Geldwäsche in den Kasinos vgl. vor allem Chambliss, S. 156 ff.

[17] Vgl. Sale, S. 84–88; Kwitny, *Vicious Circles*, S. 159–172; die Literatur über die Teamsters in den Anmerkungen zu Kap. 1 ff.

[18] Vgl. Denton, Morris, »Easy Money in Vegas«, NYT, 19. Juli 1996

[19] Rothman, Davis, »First City of the Twenty-first Century«

[20] Goodman, S. 137 f.

[21] John H. Findlay, »Gambling, Las Vegas, and American Culture: Chance and Change in the Mid-20th Century«, Vortrag vor der Organization of American Historians, Reno, 25. März 1988

[22] NYT, 5. September 1999.

[23] Davis, »Las Vegas Versus Nature«, in: Rothman (Hg.), *Reopening the American West*, S. 54

[24] Daniel Boorstin, *Hidden History*, New York 1988, S. 17ff.

Erster Teil
DIE GRÜNDERVÄTER

[1] Vgl. Artikelserie von Hopkins et al. in RJ.

1 **Meyer Lansky**

Unsere Darstellung stützt sich im Wesentlichen auf Hank Messicks Biografie (1971) und die Lebensgeschichte der israelischen Journalisten Eisenberg, Dan und Landau (1979), die auf Interviews mit Lansky beruht. Diese Arbeiten geben Einblick in das Leben des Gangsters, über den bis dahin nur wenig bekannt war, was dieser seiner eigenen Verschwiegenheit und der seiner Verbündeten in Politik und Wirtschaft verdankte. Laceys Buch (*Little Man: Meyer Lansky and the Ganster Life*, 1991; dt. *Meyer Lansky: Der Gangster und sein Amerika*, 1992) zeichnet ein differenziertes Bild des Unterweltbosses. Allerdings unterschätzt Lacey den Einfluss Lanskys auf Las Vegas, die amerikanische Politik und »Unternehmenskultur«, die durch seine Methoden und Moral geprägt war. Lansky war der eigentliche Gründervater von Las Vegas, dessen Vermächtnis noch im 21. Jahrhundert zu spüren ist. Das belegen die Interviews mit jenen, die ihn persönlich kannten, und die Arbeiten von Turkus und Feder, Chambliss, Scott, Moldea, Gentry, Hersh, Block und Chambliss, Summers' *Official and Confidential*, 1993, dt. *J. Edgar Hoover: Der Pate im FBI* und *The Arrogance of Power* sowie Balbonis Aufsatz über Dalitz in Davies' *The Maverick Spirit*.

[1] Eisenberg et al., *Der König der Mafia*, S. 26

[2] Ebd., vgl. S. 27

[3] Lacey, *Meyer Lansky*, S. 42

[4] Ebd., vgl. S. 44; Messick, *Lansky*, S. 19 f.

[5] Turkus und Feder, S. 81

[6] Eisenberg, S. 57

[7] Messick, *Lansky*, S. 153

[8] Eisenberg, S. 73

[9] Ebd., S. 104

[10] Fox, S. 42

[11] Chambliss, S. 162. Neben Michael Dorman, *Payoff*, und Scott, *Deep Politics*, gehört das Kapitel »Höhere Kreise« in Chambliss, *On the Take*, 1978, S. 150 bis 181, das er zehn Jahre später überarbeitete, zu den überzeugendsten Darstellungen der Korruption in der amerikanischen Politik. Vgl. Eisenberg *et al.*, engl. Ausgabe, S. 153ff.; Messick, *Lansky*, S. 117

[12] Woodiwiss, S. 72. Vgl. Benjamin Stol-

berg, »Thomas E. Dewey, Self-Made Myth«, in: *American Mercury*, Juni 1940

[13] Scott, *Deep Politics*, S. 145; vgl. S. 100, 146, 165, 169, 345; Summers, *Official and Confidential*, S. 6–13, 22, 242–245, 258, 446

[14] VI; zur Operation Underworld vgl. Chambliss, S. 161–165; Messick, *Lansky*; Rodney Campbell, *The Luciano Project: The Secret Wartime Collaboration of the Mafia and the U.S. Navy*, New York 1974. Allerdings wird Campbells Untersuchung Lanskys enormem Einfluss auf die amerikanische Politik nicht gerecht. Angeblich begann die Operation Underworld damit, dass die US-Marine an den Unterweltboss des Fulton Fish Market, Joseph »Socks« Lanza, mit der Bitte herantrat, Fischer anzuheuern, um nach deutschen U-Booten zu suchen. In einer Rezension über Campbells Buch in der *New York Times* vom 9. Oktober 1977 wird vage die Zusammenarbeit von Syndikat und Regierung angesprochen; auch Lansky wird nur beiläufig erwähnt. Vgl. Scott, *Deep Politics*, S. 100, 145, 165–169, 175–178; Alan A. Block, John McWilliams, »On the Origins of American Counterintelligence: Building a Clandestine Network«, in: *Journal of Policy History*, 1989; R. Harris Smith, *OSS*, Berkeley 1972; Block, *Perspectives on Organizing Crime*; Henrik Krueger, *The Great Heroin Coup*, Boston 1981; Marshall, S. 44–53, McCoy, S. 31–3; Lacey, engl. Ausgabe, S. 114–127, 163, 176, 197

[15] Vgl. Peter Robb, *Sizilianische Schatten*, S. 43 ff., darin Gore Vidals Bemerkung, dass »Sizilien seine Befreiung Lucky Luciano, Vito Genevese und der amerikanischen Armee verdankt«. Robb zufolge pflegten führende Köpfe des Syndikats enge Beziehungen zum US-Oberkommando, darunter der amerikanische Militärgouverneur in Neapel, den Luciano als »guten Freund« bezeichnete. Robbs Darstellung der US-gestützten Machtübernahme der Mafia in Sizilien und in Italien ist eine entlarvende Studie über die politischen Verhältnisse Italiens und die Außenpolitik der USA. Vgl. Nash, S. 251–256; Sifakis, S. 200 ff.; Messick, *Lansky*, S. 138 ff. (dort steht, dass nach Lucianos Straferlass durch Dewey – als Anerkennung für seine Kooperation im New Yorker Hafen und in Sizilien – und seiner unverzüglichen Ausweisung 1946 die Führung des Syndikats und seines jüngsten »Ablegers« in Las Vegas mehr oder weniger an Lansky überging).

[16] Vgl. Eisenberg, S. 228–289. Lanskys Beziehung zum kubanischen Diktator wird auch in Messick und Lacey erörtert. In *The Cuban Revolution and the U.S.*, S. 21, schreibt Jane Franklin, dass mit der Wahl von Batistas Nachfolger, Ramon Grau San Martin, 1944 der Einfluss des organisierten Verbrechens in Kuba nicht zurückging, sondern zunahm.

[17] Eisenberg, S. 290

[18] Ebd.

[19] Ebd., S. 227

[20] Ebd., S. 227 f.

[21] Abhörprotkoll des FBI, zitiert in: Scott, *Deep Politics*, S. 146; vgl. Messick, *John Edgar Hoover*, S. 189–201; Eisenberg, S. 258 ff.; Demaris, *The Last Mafioso*, S. 63–70, 85 f., 104–07; Sam und Chuck Giancana, S. 144, 178, 194, 211, 263 f.; Fox, S. 283 f.

2 Benny Binion

Binions Biografie regt zum Nachdenken über das Geschichtsbewusstsein der Amerikaner und die unterschiedliche Wertigkeit bestimmter geschichtlicher Ereignisse und Personen an. Hier wird deutlich, dass ungebildete Verbrecher selten so viel Aufmerksamkeit erregen wie Kriminelle, die durch Kultiviertheit und Bildung beeindrucken, auch dann nicht, wenn sie in der Gesellschaft eine wichtige Rolle spielen. Das führt zu einem verzerrten Geschichtsbild. Nur eine Hand voll Autoren hat sich mit Benny Binions Stellung in der amerikanischen Geschichte auseinandergesetzt: Cartwright in »Benny and the Boys«; Steven Reed in seiner Serie im *Houston Chronicle*; A. D. Hopkins in seinem Porträt des Gangsters in: Sheehan, *The Players*;

David Johnston in »I'm Still Able to Do My Own Killings« in: *Temples of Chance*, S. 29–37. Es gibt ferner Beiträge über Binions Kontakte zum organisierten Verbrechen, u. a. zu Männern, die im Zusammenhang mit der Ermordung John F. Kennedys auftauchen. Vgl. dazu Scott, *Deep Politics*, S. 206 ff.; Reid und Demaris sowie Scheim. Binions Beziehungen zu Lansky kamen in Interviews mit Bobby Baker zur Sprache und werden auch von Odessky, *Fly on the Wall*, S. 154, erwähnt. Scott, *Deep Politics*, S. 206 ff., und HSCA Vol. 5, 1970/71, befassen sich mit Binions Beziehungen zu den texanischen Mogulen H. L. Hunt, Sid Richardson und Clint Murchison, sen. Die Drogenorganisation der Chagras und die Ermordung des texanischen Bundesbezirksrichters John Wood werden von Denton beleuchtet und von Cartwright in: *Dirty Dealing*. Vgl. A. Alvarez, »The Biggest Game in Town« in: Tronnes (Hg.), *Literary Las Vegas*. Unlängst freigegebene FBI-Dokumente über Binion und die Akte über den Agenten William Coulthard zeigen, dass Binion nicht nur den Mord an Coulthard in Auftrag gegeben hatte. Binions Behauptung, Senator Howard Cannon bestochen zu haben, um die Ernennung Harry Clairbornes zum Bundesbezirksrichter durchzusetzen, wird durch FBI-Akten sowie Interviews mit dem früheren Sonderermittler des FBI in Las Vegas, Joe Yablonsky, bestätigt (anderen Quellen zufolge schuldete Cannon diese Gefälligkeit Claiborne, wegen dessen Rolle bei den Senatswahlen im Jahr 1964, wo Paul Laxalt knapp gegen Cannon verlor). Kaum zehn Jahre nach Binions Tod wurde sein Sohn Ted, der wegen seiner Verbindungen zum organisierten Verbrechen seine Glücksspielkonzession verloren hatte, bei einem Familienstreit über das Binion-Imperium ermordet.

[1] FBI-Interview mit Binion (undatiert), Akte #92-3241
[2] Alvarez, »The Biggest Game in Town«, in: Tronnes (Hg.), *Literary Las Vegas*, S. 65
[3] Gespräch mit Prof. Michael Green, Community College of Southern Nevada
[4] Cartwright, »Benny and the Boys«
[5] Ebd.
[6] Ebd.
[7] Odessky, S. 154
[8] Ebd.
[9] Pearson, S. 470
[10] Scott, *Deep Politics*, S. 154–160
[11] Berman, S. 58
[12] Ebd.
[13] Ebd.
[14] Ebd.
[15] Alvarez, »The Biggest Game in Town«, S. 66
[16] FBI-Akte #92-3241
[17] Zu Binions Erscheinen vor der Steuerkommission von Nevada vgl. OH, Robbins Cahill
[18] Johnston, S. 31
[19] Ebd.
[20] Reid, Demaris, S. 186
[21] A. D. Hopkins, in: Sheehan, S. 63 f.
[22] Alvarez, »The Biggest Game in Town«, S. 65
[23] Hopkins, in: Sheehan, S. 48
[24] Cartwright, »Benny and the Boys«
[25] Smith, *No Limit*, S. 95
[26] Hopkins, in: Sheehan, S. 51
[27] VI
[28] Alvarez, »The Biggest Game in Town«, S. 82
[29] Interview des RJ mit dem verurteilten Bundesbezirksrichter Harry Claiborne

3 **Pat McCarran**

Das Leben des schillernden Senators ist eine Herausforderung für jeden Biografen. Bislang liegt nur die Monografie *Political Boss of Nevada* von Jerome E. Edwards vor. Elizabeth Raymond beleuchtet in ihrem Porträt George Wingfields auch McCarrans frühe politische Karriere. Viele Aspekte seiner Laufbahn sind jedoch kaum erforscht: McCarrans Manipulationen in Washington, seine Machenschaften in der internationalen Politik, seine Rolle als Antikommunist, sein Widerstand gegen Kefauver und sein Engagement für Las

Vegas. In den FBI-Akten finden sich Hinweise auf seine politischen Manöver und Intrigen. Die Interviews mit einigen von »McCarrans Jungs« und anderen, die vor allem in seinen späteren Jahren mit McCarran Kontakt pflegten, müssen vor dem Hintergrund gesehen werden, dass viele dem letzten großen »Patriarchen« Nevadas Respekt und Bewunderung entgegenbrachten oder sich ihm persönlich verpflichtet fühlten. Die Beschäftigung mit den Ausschüssen, denen McCarran vorsaß, und mit politischen Freunden wie Jay Sourwine führt zu verlässlicheren Erkenntnissen. Aufschlüsse liefern auch Archivunterlagen und Briefe, Lebenserinnerungen sowie zeitgenössische Presseberichte und Hank Greenspuns Kolumnen. Nach Auswertung des Materials ergibt sich ein weit vielschichtigeres Bild des Senators, als wir es bisher kannten. Unsere Ausführungen zur Geschichte Nevadas stützen sich hauptsächlich auf Bancrofts Geschichtswerk, auf Ostranders Studie, auf Findlay, Hulse, Laxalt und nicht zuletzt auf Mark Twain.

[1] Ostrander, S. 132
[2] Mark Twain, *Durch dick und dünn*, S. 338 f.
[3] Green, »Understanding Nevada Today«, in: *Halcyon*, 1994
[4] Ostrander, S. 66
[5] Ebd., S. 67
[6] Bancroft, S. 175
[7] Lillard, *Desert Challenge: An Interpretation of Nevada*, 1942, S. 11
[8] Ostrander, S. 82
[9] Ebd., S. 97
[10] Richard Hofstadter, *The American Politician Tradition and the Men Who Made It*, New York 1958, S. 186 ff.
[11] Ostrander, S. 97–131, liefert eine vernichtende Kritik der Silver Party, die er als »doktrinär, engstirnig und auf infantile Weise selbstbezogen« bezeichnet.
[12] WPA, S. 3
[13] Jerome Edwards, S. 8
[14] Ebd., S. 12
[15] Raymond, S. 1
[16] Jerome Edwards, S. 24
[17] Ebd., S. 25
[18] Ebd., S. 15
[19] Vgl. Raymond, S. 199. Diese Formulierung stammt von der Journalistin Laura Vitray vom *New York Evening Graphic*; vgl. ihre Berichte über die Glücksspielszene in Reno im *Graphic* vom 3. und 18. Juli 1931.
[20] *Nevada State Journal*, 11. September 1927; *Reno Evening Gazette*, 12. September 1927; vgl. Raymond, S. 175–179
[21] Brief an Schwester Margaret P. McCarran, 12. Februar 1933, McCarran Collection, NHS; vgl. Jerome Edwards, S. 47 f.
[22] *Life*, 29. November 1937
[23] George Creel, »Under the Underdog«, in: *Collier's*, 6. April 1935
[24] Brief an Schwester Margaret P. McCarran, 4. August 1946, McCarran Collection, NHS; vgl. Jerome Edwards, S. 44
[25] Interview mit Chet Smith
[26] VI
[27] Alfred Steinberg, »McCarran: Lone Wolf of the Senate«, in: *Harper's*, November 1950
[28] Vgl. Robert Allen, William V. Shannon, *The Truman Merry-Go-Round*, New York 1950, S. 225
[29] Steinberg, »McCarran: Lone Wolf of the Senate«
[30] Ebd.
[31] Vgl. *U.S. News & World Report*, 31. August 1951; *The Reporter*, 13. September 1949
[32] Jerome Edwards, S. 139
[33] VI
[34] Donner, *Age of Surveillance*, S. 409
[35] Ebd.
[36] Ebd.
[37] Auszug aus einer Namenliste von 800 Mitgliedern des organisierten Verbrechens, die FBN-Chef Harry Anslinger im Juni 1950 dem Kefauver-Ausschuss vorlegte, zitiert in: Lait, Mortimer, S. 303. Vgl. Reid, S. 178, 184, 219
[38] Sale, S. 82
[39] Moore, S. 52 f.
[40] SUN, 12. Juli 1954
[41] Jerome Edwards, S. 123

[42] Brief an Joseph E. McDonald, 3. Juli 1951, McCarran Collection, NHS

[43] Ebd.

[44] VI

[45] Brief an Joseph E. McDonald, 3. Juli 1951, McCarran Collection, NHS

[46] Ebd.

[47] Laxalt, *Nevada*, S. 72

4 **Bugsy Siegel**

Als legendärer Gründervater von Las Vegas ist Siegel Thema zahlreicher Abhandlungen, von denen die meisten entscheidende Aspekte ausblenden. Als Gangsterkarikatur und krimineller Sündenbock des Strip lenkte Siegel die Aufmerksamkeit von den wahren Schuldigen ab. Er war mehr als ein aufbrausender Killer mit einem extravaganten Geschmack. Sein Geschäftsimperium vermittelt einen Eindruck von der Macht des Syndikats in den 30er und 40er Jahren. Seine Rolle im Rauschgifthandel weist darauf hin, dass Las Vegas mit Drogengeldern erbaut wurde und dass diese Stadt in Nevada und nicht Medellín in Kolumbien die Hochburg des Drogenhandels der westlichen Hemisphäre war. Die Finanzierung seiner Unternehmungen durch Institutionen des amerikanischen Kapitalismus weist auf die enge Zusammenarbeit zwischen Unter- und »Oberwelt« hin, die während der letzten 50 Jahre die amerikanische Gesellschaft beherrschte. Zu den wichtigsten Quellen über Siegel gehören: FBI-Akte #62-2837 ff.; James F. Smith, »Ben Siegel: Father of Las Vegas and the Modern Casino-Hotel«, in: *Journal of Popular Culture*, 1992. Informative Biografien sind die von Jennings, Edmonds, Hanna und Lacey sowie John L. Smith, »The Ghost of Ben Siegel«, in: Sheehan, *The Players*. Weitere Einblicke und Details finden sich bei Messick, Eisenberg et al. und Pearl. Über Siegels Rolle im mexikanischen Rauschgifthandel vgl. Scott und Bugsys FBI-Akte; zu seinen Beziehungen zu Nixon vgl. Eisenberg, *Lansky: Mogul to the Mob*, S. 258–316; Cohen, S. 135 ff.; Summers, *Arrogance of Power*, S. 54.

[1] Laxalt, *Nevada*, S. 102

[2] FBI-Dossier, 7. August 1946, L. A. 62-2837, »Background of Benjamin ›Bugs‹ Siegel«

[3] Ebd., S. 22, 45 f., 89–91

[4] Lacey, dt. Ausgabe, S. 189 f.

[5] Turkus, Feder, S. 273

[6] RJ, 28. Oktober 1942; vgl. Lacey, dt. Ausgabe, S. 181

[7] RJ, 4. März 1943

[8] Scott, *Deep Politics*, S. 142

[9] FBI-Dossier, 23. Juni 1947; vgl. *Los Angeles Daily Reporter*, 24. Juni 1947

[10] Laxalt, *Nevada*, S. 104

[11] Ebd.

[12] Vgl. Lacey, engl. Ausgabe, S. 153

[13] Pearl, S. 26

[14] Odessky, S. 10

[15] *Las Vegas Tribune*, 25. Juli–1. August 1946

[16] FBI-Dossier, 7. August 1946; vgl. FBI-Dossier, 21. August 1946

[17] FBI-Dossier, 21. August 1946

[18] FBI-Dossier, 1. August 1946, zur Akte von A. E. Ostholthoff, Sonderermittler in Los Angeles

[19] FBI-Dossier mit Anweisungen der Behörde, 30. Januar 1947

[20] Turkus, Feder, S. 272

[21] James F. Smith, »Ben Siegel«, in: *Journal of Popular Culture*, Frühjahr 1992

[22] Lewis, S. 198

[23] Smith, »Ben Siegel«; vgl. Kaufman, S. 178

[24] FBI-Dossier, 24. Juni 1946, #62-1125

[25] Roemer, *Man Against the Mob*, S. 45

[26] Messick, *Lansky*, S. 146

[27] Ebd., S. 145

[28] FBI-Dossier, 1. August 1946 (mit Informationen, die von abgehörten Telefongesprächen und aus vertraulichen Interviews in Las Vegas stammen)

[29] Der glaubwürdigste Augenzeugenbericht über das Treffen in Havanna findet sich bei Eisenberg, S. 235 ff.

[30] Ebd., S. 238

[31] Pearl, S. 29

[32] Messick, *Lansky*, S. 148 f.

[33] Smith, »Ben Siegel«

[34] Ebd.; Jennings, S. 182 f.; vgl. FBI-Dossier, 1. Mai 1947, #62-81518

[35] FBI-Dossier, 16. Juni 1947. Das Dossier enthält eine Zusammenfassung von Informantenberichten über das Flamingo, das als Mittelpunkt eines amerikaweiten Prostitutionsrings von Regisseuren und Mitarbeitern der Metro-Goldwyn-Mayer-Studios in Hollywood mit jungen Frauen versorgt wurde.

[36] Chambliss, S. 101; dort heißt es weiter: »Die herrschende Elite profitiert wirtschaftlich und gesellschaftlich von der Existenz einer reibungslos funktionierenden Organisation. Justiz, Polizei und Verwaltung arbeiten am effizientesten, wenn dieses Netzwerk in die politischen Strukturen eingebettet ist. Und die Öffentlichkeit ist zufrieden, wenn bei der Kontrolle illegaler Aktivitäten der Schein gewahrt bleibt, ohne dass diese wirklich unterbunden werden.«

[37] FBI-Dossier, 23. Juni 1947, offenbar von J. C. Ellsworth, dem Stellvertreter des verantwortlichen Sonderermittlers in L. A.

[38] OH, Robbins Cahill

[39] Ebd.

[40] Lacey, dt. Ausgabe, S. 190

[41] Pearl, S. 30

[42] Smith, »Ben Siegel«

[43] Lacey, dt. Ausgabe, S. 190 f.

5 Hank Greenspun

Über den Verfasser und Herausgeber unzähliger Zeitungsartikel wurde erstaunlich wenig geschrieben, obwohl seine Eskapaden auf der nationalen und internationalen Bühne nicht weniger Aufsehen erregten als die Themen, über die die SUN gewöhnlich berichtete. Was die ersten vierzig Jahre seines Lebens betrifft – vor allem jene Zeit, aus der die für seine weitere Laufbahn so wichtigen Kontakte zu einflussreichen Männern des amerikanischen und israelischen Geheimdiensts stammten –, so sind wir auf das angewiesen, was Greenspun in seiner Autobiografie *Where I Stand* preisgibt. Zeitgenössische Porträts des Verlegers lieferten lediglich Donovan und Cater in: *The Reporter,* 1953; Lukas in: Pollak (Hg.) *Stop the Presses*; Dalton in: *Harper's* sowie Joe Liebling in seinem unterhaltsamen Beitrag »Out Among the Lamisters« in: *The New Yorker* 1954. Neuere Einschätzungen verdanken wir Michael S. Greens Beiträgen »Where He Stood« (in: Davies) und »The Las Vegas Newspaper War of the 1950s«. In den 50er Jahren führte das FBI gegen Greenspun intensive Ermittlungen durch. Seine Karriere als Waffenschmuggler und sein späteres Amnestiegesuch, seine Verbindungen zu Jimmy Hoffa und Red Dorfmann sowie sein Darlehen bei den Teamsters gaben den Bundesbehörden immer wieder Grund, ihn ins Visier zu nehmen. Es gibt eine informative FBI-Akte über ihn, die von seiner Zeit als Siegels PR-Mann im Flamingo bis zu Watergate reicht. Kitty Kelley berichtet in ihrer Sinatra-Biografie *His Way* über Greenspuns Geschäftsbeziehungen zu Frank Sinatra und der Del Webb Corporation, während Barlett und Steele sowie Drosnin Greenspuns selbstsüchtige Deals mit Howard Hughes offen legen. Unsere Informationen über die Zusammenarbeit zwischen Greenspun, Ed Morgan, Bob Maheu, Drew Pearson und Jack Anderson (die in Kap. 12 ff. ausgeführt werden) stammen aus folgenden Quellen: Pearsons Tagebuch; Andersons Memoiren (1999) und *Where I Stand* (das Ed Morgan gewidmet ist und die lebenslange Freundschaft bis in ihre Anfänge zurückverfolgt); Barlett und Steele; Scott, *Crime and Cover-up* und die Rosselli-Biografie von Rappleye und Becker. Greenspuns Kontakte nach Israel, seine Tätigkeit für den Mossad, die erst nach seinem Tode bekannt wurde, gehören zu den rätselhaftesten Kapiteln seines Lebens. Leslie und Andrew Cockburn in *Dangerous Liaison*, Teddy Kollek in *Ein Leben für Jerusalem* berichten über die »gigantische Mossad-Operation« in Osteuropa und den USA Ende der 40er Jahre, an der u. a. Schwimmer und Greenspun beteiligt waren. Allerdings behaupten die Cockburns, dass Greenspun, »ein Veteran der jüdischen Armee, bis dahin keinerlei Kontakte zur zionistischen Bewegung gehabt« habe.

Kollek schildert die Bestechung lateinamerikanischer Präsidenten und die Zusammenarbeit mit dem organisierten Verbrechen bei der Verladung illegaler Waf- fenlieferungen im New Yorker Hafen und anderswo. Die *Jerusalem Post* brachte nach Greenspuns Tod zutreffendere Darstellungen seines Lebens, als sie in irgendeinem Nachruf in Las Vegas zu lesen waren.

[1] Greenspun, S. 5 f.
[2] Green, »Where He Stood«
[3] Greenspun, S. 4 f.
[4] Ebd., S. 12
[5] Ebd., S. 19
[6] Ebd., S. 64
[7] Ebd., S. 68
[8] Ebd.
[9] Ebd.
[10] Dalton, »The Legend of Hank Greenspun«, in: *Harper's*, Juni 1982
[11] Green, »Where He Stood«
[12] John L. Smith, in: Sheehan, *The Players*
[13] Greenspun, S. 5
[14] Ebd., S. 167. Greenspun zitiert aus dem Buch des israelischen Offiziers Netanel Lorch *The Edge of the Sword*, Hartford 1968.
[15] Green, »Where He Stood«
[16] NYT, 13. Mai 1990
[17] Cockburn, S. 27
[18] Interview der Autoren mit Chet Smith
[19] Greenspun, S. 192
[20] Ebd., S. 179
[21] Ebd., S. 192
[22] Ebd., S. 168
[23] Vgl. RJ, 21. August 1955 und 23. August 1955
[24] Greenspun, S. 186
[25] Liebling, in: *The New Yorker*, 27. März 1954
[26] Ebd., S. 9
[27] Vgl. Green, »The Las Vegas Newspaper War«
[28] Liebling, in: *The New Yorker*, 27. März 1954
[29] Ebd.
[30] Green, »The Las Vegas Newspaper War«
[31] Vgl. Jerome Edwards, S. 157–164, zur Darstellung des Konflikts zwischen McCarran und Greenspun
[32] SUN, 12. Juli 1954
[33] *The Reporter*, 9. Juni 1953; vgl. Green, »Where He Stood«
[34] Der Boykott wird am besten dargestellt in *Reporter*, 9. Juni 1953, und Green, »Where He Stood«.
[35] Green, »Where He Stood«
[36] Ebd.
[37] Ebd.
[38] *International News Service*, 3. März 1957
[39] Green, »Where He Stood«
[40] Ebd.
[41] Hilty, S. 202
[42] Green, »Where He Stood«
[43] *The Reporter*, 9. Juni 1953
[44] Liebling, in: *The New Yorker*, 27. März 1954
[45] Vgl. *Nevada State Journal*, 29. September 1954; *Reno Evening Gazette*, 29. September 1954; *Time*, 6. Juni 1975
[46] Greenspun, S. 264
[47] VI
[48] Green, »Where He Stood«
[49] *Newsweek*, 2. Mai 1955
[50] Green, »Where He Stood«
[51] Green, »The Las Vegas Newspaper War«
[52] Green, »Where He Stood«
[53] RJ, 30. Mai 1960
[54] *Newsweek*, 2. Mai 1955
[55] Interview der Autoren mit John Squire Drendel
[56] Green, »Where He Stood«
[57] *Nevada Appeal*, September 1962
[58] Pearson, S. 383
[59] Westbrook Pegler, King Features Syndicate, 1960
[60] RJ, 23. November 1955
[61] Ebd.
[62] Green, »Where He Stood«
[63] Lukas, in: Pollack (Hg.), S. 231
[64] Vgl. Turner, S. 166; Dalton und Lukas in: Pollack (Hg.)
[65] Lukas, in: Pollak (Hg.), S. 217
[66] Ebd
[67] Ebd.
[68] Vgl. besonders Hougan, *Spooks*, dt. Ausgabe, S. 277–311; Maheu, S. 40
[69] Green, »Where He Stood«

[70] Interview der Autoren mit Seymour Hersh. Zu Greenspuns Kontakten nach Israel und seine Verbindungen zu Kashoggi vgl. Kessler; Cockburn; *Jerusalem Post*, Juli 1989 und Dezember 1993.
[71] *Time*, 6. Juni 1975
[72] Interview der Autoren mit Ed Becker
[73] Dalton, »The Legend of Hank Greenspun«
[74] *Time*, 6. Juni 1975
[75] Interview der Autoren mit Ed Becker
[76] *Time*, 6. Juni 1975
[77] Ebd.
[78] Green, »Where He Stood«
[79] Dalton, »The Legend of Hank Greenspun«
[80] Green, »Where He Stood«

6 **Estes Kefauver**

Estes Kefauver gehört wie Pat McCarran zu den interessantesten, aber zu wenig beachteten amerikanischen Politikern des 20. Jahrhunderts. Die bislang aufschlussreichste Biografie von Charles Fontenay aus dem Jahr 1980 vervollständigte der Autor 1995 durch Anmerkungen, die bei Kenneth Thompson (Hg.) in: *Statesmen Who Were Never President*, S. 73–89, zu finden sind. Weitere Biografien: Gorman, *Kefauver*, 1971, ein schmeichelhaftes Porträt des Politikers; Jack Anderson und Fred Blumenthal, *The Kefauver Story*, eine unkritische Bearbeitung von Fontenays Beschreibung des Wahlkampfs 1952. Keine dieser Biografien beleuchtet die politischen Erfahrungen Kefauvers, das organisierte Verbrechens oder die Korruption in den beiden großen Parteien, die er untersuchte. Der Ausschuss, einer der bedeutendsten in der amerikanischen Geschichte, wurde in der Literatur ähnlich stiefmütterlich behandelt. Ausnahmen sind: Moore, *The Kefauver Committee*, 1974; Theodore Wilsons Aufsatz, in: *Congress Investigates*, Bd. 5, 1975. Das Beispiel Kefauver zeigt die Unfähigkeit oder mangelnde Bereitschaft vieler Historiker, sich mit den Schattenseiten der amerikanischen Politik auseinander zu setzen. Selbst seine Kollegen Tobey und Wiley, beliebte Zielscheiben von Journalisten und Autoren, erwiesen sich als ehrlicher und mutiger als viele, die ihre Geschichte aufzeichneten. Gute Porträts, die Kefauver in einen größeren historischen Zusammenhang stellen, stammen von: Fox, Scott, Chambliss, Messick, Jack Anderson, Lait und Mortimer.

[1] Fontenay, S. 15
[2] Ebd., S. 22 f.
[3] Ebd., S. 15
[4] Undatierter Brief Kefauvers an Thomas N. Schroth vom *Brooklyn Eagle*, EKP, Special Collections Library, University of Tennessee
[5] Fontenay, S. 21
[6] Ebd., S. 22
[7] Ebd., S. 17
[8] Ebd., S. 15
[9] Ebd.
[10] Ebd., S. 21
[11] Ebd., S. 23 f.
[12] Ebd., S. 25
[13] *Nashville Tennessean*, 13. Dezember 1951
[14] EKP, Mrs. Ed Hicks' Album
[15] Vgl. *Reader's Digest*, August 1954; *Newsweek*, 15. Oktober 1956; *Nashville Tennessean*, 15. Dezember 1951; Kefauvers Sammelalbum, EKP; Anderson und Blumenthal, S. 33 f.; *Quick*, 7. April 1952
[16] *Maclean's* (Kanada), 20. Juli 1992
[17] Fontenay, S. 38
[18] Ebd.
[19] Zu Kefauvers finanzieller Lage in Chattanooga vgl. Fontenay, S. 83–87; Fox, S. 305; Scheckhefte und ungültige Schecks in Box 9:6, EKP
[20] Moore, S. 45
[21] Fontenay, S. 116 f.
[22] Vgl. *The Progressive*, März 1956; Fontenay, S. 119
[23] Fontenay, S. 137
[24] Ebd., S. 148
[25] Ebd., S. 133
[26] *Nashville Tennessean*, 10. Oktober 1948
[27] Fontenay, S. 164
[28] Vgl. Graham, dt. Ausgabe, S. 200 f.; Fox, S. 293–297; Moore, S. 44–49; Fontenay, S. 164–167
[29] Moore, S. 49

[30] Ebd., S. 135; zum Widerstand gegen den Ausschuss vgl. Moore, S. 49 ff.; Fox, S. 295–297
[31] Lait, Mortimer, S. 201
[32] Moore, S. 68
[33] Lait, Mortimer, S. 138
[34] Messick, *Lansky*, S. 171
[35] Moore, S. 41, 237 ff.
[36] Fox, S. 304
[37] Woodiwiss, S. 123
[38] Zitiert in Gorman, S. 92
[39] Fontenay, S. 183
[40] Ebd., S. 170
[41] Ebd., S. 185
[42] Fox, S. 294, 304 f.
[43] Ebd., S. 304
[44] Anderson, Blumenthal, S. 168
[45] Moore, S. 171
[46] Gorman, S. 97
[47] Fox, S. 304 f.; EKP, vor allem die Briefe aus den Jahren 1942–1950, Box 4C:5
[48] Eisenberg, dt. Ausgabe, S. 301 ff.; Fox, S. 305; EKP (wie oben zitiert)
[49] Fox, S. 292 ff.
[50] Lait, Mortimer, S. 194

Zweiter Teil:
DIE STADT DER FASSADEN

[1] RJ, 15. November 1950; *Christian Science Monitor*, 18. November 1950
[2] SUN, 17. August 1963; Greenspuns Erinnerungen an seine Begegnungen mit Kefauver, SUN, 1. Mai 1951, 19. August 1961, 17. August 1963

7 »Hinter diesem Tal lauern Drachen«

Kaum ein anderer Bundesstaat hat eine so faszinierende Geschichte wie Nevada, weshalb sich immer wieder begabte Chronisten mit ihr beschäftigten. Der erste war der junge Mark Twain, der einen lebendigen Eindruck vom rauen Leben im Nevada der 1860er Jahre vermittelt. Richard Lillard schildert in *Desert Challenge* die Anfänge des Glücksspiels in Nevada und beschreibt seine Einwohner als ein ausgebeutetes, aber unbeugsames Volk. Ostranders Studie *Nevada: The Great Rotten Borough 1859–1964* ist ein Standardwerk mit einem Ausblick auf die weitere Entwicklung des Bundesstaates. Zu den bedeutenden Chronisten Nevadas gehören der Historiker James Hulse und der Journalist Robert Laxalt. Zu den ambitioniertesten historischen Studien zählt *The Green Felt Jungle* der Journalisten Ed Reid und Ovid Demaris.

[1] Harrington, S. 4
[2] Ebd.
[3] Bancroft, S. 4
[4] Ebd., S. 5
[5] Kasindorf, S. 7
[6] Ebd.
[7] Findlay, S. 111
[8] Zitiert in: Hulse, S. 35
[9] Reid, S. 214
[10] Ebd.
[11] Bancroft, S. 3
[12] Koenig, S. 11
[13] Ebd.
[14] WPA, S. 185
[15] Reid, Demaris, S. 15
[16] Paher, S. 257, 261
[17] Findlay, S. 111, 113
[18] Greenspun, S. 67
[19] Findlay, S. 113
[20] VI
[21] VI
[22] Turner, S. 33
[23] Vgl. McBride sowie Stevens, S. 118 ff., 222–226, 260 f.
[24] Lacey, dt. Ausgabe, S. 180
[25] Priestley, zitiert in: Findlay, S. 175
[26] Lewis, S. 190
[27] WPA, S. 4
[28] OH, Robbins Cahill
[29] VI
[30] Lacey, dt. Ausgabe, S. 44
[31] Rappleye, Becker, S. 39
[32] Reid, Demaris, S. 184
[33] Berman, S. 49
[34] Odessky, S. 45
[35] Noël Coward, in: *The New York Times Magazine*, 26. Juni 1955
[36] *The New Yorker*, 13. Mai 1950
[37] Sheehan (Hg.), S. viii

[38] VI
[39] Odessky, S. 12
[40] Laxalt, *Nevada*, S. 89
[41] Vgl. Michael Ventura, »Las Vegas – The Odds on Anything«, in: Tronnes (Hg.), S. 177
[42] Ebd., S. 177
[43] Ebd.
[44] Laxalt, *Nevada*, S. 89
[45] Odessky, S. 28
[46] McCracken, S. 69
[47] Zu Dalitz' Vergangenheit vgl. Messick S. 32 ff.; Porrello, S. 123–127, 141, 205; John L. Smiths Beschreibung in: RJ, 2. Mai 1999; Sheehan, *The Players*; Allen Balbonis Porträt von Dalitz, in: Davies, *Maverick Spirit*, S. 25–43
[48] Turner, S. 70
[49] Reid, Demaris, S. 67
[50] Turner, S. 294
[51] Sifakis, S. 145
[52] Berman, »Memoirs of a Gangster's Daughter«, in: Tronnes (Hg.), S. 111; vgl. Rockaway, *Meyer Lansky, Bugsy Siegel & Co.*, S. 174 f.
[53] Berman, S. 93
[54] *Business Week*, 17. Juni 1950
[55] *Life*, 7. Juni 1949

8 »Diese Allianz aus Beamten, Bossen und Banditen«

Wichtige Hinweise auf die Geschichte der Stadt finden sich auch außerhalb von Nevada in scheinbar irrelevanten Artikeln und Büchern, z. B. von: Porrello, Lait und Mortimer, Woodiwiss, Chambliss und Messick und vor allem Lacey. Die Enthüllungen des Kefauver-Ausschusses füllten damals die Titelseiten der Zeitungen, aber abgesehen von Moore und Fontenay berichtete kaum einer über das Nachspiel im Kapitol, und außer Reid und Demaris schenkte niemand der Tatsache, dass Las Vegas bei den Enthüllungen eine zentrale Rolle spielte, die geringste Aufmerksamkeit. Es gibt keine Analyse des Parteitags der Demokraten im Jahr 1952, auf dem Kefauver ausgebootet wurde. Nur Robert H. Ferrell stellt in *Choosing Truman*, University of Missouri 2000, einen Zusammenhang zwischen diesen Ereignissen und dem Parteitag von 1944 her, wo vom Syndikat unterstützte Politbosse Truman als Roosevelts Nachfolger einsetzten.

[1] Zur Reaktion der Demokraten auf Kefauver nach den Wahlen vgl. Fontenay, S. 177 ff.; Gorman, S. 82 ff.; Moore, S. 171; *New York Times*, 13. November 1950
[2] SUN, 19. August 1961, 17. August 1963
[3] SUN, 19. August 1961
[4] VI
[5] VI
[6] VI
[7] Berman, S. 104
[8] Levy, S. 93
[9] SUN, 2. Mai 1951
[10] Wiedergabe der einleitenden Worte des Ausschusses in der lokalen Presse, RJ, 15. und 16. November 1950
[11] RJ, 15. November 1950
[12] Zu Bill Moore und der Anhörung in Las Vegas vgl. Kefauver-Anhörungen, Teil 10, Nevada-Kalifornien, 15. November 1951
[13] Reid, Demaris, S. 153
[14] OH, John Cahlan
[15] RJ, 16. November 1950
[16] SUN, 1. Mai 1951
[17] Porrello, S. 18
[18] Balboni, in: Davies (Hg.), S. 6
[19] Porrello, S. 126 (vgl. Rockaway, S. 48)
[20] Kefauver-Anhörungen, 28. Februar 1951 (vgl. Rockaway, S. 51)
[21] Ebd.
[22] Ebd.
[23] Ebd.
[24] Lacey, dt. Ausgabe, S. 244
[25] Reid, Demaris, S. 96
[26] Lait, Mortimer, S. 198
[27] Zu den Enthüllungen des Ausschusses über Las Vegas vgl. 2. und 3. Zwischenbericht sowie den Abschlussbericht (28. Februar, 1. Mai und 31. August 1951)
[28] Reid, Demaris, S. 154
[29] VI
[30] Odessky, S. 16
[31] *The Nation*, 22. Oktober 1960
[32] Moore, S. 241
[33] Woodiwiss, S. 107 ff.; vgl. Theodore

White, *In Search of History*, New York 1978, zitiert in: Roger Morris, *Haig: The General's Progress*, New York 1982, S. 43

[34] Chambliss, S. 6

[35] Messick, S. 171

[36] Vgl. Kefauvers Abschlussbericht

[37] Lacey, engl. Ausgabe, S. 201

[38] Interview der Autoren mit Michael Green

[39] Lincoln Steffens, *Shame of the Cities*, New York 1931, S. 8; vgl. Chambliss, S. 2 f.

[40] Verweis auf Scott, *Deep Politics and the Death of JFK*

[41] Zu George Whites Einfluss vgl. Interview der Autoren mit Douglas Valentine und Jim Hougan; Woodiwiss, S. 139–142; Scott, *Deep Politics*, S. 141–146, 164–169, 171–175

[42] Zitiert in Woodiwiss, S. 140; vgl. John Marks, *The Search for the »Manchurian Candidate«: The CIA and Mind Control*, London 1979, S. 20, 88 f., 101, 199, 220; A. W. Scheflin und E. N. Optom, *The Mind Manipulators*, London 1978, S. 134–141

[43] Fontenay, S. 188

[44] Anderson, Blumenthal, S. 231

[45] Fontenay, S. 190

[46] *New York Post*, 30. Oktober 1955

[47] David McCullough, *Truman*, New York 1992, S. 889

[48] Ebd.

[49] *Nashville Tennessean*, 24. Januar 1952

[50] Fontenay, S. 193

[51] Ebd., S. 195

[52] *Nashville Banner*, 17. Mai 1952

[53] *Nashville Tennessean*, 10. Juli 1952 (Bericht des Korrespondenten Victor Riesel)

[54] *Nashville Tennessean*, 6. Juni 1952

[55] Fontenay, S. 222

[56] Gorman, S. 153; zu Johnsons Korruptheit und Beziehungen zum organisierten Verbrechen vgl. Mahoney, S. 39, 44, 276 f., 304 f., 384; William Roemer, *Man Against the Mob*; Russell, *The Man Who Knew Too Much*; Dorman, *Payoff*

[57] *Nashville Tennessean*, 27. Oktober 1955; *The Reporter*, 3. November 1955; *New York Post*, 11. Mai 1956; Fontenay, S. 225

[58] *Nashville Tennessean*, 26. Juli 1952; Fontenay, S. 225

[59] Fontenay, S. 225

[60] Zu Humphreys Kompromissen und korrupten Machenschaften vgl. Fox, S. 273–280, 334, 475 ff., der ausführlich aus den Papieren Hubert Humphreys der University of Minnesota zitiert; Solberg, *Hubert Humphrey*; Humphrey, *The Education of a Public Man*, New York 1976. »Sein unreifer Idealismus wich bald der pragmatischen Kompromissfähigkeit eines ehrgeizigen Politikers«, schrieb Fox über Humphrey.

[61] Anderson, Blumenthal, S. 191; Fontenay, S. 227

[62] Fontenay, S. 227

[63] Dunar, S. 143

[64] Zu Trumans Reaktion vgl. Fontenay, S. 231; Anderson, Blumenthal, S. 193 ff.; Gorman, S. 152–155, 243

[65] Fontenay, S. 229

[66] Ebd.

[67] Anderson, Blumenthal, S. 194

9 »Die Tempelstadt des amerikanischen Traums«

In den 50er Jahren war Las Vegas in der amerikanischen Presse ein immer wiederkehrendes Thema. Journalisten wie A. J. Liebling und Daniel Lang vom *New Yorker*, John Gunther, Lucius Beebe, Sean O'Faolain, Fred Cook von *The Nation* sowie die *New-York-Times*-Korrespondenten Wallace Turner und Gladwyn Hill schrieben über die Stadt. Sie haben ihre Entwicklung beobachtet und das explosive Wachstum des Strip eindrucksvoll dokumentiert. Über andere »explosive Ereignisse« in dieser Zeit berichteten Rosenberg, Pringle und Spigelman sowie Udall in ihren Studien über die amerikanische Nuklearpolitik und ihre Auswirkungen auf Las Vegas. Mary Ellen Glass, eine Historikerin aus Nevada, befasste sich mit der wenig erforschten politischen und wirtschaftlichen Entwicklung Nevadas jener Zeit. Die Darstellungen von Findlay, Odessky und Tronnes in *Literary Las Vegas* vervollständigen das Bild.

[1] Turner, S. 29
[2] McCracken, S. 73
[3] Nick Tosches, »The Holy City«, in: Tronnes (Hg.), S. xv
[4] Sheehan (Hg.), S. 207
[5] *Holiday*, Dezember 1952
[6] VI
[7] Liebling, in: *The New Yorker*, 13. Mai 1950
[8] *Holiday*, Dezember 1952
[9] Titel von John M. Findlays Buch *People of Chance*
[10] Rappleye, Becker, S. 168
[11] Halevy, »Disneyland and Las Vegas«, in: *The Nation*, 7. Juni 1958
[12] *Saturday Evening Post*, 26. Mai 1956
[13] Tosches, »The Holy City«, S. xvi
[14] Turner, S. 151
[15] Sam und Chuck Giancana, *Giancana*, dt. Ausgabe, S. 418
[16] Balboni, in: Davies (Hg.), S. 30
[17] VI
[18] Eisenberg, dt. Ausgabe, S. 254
[19] Reid, Demaris, S. 91
[20] Reid, S. 218
[21] Ebd.
[22] Turner, S. 84
[23] Ebd.
[24] *Sports Illustrated*, 29. Mai 1972
[25] Laxalt, *Nevada*, S. 104
[26] Sheehan (Hg.), S. 198
[27] VI
[28] John L. Smith, zitiert in: NYT, 9. Juli 1996
[29] VI
[30] Berman, S. 49 ff.
[31] Ebd.
[32] Noël Coward, »The Noël Coward Diaries: Nescafé Society«, in: Tronnes (Hg.), S. 211
[33] Ebd.
[34] Odessky, S. 14 f.
[35] Ebd., S. 15
[36] Goodman, S. 17
[37] Laxalt, *Nevada*, S. 108
[38] Rappleye, Becker, S. 139. Zu Russian Louies Kontakten zu Binion und den Umständen seines Todes vgl. auch Laxalt, *Nevada*, S.108; Demaris, *The Last Mafioso*, S. 66
[39] Fred Cook, »Gambling, Inc.«, in: *The Nation*, 22. Oktober 1960
[40] Reid, Demaris, S. 60
[41] Rosenberg, S. 42
[42] Ebd.
[43] Michael Ventura, »Las Vegas: The Odds on Anything«, in: Tronnes (Hg.), S. 176
[44] Truman, dt. Ausgabe, S. 352
[45] Udall, S. 219
[46] Ebd.
[47] Truman, dt. Ausgabe, S. 353
[48] Udall, S. 219
[49] Glass, S. 46
[50] Pringle, Spigelman, S. 182
[51] Glass, S. 45
[52] Odessky, S. 85
[53] *The New Yorker*, 20. März 1952
[54] RJ, 6. Februar 1951
[55] Vgl. Daniel Lang, »Blackjack and Flashes«, in *The New Yorker*, 20. September 1952; Gladwyn Hill, »Atomic Boom Town in the Desert«, *New York Times Magazine*, 11. Februar 1951; Glass, S. 43–47; Pringle, Spigelman, S. 181 ff.
[56] Pringle, Spigelman, S. 181 f., 500; Udall, S. 243–248
[57] Glass, S. 46
[58] Ebd.
[59] Ebd., S. 43–47
[60] Ventura, »Las Vegas«, S. 176
[61] *The New Yorker*, 20. September 1952
[62] Glass, S. 47
[63] Ned Day, in: *Valley Times*, 15. Mai 1979
[64] Sarann Knight Preddy, zitiert in: Faith Fancher, William J. Drummond, »Jim Crow for Black Performers«, in: Tronnes (Hg.), S. 307
[65] Ebd., S. 306
[66] Turner, S. 95
[67] Berman, S. 113
[68] *Holiday*, Juli 1961
[69] Turner, S. 95
[70] *Ebony*, Juni 1965
[71] VI
[72] Berman, »Memoirs of a Gangster's Daughter«, in: Tronnes (Hg.), S. 117
[73] Turner, S. 5
[74] Vgl. Berman, S. 115 ff.
[75] Turner, S. 12
[76] *The American City*, Juni 1956

[77] Glass, S. 27
[78] *Holiday*, Juli 1961
[79] Glass, S. 27
[80] Turner, S. 153
[81] Steuer, »Playground for Adults Only«, in: *Esquire,* August 1961
[82] *Life*, 21. Juni 1954
[83] VI
[84] Vogliotti, S. 178
[85] Turner, S. 20
[86] Ebd., S. 14
[87] Reid, Demaris, S. 149
[88] Associated Press in: SUN, 25. Mai 1955
[89] VI
[90] Jerome Edwards, S. 152–155
[91] WPA, S. 3
[92] Gunther, »Inside Las Vegas«

10 »Soziale Darlehen«

Abgesehen von Staatsgeheimnissen ist kaum etwas schwerer aufzuspüren als die verschlungenen Kanäle, die das Geld im amerikanischen Bankwesen und der Finanzwirtschaft nimmt. Im Fall von Las Vegas tragen sowohl das organisierte Verbrechen, das sich verständlicherweise in Schweigen hüllt, als auch die mormonische Kirche, die ihre auf Mikrofilm festgehaltene Geschichte in einer Gruft in den Bergen unweit von Salt Lake City aufbewahrt, noch zur Verschleierung bei. Dieses Kapitel über die Finanzierung von Las Vegas kam dank journalistischer Recherchen und wissenschaftlicher Arbeiten zustande, die gängige Erklärungen infrage stellten. Walter Cosgriff und seine liberale Form des Bankwesens, ebenso wie die Geschichte des Geschäftsimperiums der Eccles, wurden nicht nur von der *Salt Lake Tribune* thematisiert, sondern auch von *Newsweek* und *Business Week*. Coates' *In Mormon Circles*, Brodies Biografie von Joseph Smith, Ostlings' *Mormon America*, vor allem aber »Don't Touch the Dice« von Wiley und Gottlieb sowie ihr Buch *America's Saints* sind unverzichtbar für das Verständnis der Sekte, ihres Hintergrunds und ihrer wirtschaftlichen Macht. Auch Kent Fieldings *The Unsolicited Chronicler* und William Wises *Massacre at Mountain Meadows* sind wichtige Quellen. Sidney Hymans von der Bank in Auftrag gegebener Lobgesang auf die First Security, Corp. *Challenge and Response* gibt Einblick in die Geschichte der Familien Eccles und Thomas. Informationen über Parry Thomas' Herkunft finden sich in seinem Ahnenverzeichnis auf der Internetseite und in den jedermann zugänglichen elektronischen Datenbanken der mormonischen Kirche. Thomas' Einfluss wird durch Korrespondentenberichte in *Business Week* und vor allem in Ida Pickers Artikel im *Institutional Investor* deutlich.

[1] VI
[2] Thomas Alexander, S. 134
[3] *Newsweek*, 20. Februar 1956
[4] *Salt Lake Tribune*, 28. Dezember 1952
[5] Ebd.; vgl. *Fortune*, November 1956; *Newsweek*, 20. Februar 1956
[6] *Newsweek*, 20. Februar 1956
[7] *Salt Lake Tribune*, 28. September 1961
[8] *Business Week*, 19. August 1950; vgl. NYT, 10. August 1950
[9] *Newsweek*, 10. Februar 1956
[10] Ebd.
[11] Ebd.
[12] Ebd.
[13] Ebd.
[14] Rappleye, Becker, S. 50 f.
[15] Obwohl der einflussreiche Anwalt zu Lebzeiten kaum öffentliches Interesse erregte, klangen in Nachrufen zu seinem Tod 1976 ironische Töne an. Vgl. »In Memoriam: Tribute to the Honorable Samuel L. Kurland«, in: *Southern California Law Review*, 49:212 (1976), S. 211–219
[16] VI
[17] Interview der Autoren mit Parry Thomas
[18] *Newsweek*, 20. Februar 1956
[19] *The Nevadan*, 17. Juli 1988
[20] VI
[21] Zu Ursprung und Geschichte des Mormonentums sowie das Mountain Meadows Massaker vgl. Fawn Brodie, *No Man Knows My History*; Coates, *In Mormon Circles*; Gottlieb, Wiley, *Ame-*

rica's Saints; Wiley, Gottlieb, *Empires in the Sun*

[22] Ahnenverzeichnis der Familien Thomas und Parry, 1793–1999

[23] *AMP*, Oktober 1987

[24] Interview der Autoren mit Parry Thomas

[25] *Newsweek*, 1. Februar 1936

[26] *Newsweek*, 3. Oktober 1960

[27] Die offizielle Version der Ereignisse, die zum Konkurs der Ogden State Bank führten, stammt von der First Security und ist bei Hyman, S. 112–116, nachzulesen. George Eccles' Anteil daran wird nicht beschönigt: »Die Verantwortung für diese neuen Konten lag bei George«, Hyman, S. 115.

[28] Interview der Autoren mit Parry Thomas

[29] Ebd.

[30] Ebd.

[31] Ebd.

[32] DTD

[33] VI

[34] Zum Verhältnis zwischen Banken und Kasinos vgl. Wiley, Gottlieb, S. 198 f.; Picker, »The Great Gambling Crapshoot«, in: *Institutional Investor*, November 1993; Art Smith, S. 81–93; *Business Week*, 20. Januar 1973; *AMP*, Oktober 1987; *Business Week*, 2. April 1969; *The Nevadan*, 17. Juli 1988; *Forbes*, 14. November 1988

[35] VI

[36] VI

[37] VI

[38] DTD

[39] Picker; DTD

[40] Sale, S. 86

[41] Ebd. S. 87

[42] Picker

[43] *AMP*, Oktober 1987

[44] VI

[45] Zur Familie Eccles und der mormonischen Kirche vgl. Hyman, S. 122–126

[46] DTD

[47] Ebd.

[48] Ebd.

[49] Berman, S. 106

[50] DTD

[51] Ebd.

[52] Ebd.

[53] Ebd.

[54] Ebd.

[55] Picker

[56] VI

[57] *Business Week*, 20. Januar 1973

[58] Smith, *No Limit*, S. 61

[59] DTD

[60] *Business Week*, 20. Januar 1973

[61] RJ, 31. Dezember 1964; vgl. Smith, *Running Scared*, S. 63

[62] Interview der Autoren mit Yablonsky

Dritter Teil
DAS AMERIKANISCHE MEKKA

[1] Hersh, engl. Ausgabe, S. 55

[2] Munn, S. 219, zitiert Sam Giancanas Beschreibung seines Freundes und Partners

[3] Rossellis Visitenkarte ist auf dem Rücktitel von Rappleye und Beckers Biografie abgebildet.

[4] Rappleye, Becker, S. i

[5] Pollak, S. 222

[6] Kommentar Robert Sherrill, *The Nation*, aus dem Klappentext zu Barlett, Steele, *Empire* (Taschenbuchausgabe, Norton & Co.)

[7] Anne Edwards, S. 445 ff.

[8] Ebd.

[9] Smith, *Running Scared*, S. 34

[10] Ebd.

[11] Ebd., S. 35

[12] Ebd.

11 Eine Party in Carson City

Es gibt viel Literatur über die Kennedys, aber meist mittelmäßiger Qualität; Ausnahmen sind die Bücher von Beran und Mahoney sowie jüngere Arbeiten, die sich unter Einbeziehung neuer Quellen mit Robert Kennedy befassen. Während sich Heymanns Biografie streckenweise am Rand des Sensationsjournalismus bewegt, bleibt Hiltys Studie sachlich, aber beide haben solide recherchiert. Über Jospeh P. Kennedy gibt es beachtenswerte Biografien, auch Beran, Fox, Hersh und Hamilton förderten Interessantes über ihn zutage vor allem Beran sieht in ihm nicht nur einen »finsteren Kapitalisten«, sondern auch die Verkörperung eines neuen Zeitgeists, einer neuen Moral in Politik und Wirtschaft. Als Nigel Hamilton den ersten Teil seiner Biografie über John Kennedy, *Reckless Youth*, veröffentlichte, waren die Kennedys empört über seine Darstellung und verweigerten ihm den Zugang zu weiteren persönlichen Unterlagen. So warten wir also noch auf eine Studie, die sich mit dem älteren Kennedy in den 50er Jahren seiner Präsidentschaft beschäftigt. Die Lebensgeschichte Grant Sawyers haben wir anhand vertraulicher Gespräche mit seinen Freunden und Bekannten rekonstruiert sowie seinen Lebenserinnerungen *Hang Tough*, die im Rahmen des Oral-History-Programms der University of Nevada entstanden. Amerikas Rolle in Kuba, die »graue Allianz« zwischen US-Regierung und organisiertem Verbrechen, ist mittlerweile gut dokumentiert: Russo (1998); Mahoney (1999); Rappleye und Becker; Scott, *Crime and Cover-up*; Maheu. Aus der Rosselli-Biografie von Rappleye und Becker stammen die wesentlichen Hintergrundinformationen für die beiden folgenden Kapiteln.

1 Mark Twain, *Durch dick und dünn*, S. 152
2 Vogliotti, S. 16
3 Laxalt, *The Governor's Mansion*, S. 3 f.
4 VI
5 Ebd.
6 Ebd.
7 OH, Grant Sawyer, S. 191
8 Ebd.
9 Levy, S. 109 f.; vgl. Michael Herr, *The Big Room*, dt. Ausgabe, S. 100 ff.
10 Mahoney, S. 39; vgl. Summers, *J. Edgar Hoover*, S. 262. Diese Kontakte wurden teilweise von der kleinen FBI-Außenstelle in Las Vegas aufgezeichnet.
11 Die Beschreibung von John Kennedys Aufenthalten in Las Vegas stammt von Michael Herr, *The Big Room*, dt. Ausgabe, S. 100 ff.
12 Levy, S. 110
13 VI
14 VI
15 VI
16 VI
17 Levy, S. 243
18 *Reno Gazette-Journal*, 23. Juni 1991
19 Zur Beschreibung des Cal-Neva samt Fotos vom Eingang und der Innenausstattung in den 50er Jahren vgl. *Reno Gazette-Journal*, 23. Juni 1991; RJ, 17. Juni 1964, 23. November 1976, 2. April 1977, 1992. Vgl. auch Warren Nelson, *Always Bet on the Butcher*; Jack Douglas, *Tap Dancing on Ice*; Robbins Cahill, *Recollections of Work in State Politics*; Ed Olsen, *My Careers as a Journalist*
20 Titel von Ronald Kesslers Buch *Sins of the Father*
21 Titel von Ralph G. Martins Buch *Seeds of Destruction*
22 Vgl. Hoovers Brief an Nixons Berater John D. Ehrlichman vom 25. April 1969, der den Inhalt von Sinatras FBI-Akte #62-83219-61 zusammenfasst. Der Hinweis auf Remmer (Seite 52) stammt aus einem Fernschreiben aus San Francisco vom 13. August 1946, das den Wortlaut eines abgehörten Telefonats von Bugsy Siegel wiedergibt.
23 Rappleye, Becker, S. 128
24 FBI-Bericht von 1944
25 VI
26 VI
27 FBI-Bericht des Sonderermittlers in Tampa an den FBI-Direktor, 9. August 1962, Akte #122-3323-3. Der Bericht wurde bearbeitet, beruft sich jedoch auf »zahlreiche, nicht namentlich genannte Quellen«. Dazu gehören FBI-Informanten sowie durch Abhören und andere Überwachungsaktionen gewonnene Informationen. In dem lückenhaften Dossier über Joseph P. Kennedy finden sich keine Hinweise darauf, dass Kennedy sen. vom FBI überwacht wurde. Allerdings könnte während der Präsidentschaft Kennedys oder nach Hoovers Tod, als die persönlichen Akten des

FBI-Chefs vernichtet wurden, wichtiges Material beseitigt worden sein. Es gibt Belege dafür, dass Giancana, Marilyn Monroe, Sinatra und andere, die bei dem Treffen im Cal-Neva wahrscheinlich anwesend waren, 1962 vom FBI überwacht wurden. Trotz Selbstzensur und Aktenvernichtung ist dieses Treffen dokumentiert.

[28] Beran, S. 7

[29] Martin, *Seeds of Destruction*, S. 44; vgl. Hersh, *Kennedy. Das Ende einer Legende*, S. 57

[30] Summers, *J. Edgar Hoover*, S. 253

[31] Ebd.

[32] Drosnin, *Der Mann, der Amerika kaufen wollte*, S. 263, wo der Autor beschreibt, was Howard Hughes von dem Mann hielt, den er als »alten Drecksack« bezeichnete.

[33] Sam, Chuck Giancana, S. 363

[34] VI

[35] Vgl. Fox, S. 315 ff., der schrieb, dass Joseph P. Kennedy von den »Gangstern als ihresgleichen angesehen« wurde.

[36] VI

[37] Fox, 318

[38] Vgl. Fox, S. 308 ff., und besonders die Darstellung Joe Kennedys als »finsteren Kapitalisten« und »Verräter an seiner Klasse« bei Beran, S. 23–28

[39] Vgl. Chambliss, S. 61 ff.

[40] Martin, *Seeds of Destruction*, S. 13

[41] Fox, S. 318

[42] Beran, S. 25

[43] Fox, S. 317 f.

[44] Herr, *The Big Room*, dt. Ausgabe, S. 102

[45] Hougan, *Spooks*, dt. Ausgabe, S. 102

[46] Martin, *Seeds of Destruction*, S. 238

[47] Hilty, S. 167

[48] Russo, S. 28

[49] William V. Shannon, *The Heir Apparent: Robert Kennedy and the Struggle for Power*, New York 1967, S. 44

[50] Hilty, S. 96

[51] Ebd., S. 4

[52] Jean Stein, George Plimpton, *American Journey: The Times of Robert Kennedy*, New York 1970, S. 193

[53] Der Titel von Berans Biografie über Robert Kennedy

[54] Beran, S. 34

[55] Ebd., S. 215

[56] Hilty, S. 5

[57] Bly, S. 98

[58] Beran, S. 55 f.

[59] Hilty, S. 100

[60] Ebd.

[61] Fox, S. 321 ff.

[62] Hilty, S. 97

[63] Fox, S. 321

[64] Ebd.

[65] Hilty, S. 104

[66] Ebd.

[67] Roger Morris, *Partners in Power: The Clintons and Their America*, New York 1996, S. 38

[68] Fox, S. 321

[69] Hilty, S. 105

[70] Ebd., S. 125; vgl. Hersh, *Kennedy*, S. 138

[71] Fox, S. 329

[72] Ebd.

[73] Zu Bobbys Abneigung gegen die Gewerkschaft vgl. Heymann, S. 125 ff.

[74] Kennedy, S. x

[75] Hilty, S. 132

[76] Herr, *The Big Room*, dt. Ausgabe, S. 103

[77] OH, Grant Sawyer

[78] Ebd.

[79] Die in Reno ansässige Hazel Erskine war eines der ersten Mitglieder des Bureau of Applied Social Research an der Columbia University und »spielte in Grant Sawyers erfolgreichem Gouverneurswahlkampf eine entscheidende Rolle«, wie Gary Elliott in seiner Einleitung zu Sawyers Lebenserinnerungen *Hang Tough* schrieb. In einem Beitrag über Erskine im *Public Opinion Quarterly* (1975–76) hieß es, sie habe »in Grant Sawyer einen scharfsinnigen und pragmatischen Politiker gesehen, der zugleich ein Mann mit Grundsätzen war«, und ihn »hinsichtlich der sozialen und humanitären Bedürfnisse des Bundesstaats« für »lernfähig« gehalten.

[80] VI

[81] VI

[82] VI

[83] VI
[84] VI
[85] O'Connor, S. 154
[86] VI
[87] VI
[88] VI
[89] VI
[90] VI
[91] Sawyer, S. 59 ff.
[92] VI
[93] OH, Grant Sawyer
[94] Ebd.
[95] Ebd.
[96] OH, Robbins Cahill
[97] Reid, Demaris, S. 128 ff.
[98] Sheehan, S. 9
[99] Goodman, S. 1
[100] Farrell, Case, S. 11
[101] *The Nation*, 22. Oktober 1960
[102] Jerome Edwards zitiert Norman Biltz in »Gambling and Politics in Nevada«, in: Lowitt (Hg.), S. 157
[103] VI
[104] OH, Grant Sawyer
[105] Wahlkampfbrief an seine »demokratischen Freunde«, 31. Juli 1958, Sawyers Papiere, NSLA
[106] RJ, 6. Januar 1959
[107] SUN, 5. Januar 1959
[108] Russo, S. 5
[109] Hinckle, Turner, S. lx
[110] Vgl. Paterson, S. 52–56; Russo, S. 3–9; Scott, S. 111–117, 140, 157, 173–180, 198–204; Hinckle, Turner, S. lx-lxiii; zum amerikanisch-kubanischen Drogenhandel zu jener Zeit vgl. McCoy, S. 39–45 (dt. Ausgabe S. 92 ff.); Scott; Paterson u. a.
[111] Paterson, S. 52
[112] Russo, S. 5; Franklin, S. 21 ff.
[113] Ebd.
[114] Earl T. Smith, zitiert in: ebd., S. 55
[115] Paterson, S. 53
[116] Guillermo Cabrera Infante, zitiert in: ebd.
[117] Russo, S. 10; Paterson, S. 52
[118] George Smathers, zitiert in: Paterson, S. 52
[119] Christian Herter, zitiert in: Paterson, S. 235
[120] Smathers, zitiert in: Michael Beschloss, *The Crisis Years: Kennedy and Khrushchev, 1960–1963*, New York 1991, S. 99
[121] Scott, *Deep Politics and the Death of JFK*, S. 80, 87, 102–105, 203
[122] VI
[123] Vgl. Rappleye, Becker, S. 146 ff.
[124] Ebd., S. 187
[125] Paterson, S. 235; Lacey, engl. Ausgabe, S. 252
[126] Rappleye, Becker, S. 175
[127] Zur Darstellung der am Mordkomplott Beteiligten vgl. Evan Thomas, S. 204–226; Russo, S. 31–37, 50–67; Rappleye, Becker, S. 175–188
[128] *Time*, 9. Juni 1975; Russo, S. 51
[129] Drosnin, dt. Ausgabe, S. 96
[130] Vgl. Hougan, in: *Spooks*, dt. Ausgabe, S. 257–376; Drosnins Porträt; Maheu, *Next to Hughes*, S. 17–150
[131] Anderson, Boyd, S. 51–55
[132] Interview der Autoren mit Yablonsky
[133] Drosnin, dt. Ausgabe, S. 103
[134] Hougan, *Spooks*, dt. Ausgabe, S. 330
[135] Unsere Beschreibung Rossellis stützt sich auf Rappleye und Becker sowie Mahoneys Kennedy-Biografie *Sons and Brothers*, die unter Berücksichtigung neuster Quellen die Rolle des Gangsters im Leben der Kennedys beleuchtet.
[136] VI
[137] Rappleye, Becker, S. 190
[138] Levy, S. 164
[139] Ebd., S. 165
[140] Ebd.
[141] Ebd.
[142] Hilty, S. 149
[143] Heymann, S. 169
[144] OH, Grant Sawyer
[145] VI
[146] Ebd.
[147] Hersh, *Kennedy*, dt. Ausgabe, S. 130; vgl. auch Evelyn Lincoln, in Summers, *J. Edgar Hoover*, dt. Ausgabe, S. 264 ff.
[148] Shesol, S. 3; Heymann, S. 164 ff.
[149] Heymann, S. 164
[150] Hersh, dt. Ausgabe, S. 130
[151] VI
[152] OH, Grant Sawyer

12 Der Feind im Innern

Wenngleich von Autoren und Journalisten lange Zeit bezweifelt oder ignoriert, von Kennern der politischen Szene und Mitgliedern des Syndikats totgeschwiegen, ist der Wahlbetrug bei den Präsidentschaftswahlen 1960 inzwischen kein Geheimnis mehr. Die unlängst durch den Freedom of Information Act freigegebenen Informationen über die FBI-Ermittlungen in Cook County, Illinois, und die Akten von Morris J. Wexler, des damaligen Sonderanklägers, der Wahlmanipulationen in Chicago nachging, sind stichhaltige Beweismittel. *Dark Side of Camelot* von Hersh, eine Untersuchung über Wahlverstöße im übrigen Land, belegt, was Earl Mazo damals in der *New York Herald Tribune* berichtete und Victor Lasky in den 70er Jahren näher beschrieb. Fleming und Kallina beleuchten den Wahlbetrug in West Virginia und Chicago, während Fox und Mahoney die nationale Szene unter die Lupe nehmen. Die Wahlmanipulationen in Nevada, New Mexico und Hawaii und bei den Vorwahlen in West Virginia wurden in vertraulichen Interviews bestätigt. Die Konfrontation zwischen Sawyers und Bobby Kennedy wird in *Hang Touch* beschrieben; Hintergrundinformationen finden sich bei Goldfarb und Hilty oder wurden uns in vertraulichen Gesprächen mit Vertretern der verschiedenen Lager mitgeteilt. Scott berichtet u. a. über Jack Rubys Beziehungen zu Las Vegas.

[1] Zu Wetten auf John F. Kennedy und Las Vegas' Einschätzung des Wahlausgangs vgl. VI; zur 25.000-Dollar-Wette von Stephen Smith vgl. Fox, S. 334; zu Prognosen zum Wahlausgang vgl. RJ und SUN, 7. und 8. November 1960

[2] Zu den Ereignissen am Wahltag vgl. Kallina, S. 80–95, 220 ff.; Fox, S. 335; Lasky, S. 56–64; VI

[3] Über die Wahlhelferin berichtet Kallina, S. 220 ff.

[4] Lasky, S. 58

[5] Kallina, S. 98

[6] VI

[7] VI

[8] VI

[9] Theodore H. White, *Breach of Faith: The Fall of Richard Nixon*, New York 1975, S. 96 f.; vgl. Hilty, S. 179

[10] Kallina, S. 97

[11] Zu Wahlverstößen vgl. FBI-Akte 52-2854-9 ff., darunter Presse- und Polizeiberichte. In einer internen Mitteilung vom 1. Dezember 1960 forderten Beamte des Justizministeriums, dass die Untersuchungen in Illinois »innerhalb von zehn Tagen« beendet sein müssten, eine Zeitspanne, die Hoover verkürzte, indem er handschriftlich »höchstens eine Woche« über das Dokument kritzelte (ein viel zu kurzer Zeitraum, um das umfangreiche Beweismaterial zu bearbeiten).

[12] Zitiert in: Kallina, S. 96

[13] Richard Nixon, *RN: The Memoirs of Richard Nixon*, New York 1978, S. 224

[14] Kallina, S. 214. Ein Historiker, der die Akten etwa 30 Jahre später studierte, erklärte, dass Wexler die Ermittlungen »mit äußerster Gewissenhaftigkeit und Gründlichkeit« führte: Kallina, S. 171

[15] White, in: *Breach of Faith*, S. 70

[16] Zu Nixon und Korruption vgl. Summers und Swan, die Nixons Verbindungen zum organisierten Verbrechen und andere korrumpierende Einflüsse während seiner politischen Karriere beschreiben.

[17] Drosnin, dt. Ausgabe, S. 263

[18] Ebd.

[19] Zu Joe Kennedys Treffen vgl. Mahoney, S. 43 f., 384; Hersh, S. 135 f.

[20] Charles D. Hylton, jr., Herausgeber des *Logan Banner*, zitiert in: John H. Davis, *The Kennedys*, S. 234

[21] Heymann, S. 184–200; vgl. Fox, S. 335 f.; Hilty, S. 186–191

[22] Heymann, S. 144

[23] Martin, *A Hero of Our Times*, S. 236

[24] Cohen, S. 153 f.

[25] Martin, *Seeds of Distruction*, S. 250

[26] Hersh, dt. Ausgabe, S. 157

[27] Ebd.

[28] VI

[29] Heymann, S. 200

[30] Ebd.
[31] Rappleye, Becker, S. 173
[32] *Newsweek*, 28. November 1964
[33] *Esquire*, August 1961
[34] *Saturday Evening Post*, 11. November 1961
[35] Ebd.
[36] Ebd.
[37] Ebd., in einem Artikel von Peter Wyden
[38] Ebd.
[39] *Esquire*, August 1961
[40] *Newsweek*, 28. November 1964
[41] Ebd.
[42] *The American City*, Juli 1961
[43] VI
[44] *Denver Post*, 13. August 1963
[45] Kwitny, *Vicious Circles*, S. 142
[46] Zu Hoffas Herkunft und beruflicher Laufbahn vgl. Sloanes Porträt; Moldea; Brill; Kwitny, *Vicious Circles*; Block, Chambliss; James, James; Mollenhoff; Sheridan
[47] Zur Korruption in Italien vgl. Peter Robb, *Midnight in Sicily*
[48] Scott, *Deep Politics*, S. 173
[49] Chambliss, S. 163 f.; Scott, S. 174 f.
[50] Block, Chambliss, S. 80
[51] Scott, S. 174 f.
[52] Sloane, S. 272 ff.
[53] Scott, *Deep Politics*, S. 288
[54] VI
[55] Sloane, S. 47
[56] Ebd., S. 46
[57] Heymann, S. 126
[58] Sloane, S. 47
[59] Friedman, Schwarz, S. 86; Sloane, S. 47ff.
[60] Reid, Demaris, S. 104
[61] Sheehan, (Hg.), S. 45
[62] Reid, Demaris, S. 99
[63] VI
[64] Neff, S. 201
[65] Kwitny, *Vicious Circles*, S. 143
[66] VI
[67] Jacobson, Alexander, »What Webb Is Up To in Nevada«, *Fortune*, Mai 1965
[68] Ebd.
[69] Ebd.
[70] *Nevada State Journal*, 18. Sept. 1960
[71] Brief von Grant Sawyer an Henry Luce vom 25. Januar 1960, Sawyers Papiere, Staatsarchiv von Nevada; vgl. Sawyers Wahlkampfbrief an seine »demokratischen Freunde«, 31. Juli 1958, Sawyers Papiere, Staatsarchiv von Nevada
[72] OH, Grant Sawyer
[73] Brief Anslingers an Ray Abbaticchio, 4. Februar 1960, Sawyers Papiere, Staatsarchiv von Nevada
[74] Hilty, S. 206
[75] Farrell, Case, S. 41 ff.
[76] Ebd.
[77] VI
[78] SUN, 30. Dezember 1960
[79] Ebd.
[80] Heymann, S. 201
[81] Hilty, S. 205
[82] Ebd., S. 195
[83] Ebd., S. 231
[84] Ebd., S. 205
[85] Ebd., S. 197
[86] Ebd., S. 201
[87] Goldfarb, S. 77
[88] Ebd., S. 78 ff.
[89] Ebd.
[90] Ebd., S. 80
[91] Spees, in: Davies, S. 172
[92] Goldfarb, S. 80
[93] Ebd., S. 81
[94] Ebd.
[95] Summers, *Official and Confidential*, S. 244 ff.
[96] Vgl. Hoovers und Lanskys Biograf Hank Messick, zitiert in: Scott, S. 145; vgl. Hank Messick, *John Edgar Hoover*, New York 1972
[97] Sawyer, OH, S. 89 ff.
[98] Russo, S. 37
[99] Ebd., S. 449
[100] Heymann, S. 257 ff.; vgl. Russo, S. 47 ff.
[101] Russo, S. 59
[102] Hogan, S. 308 ff., 119 f.
[103] Russo, S. 242 und 393 ff.
[104] Ebd., S. 33; vgl. Spooks, *Die dienstbaren Geister der Nacht*, S. 124
[105] Russo, S. 33
[106] Ebd., S. 44
[107] Ebd., S. 65
[108] Ebd., S. 69
[109] Ebd.
[110] Ebd., S. 72; vgl. Hilty, S. 208 ff.

[111] Goldfarb, S. 130
[112] Ebd., S. 309
[113] Ebd.
[114] Sawyer, OH
[115] Kelley, *His Way*, S. 323
[116] Sawyer, OH.
[117] Heymann, S. 264
[118] Scheim, S. 130 ff.
[119] Scott Malone, zitiert in: Scott, S. 180; vgl. Schleim, S. 225; Scott Malone, »The Secret Life of Jack Ruby«, *New Times*, 23. Januar 1978
[120] Russo, S. 501
[121] VI
[122] Zu Scelsos Aussage vgl. JFK Assassination Records Collection, Nationalarchiv, RIF number 180-10131-10330, vor allem S. 168 f., darin den Abschnitt: *Frage*: »Haben Sie Grund zur Annahme, dass Angleton Verbindungen zum organisierten Verbrechen unterhält?« *Antwort*: »Ja«. Scelso zufolge erzählte er J. C. King, dass Angleton eine CIA-Untersuchung von Las Vegas' Abschöpfungspraktiken in Panama mit der Begründung unterbunden hatte, dass Geldangelegenheiten in den Zuständigkeitsbereich des FBI fielen, woraufhin dieser »grinste und sagte: ›Das ist Angletons Ausrede. Der wahre Grund ist, dass Angleton selbst Verbindungen zur Mafia unterhält und kein falsches Spiel treiben will‹«.
[123] Russo, S. 377; Johnson im Gespräch mit dem neuen CBS-Moderator Walter Cronkite
[124] *New York Times*, 25. Juni 1976
[125] Russo, S. 381; vgl. Lester David, Irene David, *Bobby Kennedy: The Making of a Folk Hero*, New York 1986, S. 3 ff.

13 **»Der große Schwindel«**

Unter den Veröffentlichungen über Howard Hughes, insbesondere seine Zeit in Las Vegas, ist die Biografie *Empire* von Donald Barlett und James Steele hervorzuheben. Hughes' Aktivitäten in Las Vegas und deren politischen Auswirkungen auf Nevada und Washington gehen Jim Hougan in seinem Kapitel über Robert Maheu in *Spooks* und Michael Drosnin in seiner Hughes-Biografie *Der Mann, der Amerika kaufen wollte*, 1985, nach. Neben der Oral History Collection der University of Nevada, vor allem Grant Sawyers *Hang Tough*, sowie der Rosselli-Biografie von Rappleye und Becker war uns bei unseren Recherchen das Archivmaterial der University of Nevada in Reno sehr hilfreich, darunter die Papiere von Paul Laxalt und Robert Laxalts Tatsachenroman *The Governor's Mansion*.

[1] Laxalt, Robert, *Sweet Promised Land*, S. 15
[2] Ebd., S. 1
[3] Waas, in: *City Paper*, 28. Mai 1994
[4] Roberts, »Reagan's First Friend«
[5] UNR, Aufzeichnungen Laxalts; vgl. *Denver Post Magazine*, 1. April 1984
[6] Roberts, »Reagan's First Friend«
[7] VI
[8] Laxalt, Paul, S. 36
[9] *Denver Post Magazine*, 1. April 1984
[10] Condon, in: *Washington Dossier*
[11] Laxalt, *Sweet Promised Land*, S. 20
[12] Spees, in: Davies (Hg.), S. 168
[13] *RJ*, 16. Oktober 1966
[14] UNR, Unterlagen Laxalts
[15] Laxalt, *Sweet Promised Land*, S. 46
[16] *Reno Evening Gazette*, 9. November 1966
[17] VI
[18] VI
[19] VI
[20] Ebd.
[21] *The Governor's Mansion*, S. 38
[22] VI
[23] Ebd.
[24] VI
[25] Ebd.
[26] UNR, Laxalts Aufzeichnungen
[27] VI
[28] UNR, Laxalts Aufzeichnungen
[29] Ebd.
[30] VI
[31] Zur Darstellung des Senatswahlkampfs von Cannon und Laxalt 1964 sowie den Beschuldigungen wegen Wahlbetrugs vgl. Spees, in: Davies (Hg.), S. 171

[32] OH, Peter B. Merialdo
[33] UNR, Laxalts Aufzeichnungen
[34] Moldea, *Crime Control Digest*
[35] VI
[36] Ebd.
[37] Ebd.
[38] Spees, in: Davies (Hg.), S. 178
[39] VI
[40] Spees, in: Davies (Hg.), S. 178
[41] Gottlieb, Wiley, »The Senator and the Gamblers«
[42] Ebd. Die Autoren zitieren den ortsansässigen Anwalt Alvin Wartman.
[43] UNR, Laxalts Aufzeichnungen
[44] Spees, in: Davies (Hg.), S. 174
[45] Ebd.
[46] UNR, Laxalts Aufzeichnungen
[47] UNR, Laxalts Aufzeichnungen
[48] Condon, in: *Washington Dossier*
[49] UNR, Laxalts Aufzeichnungen
[50] UNR, Presseerklärung Paul Laxalt, 1966
[51] UNR, Laxalts Aufzeichnungen
[52] UNR, Presseerklärung Paul Laxalt, 1966
[53] Moldea, *Crime Control Digest*
[54] OH, Grant Sawyer
[55] UNR, Presseerklärung Paul Laxalt, 1966
[56] UNR, Laxalts Aufzeichnungen
[57] Laxalt, S. 124
[58] VI
[59] Urza, S. 14
[60] Interview mit John L. Smith
[61] Barlett, Steele, S. 118
[62] Drosnin, dt. Ausgabe, S. 76
[63] Lalli, in: Sheehan, S. 144
[64] Barlett, Steele, S. 232
[65] Drosnin, engl. Ausgabe, S. 47
[66] Vgl. Barlett, Steele, S. 339 f., S. 345 f.
[67] Scott, *Crime and Cover-up*, S. 30 f.
[68] Barlett, Steele, S. 187; zu Hughes' frühen Jahren in Las Vegas vgl. Drosnin; Lalli, in: Sheehan
[69] Ed Oncken, in: *Scene*, 1967
[70] RJ, 25. Januar 1954
[71] Barlett, Steele, S. 240
[72] Ebd., S. 212
[73] Ebd., S. 240
[74] Drosnin, dt. Ausgabe, S. 79
[75] RJ, 1. Dezember 1966
[76] Drosnin, engl. Ausgabe, S. 51
[77] VI
[78] Barlett, Steele, S. 291
[79] *Chicago Sun Times*, 10. Juli 1966, Serie über Las Vegas
[80] Drosnin, dt. Ausgabe, S. 142
[81] Ebd., S. 140
[82] Bellett, S. 26
[83] Ebd.
[84] Barlett, Steele, S. 279
[85] Lukas, in: Pollak (Hg.), S. 223
[86] Barlett, Steele, S. 279
[87] Maheu, S. 160
[88] Drosnin, dt. Ausgabe, S. 103
[89] Rappleye, Becker, S. 282
[90] Barlett, Steele, S. 289
[91] Maheu, S. 167 f.
[92] Barlett, Steele, S. 292
[93] Laxalt, S. 132
[94] Picker
[95] Lalli, in: Sheehan, S. 142
[96] Garrison, S. 52
[97] Maheu, S. 169; vgl. RJ, 23. März 1967
[98] Lalli, in: Sheehan, S. 142
[99] Drosnin, engl. Ausgabe, S. 107
[100] Garrison, S. 54
[101] Sheehan, S. 150
[102] Ebd., S. 147
[103] Maheu, S. 159
[104] Lalli, in: Sheehan, S. 133–158
[105] Jimmy »The Weasel« Fratianno zitiert Rosselli in Drosnin, dt. Ausgabe, S. 140
[106] Rappleye, Becker, S. 280
[107] Drosnin, dt. Ausgabe, S. 140
[108] Ebd., S. 127
[109] Lukas, in: Pollak, S. 214
[110] VI
[111] UNR, Laxalts Aufzeichnungen
[112] Rappleye, Becker, S. 283
[113] Barlett, Steele, S. 298
[114] Garrison, S. 120
[115] Barlett, Steele, S. 297
[116] VI
[117] Barlett, Steele, S. 298
[118] Garrison, S. 78
[119] Maheu, S. 172
[120] CBS-Nachrichtenmagazin *60 Minutes*
[121] VI
[122] Rothman
[123] Drosnin, dt. Ausgabe, S. 129; vgl. Lalli, in: Sheehan
[124] Barlett, Steele, S. 303

[125] Russell Nielsen für UPI, 26. September 1967
[126] Drosnin, dt. Ausgabe, S. 125
[127] Ebd., S. 124
[128] Ebd., S. 123
[129] Ebd., S. 125
[130] Lalli, in: Sheehan, S. 142
[131] Drosnin, S. 126
[132] Ebd., S. 125 f.
[133] Ebd., S. 126
[134] Ebd., engl. Ausgabe, S. 110
[135] Drosnin, dt. Ausgabe, S. 131
[136] Barlett, Steele, S. 305
[137] Laxalt, S. 134
[138] Drosnin, dt. Ausgabe, S. 124
[139] Laxalt, S. 135
[140] Rappleye, Becker, S. 283
[141] UNR, Laxalts Aufzeichnungen
[142] Maheu, S. 178
[143] Hougan, *Spooks*, dt. Ausgabe, S. 259
[144] Drosnin, engl. Ausgabe, S. 86
[145] Ebd., S. 88
[146] Ebd., dt. Ausgabe, S. 80
[147] Ebd., S. 81
[148] Ebd., engl. Ausgabe, S. 62
[149] Ebd.
[150] Ebd., S. 119
[151] Barlett, Steele, S. 306
[152] Ebd.
[153] Ebd., S. 321
[154] Ebd., S. 312
[155] Demaris, *The Last Mafioso*, S. 185
[156] Barlett, Steele, S. 299
[157] Ebd.
[158] Ebd., S. 302
[159] VI; zum Thema finanzielle Zuwendungen an Politiker in Nevada vgl. Drosnin, dt. Ausgabe, S. 143 f.
[160] Barlett, Steele, S. 451
[161] Drosnin, engl. Ausgabe, S. 257
[162] Ebd.
[163] Drosnin, dt. Ausgabe, S. 271
[164] Drosnin, S. 270
[165] Ebd., S. 271
[166] Ebd., S. 270
[167] Drosnin, engl. Ausgabe, S. 265
[168] Rappleye, Becker, S. 285
[169] Phelan, S. 208
[170] Timothy O'Brien, S. 33
[171] Ebd.
[172] Interne Mitteilung des Weißen Hauses an H. R. Haldeman; vgl. die Senatsanhörungen zu Watergate 1974
[173] Ebd.
[174] Block, *Masters of Paradise*, S. 100
[175] Ebd.
[176] Moldea, *Interference*, S. 177
[177] Ebd.
[178] Kohn, »The Hughes-Nixon-Lansky Connection«
[179] Ebd.
[180] Ebd.
[181] Chambliss, S. 178 ff.
[182] Ebd.
[183] Kohn, »The Hughes-Nixon-Lansky Connection«
[184] Bellett, S. 83
[185] Drosnin, dt. Ausgabe, S. 103
[186] Barlett, Steele, S. 442
[187] Bellett, S. 83
[188] UNR, Aufzeichnungen Laxalts
[189] Ebd.
[190] Laxalt, S. 141
[191] Drosnin, engl. Ausgabe, S. 122
[192] Kolumne Greenspun, SUN, 1970
[193] Smith, *No Limit*, S. 175; vgl. Maheu, S. 245; Rappleye, Becker, S. 285
[194] Lukas zitiert Greenspun in: Pollak, S. 226
[195] Drosnin, dt. Ausgabe, S. 389
[196] Lalli, in: Sheehan, S. 152
[197] Drosnin, dt. Ausgabe, S. 395
[198] Roberts, in: *New York Times Magazine*
[199] Laxalt, S. 143
[200] Gottlieb, Wiley, »The Senator and the Gamblers«
[201] Moldea, in: *Crime Control Digest*; vgl. Barlett, Steele; Drosnin
[202] Zur Finanzierung von Ormsby House und der Rolle Paul Laxalts vgl. die Artikel von Denny Walsh in der *Sacramento Bee*, vor allem vom 1. November 1983; *New Republ*ic, 25. August 1986; Waas, in: *City Paper*; Roberts, in: *New York Times Magazine*; Friedman, in: *Mother Jones*; Gottlieb, Wiley, in: »The Senator and the Gamblers«; Moldea, in: *Crime Control Digest*; George Concon jr., in: »The Power Gamble: Paul Laxalt and the Nevada Gang«, in: *Washington*

Dossier, September 1983; Stephen Singular, in: *Denver Post Magazine*, 1. April 1984

[203] Gottlieb, Wiley, »The Senator and the Gamblers«

[204] Ebd.

[205] Ebd.

[206] Drosnin, dt. Ausgabe, S. 143

[207] Vogliotti, S. 200

[208] Lalli, in: Sheehan, S. 143

[209] Drosnin, dt. Ausgabe, S. 136

[210] Ebd, S. 434

14 Spielerkönige

Der Artikel »The Hughes-Nixon-Lansky Connection« von Howard Kohn in der Zeitschrift *Rolling Stone* ist die wichtigste Quelle zum Verständnis des Las Vegas der 70er Jahre. Informationen zur Watergate-Affäre bieten Colodny und Gettlin in *Silent Coup*, Hougan in *Secret Agenda*, Scott in *Crime and Cover-up* und Bellett in seiner Biografie von Johnny Meier. Die Publikationen von Dan Moldea informieren über das organisierte Verbrechen und die amerikanische Politik, die Studie von Gary Cartwright über die Chagras in Texas. Besonders erwähnt seien die Memoiren *Peace, War, and Politics* von Jack Anderson. Die Autoren konnten mehrere Gespräche mit John Ehrlichman führen.

[1] Colodny, Gettlin, S. 158

[2] Rappleye, Becker, S. 310

[3] Scott, *Crime and Cover-up*, S. 34

[4] Interview der Autoren mit John Ehrlichman; vgl. Kutler

[5] Kutler, S. 203

[6] Interview der Autoren mit John Ehrlichman

[7] Hougan, *Secret Agenda*, S. 107

[8] Ebd.

[9] Interne Mitteilung des Weißen Hauses, für die Watergate-Anhörungen erstellter Nachdruck

[10] Zu Jack Andersons Beteiligung an der *Las Vegas Sun* vgl. Anderson, *Peace, War, and Politics*, S. 145

[11] Mahoney, S. 336

[12] Drosnin, dt. Ausgabe, S. 267; vgl. Scott, *Crime and Cover-up*, S. 24

[13] Drosnin, dt. Ausgabe, S. 267; Kolumne von Drew Pearson und Jack Anderson, 3. März 1967

[14] Rappleye, Becker, S. 272

[15] Scott, *Crime and Cover-up*, S. 26

[16] Phelan, S. 140

[17] Rappleye, Becker, S. 268

[18] Ebd.

[19] Ebd.

[20] Ebd., S. 274

[21] Ebd., S. 296

[22] Ebd.

[23] Anderson, *Peace, War, and Politics*, S. 110

[24] Rappleye, Becker, S. 297

[25] Ebd.

[26] Anderson, *Peace, War, and Politics*, S. 108

[27] Mahoney, S. 336

[28] Anderson, *Peace, War, and Politics*, S. 109

[29] Ebd., S. 113

[30] Rappleye, Becker, S. 300

[31] Ebd., Maheu

[32] Drosnin, dt. Ausgabe, S. 389

[33] Anderson, *Peace, War, and Politics*, S. 218

[34] Drosnin, dt. Ausgabe, S. 390

[35] Ebd.

[36] Interview der Autoren mit John Ehrlichman

[37] Bellett, S. 53

[38] Kohn, »The Hughes-Nixon-Lansky Connection«

[39] Anderson, *Peace, War, and Politics*, S. 230

[40] Maheu, S. 215

[41] Barlett, Steele, S. 400

[42] Ebd., S. 399; vgl. Gottlieb, Wiley, »The Senator and the Gamblers«

[43] Drosnin, dt. Ausgabe, S. 391

[44] Ebd., engl. Ausgabe, S. 421

[45] Ebd.

[46] Barlett, Steele, S. 467

[47] Drosnin, engl. Ausgabe, S. 431

[48] Phelan, S. 4

[49] Maheu, S. 245

[50] Drosnin, dt. Ausgabe, S. 395

[51] Ebd.

[52] Barlett, Steele, S. 451

[53] Kohn, »The Hughes-Nixon-Lansky Connection«

[54] Bellett, S. 132

[55] *Newsweek*, 22. Oktober 1973
[56] Barlett, Steele, S. 449
[57] Ebd., S. 450
[58] Kohn, »The Hughes-Nixon-Lansky Connection«
[59] Barlett, Steele, S. 450
[60] Ebd.
[61] Interview der Autoren mit Terry Lenzner
[62] Bellett, S. 130
[63] Interview der Watergate-Ermittler Jim Moore und Bob Muse mit Paul Laxalt am 19. Dezember 1973; interne Notiz vom 2. Januar 1974 von Moore an den Watergate-Ankläger
[64] Ebd.
[65] Ebd.
[66] Ebd.
[67] Anhörungen des Senats zu Watergate, 1974
[68] Barlett, Steele, S. 459
[69] Ebd., S. 514; vgl. Drosnin, dt. Ausgabe, S. 386 ff.
[70] Kohn, »The Hughes-Nixon-Lansky Connection«
[71] Barlett, Steele, S. 513
[72] Ebd., S. 515
[73] Bellett, S. 132
[74] Rappleye, Becker, S. 306
[75] Ebd.
[76] Scott, *Crime and Cover-up*, S. 26
[77] Rappleye, Becker, S. 307
[78] Ebd., S. 306
[79] Ebd., S. 307
[80] Olmsted, S. 49
[81] Ebd., Zitat von Hersh aus der NYT
[82] Ebd.
[83] Rappleye, Becker, S. 308
[84] Maheu, S. 127
[85] Ebd.
[86] Olmsted, S. 111
[87] Rappleye, Becker, S. 308
[88] Olmsted, S. 49
[89] Ebd., S. 111
[90] Ebd., S. 49
[91] Maheu, S. 127
[92] Ebd., S. 130
[93] Rappleye, Becker, S. 310
[94] Baker, S. 169
[95] Interview der Autoren mit Bobby Baker
[96] Scott, *Deep Politics*, S. 223
[97] Rappleye, Becker, S. 310
[98] Ebd.
[99] Ebd., S. 313
[100] VI
[101] Rappleye, Becker, S. 317
[102] Olmsted, S. 49
[103] Rappleye, Becker, S. 319
[104] Ebd., S. 323
[105] VI
[106] Rappleye, Becker, S. 322
[108] Roemer
[109] Paul Price, Kolumnist der SUN
[110] Sheehan, S. 162
[111] Barlett, Steele, S. 317
[112] Ebd.
[113] *Forbes*
[114] K. J. Evans, in: RJ, »The First One Hundred«, Teil 3
[115] Sheehan, S. 159
[116] VI
[117] VI
[118] *Business Week*, 20. Januar 1973; vgl. DTD
[119] *Business Week*, 20. Januar 1973
[120] Ebd.
[121] RJ, »The First One Hundred«, 2. Mai 1999
[122] Ebd.
[123] *Business Week*, 20. Januar 1973
[124] Ebd.
[125] VI
[126] *Business Week*, 20. Januar 1973
[127] Ebd.
[128] Ebd.
[129] Ebd.
[130] VI
[131] Interview der Autoren mit Dan Moldea
[132] Moldea, *Dark Victory*, S. 248
[133] Ebd.
[134] Ebd.
[135] Gottlieb, Wiley, »The Senator and the Gamblers«
[136] Smith, *Running Scared*, S. 22
[137] Timothy O'Brien, S. 45
[138] Smith, *Running Scared*, S. 21
[139] RJ, 2. Mai 1999
[140] SUN, 5. Dezember 1996
[141] Smith, *Running Scared*, S. 37
[142] Ebd., S. 44

[143] Ebd., S. 40
[144] VI
[145] Timothy O'Brien, S. 47
[146] Smith, *Running Scared*, S. 47
[147] Timothy O'Brien, S. 48
[148] Wynn, zitiert in: Smith, *Running Scared*, S. 66
[149] Ebd., S. 65
[150] Ebd., S. 66
[151] Ebd., S. 68
[152] Stein, S. 44
[153] Bruck, S. 37
[154] Smith, *Running Scared*, S. 68
[155] VI
[156] Smith, *Running Scared*, S. 73
[157] VI
[158] VI; vgl. SUN, 4. April 1982
[159] Smith, *Running Scared*, S. 73
[160] Ebd.
[161] SUN, 26. Oktober 1972
[162] VI
[163] Shannon Bybee zitiert in: Smith, *Running Scared*, S. 84
[164] Berman, S. 163
[165] Vgl. Timothy O'Brien, S. 47
[166] Moldea, in: *Crime Control Digest*
[167] Interview der Autoren mit Maya Miller
[168] UNR, Laxalts Aufzeichnungen
[169] Ebd.
[170] Ebd.
[171] Moldea, in: *Crime Control Digest*
[172] Laxalts Aussage vor dem Ausschuss zur Review of the National Policy Toward Gambling, 19. August 1975
[173] Moldea, in: *Crime Control Digest*
[174] Ebd.
[175] Robert James, S. 417
[176] UNR, Laxalts Aufzeichnungen
[177] Neff, S. 194–211
[178] Brill
[179] VI
[180] Robert James, S. 235
[181] Neff, S. 266
[182] Ebd., S. 266 ff.
[183] Robert James, S. 232
[184] VI; vgl. Denton, S. 68
[185] Zu den Ereignissen in Kolumbien vgl. SUN, 1. März 1979; Associated Press, 27. und 28. Januar 1979, 7. März 1979; vgl. Cartwright, Dirty Dealing; Denton, RJ, 22. Juni 1977, 7. August 1977, 17. August 1977, 25. August 1977, 14. September 1978, 5. Oktober 1978
[186] RJ, 17. August 1990
[187] Las Vegan, Juni 1986
[188] VI

15 Abschied vom Strip

Über die Vorgänge in Las Vegas während der 80er Jahre wurde in der Lokalpresse nur sporadisch und in den überregionalen Medien so gut wie gar nicht berichtet. Doch Laxalts spätere Karriere, besonders seine Verleumdungsklage gegen die *Sacramento Bee*, wurde von der Presse im ganzen Land genau verfolgt, häufig auch im Zusammenhang mit Yablonskys umstrittener Ermittlungstätigkeit in Las Vegas und der Amtsenthebung des Bundesbezirksrichters Harry Claiborne. Aufschlussreich sind die Ausführungen von Dan Moldea in *Dark Victory*, Odesskys Lebenserinnerungen, einige Artikel über Ned Day im *Las Vegan City Magazine*, Dormans Beitrag »The Mob Wades Ashore in Atlantic City«, Johnstons *Temples of Chance* und Timothy O'Briens *Bad Bet*.

[1] Interview der Autoren mit Yablonsky
[2] VI
[3] Robert I. Friedman, »Senator Paul Laxalt«, in: *Mother Jones*, August–September 1984
[4] Ebd.
[5] Interview der Autoren
[6] Ebd.
[7] Ebd.
[8] VI
[9] Ebd.
[10] Friedman, »Senator Paul Laxalt«
[11] Ebd.
[12] RJ, 27. April 1980
[13] RJ, 3. September 1981
[14] VI
[15] RJ, 22. Mai 1981
[16] Ebd.
[17] Interview der Autoren mit Yablonsky
[18] *Valley Times*, 5. April 1983
[19] Vgl. Michael Defeo, zitiert in: Nick Pileggi, *Casino*, S. 257

[20] Interview Ned Day in *60 Minutes*, 27. August 1984
[21] VI
[22] Friedman, »Senator Paul Laxalt«
[23] Moldea, in: *Crime Control Digest*
[24] Condon, in: *Washington Dossier*
[25] Moldea, in: *Crime Control Digest*
[26] Ebd.
[27] Ebd.
[28] *Denver Post Magazine*, 1. April 1984
[29] Kelley, *Nancy Reagan*, S. 506
[30] *Denver Post Magazine*, 1. April 1984
[31] Moldea, in: *Crime Control Digest* und *Dark Victory*
[32] Ebd.
[33] VI
[34] Friedman, »Senator Paul Laxalt«
[35] VI
[36] Friedman, »Senator Paul Laxalt«
[37] Interview der Autoren mit Yablonsky
[38] VI
[39] Interview der Autoren mit Yablonsky
[40] Ebd.
[41] Ebd.
[42] Ebd.
[43] Ebd.
[44] Ebd.
[45] Ebd.
[46] VI
[47] Ned Day, in: RJ, 15. Dezember 1982
[48] *Las Vegan City Magazine*, Oktober 1981
[49] Ebd.
[50] Ebd.
[51] Ebd.
[52] Ned Day, in: RJ, 15. Dezember 1982
[53] Ebd.
[54] VI
[55] Friedman. Mills' Versuche, die Ermittlungen Yablonskys und seiner Sondereinheit zu hintertreiben, schockierten FBI und Justizministeriums. Vgl. *Valley Times*, 5. Februar 1981; *Nevada State Journal*, 5. Februar 1981; KLAS TV, Leitartikel, 21. Dezember 1982; *Las Vegas Review-Journal*, 20. Juli 1983, 29. März 1984. Nach Aussagen von Justizbeamten versuchte Mills mehrfach vergeblich, Justizminister Smith dazu zu bewegen, Yablonsky zu maßregeln bzw. seines Amtes zu entheben.
[56] VI
[57] Interview der Autoren mit Yablonsky
[58] Ebd.; vgl. Pileggi, *Casino*; Moldea, *Dark Victory*
[59] Interview der Autoren mit Liz Wilson Vlaming
[60] VI
[61] *Las Vegan City Magazine*, Oktober 1981
[62] RJ, 4. September 1987
[63] Interview der Autoren mit A. D. Hopkins
[64] *Las Vegan City Magazine*, Oktober 1987, Nachruf auf Ned Day von George Knapp
[65] LAT, 19. Mai 1988
[66] Ken Cummins, in: *City Paper*, 5. Oktober 1984
[67] Zum Tod von Katherine Laxalt und Laxalts Zurücknahme seiner Klage gegen die *Sacramento Bee* vgl. *San Francisco Examiner*, 5. Juni 1987; WSJ, 3., 5. Juni 1987; *San Francisco Chronicle*, 1. Juli 1987. Zu Laxalts Darstellung des Sachverhalts vgl. seine Autobiografie *Nevada's Paul Laxalt*, in der er die »Mistkerle« von der *Sacramento Bee* für den Tod seiner »geliebten« Ex-Schwägerin verantwortlich macht, S. 366 f.
[68] Moldea, *Dark Victory*, S. 349
[69] Laxalt, Paul, S. 391
[70] Vgl. Morris, *Partners in Power: The Clintons and Their America*, S. 251
[71] Ebd., S. 254
[72] Zitiert in: ebd.
[73] Moldea, *Dark Victory*, S. 333, unter Verwendung eines Berichts des House Subcommittee on Civil Service
[74] Zitiert in: Moldea, *Dark Victory*, S. 330
[75] Ebd., S. 321
[76] Ebd., S. 348
[77] Ebd.
[78] Titel von Dan Moldeas Buch
[79] Odessky, S. 158
[80] O'Brien, S. 69; vgl. Dorman, »The Mob Wades Ashore in Atlantic City«; Odessky, S. 159
[81] Smith, *Running Scared*, S. 111
[82] Johnston, S. 22; vgl. S. 9–21
[83] Smith, *Running Scared*, S. 115
[84] Ebd., 192

[85] Timothy O'Brien, S. 86
[86] SUN, 19. Mai 1989
[87] Johnston, S. 20
[88] Odessky, S. 158
[89] Eisenberg, dt. Ausgabe, S. 320

16 »Eine Spielhölle ist und bleibt eine Spielhölle«

The Grit Beneath the Glitter ist eine informative Aufsatzsammlung über das heutige Las Vegas, zusammengestellt von Hal Rothman und Mike Davis. Rothman stellte uns das Manuskript vor Veröffentlichung zur Verfügung; er und einige der Koautoren stimmen allerdings mit unseren Interpretationen der Stadtgeschichte nicht immer überein. Informativ ist *The Real Vegas* von David Littlejohn, der zu ganz anderen Ergebnissen als Rothman kommt, wie die Literatur über Las Vegas insgesamt oft sehr widersprüchlich ist, z. B. die Berichterstattung über Kerkorians Übernahme von Wynns Mirage, Inc. Vgl. »Las Vegas's Big Deal« der beiden Autoren im Sonderheft Wirtschaftsjournalismus, *Columbia Journalism Review*, November/Dezember 2000; Connie Brucks Artikel über Oscar Goodman, *The New Yorker*, August.

[1] VI
[2] Connie Chungs TV-Interview mit Wayne Newton, 31. Dezember 1999, ABC News
[3] Johnston, S. 9
[4] William Fulton, zitiert in: Littlejohn, S. 17
[5] Littlejohn, S. 11
[6] Chuck Gardner, »The Town That Bugsy Built«, aus: *Casino II. Las Vegas in the 90s*, Nevadaindex.com
[7] Littlejohn, S. 5
[8] Ebd., S. 11
[9] Richardson, *Project Report*
[10] Ebd.
[11] Ebd.
[12] Moehring, in: *Grit Beneath the Glitter*, S. 72
[13] Ebd.
[14] Anhörungen des Senats zur Gewerkschaft der Hotel- und Restaurantangestellten
[15] VI
[16] *Minneapolis Star Tribune*, 13. Juli 1997
[17] Kit Miller, S. 17
[18] VI
[19] VI
[20] Denton, Morris, in: *The New York Times*, 9. Juli 1996
[21] Ebd.
[22] Ebd.
[23] Ebd.
[24] Ebd.
[25] Ebd.
[26] Ebd.
[27] Ebd.
[28] Ebd.
[29] Ebd.
[30] Ebd.
[31] *Los Angeles Times*, 18. Juni 1999
[32] A. Alvarez, in: *The New York Review*
[33] Michael Ventura, »The Psychology of Money«, in: *Psychology Today*, März–April 1995
[34] Clinton, in: RJ, 2. Oktober 1999
[35] Bericht von Scotland Yard, zitiert in: Smith, *Running Scared*, S. 181 ff.
[36] VI
[37] Interview der Autoren mit John L. Smith
[38] VI
[39] Interview der Autoren mit John L. Smith
[40] *New York Observer*, 1. Januar 2000
[41] Ebd.
[42] Ebd.
[43] Ebd.
[44] *New York Observer*, 31. August 1998
[45] VI
[46] *The Independent* (London), 9. März 2000
[47] VI
[48] SUN, 12. März 2000
[49] SUN, 24. März 2000
[50] RJ, 30. Mai 2000
[51] *Time*, 6. März 2000
[52] *New York Observer*, 10. April 2000
[53] VI
[54] Interview der Autoren mit John L. Smith
[55] RJ, 15. Juni 2000
[56] Zu Ken Mizuno als Spielerkönig in Las Vegas, seinen Verbindungen zu Steve Wynns Mirage und Treasure Island sowie zum Strafverfahren gegen ihn wegen Betrugs vgl. LAT, 16. März 1993; *Daily*

Yomiuri, 14.–16. September 1991, 8. Oktober 1991, 1./2. März 1992, 14. Mai 1992, 11. Juni 1992, 24./25. Juni 1992, 2. Juli 1992, 4. Juli 1992, 15. April 1993; *San Francisco Chronicle*, 20. Juni 1992; *Business Week*, 4. April 1994; RJ, 6. Februar 1998. Zum Eintreiben von Spielschulden und zur Geldwäsche in Asien vgl. die Berichterstattung über den Fall Laura Choi. Die Angestellte des Mirage saß in Südkorea im Gefängnis, weil sie im Auftrag der Mirage Resorts ohne Genehmigung der koreanischen Behörden 630.000 Dollar an Spielschulden eingetrieben hatte; RJ, 24. September 1997, 20. August 1998, 28., 30. Juli 1999.

[57] VI

[58] VI

[59] Interview der Autoren mit Bill Gately; VI mit Zollfahndern und US-Staatsanwälten. Vgl. *Los Angeles Times*, 29. Mai 1998; *Broward Daily Business Review*, 15. Juli, 31. Juli 1998; *Financial Times* (London), 30. Mai 1998; *The New York Times*, 11. Juni 1998, 15. Juli 1998, 16. März 1999, 11. Juni 1999; *Washington Times*, 18. März 1999

[60] Interview der Autoren mit Bill Gately

[61] VI

[62] *The New Yorker*, August 1999

[63] Findlay, *People of Chance*

Nachwort: Die heimliche Hauptstadt

[1] Winston Churchill, *The World Crisis*, Bd. 1, Kap. XI, zitiert in: Barbara Tuchman, *The Guns of August*, New York 1980, S. 9. (dt. *August 1914*, Frankfurt/Main 2001)

[2] Interview der Autoren mit John L. Smith

Bibliografie

Bücher

Abt, Vicki, James F., Smith, Eugene Martin Christiansen, *The Business of Risk. Commercial Gambling in Mainstream America*, Lawrence, Kansas 1985.

Adams, James Ring, Douglas Frantz, *A Full Service Bank: How BCCI Stole Billions Around the World*, New York 1992.

Alexander, Shana, *The Pizza Connection: Lawyers, Money, Drugs, Mafia*, New York 1988; *dt. Pizza Connection: Der Prozess gegen die Drogenmafia*, Dt. v. B. Schmid, Bergisch Gladbach 1992.

Alexander, Thomas G., *Mormons and Gentiles: A History of Salt Lake City*, Boulder, Colorado 1984.

Anderson, Jack, Fred Blumenthal, *The Kefauver Story*, New York 1956.

Anderson, Jack, James Boyd, *Confessions of a Muckraker. The Inside Story of Life in Washington During the Truman, Eisenhower, Kennedy and Johnson Years*, New York 1979.

Anderson, Jack, George Clifford, *The Anderson Papers*, New York 1973.

Anderson, Jack, Daryl Gibson, *Peace, War, and Politics: An Eyewitness Account*, New York 1999.

Anderson, Jon Lee, *Che Guevara: A Revolutionary Life*, New York 1997.

Ashby, LeRoy, Rod Gramer, *Fighting the Odds: The Life of Senator Frank Church*, Pullman, Washington 1994.

Baker, Bobby, *Wheeling and Dealing. Confessions of a Capitol Hill Operator*, New York 1978.

Baker, Jean H., *The Stevensons: A Biography of an American Family*, New York 1996.

Bancroft, Hubert Howe, Frances Fuller Victor, *History of Nevada, 1540–1888*, Reno 1981.

Barlett, Donald L., James B. Steele *Empire: The Life, Legend, and Madness of Howard Hughes*, New York/London 1979.

Baum, Dan, *Smoke and Mirrors: The War on Drugs and the Politics of Failure*, Boston/New York 1996.

Behr, Edward, *Prohibition: Thirteen Years That Changed America,* New York 1996.
Bellett, Gerald, *Age of Secrets: The Conspiracy That Toppled Richard Nixon and the Hidden Death of Howard Hughes,* Ontario/New York 1995.
Beran, Michael Knox, *The Last Patrician: Bobby Kennedy and the End of American Aristocracy,* New York 1998.
Berman, Susan, *Lady Las Vegas: The Inside Story Behind America's Neon Oass,* New York 1996.
Bertram, Eva, Kenneth Sharpe Blachman, Peter Andreas, *Drug War Politics: The Price of Denial,* Berkeley 1996.
Bigler, David L., *Forgotten Kingdom: The Mormon Theocracy in the American West, 1847–1896*, Logan, Utah 1998.
Blakey, G. Robert, Richard N. Billings, *Fatal Hour: The Assassination of President Kennedy by Organized Crime,* New York 1981.
Block, Alan A., *The Business of Crime: A Documentary Study of Organized Crime in the American Economy,* Boulder, Colorado 1991.
Block, Alan A., *Masters of Paradise: Organized Crime and the Internal Revenue Service in the Bahamas,* New Brunswick/London 1991.
Block, Alan A., *Perspectives on Organizing Crime: Essays in Opposition*, Boston 1991.
Block, Alan A., William J. Chambliss, *Organizing Crime*, New York 1981.
Bly, Nellie, *The Kennedy Men: Three Generations of Sex, Scandal and Secrets*, New York 1996.
Bouza, Tony, *The Decline and Fall of the American Empire: Corruption, Decadence, and the American Dream,* New York/London 1996.
Brady, Frank, *Onassis: An Extravagant Life,* Englewood Cliffs, New Jersey 1977.
Brewton, Pete, *The Mafia, CIA and George Bush,* New York 1992.
Brill, Steven, *The Teamsters*, New York 1978.
Brodie, Fawn M., *Richard Nixon: The Shaping of His Character,* Cambridge, Massachusetts 1983.
Brodie, Fawn M., *No Man Knows My History,* New York 1971.
Brooks, Juanita, *The Mountain Meadows Massacre,* Norman 1991.
Brown, Peter Harry, Pat H. Broeske, *Howard Hughes: The Untold Story,* New York 1997.
Brownstein, Ronald, *The Power and the Glitter: The Hollywood-Washington Connection,* New York 1990.
Bruck, Connie, *The Predators' Ball: The Inside Story of Drexel Burnham and the Rise of the Junk Bond Raiders*, New York 1988.
Burdick, Thomas, Charlene Mitchell, *Blue Thunder. How the Mafia Owned and Finally Murdered Cigarette Boat King Donald Aranow,* New York 1990.

Burleigh, Nina, *A Very Private Woman and the Life and Unsolved Murder of Presidential Mistress Mary Meyer*, New York 1998.

Burrough, Bryan, *Vendetta: American Express and the Smearing of Edmond Safra*, New York 1992.

Cartwright, Gary, *Dirty Dealing. Drug Smuggling on the Mexican Border and the Assassination of a Federal Judge – An American Parable*, El Paso, Texas 1998.

Cashman, Sean Dennis, *Prohibition: The Lie of the Land*, New York 1981.

Center for Business and Economic Research, *Historical Perspective of Southern Nevada*, Las Vegas Frühjahr 1997.

Center for Business and Economic Research, *Economic Outlook 1998*, Las Vegas Dezember 1997.

Chafin, Raymond, Topper Sherwood, *Just Good Politics: The Life of Raymond Chapin, Appalachian Boss*, Pittsburgh 1994.

Chambliss, William J., *On the Take: From Petty Crooks to Presidents*, Bloomington/Indianapolis 1978.

Coates, James, *In Mormon Circles: Gentiles, Jack Mormons, and Latter-Day Saints*, Reading, Massachusetts 1991.

Cockburn, Leslie, *Out of Control: The Story of the Reagan Administration's Secret War in Nicaragua, the Illegal Arms Pipeline, and the Contra Drug Connection*, New York 1987.

Cockburn, Leslie, Andrew Cockburn, *Dangerous Liaison: The Inside Story of the U.S.-Israeli Covert Relationship*, New York 1991.

Cohen, Mickey, *Mickey Cohen: In My Own Words*, New Jersey 1975.

Cohn, Art, *The Joker Is Wild: The Story of Joe E. Lewis*, New York 1955.

Collier, Peter, David Horowitz, *The Kennedys: An American Drama*, New York 1984; dt. *Die Kennedys: Ein amerikanisches Drama*, Dt. v. B. Brandt, K. Kluncker, München 1991.

Colodny, Len, Robert Gettlin, *Silent Coup: The Removal of a President*, New York 1991.

Committee for a Courageous Congress, *Wake Up to Tomorrow: A Book of Facts Too Startling to Be Fiction – Too Shocking to Be Ignored*, Hartford, Connecticut 1961.

Conover, Ted, *White Out: Lost in Aspen*, New York 1991.

Cook, Fred J., *The Secret Rulers: Criminal Syndicates and How They Control the U.S. Underworld*, New York 1966.

Cook, Fred J., *A Two-Dollar Bet Means Murder*, New York 1966.

Corn, David, *Blond Ghost: Ted Shackley and the CIA's Crusades*, New York 1994.

Cressey, Donald, *Theft of the Nation: The Structure and Operations of Organized Crime in America*, New York 1969.

Dannen, Fredric, *Hit Men: Power Brokers and Fast Money Inside the Music Business,* New York 1990; dt. *Makler der Macht und das schnelle Geld im Musikgeschäft*, Dt. v. P. Robert, Frankfurt am Main 1998.
Davies, Richard O. (Hg.), *The Maverick Spirit. Building the New Nevada*, Reno/Las Vegas 1999.
Davis, John H., *Mafia Dynasty: The Rise and Fall of the Gambino Crime Family,* New York 1993.
Davis, John H., *Mafia Kingfish: Carlos Marcello and the Assassination of John F. Kennedy,* New York 1989; dt. *Mafia: Schattengeschichte der USA*, Dt. v. L. K. v. Nostitz, Zürich 1989.
Davis, John H., *The Kennedys: Dynasty and Disaster, 1848–1984,* New York 1985; dt. *Siegen um jeden Preis: Die Kennedys – ihre wahre Geschichte*, Dt. v. R. Winterberg, Zürich 1987.
Davis, Kenneth S., *The Politics of Honor: A Biography of Adlai E. Stevenson*, New York 1967.
De Leon, Peter, *Thinking About Political Corruption*, Armonk, New York/London 1993.
Demaris, Ovid, *Captive City*, New York 1969.
Demaris, Ovid, *The Director. An Oral Biography of J. Edgar Hoover*, New York 1975.
Demaris, Ovid, *Dirty Business: The Corporate-Political Money-Power Game,* New York 1974.
Demaris, Ovid, *The Last Mafioso: The Treacherous World of Jimmy Fratianno*, New York 1981.
Denton, Sally, *The Bluegrass Conspiracy: An Inside Story of Power, Greed, Drugs, and Murder,* New York 1990.
Dietrich, Noah, Bob Thomas, *Howard: The Amazing Mr. Hughes*, Greenwich, Connecticut 1972; dt.: *Howard Hughes, Milliardär und Mythos: Die Erinnerungen seines Generalbevollmächtigten*, Dt. v. B. F. Schitzler, München 1974.
Dombrink, John, William N. Thompson, *The Last Resort. Success and Failure in Campaigns for Casinos,* Reno/Las Vegas 1990.
Donner, Frank, *Protectors of Privilege: Red Squads and Police Repression in Urban America*, Berkeley 1990.
Donner, Frank, *The Age of Surveillance: The Aims and Methods of America's Political Intelligence System,* New York 1980.
Dorman, Michael, *Payoff. The Role of Organized Crime in American Politics,* New York 1972.
Dowd, Robert H., *The Enemy Is Us: How to Defeat Drug Abuse and End the War on Drugs*, Miami 1996.
Drosnin, Michael, *Citizen Hughes,* New York 1985; dt.: *Der Mann, der Amerika kaufen wollte,* Dt. v. R. Giese, Frankfurt am Main/Berlin 1987.

Dugger, Ronnie, *The Politician: The Life and Times of Lyndon Johnson. The Drive for Power from the Frontier to Master of the Senate*, New York 1982.
Dunar, Andrew J., *The Truman Scandals and the Politics of Morality*, Columbia 1984.
Early, Pete, *Super Casino: Inside the »New« Las Vegas*, New York 2000.
Edmonds, Andy, *Bugsy's Baby: The Secret Life of Mob Queen Virginia Hill*, Secaucus, New Jersey 1993.
Edwards, Anne, *Early Reagan: The Rise to Power*, New York 1987.
Edwards, Jerome, *Pat McCarran: Political Boss of Nevada*, Reno 1982.
Ehrenfeld, Rachel, *Evil Money: Encounters Along the Money Trail*, New York 1992.
Eisenberg, Dennis, Uri Dan, Eli Landau, *Lansky: Mogul to the Mob*, New York/London 1979; dt.: *Der König der Mafia*, Dt. v. W. Bergner, München 1980.
Elliott, Gary E., *Senator Alan Bible and the Politics of the New West*, Reno 1994.
Epstein, Jay Edward, *Agency of Fear*, New York 1977.
Escalante, Fabian, *The Secret War: CIA Covert Operations Against Cuba 1959–62*, Melbourne 1995.
Evans, Peter, *Ari: The Life and Times of Aristotle Socrates Onassis*, New York 1986; dt.: *Ari: Aristoteles Onassis*, Dt. v. M. Schulz-Rubach, Frankfurt am Main/Berlin 1989.
Fabian, Ann, *Card Sharps, Dream Books, and Bucket Shops: Gambling in 19th Century America*, Ithaca, New York/London 1990.
Farrell, Ronald A., Carole Case, *The Black Book and the Mob: The Untold Story of the Control of Nevada's Casinos*, Madison 1995.
Fay, Stephen, Lewis Chester, Magnus Linklater, *Hoax: The Whole Truth About the Howard Hughes-Clifford Irving Affair*, New York 1972; dt.: *Bluff-Story*, Hamburg 1972.
Feinberg, Barbara Silberdick, *American Political Scandals: Past and Present*, New York 1994.
Felknor, Bruce L., *Political Mischief Smear, Sabotage, and Reform in U.S. Elections*, New York/Westport/London 1992.
Fielding, R. Kent, *The Unsolicited Chronicler: An Account of the Gunnison Massacre*, Brookline, Massachusetts 1993.
Fielding, R. Kent, Dorothy S. Fielding, *The Tribune Reports of the Trials of John D. Lee*, Higganum, Connecticut 2000.
Findlay, John M., *People of Chance: Gambling in American Society from Jamestown to Las Vegas*, New York/Oxford 1986.
Fite, Gilbert C., *Richard B. Russell, Jr.: Senator from Georgia*, Chapel Hill 1991.

Fleming, Dan B. jr., *Kennedy vs. Humphrey, West Virginia, 1960: The Pivotal Battle for the Democratic Presidential Nomination*, Jefferson, North Carolina 1992.

Fontenay, Charles, *Estes Kefauver*, Knoxville 1980.

Fox, Stephen, *Blood and Power: Organized Crime in Twentieth Century America*, New York 1989.

Franklin, Jane, *The Cuban Revolution and the U.S.*, Melbourne 1992.

Fraser, Nicholas, Philip Jacobson, Mark Ottaway, Lewis Chester, *Aristotle Onassis*, Philadelphia 1977; dt.: *Onassis*, Dt. v. W. Thaler, Berlin/Frankfurt am Main/Wien 1978.

Friedman, Allen, Ted Schwarz, *Power and Greed: Inside the Teamsters Empire of Corruption*, New York/Toronto 1989.

Friedman, Robert I., *The False Prophet. Rabbi Meir Kahane – From FBI Informant to Knesset Member*, London/Boston 1990.

Frischauer, Willi, *Onassis*, London 1968; dt.: *Onassis: Eine Biographie*, Dt. v. M. Organ, Bergisch Gladbach 1968.

Garrison, Omar V., *Howard Hughes in Las Vegas*, New York 1970.

Gentry, Curt, *J. Edgar Hoover: The Man and the Secrets*, New York 1991.

Gerber, Albert B., *Bashful Billionaire: The Story of Howard Hughes*, New York 1967.

Giancana, Antoinette, *Mafia Princess: Growing Up in Sam Giancana's Family*, New York 1984.

Giancana, Sam, Chuck Giancana, *Double Cross: The Explosive Inside Story of the Mobster Who Controlled America*, New York 1992; dt.: *Giancana: Der Pate der Macht. Ein Insider-Bericht aus der US-Mafia*, Dt. v. A. Krätzer, Bergisch Gladbach 1995.

Gilmore, Mikal, *Shot in the Heart*, New York 1994; dt.: *Das Herz der Gewalt*, Dt. v. P. & R. de Hollanda, München 1996.

Glass, Mary Ellen, *Nevada's Turbulent 50s: Decade of Political and Economic Change*, Reno 1981.

Goldberg, Robert Alan, *Barry Goldwater*, New Haven 1995.

Goldfarb, Ronald, *Perfect Villains, Imperfect Heroes: Robert F. Kennedy's War Against Organized Crime*, New York 1995.

Goldwater, Barry M., *With No Apologies: The Personal and Political Memoirs*, New York 1979.

Goodman, Robert, *The Luck Business: The Devastating Consequences and Broken Promises of America's Gambling Explosion*, New York 1995.

Gorman, Joseph Bruce, *Kefauver. A Political Biography*, New York 1971.

Gottdiener, M., Claudia C. Collins, and David R. Dickens, *Las Vegas: The Social Production of an All-American City*, Oxford 1999.

Gottlieb, Robert, Peter Wiley, *America's Saints: The Rise of Mormon Power*, New York/London 1986.

Goulden, Joseph C., *Death Merchant: The Brutal True Story of Edwin R. Wilson*, New York 1984.
Graham, Katharine, *Personal History*, New York 1997; dt.: *Wir drucken! Die Chefin der Washington Post erzählt die Geschichte ihres Lebens*, Dt. v. H. Thies, Reinbek 2001.
Greider, William, *One World, Ready or Not: The Manic Logic of Global Capitalism*, New York 1997; dt.: *Endstation Globalisierung: Neue Wege in eine Welt ohne Grenzen*, Dt. v. B. Reiter, München 1999.
Green, Michael S., Gary E. Elliott (Hg.), *Nevada: Readings and Perspectives*, Reno 1997.
Greenspun, Hank, Alex Pelle, *Where I Stand: The Record of a Reckless Man*, New York 1966.
Groden, Robert J., *The Search for Lee Harvey Oswald*, New York 1995.
Gugliotta, Guy, Jeff Leen, *Kings of Cocaine: Inside the Medellin Cartel – An Astonishing True Story of Murder, Money, and International Corruption*, New York 1989; dt.: *Die Kokain-Bosse: Der schockierende Bericht über den Aufstieg des kolumbianischen Drogenkartells*, Dt. v. E. Reinke, Bergisch Gladbach 1989.
Haldeman, H. R., *The Haldeman Diaries: Inside the Nixon White House*, New York 1994.
Hammer, Richard, *Gangland U.S.A.: The Making of the Mob*, Chicago 1975.
Hamilton, Nigel, *JFK. Reckless Youth*, New York 1992; dt.: *John F. Kennedy: Wilde Jugend. Leben und Tod eines amerikanischen Präsidenten*, Dt. v. W. Brumm, Frankfurt am Main 1993.
Hanna, David, *Bugsy Siegel: The Man Who invented Murder, Inc.*, New York 1974.
Hanna, David, *Virginia Hill: Queen of the Underworld*, New York 1975.
Hardeman, D. B., Donald C. Bacon, *Rayburn: A Biography*, Austin 1987.
Harrington, M. R., *Ancient Tribes of the Boulder Dam Country*, Los Angeles 1937.
Harris, Patricia, *Adlai. The Springfield Years*, Nashville, Tennessee 1975.
Herr, Michael, Guy Peellaert, *The Big Room*, Quezon City 1986; dt.: *The Big Room*, Dt. v. J. Jahn, B. Schwarz, Frankfurt/Main 1986.
Hersh, Seymour M., *The Dark Side of Camelot*, Boston/London 1997; dt.: *Kennedy: Das Ende einer Legende*, Dt. v. M. Schurr, Hamburg 1998.
Heymann, C. David, *RFK. A Candid Biography of Robert F. Kennedy*, New York 1998.
Hilty, James W., *Robert Kennedy: Brother Protector*, Philadelphia 1997.
Hinckle, Warren, William Turner, *Deadly Secrets: The CIA-Mafia War Against Castro and the Assassination of JFK*, New York 1981.

Homer, Frederic D., *Guns and Garlic: Myths and Realities of Organized Crime,* West Lafayette, Indiana 1974.
Hougan, Jim, *Secret Agenda: Watergate, Deep Throat and the CIA,* New York 1984.
Hougan, Jim, *Spooks: The Haunting of America*, New York 1978; dt.: *Die dienstbaren Geister der Macht,* Dt. v. D. Mülder, München 1979.
Hulse, James W., *The Silver State: Nevada's Heritage Reinterpreted,* Reno 1991.
Hyman, Sidney, *Challenge and Response: The First Security Corporation – The First Fifty Years, 1928–1978*, Salt Lake City 1978.
James, Ralph C., Estelle Dinerstein James, *Hoffa and the Teamsters: A Study of Union Power*, Princeton, New Jersey 1965.
James, Robert, *The Informant Files: The FBI's Most Valuable Snitch,* Las Vegas 1992.
Jennings, Dean, *We Only Kill Each Other: The Life and Bad Times of Bugsy Siegel,* Englewood Cliffs, New Jersey 1967; dt.: *Bugsy,* Dt. v. K. M. Kupfer, München 1992.
Johnston, David, *Temples of Chance: How America Inc. Bought Out Murder Inc. to Win Control of the Casino Business*, New York 1992.
Jones, Maxine Temple, *Maxine: »Call Me Madam.«* Hot Springs, Arkansas 1987.
Jonnes, Jill, *Hep-Cats, Narcs, and Pipe Dreams: A History of America's Romance with Illegal Drugs,* New York 1996.
Kallina, Edmund F. jr., *Courthouse Over White House: Chicago and the Presidential Election of 1960*, Orlando 1988.
Kasindorf, Jeanne, *Nye County Brothel Wars*, New York 1985.
Katz, Jack, *Seduction of Crime: Moral and Sensual Attractions in Doing Evil*, New York 1988.
Kaufman, Perry Bruce, »The Best City of Them All: A History of Las Vegas, 1930–1960.« Unveröffentlichte Dissertation, University of California, Santa Barbara, August 1974.
Keats, John, *Howard Hughes*, New York 1966.
Kefauver, Estes, *Crime in America*, Garden City, New York 1951.
Kefauver, Estes, Irene Till, *In a Few Hands: Monopoly Power in America,* New York 1965.
Kelley, Kitty, *His Way: The Unauthorized Biography of Frank Sinatra*, New York 1986.
Kelley, Kitty, *Nancy Reagan: The Unauthorized Biography,* New York 1991.
Kelly, Robert J., Ko-Lin Chin, Rufus Schatzberg (Hg.), *Handbook of Organized Crime in the United States,* Westport, Connecticut 1994.
Kennedy, Robert F., *The Enemy Within: The McClellan Committee's Cru-*

sade Against Jimmy Hoffa and the Corrupt Labor Unions, New York 1960; dt.: *Gangster drängen zur Macht*, Hamburg 1968.
Kennon, Patrick, *The Twilight of Democracy*, New York 1995.
Kessler, Ronald, *The Richest Man in the World*, New York 1986.
Kessler, Ronald, *Sins of the Father: Joseph P. Kennedy and the Dynasty He Founded*, New York 1996.
King, Rufus, *Gambling and Organized Crime*, Washington, D.C. 1969.
Klaber, William F., Philip H., Melanson, *Shadow Play. The Murder of Robert F. Kennedy, the Trial of Sirhan Sirhan, and the Failure of American Justice*, New York 1997.
Knoedelseder, William, *Stiffed: A True Story of MCA, the Music Business, and the Mafia*, New York 1993.
Koenig, *George, Beyond This Place There Be Dragons: The Routes of the Tragic Trek of the Death Valley 1849ers through Nevada, Death Valley, and on to Southern California*, Glendale, California 1984.
Kollek, Teddy, Amos Kollek, *For Jerusalem. A Life*, New York 1978; dt.: *Ein Leben für Jerusalem*, Dt. v. J. Barsam, W. Peterich, Frankfurt am Main 1992.
Koskoff, David E., *Joseph P. Kennedy: A Life and Times*, Englewood Cliffs, New Jersey 1974.
Kutler, Stanley I., *The Wars of Watergate: The Last Crisis of Richard Nixon*, New York 1990.
Kwitny, Jonathan, *The Crimes of Patriots: A True Tale of Dope, Dirty Money, and the CIA*, New York 1987.
Kwitny, Jonathan, *Vicious Circles: The Mafia in the Marketplace*, New York 1979.
Kyvig, David E., *Repealing National Prohibition*, Chicago/London 1979.
Laake, Deborah, *Secret Ceremonies: A Mormon Woman's Intimate Diary of Marriage and Beyond*, New York 1993.
Lacey, Robert, *Little Man: Meyer Lansky and the Gangster Life*, Boston 1991; dt.: *Meyer Lansky: Der Gangster und sein Amerika*, Dt. v. K. Pemsel, Bergisch Gladbach 1992.
Lait, Jack, Lee Mortimer, *Washington Confidential. The Low-Down on the Big Town*, New York 1951.
Lasky, Victor, *It Didn't Start with Watergate*, New York 1977.
Laxalt, Paul, *Nevada's Paul Laxalt. A Memoir*, Reno 2000.
Laxalt, Robert, *The Governor's Mansion*, Reno/Las Vegas/London 1994.
Laxalt, Robert, *Nevada: A History*, Reno/Las Vegas/London 1977.
Laxalt, Robert, *Sweet Promised Land*, Reno/Las Vegas 1957; dt.: *Baskische Heimkehr*, Hamburg 1961.
Levine, Gary, *Jack »Legs« Diamond: Anatomy of a Gangster.* Fleischmanns, New York 1995.

Levine, Michael, *The Big White Lie: The Deep Cover Operation That Exposed the CIA Sabotage of the Drug War*, New York 1993.
Levy, Shawn, *Rat Pack Confidential: Frank, Dean, Sammy, Peter, Joey, and the Last Great Showbiz Party*, New York 1998.
Lewis, Oscar, *Sagebrush Casinos: The Story of Legal Gambling in Nevada*, New York 1953.
Lillard, Richard Gordon, *Desert Challenge: An Interpretation of Nevada*, New York 1942.
Lilly, Doris, *Those Fabulous Greeks: Onassis, Niarchos, and Livanos*, New York 1969.
Lindsey, Robert, *A Gathering of Saints. A True Story of Money, Murder, and Deceit*, New York 1988.
Littlejohn, David (Hg.), *The Real Las Vegas*, New York 2000.
Lowitt, Richard (Hg.), *Politics in the Postwar American West*, Norman 1995.
Lukas, J., Anthony, *Nightmare: The Underside of the Nixon Years*, New York 1973.
Maas, Peter, *The Valachi Papers*, New York 1969; dt.: *Die Valachi-Papiere*, Dt. v. G. & G. Schlichting, Berlin/Darmstadt/Wien 1973.
Maclean, Don, *Pictorial History of the Mafia*, New York 1974.
Mahan, Sue, Katherine O'Neil (Hg.), *Beyond the Mafia: Organized Crime in the Americas*, Thousand Oaks, California/London 1998.
Maheu, Robert, Richard Hack, *Next to Hughes: Behind the Power and Tragic Downfall of Howard Hughes by His Closest Advisor*, New York 1992.
Mahon, Gigi, *The Company That Bought the Boardwalk: A Reporter's Story of How Resorts International Came to Atlantic City*, New York 1980.
Mahoney, Richard D., *Sons and Brothers: The Days of Jack and Bobby Kennedy*, New York 1999.
Mangold, Tom, *Cold Warrior: James Jesus Angleton, The CIA's Master Spy Hunter*, New York 1991.
Marshall, Jonathan, *Drug Wars: Corruption, Counterinsurgency, and Covert Operations in the Third World*, Forestville, California 1991.
Martin, Ralph G., *A Hero for Our Time: An Intimate Story of the Kennedy Years*, New York 1983.
Martin, Ralph G., *Seeds of Destruction: Joe Kennedy and His Sons*, New York 1995.
McBride, Dennis, *Hard Work and Far from Home: The Civilian Conservation Corps at Lake Mead*, Boulder City, Nevada 1995.
McBride, Dennis, *Midnight on Arizona Street: The Secret Life of the Boulder Dam Hotel*, Boulder City, Nevada 1993.

McClellan, John L., *Crime Without Punishment*, New York 1962.
McClintick, David, *Swordfish: The True Story of Ambition, Savagery, and Betrayal*, New York 1993.
McCoy, Alfred W., *The Politics of Heroin: CIA Complicity in the Global Drug Trade*, New York 1991; dt.: *Die CIA und das Heroin: Weltpolitik durch Drogenhandel*, Dt. von Andreas Simon, Zweitausendeins, Frankfurt a. M. 2003.
McCracken, Robert D., *Las Vegas: The Great American Playground*, Reno/Las Vegas 1996.
McDougal, Dennis, *The Last Mogul: Lew Wasserman, MCA, and the Hidden History of Hollywood*, New York 1998.
McKeever, Porter, *Adlai Stevenson: His Life and Legacy*, New York 1989.
McMillen, Jan (Hg.), *Gambling Cultures: Studies in History and Interpretation*, London/New York 1996.
Messick, Hank, *John Edgar Hoover: An Inquiry Into the Life and Times of John Edgar Hoover and His Relationship to the Continuing Partnership of Crime, Business, and Politics*, New York 1972.
Messick, Hank, *Lansky*, New York 1971.
Messick, Hank, *Of Grass and Snow: The Secret Criminal Elite*, Englewood Cliffs, New Jersey 1979.
Miller, Kit, *Inside the Glitter: Lives of Casino Workers*, Carson City, Nevada 2000.
Miller, Nathan, *Stealing from America: A History of Corruption from Jamestown to Reagan*, New York 1992.
Mills, James, *The Underground Empire: Where Crime and Governments Embrace*, Garden City, New York 1986.
Moehring, Eugene, *Resort City in the Sunbelt, Las Vegas 1930–1970*, Reno 1989.
Mokhiber, Russell, Robert Weissman, *Corporate Predators: The Hunt for Mega-Profits and the Attack on Democracy*, Monroe, Maine 1999.
Moldea, Dan E., *Interference: How Organized Crime Influences Professional Football*, New York 1989.
Moldea, Dan E., *Dark Victory: Ronald Reagan, MCA, and the Mob*, New York 1986.
Moldea, Dan E., *The Hoffa Wars*, New York 1978.
Mollenhoff, Clark, *Tentacles of Power. The Story of Jimmy Hoffa*, Cleveland 1965.
Moore, William Howard, *The Kefauver Committee and the Politics of Crime, 1950–1952*, Columbia 1974.
Morrison, Robert S., *High Stakes to High Risk: The Strange Story of Resorts International and the Taj Mahal*, Ashtabula, Ohio 1994.
Muller, Herbert J., *Adlai Stevenson: A Study in Values*, New York 1967.

Munn, Michael, *The Hollywood Connection: The True Story of Organized Crime in Hollywood,* New York 1997.
Nash, Jay Robert, *The World Encyclopedia of Organized Crime*, New York 1989.
Nash, Jay Robert, *Citizen Hoover: A Critical Study of the Life and Times of J. Edgar Hoover and His FBI,* Chicago 1972.
Neff, James, *Mobbed Up,* New York 1989.
Newman, John, *Oswald and the CIA,* New York 1995.
Nown, Graham, *The English Godfather: Born in Leeds, Raised in Wigan, Duke of the West Side,* London 1987.
Noyes, Peter, *Legacy of Doubt,* New York 1973.
O'Brien, Joseph, *Boss of Bosses: The FBI and Paul Castellano,* New York 1991; dt. *Ehrenwerte Männer: Das FBI und der Pate von New York,* Dt. v. E. Schönfeld, Frankfurt am Main 1992.
O'Brien, Timothy L., *Bad Bet: The Inside Story of the Glamour, Glitz, and Danger of America's Gambling Industry,* New York 1998.
O'Connor, Len, *Clout: Mayor Daley and His City,* New York 1975.
Odessky, Dick, Fly *on the Wall: Recollections Of Las Vegas' Good Old, Bad Old Days*, Las Vegas 1999.
Olmsted, Kathryn S., *Challenging the Secret Government. The Post-Watergate Investigations of the CIA and FBI,* Chapel Hill/London 1996.
O'Neill, Tip, William Novak, *Man of the House: The Life and Political Memoirs of Speaker Tip O'Neill,* New York 1987.
Ostling, Richard N., Joan K., *Mormon America: The Power and the Promise*, New York 2000.
Ostrander, Gilman Marston, *Nevada: The Great Rotten Borough 1859–1964*, New York 1966.
Paher, Stanley W., *Nevada: Official Bicentennial Book,* Las Vegas 1976.
Paterson, Thomas, *Contesting Castro: The United States and the Triumph of the Cuban Revolution*, New York 1994.
Pearl, Ralph, *Las Vegas Is My Beat,* New York 1973.
Pearson, Drew, *Diaries: 1949–1959,* (Hg.) Abell Tyler, New York 1974.
Petrakis, Gregory J., *The New Face of Organized Crime,* Dubuque, Iowa 1991.
Phelan, James, *Scandals, Scamps, and Scoundrels: The Casebook of an Investigative Reporter,* New York 1982.
Pileggi, Nick, *Casino,* New York 1995.
Pollak, Richard (Hg.), *Stop the Presses, I Want to Get Off, Inside Stories of the News Businessfrom the Pages of MORE,* New York 1975.
Popper, Frank, *The President's Commissions,* New York 1970.
Porrello, Rick, *The Rise and Fall of the Cleveland Mafia,* New York 1995.

Porter, Bruce, *Blow: How a Small-Town Boy Made $100 Million with the Medellin Cocaine Cartel and Lost It All*, New York 1993.
Powers, Thomas, *The Man Who Kept the Secrets: Richard Helms and the CIA.* New York 1979.
Pringle, Peter, James Spigelman, *The Nuclear Barons*, New York 1981; dt.: *Die Atom-Barone: Die unbekannte Geschichte des nuklearen Abenteuers*, Dt. v. M. Schulz-Rubach, C. Oehlmann, Zürich 1983.
Rappleye, Charles, Ed Becker, *All American Mafioso: The Johnny Rosselli Story*, New York 1995.
Raymond, C. Elizabeth, George *Wingfield: Owner and Operator of Nevada.* Reno 1992.
Reeves, Thomas C., *A Question of Character. A Life of John F. Kennedy*, New York 1991; dt.: *John F. Kennedy: Die Entzauberung eines Mythos*, Dt. v. A. Pott, Bergisch Gladbach 1995.
Reich, Cary, *Financier: The Biography of Andre Meyer: A Story of Money, Power, and the Reshaping of American Business.* New York 1983.
Reid, Ed, *The Grim Reapers: The Anatomy of Organized Crime in America*, Chicago 1969.
Reid, Ed, Ovid Demaris, *The Green Felt Jungle*, New York 1963.
Reuter, Peter, *Disorganized Crime: The Economics of the Visible Hand*, Cambridge, Massachusetts/London 1983.
Robb, Peter, *Midnight in Sicily*, New York 1999; dt.: *Sizilianische Schatten*, Dt. v. M. Tichyl, Köln 2000.
Robbins, Christopher, *Air America.* New York 1979.
Robinson, Jeffrey, *The Laundrymen: Inside Money Laundering, the World's Third-Largest Business*, New York 1996.
Rockaway, Robert A., *Meyer Lansky, Bugsy Siegel & Co. Lebensgeschichten jüdischer Gangster in den USA*, Dt. v. L. Mengden, Hamburg 1998.
Roemer, William F. jr., *Man Against the Mob*, New York 1989.
Roemer, William F. jr., *War of the Godfathers: The Bloody Confrontation Between the Chicago and New York Families for Control of Las Vegas*, New York 1990.
Rosenberg, Howard L., *Atomic Soldiers. American Victims of Nuclear Experiments.* Boston 1980.
Ross, Shelley, *Fall from Grace: Sex, Scandal, and Corruption in American Politics from 1702 to the Present*, New York 1988; dt.: *Präsidenten und Affären: Skandale und Korruption in der amerikanischen Politik. Eine Chronik über die Kehrseite der Macht*, Dt. v. D. Roth, Stuttgart 1989.
Rothman, Hal, *Devil's Bargain: Tourism in the Twentieth Century American West*, Lawrence 1998.
Rothman, Hal, (Hg.), *Reopening the American West*, Tucson 1998.

Rothman, Hal K., Mike Davis (Hg.), *The Grit Beneath the Glitter,* Berkeley 2002.
Rumbarger, John J., *Profits, Power, and Prohibition: Alcohol Reform and the Industrializing of America, 1800–1930,* Albany 1989.
Russell, Elliott R., *History of Nevada*, Lincoln/London 1973.
Russo, Gus, *Live by the Sword. The Secret War Against Castro and the Death of JFK*, Baltimore 1998.
Sadowsky, Sandy, *Wedded to Crime: My Life in the Jewish Mafia,* New York 1992.
Sale, Kirkpatrick, *Power Shift. The Rise of the Southern Rim and Its Challenge to the Eastern Establishment,* New York 1976.
Scheim, David, *Contract on America: The Mafia Murder of President John F. Kennedy,* New York 1988; dt.: *Präsidentenmord: Mafia-Opfer John F. Kennedy*, Dt. v. C. Quatmann, Reinbek 1992.
Schlesinger, Arthur M. jr., (Hg.), *Congress Investigates: A Documented History 1792–1974*, New York 1975.
Schlesinger, James, *Robert Kennedy and His Times*, Boston 1978.
Schrecker, Ellen W., *No Ivory Tower: McCarthyism and the Universities*, New York/Oxford 1986.
Scott, Peter Dale, *Crime and Cover-up: The CIA, the Mafia, and the Dallas–Watergate Connection,* Palo Alto, California 1977.
Scott, Peter Dale, *Deep Politics and the Death of JFK*, Berkeley/Los Angeles/London 1993.
Scott, Peter Dale, Jonathan Marshall, *Cocaine Politics: Drugs, Armies, and the CIA in Central America*, Berkeley/Los Angeles 1991.
Severn, Bill, *The End of the Roaring Twenties: Prohibition and Repeal*, New York 1969.
Sheehan, Jack E. (Hg.), *The Players: The Men Who Made Las Vegas*, Reno/Las Vegas 1997.
Sheridan, Walter, *The Fall and Rise of Jimmy Hoffa,* New York 1972.
Shesol, Jeff, *Mutual Contempt: Lyndon Johnson, Robert Kennedy and the Feud That Defined a Decade,* New York 1997.
Shields, Jerry, *Daniel Ludwig. The Invisible Billionaire,* Boston 1986.
Sifakis, Carl, *The Mafia Encyclopedia: From Accardo to Zwillman,* New York 1987.
Sklar, Holly, *Chaos or Community. Seeking Solutions, Not Scapegoats for Bad Economics,* Boston 1995.
Skolnick, Jerome H., *House of Cards: The Legalization and Control of Casino Gambling*, Boston 1978.
Sloane, Arthur A. *Hoffa,* Cambridge, Massachusetts/London 1991.
Smith, John L., *No Limit: The Rise and Fall of Bob Stupak and Las Vegas' Stratosphere Tower,* Las Vegas 1997.

Smith, John L., *On the Boulevard,* Las Vegas 1999.
Smith, John L., *Running Scared: The Life and Treacherous Times of Las Vegas Casino King,* New York 1995.
Smith, Sam, *Mob Politics,* Washington, D.C. 1997.
Solberg, Carl, *Hubert Humphrey: A Biography,* New York 1984.
Spada, James, *Peter Lawford: The Man Who Kept the Secrets,* New York 1991.
Steel, Ronald, *In Love with Night: The American Romance with Robert Kennedy,* New York 2000.
Stegner, Wallace, *Mormon Country,* New York 1942.
Stein, Benjamin J., *A License to Steal. The Untold Story of Michael Milken and the Conspiracy to Bilk the Nation,* New York 1992.
Sterling, Claire, *Octopus: How the Long Reach of the Sicilian Mafia Controls the Global Narcotics Trade,* New York 1990; dt.: *Die Mafia: Das organisierte Verbrechen bedroht die Welt,* Dt. v. M. Martin, Bergisch Gladbach 1993.
Stevens, Joseph E., *Hoover Dam: An American Adventure,* Norman, Oklahoma 1988.
Strange, Susan, *Casino Capitalism,* Oxford 1986.
Sullivan, William, Bill Brown, *The Bureau,* New York 1982.
Summers, Anthony, *Conspiracy,* London 1980.
Summers, Anthony, *Official and Confidential: The Secret Life of Edgar Hoover,* New York 1993; dt.: *J. Edgar Hoover: Der Pate im FBI,* Dt. v. U. Pommer, A. Model, München/Berlin 1993.
Summers, Anthony, Robbyn Swan, *The Arrogance of Power: The Secret World of Richard Nixon,* New York 2000.
Terrell, Jack, Ron Martz, *Disposable Patriot: Revelations of a Soldier in America's Secret Wars,* Washington, D.C. 1992.
Theoharis, Athan, *J. Edgar Hoover, An Historical Antidote,* Chicago 1995.
Theoharis, Athan, (Hg.), *From the Secret Files of J. Edgar Hoover,* Chicago 1991.
Thomas, Evan, *The Very Best Men. Four Who Dared: The Early Years of the CIA,* New York 1995.
Thomas, Gordon, *Gideon's Spies: The Secret History of the Mossad,* New York 1999; dt.: *Die Mossad-Akte: Israels Geheimdienst und seine Schattenkrieger,* Dt. v. H. Binder, München 2001.
Thompson, Charles C. II, *The Death of Elvis: What Really Happened,* New York 1991.
Thompson, Kenneth W. (Hg.), *Statesmen Who Were Never President, Bd. II.* New York 1996.
Thomson, David, *In Nevada: The Land, the People, God, and Chance,* New York 1999.

Tinnin, David B., *Just About Everybody vs. Howard Hughes*, Garden City, New York 1973.

Tronnes, Mike (Hg.), *Literary Las Vegas: The Best Writing About America's Most Fabulous City*, New York 1995.

Truman, Harry S., *Memoirs by Harry S. Truman. Bd. II: Years of Trial and Hope*, Garden City, New York 1956; dt.: *Memoiren*, Bd. 2: *Jahre der Bewährung und des Hoffens*, Dt. v. E. Thorsch, Stuttgart 1956.

Turkus, Burton B., Sid Feder, *Murder, Inc.: The Story of the Syndicate*, London 1952.

Turner, Wallace, *Gamblers Money: The New Force in American Life*, Boston 1965.

Twain, Mark, *Roughing It*, New York 1994; dt.: *Durch dick und dünn*, Dt. v. H. J. Schütz, Frankfurt am Main 1985.

Udall, Stewart, *The Myths of August: A Personal Exploration of Our Tragic Cold War Affair with the Atom*, New Brunswick, New Jersey 1998.

Urza, Monique, *The Deep Blue Memory*, Reno/Las Vegas/London 1993.

Venturi, Robert, Denise Scott Brown, Steven Izenour, *Learning from Las Vegas*, Cambridge, Massachusetts/London 1977; dt.: *Lernen von Las Vegas: Zur Ikonographie und Architektursymbolik der Geschäftsstadt*, Dt. v. H. Schollwöck, Gütersloh/Berlin/Basel 2001.

Valentine, Douglas, *The Phoenix Program: A Shattering True Account of the CIA's Bloodiest Reign of Terror – The Most Shocking Covert Operation of the Vietnam War*, New York 1990.

Vlachos, Helen, *House Arrest*, Boston 1970.

Vogel, Jennifer (Hg.), *Crapped Out. How Gambling Ruins the Economy and Destroys Lives*, Monroe, Maine 1997.

Vogliotti, Gabriel R., *The Girls of Nevada: Prostitution in Nevada, from the Roadside Brothels to the Beauties of Vegas, Told Against a Background of Gambling and Glamour*, Secaucus, New Jersey 1975.

Von Hoffman, Nicholas, *Citizen Cohn*, New York 1988.

Wadsworth, Ginger, Jimmy Snyder, *Farewell Jimmy the Greek, The Wizard of Odds*, Austin, Texas 1996.

Walker, William O. III, *Drug Control in the Americas*, Albuquerque 1989.

Weberman, Alan J., Michael Canfield, *Coup d'Etat in America: The CIA and the Assassination of John F. Kennedy*, New York 1975.

Weissman, Steve (Hg.), *Big Brother and the Holding Company. The World Behind Watergate*, Palo Alto, California 1974.

Wendland, Michael F., *The Arizona Project: How a Team of Investigative Reporters Got Revenge on Deadline*, Kansas City 1977.

White, Theodore H., *The Making of the President 1960*, New York 1961; dt.: *Der Präsident wird gemacht*, Dt. v. K. Schoenthal, Köln/Berlin 1963.

Wills, Garry, *Reagan's America: Innocence at Home*, New York 1987.

Wiley, Peter, Robert Gottlieb, *Empires in the Sun: The Rise of the New American West,* Tucson 1985.
Wilkerson, W. R. III, *The Man Who Invented Las Vegas,* Beverly Hills 2000.
Winter-Berger, Robert N., *The Washington Pay-off. An Insider's View of Corruption in Government,* Secaucus, New Jersey 1972.
Wise, William, *Massacre at Mountain Meadows: An American Legend and a Monumental Crime,* New York 1976.
Wolfe, Tom, *The Kandy-Kolored Tangerine-Flake Streamline Baby,* New York 1965; dt.: *Das bonbonfarbene tangerinrotgespritzte Stromlinienbaby,* Dt. v. L. Picard, Reinbek 1988.
Woodiwiss, Michael, *Crime, Crusades and Corruption: Prohibitions in the United States, 1900–1987,* Totowa, New Jersey 1988.
Woolner, Ann, *Washed in Gold: The Story Behind the Biggest Money Laundering Investigation in U.S. History,* New York 1994.
Woon, Basil, *When It's Cocktail Time in Cuba,* New York 1928.
Work Projects Administration Writers' Program, *The WPA Guide to 1930s Nevada,* New York 1948.
Wyden, Peter, *Bay of Pigs: The Untold Story,* New York 1979.
Zendzian, Craig, *Who Pays? Casino Gambling, Hidden Interests, and Organized Crime,* New York 1993.
Zinn, Howard, *A People's History of the US: 1492–Present,* New York 1995.
Zinn, Howard, *The Zinn Reader. Writings on Disobedience and Democracy,* New York 1977.

Kommissionsberichte des Kongresses

U.S. Senate, Special Committee to Investigate Organized Crime in Interstate Commerce, *Hearings, Part 10, Nevada-California,* 81st Congress, 2nd sess., 1950.
U.S. Senate, Special Committee to Investigate Organized Crime in Interstate Commerce, *Second and Third Interim Reports,* 82nd Congress, 1st sess., 1951.
U.S. Senate, Committee on Government Operations, *Organized Crime and Illicit Traffic in Narcotics, Hearings,* 88th Congress, 2nd sess., 1964.
U.S. Senate, Committee on Government Operations, Permanent Subcommittee on Investigations, *Organized Crime: Securities, Thefts and Frauds,* 93rd Congress, 1st sess., 1973.
U.S. House of Representatives, Select Committee on Crime, *Organized Crime in Sports (Racing)*, 92nd Congress, 2nd sess., 1973.

U. S. Senate, Select Committee on Presidential Campaign Activities, Executive Session Hearings, *Presidential Campaign Activities of 1972, Senate Resolution 60; Watergate and Related Activities,* 93rd Congress, 2nd sess., 1974.
U. S. Senate, Committee on Governmental Affairs, Permanent Subcommittee on Investigations, *The Robert Vesco Investigation,* 93rd Congress, 2nd sess., 1974, *Report to the President by the* Commission on CIA *Activities Within the United States,* June 1975.
U. S. Senate, Select Committee to Study Governmental Operations with Respect to Intelligence Activities, *Intelligence Activities, Senate Resolution 21,* 94th Congress, 1st sess., 1976.
U. S. Senate, Committee on Government Operations, Permanent Subcommittee on Investigations, *Federal Drug Enforcement,* 94th Congress, 2nd sess., 1976.
U. S. Senate, Select Committee to Study Governmental Operations with Respect to Intelligence Activities, Final Report, *The Investigation of the Assassination of President John F. Kennedy: Performance of the Intelligence Agencies, Book V*, 94th Congress, 2nd sess., 1976.
U. S. Senate, Committee on Governmental Affairs, Permanent Subcommittee on Investigations, *Illegal Narcotics Profits*, 96th Congress, 1st sess., 1980.
U. S. Senate, Committee on Governmental Affairs, Permanent Subcommittee on Investigations, *Hotel Employees and Restaurant Employees International Union,* 98th Congress, 1st sess., 1983.
U. S. Senate, Joint Hearing, Subcommittee on Security and Terrorism, Subcommittee on Western Hemisphere Affairs, and Senate Drug Enforcement Caucus, *The Cuban Government's Involvement in Facilitating International Drug Traffic,* 98th Congress, 1st sess., 1983.
U. S. Senate, Committee on Governmental Affairs, Permanent Subcommittee on Investigations, *Organized Crime: 25 Years After Valachi,* 100th Congress, 2nd sess., 1988.

Ausgewählte Aufsätze und Zeitungsartikel

Albanese, Jay S., »What Lockheed and La Cosa Nostra Have in Common: The Effect of Ideology on Criminal Justice Policy«, in: *Crime and Delinquency*, April 1982.
Alexander, Tom, »What Del Webb Is Up To in Nevada«, in: *Fortune,* Mai 1965.
Alvarez, A., »Learning from Las Vegas«, in: *New York Review,* 11. Januar 1996.

Arrington, Leonard J., »The Mormons in Nevada«, in: *Las Vegas Sun,* 1979.
Bastone, William, »The Last Jewish Gangster«, in: *Village Voice,* 23. April 1996.
Beebe, Lucius, »Las Vegas«, in: *Holiday,* Dezember 1952.
Bergman, Lowell, Jeff Gerth, »La Costa: The Hundred-Million-Dollar Resort with Criminal Clientele«, in: *Penthouse,* März 1975.
Betsky, Aaron, »Wizardry of Odds: Decoding the New Las Vegas Style«, in: *Los Angeles Times Magazine,* 12. Dezember 1993.
Bruck, Connie, »They Love Me«, in: *The New Yorker,* August 1999.
Cartwright, Gary, »Benny and the Boys«, in: *Texas Monthly,* Oktober 1991.
Clark, Ned M., »The Brash Banker of Arizona«, in: *Saturday Evening Post,* 10. April 1954.
»Come and Get It«, in: *Newsweek,* 20. Februar 1956.
Condon, George, jr., »The Power Gamble: Paul Laxalt and the Nevada Gang«, in: *Washington Dossier,* September 1983.
Cook, Fred J., »Gambling, Inc.«, in: *The Nation,* Oktober 1960.
Cook, James, Jane Carmichael, »Casino Gambling: Changing Character or Changing Fronts«, in: *Forbes*, 27. Oktober 1980.
Dalton, Joseph, »The Legend of Hank Greenspun«, in: *Harper's,* Juni 1982.
Danforth, Richard C., »The Cult of Mormonism: The Religion That Runs Utah«, in: *Harper's*, Mai 1980.
Danto, Arthur C., »Degas in Vegas«, in: *The Nation,* 1. März 1999.
Davis, Mike, »House of Cards, Las Vegas: Too Many People in the Wrong Place, Celebrating Waste as a Way of Life«, in: *Sierra*, November–Dezember 1995.
Denton, Sally, Roger Morris, »Easy Money in Vegas«, in: *The New York Times*, 9. Juli 1996.
»Desert Hotel«, in: *Architectural Forum,* 85:5 (1945).
Donovan, Richard, Douglass Cater, »Of Gamblers, a Senator, and a SUN That Wouldn't Set«, in: *The Reporter,* 9. Juni 1953.
Dorman, Michael, »The Mob Wades Ashore in Atlantic City«, in: *New York,* 30. Januar 1978.
Eadington, William R., »The Evolution of Corporate Gambling in Nevada«, in: *Nevada Review of Business and Economics,* 6:1 (1982).
Fairfield, William S., »Las Vegas: The Sucker and the Almost Even Break«, in: *The Reporter,* 9. Juni 1953.
French, William F., »Don't Say Las Vegas Is Short of Suckers«, in: *Saturday Evening Post,* 5. November 1955.
Friedman, Robert I., »Senator Paul Laxalt, the Man Who Runs the Reagan Campaign«, in: *Mother Jones,* August–September 1984.
Friedman, Robert I., Dan Moldea, »Networks Knuckle Under to Laxalt: The Story That Never Aired«, in: *Village Voice,* 5. März 1985.

Gabriel, Tripp, »From Vice to Nice«, in: *New York Times Magazine,* 1. Dezember 1991.
»Gambling Town Pushes Its Luck«, in: *Life,* 20. Juni 1955.
Gottlieb, Bob, Peter Wiley, »Just Don't Touch the Dice: The Las Vegas/ Utah Connection«, in: *Utah Holiday,* September 1980.
Gottlieb, Bob, Peter Wiley, «The Senator and the Gamblers«, in: *The Nation,* 24.–31. Juli 1982.
Gottschalk, Simon, »Ethnographic Fragments in Postmodern Spaces«, in: *Journal of Contemporary Ethnography,* Juli 1995.
Green, Michael S., »The Las Vegas Newspaper War of the 1950s«, in: *Nevada Historical Society Quarterly,* Herbst 1988.
Green, Michael S., »Where He Stood: Hank Greenspun and the Making of Modern Nevada«, unveröffentlichtes Manuskript; später veröffentlicht in: Richard O. Davies' *Maverick Spirit,* S. 75–95.
Green, Michael S., »Understanding Nevada Today: The Southward Shift«, in: *Halcyon,* 1994.
Green, Michael S., »Politics, the Press, and the 1978 Election: The Valley Times and the Governor«, unveröffentlichtes Manuskript.
Gunther, John, »Inside Las Vegas«, 1959.
Halevy, Julian, »Disneyland and Las Vegas«, in: *The Nation*, 7. Juni 1958.
Hayden-Guest, Anthony, »The Young and the Riklis«, in: *New York,* 2. Januar 1982.
Hill, Gladwin, »Atomic Boom Town in the Desert«, in: *New York Times Magazine,* 11. Februar 1951.
Hill, Gladwin, »Las Vegas Is More than the ›Strip‹«, in: *New York Times Magazine*, 16. März 1958.
Hiltzik, Michael A., »A Borrowed Empire«, in: *Los Angeles Times Magazine,* 17. August 1986.
Hochman, Sandra, »Alice in Vegas«, in: *Holiday*, Mai 1966.
Hopkins, A. D., *et al.,* »The First One Hundred, Parts I, II, III«, in: *Las Vegas Review-Journal*, 7. Februar, 2. Mai und 12. September 1999.
»In Memoriam, Samuel L, Kurland«, in: *Southern California Law Review*, Heft 49, 1976.
»It Makes Money«, in: *Newsweek*, 28. November 1964.
Knebel, Fletcher, »It Wins, It Worries, It Weeps«, in: *Look,* 27. Dezember 1966.
Kohn, Howard, »The Hughes-Nixon-Lansky Connection: Secret Alliances of the CIA from World War II to Watergate«, in: *Rolling Stone,* 20. Mai 1976.
Labich, Kenneth, »Gambling's Kings«, in: *Fortune*, 22. Juli 1996.
Lang, Daniel, »Blackjack and Flashes«, in: *The New Yorker,* 20. März 1952.

»Las Vegas: Nice People Live on Divorce, Gambling«, in: *Newsweek*, 20. April 1953.
»Las Vegas: Sin and Sun Pay Off«, in: *Business Week*, 17. Juni 1950.
»Las Vegas Strikes It Rich«, in: *Life*, 26. Mai 1947.
»Las Vegas's Industrial Hope«, in: *Business Week*, 25. Oktober 1947.
Liebling, A. J., »Action in the Desert«, in: *The New Yorker*, 13. Mai 1950.
Liebling, A. J., »Out Among the Lamisters«, in: *The New Yorker*, 27. März 1954.
Liebling, A. J., »Dressed in Dynamite«, in: *The New Yorker*, 12. Januar 1963.
Loehwing, David A., »Future Blue Chips? Some Smart Money Is Betting Heavily on Las Vegas«, in: *Barron's*, 16. September 1968.
McDonald, John, »Dig Marriner Eccles's Company, It Digs«, in: *Fortune*, Januar 1961.
McInnes, Neil, »The Other Las Vegas«, in: *Barron's*, 1. August 1966.
Mechling, Tom, »I Battled McCarran's Machine«, in: *The Reporter*, 9. Juni 1953.
Millstein, Gilbert, »Mr. Coward Dissects Las Vegas«, in: *New York Times Magazine*, 26. Juni 1955.
Moldea, Dan E., »Nevada's Senior Senator: Little Attention Has Been Focused on His ›Connections‹«, in: *Crime Control Digest*, 28. Mai, 4. und 11. Juni 1984.
Mulkey, Tyrus R. jr., »Howard R. Hughes, Jr. and His Influence on the Transition from Gambling to Gaming«, in: *University of Nevada, Las Vegas*, 6. Dezember 1994.
Mulligan, John E., Dean Starkman, »An F.O.B, and the Mob«, in: *Washington Monthly*, Mai 1996.
O'Brien, Meredith, »Place Your Bets: The Gambling Industry and the 1996 Presidential Elections«, in: *Center for Public Integrity*, 1996.
O'Faolain, Sean, »Las Vegas«, in: *Holiday*, September 1956.
»Organized Crime in Washington: If We Don't Have a Godfather, Then What Do We Have?«, in: *Washingtonian*, April 1976.
Picker, Ida, »Raising the Stakes for the Great Gambling Crapshoot«, in: *Institutional Investor*, November 1993.
»Pleasure Palaces«, in: *Harper's*, Februar 1955.
Reed, Steven R., »The High Stakes Life of Benny Binion«, in: *Houston Chronicle*, 13. 14. und 15. März 1989.
Renshaw, W. C., »1000 Feet Up and 25 Miles Away«, in: *The American City*, Juni 1956.
»Resort Hotel for Postwar Travelers«, in: *Architectural Record*, 96:2 (1944).
Richard, Joseph, »Las Vegas Is the Place Where the Action Is Not Governed by the Clock«, in: *Esquire*, Oktober 1962.

Richardson, Philip, »Project Report: Effects of Legalized Gambling on Community Stability in the Las Vegas Area«, 18. März 1974 (Vortrag, Task Force on Legalized Gambling).
Roberts, Steven V., »Reagan's First Friend«, in: *New York Times Magazine*, 21. März 1982.
Sauer, R. P., »The City of Bright Futures«, in: *The American City*, Dezember 1960.
»Street Cleaning in a 24-Hour-A-Day City«, in: *The American City*, Juli 1961.
Shawhan, Casey, James Bassett, »Las Vegas Lowdown«, in: *Los Angeles Times Magazine*, 26. Juli 1953.
»Showgirl Shangri-La«, in: *Life*, 21. Juni 1954.
Skolnick, Jerome H., John Dombrink, »The Limits of Gaming Control«, in: *Connecticut Law Review*, Sommer 1980.
Smith, James E., »The Premium-Grind: Atlantic City Casino Hybrid«, in: *Nevada Review of Business and Economics*, 6:1 (1982).
Smith, James E., »Ben Siegel: Father of Las Vegas and the Modern Casino-Hotel«, in: *Journal of Popular Culture*, Frühjahr 1992.
Smith, Sam, »Mob Politics«, in: *Progressive Review*, 1997.
Smith, Sandy, »The Mob«, in: *Life*, 1. und 8. September 1967.
Stamos, George jr., »The Great Resorts of Las Vegas – How They Began«, in: *Las Vegas Sun Magazine*, 1., 8. und 22. April 1979.
Stein, M. L., »Shootout in the Desert«, in: *Editor & Publisher*, 19. April 1986.
Steuer, Arthur, »Playground for Adults Only«, in: *Esquire*, August 1961.
Taney, Thomas E., »Reactions from Nevada«, in: *The Reporter*, 7. Juli 1953.
»The Desert Song«, in: *Newsweek*, 24. August 1953.
»The Heat on Mr. Las Vegas«, in: *Business Week*, 20. Januar 1973.
»The Mob: Hard Hit But ›Still a Force‹«, in: *U.S. News & World Report*, 25. März 1996.
»The Players«, in: *Saturday Evening Post*, 26. Mai 1956.
Thompson, William N., »Gambling as a Growth Industry in Tourism: A Nevada Perspective«, in: *American Travel Writers' Editors Council*, März 1992.
»Trouble in Paradise«, in: *The Economist*, 15. Oktober 1966.
Underwood, John, Morton Sharnik, »Look What Louie Wrought«, in: *Sports Illustrated*, 29. Mai 1972.
»Unseen Saviour of Vegas«, in: *The Economist*, 21. September 1968.
»Vacation in Las Vegas«, in: *Ebony*, Juni 1965.
Vehe, Lester, »Las Vegas: The Underworld's Secret Jackpot«, in: *Reader's Digest*, Oktober 1959.

Ventura, Michael, »The Psychology of Money«, in: *Psychology Today,* März–April 1995.
Ventura, Michael, »Soul in the Raw«, in: *Psychology Today,* Mai–Juni 1997.
Waas, Murray, »Paul Laxalt's Debt to the Mafia«, in: *The Rebel,* 30. Januar und 6. Februar 1984.
Waas, Murray, »The Senator and the Mob«, in: *City Paper* (Washington, D.C.), 25.–31. Mai 1984.
Weaver, John D., »A Lightning Guide to Las Vegas«, in: *Holiday,* Juli 1961.
Whearley, Bob, »The Truth About Las Vegas«, in: *Denver Post*, August 1963.
»Wherever You Look There's Danger in Las Vegas«, in: *Life,* 12. November 1951.
Wolfe, Thomas K., »Las Vegas!!!!«, in: *Esquire,* Februar 1964.
Wyden, Peter, »How Wicked Is Vegas?«, in: *Saturday Evening Post,* 11. November 1961.

University of Nevada Oral History Program

Adams, Eva B., *Windows of Washington: Nevada Education, the U.S. Senate, the U.S. Mint.*
Anderson, Frederick M., *Surgeon, Regent, and Dabbler in Politics.*
Bible, Alan, *Recollections of a Nevada Native Son: The Law, Politics, the Nevada Attorney General's Office, and the United States Senate.*
Biltz, Norman H., *Memoirs of the »Duke of Nevada«: Developments of Lake Tahoe, California, and Nevada; Reminiscences of Nevada Political and Financial Life.*
Cahill, Robbins, *Recollections of Work in State Politics, Government, Taxation, Gaming Control, Clark County Administration, and the Nevada Resort Association.*
Cahlan, John F., *Reminiscences of a Reno and Las Vegas, Nevada, Newspaperman, University Regent, and Public-Spirited Citizen.*
Cahlan, John F., *Fifty Years In Journalism and Community Development: An Oral History.*
Dixon, Mead, *Playing the Cards That Are Dealt: Mead Dixon, the Law, and Casino Gambling.*
Douglas, Jack, *Tap Dancing on Ice.*
McCloskey, John R., *Seventy Years of Griping: Newspapers, Politics, Government.*
McDonald, Joseph F., *The Life of a Newsboy in Nevada.*
Merialdo, Peter B., *Memoirs of a Son of Italian Immigrants, Recorder and*

Auditor of Eureka County, Nevada State Controller, and Republican Party Worker.
Miller, Thomas Woodnutt, *A Public-Spirited Citizen of Delaware and Nevada.*
Nelson, Warren, *Always Bet on the Butcher.*
Olsen, Edward A., *My Careers as a Journalist in Oregon, Idaho, and Nevada; in Nevada Gaming Control; and at the University of Nevada.*
Ray, Clarence, *Black Politics and Gaming in Las Vegas, 1920s–1980s.*
Russell, Charles H., *Reminiscences of a Nevada Congressman, Governor, and Legislator.*
Sampson, Gordon A., *Memoirs of a Canadian Army Officer and Business Analyst.*
Sanford, John, *Printer's Ink in My Blood.*
Sawyer, Grant, (Hg.), Gary Elliott, *Hang Tough. Grant Sawyer: An Activist in the Governor's Mansion.*
Shamberger, Hugh A., *Memoirs of a Nevada Engineer and Conservationist.*
Slattery, James M., *Recollections of a Nevada Politician and Sportsman.*
Smith, Art, *Let's Get Going.*
Wilson, Thomas Cave, *Reminiscences of a Nevada Advertising Man, 1930–1980, or Half a Century of Very Hot Air, or I Wouldn't Believe It If I Hadn't Been There.*
Wilson, Woodrow, *Race, Community and Politics in Las Vegas, 1940s–1980s.*

FBI-Akten

Binion, Benny
Coulthard, William G.
Giancana, Sam
Greenspun, Herman Milton
Hoover, J. Edgar
Hughes, Howard Robard
Kennedy, John F.
Kennedy, Joseph P.
Kennedy, Robert F.
Onassis, Aristotle
Rosselli, Johnny
Sawyer, Frank Grant
Siegel, Benjamin (»Bugsy«)
Sinatra, Frank
Zwillman, Abner (»Longy«)

Abbildungsnachweise

Darryl Martin: 15. Kit Miller: 17, 486. Sally Denton, Roger Morris: 31, 324. Archiv BW: 32 o. (EI 16, 549, WW), 32 u. (EI 15, 558), 33 o. (EI 18, 246, WW), 33 u. (EI 5, 574), 36 (D 101, John M. Schuller, Life). Las Vegas Review-Journal: 45, 49, 90, 222, 358, 380, 415, 420, 483. Archiv BW: 52 (OWW VII, 499), 53 (OWW IV, 356). Nevada Historical Society: 58, 237, 238, 242, 243. University of Nevada, Las Vegas: 64, 85 (Wilbur Clark Collection); 70 (Davis Collection); 78, 186, 230, 293, 302, 346, 363 (Las Vegas News Bureau Collection); 198 (Manis Collection); 217, 439 (North Las Vegas Library Collection); 239, 332 (Sands Hotel Collection); 446 (Las Vegas Sun Collection). Los Angeles Public Library: 68. Archiv BW: 77 (EI 8, 359), 91 (D 199, Hank Walter, Live). University of Tennessee: 112 (Kefauver Collection). Archiv BW: 113 (Michael Rougier, Life), 131 (EI 19, 207, WW), 134 (D 102, J. R. Eyerman, Life), 135 (EI 12, 569, A. Devaney), 146 (D 122, WW), 160 (D 104), 166 (EI 9, 41, WW), 167 (D 148, Hy Peskin, Life), 168 (D 148, WW), 171 (D 165, John Zimmerman, Life), 183 (KI 7, 88), 185 (OWW VIII, 343, U.S. Army), 189 (OWW 12, 173), 190 (EI 6, 349, WW), 206 (OWW 17, 461), 209 (The Bettmann Archive), 210 (EI 3, 346, The Library of Congress Collection), 211 (OWW I, 401). Staatsarchiv Nevada: 227, 314, 375 o. James Griel sen., mit freundlicher Genehmigung von Muffy Griel Vhay: 236. Archiv BW: 247 (EI 19, 481, United Press International), 253 (EI 10, 150, WW), 254 (D 197, Hank Walter, Life), 274 (D 208), 276 (EI 4, 152, Dalmas-Pix). Ed Becker: 283. Don Dondern: 286. Archiv BW: 288 (EI 10, 148, Magnum Photos). Department of the Army, mit freundlicher Genehmigung von Gus Russo: 338. Archiv BW: 348 (EI 8, 88), 375 u. (D 232). Mit freundlicher Genehmigung von Joe Yablonsky: 437. Mit freundlicher Genehmigung von George Knapp, KLAS TV, Las Vegas: 452. Kim Jew: 595.

Dank

Sonny Mehta und Jonathan Segal möchten wir an erster Stelle danken, weil sie von Anfang an unsere Überzeugung teilten, dass dieses Buch veröffentlicht werden müsste. Unser Dank gilt auch Ida Giragossian, die das Manuskript betreute; Melvin Rosenthal, dessen kritischem Blick keine Ungenauigkeit entging; und Amelia Zalcman, die uns auf ihre unvergleichlich liebenswerte Weise immer forderte. Ferner möchten wir Gloria Loomis und Katherine Fausett für ihre Unterstützung danken.

Unter den vielen Menschen in Las Vegas und anderswo, die uns bei unseren Recherchen und Interviews und bei der Konzeption dieses Buchs behilflich waren, sind wir einigen zu besonderem Dank verpflichtet: Bobby Baker, der uns von seinen Beziehungen zu einflussreichen Leuten in Las Vegas, Texas und Washington erzählte; Ed Becker, von dessen reichen Erfahrung wir profitierten; John Ehrlichman (†), der uns durch sein Insiderwissen über die Hintergründe von Watergate und die Verbindungen zu Howard Hughes und Richard Nixon aufklärte; Professor Michael Green für seine gewissenhafte Manuskriptbearbeitung; Jim Hougan, der sein Wissen und seine Quellen einbrachte; Dan Moldea, der uns seine Materialien über die Teamsters, Laxalt, Reagan und das organisierte Verbrechen zur Verfügung stellte; Gus Russo für seine Hinweise auf wichtige Dokumente und mögliche Informanten im Zusammenhang mit den Kennedys und ihrem Geheimkrieg gegen Kuba; Professor Peter Dale Scott, der Verfasser von *Die Drogen, das Öl und der Krieg. Zur Tiefenpolitik der USA,* der uns mit Rat und Tat zur Seite stand; John L. Smith für seine brillanten Einsichten und seine beispielhafte journalistische Arbeit; George Knapp für seine Erinnerungen an Ned Day und nicht zuletzt Joe Yablonsky, der uns von seinen Erfahrungen in Las Vegas erzählte, sowie den ehemaligen US-Zollfahndern William Gately und William Hengler, die uns halfen, Licht in die Operation Casablanca und den undurchsichtigen Fall Mizuno zu bringen.

Ohne die finanzielle Unterstützung interessierter privater Stiftungen wäre dieses Buch nie zustande gekommen. In kritischen Momenten konnten wir auf die Hilfe der Schumann Foundation bauen, dafür sei Bill und John Moyers herzlich gedankt. Danken möchten wir auch Sam Hitt und den Forest Guardians, der Lannan Foundation, insbesondere Patrick Lannan, dem Fund for Constitutional Government und Conrad Martin sowie den Schriftstellern Sam Smith und Christopher Hitchens.

Archivare, Bibliothekare, Besitzer privater Sammlungen sowie Regierungsbeamte von Nevada bis Washington versorgten uns mit neuen Dokumenten und Fakten, denen allen wir danken, namentlich Mason Alinger vom House Subcommittee on Criminal Justice, Drug Policy, and Resources; Bruce Alverson, der uns seine Privatsammlung mit zeitgenössischen Dokumenten zur Geschichte Nevadas zur Verfügung stellte; Bob Coffin, in dessen Fundus an seltenen Büchern und Manuskripten wir stöbern durften; Ruthe Deskin und Brian Greenspun, die uns das Archiv der *Sun* öffneten; Christopher G. Driggs von der Staatsbibliothek und dem Staatsarchiv von Nevada; der Gambler's Bookstore in Las Vegas, dessen einzigartige Quellen und hilfreiche Unterstützung wir zu schätzen wussten; Susan Jarvis und Kathy War von der Bibliothek der University of Nevada; Eric Moody, der Leiter der Nevada Historical Society, dessen wissenschaftliche Beratung uns sehr zustatten kam, sowie sein Archivar John Gomes; Padmini Pai und ihre Assistentin Pamela Busse von der Bibliothek des *Review-Jornal* und Frank Wright vom Historischen Museum in Las Vegas.

Außerdem danken wir Glen Arnodo, Mahlon Brown, Joe Catelli (†), Frank Cremen, John Squire Drendel, George Foley, Doug Frazier, Dorothy Gallagher, Billy Gallinaro, A. D. Hopkins, David Johnston, W. Scott Malone, Phil Manuel, Jonathan Marshall, Darryl Martin, Bob McDonald, Bryan McKay, Kit Miller, Jim Mintz, Tom Mitchell, Mike O'Callaghan, Nick Pileggi, Karen Rogers, Professor Hal K. Rothman, Jack Sheehan, Chet Smith, Bob Stoldal, E. Parry Thomas, Charlie Thompson, Al Tobin, Harriet Trudell, Dale Van Atta, Gary Webb, Mike Ybarro und Charles Zobel.

Viele unserer Freunde haben uns auch in persönlichen Angelegenheiten unterstützt. Dafür sei allen gedankt: Janeal Arison und Herbie Mann, Shaune Bazner und ihrem Mann, Peter Miller, Kathy Bond, Rosvita Botkin, Maxine Champion, Jeff Della Penna, Mark und Alice Denton sowie Leslie, Marianne, Jacqueline und Patrick, Scott und Ruth Denton sowie Sara, Jeff und Kris, Felice Gonzales und Gene Gallegos, Muffy Griel und David Vhay, Hank und Erika Holzer, Ethan Morris, Ellen Reiben, Karl Seitz, Sam und Luke Van Orden und den Kollegen des »Speakeasy« in Santa Fe, allesamt Mitverschwörer.

Schließlich möchten wir auch Sally Dentons Eltern danken: ihr Vater, Ralph L. Denton, war einer von »McCarrans Jungs« und gehörte zu den engsten Freunden und politischen Mitstreitern von Grant Sawyer; ihre Mutter, Sara Denton, war jahrelang die Assistentin von Senator Howard Cannon. Die Autoren hätten gerne von beider Erfahrungen profitiert, mussten aber deren persönliche Loyalitäten und das Vertrauensverhältnis zwischen Anwalt und Klient akzeptieren.

Unser Dank gilt auch unseren Söhnen Carson, Grant und Ralph, die sich ständig nach unserer Arbeit erkundigten, aber vor allem endlich wieder die Computer für sich haben wollten.

Sally Denton & Roger Morris
Im April 2000

Register

Über die Autoren

SALLY DENTON arbeitete für das Fernsehen, die *New York Times*, die *Washington Post* und die *Chicago Tribune.* Die preisgekrönte Journalistin ist die Verfasserin von *The Bluegrass Conspiracy: An Inside Story of Power, Greed, Drugs, and Murder.* Sally Denton lebt mit ihrem Mann und Mitautor sowie ihren drei Söhnen im Südwesten der USA.

ROGER MORRIS arbeitete unter den Präsidenten Nixon und Johnson für den Nationalen Sicherheitsrat, bis er diese Tätigkeit aus Protest gegen die Invasion Kambodschas aufgab. Er hat mehrere Bücher zur Geschichte und Politik der USA geschrieben, u. a.: *Richard Milhous Nixon: The Rise of an American Politician; Uncertain Greatness: Henry Kissinger and American Foreign Policy; Haig: The General's Progress; Partners in Power: The Clintons and Theire America.* Roger Morris wurde neben anderen Journalistenpreisen der Investigative Reporters and Editors Award verliehen.

DAS STANDARDWERK aktualisiert und erweitert

Gert Raeithel

GESCHICHTE DER NORDAMERIKANISCHEN KULTUR

»Wie bitte, so spannend kann US-Historie sein?« staunte die Münchner AZ über Raeithels »hautnahe Entdeckungsreise«. Raeithel ist es gelungen, einen Kosmos von Themen und Fakten zu einer kompakten, wissenschaftlich fundierten und spannenden Gesellschaftsgeschichte der USA zu verdichten, die zugleich »eine Historie des amerikanischen Alltagslebens ist, voll aufschlussreicher Details, gewitzt, geistreich und niemals langweilig« (Neue Ruhr Zeitung). »Eine unverzichtbare Lektüre, für jeden, der sich mit den Wurzeln und dem Innenleben der USA beschäftigen möchte« (Frankfurter Rundschau). Man möchte die drei Bände wie einen Roman in einem Stück lesen. Aber auch mit speziellen Fragestellungen wird man dank des umfangreichen Sach- und Personenregisters schnell fündig.

»Ein hervorragendes Standardwerk, das vergleichbar mit Norbert Elias' europäischer Zivilisationsgeschichte den Schlüssel zur Kultur- und Gesellschaftsentwicklung Nordamerikas liefert« (Neue Zeit). Raeithel selbst »hat sein Werk in einem Anfall von Understatement ›Geschichte der nordamerikanischen Kultur‹ genannt – und eine ›Gesellschaftsgeschichte der USA‹ vollbracht. Nicht nur von der ›puritanischen Theologie‹ ist die Rede, nicht nur von ›ästhetischen Anfängen‹, ›Dichtung und Prosa‹, auch nicht nur von Film, Rockmusik und Architektur. Viel weiter spannt sich das Feld. Die großen Erfindungen, die Auswirkungen der Kriege, das Verhältnis von Kapital und Arbeit werden ebenso einer Betrachtung unterzogen wie der Journalismus und die amerikanische Massenpresse« (Wiener Tageblatt).

»Fast auf jeder Seite liest man Überraschendes, Witziges, aber immer analysiert der Autor Ereignisse und Phänomene im Kontext sozialwissenschaftlicher Theorien... Raeithels Stil ist brillant, durchsetzt mit trockenem Humor, unersättlich sein Erkenntnishunger«, so der Deutschlandfunk. Und die Abendzeitung München bestätigt: »Ein kurzweiliger Kulturgeschichte-Krimi trotz insgesamt über 1.600 Seiten. Ein Mammutbuch der tausend verblüffenden Fakten.«

3 Bände. 1.663 Seiten, 145 Bilder. Fadenheftung. Leinen.
Aktualisiert und um ein Kapitel erweitert. 49,95 €. Nummer 18450.

Die dunkle Seite von 30 Jahren US-Außenpolitik

Peter Dale Scott

DIE DROGEN, DAS ÖL UND DER KRIEG

Was steckt hinter den außenpolitischen Engagements der USA und hinter den zahlreichen militärischen Offensiven der Nachkriegszeit bis in die unmittelbare Gegenwart? Peter Dale Scott kennt als renommierter Hochschullehrer und früherer Diplomat die Kräfte, die hinter den Kulissen politische Entscheidungen beeinflussen. Scott zeigt: Bei den militärischen Auseinandersetzungen der Nachkriegszeit, in die die USA verwickelt waren, ging es fast immer um die Sicherung ausländischer Ölvorkommen, auf die Amerika angewiesen bleibt. Um dieses Ziel zu erreichen, zögerten die US-Organisationen auch nicht, Koalitionen mit den Netzwerken des internationalen Drogenhandels einzugehen, was zu einem dramatischen Anstieg des Drogenkonsums in den letzten Jahrzehnten geführt hat. Er analysiert die Tiefenpolitik, die geheimen Muster, denen die US-Politik seit dem Zweiten Weltkrieg folgt und die auf einer Politik der Irreführung, der geheimen Absprachen und des Betrugs beruht. Sie habe nicht nur den internationalen Drogenhandel und den internationalen Terrorismus zu seiner heutigen Stärke geführt, sondern die Demokratie in den USA insgesamt beschädigt, die amerikanische Wirtschaft deformiert und die amerikanische Gesellschaft militarisiert.

Deutsche Erstausgabe. Deutsch von Michael Bischoff.
384 Seiten. Paperback. 14,90 €. Nummer 18510.